U0932102

新約希臘文研究系列

3

ει, καὶ ἡ σκοτία
Ἐγένετο ἄνθρωπος, ἀπ
ὄνομα αὐτῷ Ἰωάννη
ρτυρίαν, ἵνα μαρτυρή
ἵνα πάντες πιστεύ
ἦν ἐκεῖνος τὸ φῶς,
περὶ τοῦ φωτός. Ἦν
ὃ φωτίζει πάντα
εἰς τὸν κόσμον. ἐ

原文新約輔讀

香港崇真會救恩堂
基道出版社
聯合出版

▼

新約希臘文研究系列 • 3

原文新約輔讀
A Companion to the Readers of the Greek New Testament

作者
黃錫木 Wong, Simon S.M.

研究編輯
黃鳳賢

責任編輯
伍美詩

裝幀設計
梁奕山

■

聯合出版
香港崇真會救恩堂 Kau Yan Church Tsung Tsin Mission H.K.
香港西營盤高街97號A 97A High Street, Sai Ying Pun, Hong Kong
電話：(852)2858-1626　傳真：(852) 2858-9618

基道出版社 LOGOS PUBLISHERS
香港沙田火炭坳背灣街26號富騰工業中心1011室
Unit 1011, Fo Tan Ind. Centre, 26 Au Pui Wan St., Shatin, Hong Kong
電話：(852)2687-0331　傳真：(852) 2687-0281
網址：http://www.logos.com.hk

承印
陽光印刷製本廠

●

12/1994初版
Cat. No. LP118
ISBN-10 962-457-083-3
ISBN-13 978-962-457-083-0

本書製作費用，由香港崇真會救恩堂奉獻支持

刷次	10	9	8	7	6	5	4	3	2	
年份	2015	2014	2013	2012	2011	2010	2009	2008	2007	2006

目 錄

獻给我希臘文科的學生

序言

當筆者開始學習希臘文（古典希臘文）時，除了字典，根本就沒有其他工具書輔助。新約希臘文的學生卻總是比較幸運；華人神學生已經可以使用詞彙工具書（第二冊）以及詞形變化工具書（第一冊）了。如今，隨著《原文新約輔讀》的出版，同學更可以省略翻查字典的功夫，而把時間專注在思考和分析上。

《原文新約輔讀》的編輯格式與 S. Kubo 的 ***Reader's Greek-English Lexicon*** (Grand Rapids, MI: 1967) 相似；但它所有的資料都是由電腦資料庫產生出來的。使用這本書的先決條件是必須對希臘文語法有基本的認識（一般而言，是必須修讀過兩個學期的希臘文），以及熟識新約中出現五十次或以上的基本詞彙。「附錄：常用詞彙表」列出所有出現五十次或以上的詞彙，並把駱維仁博士主編的《新約希漢簡明字典》（聯合聖經公會，第二版，1994）的解釋完全列出，以供參考。另外，大部分書卷都有一些「特別詞彙」，列出在該書卷中出現五次或以上的詞彙；此表列中出現的詞彙並不見於內文，而且解釋較詳細。除此以外，本書將在德國聖經公會 (Deutsche Bibelgesellschaft) 出版的 ***Nestle-Aland's Novum Testamentum Graece*** 第廿七版和聯合聖經公會及德國聖經公會出版的《希臘文新約聖經》--- 第四版 (***The Greek New Testament*** --- 4th rev. edition [Deutsche Bibelgesellschaft and United Bible Societies, 1993]) 在正文上的所有詞彙（包括專用字），按經卷章節順序排列。每一條目共有三欄。第一欄列出該希臘文字的字典形式 (dictionary form)，第二欄列出該字的詞形分析 (morphological analysis) 的縮寫；縮寫的解釋，可查閱「中英分類詞形變化縮寫對照表」。這些資料乃是依據最新的 Gramcord 資料庫來編纂的。第三欄列出該字或詞彙單位 (lexical unit)的中文解釋。詞彙單位是參考 Louw-Nida 的 ***Greek-English Lexicon Based on Semantic Domains***. Vol. 1: Introduction and Domains; vol. 2: Indices (United Bible Societies, 1988)，而其他單字的中文解釋則按其上下文的意思，選自駱氏的《新約希漢簡明字典》。為了節省篇幅，字典中的「上帝」一詞均以「神」字取代，並傳統的破折號「……」會為改「…」。

本書是《新約希臘文研究系列》的第三冊。第一冊，《詞形變化指南》和第二冊《新約詞彙指南》都是學習新約希臘文的入門工具書；而本書則是為嘗試每天閱讀希臘文新約的讀者而設的輔讀工具。整個系列（共七冊）是為了實現讓操漢語的基督徒，以母語學習新約希臘文的夢想。它的目的並不是要訓練希臘文學者，而是希望下一代的基督徒能夠對聖經有更好的領悟和鑑識，並且在釋經方面更有分量。這個夢想要完全實現尚需一段時間，但我祈望讀者能從本書和這系列其他的書籍上得著幫助。

這本書能順利完成，全靠下列諸位的鼎力幫忙。首先，我要感謝 The Gramcord Institute 的負責人 Prof. Paul Miller 提供最新的資料庫。雖然目前還沒有一個詞形分析的電腦資料庫是完全正確的，但筆者比較過多個詞形分析的資料庫後，發覺 Gramcord 的資料算是最好的了。我也要感謝聯合聖經公會的顧問駱維仁博士，他慷慨允許筆者使用他所編纂的字典的解釋。感謝我的學生蔡雄生，他負責處理整個電腦資料庫的工作，他工作殷勤和認真，實在令我十分欣賞的；另有鄺成中、鄒倩兒、許寶瑩和梁少美協助初部的校對。從整個電腦資料庫輸出每本書的內容只需要數小時，而要校對這廿七卷書，筆者卻花了數星期。本書若有手民之誤，我自當負全責，並望讀者不嗇指正。

最後，感激小兒，卓言，以及內子，潔瑛，為了支持我完成心願而不惜甘願犧牲我們的家居時間；要忍受我瘋狂的工作時間，已經是太不人道了！願主憐憫我。

本書的寫成是為了鼓勵曾修讀希臘文科的同學，能花多一點時間研讀新約希臘文聖經；故此，謹將本書獻給我希臘文科的學生。希望他們在未來的日子能在原文釋經方面有更大的得著。

如何使用這本書

筆者建議讀者必須至少對希臘文語法有基本的認識，並且已背熟大約三百一十個出現五十次或以上的詞彙（參「附錄：常用詞彙表」）。假如能夠熟記另外一百五十個出現三十次以上的詞彙，他們會更享受閱讀希臘文聖經。在使用本書閱讀某書卷之前，讀者最好能先熟記特別詞彙表列中的詞彙，即在該書卷出現五次或以上的詞彙。詞彙單位（如諺語）的意思是不能按字面的意義來決定。

本書旨在幫助讀者減輕在閱讀希臘文新約聖經時，翻查字典這沉悶功夫，藉此以提高閱讀興趣。因此，每一個字或詞的中文解釋都是按上下文中而決定，主要是反映該字的用法。同學在研究某段經文時，不應滿足於本書所提供的資料，而應對每個字作詳細探討。

中英分類詞形變化縮寫對照表

名詞（名）：語法格，語法性，數式

語法格：主格（主），所有格（所），間受格（間），直接受格（直），呼格（呼）

Nominative, Genitive, Dative, Accusative, Vocative

語法性：｛陽，陰，中｝〔陽性，陰性，中性〕

Masculine, Feminine, Neuter

數式：｛單，複｝〔單數，複數〕

Singular, Plural

形容詞（形）：語法格，語法性，數式，程度

語法格：主格（主），所有格（所），間受格（間），直接受格（直），呼格（呼）

Nominative, Genitive, Dative, Accusative, Vocative

語法性：陽性（陽），陰性（陰），中性（中）

Masculine, Feminine, Neuter

數式：單數（單），複數（複）

Singular, Plural

程度：原級（原），比較級（比），最高級（最）

Positive, Comparative, Superlative

副詞（副）：程度

程度：原級（原），比較級（比），最高級（最）

Positive, Comparative, Superlative

連接詞（連）：

繼續性并列（繼并）
Continuative coordinating
相互性并列（相并）
Correlative coordinating
區分性并列（區并）
Disjunctive coordinating
疑問性并列（疑并）
Interrogative coordinating
繫詞性并列（繫并）
Copulative coordinating
推理性并列（推并）
Inferential coordinating
解釋性并列（解并）
Explanatory coordinating
轉折性并列（轉并）
Adversative coordinating
原因性從屬（原從）
Causal subordinating
條件性從屬（條從）
Conditional subordinating
疑問性從屬（疑從）
Interrogative subordinating
地點性從屬（地從）
Locational subordinating
名詞性從屬（名從）
Nominal subordinating
比較性從屬（比從）
Comparative subordinating
結果性從屬（結從）
Result subordinating
讓步性從屬（讓從）
Concessive subordinating
時間性從屬（時從）
Temporal subordinating
不定性從屬（不從）
Indefinite subordinating

感歎詞（歎）

虛詞（虛）：

分類：交替性（替），不定性（不），疑問性（疑），強調性（強），否定性（否），比較性（比），主語（主），情態性或不肯定（情）

Alternating, Indefinite, Interrogative, Emphatic, Negative, Comparative, Subjective, Modal/Uncertainty

介詞及不規律介詞（介，不介）：

語法格：主格（主），所有格（所），間接受格（間），直接受格（直），呼格（呼）

Nominative, Genitive, Dative, Accusative, Vocative

代名詞（代）：

形容詞強化代詞（形強）

Adjectival intensive

形容詞指定代詞（形指）

Adjectival demonstrative

形容詞疑問代詞（形疑）

Adjectival interrogative

形容詞不定代詞（形不）

Adjectival indefinite

第一人稱代詞（一代）

First person personal

第二人稱代詞（二代）

Second person personal

第三人稱代詞（三代）

Third person personal

強化人稱代詞（強人）

Intensive personal

關係代詞（關代）

Relative

不定關係代詞（不關）

Relative indefinite

關聯代詞（聯代）

Correlative

不定式代詞（不代）

Indefinite

指定代詞（指代）

Demonstrative

第一人稱所有代詞（一所）

First person posessive

第二人稱所有代詞（二所）

Second person posessive

第一人稱反身代詞（一反）

First person reflexive

第二人稱反身代詞（二反）

Second person reflexive

第三人稱反身代詞（三反）

Third person reflexive

相互代詞（互代）

Reciprocal

疑問代詞（疑代）

Interrogative

語法格：主格（主），所有格（所），間受格（間），直接受格（直），呼格（呼）

Nominative, Genitive, Dative, Accusative, Vocative

語法性：陽性（陽），陰性（陰），中性（中）

Masculine, Feminine, Neuter

數式：單數（單），複數（複）

Singular, Plural

動詞（動）：時態，語態，語氣，人身，數式；（分詞）語法格，語性，數式

時態：現在時態（現在），過去未完成時態（過未），未來時態（未來），過去不定時時態（過不），現在完成時態（完成），過去完成時態（完成）

Present, Imperfect, Future, Aorist, Perfect, Pluperfect

語態：主動語態（主），關身語態（關），被動語態（被）

Active, Middle, Passive

語氣：直說式語式（直說），假設式（假設），祈願式（祈願），命令式（命令），不定式（不定），分詞

Indicative, Subjunctive, Optative, Imperative, Infinitive, Participle

人稱：一身（一），二身（二），三身（三）

First, Second, Third person

數式：單數（單），複數（複）

Singular, Plural

語法格：主格（主），所有格（所），間受格（間），直接受格（直），呼格（呼）

Nominative, Genitive, Dative, Accusative, Vocative

語法性：陽性（陽），陰性（陰），中性（中）

Masculine, Feminine, Neuter

數式：單數（單），複數（複）

Singular, Plural

馬太福音

特別詞彙

ἀγοράζω　買；贖

ἀγρός, οῦ, ὁ　田野；農莊；鄉村

ἄκανθα, ης, ἡ　荊棘

ἁμαρτωλός, όν　有罪的；罪人

ἀμπελών, ῶνος, ὁ　葡萄園

ἀναγινώσκω　念；在公衆崇拜中誦讀

ἀνάκειμαι　坐席，作宴會的客人

ἀνατολή, ῆς, ἡ　＜單＞日出，昇起；或許指：日子；＜複＞與＜單＞東邊，東方

ἀναχωρέω　退，避；走，走開；回去（太 2.12）

ἄνεμος, ου, ὁ　風；ἐκ τῶν τεσσάρων ἀ. 從四方（天涯海角）（太 24.31）

ἀντί　（原意：反對）代替，取代，為了…的緣故，因為（ἀνθ' ὧν 因為，所以）

ἄξιος, α, ον　值得的，配得的，應當的；符合，作為（悔改）的證據；合適的，當然的

ἀπαγγέλλω　告訴；宣告；傳揚；勸勉；承認，告白

ἀπάγω　＜及＞強迫，帶走；帶到…之前；引入歧途；＜不及＞（路）通向

ἀπέχω　＜及＞完全得到，得到全部；＜不及＞離…遠，＜關＞禁戒，避免，遠離；＜非人稱＞或許指：夠了

ἀποδίδωμι　給；付；歸，還，回報；報答，報應（善惡）；遵守，履行（誓言）；ἀ. λόγον 供出所說的話（太 12.36）

ἅπτω　點燃生火；＜關＞拉住，摸；加害，傷害

ἄρα　結果，為此，那麼，因此，所以；有時加上 εἰ 或 ἐπεί 表示強調

ἀργύριον, ου, τό　銀幣，錢；銀

ἄρτι　現在，如今（ἀπ᾽ ἄρτι 從今以後，從現在開始，再）；剛剛；立刻

ἄρχων, οντος, ὁ　統治者；長官，掌權者；法官；ἄ. τῶν ᾽Ιουδαίων 猶太人的領袖，猶太人議會（Sanhedrin）的議員

ἀστήρ, έρος, ὁ　星，星辰

βαπτιστής, οῦ, ὁ　施洗者（約翰）

Βαραββᾶς, ᾶ, ὁ　巴拉巴〔巴辣巴〕

Βηθλέεμ, ἡ　伯利恆〔白冷〕

βρυγμός, οῦ, ὁ　咬牙切齒

γαμέω　娶，嫁

γάμος, ου, ὁ　婚禮，婚宴；喜堂（太 22.10）；婚姻

γέεννα, ης, ἡ　來自「欣嫩谷」的音譯，後期猶太教相信這是最後審判的地點；地獄；υἱὸς γεέννης 該入地獄的人（太 23.15）

γενεά, ᾶς, ἡ　世代，同時代；時期，時代；家世

γεωργός, οῦ, ὁ　農人；佃戶；葡萄園工人，園丁

γρηγορέω　警醒；注意，留心；喻：活著

δαιμονίζομαι　被邪靈附身

δένδρον, ου, τό　樹

δεῦτε　來（命令或勸告）

δέω　捆，綁；囚禁；禁止（太 16.19, 18.18）

δηνάριον, ου, τό　銀子，銀圓〔德納〕（羅馬的銀幣，約值一般工人一天的工資）

διάβολος, ον　魔鬼；＜形＞ ος，ον 好說閒話的，散播謠言的，搬弄是非的

διακονέω　服務，伺候；照顧，照應，供應

διψάω　口渴，渴望（太 5.6）

διώκω　迫害，逼迫；追求，向…直跑，驅逐，趕出（太 23.34）；追隨

δῶρον, ου, τό　禮物；供物，祭物；捐款；ἔβαλον εἰς τὰ δῶρα 投進奉獻箱，捐出

ἐγγίζω	接近；靠近，不遠；（時候）到了（太 26.45），（人）來了（太 26.46）
ἐκεῖθεν	從那裏
ἐκπορεύομαι	出去或出來（ἐ. εἰς ὁδόν 出發，上路）；說出（太 15.11）；出自
ἐκτείνω	伸出
ἐλάχιστος, η, ον	最小的；非常微小的，不重要的；ἐλαχιστότερος 比最小的還小，最微不足道的
ἐλεέω	憐憫（＜被動＞得到憐憫）
ἐμβαίνω	上船
ἐμπαίζω	戲弄；愚弄，欺騙（太 2.16）；笑話（某人）
ἔμπροσθεν	1. ＜介＞接＜所有＞在…之前；2. ＜副＞在前面，向前
ἔνδυμα, ατος, τό	衣服，禮服；ἐν ἐ. προβάτων 外表看來像綿羊（太 7.15）
ἕνεκα	接＜所有＞因爲，爲了…緣故，ἕ. τούτου 或 ἕ. τούτων 因此；τίνος ἕ. 爲甚麼？幹甚麼的？ἕ. 接 τοῦ 與＜不定＞以便於，要是…
ἔνοχος, ον	有罪的；該受（制裁）的；冒犯…的（罪）；ἔ. εἰς τὴν γέενναν 逃不了地獄的火刑（太 5.22）
ἔξεστι	…是合宜的，可以做的或合法的；…是可能的
ἐπάνω	1. ＜介＞接＜所有＞在…上，上…去；勝過；甚於，多於；2. ＜副＞在上面；多於
ἐπιγινώσκω	知道，曉得，明白；認出；認識；敬重；查出，看穿，聽說；熟知，家喻戶曉
ἐπιτίθημι	按（手）；放，安，戴，擱，搭；加添；＜關＞給；攻擊，傷害
ἐπιτιμάω	命令，吩咐；斥責，責備；勸阻（太 16.22）；ἐ. αὐτῷ 指出他的過錯或勸戒他
ἐργάτης, ου, ὁ	工人；ἐ. ἀδικίας 作惡的人
ἔρημος, ου, ἡ	曠野，荒野，偏僻的地方，沙漠
ἑτοιμάζω	準備，預備；準備一切
εὐθέως	立刻，一…就；很快地
εὐλογέω	（神或基督爲主詞時）祝福，恩待，賜福；（神或基督爲受詞時）頌讚；求神祝福（飲食）

εὐώνυμος, ον	左邊
ἐχθρός, ά, όν	敵人，仇敵；被憎恨的（敵人）
Ζεβεδαῖος, ου, ὁ	西庇太〔載伯德〕（雅各與約翰的父親）
ζιζάνιον, ου, τό	雜草，稗子（類似麥子）
ἡγεμών, όνος, ὁ	總督，巡撫；統治者，領袖，長官
Ἠλίας, ου, ὁ	以利亞〔厄里亞〕
ἥλιος, ου, ὁ	太陽
Ἡρῴδης, ου, ὁ	希律〔黑落德〕：1. 希律王第一世；2. 希律安提帕；3. 希律亞基帕第一世
Ἠσαΐας, ου, ὁ	以賽亞〔依撒意亞〕
θαυμάζω	<不及>驚奇，驚訝，稀奇，詫異（θ. ὀπίσω 驚奇地跟隨著）；驚駭；欽佩，頌讚；θ. πρόσωπα 諂媚人
θεραπεύω	醫治
θερισμός, οῦ, ὁ	收穫，收成，收割，莊稼；農作物；農場（主人）（太 9.38）
θησαυρός, οῦ, ὁ	財寶，寶物，寶貝；積存，儲藏；寶盒，庫房
θυγάτηρ, τρός, ἡ	女兒；女性後裔；女性居民，婦女；θ. Σιών 錫安（〔熙雍〕，耶路撒冷）的女兒，指：錫安城和它的居民
θυσιαστήριον, ου, τό	祭壇
Ἰακώβ, ὁ	雅各〔雅各伯〕：1. 以撒的兒子；2. 約瑟的父親（太 1.15, 16）
Ἰάκωβος, ου, ὁ	雅各〔雅各伯〕：1. 西庇太的兒子，約翰的兄弟；2. 耶穌的兄弟；3. 亞勒腓的兒子，十二門徒中之一位；4. 猶大的父親；5. 稅吏
Ἰορδάνης, ου, ὁ	約旦河，和：〔約但河〕
Ἰουδαία, ας, ἡ	猶太
Ἰούδας, α, ὁ	猶大：1. 雅各的兒子，他的支派，他的領域；2. 耶穌家譜中的一個人；3. 出賣耶穌的叛徒；4. 耶穌的兄弟；5. 使徒，雅各的兒子；6. 耶路撒冷教會的信徒巴撒巴；7. 大馬士革的一個門徒；8. 加利利的一個革命領袖
ἰχθύς, ύος, ὁ	魚
Ἰωνᾶς, ᾶ, ὁ	約拿〔約納〕：1. 舊約的先知；2. 彼得與安得烈的父親

ʼΙωσήφ, ὁ	約瑟〔若瑟〕：1. 先祖雅各的兒子；2. 耶穌的母親馬利亞的丈夫；3. 亞利馬太的約瑟，猶太議會的議員；4. 耶穌的兄弟（太 13.55）；5. 姓巴拿巴的約瑟；6. 一位婦女馬利亞的兒子（太 27.56）；7. 及 8. 耶穌家譜中的兩位
καθαρίζω	潔淨，洗淨，使純潔；宣布在禮儀上爲可悅納的
καθεύδω	睡著，睡覺；指：死了
καθίζω	＜不及＞坐下，坐著（＜關＞ 太 19.28），居住，＜及＞使…坐在；讓…處理，停落
κακῶς	厲害地；κ. ἔχω 患了病痛；錯了；（動機）不好；毀謗
κάλαμος, ου, ὁ	蘆葦，桿；像杖一樣的量尺；筆
καταλύω	＜及＞拆毀，破壞，拆下；阻止，擊敗，＜被動＞失敗；廢除（太 5.17）；＜不及＞找到住宿的地方；作客
κελεύω	命令，吩咐
κερδαίνω	獲得，賺；贏得，爭取，感化；避免，不致（遭受損失）
κλαυθμός, οῦ, ὁ	哀哭，號啕大哭
κλέπτω	偷，竊
κοινόω	污辱，褻瀆，使不潔淨；當作污穢
κρατέω	握，持守；拿，抓，拉，抱住；捉住，逮捕；拉著，阻止，擋住；不赦免；實行，達成；隨從，拘守，遵行
κρίσις, εως, ἡ	審判，判斷；定罪，懲罰；正義；或指：法庭，法律制裁（太 5.21）
κρυπτός, ή, όν	秘密的，隱藏的，私人的；內在的
κρύπτω	躲，隱藏，遮蓋（＜被動＞常指：躲起來）；保持秘密，不公開
κωφός, ή, όν	啞的，聾的
λαμπάς, άδος, ἡ	燈，火把
λυπέω	痛苦，憂愁，憂傷；＜被動＞傷心，難過，憂愁或苦惱；憂傷，哀哭
λύω	鬆，解；釋放，使自由；破壞，違犯；拆毀，推倒，破損；散會；准許（太 16.19, 18.18）
Μαρία, ας, (Μαριάμ) ἡ	馬利亞〔瑪利亞〕：1. 耶穌的母親；2. 馬大與拉撒路的姊妹；3. 抹大拉的馬利亞；4. 雅各與約瑟的母親；5. 革羅罷的妻子；6. 約翰馬可的母親；7. 在羅馬的一個基督徒

μάχαιρα, ης, ἡ	刀，劍；戰爭（太 10.34），死亡
μεριμνάω	掛慮，憂慮；照顧，關心，操心
μεταβαίνω	離開，移動，去
μετανοέω	悔改，心靈改變，轉離罪惡，改變生活方式
μήποτε	1.＜連＞恐怕，免得，使…不至，不然就；2.＜疑問虛＞是否，也許；3. 決不
μήτε	也不（μήτε…μήτε 既不…也不）
μικρός, ά, όν	少的，小的，最不足道的，不重要的，卑微的；＜副＞μικρόν 一會兒，稍遠些（μετὰ μ.過了一會兒，稍後，太 26.73）；μικρότερος 最小
μισέω	恨，厭惡（太 6.24）；不顧，漠. 不關心
μισθός, οῦ, ὁ	工價，工資；報賞，回報，報酬；報應，懲罰
μνημεῖον, ου, τό	墳墓；或許指：紀念碑
μωρός, ά, όν	愚蠢的（μωρέ 你這個「蠢東西」！太 5.22）
ναί	是的；眞是，眞的，確實；必然，一定
ναός, οῦ, ὁ	聖殿，至聖所，聖所；神廟模型或神龕
νηστεύω	禁食
νόσος, ου, ἡ	疾病
νυμφίος, ου, ὁ	新郎
ξένος, η, ον	怪異的，外國的，異鄉的；ὁ ξ. 陌生人，外國人，異鄉人；親切款客人的人
ὀδούς, ὀδόντος, ὁ	牙齒
οἰκοδεσπότης, ου, ὁ	家主，園主，莊主，主人
οἰκοδομέω	建造，蓋；建立，鼓勵，鞏固，造就；重建，修復
ὀλίγος, η, ον	少的，小的，＜複＞少，幾（ἐν ὀλίγῳ 短時間之内，簡略地；πρὸς ὀλίγον 一會兒；δι᾽ ὀλίγων 簡短地）；ὀλίγον 少許，一會兒，不遠
ὀμνύω	發誓，許願，宣誓
ὅμοιος, α, ον	類似的，像
ὁμοιόω	使…像（＜被動＞類似，像，相同）；比喻，比擬
ὄναρ, τό	夢（κατ᾽ ὄναρ 在夢中）

ὀπίσω	1. ＜介＞接＜所有＞在…之後（用於 ἔρχομαι 或其派生動詞之後，常指：跟從，作…的門徒）；在後；遠離，走開（太 16.23）；2. ＜副＞背後，在後（εἰς τὰ ὀπίσω 退，例退；轉〔身〕；τὰ ὀπίσω 在後面的事物）
ὅριον, ου, τό	地區，境界，區域；鄰近，附近
οὐαί	1. ＜歎＞=慘啦！遭殃了！有禍了！苦了！2. ＜名＞＜陰＞不幸，災禍，災難
οὐδέποτε	從不，絕不，永不
οὐράνιος, ον	天上的，在天上的，從天上來的
οὖς, ὠτός, τό	耳朵；聽
ὀφείλω	欠，負債；應該，必須，有義務；得罪
ὀψία, ας, ἡ	傍晚，晚上
παῖς, παιδός, ὁ, ἡ	僕人，奴隸；小孩，男孩，女孩；兒子，女兒
παραλαμβάνω	拿，帶著，取去，接去；接受，領受（常指：傳統）
παραλυτικός, ή, όν	癱瘓病人的，跛子的
παρέρχομαι	經過；穿過；逝去，消失，廢掉；忽略，違背；來，到達
πεινάω	饑餓
πειράζω	試驗，使…受試驗；試探，誘惑；嘗試，企圖，想要
πέντε	五
πέραν	1. ＜介＞接＜所有＞…那邊，到或在另一邊，到或在對岸；2. τὸ π. 另一邊，對岸
περιβάλλω	穿戴，穿（衣），披
περισσεύω	＜不及＞剩下，剩餘（τὸ π. 剩餘之物；財富，充裕的財物）；增加，富裕，豐富，充足有餘；更…，更加，超過；有許多，格外；＜及＞使增加；使充足有餘
πέτρα, ας, ἡ	岩石，磐石；石頭；石地
πλανάω	引入歧途，迷惑，愚弄，欺騙；＜被動＞走入歧途，迷失；弄錯；被騙，被愚弄；四處遊蕩，流浪
πλήν	1. ＜連＞但，然而，可是；2. ＜介＞接＜所有＞除…之外，除了
πόθεν	從哪裏，哪裏；怎麼會…，爲甚麼
ποῖος, α, ον	甚麼，哪一；哪一種

πόσος, η, ον　何等多，多麼（πόσῳ μᾶλλον 更加，豈不更）；多少？（太 15.34）

πότε　幾時？甚麼時候？ἕως πότε 多久？

ποτήριον, ου, τό　杯

ποτίζω　給…喝；灌溉

πρό　＜介＞接＜所有＞在…之前（時，地）；πρὸ πάντων 在所有其他事之上，最重要的事

προάγω　＜不及＞走在前頭或比…先走；先來，先去；＜及＞領出，帶出；π. ἐπί 帶到…之前

πρόβατον, ου, τό　羊，小羊

προσέχω　堅守，陷溺於；謹慎，留意，小心（π. ἀπό 對…小心，提防）

προσκαλέω　叫到面前來，傳喚，邀請；呼召（去做基督教徒的事工）

προσφέρω　供，獻（特別是禮物與祭物）；來，將（某人）帶到（官）前；＜被動＞對待

πτωχός, ή, όν　貧窮的，貧乏的或無用的；討飯的

πωλέω　賣，出售

Σαδδουκαῖος, ου, ὁ　撒都該人〔撒杜塞人〕（猶太教中的一派）

σαπρός, ά, όν　壞的，爛的，没有價值的；壞（話）或害人的（話）

σεαυτοῦ, ῆς　＜反代＞你自己

σήμερον　今日；ἡ σ. 或 ἡ σ. ἡμέσα 今天，正在這一天

σκανδαλίζω　使（人）犯罪，誘（人）離棄信仰（＜被動＞放棄信仰，被引誘犯罪，跌倒犯罪；＜被動＞接 ἔν ：厭棄，懷疑，太 11.6）；生氣，不服氣（太 15.12）

σκάνδαλον, ου, τό　那使人犯罪或誘人犯罪的事物；那導致人跌倒或麻煩的事，障礙；侮辱

σκότος, ους, τό　黑暗；罪，暗昧

Σολομών, ῶνος, ὁ　與 Σολομῶν, ωντος 所羅門〔撒羅滿〕

σός, σή, σόν　〈所有〉你的，屬於你的；ἐν τῷ σ. 你能的（太 7.3）

σπέρμα, ατος, τό　種子；後裔，子孫，後代；或指：（從神來的）生命

σπλαγχνίζομαι　動了慈心或惻隱之心，憐憫；替…（人）擔心（太 15.32）

σταυρός, οῦ, ὁ　十字架

σταυρόω　釘十字架

στρέφω	＜不及＞（主要大都用＜被動＞）回轉，轉身；（內心）改變（太 18.3）；＜及＞轉，讓（太 5.39）；改，變；還（太 27.3），σ. εἰς 轉向，離開…到…
συκῆ, ῆς, ἡ	無花果樹
συλλέγω	收穫（農作物）；摘（意思指：結果子）（太 7.16）；拔掉（太 13.28-30, 40）；抓起來（太 13.41）
συμβούλιον, ου, τό	計劃，計謀（σ. λαμβάνω 計劃，計謀，商議，商量）；議會，參謀
σύνδουλος, ου, ὁ	同作奴隸的人，同作僕人的人，同伴，同工
συνίημι	明白，了解，領悟
συντέλεια, ας, ἡ	末日，終局
σφόδρα	極，眞，很，十分，大大地，慘重地
τάλαντον, ου, τό	他連得（希臘錢幣，約值 5000-6000 德納〔δηνάρια〕）
τάφος, ου, ὁ	墳墓，墳
τελέω	完成，完全，結束，完（τ. τὰς πόλεις 走遍這一些城市或在這一些城市裏完成工作，太 10.23）；滿足，實現，成就，結束，完成；繳付（稅）；遵守，履行，服從（法律）；充滿力量
τέλος, ους, τό	終局，窮盡，終點，末期，終結（ἄχρι τ. 至終；εἰς τ. 到最後，永遠，繼續地，最後；ἕως τ. 始終，完全地；μέχρι τ. βεβαίαν 堅持到底；ἔχω τ. 終止
τέλος, ους, τό	結局，結果，目標，目的，實現；稅，關稅（太 17.25）
τελώνης, ου, ὁ	稅棍，收稅的人，（國家的）稅務人員
τιμάω	尊重，尊敬，孝敬；定價（太 27.9a；＜關＞太 27.9b）；尊重…的身份或資助，重用
τριάκοντα	三十
ὑποκριτής, οῦ, ὁ	僞善者，虛僞的人
ὕστερος, α, ον	最後，稍後，將來，末後；後者，第二（太 21.31經文校勘欄）
φαίνω	照耀，發光；＜關＞與＜被動＞出現，顯現，看見，讓…看見，讓…看出，被顯明；看起來顯得好像…；似乎，顯得（τί ὑμῖν φαίνεται 你們說該怎麼辦呢？）；以爲

φεύγω	逃，逃避；逃脫；規避，避免；消失，消滅
φιλέω	愛，愛惜；愛好，喜歡（作某事或作某樣的人）；吻
φονεύω	謀殺，殺害，殺人
φρόνιμος, ον	智慧的，聰明的，機警的；＜比較＞更精明的
φυλακή, ῆς, ἡ	監獄，囚禁人的地方；更（從晚上六點到早上六點之間劃分成三或四段時間，太 14.25）；警衛或警衛崗位；（邪靈）窩巢；φυλάσσω φ. 輪流守更
φωνέω	呼叫，向…叫；喊出，大聲說；叫喊，傳喚；（公雞）喔喔叫；邀請
χρεία, ας, ἡ	應當，必須；ἔχω χ. τινός 不可缺少的人或物；需要，缺少（ἔχω χ. 需要，缺乏；πρὸς οἰκοδομὴν τῆς χ. 按著情況去〔說〕造就人〔的話〕）；事務，任務，職務
χρυσός, οῦ, ὁ	黃金，金子，金幣；金偶像
χωλός, ή, όν	跛腳的，瘸腿的；τὸ χ. 跛了的腳
ὥσπερ	如同，正如，正像；好像，好比

第一章

1.	βίβλος, ου, ἡ	名.主.陰.單	書，記錄
	γένεσις, εως, ἡ	名.所.陰.單	出生，世系，家譜
2.	Ἰσαάκ, ὁ	名.直.陽.單	以撒〔依撒格〕
3.	Φάρες, ὁ	名.直.陽.單	法勒斯〔培勒茲〕
	Ζάρα, ὁ	名.直.陽.單	謝拉〔則辣黑〕
	Θαμάρ, ἡ	名.所.陰.單	她瑪，和：他瑪〔塔瑪爾〕
	Ἑσρώμ, ὁ	名.直.陽.單	希斯崙〔赫茲龍〕
	Ἀράμ, ὁ	名.直.陽.單	亞蘭〔阿蘭〕
4.	Ἀμιναδάβ, ὁ	名.直.陽.單	亞米拿達〔阿米納達布〕
	Ναασσών, ὁ	名.直.陽.單	拿順〔納赫雄〕
	Σαλμών, ὁ	名.直.陽.單	撒門〔撒耳孟〕
5.	Βόες, ὁ	名.直.陽.單	波阿斯〔波阿次〕
	Ῥαχάβ, ἡ	名.所.陰.單	喇合〔辣哈布〕
	Ἰωβήδ, ὁ	名.直.陽.單	俄備得〔敖貝得〕

ʽΡούθ, ἡ	名.所.陰.單	路得〔盧德〕
ʼΙεσσαί, ὁ	名.直.陽.單	耶西〔葉瑟〕（大衛的父親）
6. Οὐρίας, ου, ὁ	名.所.陽.單	烏利亞〔烏黎雅〕
7. ʽΡοβοάμ, ὁ	名.直.陽.單	羅波安〔勒哈貝罕〕
ʼΑβιά, ὁ	名.直.陽.單	亞比雅〔阿彼雅〕
ʼΑσάφ	名.直.陽.單	亞撒〔阿撒〕
8. ʼΙωσαφάτ, ὁ	名.直.陽.單	約沙法〔約沙法特〕
ʼΙωράμ, ὁ	名.直.陽.單	約蘭
ʼΟζίας, ου, ὁ	名.直.陽.單	烏西亞〔烏齊雅〕
9. ʼΙωαθάμ, ὁ	名.直.陽.單	約坦〔約堂〕
ʼΑχάζ, ὁ	名.直.陽.單	亞哈斯〔阿哈次〕
ʽΕζεκίας, ου, ὁ	名.直.陽.單	希西家〔希則克雅〕
10. Μανασσῆς, ῆ, ὁ	名.直.陽.單	瑪拿西〔默納舍〕
ʼΑμώς, ὁ	名.直.陽.單	亞摩斯〔阿摩斯〕
ʼΙωσίας, ου, ὁ	名.直.陽.單	約西亞〔約史雅〕
11. ʼΙεχονίας, ου, ὁ	名.直.陽.單	耶哥尼雅〔耶苛尼雅〕
μετοικεσία, ας, ἡ	名.所.陰.單	放逐，流亡異鄉
Βαβυλών, ῶνος, ἡ	名.所.陰.單	巴比倫
12. Σαλαθιήλ, ὁ	名.直.陽.單	撒拉鐵〔沙耳提耳〕
Ζοροβαβέλ, ὁ	名.直.陽.單	所羅巴伯〔則魯巴貝耳〕
13. ʼΑβιούδ, ὁ	名.直.陽.單	亞比玉〔阿彼烏得〕
ʼΕλιακίμ, ὁ	名.直.陽.單	以利亞敬〔厄里雅金〕
ʼΑζώρ, ὁ	名.直.陽.單	亞所〔阿左爾〕
14. Σαδώκ, ὁ	名.直.陽.單	撒督〔匝多克〕
ʼΑχίμ, ὁ	名.直.陽.單	亞金〔阿欽〕
ʼΕλιούδ, ὁ	名.直.陽.單	以律〔厄里烏得〕
15. ʼΕλεάζαρ, ὁ	名.直.陽.單	以利亞撒〔厄肋阿匝爾〕
Ματθάν (Μαθθάν), ὁ	名.直.陽.單	馬但〔瑪堂〕
17. δεκατέσσαρες	形.主.陰.複.原	十四
μετοικεσία, ας, ἡ	名.所.陰.單	放逐，流亡異鄉
Βαβυλών, ῶνος, ἡ	名.所.陰.單	巴比倫
18. γένεσις, εως, ἡ	名.主.陰.單	世系，家譜
μνηστεύω	動.過不.被.分詞.所.陰.單	訂婚，許配

πρίν	連. 時從	在…之前，…以前
συνέρχομαι	動. 過不. 主. 不定	成婚，同房
γαστήρ, τρός, ἡ	名. 間. 陰. 單	子宮，貪吃暴食
ἐν γαστρὶ ἔχω		懷孕
19. δειγματίζω	動. 過不. 主. 不定	羞辱，公開示衆
βούλομαι	動. 過不. 被. 直說. 三單	想要，願意，打算，計劃
λάθρᾳ	副. 原	秘密地，暗地裏
20. ἐνθυμέομαι	動. 過不. 被. 分詞. 所. 陽. 單	考慮，想，沉思
21. τίκτω	動. 未來. 關. 直說. 三單	生育，生產
23. παρθένος, ου, ἡ, ὁ	名. 主. 陰. 單	處女，未婚女孩
γαστήρ, τρός, ἡ	名. 間. 陰. 單	子宮，貪吃暴食
τίκτω	動. 未來. 關. 直說. 三單	生育，生產
Ἐμμανουήλ, ὁ	名. 直. 陽. 單	以馬內利〔厄瑪奴耳〕
μεθερμηνεύω	動. 現在. 被. 分詞. 主. 中. 單	翻譯，意思是
ἐν γαστρὶ ἔχω		懷孕
24. ὕπνος, ου, ὁ	名. 所. 陽. 單	睡覺
προστάσσω	動. 過不. 主. 直說. 三單	吩咐，命令
ἐγερθεὶς ἀπὸ τοῦ ὕπνου		他醒過來
25. τίκτω	動. 過不. 主. 直說. 三單	生育，生產
ἕως οὗ		直到，當…時，到…爲止

第二章

1. μάγος, ου, ὁ	名. 主. 陽. 複	智慧人，星象家，術士
παραγίνομαι	動. 過不. 關. 直說. 三複	來，到達，出現
2. ποῦ	連. 疑并	在哪裏？
τίκτω	動. 過不. 被. 分詞. 主. 陽. 單	生育，生產
3. ταράσσω	動. 過不. 被. 直說. 三單	愁煩，著急不安，驚駭
4. πυνθάνομαι	動. 過未. 關. 直說. 三單	詢問，問，疑問
ποῦ	連. 疑從	在哪裏？
6. οὐδαμῶς	副. 原	絕不，一點也不
ἡγέομαι	動. 現在. 關. 分詞. 主. 陽. 單	帶領，治理
ποιμαίνω	動. 未來. 主. 直說. 三單	治理
7. λάθρᾳ	副. 原	秘密地，暗地裏

μάγος, ου, ὁ	名. 直. 陽. 複	智慧人，星象家，術士
ἀκριβόω	動. 過不. 主. 直說. 三單	查問（眞相）
8. ἐξετάζω	動. 過不. 主. 命令. 二複	仔細尋找，打聽，詢問
ἀκριβῶς	副. 原	準確地，仔細地
ἐπάν	連. 時從	當…時，一經…就
11. λίβανος, ου, ὁ	名. 直. 陽. 單	乳香
σμύρνα, ης, ἡ	名. 直. 陰. 單	沒藥
12. χρηματίζω	動. 過不. 被. 分詞. 主. 陽. 複	警告，指示，啓示
ἀνακάμπτω	動. 過不. 主. 不定	回，歸
χώρα, ας, ἡ	名. 直. 陰. 單	地區，地方，鄉下，土地
13. Αἴγυπτος, ου, ἡ	名. 直. 陰. 單	埃及
15. τελευτή, ῆς, ἡ	名. 所. 陰. 單	死亡
Αἴγυπτος, ου, ἡ	名. 所. 陰. 單	埃及
16. μάγος, ου, ὁ	名. 所. 陽. 複	智慧人，星象家，術士
θυμόω	動. 過不. 被. 直說. 三單	惱怒
λίαν	副. 原	極力地，非常，很，十分
ἀναιρέω	動. 過不. 主. 直說. 三單	殺害，處死
διετής, ές	形. 所. 陽. 單. 原	兩歲大
κατωτέρω	副. 比	在…下，在（年齡）以內
ἀκριβόω	動. 過不. 主. 直說. 三單	查問（眞相）
17. Ἰερεμίας, ου, ὁ	名. 所. 陽. 單	耶利米〔耶肋米亞〕
18. Ῥαμά, ἡ	名. 間. 陰. 單	拉瑪〔辣瑪〕
ὀδυρμός, οῦ, ὁ	名. 主. 陽. 單	哀哭，悲痛
Ῥαχήλ, ἡ	名. 主. 陰. 單	拉結〔辣黑耳〕
κλαίω	動. 現在. 主. 分詞. 主. 陰. 單	痛哭，哀泣，爲…哀哭
19. τελευτάω	動. 過不. 主. 分詞. 所. 陽. 單	死亡，在臨終的時候
Αἴγυπτος, ου, ἡ	名. 間. 陰. 單	埃及
20. θνῄσκω	動. 完成. 主. 直說. 三複	死，死了
ζητέω τὴν ψυχήν		企圖殺害
22. Ἀρχέλαος, ου, ὁ	名. 主. 陽. 單	亞基老〔阿爾赫勞〕
βασιλεύω	動. 現在. 主. 直說. 三單	掌權，統治，作王
χρηματίζω	動. 過不. 被. 分詞. 主. 陽. 單	警告，指示，啓示
μέρος, ους, τό	名. 直. 中. 複	部份，地區，事情，行業

23. κατοικέω	動.過不.主.直說.三單	居住，定居，住在
Ναζαρέτ, ἡ	名.直.陰.單	拿撒勒〔納匝肋〕
Ναζωραῖος, ου, ὁ	名.主.陽.單	拿撒勒人〔納匝肋人〕

第三章

1. παραγίνομαι	動.現在.關.直說.三單	出現
3. βοάω	動.現在.主.分詞.所.陽.單	呼喊，大叫，歡呼
εὐθύς, εῖα, ύ	形.直.陰.複.原	直的，正直的，對的
τρίβος, ου, ἡ	名.直.陰.複	路徑，小路
4. θρίξ, τριχός, ἡ	名.所.陰.複	毛，頭髮
κάμηλος, ου, ὁ, ἡ	名.所.陰.單	駱駝
ζώνη, ης, ἡ	名.直.陰.單	腰帶，帶子，錢袋
δερμάτινος, η, ον	形.直.陰.單.原	皮革的
ὀσφῦς, ύος, ἡ	名.直.陰.單	腰部，生殖器官
τροφή, ῆς, ἡ	名.主.陰.單	生計，生活，吃的東西
ἀκρίς, ίδος, ἡ	名.主.陰.複	蝗蟲，蚱蜢
μέλι, ιτος, τό	名.主.中.單	蜂蜜
ἄγριος, α, ον	形.主.中.單.原	野生的，狂的
5. περίχωρος, ον	名.主.陰.單	周圍地區，一帶
6. ποταμός, οῦ, ὁ	名.間.陽.單	河流，氾濫的河水
ἐξομολογέω	動.現在.關.分詞.主.陽.複	承認，宣認
7. βάπτισμα, ατος, τό	名.直.中.單	洗禮
γέννημα, ατος, τό	名.呼.中.複	子孫，後代
ἔχιδνα, ης, ἡ	名.所.陰.複	蛇，毒蛇
ὑποδείκνυμι	動.過不.主.直說.三單	指示，告訴
ὀργή, ῆς, ἡ	名.所.陰.單	憤怒，審判，懲罰
γέννημα ἐχιδνῶν		毒蛇的種類
8. μετάνοια, ας, ἡ	名.所.陰.單	悔改，轉離罪惡
ποιέω καρπόν		造成結果
10. ἀξίνη, ης, ἡ	名.主.陰.單	斧頭
ῥίζα, ης, ἡ	名.直.陰.單	根
κεῖμαι	動.現在.關.直說.三單	安放，在
ἐκκόπτω	動.現在.被.直說.三單	砍掉，使…無法，阻礙

11. μετάνοια, ας, ἡ	名.直.陰.單	悔改，轉離罪惡
ἰσχυρός, ά, όν	形.主.陽.單.比	強壯的，大力的，嚴重的
ἱκανός, ή, όν	形.主.陽.單.原	值得的，配
ὑπόδημα, ατος, τό	名.直.中.複	涼鞋，拖鞋，鞋子
βαστάζω	動.過不.主.不定	攜帶
12. πτύον, ου, τό	名.主.中.單	簸箕
διακαθαρίζω	動.未來.主.直說.三單	揚淨，打穀
ἅλων, ωνος, ἡ	名.直.陰.單	已去殼的穀物
σῖτος, ου, ὁ	名.直.陽.單	穀，麥子，食糧
ἀποθήκη, ης, ἡ	名.直.陰.單	穀倉，倉庫
ἄχυρον, ου, τό	名.直.中.單	糠秕
κατακαίω	動.未來.主.直說.三單	焚燒，燒掉，燒盡
ἄσβεστος, ον	形.間.中.單.原	永不熄滅的
13. παραγίνομαι	動.現在.關.直說.三單	來，到達，出現
14. διακωλύω	動.過未.主.直說.三單	阻止
15. πρέπω	動.現在.主.分詞.主.中.單	…是合宜的，…是適當的
16. ὡσεί	虛.比	像，好像，約，大概
περιστερά, ᾶς, ἡ	名.直.陰.單	鴿子
17. εὐδοκέω	動.過不.主.直說.一單	喜愛，決意選擇，樂意

第四章

1. ἀνάγω	動.過不.被.直說.三單	帶，領
2. τεσσεράκοντα	形.直.陰.複.原	四十
ἡμέρας τεσσεράκοντακαὶ (νύκτας τεσσεράκοντα)		一段長時間
5. πτερύγιον, ου, τό	名.直.中.單	（聖殿）最高點處或尖頂
6. κάτω	副.原	下，在下面
ἐντέλλομαι	動.未來.關.直說.三單	吩咐，命令
προσκόπτω	動.過不.主.假設.二單	跌，撞擊，碰
υἱὸς τοῦ θεοῦ		上帝的兒子
7. ἐκπειράζω	動.未來.主.直說.二單	試探
8. ὑψηλός, ή, όν	形.直.中.單.原	高的
λίαν	副.原	非常，很
δείκνυμι	動.現在.主.直說.三單	顯現，指示，給…看

10. Σατανᾶς, ᾶ, ὁ	名.呼.陽.單	魔鬼撒但〔撒殫〕
λατρεύω	動.未來.主.直說.二單	事奉，敬拜
13. καταλείπω	動.過不.主.分詞.主.陽.單	離開
Ναζαρά, ἡ	名.直.陰.單	拿撒勒〔納匝肋〕
κατοικέω	動.過不.主.直說.三單	居住，住在
Καφαρναούμ, ἡ	名.直.陰.單	迦百農〔葛法翁〕
παραθαλάσσιος, α, ον	形.直.陰.單.原	在海（湖）邊
Ζαβουλών, ὁ	名.所.陽.單	西布倫〔則步隆〕
Νεφθαλίμ, ὁ	名.所.陽.單	拿弗他利〔納裴塔里〕
15. Ζαβουλών, ὁ	名.所.陽.單	西布倫〔則步隆〕
Νεφθαλίμ, ὁ	名.所.陽.單	拿弗他利〔納裴塔里〕
16. χώρα, ας, ἡ	名.間.陰.單	地區，地方
σκιά, ᾶς, ἡ	名.間.陰.單	陰影
ἀνατέλλω	動.過不.主.直說.三單	日出，照亮，使太陽出來
18. Ἀνδρέας, ου, ὁ	名.直.陽.單	安得烈〔安德肋〕
ἀμφίβληστρον, ου, τό	名.直.中.單	下網捕魚
ἁλιεύς, έως, ὁ	名.主.陽.複	漁夫
20. δίκτυον, ου, τό	名.直.中.複	（漁）網
21. προβαίνω	動.過不.主.分詞.主.陽.單	繼續往前走
καταρτίζω	動.現在.主.分詞.直.陽.複	整理
23. περιάγω	動.過未.主.直說.三單	走，走遍
μαλακία, ας, ἡ	名.直.陰.單	疾病
24. ἀκοή, ῆς, ἡ	名.主.陰.單	消息
Συρία, ας, ἡ	名.直.陰.單	敘利亞，亞蘭
ποικίλος, η, ον	形.間.陰.複.原	各種的，各樣的，不同的
βάσανος, ου, ἡ	名.間.陰.複	折磨，痛苦
συνέχω	動.現在.被.分詞.直.陽.複	患病
σεληνιάζομαι	動.現在.被.分詞.直.陽.複	發狂，患癲癇病
25. Δεκάπολις, εως, ἡ	名.所.陰.單	十邑，低加波里，和：低加波利
πτωχὸς τῷ πνεύματι		謙恭，謙卑

第五章

4. πενθέω	動.現在.主.分詞.主.陽.複	悲傷，哀慟，憂愁

5. πραΰς, πραεῖα, πραΰ	形.主.陽.複.原	謙遜的，溫柔的
κληρονομέω	動.未來.主.直說.三複	承受，成爲（神國的）子民
6. χορτάζω	動.未來.被.直說.三複	餵，餵飽，飽足
7. ἐλεήμων, ον	形.主.陽.複.原	仁慈的
8. καθαρός, ά, όν	形.主.陽.複.原	潔淨的，純潔的
9. εἰρηνοποιός, ον	名.主.陽.複	促進和平的人
11. ὀνειδίζω	動.過不.主.假設.三複	侮辱，辱罵
ψεύδομαι	動.現在.關.分詞.主.陽.複	說謊，虛僞，欺瞞
12. ἀγαλλιάω	動.現在.關.命令.二複	大大歡喜快樂
13. ἅλας, ατος, τό	名.主.中.單	鹽
μωραίνω	動.過不.被.假設.三單	變得没有味道
ἁλίζω	動.未來.被.直說.三單	使鹹，恢復（鹽）原味
ἰσχύω	動.現在.主.直說.三單	生效，能
καταπατέω	動.現在.被.不定	踐踏，踏在腳下，蔑視
εἰς οὐδέν ἰσχύω		没有價値，成爲廢物
14. κεῖμαι	動.現在.關.分詞.主.陰.單	安放，在，設立
15. καίω	動.現在.主.直說.三複	點燈，燒著
λύχνος, ου, ὁ	名.直.陽.單	燈
μόδιος, ίου, ὁ	名.直.陽.單	斗（約 8.75 公升）
λυχνία, ας, ἡ	名.直.陰.單	燈台
λάμπω	動.現在.主.直說.三單	照耀，照亮
17. νομίζω	動.過不.主.假設.二複	想，以爲，認爲
ὁ νόμος καὶ οἱ προφῆται		（舊約）聖經
18. ἰῶτα, τό	名.主.中.單	希臘文的一個字母
κεραία, ας, ἡ	名.主.陰.單	（字的）筆劃
21. ἀρχαῖος, α, ον	形.間.陽.複.原	舊的，古時的，以前的
22. ὀργίζω	動.現在.被.分詞.主.陽.單	生氣，憤怒
ῥακά	名.呼.陽.單	拉加，蠢人或廢物
συνέδριον, ου, τό	名.間.中.單	法庭，議會
ἔνοχος εἰς τὴν γέενναν		逃不了地獄的火刑
23. κἀκεῖ	連.繫并	而在那裏，也在那裏
μιμνῄσκομαι	動.過不.被.假設.二單	記得，回憶
24. διαλλάσσομαι	動.過不.被.命令.二單	與…講和

25. εὐνοέω	動.現在.主.分詞.主.陽.單	和解
ἀντίδικος, ου, ὁ	名.間.陽.單	對頭，仇敵
ταχύς, εῖα, ύ	副.原	儘快地，急忙，立刻
κριτής, οῦ, ὁ	名.間.陽.單	法官
ὑπηρέτης, ου, ὁ	名.間.陽.單	警衛，助理，幫手
26. κοδράντης, ου, ὁ	名.直.陽.單	一分錢（羅馬銅幣）
27. μοιχεύω	動.未來.主.直說.二單	犯姦淫
28. ἐπιθυμέω	動.過不.主.不定	慾望，邪念
29. ἐξαιρέω	動.過不.主.命令.二單	挖出
συμφέρω	動.現在.主.直說.三單	要好得多
μέλος, ους, τό	名.所.中.複	肢體，成員
30. ἐκκόπτω	動.過不.主.命令.二單	砍掉
31. ἀποστάσιον, ου, τό	名.直.中.單	離婚書
32. παρεκτός	不介.所	除…之外，外在的
πορνεία, ας, ἡ	名.所.陰.單	姦淫，淫亂，不貞
μοιχεύω	動.過不.被.不定	犯姦淫
μοιχάω	動.現在.被.直說.三單	犯姦淫
33. ἀρχαῖος, α, ον	形.間.陽.複.原	舊的，古時的
ἐπιορκέω	動.未來.主.直說.二單	發假誓，違背誓言
ὅρκος, ου, ὁ	名.直.陽.複	誓言，發誓
34. ὅλως	副.原	根本，完全
35. ὑποπόδιον, ου, τό	名.主.中.單	腳凳
36. θρίξ, τριχός, ἡ	名.直.陰.單	毛，頭髮
λευκός, ή, όν	形.直.陰.單.原	白色的
μέλας, αινα, αν	形.直.陰.單.原	黑色的
37. οὔ	虛.否	不（否定答詞）
περισσός, ή, όν	形.主.中.單.原	更…，不必要的
39. ἀνθίστημι	動.過不.主.不定	抗拒，反對，抵擋
ῥαπίζω	動.現在.主.直說.三單	（用手）擊，打
σιαγών, όνος, ἡ	名.直.陰.單	臉頰
40. χιτών, ῶνος, ὁ	名.直.陽.單	內衣，衫
41. ἀγγαρεύω	動.未來.主.直說.三單	強逼，逼人服事
μίλιον, ου, τό	名.直.中.單	里（約等於 1618 碼）

42. δανείζω (-ιζω)	動. 過不. 關. 不定	借出，借入
ἀποστρέφω	動. 過不. 被. 假設. 二單	拿還，收回
43. πλησίον	副. 原	靠近，鄰舍
45. ἀνατέλλω	動. 現在. 主. 直說. 三單	日出，照亮，使太陽出來
βρέχω	動. 現在. 主. 直說. 三單	下雨，降雨
ἄδικος, ον	形. 直. 陽. 複. 原	邪惡的，犯罪的，不誠實的
47. περισσός, ή, όν	形. 直. 中. 單. 原	更…，不必要的，
ἐθνικός, ή, όν	形. 主. 陽. 複. 原	異教徒的，外邦人
48. τέλειος, α, ον	形. 主. 陽. 複. 原	完全的，完美的

第六章

1. θεάομαι	動. 過不. 被. 不定	看見，注意
γέ	虛. 強	表示強調附屬的虛詞
εἰ δὲ μή γε		否則，這樣做的話
2. ἐλεημοσύνη, ης, ἡ	名. 直. 陰. 單	施捨，賙濟窮人
σαλπίζω	動. 過不. 主. 假設. 二單	吹號角，吹喇叭
ῥύμη, ης, ἡ	名. 間. 陰. 複	街道，巷
3. ἀριστερός, ά, όν	形. 主. 陰. 單. 原	左，左手
μὴ γνώτω ἡ ἀριστερά σου τί ποιεῖ ἡ δεξία σου		秘密地做
4. ἐλεημοσύνη, ης, ἡ	名. 主. 陰. 單	施捨，賙濟人（的行爲或錢財）
ἐν τῷ κρυπτῷ		私下地，秘密地
5. γωνία, ας, ἡ	名. 間. 陰. 複	角落
πλατεῖα, ας, ἡ	名. 所. 陰. 複	街道，大街
6. ταμεῖον, ου, τό	名. 直. 中. 單	裏間兒或密室
κλείω	動. 過不. 主. 分詞. 主. 陽. 單	關閉，鎖
θύρα, ας, ἡ	名. 直. 陰. 單	門，入口，機會
7. βατταλογέω	動. 過不. 主. 假設. 二複	嘮叨，重複沒有意義的話
ἐθνικός, ή, όν	形. 主. 陽. 複. 原	異教徒的，外邦人的
πολυλογία, ας, ἡ	名. 間. 陰. 單	長篇大論，冗長的禱告
εἰσακούω	動. 未來. 被. 直說. 三複	聽（禱告）
9. ἁγιάζω	動. 過不. 被. 命令. 三單	尊爲聖
11. ἐπιούσιος, ον	形. 直. 陽. 單. 原	爲了今天，生存必需的
12. ὀφείλημα, ατος, τό	名. 直. 中. 複	債，過錯，罪

ὀφειλέτης, ου, ὁ	名. 間. 陽. 複	負債的人，犯錯的人
13. εἰσφέρω	動. 過不. 主. 假設. 二單	帶（進）來，讓…受
πειρασμός, οῦ, ὁ	名. 直. 陽. 單	試煉，磨煉，試探
ῥύομαι	動. 過不. 關. 命令. 二單	拯救，解救，救…脫離
14. παράπτωμα, ατος, τό	名. 直. 中. 複	罪，過錯
16. σκυθρωπός, ή, όν	形. 主. 陽. 複. 原	憂傷的，憂愁的，苦（相）
ἀφανίζω	動. 現在. 主. 直說. 三複	裝出苦相
17. ἀλείφω	動. 過不. 關. 命令. 二單	抹油
νίπτω	動. 過不. 關. 命令. 二單	洗身，臉，手，足等
18. κρυφαῖος, α, ον	形. 間. 中. 單. 原	秘密的，隱藏的
19. θησαυρίζω	動. 現在. 主. 命令. 二複	積聚，積存，保留
σής, σητός, ὁ	名. 主. 陽. 單	蛀蟲
βρῶσις, εως, ἡ	名. 主. 陰. 單	銹
ἀφανίζω	動. 現在. 主. 直說. 三單	破壞，毀滅
κλέπτης, ου, ὁ	名. 主. 陽. 複	小偷，賊
διορύσσω	動. 現在. 主. 直說. 三複	挖透
22. λύχνος, ου, ὁ	名. 主. 陽. 單	燈
ἁπλοῦς, ῆ, οῦν	形. 主. 陽. 單. 原	健全的，好的
φωτεινός, ή, όν	形. 主. 中. 單. 原	光明的，燦爛的（雲彩）
23. σκοτεινός, ή, όν	形. 主. 中. 單. 原	黑暗的，在黑暗中的
24. δουλεύω	動. 現在. 主. 不定	事奉，服事，作奴隸
ἀντέχω	動. 未來. 關. 直說. 三單	忠於，看重，堅守，幫助
καταφρονέω	動. 未來. 主. 直說. 三單	藐視，輕看，不當作一回事
μαμωνᾶς, ᾶ, ὁ	名. 間. 陽. 單	金錢，財富，財產
25. ἐνδύω	動. 過不. 關. 假設. 二複	穿
τροφή, ῆς, ἡ	名. 所. 陰. 單	食物，糧食
26. ἐμβλέπω	動. 過不. 主. 命令. 二複	定睛看，試想
πετεινόν, οῦ, τό	名. 直. 中. 複	鳥，飛禽
θερίζω	動. 現在. 主. 直說. 三複	收割，收獲，積聚
ἀποθήκη, ης, ἡ	名. 直. 陰. 複	穀倉，倉庫
τρέφω	動. 現在. 主. 直說. 三單	飼養，餵養
διαφέρω	動. 現在. 主. 直說. 二複	更貴重，不一樣
πετεινὰ τοῦ οὐρανοῦ		野鳥

27. προστίθημι	動. 過不. 主. 不定	增加，給
ἡλικία, ας, ἡ	名. 直. 陰. 單	年齡，人生，年日，身高
πῆχυς, εως, ὁ	名. 直. 陽. 單	腕尺，肘（18 吋）
28. καταμανθάνω	動. 過不. 主. 命令. 二複	想一想，觀察，看看
κρίνον, ου, τό	名. 直. 中. 複	百合花
αὐξάνω (αὔξω)	動. 現在. 主. 直說. 三複	生長
κοπιάω	動. 現在. 主. 直說. 三複	工作，辛勞工作，勞苦
νήθω	動. 現在. 主. 直說. 三複	紡（織）
30. χόρτος, ου, ὁ	名. 直. 陽. 單	植物，草
αὔριον	副. 原	明天，第二天
κλίβανος, ου, ὁ	名. 直. 陽. 單	火爐
ἀμφιέννυμι	動. 現在. 主. 直說. 三單	穿衣，穿著
ὀλιγόπιστος, ον	形. 呼. 陽. 複. 原	信心微小的，小信的
32. ἐπιζητέω	動. 現在. 主. 直說. 三複	尋求，尋找
χρῄζω	動. 現在. 主. 直說. 二複	需要，用得著
ἅπας, ασα, αν	形. 所. 中. 複. 原	所有的，全部，每件事
33. προστίθημι	動. 未來. 被. 直說. 三單	增加，給
34. αὔριον	副. 原	明天，第二天
ἀρκετός, ή, όν	形. 主. 中. 單. 原	足夠的，夠了
κακία, ας, ἡ	名. 主. 陰. 單	煩擾，憂慮

第七章

2. κρίμα, ατος, τό	名. 間. 中. 單	審判，裁判，定罪，訴訟
μέτρον, ου, τό	名. 間. 中. 單	尺度，程度，數量
μετρέω	動. 現在. 主. 直說. 二複	衡量，喻：施與，給
3. κάρφος, ους, τό	名. 直. 中. 單	微粒，木屑
δοκός, οῦ, ἡ	名. 直. 陰. 單	大樑，樑木
κατανοέω	動. 現在. 主. 直說. 二單	思想，觀察，看看，看穿
ἐν τῳ σῷ		你能的
5. δοκός, οῦ, ἡ	名. 直. 陰. 單	大樑，樑木
διαβλέπω	動. 未來. 主. 直說. 二單	看清楚，集中視力
κάρφος, ους, τό	名. 直. 中. 單	微粒，木屑
6. κύων, κυνός, ὁ	名. 間. 陽. 複	狗，狐群狗黨

μαργαρίτης, ου, ὁ	名. 直. 陽. 複	珍珠
χοῖρος, ου, ὁ	名. 所. 陽. 複	豬
καταπατέω	動. 未來. 主. 直說. 三複	踐踏，踏在腳下，蔑視
ῥήγνυμι (ῥήσσω)	動. 過不. 主. 假設. 三複	咬，襲擊
7. κρούω	動. 現在. 主. 命令. 二複	敲（門）
9. ἐπιδίδωμι	動. 未來. 主. 直說. 三單	給，交，遞
10. ὄφις, εως, ὁ	名. 直. 陽. 單	蛇
11. δόμα, ατος, τό	名. 直. 中. 複	好東西，恩賜，餽贈
13. στενός, ή, όν	形. 所. 陰. 單. 原	狹窄的，窄的
πύλη, ης, ἡ	名. 所. 陰. 單	門
πλατύς, εῖα, ύ	形. 主. 陰. 單. 原	寬闊的
εὐρύχωρος, ον	形. 主. 陰. 單. 原	寬廣的，大的，好走的
ἀπώλεια, ας, ἡ	名. 直. 陰. 單	浪費
14. θλίβω	動. 完成. 被. 分詞. 主. 陰. 單	迫害，遭遇苦難
15. ψευδοπροφήτης, ου, ὁ	名. 所. 陽. 複	假先知
ἔσωθεν	副. 原	在內心
λύκος, ου, ὁ	名. 主. 陽. 複	狼
ἅρπαξ, αγος	形. 主. 陽. 複. 原	貪婪的，兇狠的（豺狼）
ἔρχομαι ἐν ἐνδύμασιν προβάτων		假裝善良
16. μήτι	虛. 疑	用於期待否定答案的問句中
σταφυλή, ῆς, ἡ	名. 直. 陰. 複	（一串）葡萄
τρίβολος, ου, ὁ	名. 所. 陽. 複	荊棘，蒺藜
σῦκον, ου, τό	名. 直. 中. 複	無花果
19. ἐκκόπτω	動. 現在. 被. 直說. 三單	砍掉
20. γέ	虛. 強	表示強調附屬的虛詞
22. προφητεύω	動. 過不. 主. 直說. 一複	傳講神信息，預言
23. ὁμολογέω	動. 未來. 主. 直說. 一單	承認，宣佈
ἀποχωρέω	動. 現在. 主. 命令. 二複	走開，離開
ἐργάζομαι	動. 現在. 關. 分詞. 呼. 陽. 複	工作，做事
ἀνομία, ας, ἡ	名. 直. 陰. 單	邪惡，不法，罪惡
25. βροχή, ῆς, ἡ	名. 主. 陰. 單	雨
ποταμός, οῦ, ὁ	名. 主. 陽. 複	河流，氾濫的河水
πνέω	動. 過不. 主. 直說. 三複	（風）吹

προσπίπτω	動. 過不. 主. 直說. 三複	在某人面前俯伏，撞擊
θεμελιόω	動. 過完. 被. 直說. 三單	立根基，立鞏固的根基
26. ἄμμος, ου, ἡ	名. 直. 陰. 單	沙，海邊
27. βροχή, ῆς, ἡ	名. 主. 陰. 單	雨
ποταμός, οῦ, ὁ	名. 主. 陽. 複	河流，氾濫的河水
πνέω	動. 過不. 主. 直說. 三複	（風）吹
προσκόπτω	動. 過不. 主. 直說. 三複	擊打在
πτῶσις, εως, ἡ	名. 主. 陰. 單	落下，倒塌，滅亡
28. ἐκπλήσσω	動. 過未. 被. 直說. 三複	驚異，驚訝，希奇
διδαχή, ῆς, ἡ	名. 間. 陰. 單	教訓，教導，教義

第八章

2. λεπρόν, οῦ, τό	名. 主. 陽. 單	痲瘋病人，皮膚病人
3. λέπρα, ας, ἡ	名. 主. 陰. 單	痲瘋病，皮膚病
4. δείκνυμι	動. 過不. 主. 命令. 二單	指示，給…看
ἱερεύς, έως, ὁ	名. 間. 陽. 單	祭司
προστάσσω	動. 過不. 主. 直說. 三單	吩咐，. 命令. ，規定
μαρτύριον, ου, τό	名. 直. 中. 單	見證，證據
5. Καφαρναούμ, ἡ	名. 直. 陰. 單	迦百農〔葛法翁〕
ἑκατοντάρχης, ου, ὁ	名. 主. 陽. 單	百夫長，軍官
6. δεινῶς	副. 原	激烈地，懷著敵意地
βασανίζω	動. 現在. 被. 分詞. 主. 陽. 單	折磨，受痛苦
8. ἑκατοντάρχης, ου, ὁ	名. 主. 陽. 單	百夫長，軍官
ἱκανός, ή, όν	形. 主. 陽. 單. 原	值得的，配
στέγη, ης, ἡ	名. 直. 陰. 單	屋頂，舍下
ἰάομαι	動. 未來. 被. 直說. 三單	醫治，治好
ὑπὸ τὴν στεγήν		舍下
9. ἐμαυτοῦ, ῆς	代. 一反. 直. 陽. 單	我自己，我自己的
στρατιώτης, ου, ὁ	名. 直. 陽. 複	兵士，戰士，侍衛
10. τοσοῦτος, αύτη, οῦτον	代. 形指. 直. 陰. 單	如此多，如此大
11. δυσμή, ῆς, ἡ	名. 所. 陰. 複	西邊（都用<複>）
ἥκω	動. 未來. 主. 直說. 三複	臨到，來
ἀνακλίνω	動. 未來. 被. 直說. 三複	使坐下，坐席，坐下

Ἰσαάκ, ὁ	名.所.陽.單	以撒〔依撒格〕
12. ἐξώτερος, α, ον	形.直.中.單.比	外面的，外邊的
τὸ σκότος τὸ ἐξώτερον		邪靈（或魔鬼）的居所
υἱοὶ τῆς βασιλείας		神的子民，屬神的人
13. ἑκατοντάρχης, ου, ὁ	名.間.陽.單	百夫長，軍官
ἰάομαι	動.過不.被.直說.三單	醫治，治好，（變成）好的
14. πενθερά, ᾶς, ἡ	名.直.陰.單	岳母，婆婆
πυρέσσω	動.現在.主.分詞.直.陰.單	發燒
15. πυρετός, οῦ, ἡ	名.主.陽.單	發燒，熱，熱度
17. ἀσθένεια, ας, ἡ	名.直.陰.複	（各種）軟弱，疾病
βαστάζω	動.過不.主.直說.三單	忍受，承擔
20. ἀλώπηξ, εκος, ἡ	名.主.陰.複	狐狸
φωλεός, οῦ, ὁ	名.直.陽.複	洞，穴
πετεινόν, οῦ, τό	名.主.中.複	鳥，飛禽
κατασκήνωσις, εως, ἡ	名.直.陰.複	巢，窩
ποῦ	連.疑從	在哪裏？
κλίνω	動.現在.主.假設.三單	放，扰
υἱὸς τοῦ ἀνθρώπου		人子
τὴν κεφαλὴν κλίνω		躺下休息
21. ἐπιτρέπω	動.過不.主.命令.二單	讓，准，許
θάπτω	動.過不.主.不定	埋葬
24. σεισμός, οῦ, ὁ	名.主.陽.單	地震，（海上）暴風
καλύπτω	動.現在.被.不定	遮蓋，不明白，消除
κῦμα, ατος, τό	名.所.中.複	波浪
26. δειλός, ή, όν	形.主.陽.複.原	膽怯的，害怕的
ὀλιγόπιστος, ον	形.呼.陽.複.原	信心微小的，小信的
γαλήνη, ης, ἡ	名.主.陰.單	（海）平靜
27. ποταπός, ή, όν	代.形疑.主.陽.單	是哪一種的，怎樣的
ὑπακούω	動.現在.主.直說.三複	聽從
28. χώρα, ας, ἡ	名.直.陰.單	地區，地方
Γαδαρηνός, ή, όν	形.所.陽.複.原	加大拉的〔加達辣的〕
ὑπαντάω	動.過不.主.直說.三複	遇見，迎接
χαλεπός, ή, όν	形.主.陽.複.原	兇猛的

λίαν	副.原	非常
ἰσχύω	動.現在.主.不定	能，制伏
29. βασανίζω	動.過不.主.不定	折磨，受痛苦
30. μακράν	副.原	遠，遠方
ἀγέλη, ης, ἡ	名.主.陰.單	獸群（豬）
χοῖρος, ου, ὁ	名.所.陽.複	豬
βόσκω	動.現在.被.分詞.主.陰.單	照顧，餵養，吃東西
31. δαίμων, ονος, ὁ	名.主.陽.複	鬼，邪靈
32. χοῖρος, ου, ὁ	名.直.陽.複	豬
ὁρμάω	動.過不.主.直說.三單	衝，擁
ἀγέλη, ης, ἡ	名.主.陰.單	獸群（豬）
κρημνός, οῦ, ὁ	名.所.陽.單	懸崖，山崖
33. βόσκω	動.現在.主.分詞.主.陽.複	照顧，牧養，餵養
34. ὑπάντησις, εως, ἡ	名.直.陰.單	迎接

第九章

1. διαπεράω	動.過不.主.直說.三單	渡過
2. κλίνη, ης, ἡ	名.所.陰.單	床，床鋪，擔架，病床
θαρσέω	動.現在.主.命令.二單	放心吧！要勇敢！
3. βλασφημέω	動.現在.主.直說.三單	褻瀆，毀謗，侮辱
λέγω ἐν ἑαυτῷ		心裡想
4. ἐνθύμησις, εως, ἡ	名.直.陰.複	想法，思想，幻想
ἱνατί	連.疑并	爲甚麼？何故？
ἐνθυμέομαι	動.現在.關.直說.二複	考慮，想，沉思
5. εὔκοπος, ον	形.主.中.單.比	較容易的
6. κλίνη, ης, ἡ	名.直.陰.單	床，床鋪，擔架，病床
9. παράγω	動.現在.主.分詞.主.陽.單	經過
τελώνιον, ου, τό	名.直.中.單	稅關
Μαθθαῖος, ου, ὁ	名.直.陽.單	馬太〔瑪竇〕
10. συνανάκειμαι	動.過未.關.直說.三複	與…同桌，跟…同吃
12. ἰσχύω	動.現在.主.分詞.主.陽.複	強壯，健康
ἰατρός, οῦ, ὁ	名.所.陽.單	醫生
κακῶς ἔχω		生病

13. μανθάνω	動.過不.主.命令.二複	學習，研究
ἔλεος, ους, τό	名.直.中.單	仁慈，憐憫
θυσία, ας, ἡ	名.直.陰.單	犧牲，祭物，牲祭
15. νυμφών, ῶνος, ὁ	名.所.陽.單	結婚禮堂
πενθέω	動.現在.主.不定	悲傷，哀慟，憂愁
ἀπαίρω	動.過不.被.假設.三單	帶走
ἐφ᾽ ὅσον		當…還…的時侯，只要
οἱ υἱοὶ τοῦ νυμφῶνος		婚禮的客人，伴郎
16. ἐπιβάλλω	動.現在.主.直說.三單	搭在…上
ἐπίβλημα, ατος, τό	名.直.中.單	布，補片
ῥάκος, ους, τό	名.所.中.單	布塊
ἄγναφος, ον	形.所.中.單.原	新的，未縮水的
παλαιός, ά, όν	形.間.中.單.原	舊約，以前的
πλήρωμα, ατος, τό	名.直.中.單	補盯（布）
χείρων, ον	形.主.中.單.比	更壞的，更厲害的
σχίσμα, ατος, τό	名.主.中.單	（布）裂痕
17. οἶνος, ου, ὁ	名.直.陽.單	酒
νέος, α, ον	形.直.陽.單.原	新的，新鮮的，年輕的
ἀσκός, οῦ, ὁ	名.直.陽.複	皮製酒袋
γέ	虛.強	表示強調附屬的虛詞
ῥήγνυμι (ῥήσσω)	動.現在.被.直說.三複	撕裂，脹破
ἐκχέω	動.現在.被.直說.三單	倒出，漏掉
καινός, ή, όν	形.直.陽.複.原	新的，新品質的
ἀμφοτεροι, αι, α	形.主.陽.複.原	兩（者），都
συντηρέω	動.現在.被.直說.三複	保安，保存，保全
18. τελευτάω	動.過不.主.直說.三單	死亡，在臨終的時候
20. αἱμορροέω	動.現在.主.分詞.主.陰.單	患血漏症，患血崩
ἔτος, ους, τό	名.直.中.複	年
ὄπισθεν	副.原	在後，在…背後
κράσπεδον, ου, τό	名.所.中.單	邊緣，衣角，縫子
λέγω ἐν ἑαυτῷ		心裡想
22. θαρσέω	動.現在.主.命令.二單	要勇敢！放心吧！
23. αὐλητής, οῦ, ὁ	名.直.陽.複	吹笛的人

θορυβέω	動. 現在. 被. 分詞. 直. 陽. 單	亂嚷
24. κοράσιον, ου, τό	名. 主. 中. 單	女孩
καταγελάω	動. 過未. 主. 直說. 三複	譏笑
26. φήμη, ης, ἡ	名. 主. 陰. 單	名聲，消息
27. παράγω	動. 現在. 主. 分詞. 間. 陽. 單	經過
30. ἐμβριμάομαι	動. 過不. 被. 直說. 三單	鄭重地吩咐
ἀνοίγω τοὺς ὀφθαλμούς		使…恢復視覺
31. διαφημίζω	動. 過不. 主. 直說. 三複	傳遍，流傳，宣揚
35. περιάγω	動. 過未. 主. 直說. 三單	走遍
κώμη, ης, ἡ	名. 直. 陰. 複	村莊，小鎮
μαλακία, ας, ἡ	名. 直. 陰. 單	疾病
36. σκύλλω	動. 完成. 被. 分詞. 主. 陽. 複	煩擾，愁煩，孤苦
ῥίπτω (ῥιπτέω)	動. 完成. 被. 分詞. 主. 陽. 複	無助的
ὡσεί	虛. 比	像，好像
ποιμήν, ένος, ὁ	名. 直. 陽. 單	牧人，牧羊人
38. δέομαι	動. 過不. 被. 命令. 二複	要求，祈求，懇求

第十章

1. ἀκάθαρτος, ον	形. 所. 中. 複. 原	不潔的，污穢的
μαλακία, ας, ἡ	名. 直. 陰. 單	疾病
2. Ἀνδρέας, ου, ὁ	名. 主. 陽. 單	安得烈〔安德肋〕
3. Φίλιππος, ου, ὁ	名. 主. 陽. 單	腓力〔斐理伯〕
Βαρθολομαῖος, ου, ὁ	名. 主. 陽. 單	巴多羅買〔巴爾多祿茂〕
Θωμᾶς, ᾶ, ὁ	名. 主. 陽. 單	多馬〔多默〕
Μαθθαῖος, ου, ὁ	名. 主. 陽. 單	馬太〔瑪竇〕
Ἁλφαῖος, ου, ὁ	名. 所. 陽. 單	亞勒腓〔阿耳斐〕
Θαδδαῖος, ου, ὁ	名. 主. 陽. 單	達太〔達陡〕
4. Καναναῖος, ου, ὁ	名. 主. 陽. 單	激進黨，和：奮銳黨〔熱誠者〕
Ἰσκαριώτης, ου, ὁ	名. 主. 陽. 單	加略人〔依斯加略人〕
5. παραγγέλλω	動. 過不. 主. 分詞. 主. 陽. 單	命令，吩咐
Σαμαρίτης, ου, ὁ	名. 所. 陽. 複	撒瑪利亞（撒瑪黎雅）人（男）
8. ἀσθενέω	動. 現在. 主. 分詞. 直. 陽. 複	生病
λεπρόν, οῦ, τό	名. 直. 陽. 複	痲瘋病人，皮膚病人

δωρεάν	副.原	白白地，無緣無故地
9. κτάομαι	動.過不.關.假設.二複	取得，帶
ἄργυρος, ου, ὁ	名.直.陽.單	銀，銀幣，錢
χαλκός, οῦ, ὁ	名.直.陽.單	銅幣，零錢
ζώνη, ης, ἡ	名.直.陰.複	腰帶，帶子，錢袋
10. πήρα, ας, ἡ	名.直.陰.單	袋子
χιτών, ῶνος, ὁ	名.直.陽.複	內衣，衫
ὑπόδημα, ατος, τό	名.直.中.複	涼鞋，拖鞋，鞋子
ῥάβδος, ου, ἡ	名.直.陰.單	棍，杖
τροφή, ῆς, ἡ	名.所.陰.單	食物
11. κώμη, ης, ἡ	名.直.陰.單	村莊，小鎮
ἐξετάζω	動.過不.主.命令.二複	仔細尋找，打聽，詢問
κἀκεῖ	連.繫并	而在那裏，也在那裏
13. ἐπιστρέφω	動.過不.被.命令.三單	轉向，轉回
14. ἐκτινάσσω	動.過不.主.命令.二複	跺掉，抖掉
κονιορτός, οῦ, ὁ	名.直.陽.單	塵土
15. ἀνεκτός, όν	副.比	可忍受的
Σόδομα, ων, τά	名.所.中.複	所多瑪〔索多瑪〕
Γόμορρα, ων, τά	名.所.中.複	蛾摩拉〔哈摩辣〕
16. λύκος, ου, ὁ	名.所.陽.複	狼
ὄφις, εως, ὁ	名.主.陽.複	蛇
ἀκέραιος, ον	形.主.陽.複.原	無邪的，純良的
περιστερά, ᾶς, ἡ	名.主.陰.複	鴿子
17. συνέδριον, ου, τό	名.直.中.複	法庭，議會，地方法庭
μαστιγόω	動.未來.主.直說.三複	鞭打，管教，懲罰
18. μαρτύριον, ου, τό	名.直.中.單	證言，見證，證據
21. ἐπανίστημι	動.未來.關.直說.三複	敵對，作對
γονεύς, έως, ὁ	名.直.陽.複	父母
θανατόω	動.未來.主.直說.三複	殺死，置於死地，害死
22. ὑπομένω	動.過不.主.分詞.主.陽.單	忍耐，持續，忍受
23. τελέω τὰς πόλεις		走遍這一些城市
25. ἀρκετός, ή, όν	形.主.中.單.原	足夠的，夠了
Βεελζεβούλ, ὁ	名.直.陽.單	別西卜〔貝耳則步〕，鬼王

ἐπικαλέω	動.過不.主.直說.三複	稱呼
οἰκιακός, οῦ, ὁ	名.直.陽.複	家裏的親人
26. καλύπτω	動.完成.被.分詞.主.中.單	遮蓋
ἀποκαλύπτω	動.未來.被.直說.三單	顯明，揭露
27. σκοτία, ας, ἡ	名.間.陰.單	黑暗
δῶμα, ατος, τό	名.所.中.複	屋頂
ἀκούω εἰς τὸ οὖς		私下聽到
ἐπὶ τῷ φωτί		當衆地，公開地
ἐπὶ τῶν δωμάτων		當衆地，公開地
ἐν τῇ σκοτίᾳ		私下地，秘密地
εἰς τὸ οὖς		私下地，秘密地
29. στρουθίον, ου, τό	名.主.中.複	麻雀
ἀσσάριον, ου, τό	名.所.中.單	銅幣
ἄνευ	不介.所	没有，不許可
30. θρίξ, τριχός, ἡ	名.主.陰.複	毛，頭髮
ἀριθμέω	動.完成.被.分詞.主.陰.複	計算，數算
31. στρουθίον, ου, τό	名.所.中.複	麻雀
διαφέρω	動.現在.主.直說.二複	更貴重，不一樣，扛抬…
32. ὁμολογέω	動.未來.主.直說.三單	承認，宣認
33. ἀρνέομαι	動.過不.關.假設.三單	否認，不認，背棄，拒絕
34. νομίζω	動.過不.主.假設.二複	想，以爲，認爲
35. διχάζω	動.過不.主.不定	反對，作對
νύμφη, ης, ἡ	名.直.陰.單	新娘，媳婦
πενθερά, ᾶς, ἡ	名.所.陰.單	岳母，婆婆
36. οἰκιακός, οῦ, ὁ	名.主.陽.複	家裏的親人
λαμβάνω τὸν σταυρόν		捨命，受苦至死
ἀπόλλυμι τὴν ψυχήν		死亡，死去
42. ψυχρός, ά, όν	名.所.中.單	寒冷的
τὸ ψυχρόν		冷水

第十一章

1. διατάσσω	動.現在.主.分詞.主.陽.單	吩咐，命令，指示
2. δεσμωτήριον, ου, τό	名.間.中.單	監牢

3. προσδοκάω	動.現在.主.直說.一複	等候，尋找，期望
5. ἀναβλέπω	動.現在.主.直說.三複	恢復視覺，看得見
λεπρόν, οῦ, τό	名.主.陽.複	痲瘋病人，皮膚病人
7. θεάομαι	動.過不.關.不定	看見，觀看，注意
σαλεύω	動.現在.被.分詞.直.陽.單	搖動
8. μαλακός, ή, όν	形.間.中.複.原	柔軟的，講究花樣的，奢華的
ἀμφιέννυμι	動.完成.被.分詞.直.陽.單	穿衣，穿著
φορέω	動.現在.主.分詞.主.陽.複	穿載
9. περισσότερος, α, ον	副.比	更…，更大，甚至更多
10. κατασκευάζω	動.未來.主.直說.三單	準備，開（路）
κατασκευάζω τὴν ὁδόν		預備好
11. γεννητός, ή, όν	名.間.陽.複	出生的
ἐν γεννητῷ γυναικῶν		在全人類中，在人間
12. βιάζω	動.現在.被.直說.三單	使用暴力，擠進
βιαστής, οῦ, ὁ	名.主.陽.複	強暴或激烈的人
ἁρπάζω	動.現在.主.直說.三複	奪走，抓走
13. προφητεύω	動.過不.主.直說.三複	傳講神信息，預言
16. ἀγορά, ᾶς, ἡ	名.間.陰.複	市場
προσφωνέω	動.現在.主.分詞.主.中.複	向…呼叫，說話
17. αὐλέω	動.過不.主.直說.一複	吹笛
ὀρχέομαι	動.過不.關.直說.二複	跳舞
θρηνέω	動.過不.主.直說.一複	哀悼，哀號，悲傷哀哭
κόπτω	動.過不.關.直說.二複	悲傷，哀號，哀哭
19. φάγος, ου, ὁ	名.主.陽.單	貪吃者，酒肉之徒
οἰνοπότης, ου, ὁ	名.主.陽.單	酒徒，醉漢
φίλος, η, ον	名.主.陽.單	朋友
δικαιόω	動.過不.被.直說.三單	宣告爲義
20. ὀνειδίζω	動.現在.主.不定	責備，譴責
21. Χοραζίν, ἡ	名.呼.陰.單	哥拉汛〔苛辣匝因〕
Βηθσαϊδά, ἡ	名.呼.陰.單	伯賽大〔貝特賽達〕
Τύρος, ου, ἡ	名.間.陰.單	泰爾，和：推羅〔提洛〕
Σιδών, ῶνος, ἡ	名.間.陰.單	西頓〔漆冬〕
πάλαι	副.原	以前，已經，…很久了

σάκκος, ου, ὁ	名.間.陽.單	粗麻布（衣），抹布
σποδός, οῦ, ἡ	名.間.陰.單	灰燼
22. ἀνεκτός, όν	副.比	可忍受的
23. Καφαρναούμ, ἡ	名.呼.陰.單	迦百農〔葛法翁〕
ὑψόω	動.未來.被.直說.二單	高升，舉高
ᾅδης, ου, ὁ	名.所.陽.單	陰間，死亡，地獄
Σόδομα, ων, τά	名.間.中.複	所多瑪〔索多瑪〕
μέχρι	不介.所	直到，甚至
24. ἀνεκτός, όν	副.比	可忍受的
25. ἐξομολογέω	動.現在.關.直說.一單	頌讚
σοφός, ή, όν	形.所.陽.複.原	智慧的，有經驗的
συνετός, ή, όν	形.所.陽.複.原	有學問的，明達的，博學的
ἀποκαλύπτω	動.過不.主.直說.二單	啓示，顯明，揭露
νήπιος, α, ον	形.間.陽.複.原	嬰孩，小孩，無學問的
26. εὐδοκία, ας, ἡ	名.主.陰.單	美意，喜悅，目的
27. βούλομαι	動.現在.關.假設.三單	欲，希望，願意，打算
ἀποκαλύπτω	動.過不.主.不定	啓示，顯明，揭露
28. κοπιάω	動.現在.主.分詞.呼.陽.複	工作，勞苦，疲倦
φορτίζω	動.完成.被.分詞.呼.陽.複	擔負（重擔）
ἀναπαύω	動.未來.主.直說.一單	使休息，使愉快
29. ζυγός, οῦ, ὁ	名.直.陽.單	軛，天平
μανθάνω	動.過不.主.命令.二複	學習
πραΰς, πραεῖα, πραΰ	形.主.陽.單.原	謙遜的，溫柔的
ταπεινός, ή, όν	形.主.陽.單.原	卑微的，謙和的
ἀνάπαυσις, εως, ἡ	名.直.陰.單	休息，安息，棲息的地方
30. χρηστός, ή, όν	形.主.陽.單.原	仁慈的，慈愛的，良善的
φορτίον, ου, τό	名.主.中.單	擔子，重擔
ἐλαφρός, ά, όν	形.主.中.單.原	輕的，容易擔負的

第十二章

1. σπόριμος, ον	名.所.中.複	麥田
τίλλω	動.現在.主.不定	拔，摘
στάχυς, υος, ὁ	名.直.陽.複	麥穗，穗（五穀）

4. πρόθεσις, εως, ἡ	名.所.陰.單	陳設，擺設
ἱερεύς, έως, ὁ	名.間.陽.複	祭司
ἄρτοι τῆς προθέσεως		（獻給神的）供餅
5. βεβηλόω	動.現在.主.直說.三複	褻瀆，冒犯
ἀναίτιος, ον	形.主.陽.複.原	無罪的，清白的
7. ἔλεος, ους, τό	名.直.中.單	仁慈，憐憫
θυσία, ας, ἡ	名.直.陰.單	犧牲，祭物，牲祭
καταδικάζω	動.過不.主.直說.二複	譴責，定罪
ἀναίτιος, ον	形.直.陽.複.原	無罪的，清白的
10. ξηρός, ά, όν	形.直.陰.單.原	枯乾的，枯萎的，癱瘓的
κατηγορέω	動.過不.主.假設.三複	控告（人），譴責
11. ἐμπίπτω	動.過不.主.假設.三單	掉進，落入
βόθυνος, ου, ὁ	名.直.陽.單	溝，坑
12. διαφέρω	動.現在.主.直說.三單	更貴重，不一樣
καλῶς	副.原	善
13. ἀποκαθίστημι	動.過不.被.直說.三單	治好，復元
ὑγιής, ές	形.主.陰.單.原	復原的
16. φανερός, ά, όν	形.直.陽.單.原	已知的，明顯的，清楚的
18. αἱρετίζω	動.過不.主.直說.一單	選擇，委任
εὐδοκέω	動.過不.主.直說.三單	喜愛，喜歡，決意選擇
19. ἐρίζω	動.未來.主.直說.三單	爭吵，爭辯
κραυγάζω	動.未來.主.直說.三單	大聲喊叫，喧嚷
πλατεῖα, ας, ἡ	名.間.陰.複	街道，大街
20. συντρίβω	動.完成.被.分詞.直.陽.單	斷，壓傷的，彎曲的
κατάγνυμι	動.未來.主.直說.三單	打斷，折斷
λίνον, ου, τό	名.直.中.單	亞麻，燈芯
τύφω	動.現在.被.分詞.直.中.單	冒煙，起煙，將熄
σβέννυμι	動.未來.主.直說.三單	熄滅
νῖκος, ους, τό	名.直.中.單	勝
21. ἐλπίζω	動.未來.主.直說.三複	希望，盼望，指望，仰望
23. ἐξίστημι	動.過未.關.直說.三複	驚奇，發瘋，令人驚訝
μήτι	虛.疑	用於期待否定答案的問句中
24. Βεελζεβούλ, ὁ	名.間.陽.單	別西卜〔貝耳則步〕，鬼王

25. ἐνθύμησις, εως, ἡ	名.直.陰.複	想法，思想，幻想
μερίζω	動.過不.被.分詞.主.陰.單	分割
ἐρημόω	動.現在.被.直說.三單	荒廢，衰敗，喪失
26. Σατανᾶς, ᾶ, ὁ	名.主.陽.單	魔鬼撒但〔撒殫〕
27. Βεελζεβούλ, ὁ	名.間.陽.單	別西卜〔貝耳則步〕，鬼王
κριτής, οῦ, ὁ	名.主.陽.複	法官
28. φθάνω	動.過不.主.直說.三單	臨到，來到
29. ἰσχυρός, ά, όν	形.所.陽.單.原	強壯的，大力的，嚴重的
σκεῦος, ους, τό	名.直.中.複	貨物，財產
ἁρπάζω	動.過不.主.不定	奪走，抓走
διαρπάζω	動.未來.主.直說.三單	洗劫，搶奪
30. σκορπίζω	動.現在.主.直說.三單	拆散，趕散
31. βλασφημία, ας, ἡ	名.主.陰.單	褻瀆，毀謗，侮辱
34. γέννημα, ατος, τό	名.呼.中.複	子孫
ἔχιδνα, ης, ἡ	名.所.陰.複	蛇，毒蛇
περίσσευμα, ατος, τό	名.所.中.單	富足，充滿
γέννημα ἐχιδνῶν		毒蛇的種類
36. ἀργός, ή, όν	形.直.中.單.原	廢（話），無效的
ἀποδίδωμι λόγον		供出所說的話
37. δικαιόω	動.未來.被.直說.二單	宣告爲義
καταδικάζω	動.未來.被.直說.二單	譴責，定罪
39. μοιχαλίς, ίδος, ἡ	形.主.陰.單.原	淫婦，不忠信的人
ἐπιζητέω	動.現在.主.直說.三單	求，希望，尋找
40. κοιλία, ας, ἡ	名.間.陰.單	肚，腹中
κῆτος, ους, τό	名.所.中.單	大魚
41. Νινευίτης, ου, ὁ	名.主.陽.複	尼尼微人（尼尼微城）
κατακρίνω	動.未來.主.直說.三複	審判，定罪
κήρυγμα, ατος, τό	名.直.中.單	所講的道，信息，宣道
42. βασίλισσα, ης, ἡ	名.主.陰.單	女王，王后
νότος, ου, ὁ	名.所.陽.單	南風，南方
πέρας, ατος, τό	名.所.中.複	地極，天涯海角
43. ἀκάθαρτος, ον	形.主.中.單.原	不潔的，污穢的
διέρχομαι	動.現在.關.直說.三單	走遍，經過，渡過，去

ἄνυδρος, ον	形.所.陽.複.原	没有水的，乾旱的
ἀνάπαυσις, εως, ἡ	名.直.陰.單	休息，棲息的地方
44. ἐπιστρέφω	動.未來.主.直說.一單	回轉，回去，轉回
ὅθεν	連.地從	地方，從那裏
σχολάζω	動.現在.主.分詞.直.陽.單	空著或没有人住
σαρόω	動.完成.被.分詞.直.陽.單	打掃（房子）
κοσμέω	動.完成.被.分詞.直.陽.單	裝飾，打扮，整理
45. κατοικέω	動.現在.主.直說.三單	居住，定居，住在
χείρων, ον	形.主.中.複.比	更壞的，更厲害的
50. ἀδελφή, ῆς, ἡ	名.主.陰.單	姊妹，同信主的人

第十三章

2. αἰγιαλός, οῦ, ὁ	名.直.陽.單	海濱，岸邊
4. πετεινόν, οῦ, τό	名.主.中.複	鳥，飛禽
κατεσθίω	動.過不.主.直說.三單	吃掉，吞
5. πετρώδης, ες	名.直.中.複	石地
ἐξανατέλλω	動.過不.主.直說.三單	發芽，長苗
βάθος, ους, τό	名.直.中.單	深度
6. ἀνατέλλω	動.過不.主.分詞.所.陽.單	日出，照亮，使太陽出來
καυματίζω	動.過不.被.直說.三單	曬焦，燒灼
ῥίζα, ης, ἡ	名.直.陰.單	根
ξηραίνω	動.過不.被.直說.三單	枯乾，停止，成熟
7. πνίγω	動.過不.主.直說.三複	使窒息，揑住，被掩
8. ἑκατόν	形.直.中.複.原	一百
ἑξήκοντα	形.直.中.複.原	六十
11. μυστήριον, ου, τό	名.直.中.複	秘密，奧秘
14. ἀναπληρόω	動.現在.被.直說.三單	應驗
προφητεία, ας, ἡ	名.主.陰.單	傳講神信息的恩賜，預言
ἀκοή, ῆς, ἡ	名.間.陰.單	報導，消息，耳朵，聽見
ἀκοῇ ἀκούσετε		你們聽是聽了，聽了又聽
15. παχύνω	動.過不.被.直說.三單	變鈍或不敏感
βαρέως	副.原	困難地
καμμύω	動.過不.主.直說.三複	閉（眼）

ἐπιστρέφω	動.過不.主.假設.三複	回轉，轉身
ἰάομαι	動.未來.關.直說.一單	醫治，治好，恢復
17. ἐπιθυμέω	動.過不.主.直說.三複	渴慕，希望
19. ἁρπάζω	動.現在.主.直說.三單	奪走，抓走
20. πετρώδης, ες	名.直.中.複	石地
εὐθέως		立刻，一…就，很快地
21. ῥίζα, ης, ἡ	名.直.陰.單	根
πρόσκαιρος, ον	形.主.陽.單.原	暫時的，不持久的
θλῖψις, εως, ἡ	名.所.陰.單	困難，痛苦，災難，憂傷，負擔
διωγμός, οῦ, ὁ	名.所.陽.單	迫害，逼迫
22. μέριμνα, ης, ἡ	名.主.陰.單	憂慮，擔憂，掛慮
ἀπάτη, ης, ἡ	名.主.陰.單	誘惑，詭詐
πλοῦτος, ου, ὁ, τό	名.所.陽.單	財富，豐裕
συμπνίγω	動.現在.主.直說.三單	窒息，擁擠，擠壓住
ἄκαρπος, ον	形.主.陽.單.原	不結果子的，沒有用的
23. δή	虛.強	的確，於是，所以
καρποφορέω	動.現在.主.直說.三單	結出果實，多產
ἑκατόν	形.直.中.複.原	一百
ἑξήκοντα	形.直.中.複.原	六十
24. παρατίθημι	動.過不.主.直說.三單	放在…之前，證明，指出
παρατίθημι τὴν παραβολήν		講一個比喻
25. ἐπισπείρω	動.過不.主.直說.三單	再來撒種
ἀνά	介.直	每個，每一，各
σῖτος, ου, ὁ	名.所.陽.單	穀，麥子，子粒，食糧
ἀνὰ μέσον		在…中間
26. βλαστάνω	動.過不.主.直說.三單	發芽，生產
χόρτος, ου, ὁ	名.主.陽.單	植物，葉，苗，芽，草
29. οὔ	虛.否	不（否定答詞）
ἐκριζόω	動.過不.主.假設.二複	連根拔除
ἅμα	不介.間	同時，一起，與…一起
σῖτος, ου, ὁ	名.直.陽.單	穀，麥子，子粒，食糧
30. συναυξάνω	動.現在.被.不定	一齊長
ἀμφότεροι, αι, α	形.直.中.複.原	兩（者），都

θεριστής, οῦ, ὁ	名.間.陽.複	收割的人
δέσμη, ης, ἡ	名.直.陰.複	捆
κατακαίω	動.過不.主.不定	焚燒，燒掉，燒盡
ἀποθήκη, ης, ἡ	名.直.陰.單	穀倉，倉庫
31. παρατίθημι	動.過不.主.直說.三單	放在…之前，證明，指出
κόκκος, ου, ὁ	名.間.陽.單	種子，子粒
σίναπι, εως, τό	名.所.中.單	芥菜
32. αὐξάνω (αὔξω)	動.過不.被.假設.三單	生長，完全成長
λάχανον, ου, τό	名.所.中.複	栽培的植物，蔬菜
πετεινόν, οῦ, τό	名.直.中.複	鳥，飛禽
κατασκηνόω	動.現在.主.不定	搭窩，棲息，住
κλάδος, ου, ὁ	名.間.陽.複	枝子，樹枝
33. ζύμη, ης, ἡ	名.間.陰.單	酵母
ἐγκρύπτω	動.過不.主.直說.三單	混入，放在…裏
ἄλευρον, ου, τό	名.所.中.單	麵粉（麥）
σάτον, ου, τό	名.直.中.複	測量的單位（40 公升）
ζυμόω	動.過不.被.直說.三單	使發酵
34. χωρίς	不介.所	没有，不藉著
35. ἐρεύγομαι	動.未來.關.直說.一單	聲明，告知
καταβολή, ῆς, ἡ	名.所.陰.單	起初，創造
36. διασαφέω	動.過不.主.命令.二單	講解，說明，告訴
39. θεριστής, οῦ, ὁ	名.主.陽.複	收割的人
40. κατακαίω	動.現在.被.直說.三單	焚燒，燒掉，燒盡
καίω	動.現在.被.直說.三單	燒著
41. ἀνομία, ας, ἡ	名.直.陰.單	邪惡，不法，罪惡
42. κάμινος, ου, ἡ	名.直.陰.單	火爐
43. ἐκλάμπω	動.未來.主.直說.三複	發射光輝
45. ἔμπορος, ου, ὁ	名.間.陽.單	商人
μαργαρίτης, ου, ὁ	名.直.陽.複	珍珠
46. πολύτιμος, ον	形.直.陽.單.原	昂貴的，極珍貴的
πιπράσκω	動.完成.主.直說.三單	賣
47. σαγήνη, ης, ἡ	名.間.陰.單	（捕魚）拖網
γένος, ους, τό	名.所.中.單	種，類

48. ἀναβιβάζω	動. 過不. 主. 分詞. 主. 陽. 複	拉，拖
αἰγιαλός, οῦ, ὁ	名. 直. 陽. 單	海濱，岸邊
ἄγγος, ους, τό	名. 直. 中. 複	（一種裝魚用的）容器
49. ἀφορίζω	動. 未來. 主. 直說. 三複	分別，帶開，選召
50. κάμινος, ου, ἡ	名. 直. 陰. 單	火爐
52. μαθητεύω	動. 過不. 被. 分詞. 主. 陽. 單	作門徒
καινός, ή, όν	形. 直. 中. 複. 原	新的，新品質的
παλαιός, ά, όν	形. 直. 中. 複. 原	舊約，以前的
53. μεταίρω	動. 過不. 主. 直說. 三單	走開，離開
54. πατρίς, ίδος, ἡ	名. 直. 陰. 單	祖國，家鄉，本鄉
ἐκπλήσσω	動. 現在. 被. 不定	驚異，驚訝，希奇
55. τέκτων, ονος, ὁ	名. 所. 陽. 單	木匠
Μαριάμ, ἡ	名. 主. 陰. 單	馬利亞〔瑪利亞〕
56. ἀδελφή, ῆς, ἡ	名. 主. 陰. 複	姊妹，同信主的人
57. ἄτιμος, ον	形. 主. 陽. 單. 原	不受尊敬的，被輕視的
πατρίς, ίδος, ἡ	名. 間. 陰. 單	祖國，家鄉，本鄉
58. ἀπιστία, ας, ἡ	名. 直. 陰. 單	不信，不信實

第十四章

1. τετράρχης (–αα–), ου, ὁ	名. 主. 陽. 單	小王（權力比王低）
ἀκοή, ῆς, ἡ	名. 直. 陰. 單	報導，消息
2. ἐνεργέω	動. 現在. 主. 直說. 三複	發生作用，有效果
3. ἀποτίθημι	動. 過不. 關. 直說. 三單	關進（獄中）
Ἡρῳδιάς, άδος, ἡ	名. 直. 陰. 單	希羅底〔黑落狄雅〕
Φίλιππος, ου, ὁ	名. 所. 陽. 單	腓力〔斐理伯〕
5. ὡς προφήτην αὐτὸν εἶχον		他們認為他是先知
6. γενέσια, ων, τά	名. 間. 中. 複	生日喜慶
ὀρχέομαι	動. 過不. 關. 直說. 三單	跳舞
Ἡρῳδιάς, άδος, ἡ	名. 所. 陰. 單	希羅底〔黑落狄雅〕
ἀρέσκω	動. 過不. 主. 直說. 三單	討喜歡，使高興
7. ὅθεν	連. 推并	從那裏，所以，因此
ὅρκος, ου, ὁ	名. 所. 陽. 單	誓言，發誓
ὁμολογέω	動. 過不. 主. 直說. 三單	宣佈，答應，發誓給

8. προβιβάζω	動. 過不. 被. 分詞. 主. 陰. 單	指使，慫恿，力勸
πίναξ, ακος, ἡ	名. 間. 陽. 單	盤子，碟子
9. ὅρκος, ου, ὁ	名. 直. 陽. 複	誓言，發誓
συνανάκειμαι	動. 現在. 關. 分詞. 直. 陽. 複	與…同桌，跟…同吃
ὁ συνανακείμενος		客人
10. ἀποκεφαλίζω	動. 過不. 主. 直說. 三單	斬頭
11. πίναξ, ακος, ἡ	名. 間. 陽. 單	盤子，碟子
κοράσιον, ου, τό	名. 間. 中. 單	女孩
12. πτῶμα, ατος, τό	名. 直. 中. 單	屍體，屍首
θάπτω	動. 過不. 主. 直說. 三複	埋葬
13. πεζῇ	副. 原	步行，走路
ἔρημος τόπος		偏僻的地方，荒野
κατ᾽ ἰδίαν		私下，獨自，分別地
14. ἄρρωστος, ον	形. 直. 陽. 複. 原	生病的
15. κώμη, ης, ἡ	名. 直. 陰. 複	村莊，小鎮
βρῶμα, ατος, τό	名. 直. 中. 複	食物，飯
19. ἀνακλίνω	動. 過不. 被. 不定	使坐下，坐席，坐下
χόρτος, ου, ὁ	名. 所. 陽. 單	植物，葉，苗，芽，草
ἀναβλέπω	動. 過不. 主. 分詞. 主. 陽. 單	向上看
κλάω	動. 過不. 主. 分詞. 主. 陽. 單	掰開，擘
20. χορτάζω	動. 過不. 被. 直說. 三複	餵飽，吃飽，滿足，充飢
κλάσμα, ατος, τό	名. 所. 中. 複	碎屑，碎塊
κόφινος, ου, ὁ	名. 直. 陽. 複	籃子
πλήρης, ες	形. 直. 陽. 複. 原	充滿的，完全的
21. ὡσεί	虛. 比	約，大概
πεντακισχίλιοι, αι, α	形. 主. 陽. 複. 原	五千次
χωρίς	不介. 所	沒有，不藉著，跟…無關
22. ἀναγκάζω	動. 過不. 主. 直說. 三單	強迫，強逼，力勸，催促
24. στάδιον, ου, τό	名. 直. 陽. 複	長度單位（約 185 公尺）
βασανίζω	動. 現在. 被. 分詞. 主. 中. 單	顛簸
κῦμα, ατος, τό	名. 所. 中. 複	波浪
ἐναντίος, α, ον	形. 主. 陽. 單. 原	逆（風）
25. τέταρτος, η, ον	形. 間. 陰. 單. 原	第四

26. ταράσσω	動. 過不. 被. 直說. 三複	著急不安，騷動，驚駭
φάντασμα, ατος, τό	名. 主. 中. 單	鬼怪，幽靈
φόβος, ου, ὁ	名. 所. 陽. 單	恐懼
27. θαρσέω	動. 現在. 主. 命令. 二複	要勇敢！放心吧！
30. ἰσχυρός, ά, όν	形. 直. 陽. 單. 原	強壯的，大聲的，嚴重的
καταποντίζω	動. 現在. 被. 不定	下沉，淹死
31. ἐπιλαμβάνομαι	動. 過不. 關. 直說. 三單	拉，揪，抓
ὀλιγόπιστος, ον	形. 呼. 陽. 單. 原	信心微小的，小信的
διστάζω	動. 過不. 主. 直說. 二單	疑惑
32. κοπάζω	動. 過不. 主. 直說. 三單	停止
33. ἀληθῶς	副. 原	眞地，實在地，確實地
34. διαπεράω	動. 過不. 主. 分詞. 主. 陽. 複	渡過
Γεννησαρέτ, ἡ	名. 直. 陰. 單	革尼撒勒〔革乃撒勒〕
35. περίχωρος, ον	名. 直. 陰. 單	附近地區，一帶
36. κράσπεδον, ου, τό	名. 所. 中. 單	邊緣，衣角，縫子
διασῴζω	動. 過不. 被. 直說. 三複	醫治

第十五章

2. παραβαίνω	動. 現在. 主. 直說. 三複	違背，不遵守
παράδοσις, εως, ἡ	名. 直. 陰. 單	傳統
νίπτω	動. 現在. 關. 直說. 三複	洗，洗身，臉，手，足等
4. κακολογέω	動. 現在. 主. 分詞. 主. 陽. 單	毀謗，詛咒，咒罵
τελευτάω	動. 現在. 主. 命令. 三單	死亡，在臨終的時候
θανάτῳ τελευτάτω		要受死刑
5. ὠφελέω	動. 過不. 被. 假設. 二單	獲得
ὃ ἐὰν ἐξ ἐμοῦ ὠφεληθῇς		我所當奉給你的，我奉養你的
6. ἀκυρόω	動. 過不. 主. 直說. 二複	不顧
παράδοσις, εως, ἡ	名. 直. 陰. 單	傳統
7. καλῶς	副. 原	正確的，很好
προφητεύω	動. 過不. 主. 直說. 三單	預言
8. χεῖλος, ους, τό	名. 間. 中. 複	嘴唇，海邊
πόρρω	副. 原	遠離，遠
9. μάτην	副. 原	徒然地，沒有結果地

σέβω	動. 現在. 關. 直說. 三複	崇拜，敬拜，敬畏
διδασκαλία, ας, ἡ	名. 直. 陰. 複	教導，教訓，教義，命令
ἔνταλμα, ατος, τό	名. 直. 中. 複	吩咐，規例
13. φυτεία, ας, ἡ	名. 主. 陰. 單	植物
φυτεύω	動. 過不. 主. 直說. 三單	栽種，耕種
ἐκριζόω	動. 未來. 被. 直說. 三單	連根拔除
14. ὁδηγός, οῦ, ὁ	名. 主. 陽. 複	嚮導，帶領的人
ὁδηγέω	動. 現在. 主. 假設. 三單	帶領，引導，開導
ἀμφοτεροι, αι, α	形. 主. 陽. 複. 原	兩（者），都
βόθυνος, ου, ὁ	名. 直. 陽. 單	溝，坑
15. φράζω	動. 過不. 主. 命令. 二單	解釋，詮釋
16. ἀκμήν	副. 原	仍然
ἀσύνετος, ον	形. 主. 陽. 複. 原	不明白的，無知的
17. νοέω	動. 現在. 主. 直說. 二複	曉得，領悟
εἰσπορεύομαι	動. 現在. 關. 分詞. 主. 中. 單	進去或進來，進入
κοιλία, ας, ἡ	名. 直. 陰. 單	肚，腹中，肉體的情慾
χωρέω	動. 現在. 主. 直說. 三單	進入
ἀφεδρών, ῶνος, ὁ	名. 直. 陽. 單	廁所，便坑
18. κἀκεῖνος, η, ο	連. 繫并	而那一個，而他，那一個也
19. διαλογισμός, οῦ, ὁ	名. 主. 陽. 複	想法，思考，疑惑，議論
φόνος, ου, ὁ	名. 主. 陽. 複	謀殺，兇殺，殺人
μοιχεία, ας, ἡ	名. 主. 陰. 複	淫亂，通姦
πορνεία, ας, ἡ	名. 主. 陰. 複	姦淫，淫亂，不道德性行爲
κλοπή, ῆς, ἡ	名. 主. 陰. 複	偷竊，偷盜
ψευδομαρτυρία, ας, ἡ	名. 主. 陰. 複	僞證，假見證，僞誓
βλασφημία, ας, ἡ	名. 主. 陰. 複	褻瀆，毀謗，侮辱
20. ἄνιπτος, ον	形. 間. 陰. 複. 原	没有洗過的
21. μέρος, ους, τό	名. 直. 中. 複	地方，地區
Τύρος, ου, ἡ	名. 所. 陰. 單	泰爾，和：推羅〔提洛〕
Σιδών, ῶνος, ἡ	名. 所. 陰. 單	西頓〔漆冬〕
22. Χαναναῖος, α, ον	形. 主. 陰. 單. 原	迦南人或地的〔客納罕人或地的〕
23. ὄπισθεν	不介. 所	在後，在…背後
25. βοηθέω	動. 現在. 主. 命令. 二單	幫助

26. κυνάριον, ου, τό	名.間.中.複	狗
27. ψιχίον, ου, τό	名.所.中.複	碎屑，（食物）碎渣
τράπεζα, ης, ἡ	名.所.陰.單	桌子，筵席，宴會
28. ὦ	歎	啊！（稱呼人或表達情感）
ἰάομαι	動.過不.被.直說.三單	醫治，治好
30. κυλλός, ή, όν	形.直.陽.複.原	殘廢的，缺手腳的
ῥίπτω (ῥιπτέω)	動.過不.主.直說.三複	丟下，拋，扔掉，放置
31. ὑγιής, ές	形.直.陽.複.原	完整的，復原的
32. προσμένω	動.現在.主.直說.三複	跟…在一起，又住了…
νῆστις, ιδος, ὁ, ἡ	形.直.陽.複.原	饑餓的，沒有食物的
ἐκλύω	動.過不.被.假設.三複	暈倒，灰心，孤苦無助
33. ἐρημία, ας, ἡ	名.間.陰.單	曠野，荒野，偏僻的地方
τοσοῦτος, αύτη, οῦτον	代.形指.主.陽.複	如此多，如此大，等
χορτάζω	動.過不.主.不定	餵，吃飽，滿足，充飢
34. ἰχθύδιον, ου, τό	名.直.中.複	小魚，魚
35. παραγγέλλω	動.過不.主.分詞.主.陽.單	命令，吩咐
ἀναπίπτω	動.過不.主.不定	斜躺，坐席，坐
36. εὐχαριστέω	動.過不.主.分詞.主.陽.單	感謝，祝謝
κλάω	動.過不.主.直說.三單	掰開，擘
37. χορτάζω	動.過不.被.直說.三複	餵，吃飽，滿足，充飢
κλάσμα, ατος, τό	名.所.中.複	碎屑，碎塊
σπυρίς, ίδος, ἡ	名.直.陰.複	籃子
πλήρης, ες	形.直.陰.複.原	充滿的，完全的
38. τετρακισχίλιοι, αι, α	形.主.陽.複.原	四千
χωρίς	不介.所	沒有，不藉著，跟…無關
39. Μαγαδάν, ἡ	名.所.陰.單	馬加丹〔瑪加丹〕

第十六章

1. ἐπιδείκνυμι	動.過不.主.不定	顯示，給…看，證明
2. εὐδία, ας, ἡ	名.主.陰.單	好天氣，晴
πυρράζω	動.現在.主.直說.三單	（天空）發紅
3. πρωΐ	副.原	清早，早晨，早上
χειμών, ῶνος, ὁ	名.主.陽.單	風雨，惡劣大的天氣

στυγνάζω	動.現在.主.分詞.主.陽.單	變爲暗紅
διακρίνω	動.現在.主.不定	省察，分辨，辨認
4. μοιχαλίς, ίδος, ἡ	形.主.陰.單.原	淫婦，不忠信的人
ἐπιζητέω	動.現在.主.直說.三單	尋求，貪圖，尋找
καταλείπω	動.過不.主.分詞.主.陽.單	離開
5. ἐπιλανθάνομαι	動.過不.關.直說.三複	忘記，忘了，疏忽
6. ζύμη, ης, ἡ	名.所.陰.單	酵母
7. διαλογίζομαι	動.過未.關.直說.三複	討論，爭辯，猜想
8. ὀλιγόπιστος, ον	形.呼.陽.複.原	信心微小的，小信的
9. οὔπω	副.原	尚未
νοέω	動.現在.主.直說.二複	明白，領悟，辨認，想像
μνημονεύω	動.現在.主.直說.二複	記得，記住
πεντακισχίλιοι, αι, α	形.所.陽.複.原	五千次
κόφινος, ου, ὁ	名.直.陽.複	籃子
10. τετρακισχίλιοι, αι, α	形.所.陽.複.原	四千
σπυρίς, ίδος, ἡ	名.直.陰.複	籃子
11. νοέω	動.現在.主.直說.二複	明白，領悟
ζύμη, ης, ἡ	名.所.陰.單	酵母
12. διδαχή, ῆς, ἡ	名.所.陰.單	教訓，教導
13. μέρος, ους, τό	名.直.中.複	地區，地方，部份，事情
Καισάρεια, ας, ἡ	名.所.陰.單	凱撒利亞〔凱撒勒雅〕
Φίλιππος, ου, ὁ	名.所.陽.單	腓力〔斐理伯〕
14. Ἰερεμίας, ου, ὁ	名.直.陽.單	耶利米〔耶肋米亞〕
17. Βαριωνᾶ, ὁ	名.呼.陽.單	約翰的兒子，和：巴約拿
ἀποκαλύπτω	動.過不.主.直說.三單	啓示，顯明，揭露
σάρξ καὶ αἷμα		人，人類
18. πύλη, ης, ἡ	名.主.陰.複	門
ᾅδης, ου, ὁ	名.所.陽.單	陰間，死亡，地獄
κατισχύω	動.未來.主.直說.三複	有力量，勝過，得勝
πύλαι ᾅδου		死亡的權勢（超自然能力）
19. κλείς, κλειδός, ἡ	名.直.陰.複	鑰匙
20. διαστέλλω	動.過不.關.直說.三單	吩咐，命令
21. δείκνυμι	動.現在.主.不定	表現，指示，給…看

πάσχω	動.過不.主.不定	受苦，忍受，經驗
22. προσλαμβάνω	動.過不.關.分詞.主.陽.單	拉到一邊
ἵλεως, ων	形.主.陽.單.原	寬恕的
ἵλεώς σοι		願上帝以仁慈待你
23. Σατανᾶς, ᾶ, ὁ	名.呼.陽.單	魔鬼撒但〔撒殫〕
φρονέω	動.現在.主.直說.二單	想念，關心，重視
φρονέω τα…		所想…的想法
24. ἀπαρνέομαι	動.過不.關.命令.三單	不認，否認與…有關係
26. ὠφελέω	動.未來.被.直說.三單	獲得，獲利
ζημιόω	動.過不.被.假設.三單	損失，喪失，賠上
ἀντάλλαγμα, ατος, τό	名.直.中.單	拿來交換的東西
27. πρᾶξις, εως, ἡ	名.直.陰.單	行爲，實行
28. γεύομαι	動.過不.關.假設.三複	嘗，經驗

第十七章

1. ἕξ	形.直.陰.複.原	六
ἀναφέρω	動.現在.主.直說.三單	帶
ὑψηλός, ή, όν	形.直.中.單.原	高的
κατ' ἰδίαν		私下，獨自，暗暗地
2. μεταμορφόω	動.過不.被.直說.三單	改變形像，改變
λάμπω	動.過不.主.直說.三單	照耀，照亮
λευκός, ή, όν	形.主.中.複.原	白色的，潔白的，明亮的
3. συλλαλέω	動.現在.主.分詞.主.陽.複	跟…講話，商量
4. σκηνή, ῆς, ἡ	名.直.陰.複	帳棚，會幕，居住的地方
5. νεφέλη, ης, ἡ	名.主.陰.單	雲
φωτεινός, ή, όν	形.主.陰.單.原	光明的，燦爛的（雲彩）
ἐπισκιάζω	動.過不.主.直說.三單	遮蓋，籠罩
εὐδοκέω	動.過不.主.直說.一單	喜愛，喜歡，決意選擇
8. ἐπαίρω	動.過不.主.分詞.主.陽.複	提起，提高
ἐπαίρω τοὺς ὀφθαλμούς		看
9. ἐντέλλομαι	動.過不.關.直說.三單	吩咐，命令，囑付
ὅραμα, ατος, τό	名.直.中.單	異象，所見之事
11. ἀποκαθίστημι	動.未來.主.直說.三單	復興，恢復

12. πάσχω	動. 現在. 主. 不定	受苦，忍受，經驗
14. γονυπετέω	動. 現在. 主. 分詞. 主. 陽. 單	跪
15. σεληνιάζομαι	動. 現在. 被. 直說. 三單	發狂，患癲癇病
πάσχω	動. 現在. 主. 直說. 三單	受苦，忍受，遭受，經驗
πολλάκις	副. 原	常常，一再，屢次
17. ὦ	歎	啊！（稱呼人或表達情感）
ἄπιστος, ον	形. 呼. 陰. 單. 原	不信的，無法相信的
διαστρέφω	動. 完成. 被. 分詞. 呼. 陰. 單	歪曲
ἀνέχω	動. 未來. 關. 直說. 一單	忍受，忍耐
20. ὀλιγοπιστία, ας, ἡ	名. 直. 陰. 單	信心微小
κόκκος, ου, ὁ	名. 直. 陽. 單	種子，子粒
σίναπι, εως, τό	名. 所. 中. 單	芥菜
ἔνθεν	副. 原	從這裏，從這邊
ἀδυνατέω	動. 未來. 主. 直說. 三單	是不可能的
22. συστρέφω	動. 現在. 被. 分詞. 所. 陽. 複	撿（木柴），聚，集合
24. Καφαρναούμ, ἡ	名. 直. 陰. 單	迦百農〔葛法翁〕
δίδραχμον, ου, τό	名. 直. 中. 複	聖殿稅，和：丁稅
25. προφθάνω	動. 過不. 主. 直說. 三單	在先前
κῆνσος, ου, ὁ	名. 直. 陽. 單	稅
ἀλλότριος, α, ον	名. 所. 陽. 複	另外一個，外國人
26. γέ	虛. 強	表示強調附屬的虛詞
ἐλεύθερος, α, ον	形. 主. 陽. 複. 原	免（稅）
27. ἄγκιστρον, ου, τό	名. 直. 中. 單	魚鉤
στατήρ, ῆρος, ὁ	名. 直. 陽. 單	古希臘銀幣

第十八章

4. ταπεινόω	動. 未來. 主. 直說. 三單	謙卑
6. συμφέρω	動. 現在. 主. 直說. 三單	要好得多，倒不如
κρεμάννυμι	動. 過不. 被. 假設. 三單	被釘在十字架上，掛
μύλος, ου, ὁ	名. 主. 陽. 單	磨坊，磨石
ὀνικός, ή, όν	形. 主. 陽. 單. 原	驢子的
τράχηλος, ου, ὁ	名. 直. 陽. 單	脖子，頸部
καταποντίζω	動. 過不. 被. 假設. 三單	下沉，淹死

πέλαγος, ους, τό	名.間.中.單	海，大海
7. ἀνάγκη, ης, ἡ	名.主.陰.單	必要性
8. ἐκκόπτω	動.過不.主.命令.二單	砍掉，砍下，阻礙
κυλλός, ή, όν	形.直.陽.單.原	殘廢的，缺手腳的
9. ἐξαιρέω	動.過不.主.命令.二單	挖出
μονόφθαλμος, ον	形.直.陽.單.原	獨眼的
10. καταφρονέω	動.過不.主.假設.二複	藐視，輕看
διὰ παντός		經常，總是
12. ἑκατόν	形.主.中.複.原	一百
ἐνενήκοντα	形.直.中.複.原	九十
ἐννέα	形.直.中.複.原	九
15. ἁμαρτάνω	動.過不.主.假設.三單	犯罪，做錯
ἐλέγχω	動.過不.主.命令.二單	指出錯誤，揭露，責備
μεταξύ	不介.所	在…之間
16. μάρτυς, υρος, ὁ	名.所.陽.複	見證人
17. παρακούω	動.過不.主.假設.三單	不理會
ἐθνικός, ή, όν	形.主.陽.單.原	異教徒的，不信神的，外邦的
19. συμφωνέω	動.過不.主.假設.三複	同心合意
πρᾶγμα, ατος, τό	名.所.中.單	事情
21. ποσάκις	副.原	多少次？幾次？
ἁμαρτάνω	動.未來.主.直說.三單	犯罪，做錯
ἑπτάκις	副.原	七次
22. ἑβδομηκοντάκις	副.原	七十次
23. συναίρω	動.過不.主.不定	算帳
24. ὀφειλέτης, ου, ὁ	名.主.陽.單	負債的人
μύριοι, αι, α	形.所.中.複.原	一萬
25. πιπράσκω	動.過不.被.不定	賣，賣作奴隸
26. μακροθυμέω	動.過不.主.命令.二單	有耐心，堅忍，寬容
27. δάνειον, ου, τό	名.直.中.單	債
28. ἑκατόν	形.直.中.複.原	一百
πνίγω	動.過未.主.直說.三單	使窒息，捏住
29. μακροθυμέω	動.過不.主.命令.二單	有耐心，堅忍，寬容
31. διασαφέω	動.過不.主.直說.三複	說明，告訴，報導

32. ὀφειλή, ῆς, ἡ	名.直.陰.單	債，責任
ἐπεί	連.原從	因爲
34. ὀργίζω	動.過不.被.分詞.主.陽.單	生氣，憤怒
βασανιστής, οῦ, ὁ	名.間.陽.複	獄吏，施刑的人

第十九章

1. μεταίρω	動.過不.主.直說.三單	走開，離開
3. αἰτία, ας, ἡ	名.直.陰.單	理由
4. κτίζω	動.過不.主.分詞.主.陽.單	創造，造
ἄρσην, εν, ὁ	形.直.中.單.原	男性，男人
θῆλυς, εια, υ	形.直.中.單.原	女性的，婦女的
5. καταλείπω	動.未來.主.直說.三單	離開
κολλάω	動.未來.被.直說.三單	與…聯合
6. οὐκέτι	副.原	不再
συζεύγνυμι	動.過不.主.直說.三單	配合（婚姻）
χωρίζω	動.現在.主.命令.三單	分開，離開
7. ἐντέλλομαι	動.過不.關.直說.三單	吩咐，命令，囑付
βιβλίον, ου, τό	名.直.中.單	休書
ἀποστάσιον, ου, τό	名.所.中.單	離婚書
8. σκληροκαρδία, ας, ἡ	名.直.陰.單	頑固，心腸硬
ἐπιτρέπω	動.過不.主.直說.三單	讓，准，許
ἀπερίτμητος καρδίᾳ καὶ τοῖς ὠσίν		頑固的，倔強的
9. πορνεία, ας, ἡ	名.間.陰.單	姦淫，淫亂，不貞
μοιχάω	動.現在.被.直說.三單	犯姦淫
10. αἰτία, ας, ἡ	名.主.陰.單	理由，關係
συμφέρω	動.現在.主.直說.三單	要好得多，倒不如
11. χωρέω	動.現在.主.直說.三複	接受，寬容
12. εὐνοῦχος, ου, ὁ	名.主.陽.複	閹人
κοιλία, ας, ἡ	名.所.陰.單	母胎，腹中
εὐνουχίζω	動.過不.被.直說.三複	閹割，不結婚
14. κωλύω	動.現在.主.命令.二複	阻擋，阻止，禁止，不准
18. μοιχεύω	動.未來.主.直說.二單	犯姦淫
ψευδομαρτυρέω	動.未來.主.直說.二單	作僞證，作假見證

19. πλησίον	副.原	靠近，鄰居
20. νεανίσκος, ου, ὁ	名.主.陽.單	年輕人，青年
φυλάσσω	動.過不.主.直說.一單	遵守
ὑστερέω	動.現在.主.直說.一單	缺乏，需要
21. τέλειος, α, ον	形.主.陽.單.原	完全的，完美的
δεῦρο	歎	來，來這裏
22. νεανίσκος, ου, ὁ	名.主.陽.單	年輕人，青年
κτῆμα, ατος, τό	名.直.中.複	所有物，財富，田產
23. πλούσιος, α, ον	形.主.陽.單.原	豐富的，富有的
δυσκόλως	副.原	艱難地
24. εὔκοπος, ον	形.主.中.單.比	較容易的
κάμηλος, ου, ὁ, ἡ	名.直.陰.單	駱駝
τρύπημα, ατος, τό	名.所.中.單	（針）眼
ῥαφίς, ίδος, ἡ	名.所.陰.單	針
διέρχομαι	動.過不.主.不定	穿過，經過
25. ἐκπλήσσω	動.過未.被.直說.三複	驚異，驚訝，希奇
26. ἐμβλέπω	動.過不.主.分詞.主.陽.單	定睛看
ἀδύνατος, ον	形.主.中.單.原	無能的，不可能的
δυνατός, ή, όν	形.主.中.複.原	可能的
28. παλιγγενεσία, ας, ἡ	名.間.陰.單	新時代，新世界
φυλή, ῆς, ἡ	名.直.陰.複	支族，部落，（萬）族
29. ἀδελφή, ῆς, ἡ	名.直.陰.複	姊妹，同信主的人
ἑκατονταπλασίων, ον	形.直.中.複.原	一百倍
κληρονομέω	動.未來.主.直說.三單	承受，成爲（神國的）子民
πολλαπλασίων		更多

第二十章

1. ἅμα	不介.間	同時，一起，與…一起
πρωΐ	副.原	凌晨，早上
μισθόω	動.過不.關.不定	雇用
ἅμα πρωΐ		在清早
2. συμφωνέω	動.過不.主.分詞.主.陽.單	約定，同意
3. ἀγορά, ᾶς, ἡ	名.間.陰.單	市場

ἀργός, ή, όν	形. 直. 陽. 複. 原	無所事事，懶惰的
5. ἕκτος, η, ον	形. 直. 陰. 單. 原	第六
ἔνατος, η, ον	形. 直. 陰. 單. 原	第九
ὡσαύτως	副. 原	照樣地，同樣地
6. ἑνδέκατος, η, ον	形. 直. 陰. 單. 原	第十一
ἀργός, ή, όν	形. 主. 陽. 複. 原	無所事事，懶惰的
7. μισθόω	動. 過不. 關. 直說. 三單	雇用
8. ἐπίτροπος, ου, ὁ	名. 間. 陽. 單	總管，管家
9. ἑνδέκατος, η, ον	形. 直. 陰. 單. 原	第十一
ἀνά	介. 直	各，每個
10. νομίζω	動. 過不. 主. 直說. 三複	想，以為，認為
11. γογγύζω	動. 過未. 主. 直說. 三複	埋怨，抱怨，私下議論
12. ἴσος, η, ον	形. 直. 陽. 複. 原	平等的，一樣的
βαστάζω	動. 過不. 主. 分詞. 間. 陽. 複	忍受，承擔
βάρος, ους, τό	名. 直. 中. 單	重擔，重量
καύσων, ωνος, ὁ	名. 直. 陽. 單	（灼人的）熱氣，燥熱
13. ἑταῖρος, ου, ὁ	名. 呼. 陽. 單	朋友，同伴
ἀδικέω	動. 現在. 主. 直說. 一單	佔便宜，犯錯
συμφωνέω	動. 過不. 主. 直說. 二單	約定，同意
ὀφθαλμὸς πονηρός		吝嗇，嫉妒
18. κατακρίνω	動. 未來. 主. 直說. 三複	審判，定罪
19. μαστιγόω	動. 過不. 主. 不定	鞭打，懲罰
24. δέκα	形. 主. 陽. 複. 原	十
ἀγανακτέω	動. 過不. 主. 直說. 三複	惱怒，生氣，不滿
25. κατακυριεύω	動. 現在. 主. 直說. 三複	有權管轄
κατεξουσιάζω	動. 現在. 主. 直說. 三複	管轄，支配
26. διάκονος, ου, ὁ, ἡ	名. 主. 陽. 單	僕人，庸人
28. λύτρον, ου, τό	名. 直. 中. 單	釋放（奴隸）的代價，贖價
δίδωμι ψυχήν		為…而死
29. Ἰεριχώ, ἡ	名. 所. 陰. 單	耶利哥〔耶里哥〕
30. παράγω	動. 現在. 主. 直說. 三單	經過
31. σιωπάω	動. 過不. 主. 假設. 三複	不作聲，緘默
34. ὄμμα, ατος, τό	名. 所. 中. 複	眼

ἀναβλέπω	動.過不.主.直說.三複	恢復視覺，看得見

第二十一章

1. Βηθφαγή, ἡ	名.直.陰.單	伯法其〔貝特法革〕
ἐλαία, ας, ἡ	名.所.陰.複	橄欖樹，橄欖
2. κώμη, ης, ἡ	名.直.陰.單	村莊，小鎮
κατέναντι	不介.所	對面，在…面前
ὄνος, ου, ὁ, ἡ	名.直.陰.單	驢子
πῶλος, ου, ὁ	名.直.陽.單	小驢駒
5. Σιών, ἡ	名.所.陰.單	錫安山，喻：耶路撒冷
πραΰς, πραεῖα, πραΰ	形.主.陽.單.原	謙遜的，溫柔的
ἐπιβαίνω	動.完成.主.分詞.主.陽.單	騎上
ὄνος, ου, ὁ, ἡ	名.直.陽/陰.單	驢子
πῶλος, ου, ὁ	名.直.陽.單	小驢駒
ὑποζύγιον, ου, τό	名.所.中.單	驢子
θυγάτηρ Σίων		耶路撒冷的居民
6. συντάσσω	動.過不.主.直說.三單	指示，吩咐，命令
7. ὄνος, ου, ὁ, ἡ	名.直.陰.單	驢子
πῶλος, ου, ὁ	名.直.陽.單	小驢駒
ἐπικαθίζω	動.過不.主.直說.三單	坐上，騎
8. στρωννύω	動.過不.主.直說.三複	鋪，收拾鋪蓋
κόπτω	動.過未.主.直說.三複	砍
κλάδος, ου, ὁ	名.直.陽.複	枝子，樹枝
9. ὡσαννά	歎	和散那，稱頌讚美的呼聲
ὕψιστος, η, ον	形.間.中.複.最	至高的
10. σείω	動.過不.被.直說.三單	騷動
11. Ναζαρέθ, ἡ	名.所.陰.單	拿撒勒〔納匝肋〕
12. τράπεζα, ης, ἡ	名.直.陰.複	桌子，銀行
κολλυβιστής, οῦ, ὁ	名.所.陽.複	兌換銀錢的人
καταστρέφω	動.過不.主.直說.三單	翻倒，推倒
καθέδρα, ας, ἡ	名.直.陰.複	座位，凳子
περιστερά, ᾶς, ἡ	名.直.陰.複	鴿子
13. προσευχή, ῆς, ἡ	名.所.陰.單	禱告

σπήλαιον, ου, τό	名.直.中.單	洞穴，（賊）窩
λῃστής, οῦ, ὁ	名.所.陽.複	強盜，暴徒，兇犯
15. θαυμάσιος, α, ον	名.直.中.複	奇妙的
ὡσαννά	歎	和散那，稱頌讚美的呼聲
ἀγανακτέω	動.過不.主.直說.三複	惱怒，生氣，不滿
16. νήπιος, α, ον	形.所.陽.複.原	嬰孩，小孩
θηλάζω	動.現在.主.分詞.所.陽.複	哺育，授乳，吸奶
ὁ θηλάζων		未斷奶的嬰兒
καταρτίζω	動.過不.關.直說.二單	成全
αἶνος, ου, ὁ	名.直.陽.單	讚美
17. καταλείπω	動.過不.主.分詞.主.陽.單	離開
Βηθανία, ας, ἡ	名.直.陰.單	伯大尼〔伯達尼〕
αὐλίζομαι	動.過不.被.直說.三單	過夜
18. πρωΐ	副.原	清早，早晨，早上
ἐπανάγω	動.現在.主.分詞.主.陽.單	回
19. φύλλον, ου, τό	名.直.中.複	葉子
μηκέτι	副.原	不再
ξηραίνω	動.過不.被.直說.三單	枯乾
παραχρῆμα	副.原	立刻，立即
21. διακρίνω	動.過不.被.假設.二複	疑惑
κἄν	副.原	即使，甚至於，至少
22. προσευχή, ῆς, ἡ	名.間.陰.單	禱告
25. βάπτισμα, ατος, τό	名.主.中.單	洗禮
διαλογίζομαι	動.過未.關.直說.三複	討論，爭辯
28. ἐργάζομαι	動.現在.關.命令.二單	工作，投資，做事，執行
29. μεταμέλομαι	動.過不.被.分詞.主.陽.單	後悔，改變主意
30. ὡσαύτως	副.原	照樣地，同樣地
μεταμέλομαι	動.過不.被.分詞.主.陽.單	後悔，改變主意
31. πόρνη, ης, ἡ	名.主.陰.複	妓女，娼妓
ὕστερος		最後，稍後，後者，第二
32. μεταμέλομαι	動.過不.被.直說.二複	後悔，改變主意
33. φυτεύω	動.過不.主.直說.三單	栽種，耕種
φραγμός, οῦ, ὁ	名.直.陽.單	柵欄，籬笆

περιτίθημι	動.過不.主.直說.三單	用…圍著
ὀρύσσω	動.過不.主.直說.三單	挖掘，挖洞
ληνός, οῦ, ἡ	名.直.陰.單	壓酒地（桶）
πύργος, ου, ὁ	名.直.陽.單	塔，守望台，高樓
ἐκδίδωμι	動.過不.關.直說.三單	出租
ἀποδημέω	動.過不.主.直說.三單	出外
35. δέρω	動.過不.主.直說.三複	打，拍，擊
λιθοβολέω	動.過不.主.直說.三複	投石頭，用石頭打
36. ὡσαύτως	副.原	照樣地，同樣地
37. ἐντρέπω	動.未來.被.直說.三複	遵重，尊敬
38. κληρονόμος, ου, ὁ	名.主.陽.單	繼承人
κληρονομία, ας, ἡ	名.直.陰.單	產業，遺產
41. ἐκδίδωμι	動.未來.關.直說.三單	出租
42. ἀποδοκιμάζω	動.過不.主.直說.三複	棄絕
γωνία, ας, ἡ	名.所.陰.單	角落
θαυμαστός, ή, όν	形.主.陰.單.原	非凡的，令人驚訝的
αἴρω ἀπό		奪走，使…避免經歷
44. συνθλάω	動.未來.被.直說.三單	被打碎，粉身碎骨
λικμάω	動.未來.主.直說.三單	壓碎，砸爛
46. ἐπεί	連.原從	因爲

第二十二章

4. ἄριστον, ου, τό	名.直.中.單	餐，筵席
ταῦρος, ου, ὁ	名.主.陽.複	牛，公牛
σιτιστός, ή, όν	形.主.中.複.原	養肥的
θύω	動.完成.被.分詞.主.中.複	屠，宰，獻祭
ἕτοιμος, η, ον	形.主.中.複.原	準備好的，隨時都方便
5. ἀμελέω	動.過不.主.分詞.主.陽.複	不理，忽略，拒絕
ἐμπορία, ας, ἡ	名.直.陰.單	生意，看鋪子
6. ὑβρίζω	動.過不.主.直說.三複	凌辱，侮辱，拳打腳踢
7. ὀργίζω	動.過不.被.直說.三單	生氣，憤怒
στράτευμα, ατος, τό	名.直.中.複	兵士，軍人，兵隊，軍隊
φονεύς, έως, ὁ	名.直.陽.複	謀殺者，凶徒

ἐμπίμπρημι	動.過不.主.直說.三單	放火，燒毀
8. ἕτοιμος, η, ον	形.主.陽.單.原	準備好的，隨時都方便
9. διέξοδος, ου, ἡ	名.直.陰.複	和：岔路口，或大街
10. πίμπλημι	動.過不.被.直說.三單	充滿，結束
υἱοὶ τοῦ νυμφῶνος		婚禮的客人
νυμφών		結婚禮堂
11. θεάομαι	動.過不.關.不定	看見，注意
ἐνδύω	動.完成.關.分詞.直.陽.單	穿
12. ἑταῖρος, ου, ὁ	名.呼.陽.單	朋友，同伴
φιμόω	動.過不.被.直說.三單	安靜，不作聲
13. διάκονος, ου, ὁ, ἡ	名.間.陽.複	僕人，庸人
ἐξώτερος, α, ον	形.直.中.單.比	外面的，外邊的
14. κλητός, ή, όν	形.主.陽.複.原	蒙召的，被邀請的
ἐκλεκτός, ή, όν	形.主.陽.複.原	被揀選的，貴重的
15. παγιδεύω	動.過不.主.假設.三複	陷害，使陷入圈套
16. Ἡρῳδιανοί, ῶν, οἱ	名.所.陽.複	希律黨黨員
ἀληθής, ές	形.主.陽.單.原	誠實的，眞實的，眞正的
μέλει	動.現在.主.直說.三單	關心，在乎
βλέπω εἰς πρόσωπον		憑外表判斷
17. κῆνσος, ου, ὁ	名.直.陽.單	稅
Καῖσαρ, αρος, ὁ	名.間.陽.單	凱撒，和：該撒（羅馬皇帝）
οὔ	虛.否	不（否定答詞）
18. πονηρία, ας, ἡ	名.直.陰.單	邪惡，惡意
19. ἐπιδείκνυμι	動.過不.主.命令.二複	顯示，給…看，指示
νόμισμα, ατος, τό	名.直.中.單	硬幣，錢
κῆνσος, ου, ὁ	名.所.陽.單	稅
20. εἰκών, όνος, ἡ	名.主.陰.單	像，形像，形狀，模型
ἐπιγραφή, ῆς, ἡ	名.主.陰.單	名號
21. Καῖσαρ, αρος, ὁ	名.所.陽.單	凱撒，和：該撒（羅馬皇帝）
23. ἀνάστασις, εως, ἡ	名.直.陰.單	復活
24. ἐπιγαμβρεύω	動.未來.主.直說.三單	結婚，娶
ἀνίστημι σπέρμα		生（孩子）
25. τελευτάω	動.過不.主.直說.三單	死亡

26. ὁμοίως	副. 原	照樣，相同地，也是這樣
δεύτερος, α, ον	形. 主. 陽. 單. 原	第二的，然後
28. ἀνάστασις, εως, ἡ	名. 間. 陰. 單	復活
30. γαμίζω	動. 現在. 被. 直說. 三複	嫁，結婚
31. ἀνάστασις, εως, ἡ	名. 所. 陰. 單	復活
32. Ἰσαάκ, ὁ	名. 所. 陽. 單	以撒〔依撒格〕
33. ἐκπλήσσω	動. 過未. 被. 直說. 三複	驚異，驚訝，希奇
διδαχή, ῆς, ἡ	名. 間. 陰. 單	教訓，教導
34. φιμόω	動. 過不. 主. 直說. 三單	堵住了…的口，籠住嘴
35. νομικός, ή, όν	名. 主. 陽. 單	屬於法律的
37. διάνοια, ας, ἡ	名. 間. 陰. 單	心思，理智，思想，意念
39. δεύτερος, α, ον	形. 主. 陰. 單. 原	第二的，然後
πλησίον	副. 原	靠近，鄰舍
40. κρεμάννυμι	動. 現在. 被. 直說. 三單	以…爲根據
44. ὑποκάτω	不介. 所	在…下面，在…底下
46. τολμάω	動. 過不. 主. 直說. 三單	敢，勇敢或大膽，壯膽
οὐκέτι	副. 原	不再

第二十三章

2. καθέδρα, ας, ἡ	名. 所. 陰. 單	座位，凳子，地位
ἐπὶ τῆς Μωϋσέως καθέδρας		是摩西律法的權威
4. δεσμεύω	動. 現在. 主. 直說. 三複	捆，綁
φορτίον, ου, τό	名. 直. 中. 複	擔子，重擔
βαρύς, εῖα, ύ	形. 直. 中. 複. 原	沉重的，艱難的，嚴重的
δυσβάστακτος, ον	形. 直. 中. 複. 原	難以背負的
ὦμος, ου, ὁ	名. 直. 陽. 複	肩
δάκτυλος, ου, ὁ	名. 間. 陽. 單	手指頭
κινέω	動. 過不. 主. 不定	動，搖
κινέω τὸν δάκτυλον		動手幫忙（別人）
5. θεάομαι	動. 過不. 被. 不定	看見，注意
πλατύνω	動. 現在. 主. 直說. 三複	擴大，加寬
φυλακτήριον, ου, τό	名. 直. 中. 複	裝聖經句的小匣，經文袋
μεγαλύνω	動. 現在. 主. 直說. 三複	增長

κράσπεδον, ου, τό	名.直.中.複	邊緣，衣角，繸子
6. πρωτοκλισία, ας, ἡ	名.直.陰.單	貴賓席，（宴會中）首座
δεῖπνον, ου, τό	名.間.中.複	宴會，筵席
πρωτοκαθεδρία, ας, ἡ	名.直.陰.複	特別座位
7. ἀσπασμός, οῦ, ὁ	名.直.陽.複	問安
ἀγορά, ᾶς, ἡ	名.間.陰.複	市場
ῥαββί	名.主.陽.單	拉比，老師，先生
10. καθηγητής, οῦ, ὁ	名.主.陽.複	老師，領袖，大師
11. διάκονος, ου, ὁ, ἡ	名.主.陽.單	僕人，庸人
12. ὑψόω	動.未來.主.直說.三單	高升，高舉，升高
ταπεινόω	動.未來.被.直說.三單	謙卑，貶低，削低
13. κλείω	動.現在.主.直說.二複	關閉，鎖
15. περιάγω	動.現在.主.直說.二複	到處走，走遍
ξηρός, ά, όν	形.直.陰.單.原	乾的，陸地
προσήλυτος, ου, ὁ	名.直.陽.單	皈依猶太教的外邦人
διπλοῦς, ῆ, οῦν	副.比	加倍
υἱὸς γεέννης		該下地獄的人
περιάγετε τὴν θάλασσαν καὶ τὴν ξηράν		走遍天涯海角
16. ὁδηγός, οῦ, ὁ	名.呼.陽.複	嚮導，帶領的人
17. ἁγιάζω	動.過不.主.分詞.主.陽.單	使純潔
21. κατοικέω	動.現在.主.分詞.間.陽.單	居住，定居，住在
23. ἀποδεκατόω	動.現在.主.直說.二複	奉獻十分之一
ἡδύοσμον, ου, τό	名.直.中.單	薄荷
ἄνηθον, ου, τό	名.直.中.單	大茴香，蒔蘿（調味用香料）
κύμινον, ου, τό	名.直.中.單	小茴香（作香料的植物）
βαρύς, εῖα, ύ	形.直.中.複.比	重要的，嚴重的
ἔλεος, ους, τό	名.直.中.單	仁慈，憐憫
κἀκεῖνος, η, ο	副.原	而那一個，那一個也
24. ὁδηγός, οῦ, ὁ	名.呼.陽.複	嚮導，帶領的人
διϋλίζω	動.現在.主.分詞.呼.陽.複	濾出
κώνωψ, ωπος, ὁ	名.直.陽.單	蚋，蚊
κάμηλος, ου, ὁ, ἡ	名.直.陰.單	駱駝
καταπίνω	動.現在.主.分詞.呼.陽.複	消滅，吞吃

25. ἔξωθεν	不介.所	從外面，從…外面
παροψίς, ίδος, ἡ	名.所.陰.單	盤子，碟子
ἔσωθεν	副.原	在…裏面，從裏面出來
γέμω	動.現在.主.直說.三複	充滿，盛滿，長滿
ἁρπαγή, ῆς, ἡ	名.所.陰.單	搶劫，牢牢抓住，貪婪
ἀκρασία, ας, ἡ	名.所.陰.單	放縱，節制不了
26. ἐντός	不介.所	在…裏
ἐκτός	副.原	外面，在…外
καθαρός, ά, όν	形.主.中.單.原	潔淨的，乾淨的
27. παρομοιάζω	動.現在.主.直說.二複	好像
κονιάω	動.完成.被.分詞.間.陽.複	刷白，粉刷
ἔξωθεν	副.原	從外面，從…外面
ὡραῖος, α, ον	形.主.陽.複.原	美麗的，好看的
ἔσωθεν	副.原	在…裏面
γέμω	動.現在.主.直說.三複	充滿，盛滿，長滿
ὀστέον, ου, τό	名.所.中.複	骨頭
ἀκαθαρσία, ας, ἡ	名.所.陰.單	不道德，污穢，腐爛
28. μεστός, ή, όν	形.主.陽.複.原	充滿的
ὑπόκρισις, εως, ἡ	名.所.陰.單	僞善，虛僞，沒有原則
ἀνομία, ας, ἡ	名.所.陰.單	邪惡，不法，罪惡
29. κοσμέω	動.現在.主.直說.二複	裝飾，打扮，整理
30. κοινωνός, οῦ, ὁ, ἡ	名.主.陽.複	夥伴，與…有份的人
32. μέτρον, ου, τό	名.直.中.單	尺度，程度，數量
33. ὄφις, εως, ὁ	名.呼.陽.複	蛇
γέννημα, ατος, τό	名.呼.中.複	子孫
ἔχιδνα, ης, ἡ	名.所.陰.複	蛇，毒蛇
γέννημα ἐχιδνῶν		毒蛇的種類
34. σοφός, ή, όν	形.直.陽.複.原	智慧的
μαστιγόω	動.未來.主.直說.二複	鞭打，懲罰
35. ἐκχέω	動.現在.被.分詞.主.中.單	流（血），處死
Ἅβελ, ὁ	名.所.陽.單	亞伯〔亞伯爾〕
Ζαχαρίας, ου, ὁ	名.所.陽.單	撒迦利亞〔則加黎雅〕
Βαραχίας, ου, ὁ	名.所.陽.單	巴拉加〔貝勒基雅〕

μεταξύ	不介.所	在…之間
36. ἥκω	動.未來.主.直說.三單	臨到，歸給
37. λιθοβολέω	動.現在.主.分詞.呼.陰.單	投石頭，用石頭打
ποσάκις	副.原	多少次？幾次？
ἐπισυνάγω	動.過不.主.不定	招集，聚集
τρόπος, ου, ὁ	名.直.陽.單	方式，樣子，生活態度
ὄρνις, ιθος, ὁ, ἡ	名.主.陰.單	母雞
νοσσίον, ου, τό	名.直.中.複	小鳥，一窩幼鳥
πτέρυξ, υγος, ἡ	名.直.陰.複	翅膀

第二十四章

1. ἐπιδείκνυμι	動.過不.主.不定	顯示，給…看，指示
οἰκοδομή, ῆς, ἡ	名.直.陰.複	建築，鞏固，建築物
3. ἐλαία, ας, ἡ	名.所.陰.複	橄欖樹，橄欖
παρουσία, ας, ἡ	名.所.陰.單	來臨，來到，出現
6. πόλεμος, ου, ὁ	名.直.陽.複	戰爭，打仗
ἀκοή, ῆς, ἡ	名.直.陰.複	報導，消息，聽見
θροέω	動.現在.被.命令.二複	驚慌，害怕，煩擾
οὔπω	副.原	尚未
7. λιμός, οῦ, ὁ, ἡ	名.主.陰.複	饑荒，饑餓
σεισμός, οῦ, ὁ	名.主.陽.複	地震，暴風
8. ὠδίν, ῖνος, ἡ	名.所.陰.複	生產的痛苦，陣痛，苦難
9. θλῖψις, εως, ἡ	名.直.陰.單	痛苦，苦難，災難
11. ψευδοπροφήτης, ου, ὁ	名.主.陽.複	假先知
12. πληθύνω	動.過不.被.不定	增加
ἀνομία, ας, ἡ	名.直.陰.單	邪惡，不法，罪惡
ψύχω	動.未來.被.直說.三單	變冷，（愛心）冷卻
13. ὑπομένω	動.過不.主.分詞.主.陽.單	忍耐，持續，忍受
14. οἰκουμένη, ης, ἡ	名.間.陰.單	世界，人類，普天下
μαρτύριον, ου, τό	名.直.中.單	見證，證據
ἥκω	動.未來.主.直說.三單	臨到，來
15. βδέλυγμα, ατος, τό	名.直.中.單	可憎惡的東西
ἐρήμωσις, εως, ἡ	名.所.陰.單	荒廢，毀滅

Δανιήλ, ὁ	名.所.陽.單	但以理〔達尼爾〕
νοέω	動.現在.主.命令.三單	辨認，辨認
τὸ βδέλυγμα τῆς ἐρημώσεως		污濊的可憎（或可怕）之物
17. δῶμα, ατος, τό	名.所.中.單	屋頂
18. ἐπιστρέφω	動.過不.主.命令.三單	回轉，歸向
19. γαστήρ, τρός, ἡ	名.間.陰.單	子宮，貪吃暴食
θηλάζω	動.現在.主.分詞.間.陰.複	哺育，授乳，吸奶
ἐν γαστρὶ ἔχω		懷孕
20. φυγή, ῆς, ἡ	名.主.陰.單	逃脫，逃走
χειμών, ῶνος, ὁ	名.所.陽.單	冬天，惡劣大的天氣
21. θλῖψις, εως, ἡ	名.主.陰.單	痛苦，苦難，災難，憂傷
οἷος, α, ον	代.聯代.主.陰.單	如…，那一種的…
22. κολοβόω	動.過不.被.直說.三複	縮短，減少
ἐκλεκτός, ή, όν	形.直.陽.複.原	被揀選的，貴重的
24. ψευδόχριστος, ου, ὁ	名.主.陽.複	假基督，妄稱自己是基督的人
ψευδοπροφήτης, ου, ὁ	名.主.陽.複	假先知
τέρας, ατος, τό	名.直.中.複	奇事，兆頭，預兆
δυνατός, ή, όν	形.主.中.單.原	可能的
ἐκλεκτός, ή, όν	形.直.陽.複.原	被揀選的，貴重的
25. προλέγω	動.完成.主.直說.一單	預先說或警告
26. ταμεῖον, ου, τό	名.間.中.複	屋子，裏間兒或密室
27. ἀστραπή, ῆς, ἡ	名.主.陰.單	閃電，光輝
δυσμή, ῆς, ἡ	名.所.陰.複	西邊
παρουσία, ας, ἡ	名.主.陰.單	來臨，來到，出現
28. πτῶμα, ατος, τό	名.主.中.單	屍體，屍首
ἀετός, οῦ, ὁ	名.主.陽.複	老鷹，兀鷹
29. θλῖψις, εως, ἡ	名.直.陰.單	痛苦，苦難，災難
σκοτίζω	動.未來.被.直說.三單	變黑
σελήνη, ης, ἡ	名.主.陰.單	月亮
φέγγος, ους, τό	名.直.中.單	光，亮光
σαλεύω	動.未來.被.直說.三複	搖動
30. κόπτω	動.未來.關.直說.三複	悲傷，哀號，哀哭
φυλή, ῆς, ἡ	名.主.陰.複	支族，部落，（萬）族

νεφέλη, ης, ἡ	名.所.陰.複	雲
31. σάλπιγξ, ιγγος, ἡ	名.所.陰.單	號角，吹喇叭，發聲
ἐπισυνάγω	動.未來.主.直說.三複	招集，聚集
ἐκλεκτός, ή, όν	形.直.陽.複.原	被揀選的，貴重的
τέσσαρες, α	形.所.陽.複.原	四
ἄκρον, ου, τό	名.所.中.複	邊界
ἐκ τῶν τεσσάρων ἀνέμων		從四方（天涯海角）
32. μανθάνω	動.過不.主.命令.二複	學習，發現，知道
κλάδος, ου, ὁ	名.主.陽.單	枝子，樹枝
ἁπαλός, ή, όν	形.主.陽.單.原	嫩綠的，長新葉的
φύλλον, ου, τό	名.直.中.複	葉子
ἐκφύω	動.現在.主.假設.三單	長（芽），長出（葉子）
ἐγγύς	副.原	接近，靠近
θέρος, ους, τό	名.主.中.單	夏天
33. θύρα, ας, ἡ	名.間.陰.複	門，入口
ἐπὶ θύραις		短期內，即將
37. Νῶε, ὁ	名.所.陽.單	挪亞〔諾厄〕
παρουσία, ας, ἡ	名.主.陰.單	來臨，來到，出現
38. κατακλυσμός, οῦ, ὁ	名.所.陽.單	洪水
τρώγω	動.現在.主.分詞.主.陽.複	吃，嚼
γαμίζω	動.現在.主.分詞.主.陽.複	嫁，結婚
ἄχρι	不介.所	直到，當…時，正値
κιβωτός, οῦ, ἡ	名.直.陰.單	方舟，箱
39. ἅπας, ασα, αν	形.直.陽.複.原	所有的，全部，每個人
παρουσία, ας, ἡ	名.主.陰.單	來臨，來到，出現
41. ἀλήθω	動.現在.主.分詞.主.陰.複	磨（穀粒）
μύλος, ου, ὁ	名.間.陽.單	磨坊，磨石
43. κλέπτης, ου, ὁ	名.主.陽.單	小偷，賊
ἐάω	動.過不.主.直說.三單	任憑，讓，許可，讓…走
διορύσσω	動.過不.被.不定	挖透，破門而入
44. ἕτοιμος, η, ον	形.主.陽.複.原	準備好的，隨時都方便
45. καθίστημι	動.過不.主.直說.三單	派…管理，設立
οἰκετεία, ας, ἡ	名.所.陰.單	全家

τροφή, ῆς, ἡ	名.直.陰.單	食物，供應
47. καθίστημι	動.未來.主.直說.三單	派…管理，設立
τὰ ὑπάρχοντα		產業，財富
48. χρονίζω	動.現在.主.直說.三單	遲延，不會那麼早回來
49. τύπτω	動.現在.主.不定	打，捶，擊，傷害
μεθύω	動.現在.主.分詞.所.陽.複	醉酒，讓人暢飲
50. ἥκω	動.未來.主.直說.三單	臨到，來，歸給
προσδοκάω	動.現在.主.直說.三單	等候，期望
51. διχοτομέω	動.未來.主.直說.三單	切成碎片，重重責打
μέρος, ους, τό	名.直.中.單	部份，情況

第二十五章

1. δέκα	形.間.陰.複.原	十
παρθένος, ου, ἡ, ὁ	名.間.陰.複	處女，未婚女孩
ὑπάντησις, εως, ἡ	名.直.陰.單	迎接
3. ἔλαιον, ου, τό	名.直.中.單	橄欖油，油
4. ἀγγεῖον, ου, τό	名.間.中.複	容器，器皿
5. χρονίζω	動.現在.主.分詞.所.陽.單	來遲，遲延，耽擱很久
νυστάζω	動.過不.主.直說.三複	打盹，睡著
6. κραυγή, ῆς, ἡ	名.主.陰.單	叫，喊，喧嚷，哭喊
ἀπάντησις, εως, ἡ	名.直.陰.單	迎接
7. παρθένος, ου, ἡ, ὁ	名.主.陰.複	處女，未婚女孩
κοσμέω	動.過不.主.直說.三複	打扮，整理，挑亮
8. ἔλαιον, ου, τό	名.所.中.單	橄欖油，油
σβέννυμι	動.現在.被.直說.三複	熄滅
9. ἀρκέω	動.過不.主.假設.三單	足夠，充份
10. ἕτοιμος, η, ον	形.主.陰.複.原	準備好的，隨時都方便
κλείω	動.過不.被.直說.三單	關閉，鎖
θύρα, ας, ἡ	名.主.陰.單	門
11. παρθένος, ου, ἡ, ὁ	名.主.陰.複	處女，未婚女孩
14. ἀποδημέω	動.現在.主.分詞.主.陽.單	出外
16. ἐργάζομαι	動.過不.關.直說.三單	工作，做生意，投資
17. ὡσαύτως	副.原	照樣地，同樣地

18. ὀρύσσω	動. 過不. 主. 直說. 三單	挖掘，挖洞
19. συναίρω	動. 現在. 主. 直說. 三單	算帳
20. ἴδε	歎	看哪！瞧！聽！這是…，在這裏
21. εὖ	副. 原	很好地，做得好
καθίστημι	動. 未來. 主. 直說. 一單	派…管理，設立，護送
22. ἴδε	歎	看哪！瞧！聽！這是…，在這裏
23. εὖ	副. 原	很好地，做得好
καθίστημι	動. 未來. 主. 直說. 一單	派…管理，設立，護送
24. σκληρός, ά, όν	形. 主. 陽. 單. 原	嚴厲的
θερίζω	動. 現在. 主. 分詞. 主. 陽. 單	收割
ὅθεν	連. 地從	從那裏，所以，因此
διασκορπίζω	動. 過不. 主. 直說. 二單	分散，浪費
25. ἴδε	歎	瞧！聽！這是…，在這裏
26. ὀκνηρός, ά, όν	形. 呼. 陽. 單. 原	懶惰的，麻煩的，討厭的
θερίζω	動. 現在. 主. 直說. 一單	收割，收獲
ὅθεν	連. 地從	從那裏，所以，因此
διασκορπίζω	動. 過不. 主. 直說. 一單	分散，浪費
27. τραπεζίτης, ου, ὁ	名. 間. 陽. 複	銀行業者
κομίζω	動. 過不. 關. 直說. 一單	接受
τόκος, ου, ὁ	名. 間. 陽. 單	利息（錢）
28. δέκα	形. 直. 中. 複. 原	十
30. ἀχρεῖος, ον	形. 直. 陽. 單. 原	無用的
ἐξώτερος, α, ον	形. 直. 中. 單. 比	外面的，外邊的
32. ἀφορίζω	動. 未來. 主. 直說. 三單	分別，帶開，選召
ποιμήν, ένος, ὁ	名. 主. 陽. 單	牧人，牧羊人
ἔριφος, ου, ὁ	名. 所. 陽. 複	山羊，小山羊
33. ἐρίφιον, ου, τό	名. 直. 中. 複	山羊，小山羊
34. κληρονομέω	動. 過不. 主. 命令. 二複	承受，成爲（神國的）子民
καταβολή, ῆς, ἡ	名. 所. 陰. 單	創造
36. γυμνός, ή, όν	形. 主. 陽. 單. 原	赤身露體，需要衣服的
ἀσθενέω	動. 過不. 主. 直說. 一單	生病，軟弱
ἐπισκέπτομαι	動. 過不. 關. 直說. 二複	照顧，眷顧
37. τρέφω	動. 過不. 主. 直說. 一複	餵養，照顧，支持

38. γυμνός, ή, όν	形.直.陽.單.原	赤身露體，需要衣服的
39. ἀσθενέω	動.現在.主.分詞.直.陽.單	生病，軟弱
40. ἐφ' ὅσον		當…還…的時候，只要
41. καταράομαι	動.完成.被.分詞.呼.陽.複	咒詛
43. γυμνός, ή, όν	形.主.陽.單.原	赤身露體，需要衣服的
ἀσθενής, ές	形.主.陽.單.原	生病的，軟弱無助的
ἐπισκέπτομαι	動.過不.關.直說.二複	照顧，眷顧
46. κόλασις, εως, ἡ	名.直.陰.單	刑罰

第二十六章

2. πάσχα, τό	名.主.中.單	逾越節，逾越節的晚餐
3. αὐλή, ῆς, ἡ	名.直.陰.單	院子，（聖殿的）外院，官邸
Καϊάφας, α, ὁ	名.所.陽.單	該亞法〔蓋法〕（大祭司）
4. συμβουλεύω	動.過不.關.直說.三複	建議，商議，計劃，陰謀
δόλος, ου, ὁ	名.間.陽.單	詭詐，撒謊，陰謀
5. ἑορτή, ῆς, ἡ	名.間.陰.單	節期
θόρυβος, ου, ὁ	名.主.陽.單	混亂，暴動，作亂
6. Βηθανία, ας, ἡ	名.間.陰.單	伯大尼〔伯達尼〕
λεπρόν, οῦ, τό	名.所.陽.單	痲瘋病人，皮膚病人
7. ἀλάβαστρον, ος, ου, τό/ὁ	名.直.中.單	雪花石膏做的瓶，玉瓶
μύρον, ου, τό	名.所.中.單	香膏，香水，香油
βαρύτιμος, ον	形.所.中.單.原	非常貴珍的
καταχέω	動.過不.主.直說.三單	倒在…上
8. ἀγανακτέω	動.過不.主.直說.三複	惱怒，生氣，不滿
ἀπώλεια, ας, ἡ	名.主.陰.單	浪費
9. πιπράσκω	動.過不.被.不定	賣
10. κόπος, ου, ὁ	名.直.陽.複	煩擾
παρέχω	動.現在.主.直說.二複	引起，使…得到，給
ἐργάζομαι	動.過不.關.直說.三單	工作
11. πάντοτε	副.原	總是，常常
12. μύρον, ου, τό	名.直.中.單	香膏，香油
ἐνταφιάζω	動.過不.主.不定	準備安葬
13. μνημόσυνον, ου, τό	名.直.中.單	紀念，有紀念性的事物

14. Ἰσκαριώτης, ου, ὁ	名.主.陽.單	加略人〔依斯加略人〕
16. εὐκαιρία, ας, ἡ	名.直.陰.單	有利的時機，好機會
17. ἄζυμος, ον	名.所.中.複	無酵的，未發酵的
ποῦ	連.疑并	哪裏？在哪裏？到哪裏？
πάσχα, τό	名.直.中.單	逾越節，逾越節的晚餐
18. δεῖνα, ὁ, ἡ, τό	名.直.陽.單	某人
ἐγγύς	副.原	接近，將近，靠近
19. συντάσσω	動.過不.主.直說.三單	指示，吩咐，命令
πάσχα, τό	名.直.中.單	逾越節，逾越節的晚餐
22. μήτι	虛.疑	用於期待否定答案的問句中
23. ἐμβάπτω	動.過不.主.分詞.主.陽.單	沾，蘸
τρύβλιον, ου, τό	名.間.中.單	碟子，碗
25. μήτι	虛.疑	用於期待否定答案的問句中
ῥαββί	名.呼.陽.單	拉比，老師，先生（尊稱）
26. κλάω	動.過不.主.直說.三單	掰開，擘
27. εὐχαριστέω	動.過不.主.分詞.主.陽.單	感謝，祝謝
28. διαθήκη, ης, ἡ	名.所.陰.單	約，契約
ἐκχέω	動.現在.被.分詞.主.中.單	倒出，流（血）
ἄφεσις, εως, ἡ	名.直.陰.單	赦免，除去（罪），釋放
ἐκχύννεται τὸ αἷμα		犧牲生命
29. γένημα, ατος, τό	名.所.中.單	產品，果子
ἄμπελος, ου, ἡ	名.所.陰.單	葡萄樹
καινός, ή, όν	形.直.中.單.原	新的，新品質
30. ὑμνέω	動.過不.主.分詞.主.陽.複	唱詩，唱歌，讚美，歌頌
ἐλαία, ας, ἡ	名.所.陰.複	橄欖樹，橄欖
31. πατάσσω	動.未來.主.直說.一單	擊打，砍，擊倒
ποιμήν, ένος, ὁ	名.直.陽.單	牧人，牧羊人
διασκορπίζω	動.未來.被.直說.三複	分散，浪費
ποίμνη, ης, ἡ	名.所.陰.單	羊群，群
34. πρίν	連.時從	在…之前，…以前
ἀλέκτωρ, ορος, ὁ	名.直.陽.單	公雞
τρίς	副.原	三次
ἀπαρνέομαι	動.未來.關.直說.二單	不認，否認與…有關係

35. κἄν	副.原	即使，雖然
ὁμοίως	副.原	照樣，相同地，也是這樣
36. χωρίον, ου τό	名.直.中.單	地方
Γεθσημανί	名直－單	客西馬尼〔革責瑪尼〕
αὐτοῦ	副.原	這裏，那裏
37. ἀδημονέω	動.現在.主.不定	難過
38. περίλυπος, ον	形.主.陰.單.原	非常憂傷的，深感難過的
39. προέρχομαι	動.過不.主.分詞.主.陽.單	在前面走，向前走
δυνατός, ή, όν	形.主.中.單.原	可能的
40. ἰσχύω	動.過不.主.直說.二複	能夠，制伏，興旺，重要
41. πειρασμός, οῦ, ὁ	名.直.陽.單	試煉，磨煉，試探
πρόθυμος, ον	形.主.中.單.原	願意的
ἀσθενής, ές	形.主.陰.單.原	軟弱的
42. δεύτερος, α, ον	形.所.中.單.原	第二的，然後
43. βαρέω	動.完成.被.分詞.主.陽.複	睡著
ἦσαν οἱ ὀφθαλμοὶ βεβαρημένοι		非常睏
45. ἀναπαύω	動.現在.關.命令.二複	休息
παραδίδωμι εἰς χεῖρας		出賣
47. ξύλον, ου, τό	名.所.中.複	棒，腳鐐
49. ῥαββί	名.呼.陽.單	拉比，老師，先生（尊稱）
καταφιλέω	動.過不.主.直說.三單	吻，親嘴
50. ἑταῖρος, ου, ὁ	名.呼.陽.單	朋友，同伴
πάρειμι	動.現在.主.直說.二單	在一起，在這裏
ἐπιβάλλω	動.過不.主.直說.三複	逮捕
51. ἀποσπάω	動.過不.主.直說.三單	拔出（刀）來
πατάσσω	動.過不.主.分詞.主.陽.單	擊打，砍，擊倒
ἀφαιρέω	動.過不.主.直說.三單	削掉
ὠτίον, ου, τό	名.直.中.單	耳朵
52. ἀποστρέφω	動.過不.主.命令.二單	收回
53. παρίστημι	動.未來.主.直說.三單	帶到…面前，顯現
λεγιών, ῶνος, ἡ	名.直.陰.複	營（約五千到六千人）
55. λῃστής, οῦ, ὁ	名.直.陽.單	強盜，暴徒，兇犯
ξύλον, ου, τό	名.所.中.複	棒，腳鐐

συλλαμβάνω	動. 過不. 主. 不定	抓，逮捕
καθέζομαι	動. 過未. 關. 直說. 一單	坐著，坐下
56. τοῦτο ὅλον		這一切
57. Καϊάφας, α, ὁ	名. 直. 陽. 單	該亞法〔蓋法〕（大祭司）
58. μακρόθεν	副. 原	遠，遠方，
αὐλή, ῆς, ἡ	名. 所. 陰. 單	院子，官邸
ἔσω	副. 原	在…裏面
ὑπηρέτης, ου, ὁ	名. 所. 陽. 複	警衛，助理，幫手，僕人
59. συνέδριον, ου, τό	名. 主. 中. 單	法庭，議會
ψευδομαρτυρία, ας, ἡ	名. 直. 陰. 單	僞證，假見證，僞誓
θανατόω	動. 過不. 主. 假設. 三複	殺死，置於死地，害死
60. ψευδόμαρτυς, υρος, ὁ	名. 所. 陽. 複	假證人，作僞證的人
62. καταμαρτυρέω	動. 現在. 主. 直說. 三複	作證控告
63. σιωπάω	動. 過未. 主. 直說. 三單	不作聲，緘默
ἐξορκίζω	動. 現在. 主. 直說. 一單	命令人發誓
64. νεφέλη, ης, ἡ	名. 所. 陰. 複	雲
65. διαρρήγνυμι (–ρήσσω)	動. 過不. 主. 直說. 三單	撕裂，扯掉，掙斷
βλασφημέω	動. 過不. 主. 直說. 三單	褻瀆，毀謗
μάρτυς, υρος, ὁ	名. 所. 陽. 複	見證人
ἴδε	歎	看哪！瞧！聽！這是…，在這裏
βλασφημία, ας, ἡ	名. 直. 陰. 單	褻瀆，毀謗
67. ἐμπτύω	動. 過不. 主. 直說. 三複	吐唾沫在…上，吐口水
κολαφίζω	動. 過不. 主. 直說. 三複	用拳頭打，困擾，刺痛
ῥαπίζω	動. 過不. 主. 直說. 三複	擊，打
68. προφητεύω	動. 過不. 主. 命令. 二單	以先知的洞察力闡明事物
παίω	動. 過不. 主. 分詞. 主. 陽. 單	擊，打，砍
69. αὐλή, ῆς, ἡ	名. 間. 陰. 單	院子，官邸
παιδίσκη, ης, ἡ	名. 主. 陰. 單	婢女，使女，女奴
Γαλιλαῖος, α, ον	形. 所. 陽. 單. 原	加利利的〔加里肋亞的〕
70. ἀρνέομαι	動. 過不. 關. 直說. 三單	否認，不認，背棄，拒絕
71. πυλών, ῶνος, ὁ	名. 直. 陽. 單	門，門口，入口，門廊
Ναζωραῖος, ου, ὁ	名. 所. 陽. 單	拿撒勒人〔納匝肋人〕
72. ἀρνέομαι	動. 過不. 關. 直說. 三單	否認，不認，背棄，拒絕

ὅρκος, ου, ὁ	名.所.陽.單	誓言，發誓
73. ἀληθῶς	副.原	眞地，實在地，確實地
λαλιά, ᾶς, ἡ	名.主.陰.單	說的話，口音，說話方式
δῆλος, η, ον	形.直.陽.單.原	明顯的
ἡ λαλιά σου δῆλόν σε ποιεῖ		你的口音使你露出了馬腳
74. καταθεματίζω	動.現在.主.不定	賭咒
ἀλέκτωρ, ορος, ὁ	名.主.陽.單	公雞
75. μιμνῄσκομαι	動.過不.被.直說.三單	記得，回憶，關懷
πρίν	連.時從	在…之前，…以前
τρίς	副.原	三次
ἀπαρνέομαι	動.未來.關.直說.二單	不認，否認與…有關係
κλαίω	動.過不.主.直說.三單	痛哭，哀泣，爲…哀哭
πικρῶς	副.原	苦地，痛心地

第二十七章

1. πρωΐα, ας, ἡ	名.所.陰.單	凌晨，早上
θανατόω	動.過不.主.不定	殺死，害死
3. κατακρίνω	動.過不.被.直說.三單	審判，定罪
μεταμέλομαι	動.過不.被.分詞.主.陽.單	懊悔，後悔，改變主意
4. ἁμαρτάνω	動.過不.主.直說.一單	犯罪，做錯
ἀθῷος, ον	形.直.陽.單.原	無罪的，無辜的
τί πρὸς ἡμᾶς		它與我們有甚麼關係
5. ῥίπτω (ῥιπτέω)	動.過不.主.分詞.主.陽.單	丟，拋，扔掉
ἀπάγχω	動.過不.關.直說.三單	上吊
6. κορβανᾶς, ᾶ, ὁ	名.直.陽.單	聖殿的奉獻箱
ἐπεί	連.原從	因爲
τιμή, ῆς, ἡ	名.主.陰.單	報酬
7. κεραμεύς, έως, ὁ	名.所.陽.單	陶匠
ταφή, ῆς, ἡ	名.直.陰.單	墓地，墳地
9. Ἰερεμίας, ου, ὁ	名.所.陽.單	耶利米〔耶肋米亞〕
τιμή, ῆς, ἡ	名.直.陰.單	報酬，定價
10. κεραμεύς, έως, ὁ	名.所.陽.單	陶匠
καθά	連.比從	正如，依照

συντάσσω	動.過不.主.直說.三單	指示，吩咐，命令
12. κατηγορέω	動.現在.被.不定	控告（人），譴責
13. καταμαρτυρέω	動.現在.主.直說.三複	作證控告
14. λίαν	副.原	極力地，非常，很，十分
πρὸς οὐδὲ ἓν ῥῆμα		甚至一句話也沒有
15. ἑορτή, ῆς, ἡ	名.直.陰.單	節期
εἴωθα	動.過完.主.直說.三單	照常，按照習慣
δέσμιος, ου, ὁ	名.直.陽.單	囚犯
16. ἐπίσημος, ον	形.直.陽.單.原	聲名狼藉的，出名的（囚犯）
18. φθόνος, ου, ὁ	名.直.陽.單	嫉妒，恨意
19. βῆμα, ατος, τό	名.所.中.單	審判台，法庭
πάσχω	動.過不.主.直說.一單	受苦，忍受，經驗
23. περισσῶς	副.原	更加，甚至更，更大聲
24. ὠφελέω	動.現在.主.直說.三單	獲得，獲利
θόρυβος, ου, ὁ	名.主.陽.單	混亂，暴動，作亂
ἀπονίπτω	動.過不.關.直說.三單	洗
ἀπέναντι	不介.所	在⋯面前
ἀθῷος, ον	形.主.陽.單.原	無罪的，無辜的
26. φραγελλόω	動.過不.主.分詞.主.陽.單	鞭打
27. στρατιώτης, ου, ὁ	名.主.陽.複	兵士，侍衛，警衛
πραιτώριον, ου, τό	名.直.中.單	總督府，王宮警衛隊
σπεῖρα, ης, ἡ	名.直.陰.單	營，一隊士兵
28. ἐκδύω	動.過不.主.分詞.主.陽.複	剝下，脫下
χλαμύς, ύδος, ἡ	名.直.陰.單	袍子，外袍
κόκκινος, η, ον	形.直.陰.單.原	深紅色的，紅色的
περιτίθημι	動.過不.主.直說.三複	穿上
29. πλέκω	動.過不.主.分詞.主.陽.複	編織
στέφανος, ου, ὁ	名.直.陽.單	華冠，冠冕
γονυπετέω	動.過不.主.分詞.主.陽.複	跪
χαῖρε		平安，你好（致意寒喧用語）
30. ἐμπτύω	動.過不.主.分詞.主.陽.複	吐唾沫在⋯上，吐口水
τύπτω	動.過未.主.直說.三複	打，捶，擊，傷害
31. ἐκδύω	動.過不.主.直說.三複	剝下，脫下

χλαμύς, ύδος, ἡ	名.直.陰.單	袍子，外袍
ἐνδύω	動.過不.主.直說.三複	穿，換上
32. Κυρηναῖος, ου, ὁ	名.直.陽.單	古利奈人〔基勒乃人〕
ἀγγαρεύω	動.過不.主.直說.三複	強逼，逼人服事
33. Γολγοθᾶ, ἡ	名.直.陰.單	各各他〔哥耳哥達〕
κρανίον, ου, τό	名.所.中.單	顱骨，髑髏
34. οἶνος, ου, ὁ	名.直.陽.單	酒
χολή, ῆς, ἡ	名.所.陰.單	苦膽，嫉妒的苦果
μίγνυμι	動.完成.被.分詞.直.陽.單	混合，攙雜
γεύομαι	動.過不.關.分詞.主.陽.單	嘗，吃
35. διαμερίζω	動.過不.關.直說.三複	分配
κλῆρος, ου, ὁ	名.直.陽.單	（抽）籤，部分，職份
37. αἰτία, ας, ἡ	名.直.陰.單	控訴，罪
38. λῃστής, οῦ, ὁ	名.主.陽.複	強盜，暴徒，兇犯
39. παραπορεύομαι	動.現在.關.分詞.主.陽.複	經過，穿過，去
βλασφημέω	動.過未.主.直說.三複	褻瀆，毀謗，侮辱
κινέω	動.現在.主.分詞.主.陽.複	搖
41. ὁμοίως	副.原	同樣，照樣，也是這樣
43. ῥύομαι	動.過不.關.命令.三單	拯救，解救，救…脫離
44. λῃστής, οῦ, ὁ	名.主.陽.複	強盜，暴徒，兇犯
συσταυρόω	動.過不.被.分詞.主.陽.複	同釘十字架
ὀνειδίζω	動.過未.主.直說.三複	責備，譴責，侮辱，辱罵
45. ἕκτος, η, ον	形.所.陰.單.原	第六
ἔνατος, η, ον	形.所.陰.單.原	第九
46. ἀναβοάω	動.過不.主.直說.三單	大聲呼喊
ηλι	歎	（希伯來語）我的神
λεμα	歎	爲甚麼？（亞蘭語）
σαβαχθανι	歎	撒巴各大尼〔撒巴黑塔尼〕
ἱνατί	連.疑并	爲甚麼？何故？
ἐγκαταλείπω	動.過不.主.直說.二單	離棄，離開
48. τρέχω	動.過不.主.分詞.主.陽.單	跑，快速前進
σπόγγος, ου, ὁ	名.直.陽.單	海絨
πίμπλημι	動.過不.主.分詞.主.陽.單	充滿，浸泡

ὄξος, ους, τό	名.所.中.單	酸酒
περιτίθημι	動.過不.主.分詞.主.陽.單	用…圍著，放上，穿上
ἀφίημι τὸ πνεῦμα		死亡，死去
51. καταπέτασμα, ατος, τό	名.主.中.單	幔子
σχίζω	動.過不.被.直說.三單	分裂，撕開，破，分開
ἄνωθεν	副.原	從上面，從開始
κάτω	副.原	下，在下面
σείω	動.過不.被.直說.三單	搖動
52. κοιμάω	動.完成.被.分詞.所.陽.複	睡，睡著，死
53. ἔγερσις, εως, ἡ	名.直.陰.單	復活
ἐμφανίζω	動.過不.被.直說.三複	顯現，看見
54. ἑκατοντάρχης, ου, ὁ	名.主.陽.單	百夫長，軍官
σεισμός, οῦ, ὁ	名.直.陽.單	地震，暴風
ἀληθῶς	副.原	眞地，實在地，確實地
55. μακρόθεν	副.原	遠，遠方
56. Μαγδαληνή, ῆς, ἡ	名.主.陰.單	抹大拉的婦人〔瑪達肋納〕
57. πλούσιος, α, ον	形.主.陽.單.原	豐富的，富有的
Ἀριμαθαία, ας, ἡ	名.所.陰.單	亞利馬太〔阿黎瑪特雅〕
τοὔνομα	冠.主.中.單	名叫，名字是
μαθητεύω	動.過不.被.直說.三單	使人作門徒，作門徒
59. ἐντυλίσσω	動.過不.主.直說.三單	包裹，摺疊或捲起
σινδών, όνος, ἡ	名.間.陰.單	麻紗布
καθαρός, ά, όν	形.間.陰.單.原	潔淨的，乾淨的
60. καινός, ή, όν	形.間.中.單.原	新的，未曾用過的
λατομέω	動.過不.主.直說.三單	砍，鑿
προσκυλίω	動.過不.主.分詞.主.陽.單	滾到，滾向
θύρα, ας, ἡ	名.間.陰.單	入口
61. Μαριάμ, ἡ	名.主.陰.單	馬利亞〔瑪利亞〕
Μαγδαληνή, ῆς, ἡ	名.主.陰.單	抹大拉的婦人〔瑪達肋納〕
ἀπέναντι	不介.所	對面，在…面前
62. ἐπαύριον	副.原	次日，第二天
παρασκευή, ῆς, ἡ	名.直.陰.單	預備日
63. μιμνῄσκομαι	動.過不.被.直說.一複	記得

πλάνος, ον	名.主.陽.單	欺騙的
64. ἀσφαλίζω	動.過不.被.不定	把守，拴上
πλάνη, ης, ἡ	名.主.陰.單	欺騙，說謊
χείρων, ον	形.主.陰.單.比	更壞的，更厲害的
65. κουστωδία, ας, ἡ	名.直.陰.單	衛兵，守衛
66. ἀσφαλίζω	動.過不.關.直說.三複	把守，拴上
σφραγίζω	動.過不.主.分詞.主.陽.複	蓋印，嚴守秘密，封閉

第二十八章

1. ὀψέ	不介.所	傍晚
ἐπιφώσκω	動.現在.主.分詞.間.陰.單	黎明，天快亮，開始
Μαριάμ, ἡ	名.主.陰.單	馬利亞〔瑪利亞〕
Μαγδαληνή, ῆς, ἡ	名.主.陰.單	抹大拉的婦人〔瑪達肋納〕
τῇ ἐπιφωσκούσῃ εἰς μίαν σαββάτων		星期日黎明的時候
2. σεισμός, οῦ, ὁ	名.主.陽.單	地震，暴風
ἀποκυλίω	動.過不.主.直說.三單	滾開（石頭）
3. εἰδέα, ας, ἡ	名.主.陰.單	容貌
ἀστραπή, ῆς, ἡ	名.主.陰.單	閃電，光輝
λευκός, ή, όν	形.主.中.單.原	白色的，潔白的
χιών, όνος, ἡ	名.主.陰.單	雪
4. φόβος, ου, ὁ	名.所.陽.單	恐懼，
σείω	動.過不.被.直說.三複	顫抖，驚嚇得渾身發抖
6. κεῖμαι	動.過未.關.直說.三單	躺，安放
7. ταχύς, εῖα, ύ	副.原	迅速的，快捷的
8. φόβος, ου, ὁ	名.所.陽.單	恐懼，
τρέχω	動.過不.主.直說.三複	跑，快速前進
9. ὑπαντάω	動.過不.主.直說.三單	遇見，出現
10. κἀκεῖ	連.繫并	而在那裏，也在那裏
11. κουστωδία, ας, ἡ	名.所.陰.單	衛兵，守衛
ἅπας, ασα, αν	形.直.中.複.原	所有的，全部，每個人
12. ἱκανός, ή, όν	形.直.中.複.原	充份的，許多
στρατιώτης, ου, ὁ	名.間.陽.複	兵士，侍衛，警衛
13. κοιμάω	動.現在.被.分詞.所.陽.複	睡，睡著，死

14. ἀμέριμνος, ον	形. 直. 陽. 複. 原	無憂無慮的
ὑμᾶς ἀμερίμνους ποιήσομεν		我們保你們無事
15. διαφημίζω	動. 過不. 被. 直說. 三單	傳遍，流傳，宣揚
μέχρι	不介. 所	直到，甚至，直到
16. ἕνδεκα	形. 主. 陽. 複. 原	十一
τάσσω	動. 過不. 關. 直說. 三單	任命，設立，指示
17. διστάζω	動. 過不. 主. 直說. 三複	疑惑
19. μαθητεύω	動. 過不. 主. 命令. 二複	使人作門徒，作門徒
20. ἐντέλλομαι	動. 過不. 關. 直說. 一單	吩咐，命令，囑付

馬可福音

特別字彙

ἀγοράζω	買；贖
ἀγρός, οῦ, ὁ	田野；農莊；鄉村
ἀδελφή, ῆς, ἡ	姊妹；同信主的人
ἀκάθαρτος, ον	不潔的，污穢的
ἁμαρτωλός, όν	有罪的；罪人
ἀμπελών, ῶνος, ὁ	葡萄園
ἀναβλέπω	向上看，仰望；恢復視覺，復明；看得見
ἄνεμος, ου, ὁ	風；**ἐκ τῶν τεσσάρων ἀ.** 從四方（天涯海角）
ἀπαγγέλλω	告訴；宣告；傳揚；勸勉；承認，告白
ἅπτω	點燃生火；＜關＞拉住，摸；加害，傷害
γενεά, ᾶς, ἡ	世代，同時代；時期，時代；家世，世系
γεωργός, οῦ, ὁ	農人；佃戶；葡萄園工人，園丁
γρηγορέω	警醒；注意，留心；喻：活著
δέω	捆，綁；**δέδεμαι γυναικί** 有了妻子；囚禁；**δ. τῷ πνεύματι** 被聖靈催促（順服聖靈）；禁止
διακονέω	服務，伺候；照顧，照應，供應；作執事
διαλογίζομαι	討論，議論；爭辯，考慮，思想；疑問，猜想
διαστέλλω	吩咐，命令
διδαχή, ῆς, ἡ	教訓，教導（的內容），學說，教義；教導（人）
δυνατός, ή, όν	可能的；剛強的，有力量的，大能的；有影響力的，作領袖的，有能力的；信心堅強或有良心的；知識豐富的
εἰσπορεύομαι	進去或進來，進入；**εἰσ. καὶ ἐκπορεύομαι εἰς** 住在…裏，住在…當中
ἐκεῖθεν	從那裏

ἐκπλήσσω	驚異，驚訝，希奇
ἐκπορεύομαι	出去或出來（ἐ. εἰς ὁδόν 出發，上路，可 10.17）；出自
ἐμβαίνω	上船
ἕνεκα	接＜所有＞因爲，爲了…緣故，ἕ. τούτου 或 ἕ. τούτων 因此；τίνος ἕ. 爲甚麼？幹甚麼的？ἕ. 接 τοῦ 與＜不定＞以便於，要是…
ἔξεστι	…是合宜的，可以做的或合法的；…是可能的
ἐπιτίθημι	按（手）；放，安，戴，擱，搭；加添；ἐ. ὄνομα 取名（可 3.16, 17）；ἐ. πληγάς 打；＜關＞給；攻擊，傷害
ἐπιτιμάω	命令，吩咐；斥責，責備；勸阻；ἐ. αὐτῷ 或許指：指出他的過錯或勸戒他
ἔρημος, ου, ἡ	曠野，荒野，偏僻的地方，沙漠
ἑτοιμάζω	準備，預備；準備一切
εὐλογέω	（神或基督爲主詞時）祝福，恩待，賜福；（神或基督爲受詞時）頌讚；求神祝福（飲食）
Ἠλίας, ου, ὁ	以利亞〔厄里亞〕
Ἡρῴδης, ου, ὁ	希律〔黑落德〕：1. 希律王第一世；2. 希律安提帕；3. 希律亞基帕第一世
θεραπεύω	醫治；供奉
θυγάτηρ, τρός, ἡ	女兒；女性後裔；女性居民，婦女；θ. Σιών 錫安（〔熙雍〕，耶路撒冷）的女兒，指：錫安城和它的居民
θύρα, ας, ἡ	門，大門；（ἐπὶ θ. 就在門口）；（墓門）入口
Ἰάκωβος, ου, ὁ	雅各〔雅各伯〕：1. 西庇太的兒子，約翰的兄弟；2. 耶穌的兄弟；3. 亞勒腓的兒子，十二門徒中之一位；4. 猶大的父親；5. 稅吏（可 2.14）
ἴδε	看！看哪！瞧！聽！這是…
καθεύδω	睡著，睡覺；指：死了
καθίζω	＜不及＞坐下，坐著，＜及＞使…坐在
καινός, ή, όν	新的；新品質的；未曾用過的；不爲人知的，未曾聽過的
καλῶς	好，善；正確地，很好，眞好，夠好；請（上座）；κ. ἔχω 好；κ. ποιῶ 行善
κοινόω	污辱，褻瀆，使不潔淨；當作污穢
κοράσιον, ου, τό	女孩

κράβαττος, ου, ὁ	床，擔架
κρατέω	握，持守；拿，抓，拉，抱住；捉住，逮捕；拉著，阻止，擋住；實行，達成；隨從，拘守，遵行（可 7.3, 4）
κώμη, ης, ἡ	村莊，小鎮
λύω	鬆，解；釋放，使自由；破壞，違犯；拆毀，推倒，破損；散會；准許
μακρόθεν	＜副＞遠，遠方； ἀπὸ μακρόθεν 在遙遠地方，從遠處，遠遠地
Μαρία, ας (Μαριάμ), ἡ	馬利亞〔瑪利亞〕：1. 耶穌的母親；2. 馬大與拉撒路的姊妹；3. 抹大拉的馬利亞；4. 雅各與約瑟的母親；5. 革羅罷的妻子；6. 約翰馬可的母親；7. 在羅馬的一個基督徒
μικρός, ά, όν	少的，小的，最不足道的，不重要的，卑微的；年紀小的（可 15.40）；＜副＞μικρόν 一會兒，稍遠些（ἔτι μ. 這些時候；μετὰ μ. 過了一會兒，稍後）；μικρότερος 最小
μνημεῖον, ου, τό	墳墓；或許指：紀念碑
νηστεύω	禁食
ξηραίνω	枯乾；＜被動＞枯萎；停止（出血）；（農作物）成熟；僵硬（可 9.18）
οἶνος, ου, ὁ	酒
ὀπίσω	1. ＜介＞接＜所有＞在…之後（用於 ἔρχομαι 或其派生動詞之後，常指：跟從，作…的門徒）；在後；遠離，走開（可 8.33）；2. ＜副＞背後，在後（εἰς τὰ ὀπίσω 退；轉〔身〕；τὰ ὀπίσω 在後面的事物）
ὅριον, ου, τό	地區，境界，區域；鄰近，附近
οὐκέτι	不再（οὐκέτι οὐ μή 永遠不再）
οὔπω	＜副＞尚未（οὐδεὶς οὔπω 從來没有人曾經…）
ὀψία, ας, ἡ	傍晚，晚上
παράδοσις, εως, ἡ	傳統
παραλαμβάνω	拿，帶著，取去，接去；領受（常指：傳統）；學習
παραλυτικός, ή, όν	癱瘓病人的，跛子的
παρέρχομαι	經過，穿過；逝去，消失，廢掉；忽略，違背；來，到達

παρίστημι	＜及＞在…面前，帶到…面前，顯現；奉獻，交給；供給，調派；證明（＜不及＞（＜完＞，＜過完＞，＜二過不＞＜主動＞；所有＜關＞）站在旁邊，在場，站；來到；站在…前；站在一起
πάσχα, τό	逾越節；逾越節的晚餐；逾越節的羊羔
πέραν	1. ＜介＞接＜所有＞…那邊，到或在另一邊，到或在對岸；2. **τὸ π.** 另一邊，對岸
περιβλέπω	環視，四面觀看
πόσος, η, ον	何等多，多麼（**πόσῳ μᾶλλον** 更加，豈不更）；多少？
πότε	幾時？甚麼時候？**ἕως πότε** 多久？
ποτήριον, ου, τό	杯
προάγω	＜不及＞走在前頭或比…先走；先來，先去；走得太遠，偏離；＜及＞領出，帶出；**π. ἐπί** 帶到…之前
προσκαλέω	叫到面前來，傳喚，邀請；呼召（去做基督教徒的事工）
πρωΐ	清早，早晨，早上；**εὐθὺς π.** 第二天一早（可 15.1）；**λίαν π.** 一清早（可 16.2）；**π. ἔννυχα λίαν** 一清早天還沒亮（可 1.35）
πτωχός, ή, όν	貧窮的，貧乏的或無用的
Σατανᾶς, ᾶ, ὁ	魔鬼撒但〔撒殫〕
σιωπάω	不作聲，緘默；（海）平靜（可 4.39）
σκανδαλίζω	使（人）犯罪，誘（人）離棄信仰（＜被動＞放棄信仰，被引誘犯罪，跌倒犯罪；＜被動＞接 **ἐν** ：厭棄，懷疑）；生氣，不服氣
σπέρμα, ατος, τό	種子；後裔，子孫，後代；或指：（從神來的）生命
σταυρόω	釘十字架
συζητέω	辯論；談論，討論；質問；私議（可 1.27）
συνίημι	明白，了解，領悟；**οὐ σ.** 實在糊塗
φεύγω	逃，逃避；逃脫；規避，避免；消失，消滅
φωνέω	呼叫，向…叫；喊出，大聲說；叫喊，傳喚；（公雞）喔喔叫；邀請；稱呼

第一章

2. ᾿Ησαΐας, ου, ὁ	名.間.陽.單	以賽亞〔依撒意亞〕
πρό	介.所	在…之前
κατασκευάζω	動.未來.主.直說.三單	準備，開（路），安排
3. βοάω	動.現在.主.分詞.所.陽.單	呼喊，大叫
εὐθύς, εῖα, ύ	形.直.陰.複.原	直的，正直的，對的
τρίβος, ου, ἡ	名.直.陰.複	路徑，小路
4. βάπτισμα, ατος, τό	名.直.中.單	潔淨儀式，洗禮
μετάνοια, ας, ἡ	名.所.陰.單	悔改，轉離罪惡
ἄφεσις, εως, ἡ	名.直.陰.單	赦免，除去（罪）
5. χώρα, ας, ἡ	名.主.陰.單	地區，某地區的居民
῾Ιεροσολυμίτης, ου, ὁ	名.主.陽.複	耶路撒冷的居民
᾿Ιορδάνης, ου, ὁ	名.間.陽.單	約旦河，和：約但河
ποταμός, οῦ, ὁ	名.間.陽.單	河流
ἐξομολογέω	動.現在.關.分詞.主.陽.複	承認，宣認
6. ἐνδύω	動.完成.被.分詞.主.陽.單	穿
θρίξ, τριχός, ἡ	名.直.陰.複	毛，頭髮
κάμηλος, ου, ὁ, ἡ	名.所.陰.單	駱駝
ζώνη, ης, ἡ	名.直.陰.單	腰帶，帶子
δερμάτινος, η, ον	形.直.陰.單.原	皮革的
ὀσφῦς, ύος, ἡ	名.直.陰.單	腰部
ἀκρίς, ίδος, ἡ	名.直.陰.複	蝗蟲，蚱蜢
μέλι, ιτος, τό	名.直.中.單	蜂蜜
ἄγριος, α, ον	形.直.中.單.原	野生的，狂的
7. ἰσχυρός, ά, όν	形.主.陽.單.比	強壯的，嚴重的，地位高
ἱκανός, ή, όν	形.主.陽.單.原	值得的，配，皮製鞋帶
κύπτω	動.過不.主.分詞.主.陽.單	彎身，蹲下
ἱμάς, άντος, ὁ	名.直.陽.單	皮製鞋帶
ὑπόδημα, ατος, τό	名.所.中.複	涼鞋，拖鞋，鞋子
9. Ναζαρέτ, ἡ	名.所.陰.單	拿撒勒〔納匝肋〕
᾿Ιορδάνης, ου, ὁ	名.直.陽.單	約旦河，和：約但河
10. σχίζω	動.現在.被.分詞.直.陽.複	分裂，破，分開
περιστερά, ᾶς, ἡ	名.直.陰.單	鴿子

11. εὐδοκέω	動.過不.主.直說.一單	喜愛，喜歡，決意選擇
13. τεσσεράκοντα	形.直.陰.複.原	四十
πειράζω	動.現在.被.分詞.主.陽.單	試驗，試探，誘惑
θηρίον, ου, τό	名.所.中.複	野獸，走獸，蛇
15. ἐγγίζω	動.完成.主.直說.三單	接近，到了
μετανοέω	動.現在.主.命令.二複	悔改，轉離罪惡
16. παράγω	動.現在.主.分詞.主.陽.單	經過，前進，過去
᾿Ανδρέας, ου, ὁ	名.直.陽.單	安得烈〔安德肋〕
ἀμφιβάλλω	動.現在.主.分詞.直.陽.複	撒網（捕魚）
17. δεῦτε	歎	來
18. δίκτυον, ου, τό	名.直.中.複	（漁）網
19. προβαίνω	動.過不.主.分詞.主.陽.單	繼續往前走
ὀλίγος, η, ον	副.原	少許，不遠
Ζεβεδαῖος, ου, ὁ	名.所.陽.單	西庇太〔載伯德〕
καταρτίζω	動.現在.主.分詞.直.陽.複	整理，修補，預備
20. μισθωτός, οῦ, ὁ	名.所.陽.複	雇工，勞工
21. Καφαρναούμ, ἡ	名.直.陰.單	迦百農〔葛法翁〕
23. ἀνακράζω	動.過不.主.直說.三單	大聲喊叫，呼喊
24. Ναζαρηνός, ή, όν	名.呼.陽.單	拿撒勒人〔納匝肋人〕
25. φιμόω	動.過不.被.命令.二單	安靜，堵住了…的口
26. σπαράσσω	動.過不.主.分詞.主.中.單	抽筋，發生痙攣
27. θαμβέω	動.過不.被.直說.三複	驚訝，驚奇，希奇
ἅπας, ασα, αν	形.主.陽.複.原	所有的，全部
ἐπιτάσσω	動.現在.主.直說.三單	吩咐，命令
ὑπακούω	動.現在.主.直說.三複	聽從，回應，接受
28. ἀκοή, ῆς, ἡ	名.主.陰.單	報導，消息
πανταχοῦ	副.原	到處，各地
περίχωρος, ον	名.直.陰.單	周圍地區，附近地區
29. ᾿Ανδρέας, ου, ὁ	名.所.陽.單	安得烈〔安德肋〕
30. πενθερά, ᾶς, ἡ	名.主.陰.單	岳母，婆婆
κατάκειμαι	動.過未.關.直說.三單	躺（在床上）
πυρέσσω	動.現在.主.分詞.主.陰.單	發燒
31. πυρετός, οῦ, ἡ	名.主.陽.單	發燒，熱，熱度

32. δύνω	動. 過不. 主. 直說. 三單	日落，太陽下山
ἥλιος, ου, ὁ	名. 主. 陽. 單	太陽
κακῶς	副. 原	非常，厲害地
δαιμονίζομαι	動. 現在. 被. 分詞. 直. 陽. 複	被邪靈附身
κακῶς ἔχειν		病了
33. ἐπισυνάγω	動. 完成. 被. 分詞. 主. 陰. 單	招集，聚集
34. κακῶς	副. 原	非常，厲害地
ποικίλος, η, ον	形. 間. 陰. 複. 原	各種的，各樣的，不同的
νόσος, ου, ἡ	名. 間. 陰. 複	疾病
κακῶς ἔχειν		病了
35. ἔννυχος, ον	副. 原	在晚上
λίαν	副. 原	極力地，非常，很，十分
κἀκεῖ	連. 繫并	而在那裏，也在那裏
πρωῒ ἔννυχα λίαν		一清早天還沒亮
36. καταδιώκω	動. 過不. 主. 直說. 三單	追尋，努力尋找
38. ἀλλαχοῦ	副. 原	別處
κωμόπολις, εως, ἡ	名. 直. 陰. 複	街鎮，村莊
40. λεπρόν, οῦ, τό	名. 主. 陽. 單	痲瘋病人，皮膚病人
γονυπετέω	動. 現在. 主. 分詞. 主. 陽. 單	跪
καθαρίζω	動. 過不. 主. 不定	潔淨，使純潔
41. σπλαγχνίζομαι	動. 過不. 被. 分詞. 主. 陽. 單	憐憫
ἐκτείνω	動. 過不. 主. 分詞. 主. 陽. 單	伸出
42. λέπρα, ας, ἡ	名. 主. 陰. 單	痲瘋病，皮膚病
καθαρίζω	動. 過不. 被. 直說. 三單	潔淨，洗淨，使純潔
43. ἐμβριμάομαι	動. 過不. 關. 分詞. 主. 陽. 單	鄭重地吩咐
44. σεαυτοῦ, ῆς	代. 二反. 直. 陽. 單	你自己
δείκνυμι	動. 過不. 主. 命令. 二單	指示，給…看
ἱερεύς, έως, ὁ	名. 間. 陽. 單	祭司
προσφέρω	動. 過不. 主. 命令. 二單	供，獻，送到
καθαρισμός, οῦ, ὁ	名. 所. 陽. 單	潔淨，潔淨禮
προστάσσω	動. 過不. 主. 直說. 三單	吩咐，命令，規定
μαρτύριον, ου, τό	名. 直. 中. 單	證言，見證，證據
45. διαφημίζω	動. 現在. 主. 不定	傳遍，流傳，宣揚

μηκέτι	副. 原	不再
φανερῶς	副. 原	公開地，公然地，清楚地
πάντοθεν	副. 原	從每個地方，從四面

第二章

1. Καφαρναούμ, ἡ	名. 直. 陰. 單	迦百農〔葛法翁〕
δι᾽ ἡμερῶν		幾天後
2. μηκέτι	副. 原	不再
χωρέω	動. 現在. 主. 不定	有空地
3. τέσσαρες, α	形. 所. 陽. 複. 原	四
4. προσφέρω	動. 過不. 主. 不定	送到，帶來
ἀποστεγάζω	動. 過不. 主. 直說. 三複	拆開屋頂
στέγη, ης, ἡ	名. 直. 陰. 單	屋頂
ἐξορύσσω	動. 過不. 主. 分詞. 主. 陽. 複	拆開，挖出
χαλάω	動. 現在. 主. 直說. 三複	縋下
κατάκειμαι	動. 過未. 關. 直說. 三單	躺（在床上）
7. βλασφημέω	動. 現在. 主. 直說. 三單	褻瀆，毀謗
8. ἐπιγινώσκω	動. 過不. 主. 分詞. 主. 陽. 單	知道，曉得，明白，認識
9. εὔκοπος, ον	形. 主. 中. 單. 原	較容易的
12. ἔμπροσθεν	不介. 所	在…之前，面前
ἐξίστημι	動. 現在. 關. 不定	驚奇，驚訝，希奇
οὐδέποτε	副. 原	從不，絕不，永不
14. παράγω	動. 現在. 主. 分詞. 主. 陽. 單	經過，前進
Λευίς, Λευί, ὁ	名. 直. 陽. 單	利未〔肋未〕
῾Αλφαῖος, ου, ὁ	名. 所. 陽. 單	亞勒腓〔阿耳斐〕
τελώνιον, ου, τό	名. 直. 中. 單	稅關
15. κατάκειμαι	動. 現在. 關. 不定	坐著吃飯，坐席，用餐
τελώνης, ου, ὁ	名. 主. 陽. 複	收稅的人，稅務人員
συνανάκειμαι	動. 過未. 關. 直說. 三複	與…同桌，跟…同吃
17. χρεία, ας, ἡ	名. 直. 陰. 單	需要，缺少
ἰσχύω	動. 現在. 主. 分詞. 主. 陽. 複	強，能，能夠
ἰατρός, οῦ, ὁ	名. 所. 陽. 單	醫生
κακῶς	副. 原	非常，厲害地

κακῶς ἔχειν		病了
18. σός, σή, σόν	代二所. 主. 陽. 複	你的，屬於你的
19. νυμφών, ῶνος, ὁ	名. 所. 陽. 單	結婚禮堂
νυμφίος, ου, ὁ	名. 主. 陽. 單	新郎
ὅσον χρόνον		只要
20. ἀπαίρω	動. 過不. 被. 假設. 三單	帶走
21. ἐπίβλημα, ατος, τό	名. 直. 中. 單	布，補片
ῥάκος, ους, τό	名. 所. 中. 單	布塊
ἄγναφος, ον	形. 所. 中. 單. 原	新的，未縮水的
ἐπιράπτω	動. 現在. 主. 直說. 三單	縫上，補上
παλαιός, ά, όν	形. 直. 中. 單. 原	舊約，以前的
πλήρωμα, ατος, τό	名. 直. 中. 單	補釘（布）
χείρων, ον	形. 主. 中. 單. 比	更壞的，更厲害的
σχίσμα, ατος, τό	名. 主. 中. 單	分裂，（布）裂痕
22. νέος, α, ον	形. 直. 陽. 單. 原	新的，新鮮的
ἀσκός, οῦ, ὁ	名. 直. 陽. 複	皮製酒袋
ῥήγνυμι (ῥήσσω)	動. 未來. 主. 直說. 三單	撕裂，脹破
23. παραπορεύομαι	動. 現在. 關. 不定	經過，穿過，去
σπόριμος, ον	名. 所. 中. 複	麥田
τίλλω	動. 現在. 主. 分詞. 主. 陽. 複	拔，摘
στάχυς, υος, ὁ	名. 直. 陽. 複	麥穗，穗（五穀）
25. οὐδέποτε	副. 原	從不，絕不，永不
ἀναγινώσκω	動. 過不. 主. 直說. 二複	念，在公衆崇拜中誦讀
χρεία, ας, ἡ	名. 直. 陰. 單	需要，缺少
πεινάω	動. 過不. 主. 直說. 三單	饑餓
26. Ἀβιαθάρ, ὁ	名. 所. 陽. 單	亞比亞他〔厄貝雅塔爾〕
πρόθεσις, εως, ἡ	名. 所. 陰. 單	陳設
ἱερεύς, έως, ὁ	名. 直. 陽. 複	祭司
υἱὸς τοῦ ἀνθρώπου		人子

第三章

2. παρατηρέω	動. 過未. 主. 直說. 三複	看，注視，窺伺
κατηγορέω	動. 過不. 主. 假設. 三複	控告（人），譴責

3. ξηρός, ά, όν	形. 直. 陰. 單. 原	枯乾的，枯萎的，癱瘓的
4. κακοποιέω	動. 過不. 主. 不定	作惡，做壞事，傷害
5. ὀργή, ῆς, ἡ	名. 所. 陰. 單	憤怒，義憤
συλλυπέω	動. 現在. 被. 分詞. 主. 陽. 單	悲傷，遺憾難過
πώρωσις, εως, ἡ	名. 間. 陰. 單	頑固，無感覺，剛硬
ἐκτείνω	動. 過不. 主. 命令. 二單	伸出
ἀποκαθίστημι	動. 過不. 被. 直說. 三單	治好，復元
6. Ἡρῳδιανοί, ῶν, οἱ	名. 所. 陽. 複	希律黨黨員〔黑落德黨〕
συμβούλιον, ου, τό	名. 直. 中. 單	計劃，計謀
7. ἀναχωρέω	動. 過不. 主. 直說. 三單	退，避，走
πλῆθος, ους, τό	名. 主. 中. 單	群衆，人群，會衆
Ἰουδαία, ας, ἡ	名. 所. 陰. 單	猶太
8. Ἰδουμαία, ας, ἡ	名. 所. 陰. 單	以土買〔依杜默雅〕
Ἰορδάνης, ου, ὁ	名. 所. 陽. 單	約旦河，和：約但河
Τύρος, ου, ἡ	名. 直. 陰. 單	泰爾，和：推羅〔提洛〕
Σιδών, ῶνος, ἡ	名. 直. 陰. 單	西頓〔漆冬〕
9. πλοιάριον, ου, τό	名. 主. 中. 單	船，小船
προσκαρτερέω	動. 現在. 主. 假設. 三單	準備（船）
θλίβω	動. 現在. 主. 假設. 三複	擁擠（群衆）
10. ἐπιπίπτω	動. 現在. 主. 不定	擠近
μάστιξ, ιγος, ἡ	名. 直. 陰. 複	疾病
11. προσπίπτω	動. 過未. 主. 直說. 三複	在某人面前俯伏
12. φανερός, ά, όν	形. 直. 陽. 單. 原	明顯的，清楚的
14. ὀνομάζω	動. 過不. 主. 直說. 三單	取名，稱
ἐπιτίθημι ὄνομα		取名
17. Ζεβεδαῖος, ου, ὁ	名. 所. 陽. 單	西庇太〔載伯德〕
Βοανηργές	名. 直. 陽. 複	半尼基〔波納爾革〕，性如暴雷
βροντή, ῆς, ἡ	名. 所. 陰. 單	雷
18. Ἀνδρέας, ου, ὁ	名. 直. 陽. 單	安得烈〔安德肋〕
Φίλιππος, ου, ὁ	名. 直. 陽. 單	腓力〔斐理伯〕
Βαρθολομαῖος, ου, ὁ	名. 直. 陽. 單	巴多羅買〔巴爾多祿茂〕
Μαθθαῖος, ου, ὁ	名. 直. 陽. 單	馬太〔瑪竇〕
Θωμᾶς, ᾶ, ὁ	名. 直. 陽. 單	多馬〔多默〕

Ἁλφαῖος, ου, ὁ	名.所.陽.單	亞勒腓〔阿耳斐〕
Θαδδαῖος, ου, ὁ	名.直.陽.單	達太〔達陡〕
Καναναῖος, ου, ὁ	名.直.陽.單	激進黨，和：奮銳黨〔熱誠者〕
19. Ἰούδας, α, ὁ	名.直.陽.單	猶大
Ἰσκαριώθ, ὁ	名.直.陽.單	加略人〔依斯加略人〕
20. συνέρχομαι	動.現在.關.直說.三單	聚集，聚會，同在
21. ἐξίστημι	動.過不.主.直說.三單	精神失常，發瘋
οἱ παρ' αὐτοῦ		他的家庭，他家裏的人
22. Βεελζεβούλ, ὁ	名.直.陽.單	別西卜〔貝耳則步〕，鬼王
ἄρχων, οντος, ὁ	名.間.陽.單	統治者，長官，掌權者
24. μερίζω	動.過不.被.假設.三單	分割
26. τέλος, ους, τό	名.直.中.單	終局，終結
27. ἰσχυρός, ά, όν	形.所.陽.單.原	強壯的
σκεῦος, ους, τό	名.直.中.複	物品，貨物，容器
διαρπάζω	動.過不.主.不定	洗劫，搶奪
28. ἁμάρτημα, ατος, τό	名.主.中.複	罪，罪行
βλασφημία, ας, ἡ	名.主.陰.複	褻瀆，毀謗，侮辱
βλασφημέω	動.過不.主.假設.三複	褻瀆，毀謗，侮辱
υἱοὶ τῶν ἀνθρώπων		人
29. ἄφεσις, εως, ἡ	名.直.陰.單	赦免
ἔνοχος, ον	形.主.陽.單.原	有罪的，該受（制裁）的
31. στήκω	動.現在.主.分詞.主.陽.複	站著，站穩，堅定
34. κύκλῳ	副.原	附近，四周，在…周圍

第四章

4. πετεινόν, οῦ, τό	名.主.中.複	鳥，飛禽
κατεσθίω	動.過不.主.直說.三單	吃掉，侵吞
5. πετρώδης, ες	名.直.中.單	石地
ἐξανατέλλω	動.過不.主.直說.三單	發芽，長苗
βάθος, ους, τό	名.直.中.單	深度
6. ἀνατέλλω	動.過不.主.直說.三單	日出，照亮
ἥλιος, ου, ὁ	名.主.陽.單	太陽
καυματίζω	動.過不.被.直說.三單	曬焦，燒灼

ῥίζα, ης, ἡ	名.直.陰.單	根
7. ἄκανθα, ης, ἡ	名.直.陰.複	荊棘
συμπνίγω	動.過不.主.直說.三複	窒息，擁擠，擠壓住
8. αὐξάνω (αὔξω)	動.現在.被.分詞.主.中.複	生長，興旺
τριάκοντα	形.直.中.複.原	三十
ἑξήκοντα	形.直.中.複.原	六十
ἑκατόν	形.直.中.複.原	一百
9. οὖς, ὠτός, τό	名.直.中.複	耳朵，聽
10 κατὰ μόνας		獨自
11. μυστήριον, ου, τό	名.主.中.單	秘密，奧秘
12. μήποτε	連.不從	恐怕，免得，也許
ἐπιστρέφω	動.過不.主.假設.三複	回轉，轉身
16. πετρώδης, ες	名.直.中.複	石地
17. ῥίζα, ης, ἡ	名.直.陰.單	根
πρόσκαιρος, ον	形.主.陽.複.原	暫時的，不持久的
εἶτα	副.原	然後，後來
θλῖψις, εως, ἡ	名.所.陰.單	困難，痛苦，苦難，災難
διωγμός, οῦ, ὁ	名.所.陽.單	迫害，逼迫
18. ἄκανθα, ης, ἡ	名.直.陰.複	荊棘
19. μέριμνα, ης, ἡ	名.主.陰.複	關心，關懷，掛慮，憂慮
ἀπάτη, ης, ἡ	名.主.陰.單	誘惑，詭詐
πλοῦτος, ου, ὁ, τό	名.所.陽.單	財富，豐裕，寬裕
ἐπιθυμία, ας, ἡ	名.主.陰.複	慾望，慾念，私慾，貪心
συμπνίγω	動.現在.主.直說.三複	窒息，擁擠，擠壓住
ἄκαρπος, ον	形.主.陽.單.原	不結果子的，没有用的
20. παραδέχομαι	動.現在.關.直說.三複	接受，收納，承認
καρποφορέω	動.現在.主.直說.三複	結出果實，多產
τριάκοντα	形.直.中.複.原	三十
ἑξήκοντα	形.直.中.複.原	六十
ἑκατόν	形.直.中.複.原	一百
21. μήτι	虛.疑	用於期待否定答案的問句
λύχνος, ου, ὁ	名.主.陽.單	燈
μόδιος, ίου, ὁ	名.直.陽.單	斗（量穀容器，約 8.75 公升）

κλίνη, ης, ἡ	名.直.陰.單	床，床鋪
λυχνία, ας, ἡ	名.直.陰.單	燈台
22. κρυπτός, ή, όν	形.主.中.單.原	秘密的，隱藏的
φανερόω	動.過不.被.假設.三單	顯明，張揚或顯露
ἀπόκρυφος, ον	形.主.中.單.原	隱秘的，隱藏的
φανερός, ά, όν	形.直.中.單.原	已知的，明顯的，清楚的
23. οὖς, ὠτός, τό	名.直.中.複	耳朵，聽
24. μέτρον, ου, τό	名.間.中.單	尺度，程度，數量
μετρέω	動.現在.主.直說.二複	衡量，喻：施與，給
προστίθημι	動.未來.被.直說.三單	增加，給
26. σπόρος, ου, ὁ	名.直.陽.單	種子
27. βλαστάνω	動.現在.主.假設.三單	發芽
μηκύνω	動.現在.被.假設.三單	生長
28. αὐτόματος, η, ον	形.主.陰.單.原	自動的，自然而然的
καρποφορέω	動.現在.主.直說.三單	結出果實，多產
χόρτος, ου, ὁ	名.直.陽.單	葉，苗，芽，草
εἶτεν = εἶτα	副.原	然後，後來，再者
στάχυς, υος, ὁ	名.直.陽.單	麥穗，穗（五穀）
πλήρης, ες	形.直.陽.單.原	充滿，結滿子粒的，成熟的
σῖτος, ου, ὁ	名.直.陽.單	穀，麥子，子粒
29. δρέπανον, ου, τό	名.直.中.單	鐮刀
θερισμός, οῦ, ὁ	名.主.陽.單	收穫，收割
καρπὸς παραδίδωσι		農作物成熟
ἀποστέλλω τὸ δρέπανον		開始收割
30. ὁμοιόω	動.過不.主.假設.一複	使…像，比喻，比擬
31. κόκκος, ου, ὁ	名.間.陽.單	種子，子粒
μικρός		小的
σίναπι, εως, τό	名.所.中.單	芥菜（以其種子細小而著名）
32. λάχανον, ου, τό	名.所.中.複	栽培的植物，蔬菜
κλάδος, ου, ὁ	名.直.陽.複	枝子，樹枝
σκιά, ᾶς, ἡ	名.直.陰.單	陰影，蔭
πετεινόν, οῦ, τό	名.直.中.複	鳥，飛禽
κατασκηνόω	動.現在.主.不定	搭窩，棲息，住

34. χωρίς	不介.所	没有，不藉著
ἐπιλύω	動.過未.主.直說.三單	解說，講論
35. διέρχομαι	動.過不.主.假設.一複	穿過，渡過，去
37. λαῖλαψ, απος, ἡ	名.主.陰.單	暴風雨，狂風
κῦμα, ατος, τό	名.主.中.複	波浪
ἐπιβάλλω	動.過未.主.直說.三單	拍打
γεμίζω	動.現在.被.不定	充滿，滿
38. πρύμνα, ης, ἡ	名.間.陰.單	船尾
προσκεφάλαιον, ου, τό	名.直.中.單	墊子，枕頭
μέλει	動.現在.主.直說.三單	關心，在乎
39. διεγείρω	動.過不.被.分詞.主.陽.單	叫醒
φιμόω	動.完成.中.命令.二單	安靜，籠住嘴
κοπάζω	動.過不.主.直說.三單	停止
γαλήνη, ης, ἡ	名.主.陰.單	（海）平靜
40. δειλός, ή, όν	形.主.陽.複.原	膽怯的，害怕的
41. φόβος, ου, ὁ	名.直.陽.單	恐懼，敬畏
ἄρα	連.推并	結果，那麼，所以
ὑπακούω	動.現在.主.直說.三單	聽從，回應，接受

第五章

1. χώρα, ας, ἡ	名.直.陰.單	地區
Γερασηνός, ή, όν	形.所.陽.複.原	格拉森的〔革辣撒的〕
2. ὑπαντάω	動.過不.主.直說.三單	遇見，迎接
3. κατοίκησις, εως, ἡ	名.直.陰.單	家
μνῆμα, ατος, τό	名.間.中.複	墳墓
ἅλυσις, εως, ἡ	名.間.陰.單	鐵鏈，鎖鏈，囚禁
4. πολλάκις	副.原	常常，一再，屢次
πέδη, ης, ἡ	名.間.陰.複	腳鍊，腳鐐
διασπάω	動.完成.被.不定	扭斷，撕碎
συντρίβω	動.完成.被.不定	打碎，摧毀，斷，壓傷的
ἰσχύω	動.過未.主.直說.三單	能，能夠，強
δαμάζω	動.過不.主.不定	制伏，馴服，控制
5. μνῆμα, ατος, τό	名.間.中.複	墳墓

κατακόπτω	動. 現在. 主. 分詞. 主. 陽. 單	擊打，傷，砍
6. τρέχω	動. 過不. 主. 直說. 三單	跑，快速前進
7. ὕψιστος, η, ον	形. 所. 陽. 單. 最	至高的
ὁρκίζω	動. 現在. 主. 直說. 一單	求，吩咐
βασανίζω	動. 過不. 主. 假設. 二單	折磨，受痛苦
9. λεγιών, ῶνος, ἡ	名. 主. 陰. 單	營（約五千到六千人）
10. χώρα, ας, ἡ	名. 所. 陰. 單	地區，鄉下
11. ἀγέλη, ης, ἡ	名. 主. 陰. 單	獸群（豬）
χοῖρος, ου, ὁ	名. 所. 陽. 複	豬
βόσκω	動. 現在. 被. 分詞. 主. 陰. 單	牧養，餵養，吃東西
13. ἐπιτρέπω	動. 過不. 主. 直說. 三單	讓，准，許
χοῖρος, ου, ὁ	名. 直. 陽. 複	豬
ὁρμάω	動. 過不. 主. 直說. 三單	衝，擁
ἀγέλη, ης, ἡ	名. 主. 陰. 單	獸群（豬）
κρημνός, οῦ, ὁ	名. 所. 陽. 單	懸崖，山崖
δισχίλιοι, αι, α	形. 主. 陽. 複. 原	兩千
πνίγω	動. 過未. 被. 直說. 三複	被掩
14. βόσκω	動. 現在. 主. 分詞. 主. 陽. 複	牧養，餵養
15. δαιμονίζομαι	動. 現在. 被. 分詞. 直. 陽. 單	被邪靈附身
ἱματίζω	動. 完成. 被. 分詞. 直. 陽. 單	穿衣服
σωφρονέω	動. 現在. 主. 分詞. 直. 陽. 單	神智，管束自己
λεγιών, ῶνος, ἡ	名. 直. 陽. 單	營（約五千到六千人）
16. διηγέομαι	動. 過不. 關. 直說. 三複	告訴，傳遍，述說
χοῖρος, ου, ὁ	名. 所. 陽. 複	豬
18. δαιμονίζομαι	動. 過不. 被. 分詞. 主. 陽. 單	被邪靈附身
19. σός, σή, σόν	代二所. 直. 陽. 複	你的，屬於你的
ἐλεέω	動. 過不. 主. 直說. 三單	憐憫，得到憐憫）
20. Δεκάπολις, εως, ἡ	名. 間. 陰. 單	低加波里，和：低加波利
θαυμάζω	動. 過未. 主. 直說. 三複	驚奇，驚訝，稀奇，託異
21. διαπεράω	動. 過不. 主. 分詞. 所. 陽. 單	渡過
22. ἀρχισυνάγωγος, ου, ὁ	名. 所. 陽. 複	會堂主管
Ἰάϊρος, ου, ὁ	名. 主. 陽. 單	葉魯，和：睚魯〔雅依洛〕
23. θυγάτριον, ου, τό	名. 主. 中. 單	小女兒

ἐσχάτως	副.原	最後
ἐσχάτως ἔχω		病重垂危
24. συνθλίβω	動.過未.主.直說.三複	擁擠，擠壓
25. ῥύσις, εως, ἡ	名.間.陰.單	流，血崩症，嚴重出血
ἔτος, ους, τό	名.直.中.複	年
ῥύσις αἵματος		嚴重出血，血漏症
26. πάσχω	動.過不.主.分詞.主.陰.單	受苦，忍受，遭受
ἰατρός, οῦ, ὁ	名.所.陽.複	醫生
δαπανάω	動.過不.主.分詞.主.陰.單	花費，浪費
ὠφελέω	動.過不.被.分詞.主.陰.單	獲得，獲利，達到，幫助
χείρων, ον	形.直.中.單.比	更壞的，更厲害的
εἰς τὸ χεῖρον ἔρχομαι		病情越來越嚴重
27. ὄπισθεν	副.原	在後
28. κἄν	副.原	即使，甚至於
29. πηγή, ῆς, ἡ	名.主.陰.單	（水）流
ἰάομαι	動.完成.被.直說.三單	醫治，治好，恢復
μάστιξ, ιγος, ἡ	名.所.陰.單	鞭子，鞭打
πηγὴ αἵματος		血漏症
30. ἐπιγινώσκω	動.過不.主.分詞.主.陽.單	知道，曉得，明白，認識
ἐπιστρέφω	動.過不.被.分詞.主.陽.單	回轉，向後轉，轉身
31. συνθλίβω	動.現在.主.分詞.直.陽.單	擁擠，擠壓
33. τρέμω	動.現在.主.分詞.主.陰.單	顫抖，懼怕，戰戰兢兢
προσπίπτω	動.過不.主.直說.三單	在某人面前俯伏
34. ὑγιής, ές	形.主.陰.單.原	復原的，健全的，治好的
μάστιξ, ιγος, ἡ	名.所.陰.單	疾病
35. ἀρχισυνάγωγος, ου, ὁ	名.所.陽.單	會堂主管
σκύλλω	動.現在.主.直說.二單	煩擾，勞駕
36. παρακούω	動.過不.主.分詞.主.陽.單	不理會或無意中聽到
37. συνακολουθέω	動.過不.主.不定	跟著，（作門徒）跟隨
38. ἀρχισυνάγωγος, ου, ὁ	名.所.陽.單	會堂主管
θόρυβος, ου, ὁ	名.直.陽.單	混亂，亂成一團
κλαίω	動.現在.主.分詞.直.陽.複	哭，痛哭，哀泣
ἀλαλάζω	動.現在.主.分詞.直.陽.複	號咷大哭，吵鬧

39. θορυβέω	動. 現在. 被. 直說. 二複	亂嚷
40. καταγελάω	動. 過未. 主. 直說. 三複	譏笑
41. ταλιθα	數	（亞蘭語）大利大，女孩
κουμ	數	起來（亞蘭語）
μεθερμηνεύω	動. 現在. 被. 分詞. 主. 中. 單	翻譯，意思是
42. ἔτος, ους, τό	名. 所. 中. 複	年
ἐξίστημι	動. 過不. 主. 直說. 三複	驚奇，驚訝，希奇
ἔκστασις, εως, ἡ	名. 間. 陰. 單	驚訝，驚異，異象
43 διαστέλλω πολλά		鄭重地囑咐

第六章

1. πατρίς, ίδος, ἡ	名. 直. 陰. 單	祖國，家鄉，本鄉
2. πόθεν	連. 疑幷	從哪裏，哪裏，怎麼會…
3. τέκτων, ονος, ὁ	名. 主. 陽. 單	木匠
Ἰωσῆς, ῆτος, ὁ	名. 所. 陽. 單	約瑟，和：約西〔若瑟〕
Ἰούδας, α, ὁ	名. 所. 陽. 單	猶大
4. ἄτιμος, ον	形. 主. 陽. 單. 原	不受尊敬的，被輕視的
πατρίς, ίδος, ἡ	名. 間. 陰. 單	祖國，家鄉，本鄉
συγγενής, ές	名. 間. 陽. 複	親戚，親族，親人，同胞
5. ὀλίγος, η, ον	形. 間. 陽. 複. 原	少的，少許
ἄρρωστος, ον	形. 間. 陽. 複. 原	生病的
6. θαυμάζω	動. 過未. 主. 直說. 三單	驚奇，驚訝，稀奇，託異
ἀπιστία, ας, ἡ	名. 直. 陰. 單	不信，不信實
περιάγω	動. 過未. 主. 直說. 三單	到處走，走遍
κύκλῳ	副. 原	附近，四周，在…周圍
8. παραγγέλλω	動. 過不. 主. 直說. 三單	命令，吩咐
ῥάβδος, ου, ἡ	名. 直. 陰. 單	棍，杖
πήρα, ας, ἡ	名. 直. 陰. 單	旅行者或乞丐使用的袋子
ζώνη, ης, ἡ	名. 直. 陰. 單	腰帶，帶子，錢袋
χαλκός, οῦ, ὁ	名. 直. 陽. 單	銅幣，零錢
9. ὑποδέω	動. 完成. 關. 分詞. 直. 陽. 複	穿
σανδάλιον, ου, τό	名. 直. 中. 複	鞋
ἐνδύω	動. 過不. 關. 假設. 二複	穿，換上

χιτών, ῶνος, ὁ	名.直.陽.複	內衣，衫
11. ἐκτινάσσω	動.過不.主.命令.二複	跺掉，抖掉
χοῦς, χοός, ὁ	名.直.陽.單	塵土，灰塵
ὑποκάτω	不介.所	在…下面，在…底下
μαρτύριον, ου, τό	名.直.中.單	見證，證據
τὸν ὑποκάτω τῶν ποδῶν		腳上的...
12. μετανοέω	動.現在.主.假設.三複	悔改，轉離罪惡
13. ἀλείφω	動.過未.主.直說.三複	抹油
ἔλαιον, ου, τό	名.間.中.單	橄欖油，油
ἄρρωστος, ον	形.直.陽.複.原	生病的
14. φανερός, ά, όν	形.主.中.單.原	已知的，明顯的，清楚的
ἐνεργέω	動.現在.主.直說.三複	發生作用，有效果
16. ἀποκεφαλίζω	動.過不.主.直說.一單	斬頭
17. φυλακή, ῆς, ἡ	名.間.陰.單	監獄，更次
Ἡρῳδιάς, άδος, ἡ	名.直.陰.單	希羅底〔黑落狄雅〕
Φίλιππος, ου, ὁ	名.所.陽.單	腓力〔斐理伯〕
γαμέω	動.過不.主.直說.三單	娶，嫁
19. Ἡρῳδιάς, άδος, ἡ	名.主.陰.單	希羅底〔黑落狄雅〕
ἐνέχω	動.過未.主.直說.三單	懷恨，敵對
20. συντηρέω	動.過未.主.直說.三單	保護，保存
ἀπορέω	動.過未.主.直說.三單	困惑，疑慮，不安
ἡδέως	副.原	喜歡，樂意，願意
21. εὔκαιρος, ον	形.所.陰.單.原	恰巧的，好機會的，及時的
γενέσια, ων, τά	名.間.中.複	生日喜慶
δεῖπνον, ου, τό	名.直.中.單	宴會，筵席，晚餐
μεγιστάν, ᾶνος, ὁ	名.間.陽.複	地位尊貴的人
χιλίαρχος, ου, ὁ	名.間.陽.複	指揮官，隊長，將領
22. Ἡρῳδιάς, άδος, ἡ	名.所.陰.單	希羅底〔黑落狄雅〕
ὀρχέομαι	動.過不.關.分詞.所.陰.單	跳舞
ἀρέσκω	動.過不.主.直說.三單	討喜歡，使高興，被悅納
συνανάκειμαι	動.現在.關.分詞.間.陽.複	與…同桌，跟…同吃
23. ὀμνύω	動.過不.主.直說.三單	發誓，許願，宣誓
ἥμισυς, εια, υ	形.所.中.單.原	半

25. σπουδή, ῆς, ἡ	名.所.陰.單	熱心，急切
ἐξαυτῆς	副.原	立刻，立即，在那時
πίναξ, ακος, ἡ	名.間.陽.單	盤子，碟子
βαπτιστής, οῦ, ὁ	名.所.陽.單	施洗者（約翰）
μετὰ σπουδῆς		立刻
26. περίλυπος, ον	形.主.陽.單.原	非常憂傷的，深感難過的
ὅρκος, ου, ὁ	名.直.陽.複	誓言，發誓
ἀνάκειμαι	動.現在.關.分詞.直.陽.複	坐席，作宴會的客人
ἀθετέω	動.過不.主.不定	不理，廢除，違背
27. σπεκουλάτωρ, ορος, ὁ	名.直.陽.單	侍衛
ἐπιτάσσω	動.過不.主.直說.三單	吩咐，命令
ἀποκεφαλίζω	動.過不.主.直說.三單	斬頭
φυλακή, ῆς, ἡ	名.間.陰.單	監獄
28. πίναξ, ακος, ἡ	名.間.陽.單	盤子，碟子
29. πτῶμα, ατος, τό	名.直.中.單	屍體，屍首
31. δεῦτε	數	來（.命令.或勸告）
ἀναπαύω	動.過不.關.命令.二複	休息
ὀλίγος, η, ον	副.原	一會兒
εὐκαιρέω	動.過未.主.直說.三複	有時間，有機會，花時間
33. ἐπιγινώσκω	動.過不.主.直說.三複	知道，曉得，明白，認識
πεζῇ	副.原	步行，走路，經由陸路
συντρέχω	動.過不.主.直說.三複	同跑，跑
προέρχομαι	動.過不.主.直說.三複	先走，在前面走
προέρχομαι τινά		比某人先到
34. σπλαγχνίζομαι	動.過不.被.直說.三單	動了慈心或惻隱之心
πρόβατον, ου, τό	名.主.中.複	羊
ποιμήν, ένος, ὁ	名.直.陽.單	牧人，牧羊人
ὥρα πολλή		很晚了，很遲了
36. κύκλῳ	副.原	附近，四周，在…周圍
37. δηνάριον, ου, τό	名.所.中.複	銀子，銀圓〔德納〕
διακόσιοι, αι, α	形.所.中.複.原	二百
38. πέντε	形.直.陽.複.原	五
ἰχθύς, ύος, ὁ	名.直.陽.複	魚

39. ἐπιτάσσω	動. 過不. 主. 直說. 三單	吩咐，命令
ἀνακλίνω	動. 過不. 主. 不定	使坐下，坐席（吃飯）
συμπόσιον, ου, τό	名. 直. 中. 複	同餐共食的一組
χλωρός, ά, όν	形. 間. 陽. 單. 原	綠色的（灰色的）
χόρτος, ου, ὁ	名. 間. 陽. 單	草
συμπόσια συμπόσια		一組一組地
40. ἀναπίπτω	動. 過不. 主. 直說. 三複	斜躺，坐席，坐
πρασιά, ᾶς, ἡ	名. 主. 陰. 複	群
ἑκατόν	形. 直. 陽. 複. 原	一百
πεντήκοντα	形. 直. 陽. 複. 原	五十
πρασιὰ πρασιαί		一組一組地
41. πέντε	形. 直. 陽. 複. 原	五
ἰχθύς, ύος, ὁ	名. 直. 陽. 複	魚
κατακλάω	動. 過不. 主. 直說. 三單	掰開，擘開
παρατίθημι	動. 現在. 主. 假設. 三複	擺，放在…之前，給，分發
μερίζω	動. 過不. 主. 直說. 三單	分開，給，分配
42. χορτάζω	動. 過不. 被. 直說. 三複	飽足，滿足，吃飽
43. κλάσμα, ατος, τό	名. 直. 中. 複	碎屑，碎塊
κόφινος, ου, ὁ	名. 所. 陽. 複	籃子
πλήρωμα, ατος, τό	名. 直. 中. 複	充滿，充滿的東西
ἰχθύς, ύος, ὁ	名. 所. 陽. 複	魚
44. πεντακισχίλιοι, αι, α	形. 主. 陽. 複. 原	五千
45. ἀναγκάζω	動. 過不. 主. 直說. 三單	強迫，力勸，催促
Βηθσαϊδά, ἡ	名. 直. 陰. 單	伯賽大〔貝特賽達〕
46. ἀποτάσσω	動. 過不. 關. 分詞. 主. 陽. 單	告別，離開
48. βασανίζω	動. 現在. 被. 分詞. 直. 陽. 複	顛簸
ἐλαύνω	動. 現在. 主. 不定	搖船
ἐναντίος, α, ον	形. 主. 陽. 單. 原	逆（風）
τέταρτος, η, ον	形. 直. 陰. 單. 原	第四
φυλακή, ῆς, ἡ	名. 直. 陰. 單	監獄，更次
βασανίζω ἐν τῷ ἐλαύνειν		辛苦地搖著槳
49. φάντασμα, ατος, τό	名. 主. 中. 單	鬼怪，幽靈
ἀνακράζω	動. 過不. 主. 直說. 三複	大聲喊叫，呼喊

50. ταράσσω	動. 過不. 被. 直說. 三複	驚駭
θαρσέω	動. 現在. 主. 命令. 二複	放心吧！
51. κοπάζω	動. 過不. 主. 直說. 三單	停止
λίαν	副. 原	大大地，非常，很，十分
περισσός, ή, όν	形. 所. 中. 單. 原	全然地，完全地
ἐξίστημι	動. 過未. 關. 直說. 三複	驚奇，驚訝，希奇
ἐκ περισσοῦ		極度的，偏激的
λίαν ἐκ περισσοῦ		完全地, 十分
52. πωρόω	動. 完成. 被. 分詞. 主. 陰. 單	頑固或毫無感覺，遲鈍
53. διαπεράω	動. 過不. 主. 分詞. 主. 陽. 複	渡過
Γεννησαρέτ, ἡ	名. 直. 陰. 單	革尼撒勒〔革乃撒勒〕
προσορμίζω	動. 過不. 被. 直說. 三複	停泊（船），靠岸
54. ἐπιγινώσκω	動. 過不. 主. 分詞. 主. 陽. 複	知道，曉得，明白，認識
55. περιτρέχω	動. 過不. 主. 直說. 三複	跑遍
χώρα, ας, ἡ	名. 直. 陰. 單	地區，地方
κακῶς	副. 原	非常，厲害地
περιφέρω	動. 現在. 主. 不定	帶到各處，帶引，抬
κακῶς ἔχειν		病了
56. ἀγορά, ᾶς, ἡ	名. 間. 陰. 複	市場
ἀσθενέω	動. 現在. 主. 分詞. 直. 陽. 複	生病
κἄν	副. 原	即使，甚至於
κράσπεδον, ου, τό	名. 所. 中. 單	邊緣，衣角，繸子

第七章

2. κοινός, ή, όν	形. 間. 陰. 複. 原	凡俗的，不潔淨的
ἄνιπτος, ον	形. 間. 陰. 複. 原	沒有洗過的
3. πυγμή, ῆς, ἡ	名. 間. 陰. 單	拳
νίπτω	動. 過不. 關. 假設. 三複	洗（自己的）身，臉，手，足
4. ἀγορά, ᾶς, ἡ	名. 所. 陰. 單	市場
βαπτισμός, οῦ, ὁ	名. 直. 陽. 複	潔淨儀式，洗（手）
ξέστης, ου, ὁ	名. 所. 陽. 複	瓶，罐，壺
χαλκίον, ου, τό	名. 所. 中. 複	（銅）器，碗

κλίνη, ης, ἡ	名.所.陰.複	床，床鋪，擔架，病床
5. κοινός, ή, όν	形.間.陰.複.原	凡俗的，不潔淨的
6. προφητεύω	動.過不.主.直說.三單	傳講神信息，作先知講道
Ἠσαΐας, ου, ὁ	名.主.陽.單	以賽亞〔依撒意亞〕
ὑποκριτής, οῦ, ὁ	名.所.陽.複	僞善者，虛僞的人
χεῖλος, ους, τό	名.間.中.複	嘴唇
τιμάω	動.現在.主.直說.三單	尊重
πόρρω	副.原	遠離，遠
ἀπέχω	動.現在.主.直說.三單	離…遠
7. μάτην	副.原	徒然地，没有結果地
σέβω	動.現在.關.直說.三複	崇拜，敬拜，敬畏
διδασκαλία, ας, ἡ	名.直.陰.複	教導，教訓，教義，命令
ἔνταλμα, ατος, τό	名.直.中.複	吩咐，規例
9. ἀθετέω	動.現在.主.直說.二複	拒絕，廢除，違背
10. τιμάω	動.現在.主.命令.二單	尊重
κακολογέω	動.現在.主.分詞.主.陽.單	毁謗，詛咒，咒罵
τελευτάω	動.現在.主.命令.三單	死亡
θανάτῳ τελευτάτω		要受死刑
11. κορβᾶν	名.主.中.單	各耳板〔科爾班〕（希伯來語）
δῶρον, ου, τό	名.主.中.單	禮物，供物，祭物
ὠφελέω	動.過不.被.假設.二單	獲得，獲利，達到
13. ἀκυρόω	動.現在.主.分詞.主.陽.複	作廢，抵消，不顧
παρόμοιος, ον	形.直.中.複.原	相像的，類似的
15. ἔξωθεν	不介.所	從…外面
18. ἀσύνετος, ον	形.主.陽.複.原	不明白的，無知的
νοέω	動.現在.主.直說.二複	明白，曉得，辨認
19. κοιλία, ας, ἡ	名.直.陰.單	肚，腹
ἀφεδρών, ῶνος, ὁ	名.直.陽.單	廁所，便坑
καθαρίζω	動.現在.主.分詞.主.陽.單	潔淨，洗淨，使純潔
βρῶμα, ατος, τό	名.直.中.複	食物，飯
21. ἔσωθεν	副.原	在內心，從裏面出來
διαλογισμός, οῦ, ὁ	名.主.陽.複	想法，見解，疑惑，議論
πορνεία, ας, ἡ	名.主.陰.複	姦淫，淫亂，不道德性行爲

κλοπή, ῆς, ἡ	名. 主. 陰. 複	偷竊，偷盜
φόνος, ου, ὁ	名. 主. 陽. 複	謀殺，兇殺，殺人
22. μοιχεία, ας, ἡ	名. 主. 陰. 複	淫亂，通姦
πλεονεξία, ας, ἡ	名. 主. 陰. 複	貪心，貪婪
πονηρία, ας, ἡ	名. 主. 陰. 複	邪惡，惡意
δόλος, ου, ὁ	名. 主. 陽. 單	詭詐，撒謊，陰謀
ἀσέλγεια, ας, ἡ	名. 主. 陰. 單	淫蕩，下流，邪惡
βλασφημία, ας, ἡ	名. 主. 陰. 單	褻瀆，毀謗，侮辱
ὑπερηφανία, ας, ἡ	名. 主. 陰. 單	傲慢，驕傲
ἀφροσύνη, ης, ἡ	名. 主. 陰. 單	愚妄，蠢
ὀφθαλμὸς πονηρός		嫉妒
23. ἔσωθεν	副. 原	在內心，從裏面出來
24. Τύρος, ου, ἡ	名. 所. 陰. 單	泰爾，和：推羅〔提洛〕
λανθάνω	動. 過不. 主. 不定	隱藏，躲避…的注意
25. θυγάτριον, ου, τό	名. 主. 中. 單	小女兒
προσπίπτω	動. 過不. 主. 直說. 三單	在某人面前俯伏
26. Ἑλληνίς, ίδος, ἡ	名. 主. 陰. 單	希臘婦女，外邦婦女
Συροφοινίκισσα, ης, ἡ	名. 主. 陰. 單	敘利亞非尼基的婦女
γένος, ους, τό	名. 間. 中. 單	家，族，國
27. χορτάζω	動. 過不. 被. 不定	餵飽，飽足
κυνάριον, ου, τό	名. 間. 中. 複	狗
28. ὑποκάτω	不介. 所	在…下面，在…底下
τράπεζα, ης, ἡ	名. 所. 陰. 單	桌子
ψιχίον, ου, τό	名. 所. 中. 複	碎屑，（食物）碎渣
30. κλίνη, ης, ἡ	名. 直. 陰. 單	床，床鋪，擔架，病床
31. Τύρος, ου, ἡ	名. 所. 陰. 單	泰爾，和：推羅〔提洛〕
Σιδών, ῶνος, ἡ	名. 所. 陰. 單	西頓〔漆冬〕
ἀνά μέσον	介. 直	穿過
Δεκάπολις, εως, ἡ	名. 所. 陰. 單	低加波里，和：低加波利〕
32. κωφός, ή, όν	形. 直. 陽. 單. 原	啞的，聾的
μογιλάλος, ον	形. 直. 陽. 單. 原	說話有障礙的，啞的
33. ἀπολαμβάνω	動. 過不. 關. 分詞. 主. 陽. 單	帶到一邊
δάκτυλος, ου, ὁ	名. 直. 陽. 複	手指頭

οὖς, ὠτός, τό	名.直.中.複	耳朵
πτύω	動.過不.主.分詞.主.陽.單	吐唾液
34. στενάζω	動.過不.主.直說.三單	歎息
εφφαθα	歎	（亞蘭語）以法大，打開！
διανοίγω	動.過不.被.命令.二單	開
35. εὐθέως	副.原	立刻，一…就
ἀκοή, ῆς, ἡ	名.主.陰.複	耳朵，聽見
δεσμός, οῦ, ὁ	名.主.陽.單	捆綁
ὀρθῶς	副.原	清楚地，毫無困難地
ἀνοίγουσιν αἱ ἀκοαί		恢復聽覺
36. περισσότερος, α, ον	副.比	更大，更多，越是，更加
ὅσον...μᾶλλον περισσότερον		越是,更加，越…越
37. ὑπερπερισσῶς	副.原	完全地，非常
κωφός, ή, όν	形.直.陽.複.原	啞的，聾的
ἄλαλος, ον	形.直.陽.複.原	不會講話的，啞吧的

第八章

2. σπλαγχνίζομαι	動.現在.被.直說.一單	動了慈心或惻隱之心
προσμένω	動.現在.主.直說.三複	跟…在一起
3. νῆστις, ιδος, ὁ, ἡ	形.直.陽.複.原	饑餓的，没有食物的
ἐκλύω	動.未來.被.直說.三複	暈倒
ἥκω	動.現在.主.直說.三複	來
4. πόθεν	連.疑并	從哪裏？哪裏？怎麼會…
χορτάζω	動.過不.主.不定	餵，餵飽
ἐρημία, ας, ἡ	名.所.陰.單	曠野，荒野，偏僻的地方
6. παραγγέλλω	動.現在.主.直說.三單	命令，吩咐
ἀναπίπτω	動.過不.主.不定	斜躺，坐席，坐
εὐχαριστέω	動.過不.主.分詞.主.陽.單	感謝，祝謝
κλάω	動.過不.主.直說.三單	掰開，擘
παρατίθημι	動.現在.主.假設.三複	擺，給，分發
7. ἰχθύδιον, ου, τό	名.直.中.複	小魚，魚
ὀλίγος, η, ον	形.直.中.複.原	少的，少許
8. χορτάζω	動.過不.被.直說.三複	飽足，滿足，吃飽

περίσσευμα, ατος, τό	名.直.中.複	剩餘的碎屑食物
κλάσμα, ατος, τό	名.所.中.複	碎屑，碎塊
σπυρίς, ίδος, ἡ	名.直.陰.複	籃子
9. τετρακισχίλιοι, αι, α	形.主.陽.複.原	四千
10. μέρος, ους, τό	名.直.中.複	部份，地區
Δαλμανουθά, ἡ	名.所.陰.單	大瑪努他〔達瑪奴達〕
11. πειράζω	動.現在.主.分詞.主.陽.複	試驗，試探，誘惑
12. ἀναστενάζω	動.過不.主.分詞.主.陽.單	深深地歎息
14. ἐπιλανθάνομαι	動.過不.關.直說.三複	忘記，忘了，疏忽
15. ζύμη, ης, ἡ	名.所.陰.單	酵母
17. νοέω	動.現在.主.直說.二複	明白，曉得，辨認
πωρόω	動.完成.被.分詞.直.陰.單	使頑固或毫無感覺，頑固
18. οὖς, ὠτός, τό	名.直.中.複	耳朵
μνημονεύω	動.現在.主.直說.二複	記得，記住，想起
19. πέντε	形.直.陽.複.原	五
κλάω	動.過不.主.直說.一單	掰開，擘
πεντακισχίλιοι, αι, α	形.直.陽.複.原	五千
κόφινος, ου, ὁ	名.直.陽.複	籃子
κλάσμα, ατος, τό	名.所.中.複	碎屑，碎塊
πλήρης, ες	形.直.陽.複.原	充滿的，完全的
20. τετρακισχίλιοι, αι, α	形.直.陽.複.原	四千
σπυρίς, ίδος, ἡ	名.所.陰.複	籃子
πλήρωμα, ατος, τό	名.直.中.複	充滿，充滿的東西
22. Βηθσαϊδά, ἡ	名.直.陰.單	伯賽大〔貝特賽達〕
23. ἐπιλαμβάνομαι	動.過不.關.分詞.主.陽.單	拉，揪，抓
ἐκφέρω	動.過不.主.直說.三單	拿出，抬出，帶走
πτύω	動.過不.主.分詞.主.陽.單	吐唾液
ὄμμα, ατος, τό	名.直.中.複	眼
24. δένδρον, ου, τό	名.直.中.複	樹
25. εἶτα	副.原	然後
διαβλέπω	動.過不.主.直說.三單	看清楚，用力看，集中視力
ἀποκαθίστημι	動.過不.主.直說.三單	恢復，治好，復元
ἐμβλέπω	動.過未.主.直說.三單	定睛看

τηλαυγῶς	副.原	清楚地
ἅπας, ασα, αν	形.直.中.複.原	所有的，全部，每件事
27. Καισάρεια, ας, ἡ	名.所.陰.單	凱撒利亞〔凱撒勒雅〕
Φίλιππος, ου, ὁ	名.所.陽.單	腓力〔斐理伯〕
28. βαπτιστής, οῦ, ὁ	名.直.陽.單	施洗者（約翰）
31. πάσχω	動.過不.主.不定	受苦，受難，遭受
ἀποδοκιμάζω	動.過不.被.不定	棄絕
32. παρρησία, ας, ἡ	名.間.陰.單	公開，坦白，（在）衆人面前
προσλαμβάνω	動.過不.關.分詞.主.陽.單	拉到一邊
33. ἐπιστρέφω	動.過不.被.分詞.主.陽.單	回轉，向後轉，轉身
φρονέω	動.現在.主.直說.二單	思想，想念，關懷
34. ἀπαρνέομαι	動.過不.關.命令.三單	不認，否認與…有關係
σταυρός, οῦ, ὁ	名.直.陽.單	十字架
αἴρω τὸν σταυρόν		捨命，受苦至死
36. ὠφελέω	動.現在.主.直說.三單	獲得，獲利
κερδαίνω	動.過不.主.不定	獲得，贏得
ζημιόω	動.過不.被.不定	損失，喪失，賠上
37. ἀντάλλαγμα, ατος, τό	名.直.中.單	拿來交換的東西
38. ἐπαισχύνομαι	動.過不.被.假設.三單	以…爲恥
μοιχαλίς, ίδος, ἡ	形.間.陰.單.原	淫婦，不忠信的人

第九章

1. γεύομαι	動.過不.關.假設.三複	嘗，經驗
2. ἕξ	形.直.陰.複.原	六
ἀναφέρω	動.現在.主.直說.三單	帶
ὑψηλός, ή, όν	形.直.中.單.原	高的
μεταμορφόω	動.過不.被.直說.三單	改變形像，改變
ἔμπροσθεν	不介.所	在…之前，面前
3. στίλβω	動.現在.主.分詞.主.中.複	光亮，耀眼
λευκός, ή, όν	形.主.中.複.原	白色的，潔白的，明亮的
λίαν	副.原	大大地，非常，很，十分
οἷος, α, ον	代.聯代.直.中.複	如…，像…，那一種的…
γναφεύς, έως, ὁ	名.主.陽.單	漂布的人

λευκαίνω	動.過不.主.不定	使白，漂白
4. συλλαλέω	動.現在.主.分詞.主.陽.複	跟…講話，商量
5. ῥαββί	名.呼.陽.單	拉比，老師，先生
σκηνή, ῆς, ἡ	名.直.陰.複	帳棚，會幕
6. ἔκφοβος, ον	形.主.陽.複.原	害怕的，恐懼的
7. νεφέλη, ης, ἡ	名.主.陰.單	雲
ἐπισκιάζω	動.現在.主.分詞.主.陰.單	遮蓋，籠罩，（影子）投…上
8. ἐξάπινα	副.原	忽然
9. διηγέομαι	動.過不.關.假設.三複	告訴，傳遍，述說
12. ἀποκαθίστημι	動.現在.主.直說.三單	復興，恢復，復元
πάσχω	動.過不.主.假設.三單	受苦，受難，忍受，遭受
ἐξουδενέω	動.過不.被.假設.三單	輕視，棄絕
15. ἐκθαμβέω	動.過不.被.直說.三複	詫異，驚慌
προστρέχω	動.現在.主.分詞.主.陽.複	跑向（某人）
17. ἄλαλος, ον	形.直.中.單.原	不會講話的，啞吧的
18. καταλαμβάνω	動.過不.主.假設.三單	襲擊，抓緊
ῥήγνυμι (ῥήσσω)	動.現在.主.直說.三單	摔倒在地上（痙攣）
ἀφρίζω	動.現在.主.直說.三單	口吐白沫
τρίζω	動.現在.主.直說.三單	咬牙切齒，咬緊牙關
ὀδούς, ὀδόντος, ὁ	名.直.陽.複	牙齒
ἰσχύω	動.過不.主.直說.三複	能，能夠，強
19. ὦ	歎	啊！（稱呼人或表達情感）
ἄπιστος, ον	形.呼.陰.單.原	不信的，無法相信的
ἀνέχω	動.未來.關.直說.一單	忍受，忍耐
20. συσπαράσσω	動.過不.主.直說.三單	使痙攣，使抽瘋
κυλίω	動.過未.關.直說.三單	打滾
ἀφρίζω	動.現在.主.分詞.主.陽.單	口吐白沫
21. παιδιόθεν	副.原	從小時候
22. πολλάκις	副.原	常常，一再，屢次
βοηθέω	動.過不.主.命令.二單	幫助
σπλαγχνίζομαι	動.過不.被.分詞.主.陽.單	憐憫
24. βοηθέω	動.現在.主.命令.二單	幫助
ἀπιστία, ας, ἡ	名.間.陰.單	不信，不信實

25. ἐπισυντρέχω	動.現在.主.直說.三單	迅速聚集，圍攏
ἄλαλος, ον	形.呼.中.單.原	不會講話的，啞吧的
κωφός, ή, όν	形.呼.中.單.原	啞的，聾的
ἐπιτάσσω	動.現在.主.直說.一單	吩咐，命令
μηκέτι	副.原	不再
26. σπαράσσω	動.過不.主.分詞.主.陽.單	抽筋，發生痙攣
ὡσεί	虛.比	像，好像
29. γένος, ους, τό	名.直.中.單	種，類
προσευχή, ῆς, ἡ	名.間.陰.單	禱告
30. κἀκεῖθεν	連.繫并	而從那裏
παραπορεύομαι	動.過未.關.直說.三複	經過，穿過，去
32. ἀγνοέω	動.過未.主.直說.三複	不了解
33. Καφαρναούμ, ἡ	名.直.陰.單	迦百農〔葛法翁〕
34. διαλέγομαι	動.過不.被.直說.三複	辯論，爭辯，談論
35. διάκονος, ου, ὁ, ἡ	名.主.陽.單	僕人，庸人
36. ἐναγκαλίζομαι	動.過不.關.分詞.主.陽.單	擁抱，抱起
38. κωλύω	動.過未.主.直說.一複	阻止，制止，禁止，不准
39. ταχύς, εῖα, ύ	副.原	立刻，馬上，很快
κακολογέω	動.過不.主.不定	毀謗，詛咒，咒罵
41. ποτίζω	動.過不.主.假設.三單	給…喝，灌溉
μισθός, οῦ, ὁ	名.直.陽.單	報酬
42. περίκειμαι	動.現在.關.直說.三單	被拴著，被綁住，被圍繞
μύλος, ου, ὁ	名.主.陽.單	磨坊，磨石
ὀνικός, ή, όν	形.主.陽.單.原	驢子的
τράχηλος, ου, ὁ	名.直.陽.單	脖子，頸部
43. ἀποκόπτω	動.過不.主.命令.二單	砍斷或砍掉
κυλλός, ή, όν	形.直.陽.單.原	殘廢的，缺手腳的
γέεννα, ης, ἡ	名.直.陰.單	最後審判的地點，地獄
ἄσβεστος, ον	形.直.中.單.原	永不熄滅的
45. χωλός, ή, όν	形.直.陽.單.原	跛腳的，瘸腿的
47. μονόφθαλμος, ον	形.直.陽.單.原	獨眼的
γέεννα, ης, ἡ	名.直.陰.單	最後審判的地點，地獄
48. σκώληξ, ηκος, ὁ	名.主.陽.單	蟲子

τελευτάω	動.現在.主.直說.三單	死亡
σβέννυμι	動.現在.被.直說.三單	熄滅，抵禦
49. ἁλίζω	動.未來.被.直說.三單	使鹹
50. ἅλας, ατος, τό	名.主.中.單	鹽
ἄναλος, ον	形.主.中.單.原	没有鹽的，失去鹽味的
ἀρτύω	動.未來.主.直說.二複	調味，使…再鹹
εἰρηνεύω	動.現在.主.命令.二複	和平相處，和睦

第十章

1. Ἰουδαία, ας, ἡ	名.所.陰.單	猶太
Ἰορδάνης, ου, ὁ	名.所.陽.單	約旦河，和：約但河
συμπορεύομαι	動.現在.關.直說.三複	跟著…去，跟…一起走
εἴωθα	動.過完.主.直說.三單	照常，按照習慣
συμπορεύομαι πρός		擠向或聚集在...周圍
2. πειράζω	動.現在.主.分詞.主.陽.複	試驗，試探，誘惑
3. ἐντέλλομαι	動.過不.關.直說.三單	吩咐，命令，囑付
4. ἐπιτρέπω	動.過不.主.直說.三單	讓，准，許
βιβλίον, ου, τό	名.直.中.單	休書
ἀποστάσιον, ου, τό	名.所.中.單	離婚書
5. σκληροκαρδία, ας, ἡ	名.直.陰.單	頑固，心腸硬
6. κτίσις, εως, ἡ	名.所.陰.單	創造，創世
ἄρσην, εν, ὁ	形.直.中.單.原	男性，男人
θῆλυς, εια, υ	形.直.中.單.原	女性的，婦女的
7. καταλείπω	動.未來.主.直說.三單	撇下，留下，離棄
προσκολλάω	動.未來.被.直說.三單	（婚姻）結合，附從
9. συζεύγνυμι	動.過不.主.直說.三單	配合（婚姻）
χωρίζω	動.現在.主.命令.三單	分開，離開
11. γαμέω	動.過不.主.假設.三單	娶，嫁
μοιχάω	動.現在.被.直說.三單	犯姦淫
13. προσφέρω	動.過未.主.直說.三複	來，送到
14. ἀγανακτέω	動.過不.主.直說.三單	惱怒，生氣，不滿
κωλύω	動.現在.主.命令.二複	阻止，制止，禁止，不准
16. ἐναγκαλίζομαι	動.過不.關.分詞.主.陽.單	擁抱，抱起

κατευλογέω	動.過未.主.直說.三單	祝福
17. προστρέχω	動.過不.主.分詞.主.陽.單	跑向（某人）
γονυπετέω	動.過不.主.分詞.主.陽.單	跪
κληρονομέω	動.過不.主.假設.一單	得到，承受，領受
ἐκπορεύομαι εἰς ὁδόν		出發,上路
19. φονεύω	動.過不.主.假設.二單	謀殺，殺害，殺人
μοιχεύω	動.過不.主.假設.二單	犯姦淫
κλέπτω	動.過不.主.假設.二單	偷，竊
ψευδομαρτυρέω	動.過不.主.假設.二單	作僞證，作假見證
ἀποστερέω	動.過不.主.假設.二單	欺詐，虧負
τιμάω	動.現在.主.命令.二單	孝敬
20. φυλάσσω	動.過不.關.直說.一單	遵守，保守，服從
νεότης, ητος, ἡ	名.所.陰.單	年幼，年輕
21. ἐμβλέπω	動.過不.主.分詞.主.陽.單	定睛看，看見
ὑστερέω	動.現在.主.直說.三單	缺乏，需要
πωλέω	動.過不.主.命令.二單	賣，出售
θησαυρός, οῦ, ὁ	名.直.陽.單	財寶，寶貝，積存
δεῦρο	歎	來，來這裏
22. στυγνάζω	動.過不.主.分詞.主.陽.單	變臉色
λυπέω	動.現在.被.分詞.主.陽.單	傷心，難過，憂傷
κτῆμα, ατος, τό	名.直.中.複	所有物，財富，田產
23. δυσκόλως	副.原	艱難地
χρῆμα, ατος, τό	名.直.中.複	產業，財富，金錢
24. θαμβέω	動.過未.被.直說.三複	驚訝，驚奇，希奇
δύσκολος, ον	形.主.中.單.原	艱難的
25. εὔκοπος, ον	形.主.中.單.比	較容易的
κάμηλος, ου, ὁ, ἡ	名.直.陰.單	駱駝
τρυμαλιά, ᾶς, ἡ	名.所.陰.單	（針）眼
ῥαφίς, ίδος, ἡ	名.所.陰.單	針
διέρχομαι	動.過不.主.不定	穿過，經過
πλούσιος, α, ον	名.直.陽.單	豐富的，富有的
26. περισσῶς	副.原	更加，甚至更，更大聲
27. ἐμβλέπω	動.過不.主.分詞.主.陽.單	定睛看，看見

ἀδύνατος, ον	形.主.中.單.原	無能的，不可能的
30. ἑκατονταπλασίων, ον	形.直.中.複.原	一百倍
διωγμός, οῦ, ὁ	名.所.陽.複	迫害，逼迫
32. θαμβέω	動.過未.被.直說.三複	驚訝，驚奇，希奇
συμβαίνω	動.現在.主.不定	發生，遭遇，經歷
33. κατακρίνω	動.未來.主.直說.三複	審判，定罪
34. ἐμπαίζω	動.未來.主.直說.三複	戲弄，愚弄
ἐμπτύω	動.未來.主.直說.三複	吐唾沫在…上，吐口水
μαστιγόω	動.未來.主.直說.三複	鞭打，懲罰
35. προσπορεύομαι	動.現在.關.直說.三複	進前來，接近
Ζεβεδαῖος, ου, ὁ	名.所.陽.單	西庇太〔載伯德〕
37. ἀριστερός, ά, όν	形.所.陰.複.原	左，左手
ἐκ δεξιῶν καθίζω		坐高位，處在重要的地位
ἐξ ἀριστερῶν καθίζω		坐在較低的位置
38. βάπτισμα, ατος, τό	名.直.中.單	洗禮
πίνω ποτήριον		受極大的苦難
40. εὐώνυμος, ον	形.所.陰.複.原	左邊
41. δέκα	形.主.陽.複.原	十
ἀγανακτέω	動.現在.主.不定	惱怒，生氣，不滿
42. κατακυριεύω	動.現在.主.直說.三複	有權管轄，制伏
κατεξουσιάζω	動.現在.主.直說.三複	管轄，支配
οἱ μεγάλοι		重要人物，領袖
43. διάκονος, ου, ὁ, ἡ	名.主.陽.單	僕人，庸人
45. λύτρον, ου, τό	名.直.中.單	贖價，救贖的方法
ἀντί	介.所	代替，爲了…的緣故
46. Ἰεριχώ, ἡ	名.直.陰.單	耶利哥〔耶里哥〕
ἱκανός, ή, όν	形.所.陽.單.原	許多或一些
Τιμαῖος, ου, ὁ	名.所.陽.單	底買〔提買〕
Βαρτιμαῖος, ου, ὁ	名.主.陽.單	巴底買〔巴爾提買〕
προσαίτης, ου, ὁ	名.主.陽.單	乞丐
47. Ναζαρηνός, ή, όν	名.主.陽.單	拿撒勒人〔納匝肋人〕
ἐλεέω	動.過不.主.命令.二單	憐憫
49. θαρσέω	動.現在.主.命令.二單	要勇敢！鼓起勇氣！放心吧！

50. ἀποβάλλω	動. 過不. 主. 分詞. 主. 陽. 單	扔掉（衣服）
ἀναπηδάω	動. 過不. 主. 分詞. 主. 陽. 單	跳起來
51. ραββουνι	名. 呼. 陽. 單	拉波尼〔辣步尼〕（亞蘭語）

第十一章

1. ἐγγίζω	動. 現在. 主. 直說. 三複	接近，靠近
Βηθφαγή, ἡ	名. 直. 陰. 單	伯法其〔貝特法革〕
Βηθανία, ας, ἡ	名. 直. 陰. 單	伯大尼〔伯達尼〕
ἐλαία, ας, ἡ	名. 所. 陰. 複	橄欖樹，橄欖
2. κατέναντι	不介. 所	對面，在…面前
πῶλος, ου, ὁ	名. 直. 陽. 單	小驢駒
3. χρεία, ας, ἡ	名. 直. 陰. 單	需要
4. πῶλος, ου, ὁ	名. 直. 陽. 單	小驢駒
ἄμφοδον, ου, τό	名. 所. 中. 單	街道
7. πῶλος, ου, ὁ	名. 直. 陽. 單	小驢駒
ἐπιβάλλω	動. 現在. 主. 直說. 三複	搭在…上
8. στρωννύω	動. 過不. 主. 直說. 三複	鋪，收拾鋪蓋
στιβάς, άδος, ἡ	名. 直. 陰. 複	樹枝
κόπτω	動. 過不. 主. 分詞. 主. 陽. 複	砍
9. ὡσαννά	歎	和散那，稱頌讚美的呼聲
10. ὕψιστος, η, ον	形. 間. 中. 複. 最	至高的
11. ὀψέ	名. 所. 陰. 單	傍晚，過了…
Βηθανία, ας, ἡ	名. 直. 陰. 單	伯大尼〔伯達尼〕
12. ἐπαύριον	副. 原	次日，第二天
πεινάω	動. 過不. 主. 直說. 三單	饑餓
13. συκῆ, ῆς, ἡ	名. 直. 陰. 單	無花果樹
φύλλον, ου, τό	名. 直. 中. 複	葉子
ἄρα	連. 推并	爲此，那麼
σῦκον, ου, τό	名. 所. 中. 複	無花果
14. μηκέτι	副. 原	不再
15. πωλέω	動. 現在. 主. 分詞. 直. 陽. 複	賣，出售
τράπεζα, ης, ἡ	名. 直. 陰. 複	桌子
κολλυβιστής, οῦ, ὁ	名. 所. 陽. 複	兌換銀錢的人

καθέδρα, ας, ἡ	名.直.陰.複	座位，凳子
περιστερά, ᾶς, ἡ	名.直.陰.複	鴿子
καταστρέφω	動.過不.主.直說.三單	翻倒，推倒
16. διαφέρω	動.過不.主.假設.三單	扛抬…，穿越
σκεῦος, ους, τό	名.直.中.單	物品，貨物
17. προσευχή, ῆς, ἡ	名.所.陰.單	禱告，禱告的地方
σπήλαιον, ου, τό	名.直.中.單	洞穴，（賊）窩
λῃστής, οῦ, ὁ	名.所.陽.複	強盜，暴徒，兇犯
19. ὀψέ	副.原	傍晚
20. παραπορεύομαι	動.現在.關.分詞.主.陽.複	經過，穿過，去
συκῆ, ῆς, ἡ	名.直.陰.單	無花果樹
ῥίζα, ης, ἡ	名.所.陰.複	根
21. ἀναμιμνῄσκω	動.過不.被.分詞.主.陽.單	記起，想起
ῥαββί	名.呼.陽.單	拉比，老師，先生
καταράομαι	動.過不.關.直說.二單	咒詛
23. διακρίνω	動.過不.被.假設.三單	疑惑
25. στήκω	動.現在.主.直說.二複	站著，站穩，堅定
παράπτωμα, ατος, τό	名.直.中.複	罪，過錯
28. ποῖος, α, ον	代.形疑.間.陰.單	甚麼？哪一？哪一種？
30. βάπτισμα, ατος, τό	名.主.中.單	洗禮
32. ἅπας, ασα, αν	形.主.陽.複.原	所有的，全部，每個人
ὄντως	副.原	眞，的確，眞實的
33. ποῖος, α, ον	代.形疑.間.陰.單	甚麼？哪一？哪一種？

第十二章

1. φυτεύω	動.過不.主.直說.三單	栽種，耕種
περιτίθημι	動.過不.主.直說.三單	用…圍著
φραγμός, οῦ, ὁ	名.直.陽.單	柵欄，牆，籬笆
ὀρύσσω	動.過不.主.直說.三單	挖掘，挖洞
ὑπολήνιον, ου, τό	名.直.中.單	壓酒池或槽
οἰκοδομέω	動.過不.主.直說.三單	建造，蓋
πύργος, ου, ὁ	名.直.陽.單	塔，守望台，高樓
ἐκδίδωμι	動.過不.關.直說.三單	出租

ἀποδημέω	動.過不.主.直說.三單	出外
3. δέρω	動.過不.主.直說.三複	打，擊
κενός, ή, όν	形.直.陽.單.原	空的，空手的
4. κἀκεῖνος, η, ο	連.繫并	那一個也，他也…一樣
κεφαλιόω	動.過不.主.直說.三複	打頭
ἀτιμάζω	動.過不.主.直說.三複	羞辱，侮辱
5. δέρω	動.現在.主.分詞.主.陽.複	打，拍，擊
6. ἐντρέπω	動.未來.被.直說.三複	尊敬
7. κληρονόμος, ου, ὁ	名.主.陽.單	繼承人
δεῦτε	歎	來（命令或勸告）
κληρονομία, ας, ἡ	名.主.陰.單	產業，遺產
10. ἀναγινώσκω	動.過不.主.直說.二複	念，在公衆崇拜中誦讀
ἀποδοκιμάζω	動.過不.主.直說.三複	棄絕
οἰκοδομέω	動.現在.主.分詞.主.陽.複	建造，蓋
γωνία, ας, ἡ	名.所.陰.單	角落
11. θαυμαστός, ή, όν	形.主.陰.單.原	奇妙的，令人驚訝的
13. Ἡρῳδιανοί, ῶν, οἱ	名.所.陽.複	希律黨黨員〔黑落德黨〕
ἀγρεύω	動.過不.主.假設.三複	設圈套，找話柄陷害
14. ἀληθής, ές	形.主.陽.單.原	眞的，眞實的，眞正的
μέλει	動.現在.主.直說.三單	關心，在乎
κῆνσος, ου, ὁ	名.直.陽.單	稅
Καῖσαρ, αρος, ὁ	名.間.陽.單	凱撒，和：該撒（羅馬皇帝）
οὔ	虛.否	不（否定答詞）
15. ὑπόκρισις, εως, ἡ	名.直.陰.單	僞善，不誠實，虛僞，詭計
πειράζω	動.現在.主.直說.二複	試驗，試探，誘惑
δηνάριον, ου, τό	名.直.中.單	銀子，銀圓〔德納〕
16. εἰκών, όνος, ἡ	名.主.陰.單	像，形像
ἐπιγραφή, ῆς, ἡ	名.主.陰.單	（錢幣上的）名號
Καῖσαρ, αρος, ὁ	名.所.陽.單	凱撒，和：該撒（羅馬皇帝）
17. ἀποδίδωμι	動.過不.主.命令.二複	給，付，回報
ἐκθαυμάζω	動.過未.主.直說.三複	非常驚訝
18. Σαδδουκαῖος, ου, ὁ	名.主.陽.複	撒都該人〔撒杜塞人〕
ἀνάστασις, εως, ἡ	名.直.陰.單	復活

19. καταλείπω	動. 過不. 主. 假設. 三單	離開，撇下
ἐξανίστημι	動. 過不. 主. 假設. 三單	生孩子，傳宗接代
ἐξανίστημι σπέρμα		生（孩子）
21. δεύτερος, α, ον	形. 主. 陽. 單. 原	第二的，然後
καταλείπω	動. 過不. 主. 分詞. 主. 陽. 單	離開，撇下
ὡσαύτως	副. 原	照樣地，同樣地
23. ἀνάστασις, εως, ἡ	名. 間. 陰. 單	復活
24. πλανάω	動. 現在. 被. 直說. 二複	愚弄，弄錯，被騙
25. γαμέω	動. 現在. 主. 直說. 三複	娶，嫁
γαμίζω	動. 現在. 被. 直說. 三複	嫁，結婚
26. ἀναγινώσκω	動. 過不. 主. 直說. 二複	念，在公衆崇拜中誦讀
βίβλος, ου, ἡ	名. 間. 陰. 單	書，記錄
βάτος, ου, ὁ, ἡ	名. 所. 陽. 單	樹叢，荊棘
Ἰσαάκ, ὁ	名. 所. 陽. 單	以撒〔依撒格〕
Ἰακώβ, ὁ	名. 所. 陽. 單	雅各〔雅各伯〕
27. πλανάω	動. 現在. 被. 直說. 二複	弄錯，被騙，被愚弄
28. ποῖος, α, ον	代. 形疑. 主. 陰. 單	甚麼？哪一？哪一種？
30. διάνοια, ας, ἡ	名. 所. 陰. 單	心思，理智，思想，意念
ἰσχύς, ύος, ἡ	名. 所. 陰. 單	力量，能力
31. δεύτερος, α, ον	形. 主. 陰. 單. 原	第二的，然後
πλησίον	副. 原	靠近，鄰居
σεαυτοῦ, ῆς	代. 二反. 直. 陽. 單	你自己
32. πλήν	不介. 所	除…之外
33. σύνεσις, εως, ἡ	名. 所. 陰. 單	了解，領悟，理智
ἰσχύς, ύος, ἡ	名. 所. 陰. 單	力量，能力
πλησίον	副. 原	靠近，鄰居
περισσότερος, α, ον	形. 主. 中. 單. 比	更大，更多
ὁλοκαύτωμα, ατος, τό	名. 所. 中. 複	完全的燒化祭，燔祭
θυσία, ας, ἡ	名. 所. 陰. 複	犧牲，祭物，牲祭
34. νουνεχῶς	副. 原	智慧地，明理地
μακράν	副. 原	遠
τολμάω	動. 過未. 主. 直說. 三單	敢，勇敢或大膽
36. ἐχθρός, ά, όν	名. 直. 陽. 複	敵人，仇敵，被憎恨的

ὑποκάτω	不介.所	在…下面，在…底下
37. πόθεν	連.疑并	從哪裏？哪裏？
ἡδέως	副.原	喜歡，樂意，願意
38. στολή, ῆς, ἡ	名.間.陰.複	袍子，長袍
ἀσπασμός, οῦ, ὁ	名.直.陽.複	問安
ἀγορά, ᾶς, ἡ	名.間.陰.複	市場
39. πρωτοκαθεδρία, ας, ἡ	名.直.陰.複	特別座位
πρωτοκλισία, ας, ἡ	名.直.陰.複	貴賓席，（宴會中）首座
δεῖπνον, ου, τό	名.間.中.複	宴會，筵席，晚餐
40. κατεσθίω	動.現在.主.分詞.主.陽.複	吃掉，侵吞，佔便宜
χήρα, ας, ἡ	名.所.陰.複	寡婦
πρόφασις, εως, ἡ	名.間.陰.單	虛僞的動機，假裝
μακρός, ά, όν	副.原	長的，遙遠的
περισσότερος, α, ον	形.直.中.單.比	更大，更多
κρίμα, ατος, τό	名.直.中.單	審判，裁判，定罪
41. κατέναντι	不介.所	對面，在…面前
γαζοφυλάκιον, ου, τό	名.所.中.單	聖殿庫房，奉獻箱
χαλκός, οῦ, ὁ	名.直.陽.單	銅幣，零錢
πλούσιος, α, ον	形.主.陽.複.原	豐富的，富有的
42. χήρα, ας, ἡ	名.主.陰.單	寡婦
λεπτός, ή, όν	名.直.中.複	小銅錢
κοδράντης, ου, ὁ	名.主.陽.單	一分錢
43. γαζοφυλάκιον, ου, τό	名.直.中.單	聖殿庫房，奉獻箱
44. περισσεύω	動.現在.主.分詞.所.中.單	剩餘，富裕
ὑστέρησις, εως, ἡ	名.所.陰.單	需要，缺乏，貧乏
βίος, ου, ὁ	名.直.陽.單	生活，生活費用，產業

第十三章

1. ποταπός, ή, όν	代.形疑.主.陽.複	是哪一種的，多麼宏偉的
οἰκοδομή, ῆς, ἡ	名.主.陰.複	建築物，建築
2. καταλύω	動.過不.被.假設.三單	拆毀
3. ἐλαία, ας, ἡ	名.所.陰.複	橄欖樹，橄欖
κατέναντι	不介.所	對面，在…面前

᾿Ανδρέας, ου, ὁ	名. 主. 陽. 單	安得烈〔安德肋〕
4. συντελέω	動. 現在. 被. 不定	發生
5. πλανάω	動. 過不. 主. 假設. 三單	迷惑，愚弄，欺騙
7. πόλεμος, ου, ὁ	名. 直. 陽. 複	戰爭，打仗
ἀκοή, ῆς, ἡ	名. 直. 陰. 複	報導，消息，聽見
θροέω	動. 現在. 被. 命令. 二複	驚慌，害怕，煩擾
τέλος, ους, τό	名. 主. 中. 單	終局，末期，終結
8. σεισμός, οῦ, ὁ	名. 主. 陽. 複	地震，（海上）暴風
λιμός, οῦ, ὁ, ἡ	名. 主. 陰. 複	饑荒，饑餓
ὠδίν, ῖνος, ἡ	名. 所. 陰. 複	生產的痛苦，陣痛
9. συνέδριον, ου, τό	名. 直. 中. 複	法庭，議會，地方法庭
δέρω	動. 未來. 被. 直說. 二複	打，拍，擊
ἡγεμών, όνος, ὁ	名. 所. 陽. 複	領袖，長官
μαρτύριον, ου, τό	名. 直. 中. 單	證言，見證
11. προμεριμνάω	動. 現在. 主. 命令. 二複	事前憂慮
12. ἐπανίστημι	動. 未來. 關. 直說. 三複	敵對，作對
γονεύς, έως, ὁ	名. 直. 陽. 複	父母
θανατόω	動. 未來. 主. 直說. 三複	殺死，置於死地，害死
13. μισέω	動. 現在. 被. 分詞. 主. 陽. 複	恨，厭惡，不顧
ὑπομένω	動. 過不. 主. 分詞. 主. 陽. 單	忍耐，持續，忍受
τέλος, ους, τό	名. 直. 中. 單	終局，末期，終結
14. βδέλυγμα, ατος, τό	名. 直. 中. 單	可憎惡的東西
ἐρήμωσις, εως, ἡ	名. 所. 陰. 單	荒廢，毀滅
ἀναγινώσκω	動. 現在. 主. 分詞. 主. 陽. 單	念，在公衆崇拜中誦讀
νοέω	動. 現在. 主. 命令. 三單	明白，曉得，辨認
᾿Ιουδαία, ας, ἡ	名. 間. 陰. 單	猶太
15. δῶμα, ατος, τό	名. 所. 中. 單	屋頂
16. ἐπιστρέφω	動. 過不. 主. 命令. 三單	回轉，回去，轉，轉回
17. οὐαί	歎	遭殃了！有禍了！苦了！
γαστήρ, τρός, ἡ	名. 間. 陰. 單	子宮，貪吃暴食
θηλάζω	動. 現在. 主. 分詞. 間. 陰. 複	哺育，授乳，吸奶
ἐν γαστρὶ ἔχω		懷孕
18. χειμών, ῶνος, ὁ	名. 所. 陽. 單	冬天，惡劣的天氣

19. θλῖψις, εως, ἡ	名.主.陰.單	困難，痛苦，苦難，災難
οἷος, α, ον	代.聯代.主.陰.單	如…，像…，那一種的…
κτίσις, εως, ἡ	名.所.陰.單	創造，創世
κτίζω	動.過不.主.直說.三單	創造，造
20. κολοβόω	動.過不.主.直說.三單	縮短，減少
ἐκλεκτός, ή, όν	形.直.陽.複.原	被揀選的
ἐκλέγομαι	動.過不.關.直說.三單	揀選，選
22. ψευδόχριστος, ου, ὁ	名.主.陽.複	假基督
ψευδοπροφήτης, ου, ὁ	名.主.陽.複	假先知
τέρας, ατος, τό	名.直.中.複	奇事，兆頭，預兆
ἀποπλανάω	動.現在.主.不定	引入迷途，欺騙
ἐκλεκτός, ή, όν	形.直.陽.複.原	被揀選的
23. προλέγω	動.完成.主.直說.一單	預先說或警告
24. θλῖψις, εως, ἡ	名.直.陰.單	困難，痛苦，苦難，災難
ἥλιος, ου, ὁ	名.主.陽.單	太陽
σκοτίζω	動.未來.被.直說.三單	變黑，暗昧，昏暗
σελήνη, ης, ἡ	名.主.陰.單	月亮
φέγγος, ους, τό	名.直.中.單	光，亮光
25. ἀστήρ, έρος, ὁ	名.主.陽.複	星，星辰
σαλεύω	動.未來.被.直說.三複	搖動
26. νεφέλη, ης, ἡ	名.間.陰.複	雲
27. ἐπισυνάγω	動.未來.主.直說.三單	招集，聚集
ἐκλεκτός, ή, όν	形.直.陽.複.原	被揀選的
τέσσαρες, α	形.所.陽.複.原	四
ἄκρον, ου, τό	名.所.中.單	邊界
28. συκῆ, ῆς, ἡ	名.所.陰.單	無花果樹
μανθάνω	動.過不.主.命令.二複	學習，研究
κλάδος, ου, ὁ	名.主.陽.單	枝子，樹枝
ἁπαλός, ή, όν	形.主.陽.單.原	嫩綠的，長新葉的
ἐκφύω	動.現在.主.假設.三單	長（芽），長出（葉子）
φύλλον, ου, τό	名.直.中.複	葉子
ἐγγύς	副.原	接近，將近
θέρος, ους, τό	名.主.中.單	夏天

30. μέχρι	不介.所	直到
ὁ οὐρανὸς καὶ ἡ γῆ		萬有，宇宙
33. ἀγρυπνέω	動.現在.主.命令.二複	警醒，關顧
34. ἀπόδημος, ον	形.主.陽.單.原	正在旅行的
θυρωρός, οῦ, ὁ, ἡ	名.間.陽.單	看門的人，門房
ἐντέλλομαι	動.過不.關.直說.三單	吩咐，命令，囑付
35. ὀψέ	副.原	傍晚
μεσονύκτιον, ου, τό	名.直.中.單	半夜
ἀλεκτοροφωνία, ας, ἡ	名.所.陰.單	在黎明之前
36. ἐξαίφνης	副.原	忽然，没有料到地

第十四章

1. ἄζυμος, ον	名.主.中.複	無酵的，未發酵的
δόλος, ου, ὁ	名.間.陽.單	詭詐，撒謊，陰謀
2. ἑορτή, ῆς, ἡ	名.間.陰.單	節期
μήποτε	連.不從	恐怕，免得
θόρυβος, ου, ὁ	名.主.陽.單	混亂，暴動，作亂
3. Βηθανία, ας, ἡ	名.間.陰.單	伯大尼〔伯達尼〕
λεπρόν, οῦ, τό	名.所.陽.單	痲瘋病人，皮膚病人
κατάκειμαι	動.現在.關.分詞.所.陽.單	坐著吃飯，坐席，用餐
ἀλάβαστρον, ος, ου, τό/ὁ	名.直.陰.單	雪花石膏做的瓶，玉瓶
μύρον, ου, τό	名.所.中.單	香膏，香水，香油
νάρδος, ου, ἡ	名.所.陰.單	哪噠香油
πιστικός, ή, όν	形.所.陰.單.原	純的，眞的
πολυτελής, ές	名.所.陰.單	昂貴的，極珍貴的
συντρίβω	動.過不.主.分詞.主.陰.單	打碎，摧毀
καταχέω	動.過不.主.直說.三單	倒在…上
4. ἀγανακτέω	動.現在.主.分詞.主.陽.複	惱怒，生氣，不滿
ἀπώλεια, ας, ἡ	名.主.陰.單	浪費
5. μύρον, ου, τό	名.主.中.單	香膏，香水，香油
πιπράσκω	動.過不.被.不定	賣，賣作奴隸
ἐπάνω	不介.所	多於
δηνάριον, ου, τό	名.所.中.複	銀子，銀圓〔德納〕

τριακόσιοι, αι, α	形.所.中.複.原	三百
ἐμβριμάομαι	動.過未.關.直說.三複	嚴厲批評，生氣
6. κόπος, ου, ὁ	名.直.陽.複	煩擾，困難
παρέχω	動.現在.主.直說.二複	導致，引起，給
ἐργάζομαι	動.過不.關.直說.三單	工作，做事
7. πάντοτε	副.原	總是，常常
εὖ	副.原	很好地，做得好
8. προλαμβάνω	動.過不.主.直說.三單	事前做（事）
μυρίζω	動.過不.主.不定	澆香膏，倒香油
ἐνταφιασμός, οῦ, ὁ	名.直.陽.單	安葬的準備，安葬
9. μνημόσυνον, ου, τό	名.直.中.單	紀念，有紀念性的事物
10. Ἰούδας, α, ὁ	名.主.陽.單	猶大
Ἰσκαριώθ, ὁ	名.主.陽.單	加略人〔依斯加略人〕
11. ἐπαγγέλλομαι	動.過不.關.直說.三複	應許
ἀργύριον, ου, τό	名.直.中.單	銀幣，錢，銀
εὐκαίρως	副.原	在方便的時候
12. ἄζυμος, ον	名.所.中.複	無酵的，未發酵的
θύω	動.過未.主.直說.三複	屠，宰，獻祭，殺
ποῦ	連.疑并	哪裏？在哪裏？到哪裏？
13. ἀπαντάω	動.未來.主.直說.三單	遇見
κεράμιον, ου, τό	名.直.中.單	（陶製的）罐，瓶
βαστάζω	動.現在.主.分詞.主.陽.單	攜帶，托著
14. οἰκοδεσπότης, ου, ὁ	名.間.陽.單	家主，主人
ποῦ	連.疑并	哪裏？在哪裏？到哪裏？
κατάλυμα, ατος, τό	名.主.中.單	房間，客房，客棧
ἀνάγαιον ἐστρωμένον		佈置好的或鋪木板的樓上房間
15. δείκνυμι	動.未來.主.直說.三單	指示，給…看
ἀνάγαιον, ου, τό	名.直.中.單	樓上的房間
στρωννύω	動.完成.被.分詞.直.中.單	鋪，收拾鋪蓋
ἕτοιμος, η, ον	形.直.中.單.原	準備好的
18. ἀνάκειμαι	動.現在.關.分詞.所.陽.複	坐席，作宴會的客人
19. λυπέω	動.現在.被.不定	傷心，憂傷，哀哭
μήτι	虛.疑	用於期待否定答案的問句

20. ἐμβάπτω	動. 現在. 關. 分詞. 主. 陽. 單	沾，蘸
τρύβλιον, ου, τό	名. 直. 中. 單	碟子，碗
21. οὐαί	歎	遭殃了！有禍了！苦了！
22. κλάω	動. 過不. 主. 直說. 三單	掰開，擘
23. εὐχαριστέω	動. 過不. 主. 分詞. 主. 陽. 單	感謝，祝謝
24. διαθήκη, ης, ἡ	名. 所. 陰. 單	約，契約
ἐκχέω	動. 現在. 被. 分詞. 主. 中. 單	倒出，流（血）
25. γένημα, ατος, τό	名. 所. 中. 單	產品，果子
ἄμπελος, ου, ἡ	名. 所. 陰. 單	葡萄樹
26. ὑμνέω	動. 過不. 主. 分詞. 主. 陽. 複	唱詩，唱歌，讚美，歌頌
ἐλαία, ας, ἡ	名. 所. 陰. 複	橄欖樹，橄欖
27. πατάσσω	動. 未來. 主. 直說. 一單	擊打，擊倒
ποιμήν, ένος, ὁ	名. 直. 陽. 單	牧人，牧羊人
πρόβατον, ου, τό	名. 主. 中. 複	羊
διασκορπίζω	動. 未來. 被. 直說. 三複	分散
30. σήμερον	副. 原	今日
πρίν	連. 時從	在…之前，…以前
δίς	副. 原	兩次
ἀλέκτωρ, ορος, ὁ	名. 直. 陽. 單	公雞
τρίς	副. 原	三次
ἀπαρνέομαι	動. 未來. 關. 直說. 二單	不認，否認與…有關係
31. ἐκπερισσῶς	副. 原	堅決地
συναποθνῄσκω	動. 過不. 主. 不定	同死
ὡσαύτως	副. 原	照樣地，同樣地
32. χωρίον, ου τό	名. 直. 中. 單	土地，田地，地方
Γεθσημανί	名. 主. 中. 單	客西馬尼〔革責瑪尼〕
33. ἐκθαμβέω	動. 現在. 被. 不定	詫異，驚慌，憂愁難過
ἀδημονέω	動. 現在. 主. 不定	難過
34. περίλυπος, ον	形. 主. 陰. 單. 原	非常憂傷的，深感難過的
35. προέρχομαι	動. 過不. 主. 分詞. 主. 陽. 單	先走，在前面走
36. αββα	名. 呼. 陽. 單	阿爸
παραφέρω	動. 過不. 主. 命令. 二單	移去
παραφέρω τὸ ποτήριον ἀπό		使…避免經歷

37. ἰσχύω	動. 過不. 主. 直說. 二單	能，能夠，強
38. πειρασμός, οῦ, ὁ	名. 直. 陽. 單	試煉，磨煉，試探
πρόθυμος, ον	形. 主. 中. 單. 原	願意的
ἀσθενής, ές	形. 主. 陰. 單. 原	軟弱的，軟弱無助的
40. καταβαρύνω	動. 現在. 關. 分詞. 主. 陽. 複	很重
ἦσαν οἱ ὀφθαλμοὶ καταβαρυνόμενοι		非常睏
41. ἀναπαύω	動. 現在. 關. 命令. 二複	休息
ἀπέχω	動. 現在. 主. 直說. 三單	夠了，已經結帳了
42. ἐγγίζω	動. 完成. 主. 直說. 三單	到了
43. παραγίνομαι	動. 現在. 關. 直說. 三單	來，到達，出現
Ἰούδας, α, ὁ	名. 主. 陽. 單	猶大
μάχαιρα, ης, ἡ	名. 所. 陰. 複	刀，劍
ξύλον, ου, τό	名. 所. 中. 複	棒，腳鐐
44. σύσσημον, ου, τό	名. 直. 中. 單	記號，信號，暗號
φιλέω	動. 過不. 主. 假設. 一單	吻
ἀπάγω	動. 現在. 主. 命令. 二複	強迫，引領
ἀσφαλῶς	副. 原	安全地，嚴密看守地
45. ῥαββί	名. 呼. 陽. 單	拉比，老師，先生
καταφιλέω	動. 過不. 主. 直說. 三單	吻，親嘴
46. ἐπιβάλλω	動. 過不. 主. 直說. 三複	下手，抓住，逮捕
47. σπάω	動. 過不. 關. 分詞. 主. 陽. 單	拔出（刀劍）
μάχαιρα, ης, ἡ	名. 直. 陰. 單	刀、劍，戰爭，死亡
παίω	動. 過不. 主. 直說. 三單	擊，打，砍
ἀφαιρέω	動. 過不. 主. 直說. 三單	刪掉，削掉
ὠτάριον, ου, τό	名. 直. 中. 單	耳朵
48. λῃστής, οῦ, ὁ	名. 直. 陽. 單	強盜，暴徒，兇犯
ξύλον, ου, τό	名. 所. 中. 複	樹，棒，腳鐐
συλλαμβάνω	動. 過不. 主. 不定	抓，逮捕
51. νεανίσκος, ου, ὁ	名. 主. 陽. 單	年輕人，青年
συνακολουθέω	動. 過未. 主. 直說. 三單	跟著
περιβάλλω	動. 完成. 被. 分詞. 主. 陽. 單	穿戴，穿（衣），披
σινδών, όνος, ἡ	名. 直. 陰. 單	麻紗布
γυμνός, ή, όν	形. 所. 中. 單. 原	裸體的，穿著簡陋的

ἐπὶ γυμνοῦ		披在身上
52. καταλείπω	動. 過不. 主. 分詞. 主. 陽. 單	離開
53. ἀπάγω	動. 過不. 主. 直說. 三複	強迫，引領
συνέρχομαι	動. 現在. 關. 直說. 三複	聚集，聚會
54. ἔσω	副. 原	在…裏面
αὐλή, ῆς, ἡ	名. 直. 陰. 單	院子
συγκάθημαι	動. 現在. 關. 分詞. 主. 陽. 單	與…同坐，一同坐著
ὑπηρέτης, ου, ὁ	名. 所. 陽. 複	警衛，助理
θερμαίνω	動. 現在. 關. 分詞. 主. 陽. 單	烤火取暖，保持溫暖
55. συνέδριον, ου, τό	名. 主. 中. 單	法庭，議會
μαρτυρία, ας, ἡ	名. 直. 陰. 單	證言，見證，證據
θανατόω	動. 過不. 主. 不定	殺死，置於死地
56. ψευδομαρτυρέω	動. 過未. 主. 直說. 三複	作僞證，作假見證
ἴσος, η, ον	形. 主. 陰. 複. 原	一樣的，符合的
58. καταλύω	動. 未來. 主. 直說. 一單	拆毀
ναός, οῦ, ὁ	名. 直. 陽. 單	聖殿
χειροποίητος, ον	形. 直. 陽. 單. 原	人手所做的或所建造的
ἀχειροποίητος, ον	形. 直. 陽. 單. 原	不是人手建造的
οἰκοδομέω	動. 未來. 主. 直說. 一單	建造，蓋，建立
59. ἴσος, η, ον	形. 主. 陰. 單. 原	一樣的，符合的
μαρτυρία, ας, ἡ	名. 主. 陰. 單	證言，見證，證據
60. καταμαρτυρέω	動. 現在. 主. 直說. 三複	作證控告
61. εὐλογητός, ή, όν	形. 所. 陽. 單. 原	該受稱頌的那位（指：上帝）
62. νεφέλη, ης, ἡ	名. 所. 陰. 複	雲
63. διαρρήγνυμι (-ρήσσω)	動. 過不. 主. 分詞. 主. 陽. 單	撕裂，扯掉
χιτών, ῶνος, ὁ	名. 直. 陽. 複	內衣，衫
χρεία, ας, ἡ	名. 直. 陰. 單	應當，必須，需要，缺少
μάρτυς, υρος, ὁ	名. 所. 陽. 複	見證人
64. βλασφημία, ας, ἡ	名. 所. 陰. 單	褻瀆，毀謗，侮辱
φαίνω	動. 現在. 被. 直說. 三單	出現
κατακρίνω	動. 過不. 主. 直說. 三複	審判，定罪
ἔνοχος, ον	形. 直. 陽. 單. 原	有罪的，冒犯…的（罪）
τί ὑμῖν φαίνεται		你們說該怎麼辦呢？

65. ἐμπτύω	動. 現在. 主. 不定	吐唾沫在…上，吐口水
περικαλύπτω	動. 現在. 主. 不定	遮蓋，蒙
κολαφίζω	動. 現在. 主. 不定	打，擊，用拳頭打
προφητεύω	動. 過不. 主. 命令. 二單	預言，以先知洞察力闡明事物
ὑπηρέτης, ου, ὁ	名. 主. 陽. 複	警衛，助理，幫手
ῥάπισμα, ατος, τό	名. 間. 中. 複	用棍子打，用手掌打
66. κάτω	副. 原	下，在下面
αὐλή, ῆς, ἡ	名. 間. 陰. 單	院子
παιδίσκη, ης, ἡ	名. 所. 陰. 複	婢女，使女，女奴
67. θερμαίνω	動. 現在. 關. 分詞. 直. 陽. 單	烤火取暖，保持溫暖
ἐμβλέπω	動. 過不. 主. 分詞. 主. 陰. 單	定睛看，看見
Ναζαρηνός, ή, όν	名. 所. 陽. 單	拿撒勒人〔納匝肋人〕
68. ἀρνέομαι	動. 過不. 關. 直說. 三單	否認，不認
ἐπίσταμαι	動. 現在. 被. 直說. 一單	知道，曉得，明白，懂得
προαύλιον, ου, τό	名. 直. 中. 單	出入口，前院
ἀλέκτωρ, ορος, ὁ	名. 主. 陽. 單	公雞
69. παιδίσκη, ης, ἡ	名. 主. 陰. 單	婢女，使女，女奴
70. ἀρνέομαι	動. 過未. 關. 直說. 三單	否認，不認
ἀληθῶς	副. 原	眞地，實在地，確實地
Γαλιλαῖος, α, ον	形. 主. 陽. 單. 原	加利利的〔加里肋亞的〕
71. ἀναθεματίζω	動. 現在. 主. 不定	發誓，賭咒，受重誓約束
ὀμνύω	動. 現在. 主. 不定	發誓，許願，宣誓
72. δεύτερος, α, ον	形. 所. 中. 單. 原	第二的，然後
ἀλέκτωρ, ορος, ὁ	名. 主. 陽. 單	公雞
ἀναμιμνῄσκω	動. 過不. 被. 直說. 三單	記起，想起
πρίν	連. 時從	在…之前，…以前
δίς	副. 原	兩次
τρίς	副. 原	三次
ἀπαρνέομαι	動. 未來. 關. 直說. 二單	不認，否認與…有關係
ἐπιβάλλω	動. 過不. 主. 分詞. 主. 陽. 單	逮捕，搭在…上
επιβαλὼν ἔκλαιεν		他忍不住痛哭

第十五章

1.	συμβούλιον, ου, τό	名.直.中.單	議會
	συνέδριον, ου, τό	名.主.中.單	法庭，議會
	ἀποφέρω	動.過不.主.直說.三複	帶走，拿去（來），押解
	εὐθὺς πρωΐ		第二天一早
3.	κατηγορέω	動.過未.主.直說.三複	控告（人），譴責
5.	θαυμάζω	動.現在.主.不定	驚奇，驚訝，稀奇，詫異
6.	ἑορτή, ῆς, ἡ	名.直.陰.單	節期
	δέσμιος, ου, ὁ	名.直.陽.單	囚犯
	παραιτέομαι	動.過未.關.直說.三複	要求
7.	Βαραββᾶς, ᾶ, ὁ	名.主.陽.單	巴拉巴〔巴辣巴〕
	στασιαστής, οῦ, ὁ	名.所.陽.複	叛亂，判徒
	στάσις, εως, ἡ	名.間.陰.單	暴動，騷動，作亂
	φόνος, ου, ὁ	名.直.陽.單	謀殺，兇殺，殺人
	τίθημι τὰ γόνατα		跪下
10.	φθόνος, ου, ὁ	名.直.陽.單	嫉妒，恨意
11.	ἀνασείω	動.過不.主.直說.三複	唆使，煽動，激起
	Βαραββᾶς, ᾶ, ὁ	名.直.陽.單	巴拉巴〔巴辣巴〕
14.	περισσῶς	副.原	更加，甚至更，更大聲
15.	βούλομαι	動.現在.關.分詞.主.陽.單	想要，希望
	τὸ ἱκανὸν ποιῆσαι	形.直.中.單.原	使…滿足，討好
	Βαραββᾶς, ᾶ, ὁ	名.直.陽.單	巴拉巴〔巴辣巴〕
	φραγελλόω	動.過不.主.分詞.主.陽.單	鞭打
	ποιέω τὸ ἱκανόν		討好，使…滿意
16.	στρατιώτης, ου, ὁ	名.主.陽.複	兵士，侍衛，警衛
	ἀπάγω	動.過不.主.直說.三複	強迫，引領
	ἔσω	不介.所	在…裏面
	αὐλή, ῆς, ἡ	名.所.陰.單	院子
	πραιτώριον, ου, τό	名.主.中.單	總部或總督府，王宮警衛隊
	συγκαλέω	動.現在.主.直說.三複	集合，召集，召喚
	σπεῖρα, ης, ἡ	名.直.陰.單	營，一隊士兵
17.	ἐνδιδύσκω	動.現在.主.直說.三複	穿衣
	πορφύρα, ας, ἡ	名.直.陰.單	紫色布或紫色外袍

περιτίθημι	動. 現在. 主. 直說. 三複	用…圍著，放上，穿上
πλέκω	動. 過不. 主. 分詞. 主. 陽. 複	編織
ἀκάνθινος, η, ον	形. 直. 陽. 單. 原	荊棘的
στέφανος, ου, ὁ	名. 直. 陽. 單	華冠，冠冕，王冠
19. τύπτω	動. 過未. 主. 直說. 三複	打，捶，擊
κάλαμος, ου, ὁ	名. 間. 陽. 單	蘆葦，桿
ἐμπτύω	動. 過未. 主. 直說. 三複	吐唾沫在…上，吐口水
γόνυ, ατος, τό	名. 直. 中. 複	膝
20. ἐμπαίζω	動. 過不. 主. 直說. 三複	戲弄，愚弄，笑話
ἐκδύω	動. 過不. 主. 直說. 三複	剝下，脫下
πορφύρα, ας, ἡ	名. 直. 陰. 單	紫色布或紫色外袍
ἐνδύω	動. 過不. 主. 直說. 三複	穿，換上
ἐξάγω	動. 現在. 主. 直說. 三複	領出，帶出
21. ἀγγαρεύω	動. 現在. 主. 直說. 三複	強逼，逼人服事
παράγω	動. 現在. 主. 分詞. 直. 陽. 單	經過，前進
Κυρηναῖος, ου, ὁ	名. 直. 陽. 單	古利奈人〔基勒乃人〕
Ἀλέξανδρος, ου, ὁ	名. 所. 陽. 單	亞歷山大
Ῥοῦφος, ου, ὁ	名. 所. 陽. 單	魯孚〔魯富〕
σταυρός, οῦ, ὁ	名. 直. 陽. 單	十字架
22. Γολγοθᾶ, ἡ	名. 直. 陰. 單	各各他〔哥耳哥達〕
μεθερμηνεύω	動. 現在. 被. 分詞. 主. 中. 單	翻譯，意思是
κρανίον, ου, τό	名. 所. 中. 單	顱骨，髑髏
23. σμυρνίζω	動. 完成. 被. 分詞. 直. 陽. 單	添加没藥（調製…）
24. διαμερίζω	動. 現在. 關. 直說. 三複	紛爭，分配，分散
κλῆρος, ου, ὁ	名. 直. 陽. 單	（抽）籤
26. ἐπιγραφή, ῆς, ἡ	名. 主. 陰. 單	（十字架上）題銘的牌子
αἰτία, ας, ἡ	名. 所. 陰. 單	控訴，罪
ἐπιγράφω	動. 完成. 被. 分詞. 主. 陰. 單	寫在上面或裏面
27. λῃστής, οῦ, ὁ	名. 直. 陽. 複	強盜，暴徒，兇犯
εὐώνυμος, ον	形. 所. 陰. 複. 原	左邊
29. παραπορεύομαι	動. 現在. 關. 分詞. 主. 陽. 複	經過
βλασφημέω	動. 過未. 主. 直說. 三複	褻瀆，毀謗，侮辱
κινέω	動. 現在. 主. 分詞. 主. 陽. 複	動，搖，挪移

οὐά	歎	啊哈！哼！
καταλύω	動.現在.主.分詞.呼.陽.單	拆毀，廢除
ναός, οῦ, ὁ	名.直.陽.單	聖殿
οἰκοδομέω	動.現在.主.分詞.呼.陽.單	建造，蓋，重建，修復
30. σεαυτοῦ, ῆς	代.二反.直.陽.單	你自己
σταυρός, οῦ, ὁ	名.所.陽.單	十字架
31. ὁμοίως	副.原	同樣，照樣，相同地
ἐμπαίζω	動.現在.主.分詞.主.陽.複	戲弄，愚弄，笑話
32. σταυρός, οῦ, ὁ	名.所.陽.單	十字架
συσταυρόω	動.完成.被.分詞.主.陽.複	同釘十字架
ὀνειδίζω	動.過未.主.直說.三複	責備，譴責，侮辱，辱罵
33. ἕκτος, η, ον	形.所.陰.單.原	第六
σκότος, ους, τό	名.主.中.單	黑暗
ἔνατος, η, ον	形.所.陰.單.原	第九
34. βοάω	動.過不.主.直說.三單	呼喊，大叫，歡呼
ελωι	歎	（亞蘭語）我的神
λεμα	歎	爲甚麼？（亞蘭語）
σαβαχθανι	歎	撒巴各大尼〔撒巴黑塔尼〕
μεθερμηνεύω	動.現在.被.分詞.主.中.單	翻譯，意思是
ἐγκαταλείπω	動.過不.主.直說.二單	放棄，離棄，離開，留下
36. τρέχω	動.過不.主.分詞.主.陽.單	跑，快速前進
γεμίζω	動.過不.主.分詞.主.陽.單	充滿，滿
σπόγγος, ου, ὁ	名.直.陽.單	海絨
ὄξος, ους, τό	名.所.中.單	酸酒
περιτίθημι	動.過不.主.分詞.主.陽.單	用…圍著
κάλαμος, ου, ὁ	名.間.陽.單	蘆葦，桿
ποτίζω	動.過未.主.直說.三單	給…喝，灌溉
καθαιρέω	動.過不.主.不定	放下，取下，從…帶下來
37. ἐκπνέω	動.過不.主.直說.三單	氣斷而死
38. καταπέτασμα, ατος, τό	名.主.中.單	幔子
ναός, οῦ, ὁ	名.所.陽.單	聖殿，至聖所，聖所
σχίζω	動.過不.被.直說.三單	分裂，撕開，破，分開
ἄνωθεν	副.原	從上面

κάτω	副.原	下，在下面
39. κεντυρίων, ωνος, ὁ	名.主.陽.單	軍官，百夫長
ἐναντίος, α, ον	形.所.陰.單.原	對面，面前
ἐκπνέω	動.過不.主.直說.三單	氣斷而死
ἀληθῶς	副.原	眞地，實在地，確實地
40. Μαγδαληνή, ῆς, ἡ	名.主.陰.單	抹大拉的婦人〔瑪達肋納〕
Ἰωσῆς, ῆτος, ὁ	名.所.陽.單	約西〔若瑟〕
Σαλώμη, ης, ἡ	名.主.陰.單	撒羅米〔撒羅默〕
41. συναναβαίνω	動.過不.主.分詞.主.陰.複	與…一齊來
42. ἐπεί	連.原從	因爲
παρασκευή, ῆς, ἡ	名.主.陰.單	預備日
προσάββατον, ου, τό	形.主.中.單.原	安息日前一天，星期五
43. Ἰωσήφ, ὁ	名.主.陽.單	約瑟〔若瑟〕
Ἁριμαθαία, ας, ἡ	名.所.陰.單	亞利馬太〔阿黎瑪特雅〕
εὐσχήμων, ον	形.主.陽.單.原	受尊敬的，地位高的
βουλευτής, οῦ, ὁ	名.主.陽.單	（猶太議會）議員
προσδέχομαι	動.現在.關.分詞.主.陽.單	等候，接待，歡迎，接受
τολμάω	動.過不.主.分詞.主.陽.單	敢，勇敢或大膽，壯膽
44. θαυμάζω	動.過不.主.直說.三單	驚奇，驚訝，稀奇，詫異
θνῄσκω	動.完成.主.直說.三單	死，死了
κεντυρίων, ωνος, ὁ	名.直.陽.單	軍官，百夫長
πάλαι	副.原	以前，已經，…很久了
45. δωρέομαι	動.過不.關.直說.三單	給，賜
πτῶμα, ατος, τό	名.直.中.單	屍體，屍首
Ἰωσήφ, ὁ	名.間.陽.單	約瑟〔若瑟〕
46. σινδών, όνος, ἡ	名.直.陰.單	麻紗布
καθαιρέω	動.過不.主.分詞.主.陽.單	放下，取下，從…帶下來
ἐνειλέω	動.過不.主.直說.三單	包裹
λατομέω	動.完成.被.分詞.主.中.單	砍，鑿
πέτρα, ας, ἡ	名.所.陰.單	岩石，石頭
προσκυλίω	動.過不.主.直說.三單	滾到，滾向
47. Μαγδαληνή, ῆς, ἡ	名.主.陰.單	抹大拉的婦人〔瑪達肋納〕
Ἰωσῆς, ῆτος, ὁ	名.所.陽.單	約西〔若瑟〕
ποῦ	連.疑從	哪裏？在哪裏？到哪裏？

第十六章

1. διαγίνομαι	動.過不.關.分詞.所.中.單	（時間）過去
Μαγδαληνή, ῆς, ἡ	名.主.陰.單	抹大拉的婦人〔瑪達肋納〕
Σαλώμη, ης, ἡ	名.主.陰.單	撒羅米〔撒羅默〕
ἄρωμα, ατος, τό	名.直.中.複	香料，香膏
ἀλείφω	動.過不.主.假設.三複	抹油
2. λίαν	副.原	大大地，非常，很，十分
ἀνατέλλω	動.過不.主.分詞.所.陽.單	日出，照亮
ἥλιος, ου, ὁ	名.所.陽.單	太陽
λίαν πρωΐ		一清早
3. ἀποκυλίω	動.未來.主.直說.三單	滾開（石頭）
4. σφόδρα	副.原	極，很，十分，大大地
5. νεανίσκος, ου, ὁ	名.直.陽.單	年輕人，青年
περιβάλλω	動.完成.關.分詞.直.陽.單	穿戴，穿（衣），披
στολή, ῆς, ἡ	名.直.陰.單	袍子，長袍
λευκός, ή, όν	形.直.陰.單.原	白色的，潔白的，明亮的
ἐκθαμβέω	動.過不.被.直說.三複	詫異，驚慌
6. Ναζαρηνός, ή, όν	名.直.陽.單	拿撒勒人〔納匝肋人〕
8. τρόμος, ου, ὁ	名.主.陽.單	顫抖，恐懼，戰戰兢兢
ἔκστασις, εως, ἡ	名.主.陰.單	驚訝，驚異，異象
παραγγέλλω	動.完成.被.分詞.直.中.複	命令，吩咐
συντόμως	副.原	簡短地
ἐξαγγέλλω	動.過不.主.直說.三複	宣揚
ἀνατολή, ῆς, ἡ	名.所.陰.單	日出，東邊
ἄχρι	不介.所	直到，到…爲止
δύσις, εως, ἡ	名.所.陰.單	西方
ἐξαποστέλλω	動.過不.主.直說.三單	叫…出去，打發，差遣
ἱερός, ά, όν	形.直.中.單.原	神聖的
ἄφθαρτος, ον	形.直.中.單.原	不滅的，不朽壞的
κήρυγμα, ατος, τό	名.直.中.單	所講的道，信息，宣道
σωτηρία, ας, ἡ	名.所.陰.單	拯救，救恩
9. φαίνω	動.過不.被.直說.三單	出現，顯現
Μαγδαληνή, ῆς, ἡ	名.間.陰.單	抹大拉的婦人〔瑪達肋納〕

10. πενθέω	動. 現在. 主. 分詞. 間. 陽. 複	悲傷，哀慟，憂愁
κλαίω	動. 現在. 主. 分詞. 間. 陽. 複	哭，痛哭，哀泣
11. κἀκεῖνος, η, ο	連. 繫并	那一個也，他也…一樣
θεάομαι	動. 過不. 被. 直說. 三單	看見，觀看
ἀπιστέω	動. 過不. 主. 直說. 三複	不信，不肯相信
12. φανερόω	動. 過不. 被. 直說. 三單	顯露，顯現
μορφή, ῆς, ἡ	名. 間. 陰. 單	本質，形像，方式
13. κἀκεῖνος, η, ο	連. 繫并	那一個也，他也…一樣
14. ὕστερος, α, ον	副. 比	後來，隨後，然後
ἀνάκειμαι	動. 現在. 關. 分詞. 間. 陽. 複	坐席，作宴會的客人
ἕνδεκα	形. 間. 陽. 複. 原	十一
φανερόω	動. 過不. 被. 直說. 三單	顯露，顯現
ὀνειδίζω	動. 過不. 主. 直說. 三單	責備，譴責
ἀπιστία, ας, ἡ	名. 直. 陰. 單	不信
σκληροκαρδία, ας, ἡ	名. 直. 陰. 單	頑固，心腸硬
θεάομαι	動. 過不. 關. 分詞. 間. 陽. 複	看見
15. ἅπας, ασα, αν	形. 直. 陽. 單. 原	所有的，全部，每個人
κτίσις, εως, ἡ	名. 間. 陰. 單	創造，創世，被造之物
16. ἀπιστέω	動. 過不. 主. 分詞. 主. 陽. 單	不信，不肯相信
κατακρίνω	動. 未來. 被. 直說. 三單	審判，定罪
17. παρακολουθέω	動. 未來. 主. 直說. 三單	跟從，仿效，隨著
18. ὄφις, εως, ὁ	名. 直. 陽. 複	蛇
κἄν	連. 繫并	即使，雖然，甚至於
θανάσιμος, ον	名. 直. 中. 單	致死的毒藥
βλάπτω	動. 過不. 主. 假設. 三單	傷害
ἄρρωστος, ον	形. 直. 陽. 複. 原	生病的
καλῶς ἔχω		健康
19. ἀναλαμβάνω	動. 過不. 被. 直說. 三單	接（到天）上
20. πανταχοῦ	副. 原	到處，各地
συνεργέω	動. 現在. 主. 分詞. 所. 陽. 單	跟…一齊工作，同工合作
βεβαιόω	動. 現在. 主. 分詞. 所. 陽. 單	證實，證明，保證
ἐπακολουθέω	動. 現在. 主. 分詞. 所. 中. 複	跟隨，隨後
τὰ ἐπακολουθοῦντα σημεῖα		伴隨的或有證實力的神蹟

路加福音

特別詞彙

ἀγοράζω	買；贖
ἀγρός, οῦ, ὁ	田野；農莊；鄉村
ἀθετέω	拒絕，不理；廢除；違背
ἀκάθαρτος, ον	不潔的，污穢的
ἁμαρτωλός, όν	有罪的；罪人
ἀμπελών, ῶνος, ὁ	葡萄園
ἀμφοτεροι, αι, α	兩（者）；都
ἀναβλέπω	向上看，仰望；恢復視覺，復明；看得見
ἀνάστασις, εως, ἡ	復活；**πτῶσις καὶ ἀ.** 跌倒與興起（路 2.34）
ἄξιος, α, ον	值得的，配得的，應當的；符合，作爲（悔改）的證據；合適的，當然的
ἀπαγγέλλω	告訴；宣告；傳揚；勸勉；承認，告白
ἅπας, ασα, αν	所有的；全部；每個人，每件事
ἀποδίδωμι	給；付；歸，還，回報；報答，報應（善惡）；遵守，履行（誓言）；**ἀ. λόγον** 供出所說的話
ἀποκαλύπτω	啓示，顯明，揭露
ἀπολαμβάνω	得到；要回，收回，＜關＞帶到一邊
ἅπτω	點燃生火；＜關＞拉住，摸；加害，傷害
ἄρα	結果，爲此，那麼，因此，所以；有時加上 **εἰ** 或 **ἐπεί** 表示強調
ἄρχων, οντος, ὁ	統治者；長官，掌權者；法官（路 12.58）；**ἄ. τῶν ᾿Ιουδαίων** 猶太人的領袖，猶太人議會 (Sanhedrin) 的議員
ἀσπασμός, οῦ, ὁ	問安

ἄφεσις, εως, ἡ	赦免，除去（罪）；釋放（犯人）
βαστάζω	攜帶，抬，提；懷（胎）（路 11.27），忍受，承擔，肩負，容忍；盜用；移走，支持；拿起
βίος, ου, ὁ	生活；生活費用；產業
βρέφος, ους, τό	胎兒，嬰孩；兒童時期
Γαλιλαῖος, α, ον	加利利的〔加里肋亞的〕
γαμέω	娶，嫁
γέ	表示強調附屬的虛詞
γενεά, ᾶς, ἡ	世代，同時代；時期，時代；家世，世系
γεωργός, οῦ, ὁ	農人；佃戶；葡萄園工人，園丁
γονεύς, έως, ὁ	父母
δείκνυμι	顯現；表現；指示，給…看
δεῖπνον, ου, τό	宴會，筵席；晚餐，一天當中的大餐或主餐
δέκα	十
δένδρον, ου, τό	樹
δέομαι	要求，乞求（常等於感歎詞〔請！〕）；祈求；懇求
δέρω	打，拍，擊
διάβολος, ον	魔鬼；<形> ος，ον 好說閒話的，散播謠言的，搬弄是非的
διακονέω	服務，伺候；照顧，照應，供應
διαλογίζομαι	討論，議論；爭辯，考慮，思想；疑問，猜想
διαλογισμός, οῦ, ὁ	想法，意念，見解；思考；疑惑；議論，爭辯
διαμερίζω	紛爭；分配，分散
διέρχομαι	走遍；穿過，通過；經過；渡過；來，去；傳開（路 5.15）
δικαιόω	使（人與神）有正確合宜的關係；宣判無罪，宣告爲義；顯示或證明爲公義；從…解脫；δ. τὸν θεόν 承認神的公正或順從神公義的要求（路 7.29）
ἐγγίζω	接近；靠近，不遠（路 15.25）；（人）來了；親近；幾乎
εἰσπορεύομαι	進去或進來，進入；εἰσ. καὶ ἐκπορεύομαι εἰς 住在…裏，住在…當中
ἔλεος, ους, τό	仁慈，憐憫
Ἐλισάβετ, ἡ	伊利莎白〔依撒伯爾〕

ἐμπαίζω 戲弄；愚弄，欺騙；笑話（某人）（路 14.29）

ἔμπροσθεν 1. ＜介＞接＜所有＞在…之前；2. ＜副＞在前面，向前

ἕνεκα 接＜所有＞因爲，爲了…緣故，ἕ. τούτου 或 ἕ. τούτων 因此；οὗ ἕ. 因爲（路 4.18）；ἕ. 接 τοῦ 與＜不定＞以便於，要是…

ἔξεστι …是合宜的，可以做的或合法的；…是可能的

ἐπαίρω 抬高，舉高，高（聲），裝腔作勢，輕視

ἐπάνω 1. ＜介＞接＜所有＞在…上，上…去；勝過（路 10.19）；管（路 19.19）；甚於，多於；2. ＜副＞在上面（路 11.44）

ἐπιβάλλω ＜及＞下手，抓住，逮捕；縫上（衣服）；屬於，應得（遺產）（路 15.12）

ἐπιγινώσκω 知道，曉得，明白；認出；認識；敬重；查出，看穿，聽說（路 7.37）；熟知

ἐπιδίδωμι 給，交，遞；任由（風吹）或放棄

ἐπιλαμβάνομαι 拉，揪，拿，握；抓，捕，逮捕；幫助，關懷或（身）

ἐπιστάτης, ου, ὁ 老師（指：基督）

ἐπιστρέφω ＜不及＞（包括＜關＞與＜過.不定＞＜被動＞回轉，回來，回去；轉向，歸向；向後轉，轉身；＜及＞轉，轉回

ἐπιτίθημι 按（手）；放，安，戴，擱，搭；ἐ. πληγάς 打（路 10.30）；＜關＞給，送上船；攻擊

ἐπιτιμάω 命令，吩咐；斥責，責備；勸阻；ἐ. αὐτῷ 或許指：指出他的過錯或勸戒他（路 17.3）

ἔρημος, ου, ἡ 曠野，荒野，偏僻的地方，沙漠

ἑτοιμάζω 準備，預備；準備一切（路 9.52）

ἔτος, ους, τό 年

εὐθέως 立刻，一…就；很快地

εὐλογέω （神或基督爲主詞時）祝福，恩待，賜福；（神或基督爲受詞時）頌讚；求神祝福（飲食）

εὐφραίνω 使快樂，使歡欣；＜被動＞歡喜，快樂，高興；慶祝（路 15.32）

ἐφίστημι ＜現＞與＜過.不定＞上來，來到，到…前來，接近；站在旁邊或附近；出現；攻擊；＜完＞站在旁邊，在場；（死亡）即將臨近

ἐχθρός, ά, όν	敵人，仇敵
Ζαχαρίας, ου, ὁ	撒迦利亞〔則加黎雅〕：1. 施洗約翰的父親；2. 舊約中一位先知（路 11.51）
ἥκω	已經來到，臨到；來
Ἠλίας, ου, ὁ	以利亞〔厄里亞〕
Ἡρῴδης, ου, ὁ	希律〔黑落德〕：1. 希律王第一世；2. 希律安提帕；3. 希律亞基帕第一世
θαυμάζω	＜不及＞驚奇，驚訝，稀奇，詫異；驚駭；欽佩
θεραπεύω	醫治
θυγάτηρ, τρός, ἡ	女兒；女性後裔；女性居民，婦女；θ. Σιών 錫安（〔熙雍〕，耶路撒冷）的女兒，指：錫安城和它的居民
Ἰάκωβος, ου, ὁ	雅各〔雅各伯〕：1. 西庇太的兒子，約翰的兄弟；2. 耶穌的兄弟；3. 亞勒腓的兒子，十二門徒中之一位；4. 猶大的父親（路 6.16）
ἰάομαι	醫治，治好；恢復，（變成）好的
ἱερεύς, έως, ὁ	祭司
ἱκανός, ή, όν	值得的，配，（不）敢當；能夠的；充份的（ἱκνόν ἐστιν 夠了！路 22.38；τὸ ἱ. ποιῶ 使…滿足，討好；τὸ ἱ. 保狀，擔保，）；廣，大，多，＜複＞許多或一些（ἐν λόγοις ἱ. 相當詳細，許多問題，路 23.9）；長的，相當的
Ἰουδαία, ας, ἡ	猶太
Ἰούδας, α, ὁ	猶大：1. 雅各的兒子，他的支派，他的領域；2. 耶穌家譜中的一個人（路 3.30）；3. 出賣耶穌的叛徒；4. 耶穌的兄弟；5. 使徒，雅各的兒子；6. 耶路撒冷教會的信徒巴撒巴；7. 大馬士革的一個門徒；8. 加利利的一個革命領袖
ἰσχύω	能，能夠；制伏，得勝；強，興旺；重要；ὁ ἰ. 健康的人；εἰς οὐδέν ἰ. 沒有價值
ἰχθύς, ύος, ὁ	魚
Ἰωσήφ, ὁ	約瑟〔若瑟〕：1. 先祖雅各的兒子；2. 耶穌的母親馬利亞的丈夫；3. 亞利馬太的約瑟，猶太議會的議員；4. 耶穌的兄弟；5. 姓巴拿巴的約瑟；6. 一位婦女馬利亞的兒子；7. 及 8. 耶穌家譜中的兩位（路 3.24, 30）

καθαρίζω　潔淨，洗淨，使純潔；宣布在禮儀上爲可悅納的

καθίζω　＜不及＞坐下，坐著，居住，＜及＞使…坐在

καινός, ή, όν　新的；新品質的；未曾用過的；不爲人知的，未曾聽過的

Καῖσαρ, αρος, ὁ　凱撒，和：該撒（羅馬皇帝）

κατακλίνω　使坐下；＜被動＞坐下，坐著（字意：躺臥著）吃飯，坐席，用餐

κεῖμαι　躺；安放；是，在，有；站；被命定，交給…使命，被揀選（路 2.34）；設立，制定，立（根基）；積存（路 12.19）

κλαίω　＜不及＞哭，痛哭，哀泣，號啕大哭；＜及＞爲…哀哭

κοιλία, ας, ἡ　肚，腹；母胎，腹中（ἐκ κ. 生來，出生以前），肚腹之慾

κριτής, οῦ, ὁ　法官，士師

κωλύω　阻擋，阻止；制止，禁止；不准

κώμη, ης, ἡ　村莊，小鎮

λίμνη, ης, ἡ　湖

λύχνος, ου, ὁ　燈

λύω　鬆，解；釋放，使自由；破壞，違犯；拆毀，推倒，破損；准許

Μαριάμ, (Μαρία) ἡ　馬利亞〔瑪利亞〕：1. 耶穌的母親；2. 馬大與拉撒路的姊妹；3. 抹大拉的馬利亞；4. 雅各與約瑟的母親；5. 革羅罷的妻子；6. 約翰馬可的母親；7. 在羅馬的一個基督徒

μάχαιρα, ης, ἡ　刀，劍；戰爭

μεριμνάω　掛慮，憂慮；照顧，關心，操心

μετανοέω　悔改，心靈改變，轉離罪惡，改變生活方式

μετάνοια, ας, ἡ　悔改，心靈改變，轉離罪惡，生活方式改變

μήν, μηνός, ὁ　月

μήποτε　1. ＜連＞恐怕，免得，使…不至，不然就；2. ＜疑問虛＞是否，也許；3. 決不

μήτε　也不（**μήτε…μήτε** 既不…也不）

μικρός, ά, όν　少的，小的，最不足道的，不重要的，卑微的；＜副＞**μικρόν** 一會兒，稍遠些；**μικρότερος** 最小

μιμνήσκομαι　記得，記住，回憶；關懷；被紀念

μισέω　恨，厭惡（路 16.13）；不顧，漠.不關心

μνᾶ, μνᾶς, ἡ	金幣，和：錠銀子〔米納〕（希臘硬幣，值 100 δηνάρια 或六十分之一他連得 [τάλαντον]）
μνημεῖον, ου, τό	墳墓；或許指：紀念碑（路 11.47）
νέος, α, ον	新的，新鮮的；年輕的；νεώτερος 年輕的，年幼的，最年輕的
νεφέλη, ης, ἡ	雲
νομικός, ή, όν	屬於法律的；ὁ ν. 法律教師，經學教師
οἰκοδομέω	建造，蓋；建立，鼓勵，鞏固，造就；重建，修復
οἶνος, ου, ὁ	酒
ὀλίγος, η, ον	少的，小的，＜複＞少，幾（ἐν ὀλίγῳ 短時間之內，簡略地；πρὸς ὀλίγον 一會兒，πρὸς ὀλίγον ὠφέλιμος〔固然〕；δι᾽ ὀλίγων 簡短地）；ὀλίγον 少許，一會兒
ὅμοιος, α, ον	類似的，像
ὁμοίως	同樣，照樣，相同地，也，也是這樣
ὀπίσω	1.＜介＞接＜所有＞在…之後（用於 ἔρχομαι 或其派生動詞之後，常指：作…的門徒）；在後；遠離；2.＜副＞背後，在後（εἰς τὰ ὀπίσω 退，例退；轉〔身〕）
οὐαί	1.＜歎＞慘啦！遭殃了！有禍了！苦了！2.＜名＞＜陰＞不幸，災禍，災難
οὖς, ὠτός, τό	耳朵（πρὸς τὸ οὖς λαλέω 耳語，路 12.3）；聽
ὀφείλω	欠，負債；應該，必須，有義務；得罪，犯錯（路 11.4）
παῖς, παιδός, ὁ, ἡ	僕人，奴隸；小孩，男孩，女孩；兒子，女兒
παλαιός, ά, όν	舊約；以前的
παραγίνομαι	來，到達；出現；為…辯護
παραλαμβάνω	拿，帶著，取去，接去；接受，領受（常指：傳統）
παρατίθημι	擺，放在…之前；給，分發；＜關＞交託，付託；指出
παραχρῆμα	立刻，立即
παρέρχομαι	經過；逝去，消失，廢掉；忽略，違背；來，到達
πάσχα, τό	逾越節；逾越節的晚餐；逾越節的羊羔
πάσχω	受苦，受難；忍受，遭受；經驗
πεινάω	饑餓
πειρασμός, οῦ, ὁ	試驗的期間或過程；考驗，試煉，磨煉；試探，誘惑
πέντε	五

περίχωρος, ον　周圍地區，附近地區，一帶

πίμπλημι　滿，充滿；結束，到期（＜過.不定＞＜被動＞將要結束）；應驗，使實現（路 21.22）

πλῆθος, ους, τό　群衆，人群；數量，數目；居民，民衆；會衆，聚集的人群

πλήν　1.＜連＞但，然而，可是；2.＜介＞接＜所有＞除…之外

πλούσιος, α, ον　豐富的，富有的

ποῖος, α, ον　甚麼，哪一；哪一種

πόσος, η, ον　何等多，多麼（**πόσῳ μᾶλλον** 更加，豈不更）；多少？（路 16.5, 7）

ποτήριον, ου, τό　杯

ποῦ　哪裏？在哪裏？到哪裏？ **οὐκ ἔχω ποῦ** 沒有地方（去）

πράσσω　＜及＞做，作，行；收取（稅或利息）；＜不及＞做，作

πρό　＜介＞接＜所有＞在…之前（時，地）

προσδέχομαι　等候，期待；接待，歡迎；接受

προσδοκάω　等候；尋找，期望；焦慮地生活

προστίθημι　加深，增加；給，另，又再…；贏得（跟隨者）

πτωχός, ή, όν　貧窮的，貧乏的或無用的；討飯的（路 16.20）

πωλέω　賣，出售

Σατανᾶς, ᾶ, ὁ　魔鬼撒但〔撒殫〕

σεαυτοῦ, ῆς　＜反代＞你自己

σήμερον　今日；**ἡ σ.** 或 **ἡ σ. ἡμέσα** 今天，正在這一天

σταυρόω　釘十字架

στρέφω　＜不及＞（主要大都用＜被動＞）回轉，轉身；＜及＞轉，讓；改，變；還；回，**σ. εἰς** 轉向，離開…到…

συλλαμβάνω　抓，逮捕，懷孕，成胎；捕（魚）；＜關＞幫助，協助（路 5.7）

συνέχω　包圍，擁擠；掩（耳朵）；控制；看守，守衛（路 22.63）；＜被動＞患病，病痛；心裏困擾，苦惱，處在（兩）難（之間）（路 12.50）；專心於；受（恐佈）侵襲，非常害怕（路 8.37）

ταπεινόω　謙卑；貶低使羞愧，降爲卑微；削低（山）；＜關＞過貧困的生活

τελώνης, ου, ὁ	稅棍，收稅的人，（國家的）稅務人員
τίκτω	生育（＜被動＞出生）；生產（農作物）
ὑποστρέφω	返回，回轉；回家；ὑ. ἐκ 從…轉離，離開
ὕψιστος, η, ον	至高的；ὁ ὕ. 至高者（神）；ἐν ὕ. 在至高的天上，在至高之處
ὑψόω	（人）高升；舉高，高舉，舉起，升高
φίλος, ου, ὁ	朋友
φόβος, ου, ὁ	恐懼，恐怖，畏懼，（對神的）敬畏；（對人）尊敬
φυλακή, ῆς, ἡ	監獄，囚禁人的地方；更（從晚上六點到早上六點之間劃分成三或四段時間）；（邪靈）窩巢；φυλάσσω φ. 輪流守更（路 2.8）
φυλάσσω	看守，守衛，防守；遵守，遵照；保守，保護，保守，防衛；＜關＞提防，防備，躲避；禁戒不可以（吃祭獻偶像的食物）；遵守
φωνέω	呼叫，向…叫；喊出，大聲說；叫喊，傳喚；（公雞）喔喔叫；邀請（路 14.12）；稱呼
χήρα, ας, ἡ	寡婦
χρεία, ας, ἡ	應當，必須；ἔχω χ. τινός 不可缺少的人或物；需要，缺少；事務，任務
χώρα, ας, ἡ	地區，地方；鄰近地方，鄉下；土地，田地；某地區的人，某地區的居民
ὡσεί	像，好像；約，大概

第一章

1.	ἐπειδήπερ	連. 原從	既然，因為
	ἐπιχειρέω	動. 過不. 主. 直說. 三複	從事，想，企圖
	ἀνατάσσομαι	動. 過不. 關. 不定	編輯，草擬，寫作
	διήγησις, εως, ἡ	名. 直. 陰. 單	述說，報導
	πληροφορέω	動. 完成. 被. 分詞. 所. 中. 複	完全，完全實現
	πρᾶγμα, ατος, τό	名. 所. 中. 複	事情，事務，事件
2.	αὐτόπτης, ου, ὁ	名. 主. 陽. 複	目擊者

ὑπηρέτης, ου, ὁ	名.主.陽.複	助理，幫手，僕人
3. παρακολουθέω	動.完成.主.分詞.間.陽.單	仔細查考
ἄνωθεν	副.原	再一次，從開始
ἀκριβῶς	副.原	準確地，仔細地
καθεξῆς	副.原	依序，按照次序
κράτιστος, η, ον	形.呼.陽.單.最	閣下，大人
Θεόφιλος, ου, ὁ	名.呼.陽.單	提阿非羅〔德敖斐羅〕
4. κατηχέω	動.過不.被.直說.二單	教導，告訴，學習
ἀσφάλεια, ας, ἡ	名.直.陰.單	正確，完備
5. ἐφημερία, ας, ἡ	名.所.陰.單	（祭司每天在聖殿服事的）班次
Ἀβιά, ὁ	名.所.陽.單	亞比雅〔阿彼雅〕
Ἀαρών, ὁ	名.所.陽.單	亞倫〔亞郎〕
6. ἐναντίον	不介.所	在（…）面前或眼中
δικαίωμα, ατος, τό	名.間.中.複	誡命，規例，命令
ἄμεμπτος, ον	形.主.陽.複.原	無可指責的，無過失的
7. καθότι	連.原從	因爲
στεῖρα, ας, ἡ	形.主.陰.單.原	不能懷孕的女人
προβαίνω	動.完成.主.分詞.主.陽.複	繼續往前走
προβαίνω ἐν ἡμέραις		年紀老邁
8. ἱερατεύω	動.現在.主.不定	執行祭司的職務
τάξις, εως, ἡ	名.間.陰.單	班次，（祭司）制度
ἐφημερία, ας, ἡ	名.所.陰.單	（祭司每天在聖殿服事的）班次
ἔναντι	不介.所	在…面前
9. ἔθος, ους, τό	名.直.中.單	慣例，規矩
ἱερατεία, ας, ἡ	名.所.陰.單	祭司職位
λαγχάνω	動.過不.主.直說.三單	被揀選，抽籤決定，抽籤
θυμιάω	動.過不.主.不定	燒香，上香
ναός, οῦ, ὁ	名.直.陽.單	聖殿，至聖所，聖所
10. θυμίαμα, ατος, τό	名.所.中.單	燒香，上香
11. θυσιαστήριον, ου, τό	名.所.中.單	祭壇
12. ταράσσω	動.過不.被.直說.三單	愁煩，著急不安，驚駭
ἐπιπίπτω	動.過不.主.直說.三單	落在，臨到
13. διότι	連.原從	因爲

εἰσακούω	動.過不.被.直說.三單	聽（禱告）
δέησις, εως, ἡ	名.主.陰.單	禱告，祈求
14. ἀγαλλίασις, εως, ἡ	名.主.陰.單	大喜樂
γένεσις, εως, ἡ	名.間.陰.單	出生
15. σίκερα, τό	名.直.中.單	烈酒
17. προέρχομαι	動.未來.關.直說.三單	先走，在前面走
ἀπειθής, ές	形.直.陽.複.原	不順服的，悖逆的
φρόνησις, εως, ἡ	名.間.陰.單	洞察力，聰明，智慧
κατασκευάζω	動.完成.被.分詞.直.陽.單	準備，開（路）
ἐπιστρέφω καρδίας ἐπί		與（某人）和好
18. πρεσβύτης, ου, ὁ	名.主.陽.單	年老或年長的男人
προβαίνω	動.完成.主.分詞.主.陰.單	繼續往前走
προβαίνω ἐν ἡμέραις		年紀老邁
κατὰ τί		憑甚麼？
19. Γαβριήλ, ὁ	名.主.陽.單	加百列〔加俾額爾〕
παρίστημι	動.完成.主.分詞.主.陽.單	帶到…面前，顯現，站在旁邊
20. σιωπάω	動.現在.主.分詞.主.陽.單	不作聲，緘默
ἄχρι	不介.所	直到
ἀντί	介.所	因為
ἔσῃ σιωπῶν		你將變成啞巴
21. χρονίζω	動.現在.主.不定	來遲，遲延，耽擱很久
ναός, οῦ, ὁ	名.間.陽.單	聖殿，至聖所，聖所
22. ὀπτασία, ας, ἡ	名.直.陰.單	異象，顯現
διανεύω	動.現在.主.分詞.主.陽.單	作手勢，招手或點頭示意
διαμένω	動.過未.主.直說.三單	始終，繼續
κωφός, ή, όν	形.主.陽.單.原	啞的，聾的
23. λειτουργία, ας, ἡ	名.所.陰.單	服事，職務，獻祭
24. περικρύβω	動.過未.主.直說.三單	隔離，隱退
25. ἐφοράω	動.過不.主.直說.三單	關心，顧念，鑒察
ἀφαιρέω	動.過不.主.不定	除去，刪掉
ὄνειδος, ους, τό	名.直.中.單	羞辱
26. ἕκτος, η, ον	形.間.陽.單.原	第六
Γαβριήλ, ὁ	名.主.陽.單	加百列〔加俾額爾〕

Ναζαρέθ, ἡ	名.主.陰.單	拿撒勒〔納匝肋〕
27. παρθένος, ου, ἡ, ὁ	名.直.陰.單	處女，未婚女孩
μνηστεύω	動.完成.被.分詞.直.陰.單	訂婚，許配
28. χαριτόω	動.完成.被.分詞.呼.陰.單	蒙恩的…
29. διαταράσσω	動.過不.被.直說.三單	十分困惑或驚惶
ποταπός, ή, όν	代.形疑.主.陽.單	是哪一種的，怎樣的
31. γαστήρ, τρός, ἡ	名.間.陰.單	子宮
συλλαμβάνω ἐν γαστρί		懷孕
33. βασιλεύω	動.未來.主.直說.三單	掌權，統治，作王
Ἰακώβ, ὁ	名.所.陽.單	雅各〔雅各伯〕
τέλος, ους, τό	名.主.中.單	終局，窮盡，末期，終結
34. ἐπεί	連.原從	因爲
35. ἐπέρχομαι	動.未來.關.直說.三單	來，臨到
ἐπισκιάζω	動.未來.主.直說.三單	庇蔭
36. συγγενίς, ίδος, ἡ	名.主.陰.單	女親人，女親戚
γῆρας, ως, τό	名.間.中.單	年老
ἕκτος, η, ον	形.主.陽.單.原	第六
στεῖρα, ας, ἡ	形.間.陰.單.原	不能懷孕的女人
37. ἀδυνατέω	動.未來.主.直說.三單	是不可能的
38. δούλη, ης, ἡ	名.主.陰.單	婢女，使女，女僕
39. ὀρεινός, ή, όν	名.直.陰.單	山地的，在山區
σπουδή, ῆς, ἡ	名.所.陰.單	熱心，熱情，急切
μετὰ σπουδῆς		立刻
41. Μαρία, ας, ἡ	名.所.陰.單	馬利亞〔瑪利亞〕
σκιρτάω	動.過不.主.直說.三單	（胎兒）跳動
42. ἀναφωνέω	動.過不.主.直說.三單	高聲呼喊
κραυγή, ῆς, ἡ	名.間.陰.單	叫，喊
καρπὸς τῆς κοιλίας		胎兒，嬰兒
43. πόθεν	虛.疑	怎麼會…？爲甚麼?
44. σκιρτάω	動.過不.主.直說.三單	（胎兒）跳動，（歡喜）跳躍
ἀγαλλίασις, εως, ἡ	名.間.陰.單	大喜樂
45. τελείωσις, εως, ἡ	名.主.陰.單	應驗，實現
46. μεγαλύνω	動.現在.主.直說.三單	讚美，尊崇

47. ἀγαλλιάω	動. 過不. 主. 直說. 三單	大大歡喜快樂
σωτήρ, ῆρος, ὁ	名. 間. 陽. 單	救主，拯救者，救贖者
48. ἐπιβλέπω	動. 過不. 主. 直說. 三單	顧念
ταπείνωσις, εως, ἡ	名. 直. 陰. 單	卑微
δούλη, ης, ἡ	名. 所. 陰. 單	婢女，使女，女僕
μακαρίζω	動. 未來. 主. 直說. 三複	稱…爲有福
49. δυνατός, ή, όν	形. 主. 陽. 單. 原	有力量的，大能的
ὁ δύνατος		大能的上帝
51. κράτος, ους, τό	名. 直. 中. 單	能力，權能，權威
βραχίων, ονος, ὁ	名. 間. 陽. 單	手臂，喻：權力
διασκορπίζω	動. 過不. 主. 直說. 三單	分散
ὑπερήφανος, ον	形. 直. 陽. 複. 原	傲慢的，驕傲的，狂傲的
διάνοια, ας, ἡ	名. 間. 陰. 單	思想，計謀，意念
52. καθαιρέω	動. 過不. 主. 直說. 三單	推倒，消滅
δυνάστης, ου, ὁ	名. 直. 陽. 複	統治者，君王
ταπεινός, ή, όν	形. 直. 陽. 複. 原	卑微的，貧窮的
53. ἐμπίμπλημι (ἐμπίπλημι)	動. 過不. 主. 直說. 三單	充滿，使…飽足
πλουτέω	動. 現在. 主. 分詞. 直. 陽. 複	富足，變得富有
ἐξαποστέλλω	動. 過不. 主. 直說. 三單	送走，打發
κενός, ή, όν	形. 直. 陽. 複. 原	空的，空手的
54. ἀντιλαμβάνω	動. 過不. 關. 直說. 三單	扶助
55. σπέρμα, ατος, τό	名. 間. 中. 單	後裔，子孫
58. περίοικος, ον	名. 主. 陽. 複	鄰居
συγγενής, ές	名. 主. 陽. 複	親戚，親族，親人
μεγαλύνω	動. 過未. 主. 直說. 三單	讚美，尊崇，顯明，彰顯
συγχαίρω	動. 過未. 主. 直說. 三複	與…同樂，跟…分享喜樂
59. ὄγδοος, η, ον	形. 間. 陰. 單. 原	第八
περιτέμνω	動. 過不. 主. 不定	行割禮
61. συγγένεια, ας, ἡ	名. 所. 陰. 單	親戚，親族
62. ἐννεύω	動. 過未. 主. 直說. 三複	打手勢詢問
63. πινακίδιον, ου, τό	名. 直. 中. 單	寫字板
65. περιοικέω	動. 現在. 主. 分詞. 直. 陽. 複	住在…的附近，鄰近居住
ὀρεινός, ή, όν	名. 間. 陰. 單	山地的，在山區

διαλαλέω	動.過未.被.直說.三單	討論，談論
τίθεμαι ἐν τῇ καρδίᾳ		藏在心裏
67. προφητεύω	動.過不.主.直說.三單	傳講神信息，預言
68. εὐλογητός, ή, όν	形.主.陽.單.原	受讚美的，該受稱頌的那位
ἐπισκέπτομαι	動.過不.關.直說.三單	照顧，眷顧
λύτρωσις, εως, ἡ	名.直.陰.單	救贖，釋放，使自由
69. κέρας, ατος, τό	名.直.中.單	角，力量，權力
σωτηρία, ας, ἡ	名.所.陰.單	拯救，救恩，得救
ἀπ᾽ αἰῶνος		很久以前
κέρας σωτηρίας		一位全能的救主
72. διαθήκη, ης, ἡ	名.所.陰.單	約，契約
73. ὅρκος, ου, ὁ	名.直.陽.單	誓言，發誓
ὀμνύω	動.過不.主.直說.三單	發誓，許願，宣誓
74. ἀφόβως	副.原	坦然無懼地
ῥύομαι	動.過不.被.分詞.直.陽.複	拯救，解救
λατρεύω	動.現在.主.不定	事奉，敬拜
75. ὁσιότης, ητος, ἡ	名.間.陰.單	神聖，聖潔
76. προπορεύομαι	動.未來.關.直說.二單	在…之先走，在…前面走
77. γνῶσις, εως, ἡ	名.直.陰.單	知識
σωτηρία, ας, ἡ	名.所.陰.單	拯救，救恩，得救
78. σπλάγχνον, ου, τό	名.直.中.複	內心，深處的情感，愛心，慈悲
ἐπισκέπτομαι	動.未來.關.直說.三單	照顧，眷顧，升起，照耀
ἀνατολή, ῆς, ἡ	名.主.陰.單	（救恩的）曙光
ὕψος, ους, τό	名.所.中.單	高天，上面
ἀνατολὴ ἐξ ὕψους		天上的曙光
79. ἐπιφαίνω	動.過不.主.不定	出現，光照
σκότος, ους, τό	名.間.中.單	黑暗，罪
σκιά, ᾶς, ἡ	名.間.陰.單	陰影，影子
κατευθύνω	動.過不.主.不定	引導
κατευθύνω τοὺς πόδας		指引行為
80. αὐξάνω (αὔξω)	動.過未.主.直說.三單	生長，成長
κραταιόω	動.過未.被.直說.三單	強壯起來
ἀνάδειξις, εως, ἡ	名.所.陰.單	公開出現，公開活動

第二章

1. δόγμα, ατος, τό	名.主.中.單	命令
Αὐγοῦστος, ου, ὁ	名.所.陽.單	奧古斯都，和：亞古士督
ἀπογράφω	動.現在.被.不定	登記，註册
οἰκουμένη, ης, ἡ	名.直.陰.單	普天下，羅馬帝國
2. ἀπογραφή, ῆς, ἡ	名.主.陰.單	登記，戶口登說
ἡγεμονεύω	動.現在.主.分詞.所.陽.單	作總督，治理
Συρία, ας, ἡ	名.所.陰.單	敘利亞，亞蘭
Κυρήνιος, ου, ὁ	名.所.陽.單	居里扭〔季黎諾〕
3. ἀπογράφω	動.現在.關.不定	登記，註册
4. Ναζαρέθ, ἡ	名.所.陰.單	拿撒勒〔納匝肋〕
Βηθλέεμ, ἡ	名.主.陰.單	伯利恆〔白冷〕
πατριά, ᾶς, ἡ	名.所.陰.單	家，宗族，國，人民
5. ἀπογράφω	動.過不.關.不定	登記，註册
μνηστεύω	動.完成.被.分詞.間.陰.單	訂婚，許配
ἔγκυος, ον	形.間.陰.單.原	懷孕的
7. πρωτότοκος, ον	形.直.陽.單.原	頭胎的
σπαργανόω	動.過不.主.直說.三單	（把嬰兒）用布包
ἀνακλίνω	動.過不.主.直說.三單	安置（孩子）睡置
φάτνη, ης, ἡ	名.間.陰.單	馬槽，餵食的槽箱
διότι	連.原從	因為
κατάλυμα, ατος, τό	名.間.中.單	客棧
8. ποιμήν, ένος, ὁ	名.主.陽.複	牧人，牧羊人
ἀγραυλέω	動.現在.主.分詞.主.陽.複	露宿野外
ποίμνη, ης, ἡ	名.直.陰.單	羊群，群
φυλάσσω φυλακάς		看守，輪流守更
9. περιλάμπω	動.過不.主.直說.三單	照亮周圍，四面照射
11. σωτήρ, ῆρος, ὁ	名.主.陽.單	救主，拯救者，救贖者
12. σπαργανόω	動.完成.被.分詞.直.中.單	（把嬰兒）用布包
φάτνη, ης, ἡ	名.間.陰.單	馬槽，餵食的槽箱
13. ἐξαίφνης	副.原	忽然，没有料到地
στρατιά, ᾶς, ἡ	名.所.陰.單	軍隊

οὐράνιος, ον	形. 所. 陰. 單. 原	天上的，從天上來的
αἰνέω	動. 現在. 主. 分詞. 所. 陽. 複	讚美
στρατιὰ οὐράνιος		一大隊天使
14. εὐδοκία, ας, ἡ	名. 所. 陰. 單	美意，喜悅
15. ποιμήν, ένος, ὁ	名. 主. 陽. 複	牧人，牧羊人
δή	虛. 強	的確，現在
Βηθλέεμ, ἡ	名. 所. 陰. 單	伯利恆〔白冷〕
γνωρίζω	動. 過不. 主. 直說. 三單	告訴，顯明，彰顯
16. σπεύδω	動. 過不. 主. 分詞. 主. 陽. 複	急忙，趕快
ἀνευρίσκω	動. 過不. 主. 直說. 三複	找到
φάτνη, ης, ἡ	名. 間. 陰. 單	馬槽，餵食的槽箱
17. γνωρίζω	動. 過不. 主. 直說. 三複	使…知道，告訴
18. ποιμήν, ένος, ὁ	名. 所. 陽. 複	牧人，牧羊人
19. συντηρέω	動. 過未. 主. 直說. 三單	記得，牢記
συμβάλλω	動. 現在. 主. 分詞. 主. 陰. 單	反覆思想，熟慮
20. ποιμήν, ένος, ὁ	名. 主. 陽. 複	牧人，牧羊人
αἰνέω	動. 現在. 主. 分詞. 主. 陽. 複	讚美
21. ὀκτώ	形. 主. 陰. 複. 原	八
περιτέμνω	動. 過不. 主. 不定	行割禮
22. καθαρισμός, οῦ, ὁ	名. 所. 陽. 單	潔淨，潔淨禮
ἀνάγω	動. 過不. 主. 直說. 三複	帶，領
παρίστημι	動. 過不. 主. 不定	帶到…面前，奉獻
23. ἄρσην, εν, ὁ	形. 主. 中. 單. 原	男性，男人
διανοίγω	動. 現在. 主. 分詞. 主. 中. 單	開
μήτρα, ας, ἡ	名. 直. 陰. 單	子宮
ἄρσην διανοίγων μήτραν		頭胎的男孩
24. θυσία, ας, ἡ	名. 直. 陰. 單	祭物，牲祭
ζεῦγος, ους, τό	名. 直. 中. 單	一對（雙）
τρυγών, όνος, ἡ	名. 所. 陰. 複	斑鳩
νοσσός, οῦ, ὁ	名. 直. 陽. 複	幼（鳥）
περιστερά, ᾶς, ἡ	名. 所. 陰. 複	鴿子
25. Συμεών, ὁ	名. 主. 陽. 單	西面〔西默盎〕
εὐλαβής, ές	形. 主. 陽. 單. 原	虔誠的，敬畏神的

παράκλησις, εως, ἡ	名.直.陰.單	幫助，安慰，拯救
26. χρηματίζω	動.完成.被.分詞.主.中.單	指示，啓示，揭露
πρίν	連.時從	在…之前，…以前
27. εἰσάγω	動.過不.主.不定	帶進，抱進
ἐθίζω	動.完成.被.分詞.直.中.單	按慣例做，履行規定
28. ἀγκάλη, ης, ἡ	名.直.陰.複	彎著的手臂，懷抱狀
29. δεσπότης, ου, ὁ	名.呼.陽.單	主（神或基督）
30. σωτήριον, ου, τό	名.直.中.單	拯救，救恩，拯救的能力
κατὰ πρόσωπον		在…的眼前
32. ἀποκάλυψις, εως, ἡ	名.直.陰.單	啓示
34. Συμεών, ὁ	名.主.陽.單	西面〔西默盎〕
πτῶσις, εως, ἡ	名.直.陰.單	滅亡
ἀντιλέγω	動.現在.被.分詞.直.中.單	反對
εἰς σημεῖον ἀντιλεγόμενον		成爲反對〔毀謗〕的對象
πτῶσις καὶ ἀνάστασις		跌倒與興起
35. ῥομφαία, ας, ἡ	名.主.陰.單	劍，憂傷
τὴν ψυχὴν διέρχεται ῥομφαία		感到痛苦和悲傷
36. Ἅννα, ας, ἡ	名.主.陰.單	安娜，和：亞拿〔亞納〕
προφῆτις, ιδος, ἡ	名.主.陰.單	女先知
Φανουήλ, ὁ	名.所.陽.單	法內力〔法奴耳〕
φυλή, ῆς, ἡ	名.所.陰.單	支族
Ἀσήρ, ὁ	名.所.陽.單	亞設〔阿協爾〕
προβαίνω	動.完成.主.分詞.主.陰.單	繼續往前走
παρθενία, ας, ἡ	名.所.陰.單	童貞
προβαίνω ἐν ἡμέραις		年紀老邁
37. ὀγδοήκοντα	形.所.中.複.原	八十
τέσσαρες, α	形.所.中.複.原	四
ἀφίστημι	動.過未.關.直說.三單	離開
νηστεία, ας, ἡ	名.間.陰.複	禁食
δέησις, εως, ἡ	名.間.陰.複	禱告，祈求
λατρεύω	動.現在.主.分詞.主.陰.單	事奉，敬拜
38. ἀνθομολογέομαι	動.過未.關.直說.三單	感謝，頌讚
λύτρωσις, εως, ἡ	名.直.陰.單	救贖，釋放，使自由

39. τελέω	動.過不.主.直說.三複	完成
Ναζαρέθ, ἡ	名.直.陰.單	拿撒勒〔納匝肋〕
40. αὐξάνω (αὔξω)	動.過未.主.直說.三單	生長，成長
κραταιόω	動.過未.被.直說.三單	強壯起來
41. ἑορτή, ῆς, ἡ	名.間.陰.單	節期
κατ᾽ ἔτος		每年
42. ἔθος, ους, τό	名.直.中.單	慣例，風俗
43. τελειόω	動.過不.主.分詞.所.陽.複	完成
ὑπομένω	動.過不.主.直說.三單	留下，逗留
44. νομίζω	動.過不.主.分詞.主.陽.複	想，以爲，認爲
συνοδία, ας, ἡ	名.間.陰.單	旅行隊
ἀναζητέω	動.過未.主.直說.三複	尋找
συγγενής, ές	名.間.陽.複	親戚，親族，親人
γνωστός, ή, όν	形.間.陽.複.原	熟人，朋友
46. καθέζομαι	動.現在.關.分詞.直.陽.單	坐著
47. ἐξίστημι	動.過未.關.直說.三複	令人驚訝
σύνεσις, εως, ἡ	名.間.陰.單	理解力，領悟，聰明
ἀπόκρισις, εως, ἡ	名.間.陰.複	回覆，回答
48. ἐκπλήσσω	動.過不.被.直說.三複	驚異，驚訝，希奇
ὀδυνάω	動.現在.關.分詞.主.陽.複	受極大的痛苦，非常焦急
50. συνίημι	動.過不.主.直說.三複	明白，了解，領悟
51. Ναζαρέθ, ἡ	名.直.陰.單	拿撒勒〔納匝肋〕
ὑποτάσσω	動.現在.被.分詞.主.陽.單	服從
διατηρέω	動.過未.主.直說.三單	保持，存，珍惜地記（在心裏）
52. προκόπτω	動.過未.主.直說.三單	成長
ἡλικία, ας, ἡ	名.間.陰.單	年齡，年日，成熟的高度

第三章

1. πεντεκαιδέκατος, η, ον	形.間.中.單.原	第十五
ἡγεμονία, ας, ἡ	名.所.陰.單	統治，在位
Τιβέριος, ου, ὁ	名.所.陽.單	提庇留〔提庇留〕
ἡγεμονεύω	動.現在.主.分詞.所.陽.單	作總督，治理
Πόντιος, ου, ὁ	名.所.陽.單	本丟〔般雀〕

節	字	文法	意義
	τετραρχέω (–αα–)	動. 現在. 主. 分詞. 所. 陽. 單	做管一州的四分之一的小王
	Φίλιππος, ου, ὁ	名. 所. 陽. 單	腓力〔斐理伯〕
	Ἰτουραῖος, α, ον	名. 所. 陰. 單	以土利亞〔依突勒雅〕
	Τραχωνῖτις, ιδος, ἡ	名. 所. 陰. 單	特拉可尼〔特辣曷尼〕
	Λυσανίας, ου, ὁ	名. 所. 陽. 單	呂撒聶〔呂撒尼雅〕
	Ἀβιληνή, ῆς, ἡ	名. 所. 陰. 單	亞比利尼〔阿彼肋乃〕
2.	Ἅννας, α, ὁ	名. 所. 陽. 單	亞那〔亞納斯〕
	Καϊάφας, α, ὁ	名. 所. 陽. 單	該亞法〔蓋法〕（大祭司）
3.	Ἰορδάνης, ου, ὁ	名. 所. 陽. 單	約旦河，和：約但河〔約但河〕
	βάπτισμα, ατος, τό	名. 直. 中. 單	洗禮
4.	βίβλος, ου, ἡ	名. 間. 陰. 單	書
	Ἠσαΐας, ου, ὁ	名. 所. 陽. 單	以賽亞〔依撒意亞〕
	βοάω	動. 現在. 主. 分詞. 所. 陽. 單	呼喊，大叫
	εὐθύς, εῖα, ύ	形. 直. 陰. 複. 原	直的，正直的
	τρίβος, ου, ἡ	名. 直. 陰. 複	路徑，小路
5.	φάραγξ, αγγος, ἡ	名. 主. 陰. 單	山谷，峽谷
	βουνός, οῦ, ὁ	名. 主. 陽. 單	小山
	σκολιός, ά, όν	形. 主. 中. 複. 原	彎曲的（路徑）
	τραχύς, εῖα, ύ	形. 主. 陰. 複. 原	崎嶇的
	λεῖος, α, ον	形. 直. 陰. 複. 原	平坦的
	εἰμὶ εἰς		變爲，成爲
6.	σωτήριον, ου, τό	名. 直. 中. 單	拯救，救恩，拯救的能力
7.	ἐκπορεύομαι	動. 現在. 關. 分詞. 間. 陽. 複	出去或出來
	γέννημα, ατος, τό	名. 呼. 中. 複	子孫，後代
	ἔχιδνα, ης, ἡ	名. 所. 陰. 複	蛇，毒蛇
	ὑποδείκνυμι	動. 過不. 主. 直說. 三單	指示，告訴
	φεύγω	動. 過不. 主. 不定	逃，逃避，逃脫
	ὀργή, ῆς, ἡ	名. 所. 陰. 單	憤怒，審判，懲罰
9.	ἀξίνη, ης, ἡ	名. 主. 陰. 單	斧頭
	ῥίζα, ης, ἡ	名. 直. 陰. 單	根
	ἐκκόπτω	動. 現在. 被. 直說. 三單	砍掉，砍下
11.	χιτών, ῶνος, ὁ	名. 直. 陽. 複	內衣，衫
	μεταδίδωμι	動. 過不. 主. 命令. 三單	分享，給，分，施與

βρῶμα, ατος, τό	名.直.中.複	食物
13. διατάσσω	動.完成.被.分詞.直.中.單	命令，指示，法定的
14. στρατεύω	動.現在.關.分詞.主.陽.複	當兵，入伍
διασείω	動.過不.主.假設.二複	強索金錢
συκοφαντέω	動.過不.主.假設.二複	敲詐（金錢），欺詐
ἀρκέω	動.現在.被.命令.二複	知足，滿意
ὀψώνιον, ου, τό	名.間.中.複	工價，工資，糧餉
16. ἰσχυρός, ά, όν	形.主.陽.單.比	（地位上）高，重要
ἱμάς, άντος, ὁ	名.直.陽.單	皮製鞋帶
ὑπόδημα, ατος, τό	名.所.中.複	涼鞋，拖鞋，鞋子
17. πτύον, ου, τό	名.主.中.單	簸箕
διακαθαίρω	動.過不.主.不定	揚淨，打穀
ἅλων, ωνος, ἡ	名.直.陰.單	已去殼的穀物
σῖτος, ου, ὁ	名.直.陽.單	穀，麥子，食糧
ἀποθήκη, ης, ἡ	名.直.陰.單	穀倉，倉庫
ἄχυρον, ου, τό	名.直.中.單	糠秕
κατακαίω	動.未來.主.直說.三單	焚燒，燒掉，燒盡
ἄσβεστος, ον	形.間.中.單.原	永不熄滅的
19. τετράρχης (-αα-), ου, ὁ	名.主.陽.單	小王（權力比王低的小領主）
ἐλέγχω	動.現在.被.分詞.主.陽.單	指出錯誤，指證有罪，責備
Ἡρῳδιάς, άδος, ἡ	名.所.陰.單	希羅底〔黑落狄雅〕
20. κατακλείω	動.過不.主.直說.三單	關在監裏，抓來坐牢
22. σωματικός, ή, όν	形.間.中.單.原	肉身的，有形狀的
εἶδος, ους, τό	名.間.中.單	形狀，外貌
περιστερά, ᾶς, ἡ	名.直.陰.單	鴿子
εὐδοκέω	動.過不.主.直說.一單	喜愛，喜歡，喜悅
23. τριάκοντα	形.所.中.複.原	三十
νομίζω	動.過未.被.直說.三單	想，以爲，認爲
Ἠλί, ὁ	名.所.陽.單	希里〔赫里〕
24. Ματθάτ, ὁ	名.所.陽.單	馬塔〔瑪塔特〕
Λευίς, Λευί, ὁ	名.所.陽.單	利未〔肋未〕
Μελχί, ὁ	名.所.陽.單	麥基〔默耳希〕
Ἰανναί, ὁ	名.所.陽.單	雅拿〔雅乃〕

25. Ματταθίας, ου, ὁ	名.所.陽.單	瑪他提亞〔瑪塔提雅〕
Ἀμώς, ὁ	名.所.陽.單	亞摩斯〔阿摩斯〕
Ναούμ, ὁ	名.所.陽.單	拿鴻〔納洪〕
Ἑσλί, ὁ	名.所.陽.單	以斯利〔厄斯里〕
Ναγγαί, ὁ	名.所.陽.單	拿該〔納革〕
26. Μάαθ, ὁ	名.所.陽.單	瑪押〔瑪哈特〕
Σεμεΐν, ὁ	名.所.陽.單	西美〔史米〕
Ἰωσήχ, ὁ	名.所.陽.單	約色克〔約色黑〕
Ἰωδά, ὁ	名.所.陽.單	約大〔約達〕
27. Ἰωανάν, ὁ	名.所.陽.單	約亞拿〔約哈南〕
Ῥησά, ὁ	名.所.陽.單	利撒〔勒撒〕
Ζοροβαβέλ, ὁ	名.所.陽.單	所羅巴伯〔則魯巴貝耳〕
Σαλαθιήλ, ὁ	名.所.陽.單	撒拉鐵〔沙耳提耳〕
Νηρί, ὁ	名.所.陽.單	尼利〔乃黎〕
28. Μελχί, ὁ	名.所.陽.單	麥基〔默耳希〕
Ἀδδί, ὁ	名.所.陽.單	亞底〔阿狄〕
Κωσάμ, ὁ	名.所.陽.單	哥桑〔科散〕
Ἐλμαδάμ, ὁ	名.所.陽.單	以摩當〔厄耳瑪丹〕
Ἤρ, ὁ	名.所.陽.單	珥〔厄爾〕
29. Ἐλιέζερ, ὁ	名.所.陽.單	以利以謝〔厄里厄則爾〕
Ἰωρίμ, ὁ	名.所.陽.單	約令〔約楞〕
Ματθάτ, ὁ	名.所.陽.單	馬塔〔瑪塔特〕
Λευίς, Λευί, ὁ	名.所.陽.單	利未〔肋未〕
30. Συμεών, ὁ	名.所.陽.單	西面〔西默盎〕
Ἰωνάμ, ὁ	名.所.陽.單	約南
Ἐλιακίμ, ὁ	名.所.陽.單	以利亞敬〔厄里雅金〕
31. Μελεά, ὁ	名.所.陽.單	米利亞〔默肋阿〕
Μεννά, ὁ	名.所.陽.單	買南〔門納〕
Ματταθά, ὁ	名.所.陽.單	瑪達他〔瑪塔塔〕
Ναθάμ, ὁ	名.所.陽.單	拿單〔納堂〕
32. Ἰεσσαί, ὁ	名.所.陽.單	耶西〔葉瑟〕（大衛的父親）
Ἰωβήδ, ὁ	名.所.陽.單	俄備得〔敖貝得〕
Βόος, ὁ	名.所.陽.單	波阿斯〔波阿次〕

Σαλά, ὁ	名.所.陽.單	沙拉〔舍拉〕
Ναασσών, ὁ	名.所.陽.單	拿順〔納赫雄〕
33. Ἀμιναδάβ, ὁ	名.所.陽.單	亞米拿達〔阿米納達布〕
Ἀδμίν, ὁ	名.所.陽.單	亞民〔阿得明〕
Ἀρνί, ὁ	名.所.陽.單	亞尼〔阿爾乃〕
Ἑσρώμ, ὁ	名.所.陽.單	希斯崙〔赫茲龍〕
Φάρες, ὁ	名.所.陽.單	法勒斯〔培勒茲〕
34. Ἰακώβ, ὁ	名.所.陽.單	雅各〔雅各伯〕
Ἰσαάκ, ὁ	名.所.陽.單	以撒〔依撒格〕
Θάρα, ὁ	名.所.陽.單	他拉〔特辣黑〕
Ναχώρ, ὁ	名.所.陽.單	拿鶴〔納曷爾〕
35. Σερούχ, ὁ	名.所.陽.單	西鹿〔色魯格〕
Ῥαγαύ, ὁ	名.所.陽.單	拉吳〔勒伍〕
Φάλεκ, ὁ	名.所.陽.單	法勒〔培肋格〕
Ἔβερ, ὁ	名.所.陽.單	希伯〔厄貝爾〕
Σαλά, ὁ	名.所.陽.單	沙拉〔舍拉〕
36. Καϊνάμ, ὁ	名.所.陽.單	該南
Ἀρφαξάδ, ὁ	名.所.陽.單	亞法撒〔阿帕革沙得〕
Σήμ, ὁ	名.所.陽.單	閃
Νῶε, ὁ	名.所.陽.單	挪亞〔諾厄〕
Λάμεχ, ὁ	名.所.陽.單	拉麥（拉麥客）
37. Μαθουσαλά, ὁ	名.所.陽.單	瑪土撒拉〔默突舍拉〕
Ἑνώχ, ὁ	名.所.陽.單	以諾〔哈諾客〕
Ἰάρετ, ὁ	名.所.陽.單	雅列〔耶勒得〕
Μαλελεήλ, ὁ	名.所.陽.單	瑪勒列〔瑪拉肋耳〕
38. Ἐνώς, ὁ	名.所.陽.單	以挪士〔厄諾士〕
Σήθ, ἡ	名.所.陽.單	塞特〔舍特〕
Ἀδάμ, ὁ	名.所.陽.單	亞當

第四章

1. πλήρης, ες	形.主.陽.單.原	充滿的
Ἰορδάνης, ου, ὁ	名.所.陽.單	約旦河，和：約但河〔約但河〕
2. τεσσεράκοντα	形.直.陰.複.原	四十

πειράζω	動.現在.被.分詞.主.陽.單	試探，誘惑
συντελέω	動.過不.被.分詞.所.陰.複	結束，（日子）滿，過
5. ἀνάγω	動.過不.主.分詞.主.陽.單	帶，領
οἰκουμένη, ης, ἡ	名.間.陰.單	世界，人類居住的地方
στιγμή, ῆς, ἡ	名.間.陰.單	瞬間，轉眼之間
8. λατρεύω	動.未來.主.直說.二單	事奉，敬拜
9. πτερύγιον, ου, τό	名.直.中.單	（聖殿）最高點處或尖頂
ἐντεῦθεν	副.原	從這裏，在這邊
κάτω	副.原	下
10. ἐντέλλομαι	動.未來.關.直說.三單	吩咐，命令，囑付
διαφυλάσσω	動.過不.主.不定	保護，照顧
11. προσκόπτω	動.過不.主.假設.二單	跌，撞擊，碰
12. ἐκπειράζω	動.未來.主.直說.二單	試探
13. συντελέω	動.過不.主.分詞.主.陽.單	結束
ἀφίστημι	動.過不.主.直說.三單	離開，遠離
ἄχρι	不介.所	直到，到…爲止
14. φήμη, ης, ἡ	名.主.陰.單	名聲，消息
16. Ναζαρά, ἡ	名.直.陰.單	拿撒勒〔納匝肋〕
τρέφω	動.完成.被.分詞.主.陽.單	餵養，（小孩）長大
εἴωθα	動.完成.主.分詞.直.中.單	照常，按照習慣
ἀναγινώσκω	動.過不.主.不定	念，在公衆崇拜中誦讀
17. βιβλίον, ου, τό	名.主.中.單	書冊，書卷
Ἠσαΐας, ου, ὁ	名.所.陽.單	以賽亞〔依撒意亞〕
ἀναπτύσσω	動.過不.主.分詞.主.陽.單	打開，翻開
18. χρίω	動.過不.主.直說.三單	膏（油），抹（油）
αἰχμάλωτος, ου, ὁ	名.間.陽.複	俘擄，囚犯
ἀνάβλεψις, εως, ἡ	名.直.陰.單	視力恢復
θραύω	動.完成.被.分詞.直.陽.複	壓迫，欺壓
19. ἐνιαυτός, οῦ, ὁ	名.直.陽.單	年
δεκτός, ή, όν	形.直.陽.單.原	可悅納的，接納的（時辰）
ἐνιαυτὸν κυρίου δεκτόν		主的恩年
20. πτύσσω	動.過不.主.分詞.主.陽.單	蓋上（書），捲（書卷）
βιβλίον, ου, τό	名.直.中.單	書冊，書卷，（離婚）休書

ὑπηρέτης, ου, ὁ	名.間.陽.單	助理，幫手，僕人
ἀτενίζω	動.現在.主.分詞.主.陽.複	定眼看，盯，瞪眼
22. ἐκπορεύομαι	動.現在.關.分詞.間.陽.複	出自
23. πάντως	副.原	必定，無疑地
ἰατρός, οῦ, ὁ	名.呼.陽.單	醫生
Καφαρναούμ, ἡ	名.直.陰.單	迦百農〔葛法翁〕
πατρίς, ίδος, ἡ	名.間.陰.單	家鄉，本鄉
24. δεκτός, ή, όν	形.主.陽.單.原	可悅納的，受歡迎的
25. κλείω	動.過不.被.直說.三單	關閉
ἕξ	形.直.陽.複.原	六
λιμός, οῦ, ὁ, ἡ	名.主.陽.單	饑荒
26. Σάρεπτα, ων, τά	名.直.中.複	撒勒法〔匝爾法特〕
Σιδώνιος, α, ον	形.所.陰.單.原	西頓的〔漆冬的〕
27. λεπρόν, οῦ, τό	名.主.陽.複	痲瘋病人的，皮膚病人的
Ἐλισαῖος, ου, ὁ	名.所.陽.單	以利沙〔厄里叟〕
Ναιμάν, ὁ	名.主.陽.單	乃縵〔納阿曼〕
Σύρος, ου, ὁ	名.主.陽.單	敘利亞人
28. θυμός, οῦ, ὁ	名.所.陽.單	怒氣，忿怒，惱怒
29. ὀφρῦς, ύος, ἡ	名.所.陰.單	山崖
κατακρημνίζω	動.過不.主.不定	從懸崖推下
31. κατέρχομαι	動.過不.主.直說.三單	下去，到達
Καφαρναούμ, ἡ	名.直.陰.單	迦百農〔葛法翁〕
32. ἐκπλήσσω	動.過未.被.直說.三複	驚異，驚訝，希奇
διδαχή, ῆς, ἡ	名.間.陰.單	教訓，教導（的內容）
33. ἀνακράζω	動.過不.主.直說.三單	大聲喊叫，呼喊
34. ἔα	歎	唉！
Ναζαρηνός, ή, όν	名.呼.陽.單	拿撒勒人〔納匝肋人〕
35. φιμόω	動.過不.被.命令.二單	安靜，住嘴
ῥίπτω (ῥιπτέω)	動.過不.主.分詞.主.中.單	丟下，摔倒
βλάπτω	動.過不.主.分詞.主.中.單	傷害
36. θάμβος, ους, τό	名.主.中.單	驚訝，驚異
συλλαλέω	動.過未.主.直說.三複	商量，議論
ἐπιτάσσω	動.現在.主.直說.三單	吩咐，命令

37. ἐκπορεύομαι	動. 過未. 關. 直說. 三單	傳遍
ἦχος, ους, τό	名. 主. 中. 單	名聲
38. πενθερά, ᾶς, ἡ	名. 主. 陰. 單	岳母，婆婆
πυρετός, οῦ, ἡ	名. 間. 陽. 單	發燒，熱
40. δύνω	動. 現在. 主. 分詞. 所. 陽. 單	日落，太陽下山
ἥλιος, ου, ὁ	名. 所. 陽. 單	太陽
ἀσθενέω	動. 現在. 主. 分詞. 直. 陽. 複	生病
νόσος, ου, ἡ	名. 間. 陰. 複	疾病
ποικίλος, η, ον	形. 間. 陰. 複. 原	各種的，各樣的，種種
41. κραυγάζω	動. 現在. 主. 分詞. 主. 中. 複	大聲喊叫，喧嚷
ἐάω	動. 過未. 主. 直說. 三單	任憑，讓，許可
42. ἐπιζητέω	動. 過未. 主. 直說. 三複	追逐，尋找
κατέχω	動. 過未. 主. 直說. 三複	堅持，挽留
43. ἐπὶ τοῦτο		爲了這個（工作）目的

第五章

1. ἐπίκειμαι	動. 現在. 關. 不定	擁上來
Γεννησαρέτ, ἡ	名. 所. 陰. 單	革尼撒勒〔革乃撒勒〕
2. ἁλιεύς, έως, ὁ	名. 主. 陽. 複	漁夫
ἀποβαίνω	動. 過不. 主. 分詞. 主. 陽. 複	離開（船）
πλύνω	動. 過未. 主. 直說. 三複	洗
δίκτυον, ου, τό	名. 直. 中. 複	（漁）網
3. ἐμβαίνω	動. 過不. 主. 分詞. 主. 陽. 單	上船
ἐπανάγω	動. 過不. 主. 不定	（把船）撐開或划開
4. παύω	動. 過不. 關. 直說. 三單	停止，止息，完，終止
βάθος, ους, τό	名. 直. 中. 單	水深的地方
χαλάω	動. 過不. 主. 命令. 二複	落下，撒（網）
δίκτυον, ου, τό	名. 直. 中. 複	（漁）網
ἄγρα, ας, ἡ	名. 直. 陰. 單	一網（魚）
5. κοπιάω	動. 過不. 主. 分詞. 主. 陽. 複	工作，辛勞工作，勞苦
6. συγκλείω	動. 過不. 主. 直說. 三複	捕（魚）
διαρρήγνυμι (–ρήσσω)	動. 過未. 被. 直說. 三單	撕裂
δίκτυον, ου, τό	名. 主. 中. 複	（漁）網

7. κατανεύω	動. 過不. 主. 直說. 三複	招呼
μέτοχος, ον	名. 間. 陽. 複	同工，同伴，夥伴
βυθίζω	動. 現在. 被. 不定	沉没，陷入
8. προσπίπτω	動. 過不. 主. 直說. 三單	在某人面前俯伏
γόνυ, ατος, τό	名. 間. 中. 複	膝
9. θάμβος, ους, τό	名. 主. 中. 單	驚訝，驚異
περιέχω	動. 過不. 主. 直說. 三單	緊抓，克服
ἄγρα, ας, ἡ	名. 間. 陰. 單	一網（魚）
10. Ζεβεδαῖος, ου, ὁ	名. 所. 陽. 單	西庇太〔載伯德〕
κοινωνός, οῦ, ὁ, ἡ	名. 主. 陽. 複	同伴，夥伴，與…有份的人
ζωγρέω	動. 現在. 主. 分詞. 主. 陽. 單	得（人）
11. κατάγω	動. 過不. 主. 分詞. 主. 陽. 複	把（船）靠（岸）
12. πλήρης, ες	形. 主. 陽. 單. 原	充滿的
λέπρα, ας, ἡ	名. 所. 陰. 單	痲瘋病，皮膚病
13. ἐκτείνω	動. 過不. 主. 分詞. 主. 陽. 單	伸出
14. παραγγέλλω	動. 過不. 主. 直說. 三單	命令，吩咐
προσφέρω	動. 過不. 主. 命令. 二單	供，獻，送到
καθαρισμός, οῦ, ὁ	名. 所. 陽. 單	潔淨
προστάσσω	動. 過不. 主. 直說. 三單	吩咐，命令，規定
μαρτύριον, ου, τό	名. 直. 中. 單	證言，見證，證據
15. συνέρχομαι	動. 過未. 關. 直說. 三複	聚集，聚會
ἀσθένεια, ας, ἡ	名. 所. 陰. 複	疾病
16. ὑποχωρέω	動. 現在. 主. 分詞. 主. 陽. 單	退卻，走開
17. νομοδιδάσκαλος, ου, ὁ	名. 主. 陽. 複	解釋法律者，法律教師
18. κλίνη, ης, ἡ	名. 所. 陰. 單	床，床鋪，擔架，病床
παραλύω	動. 完成. 被. 分詞. 主. 陽. 單	癱瘓
εἰσφέρω	動. 過不. 主. 不定	帶（進）來，抬進
19. δῶμα, ατος, τό	名. 直. 中. 單	屋頂
κέραμος, ου, ὁ	名. 所. 陽. 複	屋瓦
καθίημι	動. 過不. 主. 直說. 三複	縋下，降下
κλινίδιον, ου, τό	名. 間. 中. 單	床，擔架
21. βλασφημία, ας, ἡ	名. 直. 陰. 複	褻瀆，毀謗
23. εὔκοπος, ον	形. 主. 中. 單. 比	較容易的

24. παραλύω	動.完成.被.分詞.間.陽.單	癱瘓
κλινίδιον, ου, τό	名.直.中.單	床，擔架
25. κατάκειμαι	動.過未.關.直說.三單	躺（在床上）
26. ἔκστασις, εως, ἡ	名.主.陰.單	驚訝，驚異
παράδοξος, ον	形.直.中.複.原	不可思議的，不平常的
27. θεάομαι	動.過不.關.直說.三單	看見，觀看，注意
Λευίς, Λευί, ὁ	名.直.陽.單	利未〔肋未〕
τελώνιον, ου, τό	名.直.中.單	稅關
28. καταλείπω	動.過不.主.分詞.主.陽.單	撇下，離棄
29. δοχή, ῆς, ἡ	名.直.陰.單	宴會，請客
Λευίς, Λευί, ὁ	名.主.陽.單	利未〔肋未〕
κατάκειμαι	動.現在.關.分詞.主.陽.複	坐著（躺臥著）吃飯，用餐
30. γογγύζω	動.過未.主.直說.三複	埋怨，抱怨，私下議論
31. ὑγιαίνω	動.現在.主.分詞.主.陽.複	健康，無災無病
ἰατρός, οῦ, ὁ	名.所.陽.單	醫生
κακῶς	副.原	不好
33. νηστεύω	動.現在.主.直說.三複	禁食
πυκνός, ή, όν	副.原	屢次的
δέησις, εως, ἡ	名.直.陰.複	禱告，祈求
σός, σή, σόν	代二所.主.陽.複	你的，屬於你的
34. νυμφών, ῶνος, ὁ	名.所.陽.單	結婚禮堂
νυμφίος, ου, ὁ	名.主.陽.單	新郎
35. ἀπαίρω	動.過不.被.假設.三單	帶走
νηστεύω	動.未來.主.直說.三複	禁食
36. ἐπίβλημα, ατος, τό	名.直.中.單	布，補片
σχίζω	動.過不.主.分詞.主.陽.單	分裂，撕開，破，分開
συμφωνέω	動.未來.主.直說.三單	跟…相符，（新舊布）相稱
37. ἀσκός, οῦ, ὁ	名.直.陽.複	皮製酒袋
ῥήγνυμι (ῥήσσω)	動.未來.主.直說.三單	撕裂
ἐκχέω	動.未來.被.直說.三單	倒出，漏掉
38. βλητέος, α, ον	形.主.中.單.原	必須裝或倒在
39. χρηστός, ή, όν	形.主.陽.單.原	仁慈的，慈愛的，良善的

第六章

1. διαπορεύομαι	動. 現在. 關. 不定	經過，從旁邊走過
σπόριμος, ον	名. 所. 中. 複	麥田
τίλλω	動. 過未. 主. 直說. 三複	拔，摘
στάχυς, υος, ὁ	名. 直. 陽. 複	麥穗，穗（五穀）
ψώχω	動. 現在. 主. 分詞. 主. 陽. 複	搓（把麥粒與麥殼搓開）
3. ἀναγινώσκω	動. 過不. 主. 直說. 二複	念
4. πρόθεσις, εως, ἡ	名. 所. 陰. 單	陳設
ἄρτοι τῆς π.		（獻給神的）供餅
6. ξηρός, ά, όν	形. 主. 陰. 單. 原	枯乾的，枯萎的，癱瘓的
7. παρατηρέω	動. 過未. 關. 直說. 三複	看，注視，窺伺
κατηγορέω	動. 現在. 主. 不定	控告（人），譴責
8. ξηρός, ά, όν	形. 直. 陰. 單. 原	枯乾的，枯萎的，癱瘓的
9. ἀγαθοποιέω	動. 過不. 主. 不定	行善，助人
κακοποιέω	動. 過不. 主. 不定	作惡，做壞事，犯錯，傷害
10. περιβλέπω	動. 過不. 關. 分詞. 主. 陽. 單	環視，四面觀看
ἐκτείνω	動. 過不. 主. 命令. 二單	伸出
ἀποκαθίστημι	動. 過不. 被. 直說. 三單	治好，復元
11. ἄνοια, ας, ἡ	名. 所. 陰. 單	憤怒，盛怒
διαλαλέω	動. 過未. 主. 直說. 三複	討論，談論
12. διανυκτερεύω	動. 現在. 主. 分詞. 主. 陽. 單	花一整夜
προσευχή, ῆς, ἡ	名. 間. 陰. 單	禱告
13. προσφωνέω	動. 過不. 主. 直說. 三單	向…呼叫，叫（某人）到前來
ἐκλέγομαι	動. 過不. 關. 分詞. 主. 陽. 單	揀選，選
ὀνομάζω	動. 過不. 主. 直說. 三單	取名，稱
14. Ἀνδρέας, ου, ὁ	名. 直. 陽. 單	安得烈〔安德肋〕
Φίλιππος, ου, ὁ	名. 直. 陽. 單	腓力〔斐理伯〕
Βαρθολομαῖος, ου, ὁ	名. 直. 陽. 單	巴多羅買〔巴爾多祿茂〕
15. Μαθθαῖος, ου, ὁ	名. 直. 陽. 單	馬太〔瑪竇〕
Θωμᾶς, ᾶ, ὁ	名. 直. 陽. 單	多馬〔多默〕
Ἁλφαῖος, ου, ὁ	名. 所. 陽. 單	亞勒腓〔阿耳斐〕
ζηλωτής, οῦ, ὁ	名. 直. 陽. 單	激進黨徒，和：奮銳黨〔熱誠派〕
16. Ἰσκαριώθ, ὁ	名. 直. 陽. 單	加略人〔依斯加略人〕

προδότης, ου, ὁ	名.主.陽.單	背叛者，出賣者
17. πεδινός, ή, όν	形.所.陽.單.原	平坦的（地）
παράλιος, ον	名.所.陰.單	沿海地區的
Τύρος, ου, ἡ	名.所.陰.單	泰爾，和：推羅〔提洛〕
Σιδών, ῶνος, ἡ	名.所.陰.單	西頓〔漆冬〕
18. νόσος, ου, ἡ	名.所.陰.複	疾病
ἐνοχλέω	動.現在.被.分詞.主.陽.複	煩擾，遺害
20. ὑμέτερος, α, ον	代二所.主.陰.單	你們的
21. χορτάζω	動.未來.被.直說.二複	飽足，滿足
γελάω	動.未來.主.直說.二複	歡笑
22. ἀφορίζω	動.過不.主.假設.三複	排除，棄絕
ὀνειδίζω	動.過不.主.假設.三複	侮辱，辱罵
ἐκβάλλω τὸ ὄνομα		誹謗，詆毀
23. σκιρτάω	動.過不.主.命令.二複	（歡喜）跳躍，歡喜雀躍
μισθός, οῦ, ὁ	名.主.陽.單	工價，報酬，報應
24. ἀπέχω	動.現在.主.直說.二複	完全得到
παράκλησις, εως, ἡ	名.直.陰.單	鼓勵，幫助，安慰
25. ἐμπίμπλημι (ἐμπίπλημι)	動.完成.被.分詞.呼.陽.複	充滿，飽足
γελάω	動.現在.主.分詞.呼.陽.複	歡笑
πενθέω	動.未來.主.直說.二複	悲傷，哀慟，憂愁
26. καλῶς	副.原	好，善，真好
ψευδοπροφήτης, ου, ὁ	名.間.陽.複	假先知
28. καταράομαι	動.現在.關.分詞.直.陽.複	咒詛
ἐπηρεάζω	動.現在.主.分詞.所.陽.複	迫害，侮辱
29. τύπτω	動.現在.主.分詞.間.陽.單	打，捶，擊，損傷
σιαγών, όνος, ἡ	名.直.陰.單	臉頰
παρέχω	動.現在.主.命令.二單	使…得到，給
χιτών, ῶνος, ὁ	名.直.陽.單	內衣，衫
30. σός, σή, σόν	代.二代.直.中.複	你的，屬於你的
ἀπαιτέω	動.現在.主.命令.二單	要求歸還，要拿回
33. ἀγαθοποιέω	動.現在.主.假設.二複	行善，助人
34. δανείζω (–ιζω)	動.過不.主.假設.二複	借出
ἐλπίζω	動.現在.主.直說.二複	希望，盼望，指望

ἴσος, η, ον	形. 直. 中. 複. 原	一樣的，符合的
35. ἀγαθοποιέω	動. 現在. 主. 命令. 二複	行善，助人
ἀπελπίζω	動. 現在. 主. 分詞. 主. 陽. 複	期望，收回
μισθός, οῦ, ὁ	名. 主. 陽. 單	報酬
χρηστός, ή, όν	形. 主. 陽. 單. 原	仁慈的，慈愛的，良善的
ἀχάριστος, ον	形. 直. 陽. 複. 原	忘恩負義的
36. οἰκτίρμων, ον	形. 主. 陽. 複. 原	仁慈的，憐憫的
37. καταδικάζω	動. 現在. 主. 命令. 二複	譴責，定罪
38. μέτρον, ου, τό	名. 直. 中. 單	尺度，程度，數量
πιέζω	動. 完成. 被. 分詞. 直. 中. 單	壓下
σαλεύω	動. 完成. 被. 分詞. 直. 中. 單	搖實，使擠緊
ὑπερεκχύννω	動. 現在. 被. 分詞. 直. 中. 單	滿溢
κόλπος, ου, ὁ	名. 直. 陽. 單	懷中（胸前外袍內可放東西地方）
μετρέω	動. 現在. 主. 直說. 二複	衡量
ἀντιμετρέω	動. 未來. 被. 直說. 三單	量還
39. μήτι	虛. 疑	用於期待否定答案的問句中
ὁδηγέω	動. 現在. 主. 不定	帶領，引導，開導
βόθυνος, ου, ὁ	名. 直. 陽. 單	溝，坑
ἐμπίπτω	動. 未來. 關. 直說. 三複	掉進，落入，陷入
40. καταρτίζω	動. 完成. 被. 分詞. 主. 陽. 單	預備，學習
41. κάρφος, ους, τό	名. 直. 中. 單	微粒，木屑
δοκός, οῦ, ἡ	名. 直. 陰. 單	大樑，樑木
κατανοέω	動. 現在. 主. 直說. 二單	思想，觀察，看看
42. ὑποκριτής, οῦ, ὁ	名. 呼. 陽. 單	偽善者，虛偽的人
διαβλέπω	動. 未來. 主. 直說. 二單	看清楚，集中視力
43. σαπρός, ά, όν	形. 直. 陽. 單. 原	壞的
44. ἄκανθα, ης, ἡ	名. 所. 陰. 複	荊棘
συλλέγω	動. 現在. 主. 直說. 三複	收穫（農作物），摘
σῦκον, ου, τό	名. 直. 中. 複	無花果
βάτος, ου, ὁ, ἡ	名. 所. 陰. 單	樹叢，荊棘
σταφυλή, ῆς, ἡ	名. 直. 陰. 單	（一串）葡萄
τρυγάω	動. 現在. 主. 直說. 三複	摘，收取
45. θησαυρός, οῦ, ὁ	名. 所. 陽. 單	財寶，積存，儲藏

προφέρω	動.現在.主.直說.三單	發出，產生
περίσσευμα, ατος, τό	名.所.中.單	富足，充滿
47. ὑποδείκνυμι	動.未來.主.直說.一單	指示，告訴
48. σκάπτω	動.過不.主.直說.三單	挖（地）
βαθύνω	動.過不.主.直說.三單	往深的地方
θεμέλιον, ου, τό	名.直.中.單	根基，基石
πέτρα, ας, ἡ	名.直.陰.單	磐石，石頭，石地
πλήμμυρα, ης, ἡ	名.所.陰.單	洪水，水漲
προσρήγνυμι (-ύω)	動.過不.主.直說.三單	沖擊
ποταμός, οῦ, ὁ	名.主.陽.單	河流，氾濫的河水
σαλεύω	動.過不.主.不定	搖動
καλῶς	副.原	好，正確的，很好，眞好
49. χωρίς	不介.所	没有
συμπίπτω	動.過不.主.直說.三單	倒塌
ῥῆγμα, ατος, τό	名.主.中.單	損壞，毀壞

第七章

1. ἐπειδή	連.時從	…完了之後
ἀκοή, ῆς, ἡ	名.直.陰.複	聽見
Καφαρναούμ, ἡ	名.直.陰.單	迦百農〔葛法翁〕
2. ἑκατοντάρχης, ου, ὁ	名.所.陽.單	百夫長，軍官
κακῶς	副.原	非常，厲害地
τελευτάω	動.現在.主.不定	死亡，在臨終的時候
ἔντιμος, ον	形.主.陽.單.原	受器重的，傑出的
κακῶς ἔχων		患了病痛
3. διασῴζω	動.過不.主.假設.三單	救，醫治
4. σπουδαίως	副.原	懇切地
παρέχω	動.未來.關.直說.二單	使發生，對待
6. μακράν	副.原	遠，遠方
ἀπέχω	動.現在.主.分詞.所.陽.單	離…遠
ἑκατοντάρχης, ου, ὁ	名.主.陽.單	百夫長，軍官
σκύλλω	動.現在.被.命令.二單	煩擾，勞駕
στέγη, ης, ἡ	名.直.陰.單	屋頂

7. ἐμαυτοῦ, ῆς	代.一反.直.陽.單	我自己
ἀξιόω	動.過不.主.直說.一單	使值得
8. τάσσω	動.現在.被.分詞.主.陽.單	任命，命令
στρατιώτης, ου, ὁ	名.直.陽.複	兵士，軍隊
ὑπὸ ἐξουσίαν τασσόμενος		在上面有指揮我的長官
9. τοσοῦτος, αύτη, οῦτον	代.形指.直.陰.單	如此大
10. ὑγιαίνω	動.現在.主.分詞.直.陽.單	健康，無災無病
11. ἑξῆς	副.原	次日，第二天
Ναΐν, ἡ	名.直.陰.單	拿因〔納因〕
συμπορεύομαι	動.過未.關.直說.三複	跟著…去，跟…一起走
ἐν τῷ (καθ)εξῆς		後來
12. πύλη, ης, ἡ	名.間.陰.單	門
ἐκκομίζω	動.過未.被.直說.三單	出殯，抬出
θνῄσκω	動.完成.主.分詞.主.陽.單	死了
μονογενής, ές	形.主.陽.單.原	唯一的，獨特的，獨生的
13. σπλαγχνίζομαι	動.過不.被.直說.三單	動了慈心或惻隱之心
14. σορός, οῦ, ἡ	名.所.陰.單	棺架，棺材，抬架
νεανίσκος, ου, ὁ	名.呼.陽.單	年輕人，青年
15. ἀνακαθίζω	動.過不.主.直說.三單	坐起來
16. ἐπισκέπτομαι	動.過不.關.直說.三單	照顧，眷顧，來拯救
18. προσκαλέω	動.過不.關.分詞.主.陽.單	傳喚，邀請
20. βαπτιστής, οῦ, ὁ	名.主.陽.單	施洗者（約翰）
21. νόσος, ου, ἡ	名.所.陰.複	疾病
μάστιξ, ιγος, ἡ	名.所.陰.複	疾病
χαρίζομαι	動.過不.關.直說.三單	給，賜，恩待
22. χωλός, ή, όν	形.主.陽.複.原	跛腳的，瘸腿的
λεπρόν, οῦ, τό	名.主.陽.複	痲瘋病人的，皮膚病人的
κωφός, ή, όν	形.主.陽.複.原	啞的，聾的
23. σκανδαλίζω	動.過不.被.假設.三單	使（人）犯罪，生氣
24. θεάομαι	動.過不.關.不定	看見，觀看，看看
κάλαμος, ου, ὁ	名.直.陽.單	蘆葦，桿
ἄνεμος, ου, ὁ	名.所.陽.單	風
σαλεύω	動.現在.被.分詞.直.陽.單	搖動

25. μαλακός, ή, όν	形.間.中.複.原	柔軟的，講究花樣的，奢華的
ἀμφιέννυμι	動.完成.被.分詞.直.陽.單	穿衣，穿著
ἱματισμός, οῦ, ὁ	名.間.陽.單	衣服
ἔνδοξος, ον	形.間.陽.單.原	榮美的，華麗的
τρυφή, ῆς, ἡ	名.間.陰.單	奢侈
βασίλειος, ον	形.間.中.複.原	王家的，皇宮
26. ναί	虛.強	是的，眞是，確實
περισσότερος, α, ον	副.比	更…，更大
27. κατασκευάζω	動.未來.主.直說.三單	準備，開（路）
28. γεννητός, ή, όν	名.間.陽.複	出生的
ἐν γεννητοῖς γυναικῶν		在全人類中，在人間
29. βάπτισμα, ατος, τό	名.直.中.單	洗禮
30. βουλή, ῆς, ἡ	名.直.陰.單	旨意，計劃
31. ὁμοιόω	動.未來.主.直說.一單	比喻，比擬
32. ἀγορά, ᾶς, ἡ	名.間.陰.單	市場
προσφωνέω	動.現在.主.分詞間－複	向…呼叫
αὐλέω	動.過不.主.直說.一複	吹笛
ὀρχέομαι	動.過不.關.直說.二複	跳舞
θρηνέω	動.過不.主.直說.一複	哀悼，哀號，悲傷哀哭
33. βαπτιστής, οῦ, ὁ	名.主.陽.單	施洗者（約翰）
34. φάγος, ου, ὁ	名.主.陽.單	貪吃者，酒肉之徒
οἰνοπότης, ου, ὁ	名.主.陽.單	酒徒，醉漢
37. κατάκειμαι	動.現在.關.直說.三單	坐著（躺臥著）吃飯，用餐
κομίζω	動.過不.主.分詞.主.陰.單	帶來，買
ἀλάβαστρον, ος, ου, τό/ὁ	名.直.中.單	雪花石膏做的瓶，玉瓶
μύρον, ου, τό	名.所.中.單	香膏，香油
38. δάκρυον, ου, τό	名.間.中.複	眼淚
βρέχω	動.現在.主.不定	弄濕
θρίξ, τριχός, ἡ	名.間.陰.複	頭髮
ἐκμάσσω	動.過未.主.直說.三單	擦乾
καταφιλέω	動.過未.主.直說.三單	吻，親嘴
ἀλείφω	動.過未.主.直說.三單	抹油
39. ποταπός, ή, όν	代.形疑.主.陰.單	是哪一種的？怎樣的？

41. χρεοφειλέτης, ου, ὁ	名.主.陽.複	欠債的人
δανιστής, οῦ, ὁ	名.間.陽.單	債主
δηνάριον, ου, τό	名.直.中.複	銀子，銀圓〔德納〕
πεντακόσιοι, αι, α	形.直.中.複.原	五百
πεντήκοντα	形.直.中.複.原	五十
42. χαρίζομαι	動.過不.關.直說.三單	赦免，取消債務
43. ὑπολαμβάνω	動.現在.主.直說.一單	想，認爲
ὀρθῶς	副.原	對，正確地，合情合理地
44. δάκρυον, ου, τό	名.間.中.複	眼淚
βρέχω	動.過不.主.直說.三單	弄濕
θρίξ, τριχός, ἡ	名.間.陰.複	頭髮
ἐκμάσσω	動.過不.主.直說.三單	擦乾
45. φίλημα, ατος, τό	名.直.中.單	吻，親吻
διαλείπω	動.過不.主.直說.三單	停止
καταφιλέω	動.現在.主.分詞.主.陰.單	吻，親嘴
46. ἔλαιον, ου, τό	名.間.中.單	橄欖油，油
ἀλείφω	動.過不.主.直說.二單	抹油
μύρον, ου, τό	名.間.中.單	香膏，香油
47. χάριν	不介.所	爲了…的緣故，由於
49. συνανάκειμαι	動.現在.關.分詞.主.陽.複	與…同桌，跟…同吃

第八章

1. καθεξῆς	副.原	按照次序
διοδεύω	動.過未.主.直說.三單	走遍各處，經過
ἐν τῷ (καθ)εξῆς		後來，過了些時候
2. ἀσθένεια, ας, ἡ	名.所.陰.複	（各種）軟弱，疾病
Μαρία, ας, ἡ	名.主.陰.單	馬利亞〔瑪利亞〕
Μαγδαληνή, ῆς, ἡ	名.主.陰.單	抹大拉的婦人〔瑪達肋納〕
3. Ἰωάννα, ας, ἡ	名.主.陰.單	約亞娜，和：約亞拿〔約安納〕
Χουζᾶς, ᾶ, ὁ	名.所.陽.單	苦撒〔雇撒〕
ἐπίτροπος, ου, ὁ	名.所.陽.單	總管，管家，官邸的官員
Σουσάννα, ης, ἡ	名.主.陰.單	蘇撒娜〔蘇撒納〕
4. σύνειμι	動.現在.主.分詞.所.陽.單	聚集（群衆）

	ἐπιπορεύομαι	動. 現在. 關. 分詞. 所. 陽. 複	來到
5.	σπόρος, ου, ὁ	名. 直. 陽. 單	種子
	καταπατέω	動. 過不. 被. 直說. 三單	踐踏，踏在腳下
	πετεινόν, οῦ, τό	名. 主. 中. 複	鳥，飛禽
	κατεσθίω	動. 過不. 主. 直說. 三單	吃掉
6.	καταπίπτω	動. 過不. 主. 直說. 三單	仆倒
	πέτρα, ας, ἡ	名. 直. 陰. 單	石頭，石地
	φύω	動. 過不. 被. 分詞. 主. 中. 單	生長，長大
	ξηραίνω	動. 過不. 被. 直說. 三單	枯乾
	ἰκμάς, άδος, ἡ	名. 直. 陰. 單	濕氣，滋潤
7.	ἄκανθα, ης, ἡ	名. 所. 陰. 複	荊棘
	συμφύω	動. 過不. 被. 分詞. 主. 陰. 複	跟著一起生長
	ἀποπνίγω	動. 過不. 主. 直說. 三複	窒息，擠
8.	φύω	動. 過不. 被. 分詞. 主. 中. 單	生長，長大
	ἑκατονταπλασίων, ον	形. 直. 陽. 單. 原	一百倍
10.	μυστήριον, ου, τό	名. 直. 中. 複	秘密，奧秘
	συνίημι	動. 現在. 主. 假設. 三複	明白，了解，領悟
11.	σπόρος, ου, ὁ	名. 主. 陽. 單	種子
12.	εἶτα	副. 原	然後，後來
13.	πέτρα, ας, ἡ	名. 所. 陰. 單	石頭，石地
	ῥίζα, ης, ἡ	名. 直. 陰. 單	根
	ἀφίστημι	動. 現在. 關. 直說. 三複	站立不住
	πρὸς καιρόν		短暫，暫時
14.	ἄκανθα, ης, ἡ	名. 直. 陰. 複	荊棘
	μέριμνα, ης, ἡ	名. 所. 陰. 複	掛慮，憂慮，擔憂
	πλοῦτος, ου, ὁ, τό	名. 所. 陽. 單	財富，豐裕
	ἡδονή, ῆς, ἡ	名. 所. 陰. 複	享樂，慾望
	συμπνίγω	動. 現在. 被. 直說. 三複	窒息，擠壓住
	τελεσφορέω	動. 現在. 主. 直說. 三複	結出成熟的果實
15.	κατέχω	動. 現在. 主. 直說. 三複	堅持，遵從
	καρποφορέω	動. 現在. 主. 直說. 三複	結出果實，多產
	ὑπομονή, ῆς, ἡ	名. 間. 陰. 單	忍耐，堅定，恒毅，恒心
16.	καλύπτω	動. 現在. 主. 直說. 三單	遮蓋

σκεῦος, ους, τό	名.間.中.單	容器，工具
ὑποκάτω	不介.所	在…下面，在…底下
κλίνη, ης, ἡ	名.所.陰.單	床，床鋪
λυχνία, ας, ἡ	名.所.陰.單	燈台
17. κρυπτός, ή, όν	形.主.中.單.原	秘密的，隱藏的
φανερός, ά, όν	形.主.中.單.原	明顯的，清楚的，看得見的
ἀπόκρυφος, ον	形.主.中.單.原	隱秘的，隱藏的
19. συντυγχάνω	動.過不.主.不定	到達，接近
22. ἐμβαίνω	動.過不.主.直說.三單	上船
πέραν	不介.所	…那邊，到或在另一邊
ἀνάγω	動.過不.被.直說.三複	開船
23. πλέω	動.現在.主.分詞.所.陽.複	航行
ἀφυπνόω	動.過不.主.直說.三單	睡著
λαῖλαψ, απος, ἡ	名.主.陰.單	暴風雨，狂風
ἄνεμος, ου, ὁ	名.所.陽.單	風
συμπληρόω	動.過未.被.直說.三複	（船）灌滿了水
κινδυνεύω	動.過未.主.直說.三複	在危險中
24. διεγείρω	動.過不.主.直說.三複	叫醒
κλύδων, ωνος, ὁ	名.間.陽.單	怒濤，波浪
παύω	動.過不.關.直說.三複	停止，止息，終止
γαλήνη, ης, ἡ	名.主.陰.單	（海）平靜
25. ἄνεμος, ου, ὁ	名.間.陽.複	風
ἐπιτάσσω	動.現在.主.直說.三單	吩咐，命令
ὑπακούω	動.現在.主.直說.三複	聽從
26. καταπλέω	動.過不.主.直說.三複	渡過…到
Γερασηνός, ή, όν	形.所.陽.複.原	格拉森的〔革辣撒的〕
ἀντιπέρα	不介.所	對面
27. ὑπαντάω	動.過不.主.直說.三單	遇見，迎接
ἐνδύω	動.過不.關.直說.三單	穿
μνῆμα, ατος, τό	名.間.中.複	墳墓
28. ἀνακράζω	動.過不.主.分詞.主.陽.單	大聲喊叫，呼喊
προσπίπτω	動.過不.主.直說.三單	在某人面前俯伏
βασανίζω	動.過不.主.假設.二單	折磨，受痛苦

29. παραγγέλλω	動. 過不. 主. 直說. 三單	命令，吩咐
συναρπάζω	動. 過完. 主. 直說. 三單	抓住
δεσμεύω	動. 過未. 被. 直說. 三單	捆，綁
ἅλυσις, εως, ἡ	名. 間. 陰. 複	鐵鏈，鎖鏈
πέδη, ης, ἡ	名. 間. 陰. 複	腳鍊，腳鐐
διαρρήγνυμι (-ρήσσω)	動. 現在. 主. 分詞. 主. 陽. 單	扯掉，掙斷
δεσμός, οῦ, ὁ	名. 直. 中. 複	捆綁，鎖鏈
ἐλαύνω	動. 過未. 被. 直說. 三單	驅趕
30. λεγιών, ῶνος, ἡ	名. 主. 陰. 單	營（約五千到六千人）
31. ἐπιτάσσω	動. 過不. 主. 假設. 三單	吩咐，命令
ἄβυσσος, ου, ἡ	名. 直. 陰. 單	深淵，陰間
32. ἀγέλη, ης, ἡ	名. 主. 陰. 單	獸群（豬）
χοῖρος, ου, ὁ	名. 所. 陽. 複	豬
βόσκω	動. 現在. 被. 分詞. 主. 陰. 單	照顧，餵養
ἐπιτρέπω	動. 過不. 主. 假設. 三單	讓，准，許
33. ὁρμάω	動. 過不. 主. 直說. 三單	衝
κρημνός, οῦ, ὁ	名. 所. 陽. 單	懸崖，山崖
ἀποπνίγω	動. 過不. 被. 直說. 三單	窒息，擠
34. βόσκω	動. 現在. 主. 分詞. 主. 陽. 複	照顧，餵養
φεύγω	動. 過不. 主. 直說. 三複	逃，逃跑
35. ἱματίζω	動. 完成. 被. 分詞. 直. 陽. 單	穿衣服
σωφρονέω	動. 現在. 主. 分詞. 直. 陽. 單	神智回復
36. δαιμονίζομαι	動. 過不. 被. 分詞. 主. 陽. 單	被邪靈附身
37. Γερασηνός, ή, όν	形. 所. 陽. 複. 原	格拉森的〔革辣撒的〕
ἐμβαίνω	動. 過不. 主. 分詞. 主. 陽. 單	上船
39. διηγέομαι	動. 現在. 關. 命令. 二單	告訴，述說
40. ἀποδέχομαι	動. 過不. 關. 直說. 三單	歡迎
41. Ἰάϊρος, ου, ὁ	名. 主. 陽. 單	葉魯，和：睚魯〔雅依洛〕
42. μονογενής, ές	形. 主. 陰. 單. 原	唯一的，獨特的，獨生的
συμπνίγω	動. 過未. 主. 直說. 三複	擁擠，擠壓住
43. ῥύσις, εως, ἡ	名. 間. 陰. 單	流（血）
ἰατρός, οῦ, ὁ	名. 間. 陽. 複	醫生
προσαναλίσκω (-λόω)	動. 過不. 主. 分詞. 主. 陰. 單	花費

44. ὄπισθεν	副.原	在後
κράσπεδον, ου, τό	名.所.中.單	邊緣，衣角，繸子
45. ἀρνέομαι	動.現在.關.分詞.所.陽.複	否認，不認
ἀποθλίβω	動.現在.主.直說.三複	擁擠
47. λανθάνω	動.過不.主.直說.三單	隱藏，躲避…的注意
τρέμω	動.現在.主.分詞.主.陰.單	顫抖，懼怕
προσπίπτω	動.過不.主.分詞.主.陰.單	在某人面前俯伏
αἰτία, ας, ἡ	名.直.陰.單	理由
49. ἀρχισυνάγωγος, ου, ὁ	名.所.陽.單	會堂主管
θνῄσκω	動.完成.主.直說.三單	死，死了
μηκέτι	副.原	不再
σκύλλω	動.現在.主.命令.二單	煩擾
52. κόπτω	動.過未.關.直說.三複	悲傷，哀號，哀哭
καθεύδω	動.現在.主.直說.三單	睡著，睡覺
53. καταγελάω	動.過未.主.直說.三複	譏笑
54. κρατέω	動.過不.主.分詞.主.陽.單	握，拿，抓
55. διατάσσω	動.過不.主.直說.三單	吩咐，指示，安排
56. ἐξίστημι	動.過不.主.直說.三複	驚奇，令人驚訝
παραγγέλλω	動.過不.主.直說.三單	命令，吩咐

第九章

1. συγκαλέω	動.過不.關.分詞.主.陽.單	集合，召集，叫到面前來
νόσος, ου, ἡ	名.直.陰.複	疾病
2. ἀσθενής, ές	形.直.陽.複.原	生病的
3. ῥάβδος, ου, ἡ	名.直.陰.單	棍，杖
πήρα, ας, ἡ	名.直.陰.單	（旅行者或乞丐使用的）袋子
ἀργύριον, ου, τό	名.直.中.單	銀幣，錢，銀
ἀνά	介.直	每個，每一，各
χιτών, ῶνος, ὁ	名.直.陽.複	內衣，衫
4. ἐκεῖθεν	副.原	從那裏
5. κονιορτός, οῦ, ὁ	名.直.陽.單	塵土
ἀποτινάσσω	動.現在.主.命令.二複	抖掉，跺掉
μαρτύριον, ου, τό	名.直.中.單	證言，見證，證據

6. πανταχοῦ	副.原	到處，各地
7. τετράρχης (-αα-), ου, ὁ	名.主.陽.單	小王（權力比王低的小領主）
διαπορέω	動.過未.主.直說.三單	困惑，猜疑
8. φαίνω	動.過不.被.直說.三單	出現，顯現
ἀρχαῖος, α, ον	形.所.陽.複.原	古時的，以前的
9. ἀποκεφαλίζω	動.過不.主.直說.一單	斬頭
10. διηγέομαι	動.過不.關.直說.三複	告訴，述說
ὑποχωρέω	動.過不.主.直說.三單	退卻，走開
Βηθσαϊδά, ἡ	名.直.陰.單	伯賽大〔貝特賽達〕
ὑποχωρέω κατ᾽ ἰδίαν		悄悄地到…去
11. ἀποδέχομαι	動.過不.關.分詞.主.陽.單	歡迎，接待
θεραπεία, ας, ἡ	名.所.陰.單	醫治，僕人
12. κλίνω	動.現在.主.不定	消逝，（太陽）下（山）
κύκλῳ	副.原	在…周圍，四周
καταλύω	動.過不.主.假設.三複	作客
ἐπισιτισμός, οῦ, ὁ	名.直.陽.單	食物，吃的東西
13. μήτι	虛.疑	用於期待否定答案的問句中
βρῶμα, ατος, τό	名.直.中.複	食物
14. πεντακισχίλιοι, αι, α	形.主.陽.複.原	五千
κλισία, ας, ἡ	名.直.陰.複	群組（吃飯的人）
ἀνά	介.直	每個，每一，各
πεντήκοντα	形.直.陽.複.原	五十
16. κατακλάω	動.過不.主.直說.三單	掰開，擘開
17. χορτάζω	動.過不.被.直說.三複	飽足，滿足
περισσεύω	動.過不.主.分詞.主.中.單	剩餘
κλάσμα, ατος, τό	名.所.中.複	碎屑，碎塊
κόφινος, ου, ὁ	名.主.陽.複	籃子
18. σύνειμι	動.過未.主.直說.三複	同在，跟…在一起
σύνειμι αὐτῷ		他們來見他
19. βαπτιστής, οῦ, ὁ	名.直.陽.單	施洗者（約翰）
ἀρχαῖος, α, ον	形.所.陽.複.原	古時的，以前的
21. παραγγέλλω	動.過不.主.直說.三單	命令，吩咐
22. ἀποδοκιμάζω	動.過不.被.不定	棄絕

23. ἀρνέομαι	動.過不.關.命令.三單	否認，不認，背棄，拒絕
σταυρός, οῦ, ὁ	名.直.陽.單	十字架
25. ὠφελέω	動.現在.被.直說.三單	獲得，獲利，達到（目的）
κερδαίνω	動.過不.主.分詞.主.陽.單	獲得，贏得
ζημιόω	動.過不.被.分詞.主.陽.單	損失，喪失，賠上
26. ἐπαισχύνομαι	動.過不.被.假設.三單	以…爲恥
27. ἀληθῶς	副.原	眞地，實在地，確實地
αὐτοῦ	副.原	這裏，那裏
γεύομαι	動.過不.關.假設.三複	嘗，經驗
28. ὀκτώ	形.主.陰.複.原	八
29. εἶδος, ους, τό	名.主.中.單	形狀，外貌
ἱματισμός, οῦ, ὁ	名.主.陽.單	衣服
λευκός, ή, όν	形.主.陽.單.原	白色的，潔白的，明亮的
ἐξαστράπτω	動.現在.主.分詞.主.陽.單	發光
30. συλλαλέω	動.過未.主.直說.三複	跟…講話，商量，議論
31. ἔξοδος, ου, ἡ	名.直.陰.單	離開，死亡
32. βαρέω	動.完成.被.分詞.主.陽.複	睡著
ὕπνος, ου, ὁ	名.間.陽.單	睡覺
διαγρηγορέω	動.過不.主.分詞.主.陽.複	完全甦醒或保持清醒
συνίστημι	動.完成.主.分詞.直.陽.複	跟…站在一起或站在旁邊
βαρέομαι ὕπνῳ		酣睡
33. διαχωρίζω	動.現在.關.不定	離開，走開
σκηνή, ῆς, ἡ	名.直.陰.複	帳棚
34. ἐπισκιάζω	動.過未.主.直說.三單	遮蓋，籠罩
35. ἐκλέγομαι	動.完成.被.分詞.主.陽.單	揀選，選
36. σιγάω	動.過不.主.直說.三複	保持安靜，安靜
37. ἑξῆς	副.原	次日，第二天
κατέρχομαι	動.過不.主.分詞.所.陽.複	下來，下去
συναντάω	動.過不.主.直說.三單	遇見，迎接
38. βοάω	動.過不.主.直說.三單	呼喊，大叫
ἐπιβλέπω	動.過不.主.不定	顧念，救，小心照料
μονογενής, ές	形.主.陽.單.原	唯一的，獨特的，獨生的
39. ἐξαίφνης	副.原	忽然，没有料到地

σπαράσσω	動.現在.主.直說.三單	抽筋，發生痙攣
ἀφρός, οῦ, ὁ	名.所.陽.單	涎沫
μόγις	副.原	難以
ἀποχωρέω	動.現在.主.直說.三單	走開，離開
συντρίβω	動.現在.主.分詞.主.中.單	摧毀，斷（骨頭）
41. ὦ	歎	啊！（稱呼人或表達情感）
ἄπιστος, ον	形.呼.陰.單.原	不信實的，不信的
διαστρέφω	動.完成.被.分詞.呼.陰.單	歪曲，腐敗的
πότε	副.原	幾時？甚麼時候？
ἀνέχω	動.未來.關.直說.一單	忍受，忍耐，耐心領受
προσάγω	動.過不.主.命令.二單	帶到…之前
42. ῥήγνυμι (ῥήσσω)	動.過不.主.直說.三單	摔倒在地上（痙攣）
συσπαράσσω	動.過不.主.直說.三單	使痙攣，使抽瘋
43. ἐκπλήσσω	動.過未.被.直說.三複	驚異，驚訝，希奇
μεγαλειότης, ητος, ἡ	名.間.陰.單	威嚴，偉大，大能
τίθεμαι εἰς τὰ ὦτα		留心聽，緊記，存在耳中
45. ἀγνοέω	動.過未.主.直說.三複	不了解
παρακαλύπτω	動.完成.被.分詞.主.中.單	隱藏，隱晦不明
αἰσθάνομαι	動.過不.關.假設.三複	理解，明白
51. συμπληρόω	動.現在.被.不定	快到，來臨（時間）
ἀνάλημψις, εως, ἡ	名.所.陰.單	接上（天），升天
στηρίζω	動.過不.主.直說.三單	堅定，堅固
στηρίζω τὸ πρόσωπον		決心
52. Σαμαρίτης, ου, ὁ	名.所.陽.複	撒瑪利亞〔撒瑪黎雅〕人（男）
54. ἀναλίσκω (-λόω)	動.過不.主.不定	燒毀，毀滅
58. ἀλώπηξ, εκος, ἡ	名.主.陰.複	狐狸
φωλεός, οῦ, ὁ	名.直.陽.複	洞，穴
πετεινόν, οῦ, τό	名.主.中.複	鳥，飛禽
κατασκήνωσις, εως, ἡ	名.直.陰.複	巢，窩
κλίνω	動.現在.主.假設.三單	放，枕
59. ἐπιτρέπω	動.過不.主.命令.二單	讓，准，許
θάπτω	動.過不.主.不定	埋葬
θάπτω τὸν πατέρα μου		終身侍候父親

60. διαγγέλλω	動. 現在. 主. 命令. 二單	傳佈，宣講
ἄφες τοὺς νεκροὺς θάψαι τοὺς ἑαυτῶν νεκρούς		這不是應該關注的事情
61. ἐπιτρέπω	動. 過不. 主. 命令. 二單	讓，准，許
ἀποτάσσω	動. 過不. 關. 不定	告別，離開
62. ἄροτρον, ου, τό	名. 直. 中. 單	犁
εὔθετος, ον	形. 主. 陽. 單. 原	適宜的，有用處的
ἐπιβάλλω τὴν χεῖρα ἐπ᾽ ἄροτρον καὶ βλέπω εις τὰ ὀπίσω 邊做邊猶豫		

第十章

1. ἀναδείκνυμι	動. 過不. 主. 直說. 三單	任命，揀選
ἑβδομήκοντα	形. 直. 陽. 複. 原	七十
ἀνά	介. 直	每個，每一，各
ἀνα δύο		兩個一組
2. θερισμός, οῦ, ὁ	名. 主. 陽. 單	收穫，莊稼，農場（主人）
ἐργάτης, ου, ὁ	名. 主. 陽. 複	工人
3. ἀρήν, ἀρνός, ὁ	名. 直. 陽. 複	小羊，羔羊
λύκος, ου, ὁ	名. 所. 陽. 複	狼
4. βαλλάντιον, ου, τό	名. 直. 中. 單	錢包
πήρα, ας, ἡ	名. 直. 陰. 單	（旅行者或乞丐使用的）袋子
ὑπόδημα, ατος, τό	名. 直. 中. 複	涼鞋，拖鞋，鞋子
6. ἐπαναπαύομαι	動. 未來. 被. 直說. 三單	臨到…之上，歸…
ἀνακάμπτω	動. 未來. 主. 直說. 三單	回，歸
7. ἐργάτης, ου, ὁ	名. 主. 陽. 單	工人
μισθός, οῦ, ὁ	名. 所. 陽. 單	工價，工資，報酬
μεταβαίνω	動. 現在. 主. 命令. 二複	離開，移動，去
9. ἀσθενής, ές	形. 直. 陽. 複. 原	生病的，軟弱的
10. πλατεῖα, ας, ἡ	名. 直. 陰. 複	街道，大街
11. κονιορτός, οῦ, ὁ	名. 直. 陽. 單	塵土
κολλάω	動. 過不. 被. 分詞. 直. 陽. 單	塵土
ἀπομάσσω	動. 現在. 關. 直說. 一複	跺掉（表示抗議）
12. Σόδομα, ων, τά	名. 間. 中. 複	所多瑪〔索多瑪〕
ἀνεκτός, όν	形. 主. 中. 單. 比	可忍受的
13. Χοραζίν, ἡ	名. 呼. 陰. 單	哥拉汎〔苛辣匝因〕

Βηθσαϊδά, ἡ	名.呼.陰.單	伯賽大〔貝特賽達〕
Τύρος, ου, ἡ	名.間.陰.單	泰爾，和：推羅〔提洛〕
Σιδών, ῶνος, ἡ	名.間.陰.單	西頓〔漆冬〕
πάλαι	副.原	已經，…很久了
σάκκος, ου, ὁ	名.間.陽.單	粗麻布（衣）（服喪時所穿著）
σποδός, οῦ, ἡ	名.間.陰.單	灰燼
14. ἀνεκτός, όν	形.主.中.單.比	可忍受的
κρίσις, εως, ἡ	名.間.陰.單	審判，定罪
15. Καφαρναούμ, ἡ	名.呼.陰.單	迦百農〔葛法翁〕
ᾅδης, ου, ὁ	名.所.陽.單	陰間，地獄
17. ἑβδομήκοντα	形.主.陽.複.原	七十
ὑποτάσσω	動.現在.被.直說.三單	制服，服從，受…轄制
18. ἀστραπή, ῆς, ἡ	名.直.陰.單	閃電
19. πατέω	動.現在.主.不定	踐踏
ὄφις, εως, ὁ	名.所.陽.複	蛇
σκορπίος, ου, ὁ	名.所.陽.複	蝎子
ἀδικέω	動.過不.主.假設.三單	傷害，作惡
20. ὑποτάσσω	動.現在.被.直說.三單	制服，服從，受…轄制
ἐγγράφω	動.完成.被.直說.三單	寫，記錄
21. ἀγαλλιάω	動.過不.關.直說.三單	大大歡喜快樂
ἐξομολογέω	動.現在.關.直說.一單	同意，宣認，頌讚，感謝
ἀποκρύπτω	動.過不.主.直說.二單	隱藏，守密
σοφός, ή, όν	形.所.陽.複.原	智慧的，有經驗的
συνετός, ή, όν	形.所.陽.複.原	有學問的，明達的，博學的
νήπιος, α, ον	形.間.陽.複.原	嬰孩，小孩
ναί	虛.強	是的，眞是，確實
εὐδοκία, ας, ἡ	名.主.陰.單	美意，誠意，目的
22. βούλομαι	動.現在.關.假設.三單	希望，願意，打算，計劃
25. ἐκπειράζω	動.現在.主.分詞.主.陽.單	試探
κληρονομέω	動.未來.主.直說.一單	得到，承受
26. ἀναγινώσκω	動.現在.主.直說.二單	念
27. ἰσχύς, ύος, ἡ	名.間.陰.單	力量，能力
διάνοια, ας, ἡ	名.間.陰.單	心思，理智，思想，意念

πλησίον	副.原	靠近，鄰人
28. ὀρθῶς	副.原	對，正確地，合情合理地
29. πλησίον	副.原	靠近，人
30. ὑπολαμβάνω	動.過不.主.分詞.主.陽.單	回答
Ἰεριχώ, ἡ	名.直.陰.單	耶利哥〔耶里哥〕
λῃστής, οῦ, ὁ	名.間.陽.複	強盜，暴徒
περιπίπτω	動.過不.主.直說.三單	落入（強盜）手中
ἐκδύω	動.過不.主.分詞.主.陽.複	剝下，脫下
πληγή, ῆς, ἡ	名.直.陰.複	打擊，傷
ἡμιθανής, ές	形.直.陽.單.原	半死的
ἐπιτίθημι πληγάς		打
31. συγκυρία, ας, ἡ	名.直.陰.單	碰巧，偶然
ἀντιπαρέρχομαι	動.過不.主.直說.三單	從路的另一邊走過去
32. Λευίτης, ου, ὁ	名.主.陽.單	利未人（是祭司助手）
33. Σαμαρίτης, ου, ὁ	名.主.陽.單	撒瑪利亞〔撒瑪黎雅〕人（男）
ὁδεύω	動.現在.主.分詞.主.陽.單	旅行
σπλαγχνίζομαι	動.過不.被.直說.三單	動了慈心或惻隱之心，憐憫
34. καταδέω	動.過不.主.直說.三單	纏，包紮
τραῦμα, ατος, τό	名.直.中.複	傷口
ἐπιχέω	動.現在.主.分詞.主.陽.單	倒在…上
ἔλαιον, ου, τό	名.直.中.單	橄欖油，油
ἐπιβιβάζω	動.過不.主.分詞.主.陽.單	扶…騎上…
κτῆνος, ους, τό	名.直.中.單	乘騎載物的動物
πανδοχεῖον, ου, τό	名.直.中.單	小旅店，客棧
ἐπιμελέομαι	動.過不.被.直說.三單	照顧，看顧
35. αὔριον	副.原	明天，第二天
δηνάριον, ου, τό	名.直.中.複	銀子，銀圓〔德納〕
πανδοχεύς, έως, ὁ	名.間.陽.單	客棧主人
προσδαπανάω	動.過不.主.假設.二單	另外又花費
ἐπανέρχομαι	動.現在.關.不定	回來
36. πλησίον	副.原	靠近，鄰人
ἐμπίπτω	動.過不.主.分詞.所.陽.單	落入，陷入
λῃστής, οῦ, ὁ	名.直.陽.複	強盜，暴徒

38. Μάρθα, ας, ἡ	名.主.陰.單	馬大〔馬爾大〕
ὑποδέχομαι	動.過不.關.直說.三單	（看作客人）接待
39. ὅδε, ἥδε, τόδε	代.指代.間.陰.單	這，他，她，它
ἀδελφή, ῆς, ἡ	名.主.陰.單	姊妹
παρακαθέζομαι	動.過不.被.分詞.主.陰.單	坐，坐著
40. Μάρθα, ας, ἡ	名.主.陰.單	馬大〔馬爾大〕
περισπάω	動.過未.被.直說.三單	心情紛亂或耽憂
διακονία, ας, ἡ	名.直.陰.單	服侍
μέλει	動.現在.主.直說.三單	關心，在乎
καταλείπω	動.過不.主.直說.三單	撇下，剩下，忽視
συναντιλαμβάνομαι	動.過不.關.假設.三單	幫助
41. θορυβάζω	動.現在.被.直說.二單	煩擾，操心忙亂
42. μερίς, ίδος, ἡ	名.直.陰.單	部份
ἐκλέγομαι	動.過不.關.直說.三單	揀選，選
ἀφαιρέω	動.未來.被.直說.三單	奪走，除去

第十一章

1. παύω	動.過不.關.直說.三單	停止，完，終止
2. ἁγιάζω	動.過不.被.命令.三單	尊為聖，使純潔
3. ἐπιούσιος, ον	形.直.陽.單.原	為了今天，為明天或將來一天
4. εἰσφέρω	動.過不.主.假設.二單	讓…受（艱難考驗）
5. μεσονύκτιον, ου, τό	名.所.中.單	半夜
κίχρημι	動.過不.主.命令.二單	借給
6. ἐπειδή	連.原從	因為
7. κἀκεῖνος, η, ο	連.繫并	而那一個，而他
ἔσωθεν	副.原	在…裏面
κόπος, ου, ὁ	名.直.陽.複	煩擾
παρέχω	動.現在.主.命令.二單	引起，使…得到，給
θύρα, ας, ἡ	名.主.陰.單	門，大門
κλείω	動.完成.被.直說.三單	關閉，鎖
κοίτη, ης, ἡ	名.直.陰.單	床
8. ἀναίδεια, ας, ἡ	名.直.陰.單	一再迫切的懇求
χρῄζω	動.現在.主.直說.三單	需要

9. κρούω	動.現在.主.命令.二複	敲（門）
11. ἀντί	介.所	代替
ὄφις, εως, ὁ	名.直.陽.單	蛇
12. ᾠόν, οῦ, τό	名.直.中.單	蛋
σκορπίος, ου, ὁ	名.直.陽.單	蝎子
13. δόμα, ατος, τό	名.直.中.複	好東西，恩賜，餽贈
14. κωφός, ή, όν	形.主.中.單.原	啞的，聾的
15. Βεελζεβούλ, ὁ	名.間.陽.單	別西卜〔貝耳則步〕，鬼王
16. πειράζω	動.現在.主.分詞.主.陽.複	試驗，試探
17. διανόημα, ατος, τό	名.直.中.複	意念，想法
ἐρημόω	動.現在.被.直說.三單	荒廢，衰敗
18. Βεελζεβούλ, ὁ	名.間.陽.單	別西卜〔貝耳則步〕，鬼王
20. δάκτυλος, ου, ὁ	名.間.陽.單	手指頭，喻：能力
φθάνω	動.過不.主.直說.三單	臨到，來到
ἐν δακτυλῷ θεοῦ		倚靠上帝的能力
21. ἰσχυρός, ά, όν	形.主.陽.單.原	強壯的
καθοπλίζω	動.完成.關.分詞.主.陽.單	武裝齊備的，全身武裝
αὐλή, ῆς, ἡ	名.直.陰.單	院子
22. ἐπάν	連.時從	當…時，一經…就
ἐπέρχομαι	動.過不.主.分詞.主.陽.單	來，來攻擊
νικάω	動.過不.主.假設.三單	勝過，得勝
πανοπλία, ας, ἡ	名.直.陰.單	全副軍裝
σκῦλον, ου, τό	名.直.中.複	掠奪物，贓物
διαδίδωμι	動.現在.主.直說.三單	分配，分，給
23. σκορπίζω	動.現在.主.直說.三單	拆散，趕散，要慷慨
24. ἄνυδρος, ον	名.所.陽.複	没有水的，乾旱的
ἀνάπαυσις, εως, ἡ	名.直.陰.單	棲息的地方
ὅθεν	連.地從	地方，從那裏
25. σαρόω	動.完成.被.分詞.直.陽.單	打掃（房子）
κοσμέω	動.完成.被.分詞.直.陽.單	裝飾，整理
26. κατοικέω	動.現在.主.直說.三單	居住，定居
χείρων, ον	形.主.中.複.比	更壞的，更厲害的
27. μαστός, οῦ, ὁ	名.主.陽.複	胸部，乳房

θηλάζω	動.過不.主.直說.二單	哺育，授乳，吸奶
ἡ κοιλία βαστάζει		懷胎
ἐπαίρω φώνην		大聲講話
28. μενοῦν	虛.強	相反地，更…
29. ἐπαθροίζω	動.現在.被.分詞.所.陽.複	聚集，圍繞
Ἰωνᾶς, ᾶ, ὁ	名.所.陽.單	約拿〔約納〕
30. Νινευίτης, ου, ὁ	名.間.陽.複	尼尼微人（尼尼微城）
31. βασίλισσα, ης, ἡ	名.主.陰.單	女王，王后
νότος, ου, ὁ	名.所.陽.單	南方
κρίσις, εως, ἡ	名.間.陰.單	審判，定罪
κατακρίνω	動.未來.主.直說.三單	審判，定罪
πέρας, ατος, τό	名.所.中.複	終端，地極，天涯海角
Σολομών, ῶνος, ὁ	名.所.陽.單	所羅門〔撒羅滿〕
32. Νινευίτης, ου, ὁ	名.主.陽.複	尼尼微人（尼尼微城）
κήρυγμα, ατος, τό	名.直.中.單	所講的道，信息
Ἰωνᾶς, ᾶ, ὁ	名.所.陽.單	約拿〔約納〕
33. κρύπτη, ης, ἡ	名.直.陰.單	地窖，隱密的地方
μόδιος, ίου, ὁ	名.直.陽.單	斗（量穀子容器，約 8.75 公升）
λυχνία, ας, ἡ	名.直.陰.單	燈台
34. ἁπλοῦς, ῆ, οῦν	形.主.陽.單.原	健全的，好的
φωτεινός, ή, όν	形.主.中.單.原	光明的
ἐπάν	連.時從	當…時，一經…就
σκοτεινός, ή, όν	形.主.中.單.原	黑暗的，在黑暗中的
35. σκοπέω	動.現在.主.命令.二單	注意，小心
σκότος, ους, τό	名.主.中.單	黑暗，罪
36. φωτεινός, ή, όν	形.主.中.單.原	光明的
μέρος, ους, τό	名.直.中.單	部份，地區
σκοτεινός, ή, όν	形.直.中.單.原	黑暗的，在黑暗中的
ἀστραπή, ῆς, ἡ	名.間.陰.單	光輝
φωτίζω	動.現在.主.假設.三單	照亮，照耀
37. ἀριστάω	動.過不.主.假設.三單	吃飯
ἀναπίπτω	動.過不.主.直說.三單	斜躺，坐席
38. ἄριστον, ου, τό	名.所.中.單	餐，筵席

39. ἔξωθεν	不介.所	從外面
πίναξ, ακος, ἡ	名.所.陽.單	盤子，碟子
ἔσωθεν	副.原	在…裏面，在內心，裏面
γέμω	動.現在.主.直說.三單	充滿，盛滿
ἁρπαγή, ῆς, ἡ	名.所.陰.單	搶劫，貪婪
πονηρία, ας, ἡ	名.所.陰.單	邪惡，惡意
40. ἄφρων, ον	形.呼.陽.複.原	無知的人，蠢的，無知的
41. ἔνειμι	動.現在.主.分詞.直.中.複	在裏面
ἐλεημοσύνη, ης, ἡ	名.直.陰.單	施捨，賙濟窮人
καθαρός, ά, όν	形.主.中.複.原	潔淨的，乾淨的
42. ἀποδεκατόω	動.現在.主.直說.二複	奉獻十分之一
ἡδύοσμον, ου, τό	名.直.中.單	薄荷
πήγανον, ου, τό	名.直.中.單	茴香
λάχανον, ου, τό	名.直.中.單	栽培的植物，蔬菜
κρίσις, εως, ἡ	名.直.陰.單	正義，公正
κἀκεῖνος, η, ο	連.繫并	而那一個，而他
παρίημι	動.過不.主.不定	忽略
43. πρωτοκαθεδρία, ας, ἡ	名.直.陰.單	特別座位
ἀγορά, ᾶς, ἡ	名.間.陰.複	市場
44. ἄδηλος, ον	形.主.中.複.原	没有記號的
45. ὑβρίζω	動.現在.主.直說.二單	凌辱，侮辱
46. φορτίζω	動.現在.主.直說.二複	擔負（重擔）
φορτίον, ου, τό	名.直.中.複	擔子，重擔，貨物
δυσβάστακτος, ον	形.直.中.複.原	難以背負的
δάκτυλος, ου, ὁ	名.所.陽.複	手指頭
προσψαύω	動.現在.主.直說.二複	觸摸，移動
48. μάρτυς, υρος, ὁ	名.主.陽.複	見證人
συνευδοκέω	動.現在.主.直說.二複	贊同，同意，願意
49. διώκω	動.未來.主.直說.三複	逼迫（追擊）
50. ἐκζητέω	動.過不.被.假設.三單	被追究，受到懲罰
ἐκχέω	動.完成.被.分詞.主.中.單	流（血）
καταβολή, ῆς, ἡ	名.所.陰.單	起初，創造
51. Ἅβελ, ὁ	名.所.陽.單	亞伯〔亞伯爾〕

μεταξύ	不介.所	在…之間
θυσιαστήριον, ου, τό	名.所.中.單	祭壇
ναί	虛.強	是的，眞是，確實
52. κλείς, κλειδός, ἡ	名.直.陰.單	鑰匙
γνῶσις, εως, ἡ	名.所.陰.單	知識
53. κἀκεῖθεν	連.繫并	而從那裏，後來
δεινῶς	副.原	懷著敵意地
ἐνέχω	動.現在.主.不定	懷恨，敵對
ἀποστοματίζω	動.現在.主.不定	質問，問難題
54. ἐνεδρεύω	動.現在.主.分詞.主.陽.複	埋伏，陰謀，陷害
θηρεύω	動.過不.主.不定	找（話柄）

第十二章

1. ἐπισυνάγω	動.過不.被.分詞.所.陰.複	招集，聚集
μυριάς, άδος, ἡ	名.所.陰.複	一萬，無數的
καταπατέω	動.現在.主.不定	踐踏
προσέχω	動.現在.主.命令.二複	謹慎，小心
ζύμη, ης, ἡ	名.所.陰.單	酵母
ὑπόκρισις, εως, ἡ	名.主.陰.單	僞善，不誠實，虛僞
2. συγκαλύπτω	動.完成.被.分詞.主.中.單	掩藏，隱藏
κρυπτός, ή, όν	形.主.中.單.原	秘密的，隱藏的
3. ἀντί	介.所	爲了…的緣故
σκοτία, ας, ἡ	名.間.陰.單	黑暗
ταμεῖον, ου, τό	名.間.中.複	屋子，裏間兒或密室
δῶμα, ατος, τό	名.所.中.複	屋頂
ἀνθ᾽ ὧν		因爲
πρὸς τὸ οὖς λαλέω		耳語
λέγω ἐν τῇ σκοτίᾳ		在暗中說話
4. περισσότερος, α, ον	形.直.中.單.比	更…，更大
5. ὑποδείκνυμι	動.未來.主.直說.一單	指示，告訴
ἐμβάλλω	動.過不.主.不定	丟進，投入
γέεννα, ης, ἡ	名.直.陰.單	最後審判的地點，地獄
ναί	虛.強	是的，眞是，確實

6. στρουθίον, ου, τό	名.主.中.複	麻雀
ἀσσάριον, ου, τό	名.所.中.複	銅幣
ἐπιλανθάνομαι	動.完成.被.分詞.主.中.單	忘記，忘了，疏忽，忽視
7. θρίξ, τριχός, ἡ	名.主.陰.複	頭髮
ἀριθμέω	動.完成.被.直說.三複	計算，數算
διαφέρω	動.現在.主.直說.二複	更貴重
8. ὁμολογέω	動.過不.主.假設.三單	承認
9. ἀρνέομαι	動.過不.關.分詞.主.陽.單	否認，不認，背棄，拒絕
ἀπαρνέομαι	動.未來.被.直說.三單	不認，否認與…有關係
10. βλασφημέω	動.過不.主.分詞.間.陽.單	褻瀆，毀謗，侮辱
11. εἰσφέρω	動.現在.主.假設.三複	帶（進）來，抬進
ἀπολογέομαι	動.過不.關.假設.二複	爲自己說話，替自己辯護
13. μερίζω	動.過不.關.不定	給，分配，分（遺產）
κληρονομία, ας, ἡ	名.直.陰.單	產業，遺產
14. καθίστημι	動.過不.主.直說.三單	派…管理
μεριστής, οῦ, ὁ	名.直.陽.單	分配者（解決財產爭端的人）
15. πλεονεξία, ας, ἡ	名.所.陰.單	貪心，貪婪
περισσεύω	動.現在.主.不定	富裕，有許多
16. εὐφορέω	動.過不.主.直說.三單	（農作物）豐收
18. καθαιρέω	動.未來.主.直說.一單	推倒，消滅
ἀποθήκη, ης, ἡ	名.直.陰.複	穀倉，倉庫
σῖτος, ου, ὁ	名.直.陽.單	穀，麥子，食糧
19. ἀναπαύω	動.現在.關.命令.二單	休息，安息
20. ἄφρων, ον	形.呼.陽.單.原	無知的人，蠢的，無知的
ἀπαιτέω	動.現在.主.直說.三複	要求歸還，要拿回
21. θησαυρίζω	動.現在.主.分詞.主.陽.單	積聚，積存
πλουτέω	動.現在.主.分詞.主.陽.單	富足，變得富有，發財
22. ἐνδύω	動.過不.關.假設.二複	穿，換上
23. τροφή, ῆς, ἡ	名.所.陰.單	飯，食物，糧食
ἔνδυμα, ατος, τό	名.所.中.單	衣服
24. κατανοέω	動.過不.主.命令.二複	思想，觀察，看看
κόραξ, ακος, ὁ	名.直.陽.複	烏鴉
θερίζω	動.現在.主.直說.三複	收割，收獲，積聚

ταμεῖον, ου, τό	名.主.中.單	倉庫
ἀποθήκη, ης, ἡ	名.主.陰.單	穀倉，倉庫
τρέφω	動.現在.主.直說.三單	飼養，餵養
διαφέρω	動.現在.主.直說.二複	更貴重
πετεινόν, οῦ, τό	名.所.中.複	鳥，飛禽
25. ἡλικία, ας, ἡ	名.直.陰.單	年齡，人生，年日
πῆχυς, εως, ὁ	名.直.陽.單	腕尺，肘（約 0.462 公尺）
26. ἐλάχιστος, η, ον	形.直.中.單.最	最小的，非常微小的
27. κατανοέω	動.過不.主.命令.二複	思想，觀察，看看
κρίνον, ου, τό	名.直.中.複	百合花
αὐξάνω (αὔξω)	動.現在.主.直說.三單	生長，興旺
κοπιάω	動.現在.主.直說.三單	工作，辛勞工作，勞苦
νήθω	動.現在.主.直說.三單	紡（織）
Σολομών, ῶνος, ὁ	名.主.陽.單	所羅門〔撒羅滿〕
περιβάλλω	動.過不.關.直說.三單	穿戴，穿（衣）
28. χόρτος, ου, ὁ	名.直.陽.單	草
αὔριον	副.原	明天，第二天，一會兒
κλίβανος, ου, ὁ	名.直.陽.單	火爐
ἀμφιέζω	動.現在.主.直說.三單	穿衣，妝飾
ὀλιγόπιστος, ον	形.呼.陽.複.原	信心微小的，小信的
29. μετεωρίζομαι	動.現在.關.命令.二複	耽憂，煩亂
30. ἐπιζητέω	動.現在.主.直說.三複	求，尋求，追逐
χρῄζω	動.現在.主.直說.二複	需要，用得著
32. ποίμνιον, ου, τό	名.呼.中.單	羊群，群
εὐδοκέω	動.過不.主.直說.三單	喜歡，決意選擇，樂意
33. ἐλεημοσύνη, ης, ἡ	名.直.陰.單	施捨，賙濟窮人（行爲或錢財）
βαλλάντιον, ου, τό	名.直.中.複	錢包
παλαιόω	動.現在.被.分詞.直.中.複	變舊，破舊
θησαυρός, οῦ, ὁ	名.直.陽.單	財寶，積存，儲藏
ἀνέκλειπτος, ον	形.直.陽.單.原	不會減少的，用不盡的
κλέπτης, ου, ὁ	名.主.陽.單	小偷，賊
σής, σητός, ὁ	名.主.陽.單	蛀蟲
διαφθείρω	動.現在.主.直說.三單	損壞，蛀蝕

35. ὀσφῦς, ύος, ἡ	名.主.陰.複	腰部
περιζώννυμι	動.完成.被.分詞.主.陰.複	束緊腰帶，準備好
καίω	動.現在.被.分詞.主.陽.複	點燈
36. πότε	連.疑從	幾時？甚麼時候？
ἀναλύω	動.過不.主.假設.三單	回來，回家
γάμος, ου, ὁ	名.所.陽.複	婚禮，婚宴
κρούω	動.過不.主.分詞.所.陽.單	敲（門）
37. γρηγορέω	動.現在.主.分詞.直.陽.複	警醒
περιζώννυμι	動.未來.關.直說.三單	束緊腰帶
ἀνακλίνω	動.未來.主.直說.三單	使坐下，坐席（吃飯）
38. κἂν	連.繫并	即使，雖然
δεύτερος, α, ον	名.間.陰.單	第二的
κἂν⋯κἂν		如果⋯或，甚至
39. οἰκοδεσπότης, ου, ὁ	名.主.陽.單	家主，園主
κλέπτης, ου, ὁ	名.主.陽.單	小偷，賊
διορύσσω	動.過不.被.不定	挖透，破門而入
40. ἕτοιμος, η, ον	形.主.陽.複.原	準備好的
42. οἰκονόμος, ου, ὁ	名.主.陽.單	管家，受託管理的人
φρόνιμος, ον	形.主.陽.單.原	智慧的，聰明的
καθίστημι	動.未來.主.直說.三單	派⋯管理
θεραπεία, ας, ἡ	名.所.陰.單	僕人，醫治
σιτομέτριον, ου, τό	名.直.中.單	食物分配
44. ἀληθῶς	副.原	眞地，實在地，確實地
καθίστημι	動.未來.主.直說.三單	派⋯管理
45. χρονίζω	動.現在.主.直說.三單	來遲，遲延，不會那麼早回來
τύπτω	動.現在.主.不定	打，擊，傷害
παιδίσκη, ης, ἡ	名.直.陰.複	婢女，使女，女奴
μεθύσκω	動.現在.被.不定	醉酒，鬧醉
46. διχοτομέω	動.未來.主.直說.三單	重重責打
μέρος, ους, τό	名.直.中.單	部份，事情，行業，黨派
ἄπιστος, ον	形.所.陽.複.原	不信實的，無法相信的
48. πληγή, ῆς, ἡ	名.所.陰.複	打擊，傷
περισσότερος, α, ον	形.直.中.單.比	更⋯，更大

49. ἀνάπτω	動. 過不. 被. 直說. 三單	點燃，燃燒
πῦρ βάλλω		製造紛爭
τί θέλω εἰ		但願我多希望…
50. βάπτισμα, ατος, τό	名. 直. 中. 單	洗禮
τελέω	動. 過不. 被. 假設. 三單	完成，完全，實現
βάπτισμα βαπτίζομαι		受極大的苦難
51. διαμερισμός, οῦ, ὁ	名. 直. 陽. 單	分裂
53. πενθερά, ᾶς, ἡ	名. 主. 陰. 單	婆婆
νύμφη, ης, ἡ	名. 直. 陰. 單	媳婦
54. ἀνατέλλω	動. 現在. 主. 分詞. 直. 陰. 單	升起，出現
δυσμή, ῆς, ἡ	名. 所. 陰. 複	西邊
ὄμβρος, ου, ὁ	名. 主. 陽. 單	驟雨，暴風雨
55. νότος, ου, ὁ	名. 直. 陽. 單	南風
πνέω	動. 現在. 主. 分詞. 直. 陽. 單	（風）吹
καύσων, ωνος, ὁ	名. 主. 陽. 單	燥熱
56. ὑποκριτής, οῦ, ὁ	名. 呼. 陽. 複	僞善者，虛僞的人
δοκιμάζω	動. 現在. 主. 不定	洞察
58. ἀντίδικος, ου, ὁ	名. 所. 陽. 單	法律上的互告者，對頭
ἐργασία, ας, ἡ	名. 直. 陰. 單	從事，做事，努力，盡力
ἀπαλλάσσω	動. 完成. 被. 不定	消除
κατασύρω	動. 現在. 主. 假設. 三單	強拉
πράκτωρ, ορος, ὁ	名. 間. 陽. 單	（法庭）官員
δίδωμι ἐργασίαν		盡全力
ἀπηλλάχθαι ἀπ᾽ αὐτοῦ		跟他和解
59. ἐκεῖθεν	副. 原	從那裏
λεπτός, ή, όν	名. 直. 中. 單	（小）銅錢

第十三章

1. πάρειμι	動. 過未. 主. 直說. 三複	在一起，在這裏
μίγνυμι	動. 過不. 主. 直說. 三單	混合，攙雜
θυσία, ας, ἡ	名. 所. 陰. 複	祭物，牲祭
4. δεκαοκτώ	形. 主. 陽. 複. 原	十八
πύργος, ου, ὁ	名. 主. 陽. 單	塔，守望台，高樓

Σιλωάμ, ὁ	名.間.陽.單	西羅亞〔史羅亞〕
ὀφειλέτης, ου, ὁ	名.主.陽.複	犯錯的人，罪人
κατοικέω	動.現在.主.分詞.直.陽.複	居住，住在
5. ὡσαύτως	副.原	照樣地，同樣地
6. συκῆ, ῆς, ἡ	名.直.陰.單	無花果樹
φυτεύω	動.完成.被.分詞.直.陰.單	栽種，耕種
7. ἀμπελουργός, οῦ, ὁ	名.直.陽.單	管理葡萄園的人，園丁
ἐκκόπτω	動.過不.主.命令.二單	砍掉，砍下
ἱνατί	連.疑并	爲甚麼？何故？
καταργέω	動.現在.主.直說.三單	白佔（土地），浪費
8. σκάπτω	動.過不.主.假設.一單	挖（地）
κόπριον, ου, τό	名.直.中.複	糞，肥料
9. κἄν	連.繫并	而且如果
ἐκκόπτω	動.未來.主.直說.二單	砍掉，砍下
11. ἀσθένεια, ας, ἡ	名.所.陰.單	疾病
δεκαοκτώ	形.直.中.複.原	十八
συγκύπτω	動.現在.主.分詞.主.陰.單	彎腰很厲害，腰老是彎著
ἀνακύπτω	動.過不.主.不定	站直，挺身昂首
παντελής, ές	形.直.中.單.原	完全的，完全地
πνεῦμα ἀσθενείας		因邪靈附著而引起的疾病
12. προσφωνέω	動.過不.主.直說.三單	向…呼叫，叫（某人）到前來
13. ἀνορθόω	動.過不.被.直說.三單	恢復，直起來
14. ἀρχισυνάγωγος, ου, ὁ	名.主.陽.單	會堂主管
ἀγανακτέω	動.現在.主.分詞.主.陽.單	惱怒，生氣，不滿
ἕξ	形.主.陰.複.原	六
ἐργάζομαι	動.現在.關.不定	工作，做事
15. ὑποκριτής, οῦ, ὁ	名.呼.陽.複	僞善者，虛僞的人
βοῦς, βοός, ὁ, ἡ	名.直.陽.單	牛
ὄνος, ου, ὁ, ἡ	名.直.陽.單	驢子
φάτνη, ης, ἡ	名.所.陰.單	馬槽，餵食的槽箱
ἀπάγω	動.過不.主.分詞.主.陽.單	引領
ποτίζω	動.現在.主.直說.三單	給…喝
16. δέω	動.過不.主.直說.三單	捆，綁

	ὀκτώ	形.直.中.複.原	八
	δεσμός, οῦ, ὁ	名.所.陽.單	捆綁，鎖鏈
17.	καταισχύνω	動.過未.被.直說.三複	使慚愧，羞辱
	ἀντίκειμαι	動.現在.關.分詞.主.陽.複	反對，敵對
	ἔνδοξος, ον	形.間.中.複.原	奇妙的
18.	ὁμοιόω	動.未來.主.直說.一單	比喻，比擬
19.	κόκκος, ου, ὁ	名.間.陽.單	種子，子粒
	σίναπι, εως, τό	名.所.中.單	芥菜（以其種子細小而著名）
	κῆπος, ου, ὁ	名.直.陽.單	園子
	αὐξάνω (αὔξω)	動.過不.主.直說.三單	生長
	πετεινόν, οῦ, τό	名.主.中.複	鳥，飛禽
	κατασκηνόω	動.過不.主.直說.三單	搭窩，棲息
	κλάδος, ου, ὁ	名.間.陽.複	枝子，樹枝
20.	ὁμοιόω	動.未來.主.直說.一單	比喻，比擬
21.	ζύμη, ης, ἡ	名.間.陰.單	酵母
	ἐγκρύπτω	動.過不.主.直說.三單	混入，放在…裏
	ἄλευρον, ου, τό	名.所.中.單	麵粉（麥）
	σάτον, ου, τό	名.直.中.複	測量的單位（約 40 公升）
	ζυμόω	動.過不.被.直說.三單	使發酵
22.	διαπορεύομαι	動.過未.關.直說.三單	經過，從旁邊走過
	πορεία, ας, ἡ	名.直.陰.單	旅途
24.	ἀγωνίζομαι	動.現在.關.命令.二複	盡力
	στενός, ή, όν	形.所.陰.單.原	狹窄的，窄的
	θύρα, ας, ἡ	名.所.陰.單	門，入口
25.	οἰκοδεσπότης, ου, ὁ	名.主.陽.單	家主，主人
	ἀποκλείω	動.過不.主.假設.三單	關閉，鎖上
	κρούω	動.現在.主.不定	敲（門）
	πόθεν	連.疑從	從哪裏
26.	πλατεῖα, ας, ἡ	名.間.陰.複	街道，大街
27.	πόθεν	連.疑從	從哪裏
	ἀφίστημι	動.過不.主.命令.二複	離開，遠離
	ἐργάτης, ου, ὁ	名.呼.陽.複	工人
	ἀδικία, ας, ἡ	名.所.陰.單	過錯，邪惡，罪，不公平

28. κλαυθμός, οῦ, ὁ	名. 主. 陽. 單	哀哭，號啕大哭
βρυγμός, οῦ, ὁ	名. 主. 陽. 單	咬牙切齒
ὀδούς, ὀδόντος, ὁ	名. 所. 陽. 複	牙齒
Ἰσαάκ, ὁ	名. 直. 陽. 單	以撒〔依撒格〕
Ἰακώβ, ὁ	名. 直. 陽. 單	雅各〔雅各伯〕
βρυγμὸς τῶν ὀδόντων		咬牙切齒
29. ἀνατολή, ῆς, ἡ	名. 所. 陰. 複	東邊
δυσμή, ῆς, ἡ	名. 所. 陰. 複	西邊（都用＜複＞）
βορρᾶς, ᾶ, ὁ	名. 所. 陽. 單	北方，北邊
νότος, ου, ὁ	名. 所. 陽. 單	南方
ἀνακλίνω	動. 未來. 被. 直說. 三複	使坐下，坐席（吃飯）
31. ἐντεῦθεν	副. 原	從這裏
32. ἀλώπηξ, εκος, ἡ	名. 間. 陰. 單	狐狸
ἴασις, εως, ἡ	名. 直. 陰. 複	醫治，治病
ἀποτελέω	動. 現在. 主. 直說. 一單	完成，執行
αὔριον	副. 原	明天，第二天，一會兒
τελειόω	動. 現在. 被. 直說. 一單	達到完美，完成工作
τῇ ἐχομένῃ		第二天，次日
33. ἐνδέχομαι	動. 現在. 關. 直說. 三單	…是可能的，是適合的
34. λιθοβολέω	動. 現在. 主. 分詞. 呼. 陰. 單	投石頭，用石頭打
ποσάκις	副. 原	多少次？幾次？
ἐπισυνάγω	動. 過不. 主. 不定	招集，聚集
τρόπος, ου, ὁ	名. 直. 陽. 單	方式，樣子
ὄρνις, ιθος, ὁ, ἡ	名. 主. 陰. 單	母雞
νοσσιά, ᾶς, ἡ	名. 直. 陰. 單	一窩孵出的小鳥（雞）
πτέρυξ, υγος, ἡ	名. 直. 陰. 複	翅膀

第十四章

1. παρατηρέω	動. 現在. 關. 分詞. 主. 陽. 複	看，注視，窺伺
2. ὑδρωπικός, ή, όν	形. 主. 陽. 單. 原	患水腫病的，手腳浮腫的
3. οὔ	虛. 否	不（否定答詞）
4. ἡσυχάζω	動. 過不. 主. 直說. 三複	安靜，住口不言
5. βοῦς, βοός, ὁ, ἡ	名. 主. 陽. 單	牛

φρέαρ, ατος, τό	名. 直. 中. 單	井，坑
ἀνασπάω	動. 未來. 主. 直說. 三單	拉出，拉上
6. ἀνταποκρίνομαι	動. 過不. 被. 不定	回答
7. ἐπέχω	動. 現在. 主. 分詞. 主. 陽. 單	注意，謹慎
πρωτοκλισία, ας, ἡ	名. 直. 陰. 複	貴賓席，（宴會中）首座
ἐκλέγομαι	動. 過未. 關. 直說. 三複	揀選，選
8. γάμος, ου, ὁ	名. 直. 陽. 複	婚禮，婚宴
ἔντιμος, ον	形. 主. 陽. 單. 比	受尊重的，受器重的
9. αἰσχύνη, ης, ἡ	名. 所. 陰. 單	羞辱，羞恥
κατέχω	動. 現在. 主. 不定	擁有
10. ἀναπίπτω	動. 過不. 主. 命令. 二單	斜躺，坐席，坐
προσαναβαίνω	動. 過不. 主. 命令. 二單	向上移動
ἀνώτερος, α, ον	副. 比	上座
συνανάκειμαι	動. 現在. 關. 分詞. 所. 陽. 複	與…同桌，跟…同吃
12. ἄριστον, ου, τό	名. 直. 中. 單	餐，午餐，筵席
συγγενής, ές	名. 直. 陽. 複	親戚，親族，親人，同胞
γείτων, ονος, ὁ, ἡ	名. 直. 陽. 複	鄰居
ἀντικαλέω	動. 過不. 主. 假設. 三複	回請
ἀνταπόδομα, ατος, τό	名. 主. 中. 單	償還，報答
13. δοχή, ῆς, ἡ	名. 直. 陰. 單	宴會，請客
ἀνάπειρος, ον	名. 直. 陽. 複	殘廢者
χωλός, ή, όν	形. 直. 陽. 複. 原	跛腳的，瘸腿的
14. ἀνταποδίδωμι	動. 過不. 主. 不定	償還，報答
15. συνανάκειμαι	動. 現在. 關. 分詞. 所. 陽. 複	與…同桌，跟…同吃
17. ἕτοιμος, η, ον	形. 主. 中. 複. 原	準備好的
18. παραιτέομαι	動. 現在. 關. 不定	道歉，逃避，請原諒
ἀνάγκη, ης, ἡ	名. 直. 陰. 單	必要性
ἀπὸ μιᾶς		一個一個地
ἔχε με παραιτούμενον		請接受我的道歉，請原諒
19. ζεῦγος, ους, τό	名. 直. 中. 複	一對（雙）
βοῦς, βοός, ὁ, ἡ	名. 所. 陽. 複	牛
δοκιμάζω	動. 過不. 主. 不定	試驗
21. ὀργίζω	動. 過不. 被. 分詞. 主. 陽. 單	生氣，憤怒

οἰκοδεσπότης, ου, ὁ	名.主.陽.單	家主，莊主，主人
ταχέως	副.原	立刻
πλατεῖα, ας, ἡ	名.直.陰.複	街道，大街
ῥύμη, ης, ἡ	名.直.陰.複	街道，巷
ἀνάπειρος, ον	名.直.陽.複	殘廢者
χωλός, ή, όν	形.直.陽.複.原	跛腳的，瘸腿的
εἰσάγω	動.過不.主.命令.二單	帶進
22. ἐπιτάσσω	動.過不.主.直說.二單	吩咐，命令
23. φραγμός, οῦ, ὁ	名.直.陽.複	柵欄，陋巷，小路
ἀναγκάζω	動.過不.主.命令.二單	強逼，力勸，催促
γεμίζω	動.過不.被.假設.三單	充滿，滿
24. γεύομαι	動.未來.關.直說.三單	嘗，吃
25. συμπορεύομαι	動.過未.關.直說.三複	跟著…去，跟…一起走
26. ἀδελφή, ῆς, ἡ	名.直.陰.複	姊妹
27. σταυρός, οῦ, ὁ	名.直.陽.單	十字架
βαστάζω τὸν σταυρόν		捨命，受苦至死
28. πύργος, ου, ὁ	名.直.陽.單	塔，守望台，高樓
ψηφίζω	動.現在.主.直說.三單	計算（花費）
δαπάνη, ης, ἡ	名.直.陰.單	費用，花費
ἀπαρτισμός, οῦ, ὁ	名.直.陽.單	完成
29. θεμέλιον, ου, τό	名.直.中.單	根基，基石
ἐκτελέω	動.過不.主.不定	完成，完工
31. συμβάλλω	動.過不.主.不定	相會，打（仗）
πόλεμος, ου, ὁ	名.直.陽.單	戰爭，打仗
βουλεύω	動.未來.關.直說.三單	計劃，決定，深思
δυνατός, ή, όν	形.主.陽.單.原	有能力
χιλιάς, αδος, ἡ	名.間.陰.複	一千（爲一群）
ὑπαντάω	動.過不.主.不定	迎接，打鬥，（戰鬥中）對抗
ἔικοσι	形.所.陰.複.原	二十
32. πόρρω	副.原	遠離，遠
πρεσβεία, ας, ἡ	名.直.陰.單	使者，代表
33. ἀποτάσσω	動.現在.關.直說.三單	放棄，捨去
34. ἅλας, ατος, τό	名.主.中.單	鹽

μωραίνω	動.過不.被.假設.三單	變得沒有味道
ἀρτύω	動.未來.被.直說.三單	調味，使…再鹹
35. κοπρία, ας, ἡ	名.直.陰.單	肥料
εὔθετος, ον	形.主.中.單.原	適宜的，有用處的

第十五章

2. διαγογγύζω	動.過未.主.直說.三複	埋怨，發牢騷
συνεσθίω	動.現在.主.直說.三單	同吃，一起吃飯，同桌吃飯
4. ἑκατόν	形.直.中.複.原	一百
πρόβατον, ου, τό	名.直.中.複	羊，小羊
καταλείπω	動.現在.主.直說.三單	離開，撇下
ἐνενήκοντα	形.直.中.複.原	九十
ἐννέα	形.直.中.複.原	九
5. ὦμος, ου, ὁ	名.直.陽.複	肩
6. συγκαλέω	動.現在.主.直說.三單	集合，召集，召喚，邀請
γείτων, ονος, ὁ, ἡ	名.直.陽.複	鄰居
συγχαίρω	動.過不.被.命令.二複	跟…分享喜樂，慶祝
πρόβατον, ου, τό	名.直.中.單	羊，小羊
7. ἐνενήκοντα	形.間.陽.複.原	九十
ἐννέα	形.間.陽.複.原	九
8. δραχμή, ῆς, ἡ	名.直.陰.複	銀幣
σαρόω	動.現在.主.直說.三單	打掃（房子）
ἐπιμελῶς	副.原	仔細地
9. συγκαλέω	動.現在.主.直說.三單	集合，召集，召喚，邀請
φίλη, ης, ἡ	名.直.陰.複	朋友
γείτων, ονος, ὁ, ἡ	名.直.陰.複	鄰居
συγχαίρω	動.過不.被.命令.二複	跟…分享喜樂，慶祝
12. μέρος, ους, τό	名.直.中.單	部份
οὐσία, ας, ἡ	名.所.陰.單	產業，財富
διαιρέω	動.過不.主.直說.三單	分割，分配
13. ἀποδημέω	動.過不.主.直說.三單	出外
μακρός, ά, όν	形.直.陰.單.原	遙遠的
διασκορπίζω	動.過不.主.直說.三單	分散，浪費

ἀσώτως	副. 原	放蕩地，荒淫地
14. δαπανάω	動. 過不. 主. 分詞. 所. 陽. 單	花費，浪費，揮霍
λιμός, οῦ, ὁ, ἡ	名. 主. 陰. 單	饑荒，饑餓
ἰσχυρός, ά, όν	形. 主. 陰. 單. 原	（饑荒）
ὑστερέω	動. 現在. 被. 不定	缺乏，需要
15. κολλάω	動. 過不. 被. 直說. 三單	受雇於，投靠
πολίτης, ου, ὁ	名. 所. 陽. 複	公民，居民
βόσκω	動. 現在. 主. 不定	照顧，牧養，餵養
χοῖρος, ου, ὁ	名. 直. 陽. 複	豬
16. ἐπιθυμέω	動. 過未. 主. 直說. 三單	渴慕，希望
χορτάζω	動. 過不. 被. 不定	餵，餵飽，充飢
κεράτιον, ου, τό	名. 所. 中. 複	（稻子豆或豆角樹的）豆莢
17. μίσθιος, ου, ὁ	名. 主. 陽. 複	雇工，勞工
περισσεύω	動. 現在. 關. 直說. 三複	剩餘，富裕，有許多
λιμός, οῦ, ὁ, ἡ	名. 間. 陰. 單	饑荒，饑餓
18. ἁμαρτάνω	動. 過不. 主. 直說. 一單	犯罪，做錯
19. οὐκέτι	副. 原	不再
μίσθιος, ου, ὁ	名. 所. 陽. 複	雇工，勞工
20. μακράν	副. 原	遠
ἀπέχω	動. 現在. 主. 分詞. 所. 陽. 單	離…遠
σπλαγχνίζομαι	動. 過不. 被. 直說. 三單	動了慈心或惻隱之心
τρέχω	動. 過不. 主. 分詞. 主. 陽. 單	跑，快速前進
ἐπιπίπτω	動. 過不. 主. 直說. 三單	落在，臨到
τράχηλος, ου, ὁ	名. 直. 陽. 單	脖子，頸部
καταφιλέω	動. 過不. 主. 直說. 三單	吻，親嘴
ἐπιπίπτω ἐπὶ τὸν τράχηλον		擁抱
21. ἁμαρτάνω	動. 過不. 主. 直說. 一單	犯罪，做錯
οὐκέτι	副. 原	不再
22. ταχύς, εῖα, ύ	副. 原	迅速的，快捷的
ἐκφέρω	動. 過不. 主. 命令. 二複	拿出
στολή, ῆς, ἡ	名. 直. 陰. 單	袍子，長袍
ἐνδύω	動. 過不. 主. 命令. 二複	穿，換上
δακτύλιος, ου, ὁ	名. 直. 陽. 單	戒指

ὑπόδημα, ατος, τό	名.直.中.複	涼鞋，拖鞋，鞋子
23. μόσχος, ου, ὁ	名.直.陽.單	牛犢，小公牛
σιτευτός, ή, όν	形.直.陽.單.原	肥的，養肥的
θύω	動.過不.主.命令.二複	屠，宰
24. ἀναζάω	動.過不.主.直說.三單	復活
25. συμφωνία, ας, ἡ	名.所.陰.單	音樂
χορός, οῦ, ὁ	名.所.陽.複	跳舞
26. προσκαλέω	動.過不.關.分詞.主.陽.單	傳喚
πυνθάνομαι	動.過未.關.直說.三單	問，（藉詢問）得知
27. θύω	動.過不.主.直說.三單	屠，宰
μόσχος, ου, ὁ	名.直.陽.單	牛犢，小公牛
σιτευτός, ή, όν	形.直.陽.單.原	肥的，養肥的
ὑγιαίνω	動.現在.主.分詞.直.陽.單	健康，無災無病
28. ὀργίζω	動.過不.被.直說.三單	生氣，憤怒
29. τοσοῦτος, αύτη, οῦτον	代.形指.直.中.複	如此多，如此大，許多
δουλεύω	動.現在.主.直說.一單	伺候，服事
οὐδέποτε	副.原	從不，絕不
ἔριφος, ου, ὁ	名.直.陽.單	山羊，小山羊
30. κατεσθίω	動.過不.主.分詞.主.陽.單	花盡，侵吞
πόρνη, ης, ἡ	名.所.陰.複	妓女，娼妓
θύω	動.過不.主.直說.二單	屠，宰
σιτευτός, ή, όν	形.直.陽.單.原	肥的，養肥的
μόσχος, ου, ὁ	名.直.陽.單	牛犢，小公牛
31. πάντοτε	副.原	總是，常常
σός, σή, σόν	代二所.主.中.複	你的，屬於你的

第十六章

1. οἰκονόμος, ου, ὁ	名.直.陽.單	管家，管理財務者，受託管理的
διαβάλλω	動.過不.被.直說.三單	告狀
διασκορπίζω	動.現在.主.分詞.主.陽.單	分散，浪費
2. οἰκονομία, ας, ἡ	名.所.陰.單	經管家務，職務，職責
οἰκονομέω	動.現在.主.不定	管理，擔任管家職務
3. οἰκονόμος, ου, ὁ	名.主.陽.單	管家，管理財務者，受託管理的

ἀφαιρέω	動.現在.關.直說.三單	奪走，除去
σκάπτω	動.現在.主.不定	挖（地）
ἐπαιτέω	動.現在.主.不定	乞求，討飯
αἰσχύνω	動.現在.關.直說.一單	引以爲恥，使羞愧
4. μεθίστημι	動.過不.被.假設.一單	廢掉，遷移，離開
οἰκονομία, ας, ἡ	名.所.陰.單	經管家務，職務，職責
μεθίστημι ἐκ τῆς οἰκονομίας		失去作管家的工作
5. προσκαλέω	動.過不.關.分詞.主.陽.單	傳喚，邀請
χρεοφειλέτης, ου, ὁ	名.所.陽.複	欠債的人
6. ἑκατόν	形.直.陽.複.原	一百
βάτος, ου, ὁ	名.直.陽.複	桶（約 30 公升的溶量單位）
ἔλαιον, ου, τό	名.所.中.單	橄欖油，油
γράμμα, ατος, τό	名.直.中.複	帳單，帳目
ταχέως	副.原	立刻
πεντήκοντα	形.直.陽.複.原	五十
7. ἔπειτα	副.原	然後，後來
κόρος, ου, ὁ	名.直.陽.複	科耳，石（約等於 393 公升）
σῖτος, ου, ὁ	名.所.陽.單	穀，麥子，食糧
ὀγδοήκοντα	形.直.陽.複.原	八十
8. ἐπαινέω	動.過不.主.直說.三單	稱讚，誇耀
οἰκονόμος, ου, ὁ	名.直.陽.單	管家，管理財務者，受託管理人
ἀδικία, ας, ἡ	名.所.陰.單	過錯，邪惡，不義
φρονίμως	副.原	智慧地，機警地
φρόνιμος, ον	形.主.陽.複.比	聰明的，更精明的
υἱοὶ τοῦ αἰῶνος τούτου		不敬畏神的人
9. μαμωνᾶς, ᾶ, ὁ	名.所.陽.單	金錢，財富，財產
ἐκλείπω	動.過不.主.假設.三單	（金錢）用完
σκηνή, ῆς, ἡ	名.直.陰.複	居住的地方
10. ἐλάχιστος, η, ον	形.間.中.單.最	最小的，非常微小的
ἄδικος, ον	形.主.陽.單.原	邪惡的，不誠實的
11. μαμωνᾶς, ᾶ, ὁ	名.間.陽.單	金錢，財富，財產
ἀληθινός, ή, όν	形.直.中.單.原	眞實的，眞正的
12. ἀλλότριος, α, ον	形.間.中.單.原	屬於別人的

ὑμέτερος, α, ον	代二所. 直. 中. 單	你們的
13. οἰκέτης, ου, ὁ	名. 主. 陽. 單	家僕，僕人
δουλεύω	動. 現在. 主. 不定	伺候，事奉，服事
ἀντέχω	動. 未來. 關. 直說. 三單	忠於，看重，堅守
καταφρονέω	動. 未來. 主. 直說. 三單	藐視，輕看
μαμωνᾶς, ᾶ, ὁ	名. 間. 陽. 單	金錢，財富，財產
14. φιλάργυρος, ον	形. 主. 陽. 複. 原	愛錢的，貪財的
ἐκμυκτηρίζω	動. 過未. 主. 直說. 三複	譏笑，取笑
15. ὑψηλός, ή, όν	形. 主. 中. 單. 原	高的，驕傲的，看重
βδέλυγμα, ατος, τό	名. 主. 中. 單	可憎惡的東西
16. μέχρι	不介. 所	直到
βιάζω	動. 現在. 關. 直說. 三單	使用暴力，擠進
17. εὔκοπος, ον	形. 主. 中. 單. 比	較容易的
κεραία, ας, ἡ	名. 直. 陰. 單	（字的）筆劃
18. μοιχεύω	動. 現在. 主. 直說. 三單	犯姦淫
19. ἐνδιδύσκω	動. 過未. 關. 直說. 三單	穿衣，穿著
πορφύρα, ας, ἡ	名. 直. 陰. 單	紫色布或紫色外袍
βύσσος, ου, ἡ	名. 直. 陰. 單	上好的麻紗
λαμπρῶς	副. 原	窮奢極侈地
20. Λάζαρος, ου, ὁ	名. 主. 陽. 單	拉撒路〔拉匝祿〕
πυλών, ῶνος, ὁ	名. 直. 陽. 單	門，門口
ἑλκόω	動. 完成. 被. 分詞. 主. 陽. 單	渾身生瘡
21. ἐπιθυμέω	動. 現在. 主. 分詞. 主. 陽. 單	渴慕，希望
χορτάζω	動. 過不. 被. 不定	餵，餵飽，充飢
τράπεζα, ης, ἡ	名. 所. 陰. 單	桌子，膳食，宴會，筵席
κύων, κυνός, ὁ	名. 主. 陽. 複	狗
ἐπιλείχω	動. 過未. 主. 直說. 三複	舔
ἕλκος, ους, τό	名. 直. 中. 複	瘡，膿腫
22. ἀποφέρω	動. 過不. 被. 不定	帶走
κόλπος, ου, ὁ	名. 直. 陽. 單	胸懷，胸部，懷中
θάπτω	動. 過不. 被. 直說. 三單	埋葬
κόλπος 'Αβραάμ		天堂，天上
23. ᾅδης, ου, ὁ	名. 間. 陽. 單	陰間，死人的世界，地獄

βάσανος, ου, ἡ	名. 間. 陰. 複	折磨，痛苦
μακρόθεν	副. 原	遠，遠方
Λάζαρος, ου, ὁ	名. 直. 陽. 單	拉撒路〔拉匝祿〕
24. ἐλεέω	動. 過不. 主. 命令. 二單	憐憫
βάπτω	動. 過不. 主. 假設. 三單	蘸
ἄκρον, ου, τό	名. 直. 中. 單	尖（手指頭）
δάκτυλος, ου, ὁ	名. 所. 陽. 單	手指頭
καταψύχω	動. 過不. 主. 假設. 三單	使精神振作，涼涼（舌頭）
ὀδυνάω	動. 現在. 關. 直說. 一單	受極大的痛苦
φλόξ, φλογός, ἡ	名. 間. 陰. 單	火焰
25. Λάζαρος, ου, ὁ	名. 主. 陽. 單	拉撒路〔拉匝祿〕
26. μεταξύ	不介. 所	在…之間
χάσμα, ατος, τό	名. 主. 中. 單	淵，坑
στηρίζω	動. 完成. 被. 直說. 三單	限定，隔開
διαβαίνω	動. 過不. 主. 不定	橫越，過，過來
ἔνθεν	副. 原	從這裏，從這邊
ἐκεῖθεν	副. 原	從那裏
διαπεράω	動. 現在. 主. 假設. 三複	渡過
28. διαμαρτύρομαι	動. 現在. 關. 假設. 三單	鄭重勸告，警告
βάσανος, ου, ἡ	名. 所. 陰. 單	折磨，痛苦

第十七章

1. ἀνένδεκτος, ον	形. 主. 中. 單. 原	不可能的
σκάνδαλον, ου, τό	名. 直. 中. 複	那使人犯罪、誘人犯罪的事物
2. λυσιτελέω	動. 現在. 主. 直說. 三單	是有利的，是較好的
μυλικός, ή, όν	形. 主. 陽. 單. 原	磨坊的
περίκειμαι	動. 現在. 關. 直說. 三單	被拴著，（用鏈子）被綁住
τράχηλος, ου, ὁ	名. 直. 陽. 單	脖子，頸部
ῥίπτω (ῥιπτέω)	動. 完成. 被. 直說. 三單	丟下，摔倒，扔掉
σκανδαλίζω	動. 過不. 主. 假設. 三單	使（人）犯罪，放棄信仰
3. προσέχω	動. 現在. 主. 命令. 二複	謹慎，小心
ἁμαρτάνω	動. 過不. 主. 假設. 三單	犯罪，做錯
4. ἑπτάκις	副. 原	七次

6. κόκκος, ου, ὁ	名.直.陽.單	種子，子粒
σίναπι, εως, τό	名.所.中.單	芥菜（以其種子細小而著名）
συκάμινος, ου, ἡ	名.間.陰.單	桑樹
ἐκριζόω	動.過不.被.命令.二單	連根拔除
φυτεύω	動.過不.被.命令.二單	栽種，耕種
ὑπακούω	動.過不.主.直說.三單	聽從
7. ἀροτριάω	動.現在.主.分詞.直.陽.單	犁，耕種
ποιμαίνω	動.現在.主.分詞.直.陽.單	牧養，牧羊
ἀναπίπτω	動.過不.主.命令.二單	斜躺，坐席，坐
8. δειπνέω	動.過不.主.假設.一單	吃飯，吃晚餐
περιζώννυμι	動.過不.關.分詞.主.陽.單	束緊腰帶，爲自己繫上
9. διατάσσω	動.過不.被.分詞.直.中.複	吩咐，命令，指示
10. ἀχρεῖος, ον	形.主.陽.複.原	無用的
11. Σαμάρεια, ας, ἡ	名.所.陰.單	撒瑪利亞〔撒瑪黎雅〕
διέρχομαι διὰ μέσον		經過…中間的地區
12. ἀπαντάω	動.過不.主.直說.三複	遇見
λεπρόν, οῦ, τό	名.主.陽.複	痲瘋病人的，皮膚病人的
πόρρωθεν	副.原	遠遠地，從遠處
13. ἐλεέω	動.過不.主.命令.二單	憐憫
14. ἐπιδείκνυμι	動.過不.主.命令.二複	顯示，給…看（檢查），證明
16. εὐχαριστέω	動.現在.主.分詞.主.陽.單	感謝，祝謝
Σαμαρίτης, ου, ὁ	名.主.陽.單	撒瑪利亞〔撒瑪黎雅〕人（男）
17. ἐννέα	形.主.陽.複.原	九
18. ἀλλογενής, ές	名.主.陽.單	外族人
20. πότε	連.疑從	幾時？甚麼時候？
παρατήρησις, εως, ἡ	名.所.陰.單	觀察，眼所能看見的東西
21. ἐντός	不介.所	在…裏，在…當中，在…中間
22. ἐπιθυμέω	動.未來.主.直說.二複	渴慕，希望
23. διώκω	動.過不.主.假設.二複	追隨
24. ὥσπερ	連.比從	如同，正如，正像，好像
ἀστραπή, ῆς, ἡ	名.主.陰.單	閃電
ἀστράπτω	動.現在.主.分詞.主.陰.單	閃（光）
λάμπω	動.現在.主.直說.三單	照耀，照亮，閃亮，照射

25. ἀποδοκιμάζω	動. 過不. 被. 不定	棄絕
26. Νῶε, ὁ	名. 所. 陽. 單	挪亞〔諾厄〕
27. γαμίζω	動. 過未. 被. 直說. 三複	嫁，結婚
ἄχρι	不介. 所	直到，到…爲止
κιβωτός, οῦ, ἡ	名. 直. 陰. 單	方舟
κατακλυσμός, οῦ, ὁ	名. 主. 陽. 單	洪水
28. Λώτ, ὁ	名. 所. 陽. 單	羅得〔羅特〕
φυτεύω	動. 過未. 主. 直說. 三複	栽種，耕種
29. Σόδομα, ων, τά	名. 所. 中. 複	所多瑪〔索多瑪〕
βρέχω	動. 過不. 主. 直說. 三單	下雨，降雨
θεῖον, ου, τό	名. 直. 中. 單	硫磺
31. δῶμα, ατος, τό	名. 所. 中. 單	屋頂
σκεῦος, ους, τό	名. 主. 中. 複	物品，貨物，財產
32. μνημονεύω	動. 現在. 主. 命令. 二複	記得，記住，想起
Λώτ, ὁ	名. 所. 陽. 單	羅得〔羅特〕
33. περιποιέω	動. 過不. 關. 不定	保住，拯救（生命）
ζῳογονέω	動. 未來. 主. 直說. 三單	救命，繼續活著
τὴν ψυχὴν αὐτοῦ περιποιέομαι		救自己
34. κλίνη, ης, ἡ	名. 所. 陰. 單	床，床鋪
35. ἀλήθω	動. 現在. 主. 分詞. 主. 陰. 複	磨（穀粒）
37. ἀετός, οῦ, ὁ	名. 主. 陽. 複	老鷹，兀鷹
ἐπισυνάγω	動. 未來. 被. 直說. 三複	招集，聚集

第十八章

1. πάντοτε	副. 原	總是，常常
ἐγκακέω	動. 現在. 主. 不定	灰心，鬆懈
2. ἐντρέπω	動. 現在. 被. 分詞. 主. 陽. 單	尊重，尊敬
3. ἐκδικέω	動. 過不. 主. 命令. 二單	伸冤，主持公道
ἀντίδικος, ου, ὁ	名. 所. 陽. 單	法律上的互告者，對頭
4. ἐντρέπω	動. 現在. 被. 直說. 一單	尊重，尊敬
5. παρέχω	動. 現在. 主. 不定	引起，使…得到，給
κόπος, ου, ὁ	名. 直. 陽. 單	煩擾
ἐκδικέω	動. 未來. 主. 直說. 一單	伸冤，主持公道

τέλος, ους, τό	名.直.中.單	終局，末期，終結
ὑπωπιάζω	動.現在.主.假設.三單	糾纏
6. ἀδικία, ας, ἡ	名.所.陰.單	邪惡，罪，不義，不公平
7. ἐκδίκησις, εως, ἡ	名.直.陰.單	伸冤
ἐκλεκτός, ή, όν	形.所.陽.複.原	被揀選的
βοάω	動.現在.主.分詞.所.陽.複	呼喊，大叫
μακροθυμέω	動.現在.主.直說.三單	有耐心，堅忍，寬容
μακρόθεν ἐπ᾽ αὐτοῖς		延遲援助他們
8. τάχος, ους, τό	名.間.中.單	速度，快速
ἆρα	虛.疑	期待否定回答的疑問虛詞
9. ἐξουθενέω	動.現在.主.分詞.直.陽.複	輕視，輕看
11. εὐχαριστέω	動.現在.主.直說.一單	感謝，祝謝
ὥσπερ	虛.比	如同，正如，正像，好像
ἅρπαξ, αγος	形.主.陽.複.原	貪婪的
ἄδικος, ον	形.主.陽.複.原	邪惡的，犯罪的，不誠實的
μοιχός, οῦ, ὁ	名.主.陽.複	行淫者，犯姦淫的人
12. νηστεύω	動.現在.主.直說.一單	禁食
δίς	副.原	兩次
ἀποδεκατόω	動.現在.主.直說.一單	奉獻十分之一
κτάομαι	動.現在.關.直說.一單	取得，獲得
13. μακρόθεν	副.原	遠，遠方
τύπτω	動.過未.主.直說.三單	打，捶，擊
στῆθος, ους, τό	名.直.中.單	胸部，胸
ἱλάσκομαι	動.過不.被.命令.二單	使…得赦免，可憐，憐憫
15. προσφέρω	動.過未.主.直說.三複	送到
16. προσκαλέω	動.過不.關.直說.三單	傳喚，邀請
18. κληρονομέω	動.未來.主.直說.一單	得到，承受，領受
20. μοιχεύω	動.過不.主.假設.二單	犯姦淫
φονεύω	動.過不.主.假設.二單	謀殺，殺害，殺人
κλέπτω	動.過不.主.假設.二單	偷，竊
ψευδομαρτυρέω	動.過不.主.假設.二單	作偽證，作假見證
τιμάω	動.現在.主.命令.二單	尊重，孝敬
21. νεότης, ητος, ἡ	名.所.陰.單	年幼，青春，青少年時期

22. λείπω	動.現在.主.直說.三單	缺，欠
διαδίδωμι	動.過不.主.命令.二單	分配，分，給
θησαυρός, οῦ, ὁ	名.直.陽.單	財寶，積存，儲藏
δεῦρο	歎	來，來這裏
23. περίλυπος, ον	形.主.陽.單.原	非常憂傷的，深感難過的
σφόδρα	副.原	很，十分，大大地
24. δυσκόλως	副.原	艱難地
χρῆμα, ατος, τό	名.直.中.複	產業，財富，金錢
25. εὔκοπος, ον	形.主.中.單.比	較容易的
κάμηλος, ου, ὁ, ἡ	名.直.陽/陰.單	駱駝
τρῆμα, ατος, τό	名.所.中.單	（針）眼
βελόνη, ης, ἡ	名.所.陰.單	（縫）針
27. ἀδύνατος, ον	形.主.中.複.原	無能的，不可能的
δυνατός, ή, όν	形.主.中.複.原	可能的
30. πολλαπλασίων, ον	形.直.中.複.原	更多，更多倍
31. τελέω	動.未來.被.直說.三單	完成，完全，實現
32. ὑβρίζω	動.未來.被.直說.三單	凌辱，侮辱
ἐμπτύω	動.未來.被.直說.三單	吐唾沫在…上，吐口水
33. μαστιγόω	動.過不.主.分詞.主.陽.複	鞭打
34. συνίημι	動.過不.主.直說.三複	明白，了解，領悟
κρύπτω	動.完成.被.分詞.主.中.單	隱藏，躲起來，不公開
35. Ἰεριχώ, ἡ	名.直.陰.單	耶利哥〔耶里哥〕
ἐπαιτέω	動.現在.主.分詞.主.陽.單	乞求，討飯
36. διαπορεύομαι	動.現在.關.分詞.所.陽.單	經過，從旁邊走過
πυνθάνομαι	動.過未.關.直說.三單	詢問，（藉詢問）得知
37. Ναζωραῖος, ου, ὁ	名.主.陽.單	拿撒勒人〔納匝肋人〕
38. βοάω	動.過不.主.直說.三單	呼喊，大叫，歡呼
ἐλεέω	動.過不.主.命令.二單	憐憫
39. προάγω	動.現在.主.分詞.主.陽.複	走在前頭
σιγάω	動.過不.主.假設.三單	保持安靜，安靜，緘默
40. κελεύω	動.過不.主.直說.三單	命令，吩咐
43. αἶνος, ου, ὁ	名.直.陽.單	讚美

第十九章

1. Ἰεριχώ, ἡ	名.直.陰.單	耶利哥〔耶里哥〕
2. Ζακχαῖος, ου, ὁ	名.主.陽.單	撒該〔匝凱〕
ἀρχιτελώνης, ου, ὁ	名.主.陽.單	稅吏長
3. ἡλικία, ας, ἡ	名.間.陰.單	高度
4. προτρέχω	動.過不.主.分詞.主.陽.單	在前
συκομορέα, ας, ἡ	名.直.陰.單	桑樹
ἐκείνης		那裏
5. Ζακχαῖος, ου, ὁ	名.呼.陽.單	撒該〔匝凱〕
σπεύδω	動.過不.主.分詞.主.陽.單	急忙，趕快
6. ὑποδέχομαι	動.過不.關.直說.三單	（看作客人）接待，迎接，收留
7. διαγογγύζω	動.過未.主.直說.三複	埋怨，發牢騷
καταλύω	動.過不.主.不定	作客
8. Ζακχαῖος, ου, ὁ	名.主.陽.單	撒該〔匝凱〕
ἥμισυς, εια, υ	形.直.中.複.原	半
συκοφαντέω	動.過不.主.直說.一單	敲詐（金錢），欺詐
τετραπλοῦς, ῆ, οῦν	副.原	四倍
9. σωτηρία, ας, ἡ	名.主.陰.單	拯救，救恩，得救
καθότι	連.原從	因爲
11. ἐγγύς	不介.所	接近，靠近
ἀναφαίνω	動.現在.被.不定	望見，顯現
12. εὐγενής, ές	形.主.陽.單.原	出生於高貴世家的
μακρός, ά, όν	形.直.陰.單.原	遙遠的
λαμβάνω βασιλείαν		被封册爲王
13. πραγματεύομαι	動.過不.關.命令.二複	貿易，做生意
14. πολίτης, ου, ὁ	名.主.陽.複	公民，居民，同胞，本國的人
πρεσβεία, ας, ἡ	名.直.陰.單	使者，代表
βασιλεύω	動.過不.主.不定	掌權，統治，作王
15. ἐπανέρχομαι	動.過不.主.不定	回來
ἀργύριον, ου, τό	名.直.中.單	銀幣，錢，銀
διαπραγματεύομαι	動.過不.關.直說.三複	做生意，賺錢
16. προσεργάζομαι	動.過不.關.直說.三單	賺得更多（利潤）
17. εὖγε	副.原	做得好！很好！

ἐλάχιστος, η, ον	形.間.中.單.最	最小的，非常微小的
18. δεύτερος, α, ον	形.主.陽.單.原	第二的，然後
20. ἀπόκειμαι	動.現在.關.分詞.直.陰.單	保存，包藏起來
σουδάριον, ου, τό	名.間.中.單	手帕
21. αὐστηρός, ά, όν	形.主.陽.單.原	嚴厲的，嚴格的
θερίζω	動.現在.主.直說.二單	收割，積聚
23. ἀργύριον, ου, τό	名.直.中.單	銀幣，錢，銀
τράπεζα, ης, ἡ	名.直.陰.單	銀行
τόκος, ου, ὁ	名.間.陽.單	利息（錢）
24. παρίστημι	動.完成.主.分詞.間.陽	站在旁邊
27. βασιλεύω	動.過不.主.不定	掌權，統治，作王
κατασφάζω	動.過不.主.命令.二複	宰，殺
29. Βηθφαγή, ἡ	名.直.陰.單	伯法其〔貝特法革〕
Βηθανία, ας, ἡ	名.直.陰.單	伯大尼〔伯達尼〕
ἐλαιών, ῶνος, ὁ	名.所.陰.複	橄欖園
30. κατέναντι	副.原	對面，在…面前
πῶλος, ου, ὁ	名.直.陽.單	小驢駒
δέω	動.完成.被.分詞.直.陽.單	捆，綁
πώποτε	副.原	從來，在任何時候
35. ἐπιρίπτω	動.過不.主.分詞.主.陽.複	搭在，
πῶλος, ου, ὁ	名.直.陽.單	小驢駒
ἐπιβιβάζω	動.過不.主.直說.三複	扶…騎上…
36. ὑποστρωννύω	動.過未.主.直說.三複	（像地毯）舖開
37. κατάβασις, εως, ἡ	名.間.陰.單	下（坡），斜坡
ἐλαία, ας, ἡ	名.所.陰.複	橄欖樹，橄欖
αἰνέω	動.現在.主.不定	讚美
40. σιωπάω	動.未來.主.直說.三複	不作聲，緘默
42. κρύπτω	動.過不.被.直說.三單	隱藏，遮蓋
43. παρεμβάλλω	動.未來.主.直說.三複	設立，豎立（土壘）
χάραξ, ακος, ὁ	名.直.陽.單	土壘
περικυκλόω	動.未來.主.直說.三複	包圍，圍繞
πάντοθεν	副.原	從每個地方，從四面
44. ἐδαφίζω	動.未來.主.直說.三複	夷爲平地，徹底消滅

ἀντί	介.所	爲了…的緣故，因爲
ἐπισκοπή, ῆς, ἡ	名.所.陰.單	顯現（神臨在人間）
46. προσευχή, ῆς, ἡ	名.所.陰.單	禱告，禱告的地方
σπήλαιον, ου, τό	名.直.中.單	（賊）窩
λῃστής, οῦ, ὁ	名.所.陽.複	強盜，暴徒，兇犯
48. ἐκκρεμάννυμι	動.過未.關.直說.三單	傾聽

第二十章

4. βάπτισμα, ατος, τό	名.主.中.單	洗禮
5. συλλογίζομαι	動.過不.關.直說.三複	討論，爭辯
6. καταλιθάζω	動.未來.主.直說.三單	拿石頭打
7. πόθεν	虛.疑	從哪裏？怎麼會…？
9. φυτεύω	動.過不.主.直說.三單	栽種，耕種
ἐκδίδωμι	動.過不.關.直說.三單	出租
ἀποδημέω	動.過不.主.直說.三單	出外
10. ἐξαποστέλλω	動.過不.主.直說.三複	送走，打發
κενός, ή, όν	形.直.陽.單.原	空的，空手的
11. κἀκεῖνος, η, ο	副.原	那一個也，他也…一樣
ἀτιμάζω	動.過不.主.分詞.主.陽.複	羞辱，侮辱
12. τραυματίζω	動.過不.主.分詞.主.陽.複	受傷，打傷
13. ἴσως	副.原	也許
ἐντρέπω	動.未來.被.直說.三複	尊重，尊敬
14. κληρονόμος, ου, ὁ	名.主.陽.單	繼承人
κληρονομία, ας, ἡ	名.主.陰.單	產業，遺產
17. ἐμβλέπω	動.過不.主.分詞.主.陽.單	定睛看
ἀποδοκιμάζω	動.過不.主.直說.三複	棄絕
γωνία, ας, ἡ	名.所.陰.單	角落
18. συνθλάω	動.未來.被.直說.三單	被打碎，粉身碎骨
λικμάω	動.未來.主.直說.三單	壓碎，砸爛
20. παρατηρέω	動.過不.主.分詞.主.陽.複	注視，窺伺
ἐγκάθετος, ον	名.直.陽.複	奸細，被收買的探子
ὑποκρίνομαι	動.現在.關.分詞.直.陽.複	假裝
ἡγεμών, όνος, ὁ	名.所.陽.單	總督，巡撫，統治者，長官

21. ὀρθῶς	副. 原	對，正確地，合情合理地
λαμβάνω πρόσωπον		偏袒，循私
22. φόρος, ου, ὁ	名. 直. 陽. 單	稅，貢錢
οὔ	虛. 否	不（否定答詞）
23. κατανοέω	動. 過不. 主. 分詞. 主. 陽. 單	看穿
πανουργία, ας, ἡ	名. 直. 陰. 單	詭詐，欺騙，狡猾
24. δηνάριον, ου, τό	名. 直. 中. 單	銀子，銀圓〔德納〕
εἰκών, όνος, ἡ	名. 直. 陰. 單	像，形像
ἐπιγραφή, ῆς, ἡ	名. 直. 陰. 單	（錢幣上的）名號
25. τοίνυν	連. 推并	因此，所以
26. ἐναντίον	不介. 所	在…面前
ἀπόκρισις, εως, ἡ	名. 間. 陰. 單	回覆，回答
σιγάω	動. 過不. 主. 直說. 三複	保持安靜，安靜，緘默
27. Σαδδουκαῖος, ου, ὁ	名. 所. 陽. 複	撒都該人〔撒杜塞人〕
ἀντιλέγω	動. 現在. 主. 分詞. 主. 陽. 複	反對
οἱ ἀντιλέγοντες ἀνάστασιν μὴ εἶναι		那些否認復活的人
28. ἄτεκνος, ον	形. 主. 陽. 單. 原	没有孩子的
ἐξανίστημι	動. 過不. 主. 假設. 三單	生孩子，傳宗接代
σπέρμα, ατος, τό	名. 直. 中. 單	後裔
ἐξανίστημι σπέρμα		生（孩子）
30. δεύτερος, α, ον	形. 主. 陽. 單. 原	第二的
31. ὡσαύτως	副. 原	照樣地，同樣地
καταλείπω	動. 過不. 主. 直說. 三複	離開，撇下
32. ὕστερος, α, ον	副. 比	第二
34. γαμίσκω	動. 現在. 被. 直說. 三複	嫁
υἱοὶ τοῦ αἰῶνος τούτου		不敬畏神的人
35. καταξιόω	動. 過不. 被. 分詞. 主. 陽. 複	值得或配得
τυγχάνω	動. 過不. 主. 不定	配得，獲得，接受
γαμίζω	動. 現在. 被. 直說. 三複	嫁，結婚
36. ἰσάγγελος, ον	形. 主. 陽. 複. 原	像天使的，和天使一樣的
37. μηνύω	動. 過不. 主. 直說. 三單	告訴，報導
βάτος, ου, ὁ, ἡ	名. 所. 陰. 單	樹叢，荊棘
Ἰσαάκ, ὁ	名. 所. 陽. 單	以撒〔依撒格〕

᾿Ιακώβ, ὁ	名.所.陽.單	雅各〔雅各伯〕
39. καλῶς	副.原	正確的，很好，眞好
40. οὐκέτι	副.原	不再
τολμάω	動.過未.主.直說.三複	敢，勇敢或大膽
42. βίβλος, ου, ἡ	名.間.陰.單	書
ψαλμός, οῦ, ὁ	名.所.陽.複	（舊約的）詩篇
43. ὑποπόδιον, ου, τό	名.直.中.單	腳凳
ὑποδόδιον τῶν ποδῶν		完全統治
46. προσέχω	動.現在.主.命令.二複	謹慎，小心
στολή, ῆς, ἡ	名.間.陰.複	袍子，長袍
φιλέω	動.現在.主.分詞.所.陽.複	愛，愛好
ἀγορά, ᾶς, ἡ	名.間.陰.複	市場
πρωτοκαθεδρία, ας, ἡ	名.直.陰.複	特別座位
πρωτοκλισία, ας, ἡ	名.直.陰.複	貴賓席，（宴會中）首座
47. κατεσθίω	動.現在.主.直說.三複	花盡，侵吞
πρόφασις, εως, ἡ	名.間.陰.單	虛僞的動機，假裝
μακρός, ά, όν	副.原	長的
περισσότερος, α, ον	形.直.中.單.比	更…，更大
κρίμα, ατος, τό	名.直.中.單	審判，定罪

第二十一章

1. γαζοφυλάκιον, ου, τό	名.直.中.單	奉獻箱
δῶρον, ου, τό	名.直.中.複	捐款
2. πενιχρός, ά, όν	形.直.陰.單.原	貧窮的，有缺欠的
λεπτός, ή, όν	名.直.中.複	（小）銅錢
3. ἀληθῶς	副.原	眞地，實在地，確實地
4. περισσεύω	動.現在.主.分詞.所.中.單	剩餘，富裕，有許多
δῶρον, ου, τό	名.直.中.複	捐款
ὑστέρημα, ατος, τό	名.所.中.單	缺乏之物，需要，貧乏
ἔβαλον εἰς τὰ δῶρα		投進奉獻箱，捐出
5. ἀνάθημα, ατος, τό	名.間.中.複	還願的禮物，奉獻的供品
κοσμέω	動.完成.被.直說.三單	裝飾，整理
6. καταλύω	動.未來.被.直說.三單	拆毀

7. πότε	連.疑并	幾時？甚麼時候？
8. πλανάω	動.過不.被.假設.二複	迷惑，欺騙
9. πόλεμος, ου, ὁ	名.直.陽.複	戰爭，打仗
ἀκαταστασία, ας, ἡ	名.直.陰.複	混亂，叛亂，暴民的騷擾
πτοέω	動.過不.被.假設.二複	害怕，驚惶
τέλος, ους, τό	名.主.中.單	終局，終點，末期
11. σεισμός, οῦ, ὁ	名.主.陽.複	地震
λιμός, οῦ, ὁ, ἡ	名.主.陽.複	饑荒，饑餓
λοιμός, οῦ, ὁ	名.主.陽.複	傳染病
φόβητρον, ου, τό	名.主.中.複	可怕的景象或事物
12. διώκω	動.未來.主.直說.三複	迫害，逼迫（追擊）
ἀπάγω	動.現在.被.分詞.直.陽.複	強迫，引領
ἡγεμών, όνος, ὁ	名.直.陽.複	巡撫，統治者，領袖，長官
13. ἀποβαίνω	動.未來.關.直說.三單	離開（船）
μαρτύριον, ου, τό	名.直.中.單	證言，見證，作證的機會
14. προμελετάω	動.現在.主.不定	事前預備
ἀπολογέομαι	動.過不.被.不定	為自己說話，替自己辯護
τίθημι ἐν τῇ καρδίᾳ		拿定主意，决定
15. ἀνθίστημι	動.過不.主.不定	抗拒，抵擋
ἀντιλέγω	動.過不.主.不定	反對，反駁，背逆
ἀντίκειμαι	動.現在.關.分詞.主.陽.複	反對，敵對
δίδωμι στόμα		幫助說話
16. συγγενής, ές	名.所.陽.複	親戚，親族，親人，同胞
θανατόω	動.未來.主.直說.三複	殺死，置於死地，害死
18. θρίξ, τριχός, ἡ	名.主.陰.單	毛，頭髮
19. ὑπομονή, ῆς, ἡ	名.間.陰.單	忍耐，堅定，恒毅
κτάομαι	動.過不.關.命令.二複	保住
κτάομαι τὴν ψυχήν		保護自己
20. κυκλόω	動.現在.被.分詞.直.陰.單	環繞，包圍
στρατόπεδον, ου, τό	名.所.中.複	軍隊，（敵）軍
ἐρήμωσις, εως, ἡ	名.主.陰.單	荒廢，毀滅
21. φεύγω	動.現在.主.命令.三複	逃，逃避
ἐκχωρέω	動.現在.主.命令.三複	離開，走開，出來

22. ἐκδίκησις, εως, ἡ	名.所.陰.單	懲罰，報應
23. γαστήρ, τρός, ἡ	名.間.陰.單	子宮
θηλάζω	動.現在.主.分詞.間.陰.複	哺育，授乳
ἀνάγκη, ης, ἡ	名.主.陰.單	災難
ὀργή, ῆς, ἡ	名.主.陰.單	憤怒，義憤，審判，懲罰
24. αἰχμαλωτίζω	動.未來.被.直說.三複	使成爲俘擄或囚犯
πατέω	動.現在.被.分詞.主.陰.單	踐踏
ἄχρι	不介.所	直到，到…爲止
25. ἥλιος, ου, ὁ	名.間.陽.單	太陽
σελήνη, ης, ἡ	名.間.陰.單	月亮
ἄστρον, ου, τό	名.間.中.複	星星
συνοχή, ῆς, ἡ	名.主.陰.單	憂傷，焦慮，驚惶失措
ἀπορία, ας, ἡ	名.間.陰.單	困惑，不安
ἦχος, ους, τό	名.所.中.單	怒嘯
σάλος, ου, ὁ	名.所.陽.單	波浪，波濤
26. ἀποψύχω	動.現在.主.分詞.所.陽.複	昏倒，魂不附體
προσδοκία, ας, ἡ	名.所.陰.單	期待
ἐπέρχομαι	動.現在.關.分詞.所.中.複	來，臨到，發生
οἰκουμένη, ης, ἡ	名.間.陰.單	世界，人類居住的地方
σαλεύω	動.未來.被.直說.三複	搖動
28. ἀνακύπτω	動.過不.主.命令.二複	站直，挺身昂首
διότι	連.原從	因爲
ἀπολύτρωσις, εως, ἡ	名.主.陰.單	自由，拯救，釋放
ἐπαίρω τὴν κεφαλὴν		有勇氣
29. συκῆ, ῆς, ἡ	名.直.陰.單	無花果樹
30. προβάλλω	動.過不.主.假設.三複	長出葉子
ἐγγύς	副.原	（時間上）將近
θέρος, ους, τό	名.主.中.單	夏天
34. προσέχω	動.現在.主.命令.二複	謹慎，小心
βαρέω	動.過不.被.假設.三複	使負重擔，重壓，拖累
κραιπάλη, ης, ἡ	名.間.陰.單	醉酒，醉醺醺的樣子
μέθη, ης, ἡ	名.間.陰.單	醉酒
μέριμνα, ης, ἡ	名.間.陰.複	關心，掛慮，憂慮

βιωτικός, ή, όν	形.間.陰.複.原	生活的
αἰφνίδιος, ον	形.主.陰.單.原	突然的
35. παγις, ίδος, ἡ	名.主.陰.單	羅網，陷阱，圈套
ἐπεισέρχομαι	動.未來.關.直說.三單	臨到
36. ἀγρυπνέω	動.現在.主.命令.二複	警醒
κατισχύω	動.過不.主.假設.二複	有力量，勝過，得勝
ἐκφεύγω	動.過不.主.不定	逃脫，逃避
37. αὐλίζομαι	動.過未.關.直說.三單	過夜
ἐλαιών, ῶνος, ὁ	名.所.陰.複	橄欖園
38. ὀρθρίζω	動.過未.主.直說.三單	大清早來

第二十二章

1. ἑορτή, ῆς, ἡ	名.主.陰.單	節期
ἄζυμος, ον	名.所.中.複	無酵的
2. ἀναιρέω	動.過不.主.假設.三複	除掉，殺害
3. Ἰσκαριώτης, ου, ὁ	名.直.陽.單	加略人〔依斯加略人〕
ἀριθμός, οῦ, ὁ	名.所.陽.單	數目，總數
4. συλλαλέω	動.過不.主.直說.三單	商量，議論
στρατηγός, οῦ, ὁ	名.間.陽.複	官長
5. συντίθημι	動.過不.關.直說.三複	同意，商妥
ἀργύριον, ου, τό	名.直.中.單	銀幣，錢，銀
6. ἐξομολογέω	動.過不.主.直說.三單	同意
εὐκαιρία, ας, ἡ	名.直.陰.單	有利的時機，好機會
ἄτερ	不介.所	没有，除了…以外
7. ἄζυμος, ον	名.所.中.複	無酵的，未發酵的
θύω	動.現在.被.不定	屠，宰，獻祭
10. συναντάω	動.未來.主.直說.三單	遇見，遇到
κεράμιον, ου, τό	名.直.中.單	（陶製的）罐，瓶
11. οἰκοδεσπότης, ου, ὁ	名.間.陽.單	家主，主人
κατάλυμα, ατος, τό	名.主.中.單	房間，客房
12. κἀκεῖνος, η, ο	連.繫并	而那一個，而他
ἀνάγαιον, ου, τό	名.直.中.單	樓上的房間
στρωννύω	動.完成.被.分詞.直.中.單	鋪

ἀνάγαιον ἐστρωμένον		佈置好的或鋪木板的樓上房間
14. ἀναπίπτω	動.過不.主.直說.三單	斜躺，坐席，坐
15. ἐπιθυμία, ας, ἡ	名.間.陰.單	盼望，意願
ἐπιθυμέω	動.過不.主.直說.一單	渴慕，希望
17. εὐχαριστέω	動.過不.主.分詞.主.陽.單	感謝，祝謝
18. γένημα, ατος, τό	名.所.中.單	產品，果子
ἄμπελος, ου, ἡ	名.所.陰.單	葡萄樹
19. εὐχαριστέω	動.過不.主.分詞.主.陽.單	感謝，祝謝
κλάω	動.過不.主.直說.三單	掰開，擘
ἀνάμνησις, εως, ἡ	名.直.陰.單	提醒，紀念
20. ὡσαύτως	副.原	照樣地，同樣地
δειπνέω	動.過不.主.不定	吃飯，吃晚餐
διαθήκη, ης, ἡ	名.主.陰.單	約，契約
ἐκχέω	動.現在.被.分詞.主.中.單	倒出，流（血）
21. τράπεζα, ης, ἡ	名.所.陰.單	桌子，宴會，筵席
22. ὁρίζω	動.完成.被.分詞.直.中.單	任命，設定，安排
23. συζητέω	動.現在.主.不定	辯論，談論，質問，私議
24. φιλονεικία, ας, ἡ	名.主.陰.單	爭辯，爭論
25. κυριεύω	動.現在.主.直說.三複	管轄
ἐξουσιάζω	動.現在.主.分詞.主.陽.複	管轄，作主
εὐεργέτης, ου, ὁ	名.主.陽.複	施恩者（對高位者的尊稱）
26. ἡγέομαι	動.現在.關.分詞.主.陽.單	帶領，治理
27. ἀνάκειμαι	動.現在.關.分詞.主.陽.單	坐席
28. διαμένω	動.完成.主.分詞.主.陽.複	始終，常存，繼續
29. διατίθημι	動.現在.關.直說.一單	立（約或遺囑）
διατίθεμαι βασιλείαν		賜予王權
30. τράπεζα, ης, ἡ	名.所.陰.單	桌子，宴會，筵席
φυλή, ῆς, ἡ	名.直.陰.複	支族
31. ἐξαιτέω	動.過不.關.直說.三單	要求，得到准許
σινιάζω	動.過不.主.不定	篩，過濾（麥子）
σῖτος, ου, ὁ	名.直.陽.單	穀，麥子，子粒，食糧
32. ἐκλείπω	動.過不.主.假設.三單	失掉（信心）
ποτέ	副.原	那時候，當…以後就

στηρίζω	動.過不.主.命令.二單	使堅強，堅定，堅固
33. ἕτοιμος, η, ον	形.主.陽.單.原	準備好的
34. ἀλέκτωρ, ορος, ὁ	名.主.陽.單	公雞
τρίς	副.原	三次
ἀπαρνέομαι	動.過不.關.假設.二單	不認，否認與…有關係
35. ἄτερ	不介.所	沒有，除了…以外
βαλλάντιον, ου, τό	名.所.中.單	錢包
πήρα, ας, ἡ	名.所.陰.單	（旅行者或乞丐使用的）袋子
ὑπόδημα, ατος, τό	名.所.中.複	涼鞋，拖鞋，鞋子
ὑστερέω	動.過不.主.直說.二複	缺乏
37. τελέω	動.過不.被.不定	完成，完全，實現
ἄνομος, ον	形.所.陽.複.原	不法的，犯罪的
λογίζομαι	動.過不.被.直說.三單	算作
τέλος, ους, τό	名.直.中.單	終局，終點，終結，實現
38. ἱκανόν ἐστιν		夠了
39. ἔθος, ους, τό	名.直.中.單	慣例，習慣
ἐλαία, ας, ἡ	名.所.陰.複	橄欖樹，橄欖
41. ἀποσπάω	動.過不.被.直說.三單	離開
βολή, ῆς, ἡ	名.直.陰.單	扔（石頭）
γόνυ, ατος, τό	名.直.中.複	膝
42. βούλομαι	動.現在.關.直說.二單	願意
παραφέρω	動.過不.主.命令.二單	帶走，移去
σός, σή, σόν	代二所.主.中.單	你的，屬於你的
43. ἐνισχύω	動.現在.主.分詞.主.陽.單	加強力量
44. ἀγωνία, ας, ἡ	名.間.陰.單	極度傷痛
ἐκτενῶς	副.比	熱切地，眞誠地
ἱδρώς, ῶτος, ὁ	名.主.陽.單	汗
θρόμβος, ου, ὁ	名.主.陽.複	大滴，凝塊
45. προσευχή, ῆς, ἡ	名.所.陰.單	禱告
κοιμάω	動.現在.關.分詞.直.陽.複	睡，睡著，死
λύπη, ης, ἡ	名.所.陰.單	憂傷，憂愁，痛苦
46. καθεύδω	動.現在.主.直說.二複	睡著，睡覺
47. προέρχομαι	動.過未.關.直說.三單	先走，在前面走，帶領

φιλέω	動.過不.主.不定	吻
48. φίλημα, ατος, τό	名.間.中.單	吻，親吻
49. πατάσσω	動.未來.主.直說.一複	擊打，砍
50. ἀφαιρέω	動.過不.主.直說.三單	削掉
51. ἐάω	動.現在.主.命令.二複	許可，別再，夠了
ὠτίον, ου, τό	名.所.中.單	耳朵
ἐάω ἕως		停止
52. στρατηγός, οῦ, ὁ	名.直.陽.複	官長
λῃστής, οῦ, ὁ	名.直.陽.單	強盜，暴徒，兇犯
ξύλον, ου, τό	名.所.中.複	棒
53. ἐκτείνω	動.過不.主.直說.二複	伸出
σκότος, ους, τό	名.所.中.單	黑暗，罪
ἐκτείνω τὰς χεῖρας ἐπί		下手逮捕
54. εἰσάγω	動.過不.主.直說.三複	帶進
μακρόθεν	副.原	遠，遠方
55. περιάπτω	動.過不.主.分詞.所.陽.複	引燃，生火
αὐλή, ῆς, ἡ	名.所.陰.單	院子，官邸
συγκαθίζω	動.過不.主.分詞.所.陽.複	與…同坐
56. παιδίσκη, ης, ἡ	名.主.陰.單	婢女，使女，女奴
ἀτενίζω	動.過不.主.分詞.主.陰.單	定眼看，盯，瞪眼
57. ἀρνέομαι	動.過不.關.直說.三單	否認，不認，背棄，拒絕
58. βραχύς, εῖα, ύ	形.直.中.單.原	少的，短的，小的
59. διΐστημι	動.過不.主.分詞.所.陰.單	離開
διϊσχυρίζομαι	動.過未.關.直說.三單	堅持，一口咬定
60. ἀλέκτωρ, ορος, ὁ	名.主.陽.單	公雞
61. ἐμβλέπω	動.過不.主.直說.三單	定睛看
ὑπομιμνῄσκω	動.過不.被.直說.三單	記起
πρίν	連.時從	在…之前，…以前
ἀπαρνέομαι	動.未來.關.直說.二單	不認，否認與…有關係
τρίς	副.原	三次
62. πικρῶς	副.原	苦地，痛心地
64. περικαλύπτω	動.過不.主.分詞.主.陽.複	遮蓋，蒙（眼）
προφητεύω	動.過不.主.命令.二單	預言，以先知的洞察力闡明

παίω	動.過不.主.分詞.主.陽.單	擊，打
65. βλασφημέω	動.現在.主.分詞.主.陽.複	褻瀆，毀謗，侮辱
66. πρεσβυτέριον, ου, τό	名.主.中.單	長老團
ἀπάγω	動.過不.主.直說.三複	強迫，引領
συνέδριον, ου, τό	名.直.中.單	法庭，議會
71. μαρτυρία, ας, ἡ	名.所.陰.單	證言，見證，證據

第二十三章

2. κατηγορέω	動.現在.主.不定	控告（人）
διαστρέφω	動.現在.主.分詞.直.陽.單	煽動，誘惑
φόρος, ου, ὁ	名.直.陽.複	稅，貢錢
4. αἴτιος, α, ον	名.直.中.單	罪
5. ἐπισχύω	動.過未.主.直說.三複	力諫，堅持說
ἀνασείω	動.現在.主.直說.三單	唆使，煽動，激起
7. ἀναπέμπω	動.過不.主.直說.三單	送，送回
8. λίαν	副.原	大大地，非常，很，十分
ἐλπίζω	動.過未.主.直說.三單	希望，盼望，指望
9. ἐν λόγοις ἱκανοῖς		相當詳細，許多問題
10. εὐτόνως	副.原	極力地
κατηγορέω	動.現在.主.分詞.主.陽.複	控告（人）
11. ἐξουθενέω	動.過不.主.分詞.主.陽.單	戲弄
στράτευμα, ατος, τό	名.間.中.複	兵士，軍人
περιβάλλω	動.過不.主.分詞.主.陽.單	穿戴，穿（衣），披
ἐσθής, ῆτος, ἡ	名.直.陰.單	衣服
λαμπρός, ά, όν	形.直.陰.單.原	閃耀的，華麗的
ἀναπέμπω	動.過不.主.直說.三單	送，送回
12. προϋπάρχω	動.過未.主.直說.三複	以前就…，曾經
ἔχθρα, ας, ἡ	名.間.陰.單	敵意，冤仇，仇恨
13. συγκαλέω	動.過不.關.分詞.主.陽.單	集合，召集
14. προσφέρω	動.過不.主.直說.二複	送到
ἀποστρέφω	動.現在.主.分詞.直.陽.單	迷惑，煽動
ἀνακρίνω	動.過不.主.分詞.主.陽.單	查考，查問，審訊
αἴτιος, α, ον	名.直.中.單	罪

κατηγορέω	動.現在.主.直說.二複	控告（人）
15. ἀναπέμπω	動.過不.主.直說.三單	送，送回
16. παιδεύω	動.過不.主.分詞.主.陽.單	懲治，鞭打，責打
18. ἀνακράζω	動.過不.主.直說.三複	大聲喊叫，呼喊
παμπληθεί	副.原	一起，全部一齊
Βαραββᾶς, ᾶ, ὁ	名.直.陽.單	巴拉巴〔巴辣巴〕
19. στάσις, εως, ἡ	名.直.陰.單	騷動，作亂
φόνος, ου, ὁ	名.直.陽.單	謀殺，兇殺，殺人
20. προσφωνέω	動.過不.主.直說.三單	說話，叫（某人）到前來，勸告
21. ἐπιφωνέω	動.過未.主.直說.三複	呼喊，喊叫
22. αἴτιος, α, ον	名.直.中.單	罪
παιδεύω	動.過不.主.分詞.主.陽.單	鞭打，責打
23. ἐπίκειμαι	動.過未.關.直說.三複	堅時
κατισχύω	動.過未.主.直說.三複	勝過，佔優勢，得勝
24. ἐπικρίνω	動.過不.主.直說.三單	決定，宣判
αἴτημα, ατος, τό	名.直.中.單	請求，需要
25. στάσις, εως, ἡ	名.直.陰.單	騷動，作亂
φόνος, ου, ὁ	名.直.陽.單	謀殺，兇殺，殺人
26. ἀπάγω	動.過不.主.直說.三複	強迫，引領
Κυρηναῖος, ου, ὁ	名.直.陽.單	古利奈人〔基勒乃人〕
σταυρός, οῦ, ὁ	名.直.陽.單	十字架
ὄπισθεν	不介.所	在…背後
27. κόπτω	動.過未.關.直說.三複	悲傷，哀號，哀哭
θρηνέω	動.過未.主.直說.三複	悲傷哀哭
29. στεῖρα, ας, ἡ	名.主.陰.複	不能生育的，不能懷孕的女人
μαστός, οῦ, ὁ	名.主.陽.複	胸部，乳房
τρέφω	動.過不.主.直說.三複	餵養，奶養
30. βουνός, οῦ, ὁ	名.間.陽.複	小山
καλύπτω	動.過不.主.命令.二複	遮蓋
31. ὑγρός, ά, όν	形.間.中.單.原	綠色的（樹木），青綠的
ξύλον, ου, τό	名.間.中.單	木，樹
ξηρός, ά, όν	形.間.中.單.原	枯乾的
32. κακοῦργος, ον	名.主.陽.複	囚犯

ἀναιρέω	動. 過不. 被. 不定	處死
33. κρανίον, ου, τό	名. 直. 中. 單	顱骨，髑髏
ἀριστερός, ά, όν	形. 所. 陰. 複. 原	左
34. κλῆρος, ου, ὁ	名. 直. 陽. 複	（抽）籤
35. ἐκμυκτηρίζω	動. 過未. 主. 直說. 三複	譏笑，取笑
ἐκλεκτός, ή, όν	形. 主. 陽. 單. 原	被揀選的
36. στρατιώτης, ου, ὁ	名. 主. 陽. 複	兵士，侍衛
ὄξος, ους, τό	名. 直. 中. 單	酸酒
προσφέρω	動. 現在. 主. 分詞. 主. 陽. 複	供，送到
38. ἐπιγραφή, ῆς, ἡ	名. 主. 陰. 單	（十字架上）題銘的牌子
39. κρεμάννυμι	動. 過不. 被. 分詞. 所. 陽. 複	懸掛，被釘在十字架上
κακοῦργος, ον	名. 所. 陽. 複	囚犯
βλασφημέω	動. 過未. 主. 直說. 三單	褻瀆，毀謗，侮辱
40. κρίμα, ατος, τό	名. 間. 中. 單	裁判，定罪
41. δικαίως	副. 原	公正地
ἄτοπος, ον	形. 直. 中. 單. 原	不好的，邪惡的
43. παράδεισος, ου, ὁ	名. 間. 陽. 單	樂園
44. ἕκτος, η, ον	形. 主. 陰. 單. 原	第六
σκότος, ους, τό	名. 主. 中. 單	黑暗
ἔνατος, η, ον	形. 所. 陰. 單. 原	第九
45. ἥλιος, ου, ὁ	名. 所. 陽. 單	太陽
ἐκλείπω	動. 過不. 主. 分詞. 所. 陽. 單	（日光）消失
σχίζω	動. 過不. 被. 直說. 三單	分裂，撕開，破，分開
καταπέτασμα, ατος, τό	名. 主. 中. 單	幔子
ναός, οῦ, ὁ	名. 所. 陽. 單	聖殿，至聖所，聖所
σχίζω μέσσον		撕成兩半
46. ἐκπνέω	動. 過不. 主. 直說. 三單	氣斷而死
47. ἑκατοντάρχης, ου, ὁ	名. 主. 陽. 單	百夫長，軍官
ὄντως	副. 原	的確，眞實的，實在
48. συμπαραγίνομαι	動. 過不. 關. 分詞. 主. 陽. 複	聚集，集合，在周圍
θεωρία, ας, ἡ	名. 直. 陰. 單	景像
τύπτω	動. 現在. 主. 分詞. 主. 陽. 複	打，捶，擊
στῆθος, ους, τό	名. 直. 中. 複	胸部，胸

49. γνωστός, ή, όν	形.主.陽.複.原	熟人，朋友
μακρόθεν	副.原	遠，遠方
συνακολουθέω	動.現在.主.分詞.主.陰.複	跟著
50. βουλευτής, οῦ, ὁ	名.主.陽.單	（猶太議會）議員
51. συγκατατίθημι	動.完成.關.分詞.主.陽.單	同意，應允，附和
βουλή, ῆς, ἡ	名.間.陰.單	計謀，計劃
πρᾶξις, εως, ἡ	名.間.陰.單	行爲，實行
Ἀριμαθαία, ας, ἡ	名.所.陰.單	亞利馬太〔阿黎瑪特雅〕
53. καθαιρέω	動.過不.主.分詞.主.陽.單	放下
ἐντυλίσσω	動.過不.主.直說.三單	包裹
σινδών, όνος, ἡ	名.間.陰.單	麻紗布（日常穿著用或喪葬用）
μνῆμα, ατος, τό	名.間.中.單	墳墓
λαξευτός, ή, όν	形.間.中.單.原	用石頭鑿成的
οὔπω	副.原	尚未
54. παρασκευή, ῆς, ἡ	名.所.陰.單	預備日
ἐπιφώσκω	動.過未.主.直說.三單	開始，就要到了
55. κατακολουθέω	動.過不.主.分詞.主.陰.複	跟隨
συνέρχομαι	動.完成.主.分詞.主.陰.複	跟…同來或同去
θεάομαι	動.過不.關.直說.三複	看見，觀看
56. ἄρωμα, ατος, τό	名.直.中.複	香料，香膏
μύρον, ου, τό	名.直.中.複	香膏，香水，香油
ἡσυχάζω	動.過不.主.直說.三複	休息

第二十四章

1. ὄρθρος, ου, ὁ	名.所.陽.單	清早
βαθύς, εῖα, ύ	形.所.陽.單.原	深的
μνῆμα, ατος, τό	名.直.中.單	墳墓
ἄρωμα, ατος, τό	名.直.中.複	香料，香膏
ὄρθου βαθέως		天剛亮時
2. ἀποκυλίω	動.完成.被.分詞.直.陽.單	滾開（石頭）
4. ἀπορέω	動.現在.關.不定	困惑，疑慮，不安
ἐσθής, ῆτος, ἡ	名.間.陰.單	衣服
ἀστράπτω	動.現在.主.分詞.間.陰.單	閃（光），耀眼

5. ἔμφοβος, ον	形.所.陰.複.原	驚惶的，恐懼的，害怕的
κλίνω	動.現在.主.分詞.所.陰.複	垂下（頭）
κλίνω τὸ πρόσωπον εἰς τὴν γῆν		使（自己）平伏
9. ἕνδεκα	形.間.陽.複.原	十一
10. Μαγδαληνή, ῆς, ἡ	名.主.陰.單	抹大拉的婦人〔瑪達肋納〕
Μαρία, ας, ἡ	名.主.陰.單	馬利亞〔瑪利亞〕
Ἰωάννα, ας, ἡ	名.主.陰.單	約亞娜，和：約亞拿〔約安納〕
11. φαίνω	動.過不.被.直說.三複	似乎，顯得，以爲
λῆρος, ου, ὁ	名.主.陽.單	胡言，空談
ἀπιστέω	動.過未.主.直說.三複	不信，不肯相信
12. τρέχω	動.過不.主.直說.三單	跑，快速前進
παρακύπτω	動.過不.主.分詞.主.陽.單	屈身往裏看
ὀθόνιον, ου, τό	名.直.中.複	亞麻布，麻紗，裹布
ἀπέρχομαι πρὸς ἑαυτόν		回到自己的地方
13. ἀπέχω	動.現在.主.分詞.直.陰.單	離…遠
στάδιον, ου, τό	名.直.陽.複	長度單位（約 607 英呎）
ἑξήκοντα	形.直.陽.複.原	六十
Ἐμμαοῦς, ἡ	名.主.陰.單	以馬忤斯〔厄瑪烏〕
14. ὁμιλέω	動.過未.主.直說.三複	談論，交談
συμβαίνω	動.完成.主.分詞.所.中.複	發生，經歷
15. συζητέω	動.現在.主.不定	談論
συμπορεύομαι	動.過未.關.直說.三單	跟著…去，跟…一起走
16. κρατέω	動.過未.被.直說.三複	阻止，擋住
17. ἀντιβάλλω	動.現在.主.直說.二複	交換
σκυθρωπός, ή, όν	形.主.陽.複.原	憂傷的，憂愁的，苦（相）
18. Κλεοπᾶς, ᾶ, ὁ	名.主.陽.單	革流巴〔克羅帕〕
παροικέω	動.現在.主.直說.二單	居住
19. Ναζαρηνός, ή, όν	名.所.陽.單	拿撒勒人〔納匝肋人〕
δυνατός, ή, όν	形.主.陽.單.原	有能力
ἐναντίον	不介.所	在…面前，根據上帝的審判
20. κρίμα, ατος, τό	名.直.中.單	審判，裁判，定罪
21. ἐλπίζω	動.過未.主.直說.一複	希望，盼望，指望
λυτρόω	動.現在.關.不定	救贖，釋放，使自由
22. ἐξίστημι	動.過不.主.直說.三複	令人驚訝

ὀρθρινός, ή, όν	形.主.陰.複.原	大清早
23. ὀπτασία, ας, ἡ	名.直.陰.單	異象，顯現
25. ὦ	歎	啊！（稱呼人或表達情感）
ἀνόητος, ον	形.呼.陽.複.原	愚昧的，無知的
βραδύς, εῖα, ύ	形.呼.陽.複.原	慢慢的，遲純的，蠢的
27. διερμηνεύω	動.過不.主.直說.三單	解釋
28. προσποιέω	動.過不.關.直說.三單	（行動）好像要…
πόρρω	副.比	遠離，遠
29. παραβιάζομαι	動.過不.關.直說.三複	催促，強烈要求，說服
ἑσπέρα, ας, ἡ	名.直.陰.單	天黑，夜晚
κλίνω	動.完成.主.直說.三單	（太陽）下（山）
30. κλάω	動.過不.主.分詞.主.陽.單	掰開，擘
31. διανοίγω	動.過不.被.直說.三複	打開
ἄφαντος, ον	形.主.陽.單.原	看不見的
32. καίω	動.現在.被.分詞.主.陰.單	點燈
33. ἀθροίζω	動.完成.被.分詞.直.陽.複	聚集
ἕνδεκα	形.直.陽.複.原	十一
34. ὄντως	副.原	的確，眞實的，實在
35. ἐξηγέομαι	動.過未.關.直說.三複	告訴，報告，說明
κλάσις, εως, ἡ	名.間.陰.單	掰（餅）
37. πτοέω	動.過不.被.分詞.主.陽.複	害怕，驚惶
ἔμφοβος, ον	形.主.陽.複.原	驚惶的，恐懼的，害怕的
38. ταράσσω	動.完成.被.分詞.主.陽.複	愁煩，著急不安
39. ψηλαφάω	動.過不.主.命令.二複	摸，觸
ὀστέον, ου, τό	名.直.中.複	骨頭
41. ἀπιστέω	動.現在.主.分詞.所.陽.複	不信，不肯相信
βρώσιμος, ον	名.直.中.單	可吃的
ἐνθάδε	副.原	這裏，在這裏
42. ὀπτός, ή, όν	形.所.陽.單.原	燒的，烤的
μέρος, ους, τό	名.直.中.單	部份
44. ψαλμός, οῦ, ὁ	名.間.陽.複	（舊約的）詩篇
45. διανοίγω	動.過不.主.直說.三單	打開，講解
νοῦς, νοός ὁ	名.直.陽.單	心思，意念
συνίημι	動.現在.主.不定	明白，了解，領悟

διανοίγω τὸν νοῦν		使…虛心
48. μάρτυς, υρος, ὁ	名.主.陽.複	見證人
49. ἐνδύω	動.過不.關.假設.二複	領受，臨到
ὕψος, ους, τό	名.所.中.單	高天，上面
50. ἐξάγω	動.過不.主.直說.三單	領出，帶出
Βηθανία, ας, ἡ	名.直.陰.單	伯大尼〔伯達尼〕
51. διΐστημι	動.過不.主.直說.三單	離開
ἀναφέρω	動.過未.被.直說.三單	帶，拿起

約翰福音

特別詞彙

ἀδελφή, ῆς, ἡ	姊妹；同信主的人
ἀληθής, ές	眞的，老實的，誠實的；眞實的，眞正的
ἀληθινός, ή, ός	眞實的，眞正的；眞的；可靠的
ἀληθῶς	眞地，實在地，確實地
ἀναγγέλλω	告訴，傳；報告，報消息；宣講
ἀναπίπτω	斜躺；坐席；坐
Ἀνδρέας, ου, ὁ	安得烈〔安德肋〕
ἄνωθεν	從上面；再一次；從開始
ἄρτι	現在，如今（ἀπ᾽ ἄρτι 從今以後，從現在開始，再）；剛剛；立刻
ἄρχων, οντος, ὁ	統治者；長官，掌權者；法官；ἄ. τῶν Ἰουδαίων 猶太人的領袖，猶太人議會（Sanhedrin）的議員（約 3.1）
ἀσθενέω	生病；軟弱
βαστάζω	攜帶，抬，提，忍受，承擔，肩負；盜用（約 12.6）；移走（約 20.15），支持；拿起（約 10.31）
γονεύς, έως, ὁ	父母
δείκνυμι	顯現；表現；指示，給…看
διψάω	口渴，渴望
Ἑβραϊστί	以希伯來語或亞蘭語來說
ἐγγύς	接近；（空間上）靠近，不遠；（時間上）將近，即將，快到了（約 2.13）；（關係上）親近
ἐκλέγομαι	揀選，選
ἕλκω	吸引；拉；拖；抽出（刀）（約 18.10）
ἐμαυτοῦ, ῆς	我自己；＜所代＞我自己的

ἔμπροσθεν　1. ＜介＞接＜所有＞在…之前；2. ＜副＞在前面，向前

ἐντεῦθεν　從這裏；在這邊（ἐ. καὶ ἐ. 在兩邊，一邊一個，約19.18）

ἑορτή, ῆς, ἡ　節期（καθ᾽ ἑ. 在每個節期）

ἐπαύριον　次日，第二天

ἐργάζομαι　＜不及＞工作；做生意；＜及＞做事，完成；執行（聖殿的職責）；爲…操勞（約 6.27）；ἐ. τὴν θάλασσαν 靠海謀生的職業

ἔρημος, ου, ἡ　曠野，荒野，偏僻的地方，沙漠

θαυμάζω　＜不及＞驚奇，驚訝，稀奇，詫異；驚駭；欽佩，頌讚；θ. πρόσωπα 諂媚人

θεάομαι　看見，觀看；注意，觀察；訪問，看看

θύρα, ας, ἡ　門，大門；（ἐπὶ θ. 就在門口）；（墓門）入口

Θωμᾶς, ᾶ, ὁ　多馬〔多默〕

ἴδε　看！看哪！瞧！聽！這是…，在這裏

Ἰουδαία, ας, ἡ　猶太

Ἰούδας, α, ὁ　1. 猶大：雅各的兒子，他的支派，他的領域；2. 耶穌家譜中的一個人；3. 出賣耶穌的叛徒；4. 耶穌的兄弟；4. 使徒，雅各的兒子；5. 耶路撒冷教會的信徒巴撒巴；6. 大馬士革的一個門徒；7. 加利利的一個革命領袖

Ἰσκαριώτης, ου, ὁ　加略人〔依斯加略人〕

Καϊάφας, α, ὁ　該亞法〔蓋法〕（大祭司）

κἀκεῖνος, η, ο　而那一個，而他；那一個也，他也…一樣

Καφαρναούμ, ἡ　迦百農〔葛法翁〕

κεῖμαι　躺；安放；是，在，有；站；被命定，交給…使命，必須經歷，被揀選；設立，制定，立（根基）；積存

κλαίω　＜不及＞哭，痛哭，哀泣，號啕大哭；＜及＞爲…哀哭

κραυγάζω　大聲喊叫，喧嚷

κρίσις, εως, ἡ　審判，判斷；定罪，懲罰；正義；或指：法庭，法律制裁

Λάζαρος, ου, ὁ　拉撒路〔拉匝祿〕：1. 馬利亞與馬大的兄弟，2. 比喻中的乞丐

λιθάζω　用石頭打

λύω	鬆，解；釋放，使自由；破壞，違犯；拆毀，推倒，破損；准許
Μάρθα, ας, ἡ	馬大〔馬爾大〕
Μαρία, ας, (Μαριάμ) ἡ	與Μαριάμ馬利亞〔瑪利亞〕：1. 耶穌的母親；2. 馬大與拉撒路的姊妹；3. 抹大拉的馬利亞；4. 雅各與約瑟的母親；5. 革羅罷的妻子（約 19.25）；6. 約翰馬可的母親；7. 在羅馬的一個基督徒
μαρτυρία, ας, ἡ	證言，見證；證據；聲望
μέντοι	但，可是，然而
μικρός, ά, όν	少的，小的，最不足道的，不重要的，卑微的（ἀπὸ μικροῦ ἕως μεγάλου 從最小的到最大的）；＜副＞ μικρόν 一會兒，稍遠些（ἔτι μ.這些時候，約 13.33, 14.19；μετὰ μ.過了一會兒，稍後）；μικρότερος 最少
μισέω	恨，厭惡；不顧，漠.不關心
μνημεῖον, ου, τό	墳墓；紀念碑
Ναθαναήλ, ὁ	拿但業〔納塔乃耳〕
Νικόδημος, ου, ὁ	尼哥底母〔尼苛德摩〕
νίπτω	洗，＜關＞洗（自己的）身，臉，手，足等
οἶνος, ου, ὁ	酒
ὀπίσω	1. ＜介＞接＜所有＞在…之後（用於 ἔρχομαι 或其派生動詞之後，指：跟從，作…的門徒）；在後；遠離；2.＜副＞背後，在後（εἰς τὰ ὀπίσω 退，倒退；轉〔身〕，約 20.14
οὐκέτι	不再（οὐκέτι οὐ μή 永遠不再）
οὔπω	＜副＞尚未（οὐδεὶς οὔπω 從來沒有人曾經…）
ὀψάριον, ου, τό	魚
πάντοτε	總是，常常
παρρησία, ας, ἡ	公開，坦白（παρρησίᾳ 公開地，明顯地，自由地）；大膽，信心，勇敢，坦然無懼；（在）眾人面前（ἐν π. εἶναι 出名，約 7.4）
πάσχα, τό	逾越節；逾越節的晚餐；逾越節的羊羔
πέντε	五

πέραν	1. ＜介＞接＜所有＞…那邊，到或在另一邊，到或在對岸；2. τὸ π. 另一邊，對岸
πηλός, οῦ, ὁ	泥土，黏土
πιάζω	捉拿，逮捕；捕獲（魚或動物）；握緊，拉著
πόθεν	從哪裏，哪裏；怎麼會…，爲甚麼
ποιμήν, ένος, ὁ	牧人，牧羊人；牧師
ποῦ	哪裏？在哪裏？到哪裏？ **οὐκ ἔχω ποῦ** 没有地方（去）
πρό	＜介＞接＜所有＞在…之前（時，地）；**πρὸ ἓξ ἡμερῶν τοῦ πάσχα** 逾越節前六天（約 12.1）；
πρόβατον, ου, τό	羊，小羊
ῥαββί	拉比（希伯來語），老師，先生（尊稱）
σεαυτοῦ, ῆς	＜反代＞你自己
σκοτία, ας, ἡ	黑暗；**λέγω ἐν τῇ σ.** 在暗中說話
σός, σή, σόν	〈所有〉你的，屬於你的；**ἐν τῳ σ.** 你能的
σταυρόω	釘十字架
στρατιώτης, ου, ὁ	兵士，步兵；；侍衛，警衛；軍隊
ταράσσω	愁煩，煩擾，騷擾；著急不安；傷痛，激動；使徬徨困惑，騷動；驚駭；攪動（水）（約 5.4 經文校勘欄）
τελειόω	使完全，使完美，成全（＜被動＞達到完美；**τετελειωμένοι εἰς ἕν** 完全合一體，約 17.23）；完成，成熟，變成（＜關＞達到目標，或完成工作）；使成熟；應驗，實現（聖經）
τιμάω	尊重，尊敬，孝敬；尊重…的身份或資助，重用（約 12.26）
τρώγω	吃，嚼
ὑγιής, ές	完整的，健全的；復原的，治好的，康復的；健全正確的（教訓）；恰當的
ὑπηρέτης, ου, ὁ	法官，警衛，助理，幫手，僕人；**ὑ. γενόμενοι τοῦ λόγου** 那些曾經傳佈這信息的人；臣民（約 18.36）
ὑψόω	（人）高升；舉高，高舉，舉起，升高
φανερόω	顯明，揭露，顯示，散播，彰顯或闡明；＜被動＞張揚或顯露，明顯，表明；顯現，表明身份
φιλέω	愛，愛惜；愛好，喜歡（作某事或作某樣的人）；吻

Φίλιππος, ου, ὁ	腓力〔斐理伯〕：1. 十二門徒之一；2. 希律一世的兒子，巴勒斯坦東北地區的分封王；3. 耶路撒冷教會七個執事之一；4. 希羅底的第一個丈夫
φίλος, ου, ὁ	朋友
φωνέω	呼叫，向…叫；喊出，大聲說；叫喊，傳喚；（公雞）喔喔叫；邀請；稱呼，叫（約 13.13）

第一章

3. χωρίς.	不介.所	沒有，不藉著
5. φαίνω.	動.現在.主.直說.三單	照耀，出現
καταλαμβάνω	動.過不.主.直說.三單	抓到，勝過，明白
9. φωτίζω	動.現在.主.直說.三單	照亮，照耀，光照，啓明
11. παραλαμβάνω	動.過不.主.直說.三複	領受，接受
σαρκὸς θέλημα		性慾
ἐκ θελήματος σαρκός		由人的性慾
14. σκηνόω	動.過不.主.直說.三單	居住
μονογενής, ές	形.所.陽.單.原	唯一的，獨特的，獨生的
πλήρης, ες	形.主.陽.單.原	充滿的，完全的
16. πλήρωμα, ατος, τό	名.所.中.單	充滿，完全（神的存在或本質）
ἀντί	介.所	代替
18. πώποτε	副.原	從來，在任何時候
μονογενής, ές	形.主.陽.單.原	唯一的，獨特的，獨生的
κόλπος, ου, ὁ	名.直.陽.單	胸懷，胸部，懷中
ἐξηγέομαι	動.過不.關.直說.三單	報告，說明，表明，作證
εἰμὶ εἰς τὸν κόλπον		親密關繫
19. ἱερεύς, έως, ὁ	名.直.陽.複	祭司
Λευίτης, ου, ὁ	名.直.陽.複	利未人（祭司助手）
20. ὁμολογέω	動.過不.主.直說.三單	承認，認（罪），宣認
ἀρνέομαι	動.過不.關.直說.三單	否認，背棄，拒絕
21. Ἠλίας, ου, ὁ	名.主.陽.單	以利亞〔厄里亞〕
οὔ	虛.否	不（否定答詞）

22. ἀπόκρισις, εως, ἡ	名. 直. 陰. 單	回覆，回答
23. βοάω	動. 現在. 主. 分詞. 所. 陽. 單	呼喊，大叫，歡呼
εὐθύνω	動. 過不. 主. 命令. 二複	修直
Ἠσαΐας, ου, ὁ	名. 主. 陽. 單	以賽亞〔依撒意亞〕
25. Ἠλίας, ου, ὁ	名. 主. 陽. 單	以利亞〔厄里亞〕
27. ἄξιος, α, ον	形. 主. 陽. 單. 原	值得的，配得的，合適的
ἱμάς, άντος, ὁ	名. 直. 陽. 單	皮製鞋帶
ὑπόδημα, ατος, τό	名. 所. 中. 單	涼鞋，拖鞋，鞋子
28. Βηθανία, ας, ἡ	名. 間. 陰. 單	伯大尼〔伯達尼〕
Ἰορδάνης, ου, ὁ	名. 所. 陽. 單	約旦河，和：約但河
29. ἀμνός, οῦ, ὁ	名. 主. 陽. 單	羔羊，小羊
32. περιστερά, ᾶς, ἡ	名. 直. 陰. 單	鴿子
36. ἐμβλέπω	動. 過不. 主. 分詞. 主. 陽. 單	定睛看，看見
ἀμνός, οῦ, ὁ	名. 主. 陽. 單	羔羊，小羊
38. στρέφω	動. 過不. 被. 分詞. 主. 陽. 單	回轉，轉身，轉面
μεθερμηνεύω	動. 現在. 被. 分詞. 主. 中. 單	翻譯，意思是
39. δέκατος, η, ον	形. 主. 陰. 單. 原	第十
41. Μεσσίας, ου, ὁ	名. 直. 陽. 單	彌賽亞〔默西亞〕
μεθερμηνεύω	動. 現在. 被. 分詞. 主. 中. 單	翻譯，意思是
42. ἐμβλέπω	動. 過不. 主. 分詞. 主. 陽. 單	定睛看，看見
Κηφᾶς, ᾶ, ὁ	名. 主. 陽. 單	磯法〔刻法〕（亞蘭語）
ἑρμηνεύω	動. 現在. 被. 直說. 三單	詮釋，解說，譯爲
44. Βηθσαϊδά, ἡ	名. 所. 陰. 單	伯賽大〔貝特賽達〕
45. Ἰωσήφ, ὁ	名. 所. 陽. 單	約瑟〔若瑟〕
Ναζαρέτ, ἡ	名. 所. 陰. 單	拿撒勒〔納匝肋〕
47. Ἰσραηλίτης, ου, ὁ	名. 主. 陽. 單	以色列人
δόλος, ου, ὁ	名. 主. 陽. 單	詭詐，撒謊，陰謀
48. συκῆ, ῆς, ἡ	名. 直. 陰. 單	無花果樹
50. ὑποκάτω	不介. 所	在…下面

第二章

1. γάμος, ου, ὁ	名. 主. 陽. 單	婚禮，婚宴
Κανά, ἡ	名. 間. 陰. 單	迦拿〔加納〕

3. ὑστερέω	動. 過不. 主. 分詞. 所. 陽. 單	缺乏，需要，用盡，没有了
4. ἥκω	動. 現在. 主. 直說. 三單	已經來到，臨到，來
5. διάκονος, ου, ὁ, ἡ	名. 間. 陽. 複	僕人，庸人
6. λίθινος, η, ον	形. 主. 陰. 複. 原	石製的
ὑδρία, ας, ἡ	名. 主. 陰. 複	水罐，水罈，水缸
ἕξ	形. 主. 陰. 複. 原	六
καθαρισμός, οῦ, ὁ	名. 直. 陽. 單	潔淨，潔淨禮
χωρέω	動. 現在. 主. 分詞. 主. 陰. 複	寬容，盛（水），容納
ἀνά	介. 直	每個，每一，各
μετρητής, οῦ, ὁ	名. 直. 陽. 複	容量單位（約 9 加侖）
7. γεμίζω	動. 過不. 主. 命令. 二複	充滿，滿
ἄνω	副. 原	向上，往上，直到缸口
ἕως ἄνω		直到缸口
8. ἀντλέω	動. 過不. 主. 命令. 二複	舀水，打水
ἀρχιτρίκλινος, ου, ὁ	名. 間. 陽. 單	主管筵席的人
9. γεύομαι	動. 過不. 關. 直說. 三單	嘗，吃
διάκονος, ου, ὁ, ἡ	名. 主. 陽. 複	僕人，庸人
νυμφίος, ου, ὁ	名. 直. 陽. 單	新郎
10. μεθύω	動. 過不. 被. 假設. 三複	醉酒，闊醉，讓人暢飲
ἐλάσσων, ον	形. 直. 陽. 單. 比	較少的，較劣的，普通的
11. Κανά, ἡ	名. 間. 陰. 單	迦拿〔加納〕
14. πωλέω	動. 現在. 主. 分詞. 直. 陽. 複	賣，出售
βοῦς, βοός, ὁ, ἡ	名. 直. 陽. 複	牛
περιστερά, ᾶς, ἡ	名. 直. 陰. 複	鴿子
κερματιστής, οῦ, ὁ	名. 直. 陽. 複	兌換銀錢的人
15. φραγέλλιον, ου, τό	名. 直. 中. 單	鞭子
σχοινίον, ου, τό	名. 所. 中. 複	繩子
κολλυβιστής, οῦ, ὁ	名. 所. 陽. 複	兌換銀錢的人
ἐκχέω	動. 過不. 主. 直說. 三單	倒出
κέρμα, ατος, τό	名. 直. 中. 單	錢幣
τράπεζα, ης, ἡ	名. 直. 陰. 複	桌子
ἀνατρέπω	動. 過不. 主. 直說. 三單	推翻，使…毀壞
16. περιστερά, ᾶς, ἡ	名. 直. 陰. 複	鴿子

πωλέω	動. 現在. 主. 分詞. 間. 陽. 複	賣，出售
ἐμπόριον, ου, τό	名. 所. 中. 單	市場
17. μιμνῄσκομαι	動. 過不. 被. 直說. 三複	記得，記住，回憶
ζῆλος, ου, ὁ	名. 主. 陽. 單	熱心，嫉妒
κατεσθίω	動. 未來. 關. 直說. 三單	燒，大發熱心
ὁ ζῆλος…κατεσθίει με		對…大發熱心
19. ναός, οῦ, ὁ	名. 直. 陽. 單	聖殿，神廟模型或神龕
20. τεσσεράκοντα	形. 間. 中. 複. 原	四十
ἕξ	形. 間. 中. 複. 原	六
ἔτος, ους, τό	名. 間. 中. 複	年
οἰκοδομέω	動. 過不. 被. 直說. 三單	建造，重建，修復
21. ναός, οῦ, ὁ	名. 所. 陽. 單	聖殿
22. μιμνῄσκομαι	動. 過不. 被. 直說. 三複	記得，記住，回憶
25. χρεία, ας, ἡ	名. 直. 陰. 單	需要，缺少
ἄρχων τῶν Ἰουδαίων		議員
γεννάω ἄνωθεν		重生

第三章

4. γέρων, οντος, ὁ	名. 主. 陽. 單	老人
κοιλία, ας, ἡ	名. 直. 陰. 單	肚，腹，母胎，腹中
δεύτερος, α, ον	副. 原	第二
8. πνέω	動. 現在. 主. 直說. 三單	（風）吹
12. ἐπίγειος, ον	形. 直. 中. 複. 原	世上的，地上的，屬世的
ἐπουράνιος, ον	形. 直. 中. 複. 原	屬天的，天空的，天上的
14. ὄφις, εως, ὁ	名. 直. 陽. 單	蛇
16. μονογενής, ές	形. 直. 陽. 單. 原	唯一的，獨特的，獨生的
19. σκότος, ους, τό	名. 直. 中. 單	黑暗，罪
20. φαῦλος, η, ον	形. 直. 中. 複. 原	邪惡的，錯的，沒價值的
πράσσω	動. 現在. 主. 分詞. 主. 陽. 單	做，行，作
ἐλέγχω	動. 過不. 被. 假設. 三單	揭露，指證有罪
ὁ φαῦλος		做壞事的
22. διατρίβω	動. 過未. 主. 直說. 三單	停留，住下
23. Αἰνών, ἡ	名. 間. 陰. 單	哀嫩〔艾農〕

	Σαλείμ (–ίμ), τό	名. 所. 中. 單	撒冷〔撒林〕
	παραγίνομαι	動. 過未. 關. 直說. 三複	來，到達，出現
24.	φυλακή, ῆς, ἡ	名. 直. 陰. 單	監獄，更次
25.	ζήτησις, εως, ἡ	名. 主. 陰. 單	辯論，討論，爭論，調查
	καθαρισμός, οῦ, ὁ	名. 所. 陽. 單	潔淨，潔淨禮
26.	Ἰορδάνης, ου, ὁ	名. 所. 陽. 單	約旦河，和：約但河
29.	νύμφη, ης, ἡ	名. 直. 陰. 單	新娘，媳婦
	νυμφίος, ου, ὁ	名. 主. 陽. 單	新郎
30.	αὐξάνω (αὔξω)	動. 現在. 主. 不定	興旺
	ἐλαττόω	動. 現在. 關. 不定	低微，衰微
31.	ἐπάνω	不介. 所	在…上，勝過，管，多於
33.	σφραγίζω	動. 過不. 主. 直說. 三單	蓋印，證實
34.	μέτρον, ου, τό	名. 所. 中. 單	尺度，程度，數量
	ἐκ μέτρου		節省的，謹慎的
	οὐκ ἐκ μέτρου		無限量地
36.	ἀπειθέω	動. 現在. 主. 分詞. 主. 陽. 單	不順服，不信服
	ὀργή, ῆς, ἡ	名. 主. 陰. 單	憤怒，審判，懲罰

第四章

2.	καίτοιγε	連. 讓從	雖然，然而，其實
4.	διέρχομαι	動. 現在. 關. 不定	穿過，經過
	Σαμάρεια, ας, ἡ	名. 所. 陰. 單	撒瑪利亞〔撒瑪黎雅〕
5.	Συχάρ, ἡ	名. 直. 陰. 單	敘加〔息哈爾〕
	πλησίον	不介. 所	靠近
	χωρίον, ου τό	名. 所. 中. 單	土地，田地，地方
	Ἰακώβ, ὁ	名. 主. 陽. 單	雅各〔雅各伯〕
	Ἰωσήφ, ὁ	名. 間. 陽. 單	約瑟〔若瑟〕
6.	πηγή, ῆς, ἡ	名. 主. 陰. 單	泉源，水井，（水）流
	κοπιάω	動. 完成. 主. 分詞. 主. 陽. 單	辛勞工作，勞苦，疲倦
	ὁδοιπορία, ας, ἡ	名. 所. 陰. 單	旅行
	καθέζομαι	動. 過未. 關. 直說. 三單	坐著，坐下，留在
	ἕκτος, η, ον	形. 主. 陰. 單. 原	第六
7.	Σαμάρεια, ας, ἡ	名. 所. 陰. 單	撒瑪利亞〔撒瑪黎雅〕

ἀντλέω	動. 過不. 主. 不定	舀水，打水
8. τροφή, ῆς, ἡ	名. 直. 陰. 複	飯，食物，糧食
ἀγοράζω	動. 過不. 主. 假設. 三複	買
9. Σαμαρῖτις, ιδος, ἡ	名. 主. 陰. 單	撒瑪利亞〔撒瑪黎雅〕人（女）
συγχράομαι	動. 現在. 關. 直說. 三複	友善相來往，同餐共食
Σαμαρίτης, ου, ὁ	名. 間. 陽. 複	撒瑪利亞〔撒瑪黎雅〕人（男）
10. δωρεά, ᾶς, ἡ	名. 直. 陰. 單	恩賜，恩典
11. ἄντλημα, ατος, τό	名. 直. 中. 單	（水）桶
φρέαρ, ατος, τό	名. 主. 中. 單	井，深淵，坑
βαθύς, εῖα, ύ	形. 主. 中. 單. 原	深的
12. Ἰακώβ, ὁ	名. 所. 陽. 單	雅各〔雅各伯〕
θρέμμα, ατος, τό	名. 主. 中. 複	牲畜，牛，牲口，群
14. πηγή, ῆς, ἡ	名. 主. 陰. 單	泉源，水井，（水）流
ἅλλομαι	動. 現在. 關. 分詞. 所. 中. 單	湧出（水）
15. διέρχομαι	動. 現在. 關. 假設. 一單	穿過，經過，渡過，去
ἐνθάδε	副. 原	這裏，到這裏，在這裏
ἀντλέω	動. 現在. 主. 不定	舀水，打水
17. καλῶς	副. 原	正確地，很好，好
22. σωτηρία, ας, ἡ	名. 主. 陰. 單	拯救，救恩
23. προσκυνητής, οῦ, ὁ	名. 主. 陽. 複	敬拜者
25. Μεσσίας, ου, ὁ	名. 主. 陽. 單	彌賽亞〔默西亞〕
ἅπας, ασα, αν	形. 直. 中. 複. 原	所有的，全部，每件事
28. ὑδρία, ας, ἡ	名. 直. 陰. 單	水罐，水罈，水缸
29. δεῦτε	歎	來（命令或勸告）
μήτι	虛. 疑	表示詢問者對於答案有懷疑
31. μεταξύ	副. 原	在…之間，同時，這時候
ἐν τῷ μεταξύ		其時，當其時
32. βρῶσις, εως, ἡ	名. 直. 陰. 單	食物，飲食
34. βρῶμα, ατος, τό	名. 主. 中. 單	食物，飯
35. τετράμηνος, ον	名. 主. 陽/陰. 單	四個月的期間
θερισμός, οῦ, ὁ	名. 主. 陽. 單	收穫，收割，莊稼
ἐπαίρω	動. 過不. 主. 命令. 二複	抬高，舉高
χώρα, ας, ἡ	名. 直. 陰. 複	地區，地方，鄉下，土地

λευκός, ή, όν	形. 主. 陰. 複. 原	白色的，潔白的，明亮的
36. θερίζω	動. 現在. 主. 分詞. 主. 陽. 單	收割，收獲
μισθός, οῦ, ὁ	名. 直. 陽. 單	工價，工資，報酬，報應
ὁμοῦ	副. 原	一起
38. θερίζω	動. 現在. 主. 不定	收割，積聚，得到…供給
κοπιάω	動. 完成. 主. 直說. 二複	辛勞工作，勞苦，疲倦
κόπος, ου, ὁ	名. 直. 陽. 單	工作，勞苦，煩擾，困難
39. Σαμαρίτης, ου, ὁ	名. 所. 陽. 複	撒瑪利亞〔撒瑪黎雅〕人（男）
42. λαλιά, ᾶς, ἡ	名. 直. 陰. 單	說的話，腔調，口音
σωτήρ, ῆρος, ὁ	名. 主. 陽. 單	救主，拯救者，救贖者
43. ἐκεῖθεν	副. 原	從那裏
44. πατρίς, ίδος, ἡ	名. 間. 陰. 單	祖國，家鄉，本鄉
τιμή, ῆς, ἡ	名. 直. 陰. 單	尊貴，敬重，價值，榮耀
45. Γαλιλαῖος, α, ον	形. 主. 陽. 複. 原	加利利的〔加里肋亞的〕
46. Κανά, ἡ	名. 直. 陰. 單	迦拿〔加納〕
βασιλικός, ή, όν	形. 主. 陽. 單. 原	王的，王的官員或親人
47. ἥκω	動. 現在. 主. 直說. 三單	已經來到，臨到，來
ἰάομαι	動. 過不. 關. 假設. 三單	醫治，治好，恢復，好的
48. τέρας, ατος, τό	名. 直. 中. 複	奇事，兆頭，預兆
49. βασιλικός, ή, όν	形. 主. 陽. 單. 原	王的，王的官員或親人
πρίν	連. 時從	在…之前，…以前
51. ὑπαντάω	動. 過不. 主. 直說. 三複	遇見，迎面，近接
παῖς, παιδός, ὁ, ἡ	名. 主. 陽. 單	小孩
52. πυνθάνομαι	動. 過不. 關. 直說. 三單	詢問，問，疑問，得知
κομψότερον	副. 比	較好地
ἐχθές	副. 原	昨天
ἕβδομος, η, ον	形. 直. 陰. 單. 原	第七
πυρετός, οῦ, ἡ	名. 主. 陽. 單	發燒，熱
κομψότερον ἔχω		（病情）好轉起來
54. δεύτερος, α, ον	形. 直. 中. 單. 原	第二的，第二

第五章

2. προβατικός, ή, όν	形. 間. 陰. 單. 原	屬於羊的

κολυμβήθρα, ας, ἡ	名. 主. 陰. 單	水池，池子
ἐπιλέγω	動. 現在. 被. 分詞. 主. 陰. 單	叫作，命名
Βηθζαθά, ἡ	名. 主. 陰. 單	畢士大〔貝特匝達〕
στοά, ᾶς, ἡ	名. 直. 陰. 複	門廊，走廊
3. κατάκειμαι	動. 過未. 關. 直說. 三單	躺（在床上）
πλῆθος, ους, τό	名. 主. 中. 單	群眾，人群，聚集的人群
χωλός, ή, όν	形. 所. 陽. 複. 原	跛腳的，瘸腿的
ξηρός, ά, όν	形. 所. 陽. 複. 原	枯乾的，枯萎的，癱瘓的
5. τριάκοντα	形. 直. 中. 複. 原	三十
ὀκτώ	形. 直. 中. 複. 原	八
ἔτος, ους, τό	名. 直. 中. 複	年
ἀσθένεια, ας, ἡ	名. 間. 陰. 單	（各種）軟弱，疾病
6. κατάκειμαι	動. 現在. 關. 分詞. 直. 陽. 單	躺（在床上）
7. κολυμβήθρα, ας, ἡ	名. 直. 陰. 單	水池，池子
8. κράβαττος, ου, ὁ	名. 直. 陽. 單	床，擔架
9. εὐθέως	副. 原	立刻，一…就，很快地
10. θεραπεύω	動. 完成. 被. 分詞. 間. 陽. 單	醫治，供奉
ἔξεστι	動. 現在. 主. 直說. 三單	可以做的或合法的
κράβαττος, ου, ὁ	名. 直. 陽. 單	床，擔架
13. ἰάομαι	動. 過不. 被. 分詞. 主. 陽. 單	醫治，治好，恢復
ἐκνεύω	動. 過不. 主. 直說. 三單	偷偷離開，避開
14. μηκέτι	副. 原	不再
ἁμαρτάνω	動. 現在. 主. 命令. 二單	犯罪，做錯
χείρων, ον	形. 主. 中. 單. 比	更壞的，更厲害的
16. διώκω	動. 過未. 主. 直說. 三複	迫害，逼迫，驅逐
18. ἴσος, η, ον	形. 直. 陽. 單. 原	平等的，一樣的，符合的
19. ὁμοίως	副. 原	同樣，照樣，相同地
21. ὥσπερ	連. 比從	如同，正如，好像，好比
ζῳοποιέω	動. 現在. 主. 直說. 三單	賦以生命，使復活
24. μεταβαίνω	動. 完成. 主. 直說. 三單	離開，移動，去
26. ὥσπερ	連. 比從	如同，正如，好像，好比
29. ἐκπορεύομαι	動. 未來. 關. 直說. 三複	出去或出來
ἀνάστασις, εως, ἡ	名. 直. 陰. 單	復活

φαῦλος, η, ον	形. 直. 中. 複. 原	邪惡的，壞的，沒價值的
πράσσω	動. 過不. 主. 分詞. 主. 陽. 複	做，行，作
ἐκπορεύομαι εἰς ἀνάστασιν		復活
35. λύχνος, ου, ὁ	名. 主. 陽. 單	燈
καίω	動. 現在. 被. 分詞. 主. 陽. 單	燃燒，燒著
φαίνω	動. 現在. 主. 分詞. 主. 陽. 單	照耀
ἀγαλλιάω	動. 過不. 被. 不定	大大歡喜快樂
37. πώποτε	副. 原	從來，在任何時候
εἶδος, ους, τό	名. 直. 中. 單	形狀，外貌
39. ἐραυνάω	動. 現在. 主. 命令. 二複	細察，研究，查考探索
45. κατηγορέω	動. 未來. 主. 直說. 一單	控告（人），譴責
ἐλπίζω	動. 完成. 主. 直說. 二複	希望，盼望，指望，仰望
47. γράμμα, ατος, τό	名. 間. 中. 複	文字，聖經，所寫的

第六章

1. Τιβεριάς, άδος, ἡ	名. 所. 陰. 單	提比哩亞〔提庇黎雅〕
3. ἀνέρχομαι	動. 過不. 主. 直說. 三單	上去
4. ἐν παρρησίᾳ εἶναι		出名
5. ἐπαίρω	動. 過不. 主. 分詞. 主. 陽. 單	抬高，舉高
ἀγοράζω	動. 過不. 主. 假設. 一複	買
6. πειράζω	動. 現在. 主. 分詞. 主. 陽. 單	試驗
7. διακόσιοι, αι, α	形. 所. 中. 複. 原	二百
δηνάριον, ου, τό	名. 所. 中. 複	銀子，銀圓〔德納〕
ἀρκέω	動. 現在. 主. 直說. 三複	足夠，充份
βραχύς, εῖα, ύ	形. 直. 中. 單. 原	少的，一點點
9. παιδάριον, ου, τό	名. 主. 中. 單	男孩，孩子
κρίθινος, η, ον	形. 直. 陽. 複. 原	大麥做的
τοσοῦτος, αύτη, οῦτον	代. 指代. 直. 陽. 複	如此多，如此大，許多
10. χόρτος, ου, ὁ	名. 主. 陽. 單	草
ἀριθμός, οῦ, ὁ	名. 直. 陽. 單	數目，總數
πεντακισχίλιοι, αι, α	形. 主. 陽. 複. 原	五千
11. εὐχαριστέω	動. 過不. 主. 分詞. 主. 陽. 單	感謝，祝謝
διαδίδωμι	動. 過不. 主. 直說. 三單	分配，分，給

ἀνάκειμαι	動. 現在. 關. 分詞. 間. 陽. 複	坐席，作宴會的客人
ὁμοίως	副. 原	同樣，照樣，相同地
12. ἐμπίμπλημι (ἐμπίπλημι)	動. 過不. 被. 直說. 三複	飽足
περισσεύω	動. 過不. 主. 分詞. 直. 中. 複	剩餘
κλάσμα, ατος, τό	名. 直. 中. 複	碎屑，碎塊
13. γεμίζω	動. 過不. 主. 直說. 三複	充滿，滿
κόφινος, ου, ὁ	名. 直. 陽. 複	籃子
κρίθινος, η, ον	形. 所. 陽. 複. 原	大麥做的
βιβρώσκω	動. 完成. 主. 分詞. 間. 陽. 複	吃
15. ἁρπάζω	動. 現在. 主. 不定	抓走，帶走
ἀναχωρέω	動. 過不. 主. 直說. 三單	退，避，走，走開，回去
πῶς οὗτος γράμμα οἶδεν		他怎會有這麼淵博的學問呢？
16. ὀψια, ας, ἡ	名. 主. 陰. 單	傍晚，晚上
17. ἐμβαίνω	動. 過不. 主. 分詞. 主. 陽. 複	上船，下（池）
18. ἄνεμος, ου, ὁ	名. 所. 陽. 單	風
πνέω	動. 現在. 主. 分詞. 所. 陽. 單	（風）吹
διεγείρω	動. 過未. 被. 直說. 三單	起伏，翻騰
19. ἐλαύνω	動. 完成. 主. 分詞. 主. 陽. 複	搖船
στάδιον, ου, τό	名. 直. 陽. 複	長度單位（約 185 公尺）
ἔικοσι	形. 直. 陽. 複. 原	二十
τριάκοντα	形. 直. 陽. 複. 原	三十
21. εὐθέως	副. 原	立刻，一…就，很快地
22. πλοιάριον, ου, τό	名. 主. 中. 單	船，小船
συνεισέρχομαι	動. 過不. 主. 直說. 三單	跟…進去，跟…上（船）
23. Τιβεριάς, άδος, ἡ	名. 所. 陰. 單	提比哩亞〔提庇黎雅〕
εὐχαριστέω	動. 過不. 主. 分詞. 所. 陽. 單	感謝，祝謝
24. ἐμβαίνω	動. 過不. 主. 直說. 三複	上船，下（池）
πλοιάριον, ου, τό	名. 直. 中. 複	船，小船
25. πότε	連. 疑并	那時候…？
26. χορτάζω	動. 過不. 被. 直說. 二複	飽足，滿足
27. βρῶσις, εως, ἡ	名. 直. 陰. 單	食物，飲食
σφραγίζω	動. 過不. 主. 直說. 三單	蓋印，封閉，證實，證明
31. μάννα, τό	名. 直. 中. 單	嗎哪〔瑪納〕

35. πεινάω	動.過不.主.假設.三單	饑餓
πώποτε	副.原	從來，在任何時候
37. ἥκω	動.未來.主.直說.三單	已經來到，臨到，來
38. ἐκ τῆς κολίας αὐτοῦ		從他心中
41. γογγύζω	動.過未.主.直說.三複	埋怨，抱怨，私下議論
42. Ἰωσήφ, ὁ	名.所.陽.單	約瑟〔若瑟〕
43. γογγύζω	動.現在.主.命令.二複	埋怨，抱怨，私下議論
45. διδακτός, ή, όν	形.主.陽.複.原	受教導的，所教導的
μανθάνω	動.過不.主.分詞.主.陽.單	學習
49. μάννα, τό	名.直.中.單	嗎哪〔瑪納〕
52. μάχομαι	動.過未.關.直說.三複	爭吵，打架
55. βρῶσις, εως, ἡ	名.主.陰.單	食物，飲食
πόσις, εως, ἡ	名.主.陰.單	飲喝，飲料
60. σκληρός, ά, όν	形.主.陽.單.原	太艱難的
61. γογγύζω	動.現在.主.直說.三複	埋怨，抱怨，私下議論
σκανδαλίζω	動.現在.主.直說.三單	生氣，不服氣
62. πρότερος, α, ον	副.比	以前的，較早的，起初
63. ζῳοποιέω	動.現在.主.分詞.主.中.單	賦以生命，使復活
ὠφελέω	動.現在.主.直說.三單	獲得，獲利，幫助
66. ἀπέρχομαι εἰς τὰ ὀπίσω		退出，不再跟隨
70. διάβολος, ον	名.主.陽.單	魔鬼

第七章

2. σκηνοπηγία, ας, ἡ	名.主.陰.單	住棚節
3. μεταβαίνω	動.過不.主.命令.二單	離開，移動，去
4. κρυπτός, ή, όν	形.間.中.單.原	秘密的，隱藏的
ἐν παρρησίᾳ		當眾地，公開地
6. πάρειμι	動.現在.主.直說.三單	在一起，在這裏，來臨
ὑμέτερος, α, ον	代二所.主.陽.單	你們的
ἕτοιμος, η, ον	形.主.陽.單.原	準備好的，隨時都方便
10. φανερῶς	副.原	公開地，公然地，清楚地
κρυπτός, ή, όν	形.間.中.單.原	秘密的，隱藏的
12. γογγυσμός, οῦ, ὁ	名.主.陽.單	埋怨，議論紛紛，爭吵

οὔ	虛. 否	不（否定答詞）
πλανάω	動. 現在. 主. 直說. 三單	迷惑，欺騙，流浪
13. φόβος, ου, ὁ	名. 直. 陽. 單	恐懼
14. μεσόω	動. 現在. 主. 分詞. 所. 陰. 單	在中間，過了一半
15. γράμμα, ατος, τό	名. 直. 中. 複	文字，聖經，學問
μανθάνω	動. 完成. 主. 分詞. 主. 陽. 單	學習
16. διδαχή, ῆς, ἡ	名. 主. 陰. 單	教訓，教導（的內容）
17. πότερον	連. 相并	是…還是…
18. ἀδικία, ας, ἡ	名. 主. 陰. 單	邪惡，罪，不義，不公平
22. περιτομή, ῆς, ἡ	名. 直. 陰. 單	割禮（宗教儀式）
περιτέμνω	動. 現在. 主. 直說. 二複	行割禮
23. χολάω	動. 現在. 主. 直說. 二複	生氣，責怪
24. ὄψις, εως, ἡ	名. 直. 陰. 單	臉
25. Ἱεροσολυμίτης, ου, ὁ	名. 所. 陽. 複	耶路撒冷的居民
26. μήποτε	虛. 疑	恐怕，免得，是否，也許
30. ἐπιβάλλω	動. 過不. 主. 直說. 三單	逮捕
ἐπιβάλλω τὰς χεῖρας (ἐπί)		逮捕
32. γογγύζω	動. 現在. 主. 分詞. 所. 陽. 單	埋怨，抱怨，私下議論
35. διασπορά, ᾶς, ἡ	名. 直. 陰. 單	散居（的人）
Ἕλλην, ηνος, ὁ	名. 所. 陽. 複	希臘人，非猶太人
38. ποταμός, οῦ, ὁ	名. 主. 陽. 複	河流，氾濫的河水
κοιλία, ας, ἡ	名. 所. 陰. 單	腹中，心中
ῥέω	動. 未來. 主. 直說. 三複	流
39. οὐδέπω	副. 原	尚未
ἐν τῷ κρυπτῷ		私下地，秘密地
42. σπέρμα, ατος, τό	名. 所. 中. 單	種子，後裔
Βηθλέεμ, ἡ	名. 所. 陰. 單	伯利恆〔白冷〕
κώμη, ης, ἡ	名. 所. 陰. 單	村莊，小鎮
43. σχίσμα, ατος, τό	名. 主. 中. 單	紛爭，爭論
44. ἐπιβάλλω	動. 過不. 主. 直說. 三單	逮捕
46. οὐδέποτε	副. 原	從不，絕不，永不
47. πλανάω	動. 完成. 被. 直說. 二複	迷失，被騙
49. ἐπάρατος, ον	形. 主. 陽. 複. 原	受神詛咒的

50. πρότερος, α, ον	副.原	以前的，較早的，先前，起初
52. ἐραυνάω	動.過不.主.命令.二單	細察，研究，查考探索

第八章

1. ἐλαία, ας, ἡ	名.所.陰.複	橄欖樹，橄欖
2. ὄρθρος, ου, ὁ	名.所.陽.單	清早
παραγίνομαι	動.過不.關.直說.三單	來，到達，出現
καθίζω	動.過不.主.分詞.主.陽.單	坐下，坐著，使…坐在
3. μοιχεία, ας, ἡ	名.間.陰.單	淫亂，通姦
καταλαμβάνω	動.完成.被.分詞.直.陰.單	抓緊，抓到，查出
4. αὐτόφωρος, ον	形.間.中.單.原	當場
μοιχεύω	動.現在.被.分詞.主.陰.單	犯姦淫
5. ἐντέλλομαι	動.過不.關.直說.三單	吩咐，命令，囑付
6. πειράζω	動.現在.主.分詞.主.陽.複	試探，誘惑，嘗試，企圖
κατηγορέω	動.現在.主.不定	控告（人），譴責
κάτω	副.原	下，在下面
κύπτω	動.過不.主.分詞.主.陽.單	彎身，蹲下
δάκτυλος, ου, ὁ	名.間.陽.單	手指頭
καταγράφω	動.過未.主.直說.三單	寫
7. ἐπιμένω	動.過未.主.直說.三複	繼續
ἀνακύπτω	動.過不.主.直說.三單	站直，挺身昂首
ἀναμάρτητος, ον	形.主.陽.單.原	無罪的，清白的
8. κατακύπτω	動.過不.主.分詞.主.陽.單	彎身
9. καταλείπω	動.過不.被.直說.三單	離開，撇下
10. ἀνακύπτω	動.過不.主.分詞.主.陽.單	站直，挺身昂首
κατακρίνω	動.過不.主.直說.三單	審判，定罪
11. μηκέτι	副.原	不再
ἁμαρτάνω	動.現在.主.命令.二單	犯罪，做錯
14. κἄν	副.原	即使，雖然，而且如果
17. ὑμέτερος, α, ον	代二所.間.陽.單	你們的
20. γαζοφυλάκιον, ου, τό	名.間.中.單	聖殿庫房，奉獻箱
22. μήτι	虛.疑	用於期待否定答案的問句
23. κάτω	副.原	下，在下面

ἄνω	副.原	在…之上，向上，往上
ἐκ τῶν κάτω		從地上來
29. ἀρεστός, ή, όν	形.直.中.複.原	討喜歡
32. ἐλευθερόω	動.未來.主.直說.三單	使獲得自由，釋放
33. σπέρμα, ατος, τό	名.主.中.單	後裔，子孫
δουλεύω	動.完成.主.直說.一複	事奉，服事，作奴隸
πώποτε	副.原	從來，在任何時候
ἐλεύθερος, α, ον	形.主.陽.複.原	自由的，不受管束的
36. ἐλευθερόω	動.過不.主.假設.三單	使獲得自由，釋放
ὄντως	副.原	眞，的確，眞實的，實在
37. σπέρμα, ατος, τό	名.主.中.單	後裔，子孫
χωρέω	動.現在.主.直說.三單	寬容，接納
41. πορνεία, ας, ἡ	名.所.陰.單	姦淫，淫亂，不貞
ἐκ πορνείας οὐκ ἐγεννήθημεν		我們不是私生子
42. ἥκω	動.現在.主.直說.一單	已經來到，臨到，來
43. λαλιά, ᾶς, ἡ	名.直.陰.單	說的話
44. διάβολος, ον	名.所.陽.單	魔鬼
ἐπιθυμία, ας, ἡ	名.直.陰.複	慾望，慾念，意願
ἀνθρωποκτόνος, ου, ὁ	名.主.陽.單	殺人者
στήκω	動.過未.主.直說.三單	站著，站穩，堅定
ψεῦδος, ους, τό	名.直.中.單	謊言，不眞實，說謊
ψεύστης, ου, ὁ	名.主.陽.單	說謊者
46. ἐλέγχω	動.現在.主.直說.三單	揭露，指證有罪，責備
48. καλῶς	副.原	好，正確地，很好，眞好
Σαμαρίτης, ου, ὁ	名.主.陽.單	撒瑪利亞〔撒瑪黎雅〕人（男）
49. ἀτιμάζω	動.現在.主.直說.二複	羞辱，侮辱
52. γεύομαι	動.過不.關.假設.三單	嘗，經驗
55. κἄν	連.繫并	即使，雖然，而且如果
ὅμοιος, α, ον	形.主.陽.單.原	類似的，像
ψεύστης, ου, ὁ	名.主.陽.單	說謊者
56. ἀγαλλιάω	動.過不.關.直說.三單	大大歡喜快樂
57. πεντήκοντα	形.直.中.複.原	五十
ἔτος, ους, τό	名.直.中.複	年

πεντήκοντα ἔτη ἔχω		五十歲
58. πρίν	連.時從	在…之前，…以前
59. κρύπτω	動.過不.被.直說.三單	躲，隱藏，遮蓋，躲起來

第九章

1. παράγω	動.現在.主.分詞.主.陽.單	經過
γενετή, ῆς, ἡ	名.所.陰.單	出生
2. ἁμαρτάνω	動.過不.主.直說.三單	犯罪，做錯
6. πτύω	動.過不.主.直說.三單	吐唾液
χαμαί	副.原	在地上，到地上
πτύσμα, ατος, τό	名.所.中.單	口水，唾液
ἐπιχρίω	動.過不.主.直說.三單	塗抹或擦遍
7. κολυμβήθρα, ας, ἡ	名.直.陰.單	水池，池子
Σιλωάμ, ὁ	名.所.陽.單	西羅亞〔史羅亞〕
ἑρμηνεύω	動.現在.被.直說.三單	譯爲
8. γείτων, ονος, ὁ, ἡ	名.主.陽.複	鄰居
πρότερος, α, ον	副.比	以前的，較早的，先前
προσαίτης, ου, ὁ	名.主.陽.單	乞丐
προσαιτέω	動.現在.主.分詞.主.陽.單	乞求
9. ὅμοιος, α, ον	形.主.陽.單.原	類似的，像
11. ἐπιχρίω	動.過不.主.直說.三單	塗抹或擦遍
Σιλωάμ, ὁ	名.直.陽.單	西羅亞〔史羅亞〕
ἀναβλέπω	動.過不.主.直說.一單	恢復視覺，復明，看得見
13. ποτέ	副.原	曾經
15. ἀναβλέπω	動.過不.主.直說.三單	恢復視覺，復明，看得見
ἐπιτίθημι	動.過不.主.直說.三單	按（手），放
16. ἁμαρτωλός, όν	形.主.陽.單.原	有罪的，罪人
σχίσμα, ατος, τό	名.主.中.單	紛爭，爭論，分裂
18. ἀναβλέπω	動.過不.主.直說.三單	恢復視覺，復明，看得見
21. ἡλικία, ας, ἡ	名.直.陰.單	年齡，年日，成年，成人
ἡλικίαν ἔξω		成年, 成人
22. συντίθημι	動.過完.關.直說.三複	同意，商妥
ὁμολογέω	動.過不.主.假設.三單	承認，認（罪），商妥

ἀποσυνάγωγος, ον	形. 主. 陽. 單. 原	被開除的或被趕出會堂的
23. ἡλικία, ας, ἡ	名. 直. 陰. 單	年齡，年日，成年，成人
ἡλικίαν ἔξω		成年，成人
24. δεύτερος, α, ον	形. 所. 中. 單. 原	第二的，第二，第二次
ἁμαρτωλός, όν	名. 主. 陽. 單	有罪的，罪人
δίδωμι δοξάν τῷ θεῷ		發誓說實話
28. λοιδορέω	動. 過不. 主. 直說. 三複	咒罵，辱罵，侮辱
30. θαυμαστός, ή, όν	形. 主. 中. 單. 原	奇妙的，奇怪的，非凡的
31. ἁμαρτωλός, όν	名. 所. 陽. 複	有罪的，罪人
θεοσεβής, ές	形. 主. 陽. 單. 原	虔誠的，敬拜神的
ἐκ τοῦ αἰῶνος		自古以來
39. κρίμα, ατος, τό	名. 直. 中. 單	審判，裁判，定罪，訴訟

第十章

1. αὐλή, ῆς, ἡ	名. 直. 陰. 單	（羊）欄
ἀλλαχόθεν	副. 原	從別處
κλέπτης, ου, ὁ	名. 主. 陽. 單	小偷，賊
λῃστής, οῦ, ὁ	名. 主. 陽. 單	強盜，暴徒，兇犯
3. θυρωρός, οῦ, ὁ, ἡ	名. 主. 陽. 單	看門的人，門房
ἐξάγω	動. 現在. 主. 直說. 三單	領出，帶出
5. ἀλλότριος, α, ον	名. 間. 陽. 單	屬於別人的，陌生人
φεύγω	動. 未來. 關. 直說. 三複	逃，逃避，逃脫
6. παροιμία, ας, ἡ	名. 直. 陰. 單	譬喻，比喻
8. κλέπτης, ου, ὁ	名. 主. 陽. 複	小偷，賊
λῃστής, οῦ, ὁ	名. 主. 陽. 複	強盜，暴徒，兇犯
9. νομή, ῆς, ἡ	名. 直. 陰. 單	牧草
10. κλέπτης, ου, ὁ	名. 主. 陽. 單	小偷，賊
κλέπτω	動. 過不. 主. 假設. 三單	偷，竊
θύω	動. 過不. 主. 假設. 三單	屠，宰，獻祭，殺，謀殺
περισσός, ή, όν	副. 原	豐豐富富地
12. μισθωτός, οῦ, ὁ	名. 主. 陽. 單	雇工，勞工
λύκος, ου, ὁ	名. 直. 陽. 單	狼
φεύγω	動. 現在. 主. 直說. 三單	逃，逃避，逃脫

ἁρπάζω	動. 現在. 主. 直說. 三單	奪走，抓走，帶走，攻擊
σκορπίζω	動. 現在. 主. 直說. 三單	拆散，趕散
13. μέλει	動. 現在. 主. 直說. 三單	關心，在乎
16. αὐλή, ῆς, ἡ	名. 所. 陰. 單	（羊）欄
ποίμνη, ης, ἡ	名. 主. 陰. 單	羊群，群
19. σχίσμα, ατος, τό	名. 主. 中. 單	紛爭，爭論，分裂
20. μαίνομαι	動. 現在. 關. 直說. 三單	失去理智，發瘋
21. δαιμονίζομαι	動. 現在. 被. 分詞. 所. 陽. 單	被邪靈附身
22. ἐγκαίνια, ων, τά	名. 主. 中. 複	猶太教獻殿節，和：修殿節
χειμών, ῶνος, ὁ	名. 主. 陽. 單	冬天，惡劣大的天氣
23. στοά, ᾶς, ἡ	名. 間. 陰. 單	門廊，走廊
Σολομών, ῶνος, ὁ	名. 所. 陽. 單	所羅門〔撒羅滿〕
24. κυκλόω	動. 過不. 主. 直說. 三複	環繞，包圍
ἕως πότε		多久
αἴρω τὴν ψυχήν τινος		懸疑. 不定
28. ἁρπάζω	動. 未來. 主. 直說. 三單	奪走，抓走，帶走
32. ποῖος, α, ον	代. 形疑. 直. 中. 單	哪一，哪一種
33. βλασφημία, ας, ἡ	名. 所. 陰. 單	褻瀆，毀謗，侮辱
36. ἁγιάζω	動. 過不. 主. 直說. 三單	尊爲聖
βλασφημέω	動. 現在. 主. 直說. 二單	褻瀆，毀謗，侮辱
38. κἄν	副. 原	即使，雖然，而且如果
40. Ἰορδάνης, ου, ὁ	名. 所. 陽. 單	約旦河，和：約但河

第十一章

1. Βηθανία, ας, ἡ	名. 所. 陰. 單	伯大尼〔伯達尼〕
κώμη, ης, ἡ	名. 所. 陰. 單	村莊，小鎮
2. ἀλείφω	動. 過不. 主. 分詞. 主. 陰. 單	抹油
μύρον, ου, τό	名. 間. 中. 單	香膏，香油
ἐκμάσσω	動. 過不. 主. 分詞. 主. 陰. 單	擦乾，擦淨
θρίξ, τριχός, ἡ	名. 間. 陰. 複	毛，頭髮
4. ἀσθένεια, ας, ἡ	名. 主. 陰. 單	疾病
7. ἔπειτα	副. 原	然後，後來，以後，過了
9. προσκόπτω	動. 現在. 主. 直說. 三單	跌或絆倒

11. κοιμάω	動. 完成. 關. 直說. 三單	睡，睡著，死
ἐξυπνίζω	動. 過不. 主. 假設. 一單	喚醒
13. κοίμησις, εως, ἡ	名. 所. 陰. 單	睡眠
ὕπνος, ου, ὁ	名. 所. 陽. 單	睡覺
16. Δίδυμος, ου, ὁ	名. 主. 陽. 單	低土馬〔狄狄摩〕
συμμαθητής, οῦ, ὁ	名. 間. 陽. 複	同作同徒的，其他的門徒
17. τέσσαρες, α	形. 直. 陰. 複. 原	四
18. Βηθανία, ας, ἡ	名. 主. 陰. 單	伯大尼〔伯達尼〕
στάδιον, ου, τό	名. 所. 陽. 複	長度單位（約 185 公尺）
δεκαπέντε	形. 所. 陽. 複. 原	十五
19. παραμυθέομαι	動. 過不. 關. 假設. 三複	慰藉，安慰
20. ὑπαντάω	動. 過不. 主. 直說. 三單	遇見，迎面，迎接
καθέζομαι	動. 過未. 關. 直說. 三單	坐著，坐下，留在
24. ἀνάστασις, εως, ἡ	名. 間. 陰. 單	復活
25. κἄν	副. 原	即使，雖然，而且如果
27. ναί	虛. 強	是的，真是，一定
28. λάθρᾳ	副. 原	秘密地，暗地裏
πάρειμι	動. 現在. 主. 直說. 三單	在這裏，來到
29. ταχύς, εῖα, ύ	副. 原	儘快地，立刻，馬上
30. κώμη, ης, ἡ	名. 直. 陰. 單	村莊，小鎮
ὑπαντάω	動. 過不. 主. 直說. 三單	遇見，迎面，迎接
31. παραμυθέομαι	動. 現在. 關. 分詞. 主. 陽. 複	慰藉，安慰
ταχέως	副. 原	立刻，輕易
33. συνέρχομαι	動. 過不. 主. 分詞. 直. 陽. 複	聚集，同在
ἐμβριμάομαι	動. 過不. 關. 直說. 三單	受感動，悲傷
ἐμβριμάομαι ἐν ἐμαυτῷ		深受感動，悲傷
35. δακρύω	動. 過不. 主. 直說. 三單	哭泣
38. ἐμβριμάομαι	動. 現在. 關. 分詞. 主. 陽. 單	受感動，悲傷
σπήλαιον, ου, τό	名. 主. 中. 單	洞穴，（賊）窩
ἐπίκειμαι	動. 過未. 關. 直說. 三單	放在…上
ἐμβριμάομαι ἐν πνεύματι		深受感動，悲傷
39. τελευτάω	動. 完成. 主. 分詞. 所. 陽. 單	死亡，在臨終的時候
ὄζω	動. 現在. 主. 直說. 三單	發臭

τεταρταῖος, α, ον	形.主.陽.單.原	第四天發生的
41. ἄνω	副.原	在…之上，向上，往上
εὐχαριστέω	動.現在.主.直說.一單	感謝，祝謝
42. περιΐστημι	動.完成.主.分詞.直.陽.單	站在四周，避免
43. δεῦρο	歎	來，來這裏
44. θνῄσκω	動.完成.主.分詞.主.陽.單	死，死了
δέω	動.完成.被.分詞.主.陽.單	捆，綁
κειρία, ας, ἡ	名.間.陰.複	（包裹死人用的）布條
ὄψις, εως, ἡ	名.主.陰.單	臉
σουδάριον, ου, τό	名.間.中.單	手帕，布巾
περιδέω	動.過完.被.直說.三單	纏裹，包紮
47. συνέδριον, ου, τό	名.直.中.單	議會
48. Ῥωμαῖος, α, ον	名.主.陽.複	羅馬人
49. ἐνιαυτός, οῦ, ὁ	名.所.陽.單	年
50. λογίζομαι	動.現在.關.直說.二複	算作，以爲，想
συμφέρω	動.現在.主.直說.三單	…是對…有益，是合算的事
51. ἐνιαυτός, οῦ, ὁ	名.所.陽.單	年
προφητεύω	動.過不.主.直說.三單	預言
52. διασκορπίζω	動.完成.被.分詞.直.中.複	分散，浪費
53. βουλεύω	動.過不.關.直說.三複	計劃，決定，深思，考慮
54. ἐκεῖθεν	副.原	從那裏
χώρα, ας, ἡ	名.直.陰.單	鄰近地方，鄉下，地區
Ἐφραίμ, ὁ	名.直.陽.單	以法蓮〔厄弗辣因〕
κἀκεῖ	連.繫并	而在那裏，也在那裏
55. ἁγνίζω	動.過不.主.假設.三複	使純潔，潔淨
57. μηνύω	動.過不.主.假設.三單	告訴，通知，報告

第十二章

1. ἕξ	形.所.陰.複.原	六
Βηθανία, ας, ἡ	名.直.陰.單	伯大尼〔伯達尼〕
πρὸ ἓξ ἡμερῶν τοῦ πάσχα		逾越節前六天
2. δεῖπνον, ου, τό	名.直.中.單	宴會，筵席，晚餐
διακονέω	動.過未.主.直說.三單	服務，伺候，照顧，供應

	ἀνάκειμαι	動.現在.關.分詞.所.陽.複	坐席，作宴會的客人
3.	λίτρα, ας, ἡ	名.直.陰.單	磅（羅馬磅，重 357 克）
	μύρον, ου, τό	名.所.中.單	香膏，香油
	νάρδος, ου, ἡ	名.所.陰.單	哪噠香油
	πιστικός, ή, όν	形.所.陰.單.原	純的，眞的
	πολύτιμος, ον	名.所.陰.單	昂貴的，極珍貴的
	ἀλείφω	動.過不.主.直說.三單	抹油
	ἐκμάσσω	動.過不.主.直說.三單	擦乾，擦淨
	θρίξ, τριχός, ἡ	名.間.陰.複	毛，頭髮
	ὀσμή, ῆς, ἡ	名.所.陰.單	香氣
5.	μύρον, ου, τό	名.主.中.單	香膏，香油
	πιπράσκω	動.過不.被.直說.三單	賣，賣作奴隸
	τριακόσιοι, αι, α	形.所.中.複.原	三百
	δηνάριον, ου, τό	名.所.中.複	銀子，銀圓〔德納〕
	πτωχός, ή, όν	形.間.陽.複.原	貧窮的，討飯的
6.	μέλει	動.過未.主.直說.三單	關心，在乎
	κλέπτης, ου, ὁ	名.主.陽.單	小偷，賊
	γλωσσόκομον, ου, τό	名.直.中.單	錢箱，錢袋
7.	ἐνταφιασμός, οῦ, ὁ	名.所.陽.單	安葬的準備，安葬
8.	πτωχός, ή, όν	形.直.陽.複.原	貧窮的，討飯的
10.	βουλεύω	動.過不.關.直說.三複	計劃，決定，深思，考慮
13.	βάϊον, ου, τό	名.直.中.複	棕樹枝
	φοῖνιξ, ικος, ὁ	名.所.陽.複	棕樹，棕樹枝
	ὑπάντησις, εως, ἡ	名.直.陰.單	迎接
	ὡσαννά	歎	（亞蘭語）和散那
	εὐλογέω	動.完成.被.分詞.主.陽.單	頌讚
14.	ὀνάριον, ου, τό	名.直.中.單	（小）驢駒
	καθίζω	動.過不.主.直說.三單	坐下，坐著，使…坐在
15.	θυγάτηρ, τρός, ἡ	名.呼.陰.單	女兒，居民
	Σιών, ἡ	名.所.陰.單	錫安山〔熙雍〕，喻：耶路撒冷
	πῶλος, ου, ὁ	名.直.陽.單	小驢駒
	ὄνος, ου, ὁ, ἡ	名.所.陰.單	驢子
	θυγάιηρ Σιών		錫安城和它的居民

16. μιμνῄσκομαι	動. 過不. 被. 直說. 三複	記得，記住，回憶，關懷
18. ὑπαντάω	動. 過不. 主. 直說. 三單	遇見，迎面，迎接
19. ὠφελέω	動. 現在. 主. 直說. 二複	獲得，獲利
20. Ἕλλην, ηνος, ὁ	名. 主. 陽. 複	希臘人，非猶太人
21. Βηθσαϊδά, ἡ	名. 所. 陰. 單	伯賽大〔貝特賽達〕
24. κόκκος, ου, ὁ	名. 主. 陽. 單	種子，子粒
σῖτος, ου, ὁ	名. 所. 陽. 單	穀，麥子，子粒
25. φυλάσσω	動. 未來. 主. 直說. 三單	保護，保守
26. διακονέω	動. 現在. 主. 假設. 三單	服務，伺候，照顧，照應
διάκονος, ου, ὁ, ἡ	名. 主. 陽. 單	僕人，庸人
29. βροντή, ῆς, ἡ	名. 直. 陰. 單	雷
33. σημαίνω	動. 現在. 主. 分詞. 主. 陽. 單	指著，指明，指示
ποῖος, α, ον	代. 形疑. 間. 陽. 單	哪一，哪一種
35. καταλαμβάνω	動. 過不. 主. 假設. 三單	突然來到，追上，勝過
36. κρύπτω	動. 過不. 被. 直說. 三單	躲，隱藏，躲起來
υἱοὶ τοῦ φωτός		神的子民，屬神的人
37. τοσοῦτος, αύτη, οῦτον	代. 形指. 直. 中. 複	如此多，如此大，許多
38. Ἠσαΐας, ου, ὁ	名. 所. 陽. 單	以賽亞〔依撒意亞〕
ἀκοή, ῆς, ἡ	名. 間. 陰. 單	報導
βραχίων, ονος, ὁ	名. 主. 陽. 單	手臂，喻：權力
ἀποκαλύπτω	動. 過不. 被. 直說. 三單	啓示，顯明，揭露
40. τυφλόω	動. 完成. 主. 直說. 三單	使瞎，弄瞎
πωρόω	動. 過不. 主. 直說. 三單	使頑固或毫無感覺，頑固
νοέω	動. 過不. 主. 假設. 三複	明白，曉得，辨認
στρέφω	動. 過不. 被. 假設. 三複	回轉，轉身，轉，回
ἰάομαι	動. 未來. 關. 直說. 一單	醫治，治好，恢復
τυφλόω τοὺς ὀφθαλμούς		使…不明白
41. Ἠσαΐας, ου, ὁ	名. 主. 陽. 單	以賽亞〔依撒意亞〕
42. ὅμως	副. 原	然而，雖然，雖然如此
ὁμολογέω	動. 過未. 主. 直說. 三複	承認，認（罪），宣認
ἀποσυνάγωγος, ον	形. 主. 陽. 複. 原	被開除的或被趕出會堂的
ὅμως μέντοι		然而，雖然，雖然如此
43. ἤπερ	虛. 比	比…，勝過

47. φυλάσσω	動. 過不. 主. 假設. 三單	遵守
48. ἀθετέω	動. 現在. 主. 分詞. 主. 陽. 單	拒絕，不理，廢除，違背

第十三章

1. μεταβαίνω	動. 過不. 主. 假設. 三單	離開，移動，去
τέλος	名. 直. 中. 單	終局，末期，終結
εἰς τέλος		到最後，永遠，繼續
2. δεῖπνον, ου, τό	名. 所. 中. 單	宴會，筵席，晚餐
διάβολος, ον	名. 所. 陽. 單	魔鬼
βάλλω εἰς τὴν καρδίαν		使…想
4. δεῖπνον, ου, τό	名. 所. 中. 單	宴會，筵席，晚餐
λέντιον, ου, τό	名. 直. 中. 單	毛巾
διαζώννυμι	動. 過不. 主. 直說. 三單	纏裹，束（裝）
5. εἶτα	副. 原	然後，後來，…又
νιπτήρ, ῆρος, ὁ	名. 直. 陽. 單	洗滌盆
ἐκμάσσω	動. 現在. 主. 不定	擦乾，擦淨
8. μέρος, ους, τό	名. 直. 中. 單	部份
10. λούω	動. 完成. 關. 分詞. 主. 陽. 單	洗，浴
χρεία, ας, ἡ	名. 直. 陰. 單	必須，需要
καθαρός, ά, όν	形. 主. 陽. 單. 原	潔淨的，乾淨的
13. καλῶς	副. 原	正確的，眞好
14. ὀφείλω	動. 現在. 主. 直說. 二複	應該，必須
15. ὑπόδειγμα, ατος, τό	名. 直. 中. 單	榜樣，樣式
18. ἐπαίρω	動. 過不. 主. 直說. 三單	抬高，舉高，背叛
πτέρνα, ης, ἡ	名. 直. 陰. 單	腳根
ἐπαίρω τὴν πτέρναν		反對，反抗
22. ἀπορέω	動. 現在. 關. 分詞. 主. 陽. 複	困惑，疑慮，不安
23. ἀνάκειμαι	動. 現在. 關. 分詞. 主. 陽. 單	坐席，作宴會的客人
κόλπος, ου, ὁ	名. 間. 陽. 單	胸懷，胸部，懷中
ἀνάκειμαι ἐν τῷ κόλπῳ		在尊貴的位置進餐
ἐν τῷ κόλῳ		在. . . 旁邊
24. νεύω	動. 現在. 主. 直說. 三單	作手勢，點頭，示意
πυνθάνομαι	動. 過不. 關. 不定	詢問，問，疑問得知

25. στῆθος, ους, τό	名.直.中.單	胸部，胸
ἀναπίπτω ἐπὶ τὸ στῆθος		在尊貴的位置進餐
26. βάπτω	動.未來.主.直說.一單	蘸
ψωμίον, ου, τό	名.直.中.單	一小片麵包
27. Σατανᾶς, ᾶ, ὁ	名.主.陽.單	魔鬼撒但〔撒殫〕
ταχέως	副.比	立刻
28. ἀνάκειμαι	動.現在.關.分詞.所.陽.複	坐席，作宴會的客人
29. ἐπεί	連.原從	因為，既然
γλωσσόκομον, ου, τό	名.直.中.單	錢箱，錢袋
ἀγοράζω	動.過不.主.命令.二單	買，贖
χρεία, ας, ἡ	名.直.陰.單	必須，需要
πτωχός, ή, όν	形.間.陽.複.原	貧窮的，討飯的
30. ψωμίον, ου, τό	名.直.中.單	一小片麵包
33. τεκνίον, ου, τό	名.呼.中.複	孩子，兒童
34. καινός, ή, όν	形.直.陰.單.原	新的，未曾聽過的
36. ὕστερος, α, ον	副.比	後來，隨後，然後，稍後
38. ἀλέκτωρ, ορος, ὁ	名.主.陽.單	公雞
ἀρνέομαι	動.過不.關.假設.二單	否認，不認，背棄
τρίς	副.原	三次
τὴν ψυχὴν τίθημι		願意捨命

第十四章

2. μονή, ῆς, ἡ	名.主.陰.複	房間
ἑτοιμάζω	動.過不.主.不定	準備，預備，準備一切
3. παραλαμβάνω	動.未來.關.直說.一單	帶著，接去
8. ἀρκέω	動.現在.主.直說.三單	足夠，充份，知足，滿意
9. τοσοῦτος, αύτη, οῦτον	代.形指.間.陽.單	如此多，如此大，許多
16. παράκλητος, ου, ὁ	名.直.陽.單	慰助者，保惠師，代求者
18. ὀρφανός, ή, όν	形.直.陽.複.原	孤兒的，孤單，沒有朋友的
21. ἐμφανίζω	動.未來.主.直說.一單	顯現，啓示
23. μονή, ῆς, ἡ	名.直.陰.單	房間
26. παράκλητος, ου, ὁ	名.主.陽.單	慰助者，保惠師，代求者
ὑπομιμνῄσκω	動.未來.主.直說.三單	提醒，提出，揭發

27. δειλιάω	動.現在.主.命令.三單	害怕
29. πρίν	連.時從	在…之前，…以前
31. ἐντέλλομαι	動.過不.關.直說.三單	吩咐，命令，囑付

第十五章

1. ἄμπελος, ου, ἡ	名.主.陰.單	葡萄樹
γεωργός, οῦ, ὁ	名.主.陽.單	葡萄園工人，園丁
2. κλῆμα, ατος, τό	名.直.中.單	枝子
καθαίρω	動.現在.主.直說.三單	清除，潔淨，修剪
3. καθαρός, ά, όν	形.主.陽.複.原	潔淨的，乾淨的，純潔的
4. κλῆμα, ατος, τό	名.主.中.單	枝子
ἄμπελος, ου, ἡ	名.間.陰.單	葡萄樹
5. χωρίς	不介.所	没有，不藉著，跟…無關
6. κλῆμα, ατος, τό	名.主.中.單	枝子
ξηραίνω	動.過不.被.直說.三單	枯乾
καίω	動.現在.被.直說.三單	燃燒，燒著
14. ἐντέλλομαι	動.現在.關.直說.一單	吩咐，命令，囑付
15. γνωρίζω	動.過不.主.直說.一單	使…知道，顯明，曉得
17. ἐντέλλομαι	動.現在.關.直說.一單	吩咐，命令，囑付
20. μνημονεύω	動.現在.主.命令.二複	記得，記住，想起
διώκω	動.過不.主.直說.三複	迫害，逼迫
ὑμέτερος, α, ον	代二所.直.陽.單	你們的
22. πρόφασις, εως, ἡ	名.直.陰.單	假裝，推諉，藏著
25. δωρεάν	副.原	白白地，無緣無故地
26. παράκλητος, ου, ὁ	名.主.陽.單	慰助者，保惠師，代求者
ἐκπορεύομαι	動.現在.關.直說.三單	出去或出來，出自，傳遍

第十六章

1. σκανδαλίζω	動.過不.被.假設.二複	跌倒犯罪
2. ἀποσυνάγωγος, ον	形.直.陽.複.原	被開除的或被趕出會堂的
λατρεία, ας, ἡ	名.直.陰.單	事奉，敬拜
προσφέρω	動.現在.主.不定	供，獻

4. μνημονεύω	動. 現在. 主. 假設. 二複	記得，想起
6. λύπη, ης, ἡ	名. 主. 陰. 單	憂傷，憂愁，痛苦
πληρόω τὴν καρδίαν		使…想
7. συμφέρω	動. 現在. 主. 直說. 三單	…是對…有益
παράκλητος, ου, ὁ	名. 主. 陽. 單	慰助者，保惠師，代求者
8. ἐλέγχω	動. 未來. 主. 直說. 三單	揭露，指證有罪，責備
13. ὁδηγέω	動. 未來. 主. 直說. 三單	帶領，引導，開導
20. θρηνέω	動. 未來. 主. 直說. 二複	哀悼，哀號，悲傷哀哭
λυπέω	動. 未來. 被. 直說. 二複	傷心，難過，憂傷
λύπη, ης, ἡ	名. 主. 陰. 單	憂傷，憂愁，痛苦
21. τίκτω	動. 現在. 主. 假設. 三單	生育
μνημονεύω	動. 現在. 主. 直說. 三單	記得，記住，想起
θλῖψις, εως, ἡ	名. 所. 陰. 單	困難，痛苦，苦難，災難
22. λύπη, ης, ἡ	名. 直. 陰. 單	憂傷，憂愁，痛苦
25. παροιμία, ας, ἡ	名. 間. 陰. 複	譬喻，比喻
ἀπαγγέλλω	動. 未來. 主. 直說. 一單	告訴，宣告，傳揚
29. παροιμία, ας, ἡ	名. 直. 陰. 單	譬喻，比喻
30. χρεία, ας, ἡ	名. 直. 陰. 單	必須，需要
32. σκορπίζω	動. 過不. 被. 假設. 二複	拆散，趕散，要慷慨
33. θλῖψις, εως, ἡ	名. 直. 陰. 單	困難，痛苦，苦難，災難
θαρσέω	動. 現在. 主. 命令. 二複	要勇敢！鼓起勇氣！放心吧！
νικάω	動. 完成. 主. 直說. 一單	勝過，得勝

第十七章

1. ἐπαίρω	動. 過不. 主. 分詞. 主. 陽. 單	抬高，舉高
ἐπαίρω τοὺς ὀφθαλμοὺς		向某方向盯睛望
12. φυλάσσω	動. 過不. 主. 直說. 一單	看守，保護，保守
ἀπώλεια, ας, ἡ	名. 所. 陰. 單	毀滅
ὁ υἱὸς τῆς ἀπωλείας		註定滅亡的人
17. ἁγιάζω	動. 過不. 主. 命令. 二單	祝聖，聖化，潔淨
24. καταβολή, ῆς, ἡ	名. 所. 陰. 單	起初，創造
26. γνωρίζω	動. 過不. 主. 直說. 一單	使…知道，顯明，彰顯

第十八章

1. χείμαρρος (ἄρρους), ου, ὁ	名.所.陽.單	山谷
Κεδρών, ὁ	名.所.陽.單	汲淪〔克德龍〕
κῆπος, ου, ὁ	名.主.陽.單	園子
2. πολλάκις	副.原	常常，一再，屢次
3. σπεῖρα, ης, ἡ	名.直.陰.單	營，一隊士兵
φανός, οῦ, ὁ	名.所.陽.複	燈籠，火炬
λαμπάς, άδος, ἡ	名.所.陰.複	燈，火把
ὅπλον, ου, τό	名.所.中.複	武器，兵器
5. Ναζωραῖος, ου, ὁ	名.直.陽.單	拿撒勒人〔納匝肋人〕
6. χαμαί	副.原	在地上，到地上
7. Ναζωραῖος, ου, ὁ	名.直.陽.單	拿撒勒人〔納匝肋人〕
10. μάχαιρα, ης, ἡ	名.直.陰.單	刀，劍，戰爭，死亡
παίω	動.過不.主.直說.三單	擊，打，砍，刺傷
ἀποκόπτω	動.過不.主.直說.三單	砍斷或砍掉
ὠτάριον, ου, τό	名.直.中.單	耳朵
Μάλχος, ου, ὁ	名.主.陽.單	馬勒古〔瑪耳曷〕
11. θήκη, ης, ἡ	名.直.陰.單	（刀）鞘
ποτήριον, ου, τό	名.直.中.單	杯
πίνω ποτήριον		受極大的苦難
12. σπεῖρα, ης, ἡ	名.主.陰.單	營，一隊士兵
χιλίαρχος, ου, ὁ	名.主.陽.單	指揮官，隊長，將領
συλλαμβάνω	動.過不.主.直說.三複	抓，逮捕
δέω	動.過不.主.直說.三複	捆，綁
13. Ἅννας, α, ὁ	名.直.陽.單	亞那〔亞納斯〕
πενθερός, οῦ, ὁ	名.主.陽.單	岳父
ἐνιαυτός, οῦ, ὁ	名.所.陽.單	年
14. συμβουλεύω	動.過不.主.分詞.主.陽.單	勸，建議，商議，計劃
συμφέρω	動.現在.主.直說.三單	…是對…有益
15. γνωστός, ή, όν	形.主.陽.單.原	廣爲人知的，熟人，朋友
συνεισέρχομαι	動.過不.主.直說.三單	跟…進去，跟…上（船）
αὐλή, ῆς, ἡ	名.直.陰.單	院子，外院
16. θυρωρός, οῦ, ὁ, ἡ	名.間.陰.單	看門的人，門房

εἰσάγω	動. 過不. 主. 直說. 三單	帶進
17. παιδίσκη, ης, ἡ	名. 主. 陰. 單	婢女，使女，女奴
18. ἀνθρακιά, ᾶς, ἡ	名. 直. 陰. 單	炭火
ψῦχος, ους, τό	名. 主. 中. 單	寒冷
θερμαίνω	動. 過未. 關. 直說. 三複	烤火取暖，保持溫暖
19. διδαχή, ῆς, ἡ	名. 所. 陰. 單	教訓，教導
20. συνέρχομαι	動. 現在. 關. 直說. 三複	聚集，聚會，同在
κρυπτός, ή, όν	形. 間. 中. 單. 原	秘密的，隱藏的
22. παρίστημι	動. 完成. 主. 分詞. 主. 陽. 單	站在旁邊
ῥάπισμα, ατος, τό	名. 直. 中. 單	用棍子打，用手掌打
23. κακῶς	副. 原	錯誤地，動機不好
καλῶς	副. 原	正確的，很好，眞好
δέρω	動. 現在. 主. 直說. 二單	打，拍，擊
24. Ἄννας, α, ὁ	名. 主. 陽. 單	亞那〔亞納斯〕
δέω	動. 完成. 被. 分詞. 直. 陽. 單	捆，綁
25. θερμαίνω	動. 現在. 關. 分詞. 主. 陽. 單	烤火取暖，保持溫暖
ἀρνέομαι	動. 過不. 關. 直說. 三單	否認，不認
26. συγγενής, ές	名. 主. 陽. 單	親戚，親族，親人，同胞
ἀποκόπτω	動. 過不. 主. 直說. 三單	砍斷或砍掉
ὠτίον, ου, τό	名. 直. 中. 單	耳朵
κῆπος, ου, ὁ	名. 間. 陽. 單	園子
27. ἀρνέομαι	動. 過不. 關. 直說. 三單	否認，不認
εὐθέως	副. 原	立刻，一…就，很快地
ἀλέκτωρ, ορος, ὁ	名. 主. 陽. 單	公雞
28. πραιτώριον, ου, τό	名. 直. 中. 單	軍隊的總部或總督府
πρωΐ	副. 原	清早，早晨，早上
μιαίνω	動. 過不. 被. 假設. 三複	弄髒，污，禮儀上的污穢
29. κατηγορία, ας, ἡ	名. 直. 陰. 單	控告
31. ἔξεστι	動. 現在. 主. 直說. 三單	可以做的或合法的
32. σημαίνω	動. 現在. 主. 分詞. 主. 陽. 單	指著，指明，指示
ποῖος, α, ον	代. 形疑. 間. 陽. 單	甚麼，哪一，哪一種
33. πραιτώριον, ου, τό	名. 直. 中. 單	軍隊的總部或總督府
35. μήτι	虛. 疑	用於期待否定答案的問句

36. ἀγωνίζομαι	動. 過未. 關. 直說. 三複	爭戰
37. οὐκοῦν	連. 推并	所以，那麼
38. αἰτία, ας, ἡ	名. 直. 陰. 單	控訴，罪，過錯
39. συνήθεια, ας, ἡ	名. 主. 陰. 單	慣例，規矩
βούλομαι	動. 現在. 關. 直說. 二複	希望，願意，打算
40. Βαραββᾶς, ᾶ, ὁ	名. 直. 陽. 單	巴拉巴〔巴辣巴〕
λῃστής, οῦ, ὁ	名. 主. 陽. 單	強盜，暴徒，兇犯

第十九章

1. μαστιγόω	動. 過不. 主. 直說. 三單	鞭打，管教，懲罰
2. πλέκω	動. 過不. 主. 分詞. 主. 陽. 複	編織
στέφανος, ου, ὁ	名. 直. 陽. 單	華冠，冠冕，王冠，獎
ἄκανθα, ης, ἡ	名. 所. 陰. 複	荊棘
ἐπιτίθημι	動. 過不. 主. 直說. 三複	按（手），放
πορφυροῦς, ᾶ, οῦν	形. 直. 中. 單. 原	紫色的
περιβάλλω	動. 過不. 主. 直說. 三複	穿戴，穿（衣），披
3. ῥάπισμα, ατος, τό	名. 直. 中. 複	用棍子打，用手掌打
4. αἰτία, ας, ἡ	名. 直. 陰. 單	控訴，罪，過錯
5. φορέω	動. 現在. 主. 分詞. 主. 陽. 單	穿載
ἀκάνθινος, η, ον	形. 直. 陽. 單. 原	荊棘的
στέφανος, ου, ὁ	名. 直. 陽. 單	華冠，冠冕，王冠
πορφυροῦς, ᾶ, οῦν	形. 直. 中. 單. 原	紫色的
6. αἰτία, ας, ἡ	名. 直. 陰. 單	控訴，罪，過錯
7. ὀφείλω	動. 現在. 主. 直說. 三單	應該，必須
9. πραιτώριον, ου, τό	名. 直. 中. 單	軍隊的總部或總督府
ἀπόκρισις, εως, ἡ	名. 直. 陰. 單	回覆，回答
12. Καῖσαρ, αρος, ὁ	名. 所. 陽. 單	凱撒，和：該撒（羅馬皇帝）
ἀντιλέγω	動. 現在. 主. 直說. 三單	反對，反駁，背逆
13. καθίζω	動. 過不. 主. 直說. 三單	坐下，坐著，使…坐在
βῆμα, ατος, τό	名. 所. 中. 單	審判台，法庭
λιθόστρωτος, ον	名. 直. 陽/中. 單	舖設好的路，石砌階
Γαββαθᾶ	名直－單	厄巴大〔加巴達〕
14. παρασκευή, ῆς, ἡ	名. 主. 陰. 單	預備日

ἕκτος, η, ον	形.主.陰.單.原	第六
15. Καῖσαρ, αρος, ὁ	名.直.陽.單	凱撒，和：該撒（羅馬皇帝）
16. παραλαμβάνω	動.過不.主.直說.三複	帶著
17. σταυρός, οῦ, ὁ	名.直.陽.單	十字架
κρανίον, ου, τό	名.所.中.單	顱骨，髑髏
Γολγοθᾶ, ἡ	名.主.陰.單	各各他〔哥耳哥達〕
18. ἐντεῦθεν καὶ ἐντεῦθεν		在兩邊，一邊一個
19. τίτλος, ου, ὁ	名.直.陽.單	告示，牌文
Ναζωραῖος, ου, ὁ	名.主.陽.單	拿撒勒人〔納匝肋人〕
20. ἀναγινώσκω	動.過不.主.直說.三複	念
Ῥωμαϊστί	副.原	用羅馬語（拉丁語）
Ἑλληνιστί	副.原	用希臘文，和：希利尼
23. τέσσαρες, α	形.直.中.複.原	四
μέρος, ους, τό	名.直.中.複	部份，塊，片
χιτών, ῶνος, ὁ	名.直.陽.單	內衣，衫
ἄραφος, ον	形.主.陽.單.原	沒有縫線的
ὑφαντός, ή, όν	形.主.陽.單.原	織好的
24. σχίζω	動.過不.主.假設.一複	撕開，破
λαγχάνω	動.過不.主.假設.一複	抽籤決定，抽籤
διαμερίζω	動.過不.關.直說.三複	分配
ἱματισμός, οῦ, ὁ	名.直.陽.單	衣服
κλῆρος, ου, ὁ	名.直.陽.單	（抽）籤，部分
25. σταυρός, οῦ, ὁ	名.間.陽.單	十字架
Κλωπᾶς, ᾶ, ὁ	名.所.陽.單	革羅罷〔克羅帕〕
Μαγδαληνή, ῆς, ἡ	名.主.陰.單	抹大拉的婦人〔瑪達肋納〕
26. παρίστημι	動.完成.主.分詞.直.陽.單	帶到…面前，站在旁邊
27. εἶτα	副.原	然後，後來
28. τελέω	動.完成.被.直說.三單	完成，完全
29. σκεῦος, ους, τό	名.主.中.單	物品，容器，工具
ὄξος, ους, τό	名.所.中.單	酸酒
μεστός, ή, όν	形.主.中.單.原	充滿的
σπόγγος, ου, ὁ	名.直.陽.單	海絨
ὕσσωπος, ου, ὁ, ἡ	名.間.陰.單	牛膝草

περιτίθημι	動. 過不. 主. 分詞. 主. 陽. 複	用…圍著
προσφέρω	動. 過不. 主. 直說. 三複	送到
30. τελέω	動. 完成. 被. 直說. 三單	完成，完全
κλίνω	動. 過不. 主. 分詞. 主. 陽. 單	垂下（頭）
παραδίδωμι τὸ πνεῦμα		死亡，死去
31. ἐπεί	連. 原從	因為
παρασκευή, ῆς, ἡ	名. 主. 陰. 單	預備日
σταυρός, οῦ, ὁ	名. 所. 陽. 單	十字架
κατάγνυμι	動. 過不. 被. 假設. 三複	打斷，折斷
σκέλος, ους, τό	名. 直. 中. 複	腿
32. συσταυρόω	動. 過不. 被. 分詞. 所. 陽. 單	同釘十字架
33. θνῄσκω	動. 完成. 主. 分詞. 直. 陽. 單	死，死了
κατάγνυμι	動. 過不. 主. 直說. 三複	打斷，折斷
σκέλος, ους, τό	名. 直. 中. 複	腿
34. λόγχη, ης, ἡ	名. 間. 陰. 單	矛槍
πλευρά, ᾶς, ἡ	名. 直. 陰. 單	肋旁
νύσσω	動. 過不. 主. 直說. 三單	扎，刺
36. ὀστέον, ου, τό	名. 主. 中. 單	骨頭
συντρίβω	動. 未來. 被. 直說. 三單	打碎，摧毀，斷
37. ἐκκεντέω	動. 過不. 主. 直說. 三複	刺
38. Ἰωσήφ, ὁ	名. 主. 陽. 單	約瑟〔若瑟〕
Ἁριμαθαία, ας, ἡ	名. 所. 陰. 單	亞利馬太〔阿黎瑪特雅〕
κρύπτω	動. 完成. 被. 分詞. 主. 陽. 單	保持秘密
φόβος, ου, ὁ	名. 直. 陽. 單	恐懼
ἐπιτρέπω	動. 過不. 主. 直說. 三單	讓，准，許
39. μίγμα, ατος, τό	名. 直. 中. 單	混合
σμύρνα, ης, ἡ	名. 所. 陰. 單	沒藥
ἀλόη, ης, ἡ	名. 所. 陰. 單	沉香
λίτρα, ας, ἡ	名. 直. 陰. 複	磅（羅馬磅，重 357 克）
ἑκατόν	形. 直. 陰. 複. 原	一百
40. δέω	動. 過不. 主. 直說. 三複	捆，綁
ὀθόνιον, ου, τό	名. 間. 中. 複	亞麻布，麻紗，裹布
ἄρωμα, ατος, τό	名. 所. 中. 複	香料，香膏

ἔθος, ους, τό	名.主.中.單	慣例，風俗，規矩，習慣
ἐνταφιάζω	動.現在.主.不定	準備安葬
41. κῆπος, ου, ὁ	名.主.陽.單	園子
καινός, ή, όν	形.主.中.單.原	新的，未曾用過的
οὐδέπω	副.原	尚未
42. παρασκευή, ῆς, ἡ	名.直.陰.單	預備日

第二十章

1. Μαγδαληνή, ῆς, ἡ	名.主.陰.單	抹大拉的婦人〔瑪達肋納〕
πρωΐ	副.原	清早，早晨，早上
2. τρέχω	動.現在.主.直說.三單	跑，快速前進
4. ὁμοῦ	副.原	一起
προτρέχω	動.過不.主.直說.三單	在前
ταχέως	副.比	立刻，太迅速，太快
προτρέχω τάχιον		贏，追趕過
5. παρακύπτω	動.過不.主.分詞.主.陽.單	屈身往裏看，查考
ὀθόνιον, ου, τό	名.直.中.複	亞麻布，麻紗，裹布
7. σουδάριον, ου, τό	名.直.中.單	手帕，布巾
χωρίς	副.原	分開地在另一邊
ἐντυλίσσω	動.完成.被.分詞.直.中.單	包裹，摺疊或捲起
9. οὐδέπω	副.原	尚未
11. παρακύπτω	動.過不.主.直說.三單	屈身往裏看，查考
12. λευκός, ή, όν	形.間.中.複.原	白色的，潔白的，明亮的
καθέζομαι	動.現在.關.分詞.直.陽.複	坐著，坐下，留在
14. στρέφω	動.過不.被.直說.三單	轉身，轉面，轉
στρέφω εἰς τὰ ὀπίσω		她轉身
15. κηπουρός, οῦ, ὁ	名.主.陽.單	園丁，管園子的人
16. στρέφω	動.過不.被.分詞.主.陰.單	轉身，轉面，轉
ραββουνι	名.呼.陽.單	拉波尼〔辣步尼〕（亞蘭語）
17. ἅπτω	動.現在.關.命令.二單	拉住，摸
18. Μαγδαληνή, ῆς, ἡ	名.主.陰.單	抹大拉的婦人〔瑪達肋納〕
ἀγγέλλω	動.現在.主.分詞.主.陰.單	告訴，報告
19. ὀψια, ας, ἡ	名.所.陰.單	傍晚，晚上

κλείω	動.完成.被.分詞.所.陰.複	關閉，鎖
φόβος, ου, ὁ	名.直.陽.單	恐懼
20. πλευρά, ᾶς, ἡ	名.直.陰.單	肋旁
22. ἐμφυσάω	動.過不.主.直說.三單	向…吹氣
23. κρατέω	動.現在.主.假設.二複	不赦免
24. Δίδυμος, ου, ὁ	名.主.陽.單	低土馬〔狄狄摩〕
25. τύπος, ου, ὁ	名.直.陽.單	疤痕
ἧλος, ου, ὁ	名.所.陽.複	釘子
δάκτυλος, ου, ὁ	名.直.陽.單	手指頭
πλευρά, ᾶς, ἡ	名.直.陰.單	肋旁
26. ὀκτώ	形.直.陰.複.原	八
ἔσω	副.原	在…裏面
κλείω	動.完成.被.分詞.所.陰.複	關閉，鎖
27. εἶτα	副.原	然後
δάκτυλος, ου, ὁ	名.直.陽.單	手指頭
πλευρά, ᾶς, ἡ	名.直.陰.單	肋旁
ἄπιστος, ον	形.主.陽.單.原	不信的
30. βιβλίον, ου, τό	名.間.中.單	書冊，書卷

第二十一章

1. Τιβεριάς, άδος, ἡ	名.所.陰.單	提比哩亞〔提庇黎雅〕
2. ὁμοῦ	副.原	一起
Δίδυμος, ου, ὁ	名.主.陽.單	低土馬〔狄狄摩〕
Κανά, ἡ	名.所.陰.單	迦拿〔加納〕
Ζεβεδαῖος, ου, ὁ	名.所.陽.單	西庇太〔載伯德〕
3. ἁλιεύω	動.現在.主.不定	捕魚
ἐμβαίνω	動.過不.主.直說.三複	上船
4. πρωΐα, ας, ἡ	名.所.陰.單	凌晨，早上
αἰγιαλός, οῦ, ὁ	名.直.陽.單	海濱，岸邊
πρωΐα δὲ ἤδη γενομένης		太陽剛出來的時候
5. προσφάγιον, ου, τό	名.直.中.單	魚
οὔ	虛.否	不（否定答詞）
6. μέρος, ους, τό	名.直.中.複	邊

δίκτυον, ου, τό	名. 直. 中. 單	（漁）網
ἰσχύω	動. 過未. 主. 直說. 三複	能夠
πλῆθος, ους, τό	名. 所. 中. 單	數量
ἰχθύς, ύος, ὁ	名. 所. 陽. 複	魚
7. ἐπενδύτης, ου, ὁ	名. 直. 陽. 單	外袍，外衣
διαζώννυμι	動. 過不. 關. 直說. 三單	纏裹，束（裝），披上
γυμνός, ή, όν	形. 主. 陽. 單. 原	裸體的，只穿內衣的
8. πλοιάριον, ου, τό	名. 間. 中. 單	船，小船
μακράν	副. 原	遠，遠方
πῆχυς, εως, ὁ	名. 所. 陽. 複	腕尺，肘
διακόσιοι, αι, α	形. 所. 陽. 複. 原	二百
σύρω	動. 現在. 主. 分詞. 主. 陽. 複	拖，拉，搜捕
δίκτυον, ου, τό	名. 直. 中. 單	（漁）網
ἰχθύς, ύος, ὁ	名. 所. 陽. 複	魚
9. ἀποβαίνω	動. 過不. 主. 直說. 三複	離開（船）
ἀνθρακιά, ᾶς, ἡ	名. 直. 陰. 單	炭火
ἐπίκειμαι	動. 現在. 關. 分詞. 直. 中. 單	放在…上
11. δίκτυον, ου, τό	名. 直. 中. 單	（漁）網
μεστός, ή, όν	形. 直. 中. 單. 原	充滿的
ἰχθύς, ύος, ὁ	名. 所. 陽. 複	魚
ἑκατόν	形. 所. 陽. 複. 原	一百
πεντήκοντα	形. 所. 陽. 複. 原	五十
τοσοῦτος, αύτη, οῦτον	代. 指代. 所. 陽. 複	如此多，如此大，許多
σχίζω	動. 過不. 被. 直說. 三單	撕開，破
12. δεῦτε	歎	來（. 命令. 或勸告）
ἀριστάω	動. 過不. 主. 命令. 二複	吃早飯，吃飯
τολμάω	動. 過未. 主. 直說. 三單	敢，勇敢或大膽，壯膽
ἐξετάζω	動. 過不. 主. 不定	詢問
13. ὁμοίως	副. 原	同樣，照樣，相同地
15. ἀριστάω	動. 過不. 主. 直說. 三複	吃早飯，吃飯
ναί	虛. 強	是的，真是，確實，一定
βόσκω	動. 現在. 主. 命令. 二單	照顧，牧養，餵養
ἀρνίον, ου, τό	名. 直. 中. 複	羔羊，羊

16. δεύτερος, α, ον	副.原	第二的，第二，第二次
ποιμαίνω	動.現在.主.命令.二單	牧養，治理
17. λυπέω	動.過不.被.直說.三單	傷心，難過，憂傷
βόσκω	動.現在.主.命令.二單	照顧，牧養，餵養
18. νέος, α, ον	形.主.陽.單.比	新的，新鮮的，年輕的
ζώννυμι (–ύω)	動.過未.主.直說.二單	綁緊，束緊腰帶，穿戴
γηράσκω	動.過不.主.假設.二單	老邁，衰老
ἐκτείνω	動.未來.主.直說.二單	伸出，拋出（錨）
19. σημαίνω	動.現在.主.分詞.主.陽.單	指著，指明，指示
ποῖος, α, ον	代.形疑.間.陽.單	甚麼，哪一，哪一種
20. ἐπιστρέφω	動.過不.被.分詞.主.陽.單	轉身，轉
δεῖπνον, ου, τό	名.間.中.單	宴會，筵席，晚餐
στῆθος, ους, τό	名.直.中.單	胸部，胸
25. οἴομαι (οἶμαι)	動.現在.關.直說.一單	認為，想
χωρέω	動.過不.主.不定	容納
βιβλίον, ου, τό	名.直.中.複	書冊，書卷

使徒行傳

特別詞彙

Ἀγρίππας, α, ὁ	亞基帕〔阿格黎帕〕：1. 希律亞基帕一世（徒 12.1）；2. 希律亞基帕二世（徒 25.26）
ἀδικέω	冤枉，佔便宜，傷害；犯錯，作惡；犯法，有罪（徒 25.11）
Αἴγυπτος, ου, ἡ	埃及
αἵρεσις, εως, ἡ	（宗教）黨派；分裂，紛爭；異端
αἰτία, ας, ἡ	理由，原因；控告，控訴；罪，過錯；關係
ἀκάθαρτος, ον	不潔的，污穢的
ἀκριβῶς	準確地；仔細地
ἀναβλέπω	向上看，仰望；恢復視覺，復明；看得見
ἀναγγέλλω	告訴，傳；報告，報消息；宣講
ἀναγινώσκω	念；在公眾崇拜中誦讀
ἀνάγω	引導，帶，獻（祭物）；提出來（徒 12.4）；＜關＞或＜被動＞開船
ἀναιρέω	除掉，殺害，毀滅；處死（徒 26.10）；廢除；＜關＞收養（徒 7.21）
ἀνακρίνω	查考，查問（查考聖經，徒 17.11）；判斷，評價；審訊，審問，結帳
ἀναλαμβάνω	接（到天）上（徒 1.11）；拿起，抬著；帶來；接（人）上船（徒 20.13）
Ἁνανίας, ου, ὁ	亞拿尼亞〔阿納尼雅〕：1. 撒非喇的丈夫；2. 在大馬士革的一個門徒；3. 猶太教的一個大祭司
ἀνάστασις, εως, ἡ	復活
ἀνθύπατος, ου, ὁ	總督（羅馬行省的最高長官）
Ἀντιόχεια, ας, ἡ	安提阿〔安提約基雅〕：1. 在敘利亞；2. 在彼西底

ἄξιος, α, ον	值得的，配得的，應當的；符合，作爲（悔改）的證據；合適的，當然的；ἄ. πρός 與…比較
ἀπαγγέλλω	告訴；宣告；傳揚；勸勉；承認，告白
ἅπας, ασα, αν	所有的；全部；每個人，每件事
ἀποδέχομαι	歡迎；接待，領受
ἀπολογέομαι	爲自己說話，替自己辯護
ἄρα	結果，爲此，那麼，因此，所以；有時加上 εἰ 或 ἐπεί 表示強調
ἀργύριον, ου, τό	銀幣，錢；銀
ἀριθμός, οῦ, ὁ	數目，總數
Ἄρτεμις, ιδος, ἡ	亞底米〔阿爾特米〕（羅馬人稱之爲戴安娜）
ἄρχων, οντος, ὁ	統治者；長官，掌權者；法官；ἄ. τῶν Ἰουδαίων 猶太人的領袖，猶太人議會 (Sanhedrin) 的議員
Ἀσία, ας, ἡ	亞細亞，和：亞西亞
ἀτενίζω	定睛看，盯，瞪眼
ἄφεσις, εως, ἡ	赦免，除去（罪）；釋放（犯人）
ἀφίστημι	〈不及〉離開，走開；站立不住，背道，放棄信仰；遠離，引誘（人叛亂）（徒 5.37）
ἄχρι	接〈所有〉直到；到，到…爲止；直到；ἄχρι οὗ 直到；當…時；正值；只要，趁著還有
βάπτισμα, ατος, τό	洗禮
Βαρναβᾶς, ᾶ, ὁ	巴拿巴〔巴爾納伯〕
βῆμα, ατος, τό	審判台，法庭；β. ποδός 立足之地（徒 7.5）
βουλή, ῆς, ἡ	旨意；動機，計謀；計劃，決定（τίθημι β. 贊成，徒 27.12）
βούλομαι	想要，欲，希望；願意；打算，計劃
γενεά, ᾶς, ἡ	世代，同時代；時期，時代；家世，世系（徒 8.33）
γένος, ους, τό	家，族，國，人民；後裔，子孫；種，類
γνωστός, ή, όν	廣爲人知的；熟人，朋友；to\ g. 可以知道的；值得注意的，奇異的（徒 4.16）
Δαμασκός, οῦ, ἡ	大馬士革，和：大馬色
δέομαι	要求，乞求（常等於感歎詞；祈求；懇求
δέσμιος, ου, ὁ	囚犯

δεσμός, οῦ, ὁ	捆綁，鎖鏈；囚禁，監牢
δεύτερος, α, ον	第二的；（τὸ）δ., πάλιν δ., ἐν τῷ δ. 或 ἐκ δ. 第二次；；然後
δέω	捆，綁；δέδεμαι γυναικί 有了妻子；囚禁；δ. τῷ πνεύματι 被聖靈催促（順服聖靈）（徒 20.22）；禁止
διακονία, ας, ἡ	服侍，服務；貢獻，幫助，支持；宣教事工，使命；或指：執事的職份或權柄
διαλέγομαι	辯論，爭辯；談論，演講，講道（徒 20.7）
διάλεκτος, ου, ἡ	語言
διαμαρτύρομαι	作見證，鄭重宣佈；證明，指示；鄭重勸告；警告
διασῴζω	護送…安全到（徒 23.24），救；醫治；＜被動＞逃脫，獲救（徒 28.1, 4）
διατάσσω	吩咐，命令；指示；安排 (徒 20.13)；τὸ διατεταγμένον 法定的
διατρίβω	停留，住下
διαφθορά, ᾶς, ἡ	（屍體的）腐爛
διέρχομαι	走遍；穿過，通過；經過；渡過；來，去；傳開
διότι	因爲；所以；或許表示理由句（如英文的 "that"）
διώκω	迫害，逼迫；追求，向…直跑，驅逐；殷懃待客；追隨
δυνατός, ή, όν	可能的；剛強的，有力量的，大能的；有影響力的，作領袖的（徒 25.5），有能力的；信心堅強或有良心的；知識豐富的（徒 18.24）
ἐάω	任憑，讓，許可；讓…走（徒 23.32, 27.40）；夠了，別再
ἐγγίζω	接近；靠近，不遠；（時候）到了，（人）來了；親近；幾乎
ἐγκαλέω	控告，追究責任（徒 19.40）
ἔθος, ους, τό	慣例，風俗；規矩，法律（徒 15.1）；習慣
εἰσάγω	帶進，抱進，搬進（徒 7.45），差到…來
ἑκατοντάρχης, ου, ὁ	百夫長，軍官（羅馬兵團）
ἐκλέγομαι	揀選，選
ἐκπίπτω	落下（徒 12.7），凋謝；失去，離開（立場）；自絕（恩典）；擱淺，（船）飄流（徒 27.17）；落空

ἐκχέω	倒出，傾注；漏掉，漲破；流（血）；處死（徒 22.20），傷害殘殺；＜被動＞陷入，掉進
ἐλεημοσύνη, ης, ἡ	施捨，賙濟窮人（的行爲或錢財）
Ἕλλην, ηνος, ὁ	希臘人；非猶太人，外邦人，異教徒
ἐμφανίζω	報告，請求（徒 23.15）；顯現，啓示，表示；＜被動＞被看見，出現；站著；ἐν κατά 控告（徒 24.1；25.2）
ἐνθάδε	這裏，到這裏；在這裏
ἐξάγω	領出，帶出
ἐξαιρέω	挖出；＜關＞拯救，救…脫離…；揀選（徒 26.17）
ἐξαποστέλλω	叫…出去，送走；打發，差遣
ἐξίστημι	＜不及＞驚奇，驚訝；精神失常，發瘋；＜及＞令人驚訝，希奇
ἐπαίρω	抬高，舉高，高（聲）；拉起船帆（徒 27.40）；＜關＞起來反對（高傲的言論），裝腔作勢，輕視；ἐ. ἐπ᾽ ἐμὲ 背叛我
ἐπαύριον	次日，第二天
ἔπειμι	接著來，其次（ἡ ἐπιοῦσα 第二天）
ἐπιβαίνω	上船；到達，來到；騎上（驢）
ἐπιγινώσκω	知道，曉得，明白；認出；認識；敬重；查出，看穿，聽說；熟知，家喻戶曉
ἐπικαλέω	稱呼，命名，別號；＜關＞呼求，祈求；上訴（凱撒）
ἐπιλαμβάνομαι	拉，揪，拿，握；抓，捕，逮捕；抓住（徒 21.33）；贏得；幫助，關懷或（身）帶…的本性
ἐπιμένω	停留，住；繼續，仍（活著），持守
ἐπιπίπτω	落在，臨到；擠近；ἐ. ἐπὶ τὸν τράχηλον 擁抱（徒 20.37）
ἐπίσταμαι	知道，曉得；明白，懂得
ἐπιστολή, ῆς, ἡ	信，信件；文件，公文（徒 23.25, 33）
ἐπιστρέφω	＜不及＞（包括＜關＞與＜過不＞＜被動＞）回轉，回來，回去；轉向，歸向；向後轉，轉身；＜及＞轉，轉回
ἐπιτίθημι	按（手）；放，安，戴，擱，搭；加添；ἐ. πληγάς 打(徒 16.23)；＜關＞給，送上船（徒 28.10）；攻擊，傷害（徒 18.10）

ἐπιτρέπω　讓，准，許

ἔρημος, ου, ἡ　曠野，荒野，偏僻的地方，沙漠

ἔτος, ους, τό　年

εὐθέως　立刻，一…就；很快地

εὐνοῦχος, ου, ὁ　閹人，太監

Ἐφέσιος, α, ον　以弗所的〔厄弗所的〕

Ἔφεσος, ου, ἡ　以弗所〔厄弗所〕

ἐφίστημι　＜現＞與＜過不＞上來，來到，到…前來，接近；站在旁邊或附近；出現；攻擊，闖進（徒 17.5），指：不管…都要堅持或從事（傳道）；＜完＞站在旁邊，在場；(死亡)即將臨近；開始（下雨）（徒 28.2）

ζήτημα, ατος, τό　爭論，爭辯；問題

ἡγεμών, όνος, ὁ　總督，巡撫；統治者，領袖，長官

Ἡρῴδης, ου, ὁ　希律〔黑落德〕：1. 希律王第一世；2. 希律安提帕；3. 希律亞基帕第一世

θαυμάζω　＜不及＞驚奇，驚訝，稀奇，詫異（θ. ὀπίσω 驚奇地跟隨著）；驚駭；欽佩，頌讚；θ. πρόσωπα 諂媚人

θεραπεύω　醫治；供奉（徒 17.25）

θλῖψις, εως, ἡ　困難，痛苦，苦難，患難；災難；憂傷；負擔

θύρα, ας, ἡ　門，大門；（ἐπὶ θ. 就在門口）；（墓門）入口；機會

Ἰακώβ, ὁ　雅各〔雅各伯〕：1. 以撒的兒子；2. 約瑟的父親

Ἰάκωβος, ου, ὁ　雅各〔雅各伯〕：1. 西庇太的兒子，約翰的兄弟；2. 耶穌的兄弟；3. 亞勒腓的兒子，十二門徒中之一位；4. 猶大的父親（徒 1.13）

ἱκανός, ή, όν　值得的，配，（不）敢當；能夠的；充份的（ἱκνόν ἐστιν 夠了；τὸ ἱ. ποιῶ 使…滿足，討好；τὸ ἱ. 保狀，擔保，具保，徒 17.9）；

Ἰκόνιον, ου, τό　以哥念〔依科尼雍〕

Ἰόππη, ης, ἡ　約帕〔約培〕

Ἰουδαία, ας, ἡ　猶太

Ἰούδας, α, ὁ　猶大：1. 雅各的兒子；2. 耶穌家譜中的一個人；3. 出賣耶穌的叛徒；4. 耶穌的兄弟；5. 使徒，雅各的兒子；6. 耶路撒冷教會的信徒巴撒巴；7. 大馬士革的一個門徒 (徒 9.11)；8. 加利利的一個革命領袖（徒 5.37）

Ἰσραηλίτης, ου, ὁ　以色列人

ἰσχύω　能，能夠；制伏，得勝；強，興旺（徒 19.20；參 **ἐνεργέω**）；重要，緊要，生效；**ὁ ἰ.** 健康的人；**εἰς οὐδέν ἰ.** 没有價值，成爲廢物

Ἰωσήφ, ὁ　約瑟〔若瑟〕：1. 先祖雅各的兒子；2. 耶穌的母親馬利亞的丈夫；3. 亞利馬太的約瑟，猶太議會的議員；4. 耶穌的兄弟；5. 姓巴拿巴的約瑟；6. 一位婦女馬利亞的兒子；7. 8. 耶穌家譜中的兩位

καθίζω　＜不及＞坐下，坐著，居住（徒 18.11），＜及＞使…坐在（徒 2.30）；讓…處理，停落（徒 2.3）

καθίστημι　派…管理；使（人）成爲…，設立；陪伴，護送（徒 17.15）；＜關＞證明是，就是

Καῖσαρ, αρος, ὁ　凱撒，和：該撒（羅馬皇帝）

Καισάρεια, ας, ἡ　該撒利亞〔凱撒勒雅〕：1. 在海邊；2. 該撒利亞腓利比

κἀκεῖ　而在那裏；也在那裏

κἀκεῖθεν　而從那裏；後來（徒 13.21）

κακόω　虐待，傷害；迫害，強迫（人做事）（徒 7.19）；**κακῶ τὴν ψυχήν τινος κατά** 使人厭惡，仇視（別人）（徒 14.2）

καταγγέλλω　宣揚，傳講；教導，提倡（徒16.21）

κατάγω　帶下來；把（船）靠（岸）；＜被動＞ **κ. εἰς** 到達（徒 27.3；28.12）

καταλείπω　離開；撇下，留下（＜被動＞常指：仍然留著，剩下）；忽視，離棄，放棄；爲自己留下（**ἐμαυτῷ**）

καταντάω　來到；到達；達到；得到（徒 26.7），得以

κατέρχομαι　下來，下去；到達，上岸

κατηγορέω　控告（人）；譴責

κατοικέω　＜不及＞居住，定居；＜及＞住在

κελεύω　命令，吩咐

Κιλικία, ας, ἡ	基利家〔基里基雅〕
κλῆρος, ου, ὁ	（抽）籤；份，部分，職份；指：所收養的羊群，或所照顧的人
κοινός, ή, όν	共同的，公共的；和大家有關係的；凡俗的；不潔淨的
κολλάω	與…聯合，與…結合，跟…密切來往；黏（塵土）；持守；受雇於，投靠；接近，靠近
Κορνήλιος, ου, ὁ	哥尼流〔科爾乃略〕
Κύπρος, ου, ἡ	塞浦路斯，和：居比路
κωλύω	阻擋，阻止；制止，禁止；不准
λατρεύω	事奉，敬拜
Λύστρα, ἡ, τά	路司得〔呂斯特辣〕
λύω	鬆，解；釋放，使自由；破壞，違犯；拆毀，推倒，破損；散會（徒 13.43）；准許
Μακεδονία, ας, ἡ	馬其頓
μάρτυς, υρος, ὁ	見證人；殉道者
μέρος, ους, τό	部份，塊，片（ἀνὰ μέρος 輪流；ἀπὸ μέρους 部份地）；偶而，對於某些問題；一會兒，一些時候；到某種程度；ἐκ μέρους 個別地，局部地，不完全地，有限地；τὸ ἐκ μέρους 那有限的，κατὰ μέρος 詳細，地方，地區，一份，部份；事件，事情，情況；生意，行業（徒 19.27）；黨派（徒 23.9）
μετανοέω	悔改，心靈改變，轉離罪惡，改變生活方式
μετάνοια, ας, ἡ	悔改，心靈改變，轉離罪惡，生活方式改變
μεταπέμπω	邀請，傳喚，叫…來
μήν, μηνός, ὁ	月
μήτε	也不（μήτε…μήτε 既不…也不）
Ναζωραῖος, ου, ὁ	拿撒勒人
νῆσος, ου, ἡ	島
νομίζω	想，以爲，認爲（οὗ ἐνομίζομεν προσευχὴν εἶναι 我們想那裏可能有一個禱告的地方，徒 16.13）；<被動>慣常
ξενίζω	款待客人，招待，接待（<被動>住，暫住）；使覺得奇怪，使驚訝

οἰκουμένη, ης, ἡ	世界；人類居住的地方，普天下，有時指：羅馬帝國；人類
ὀλίγος, η, ον	少的，小的，＜複＞少，幾；**ἐν ὀλίγῳ** 短時間之內，簡略地；**πρὸς ὀλίγον** 一會兒，**πρὸς ὀλίγον ὠφέλιμος**（固然）有些益處；**δι᾽ ὀλίγων** 簡短地；**ὀλίγον** 少許，一會兒，不遠
ὁμοθυμαδόν	同心合意，一起（**γινόμενοι ὁ.** 一致地，同意，徒 15.25）
ὅραμα, ατος, τό	異象；所見之事，景象（徒 7.31）
ὁρίζω	決定，下決心；任命，設定，安排
οὖς, ὠτός, τό	耳朵；聽
παῖς, παιδός, ὁ, ἡ	僕人，奴隸；小孩，男孩，女孩；兒子，女兒
Παμφυλία, ας, ἡ	旁非利亞〔旁非利雅〕
παραγγέλλω	命令，吩咐（**παραγγελίᾳ παραγγέλλω** 嚴厲地命令，徒 5.28）
παραγίνομαι	來，到達；出現；為…辯護，支持
παραλαμβάνω	拿，帶著，取去，接去；接受，領受（常指：傳統）；學習
παραχρῆμα	立刻，立即
πάρειμι	在一起，在這裏（**πρὸς τὸ π.** 目前，此時；**τὰ π.** 個人所有的；**ἡ π. ἀληθεία** 你所領受的眞理）；來臨
παρεμβολή, ῆς, ἡ	軍營，營房，軍隊；營幕，（以色列人的）營
παρέχω	＜主動＞或＜關＞使…發生，導致，引起（**π. κόπους** 為難，麻煩）；使…得到，給，提供；對待
παρίστημι	＜及＞在…面前，帶到…面前，顯現；獻，奉獻，交給；供給，調派；證明（徒 24.13）；＜不及＞（＜完＞，＜過完＞，＜二過.不＞＜主動＞；所有＜關＞）站在旁邊，在場，站；來到；站在…前；站在一起（徒 4.26）
παρρησία, ας, ἡ	公開，坦白（**παρρησίᾳ** 公開地，明顯地，自由地）；大膽，信心，勇敢，坦然無懼；（在）衆人面前（**ἐν π. εἶναι** 出名）；**δειγματίζω ἐν π.** 公開示衆
παρρησιάζομαι	大膽地談；有勇氣…
πάσχω	受苦，受難；忍受，遭受；經驗
παύω	停止，禁止；＜關＞停止，止息；完，終止；絕緣

πειράζω	試驗，使…受試驗；試探，誘惑；嘗試，企圖，想要
πέντε	五
περιτέμνω	行割禮
πίμπλημι	滿，充滿；結束，到期（＜過不＞＜被動＞將要結束）；應驗，使實現；浸泡
πλῆθος, ους, τό	群衆，人群；數量，數目；居民，民衆；會衆，聚集的人群
πληθύνω	＜及＞豐富賜給；增加，增多，擴展（＜被動＞有時指：增長）；＜不及＞增長，數目增加（徒 6.1）
πλήρης, ες	（在徒 6.5：無語尾變化）充滿的；完全的；（植物）結滿子粒的；長滿（痲瘋）的
πράσσω	＜及＞做，作，行；收取（稅或利息）；π. τὰ ἴδια 辨自己的事，親手做工；＜不及＞做，作，行
πρό	＜介＞接＜所有＞在…之前（時，地）；
προσδοκάω	等候；尋找，期望；焦慮地生活，提防（徒 27.33）
προσευχή, ῆς, ἡ	禱告；禱告的地方（徒 16.13, 16）
προσέχω	堅守，陷溺於；謹慎，留意，小心（π. ἀπό 對…小心，提防）；順從
προσκαλέω	叫到面前來，傳喚，邀請；呼召（去做基督教徒的事工）
προσκαρτερέω	同心（徒 1.14），常與…在一起（徒 8.13）；平常伺候（徒 10.7）；聚會（徒 2.46），執行（任務）；恆切
προσλαμβάνω	歡迎，接受，接待；拉到一邊；吃（食物）；召集；忙著（徒 17.5）
προστίθημι	加深，增加；給，又再…；贏得（跟隨者），使（人）歸服（徒 11.24）；埋葬（徒 13.36）
πυλών, ῶνος, ὁ	門；門口，入口，門廊，門廳
πυνθάνομαι	詢問，問，疑問；（藉詢問）得知
Ῥωμαῖος, α, ον	羅馬人
Ῥώμη, ης, ἡ	羅馬
Σαδδουκαῖος, ου, ὁ	撒都該人〔撒杜塞人〕（猶太教中的一派）
Σαμάρεια, ας, ἡ	撒瑪利亞〔撒瑪黎雅〕：1. 地區；2. 城市
Σαούλ, ὁ	掃羅〔掃祿〕：1. 使徒保羅的希伯來名；2. 第一位以色列王（徒 13.21）
Σαῦλος, ου, ὁ	掃羅〔掃祿〕（使徒保羅的希伯來名字）

σέβω	崇拜，敬拜，敬畏，ὁ σ.（τὸν θεόν）皈依猶太教的外邦人，敬拜神的人（接受猶太教一神信仰，參加會堂崇拜，但没有完全遵守猶太人的各種生活規則的外邦人，徒 13.43）
σήμερον	今日；ἡ σ. 或 ἡ σ. ἡμέσα 今天，正在這一天
Σιλᾶς, ᾶ, ὁ	西拉〔息拉〕
σκεῦος, ους, τό	物品（＜複＞常指貨物，財產）；容器，碟子；工具（徒 9.15）；帆或錨（徒 27.17）；各人的身體或妻子
στάσις, εως, ἡ	爭端，爭吵，爭論，不和；暴動，騷動，作亂，暴亂；存
Στέφανος, ου, ὁ	司提反〔斯德望〕
στρατηγός, οῦ, ὁ	官長（腓立比城的最高行政長官）；σ. τοῦ ἱεροῦ 聖殿警衛官
στρατιώτης, ου, ὁ	兵士，步兵；侍衛（徒 10.7），警衛（徒 12.6）；軍隊 (徒 21.32)
συγχέω	使混亂或困惑，（因爲爭論）無法辯駁（徒 9.22）；煽動（徒 21.27）；＜被動＞棍亂，困惑；非常興奮（徒 2.6）；暴動（徒 21.31）
συνέδριον, ου, τό	法庭，議會（猶太人處理宗教與民事的最高議會）-
συνέρχομαι	聚攏來，聚集；聚在一起，聚會；跟…同來或同去，作伴，同在
Συρία, ας, ἡ	敘利亞，亞蘭
σωτηρία, ας, ἡ	拯救，救恩（基督教所指）；；解救，得救，保全，釋放；τοῦτο πρὸς τῆς ὑμετέρας σ. ὑπάρχει 你們才能夠支持下去（徒 27.34）
τέρας, ατος, τό	奇事；兆頭，預兆
τέσσαρες, α	四
τεσσεράκοντα	四十
τιμή, ῆς, ἡ	尊貴，尊敬，敬重；禮物價格，價值，總額（錢）；尊貴的地位，榮耀；報償，報酬
Τιμόθεος, ου, ὁ	提摩太〔弟茂德〕
τροφή, ῆς, ἡ	吃的東西，飯，食物，糧食，飯食，乾飯；生計，生活，供應，配額食物

τυγχάνω	配得，獲得，接受；招待，蒙；享受，經驗；**τυχόν** 或 **εἰ τυχόν** 如果，也許，可能；**οὐχ ὁ τυχών** 不尋常，不平凡，奇異（徒 19.11, 28.2）
τύπτω	打，捶，擊；傷害，損傷（良心）
ὑποστρέφω	返回，回轉；回家；**ὑ. ἐκ** 從…轉離，離開，放棄
Φῆλιξ, ικος, ὁ	腓力斯〔斐理斯〕（巴勒斯坦的總督）
Φῆστος, ου, ὁ	非斯都〔斐斯托〕（繼腓力斯作巴勒斯坦總督）
Φίλιππος, ου, ὁ	腓力〔斐理伯〕：1. 十二門徒之一；2. 希律一世的兒子，巴勒斯坦東北地區的分封王；3. 耶路撒冷教會七個執事之一；4. 希羅底的第一個丈夫
φόβος, ου, ὁ	恐懼，恐怖，畏懼，（對神的）敬畏；（對人）尊敬
φυλακή, ῆς, ἡ	監獄，囚禁人的地方；更（從晚上六點到早上六點之間劃分成三或四段時間）；警衛或警衛崗位（徒 12.10）；（邪靈）窩巢；**φυλάσσω φ.** 輪流守更
φυλάσσω	看守，守衛，防守；遵守，服從，遵照；保守，保護，保守，防衛；<關>提防，防備，躲避；禁戒不可以（吃祭獻偶像的食物）；遵守，服從
χιλίαρχος, ου, ὁ	護民官，指揮官（高級武官，指揮 600-1000 人），文武官員，隊長，將領
χρεία, ας, ἡ	應當，必須；**ἔχω χ. τινός** 不可缺少的人或物；需要，缺少（**ἔχω χ.** 需要，缺乏）；事務，任務，職務（徒 6.3）
χώρα, ας, ἡ	地區，地方；鄰近地方，鄉下；土地，田地；陸地（徒 27.27）；某地區的人，某地區的居民
χωρίον, ου τό	土地，田地；地方
ὡσεί	像，好像；約，大概

第一章

1. ὦ	歎	啊！（用在稱呼人或表達情感）
Θεόφιλος, ου, ὁ	名.呼.陽.單	提阿非羅〔德敖斐羅〕
2. ἐντέλλομαι	動.過不.關.分詞.主.陽.單	吩咐，命令，囑付
3. τεκμήριον, ου, τό	名.間.中.複	（決定性的）證據

ὀπτάνομαι	動. 現在. 關. 分詞. 主. 陽. 單	顯現，讓…看見
4. συναλίζω	動. 現在. 關. 分詞. 主. 陽. 單	同吃，聚集
χωρίζω	動. 現在. 被. 不定	分開，離開
περιμένω	動. 現在. 主. 不定	等候
6. ἀποκαθίστημι	動. 現在. 主. 直說. 二單	復興，恢復
8. ἐπέρχομαι	動. 過不. 主. 分詞. 所. 中. 單	來，臨到
9. νεφέλη, ης, ἡ	名. 主. 陰. 單	雲
ὑπολαμβάνω	動. 過不. 主. 直說. 三單	接走，移去（耶穌升天）
10. ἐσθής, ῆτος, ἡ	名. 間. 陰. 複	衣服
λευκός, ή, όν	形. 間. 陰. 複. 原	白色的，潔白的，明亮的
11. Γαλιλαῖος, α, ον	形. 呼. 陽. 複. 原	加利利的〔加里肋亞的〕
ἐμβλέπω	動. 現在. 主. 分詞. 主. 陽. 複	定睛看，看見
τρόπος, ου, ὁ	名. 直. 陽. 單	怎樣，一樣，正如
θεάομαι	動. 過不. 關. 直說. 二複	看見，觀看
12. ἐλαιών, ῶνος, ὁ	名. 所. 陽. 單	橄欖園
ἐγγύς	不介. 所	接近，靠近
σαββάτου ὁδός		安息日可走的路程
13. ὑπερῷον, ου, τό	名. 直. 中. 單	樓上的房間，樓上
καταμένω	動. 現在. 主. 分詞. 主. 陽. 複	停留，住宿
Ἀνδρέας, ου, ὁ	名. 主. 陽. 單	安得烈〔安德肋〕
Θωμᾶς, ᾶ, ὁ	名. 主. 陽. 單	多馬〔多默〕
Βαρθολομαῖος, ου, ὁ	名. 主. 陽. 單	巴多羅買〔巴爾多祿茂〕
Μαθθαῖος, ου, ὁ	名. 主. 陽. 單	馬太〔瑪竇〕
Ἁλφαῖος, ου, ὁ	名. 所. 陽. 單	亞勒腓〔阿耳斐〕
ζηλωτής, οῦ, ὁ	名. 主. 陽. 單	激進黨徒，和：奮銳黨
14. Μαριάμ, ἡ	名. 間. 陰. 單	馬利亞〔瑪利亞〕
15. ἑκατόν	形. 主. 陽. 複. 原	一百
εἴκοσι	形. 主. 陽. 複. 原	二十
16. προλέγω	動. 過不. 主. 直說. 三單	預先說或警告，預言
ὁδηγός, οῦ, ὁ	名. 所. 陽. 單	嚮導，帶領的人
συλλαμβάνω	動. 過不. 主. 分詞. 間. 陽. 複	抓，逮捕
17. καταριθμέω	動. 完成. 被. 分詞. 主. 陽. 單	數算
λαγχάνω	動. 過不. 主. 直說. 三單	被揀選，抽籤決定

18. κτάομαι	動.過不.關.直說.三單	取得，獲得，買
μισθός, οῦ, ὁ	名.所.陽.單	報應，懲罰
ἀδικία, ας, ἡ	名.所.陰.單	過錯，罪，不義
πρηνής, ές	形.主.陽.單.原	頭向前的或腫大的，仆倒
λακάω	動.過不.主.直說.三單	（五臟）迸裂
σπλάγχνον, ου, τό	名.主.中.複	五臟
19. Ἁκελδαμάχ	名.直.中.單	亞革大馬〔哈刻達瑪〕
20. βίβλος, ου, ἡ	名.間.陰.單	書，記錄
ψαλμός, οῦ, ὁ	名.所.陽.複	（舊約的）詩篇
ἔπαυλις, εως, ἡ	名.主.陰.單	住處，住宅
ἐπισκοπή, ῆς, ἡ	名.直.陰.單	職份
23. Βαρσαββᾶς, ᾶ, ὁ	名.直.陽.單	巴撒巴〔巴爾撒巴〕
Ἰοῦστος, ου, ὁ	名.主.陽.單	猶士都，猶斯托
Μαθθίας, ου, ὁ	名.直.陽.單	馬提亞〔瑪弟亞〕
24. καρδιογνώστης, ου, ὁ	名.呼.陽.單	洞察人心者（神）
ἀναδείκνυμι	動.過不.主.命令.二單	任命，揀選，指示，指明
25. ἀποστολή, ῆς, ἡ	名.所.陰.單	使徒的職份
παραβαίνω	動.過不.主.直說.三單	違背，不遵守，捨棄
26. Μαθθίας, ου, ὁ	名.直.陽.單	馬提亞〔瑪弟亞〕
συγκαταψηφίζομαι	動.過不.被.直說.三單	加入…的行列
ἕνδεκα	形.所.陽.複.原	十一
ὁ κλῆρος πίπτει ἐπί τινα		抽籤選出

第二章

1. συμπληρόω	動.現在.被.不定	快到，來臨（時間）
πεντηκοστή, ῆς, ἡ	名.所.陰.單	五旬節
ὁμοῦ	副.原	一起
2. ἄφνω	副.原	突然，忽然
ἦχος, ους, τό	名.主.中.單	聲音，響聲
ὥσπερ	虛.比	如同，好像，好比
πνοή, ῆς, ἡ	名.所.陰.單	風，氣息
βίαιος, α, ον	形.所.陰.單.原	猛烈的，強的，大（風）
3. διαμερίζω	動.現在.被.分詞.主.陰.複	分配，分散

διαμερίζω γλῶσσαι ὡσεὶ πυρός		像火燄的舌頭散開
4. ἀποφθέγγομαι	動.現在.關.不定	演講（受聖靈感動）
5. εὐλαβής, ές	形.主.陽.複.原	虔誠的，敬畏神的
7. Γαλιλαῖος, α, ον	形.主.陽.複.原	加利利的〔加里肋亞的〕
9. Πάρθοι, ων, οἱ	名.主.陽.複	帕提亞人〔帕提雅人〕
Μῆδος, ου, ὁ	名.主.陽.複	米底亞，和：瑪代〔瑪特〕
Ἐλαμίτης, ου, ὁ	名.主.陽.複	以攔人〔厄藍人〕
Μεσοποταμία, ας, ἡ	名.直.陰.單	美索不達米亞，和：米所波大米
Καππαδοκία, ας, ἡ	名.直.陰.單	加帕多家〔卡帕多細雅〕
Πόντος, ου, ὁ	名.直.陽.單	本都
10. Φρυγία, ας, ἡ	名.直.陰.單	弗呂家〔夫黎基雅〕
Λιβύη, ης, ἡ	名.所.陰.單	呂彼亞〔利比亞〕
Κυρήνη, ης, ἡ	名.直.陰.單	古利奈〔基勒乃〕
ἐπιδημέω	動.現在.主.分詞.主.陽.複	旅居
11. προσήλυτος, ου, ὁ	名.主.陽.複	皈依猶太教的外邦人
Κρής, ητός, ὁ	名.主.陽.複	克里特人，和：革哩底人
Ἄραψ, βος, ὁ	名.主.陽.複	阿拉伯人〔阿剌伯人〕
ἡμέτερος, α, ον	代一所.間.陰.複	我們的
μεγαλεῖος, α, ον	名.直.中.複	偉大的作爲
12. διαπορέω	動.過未.主.直說.三複	困惑，猜疑，驚異
θέλει εἶναι		意思是…
13. διαχλευάζω	動.現在.主.分詞.主.陽.複	取笑
γλεῦκος, ους, τό	名.所.中.單	新酒
μεστόω	動.完成.被.分詞.主.陽.複	充滿
14. ἕνδεκα	形.間.陽.複.原	十一
ἀποφθέγγομαι	動.過不.關.直說.三單	演講（受聖靈感動）
ἐνωτίζομαι	動.過不.關.命令.二複	留心聽
15. ὑπολαμβάνω	動.現在.主.直說.二複	想，認爲
μεθύω	動.現在.主.直說.三複	醉酒
16. Ἰωήλ, ὁ	名.所.陽.單	約珥〔岳厄爾〕
17. προφητεύω	動.未來.主.直說.三複	作先知講道，預言
θυγάτηρ, τρός, ἡ	名.主.陰.複	女兒，婦女
νεανίσκος, ου, ὁ	名.主.陽.複	年輕人，青年

ὅρασις, εως, ἡ	名.直.陰.複	異象，外貌
ἐνύπνιον, ου, τό	名.間.中.複	夢
ἐνυπνιάζομαι	動.未來.被.直說.三複	作夢，看見異象，幻想
18. γέ	虛.強	表示強調附屬的虛詞
δούλη, ης, ἡ	名.直.陰.複	婢女，使女，女僕
19. ἄνω	副.原	在…之上
κάτω	副.原	下，在下面
ἀτμίς, ίδος, ἡ	名.直.陰.單	煙霧
καπνός, οῦ, ὁ	名.所.陽.單	煙
20. ἥλιος, ου, ὁ	名.主.陽.單	太陽
μεταστρέφω	動.未來.被.直說.三單	轉，改，變，歪曲
σκότος, ους, τό	名.直.中.單	黑暗，罪，暗昧
σελήνη, ης, ἡ	名.主.陰.單	月亮
πρίν	連.時從	在…之前，…以前
ἐπιφανής, ές	形.直.陰.單.原	明顯的，榮耀的
22. ἀποδείκνυμι	動.完成.被.分詞.直.陽.單	證實，證明
23. πρόγνωσις, εως, ἡ	名.間.陰.單	預知，先見，預定旨意
ἔκδοτος, ον	形.直.陽.單.原	送交的，交給的
ἄνομος, ον	形.所.陽.複.原	不法的，犯罪的
προσπήγνυμι	動.過不.主.分詞.主.陽.複	釘十字架
24. ὠδίν, ῖνος, ἡ	名.直.陰.複	痛苦，苦難
καθότι	連.原從	因為
κρατέω	動.現在.被.不定	捉住，抓，拉
25. προοράω	動.過未.關.直說.一單	預見，以前看見
σαλεύω	動.過不.被.假設.一單	搖動，心志，動搖，困惑
26. εὐφραίνω	動.過不.被.直說.三單	使快樂，使歡欣，歡喜
ἀγαλλιάω	動.過不.關.直說.三單	大大歡喜快樂
κατασκηνόω	動.未來.主.直說.三單	棲息，住
27. ἐγκαταλείπω	動.未來.主.直說.二單	放棄，離棄
ᾅδης, ου, ὁ	名.直.陽.單	地獄，陰間，死人的世界
ὅσιος, α, ον	形.直.陽.單.原	敬畏的，虔誠的
28. γνωρίζω	動.過不.主.直說.二單	使…知道，告訴，顯明
εὐφροσύνη, ης, ἡ	名.所.陰.單	快樂，喜樂

29. ἔξεστι	動. 現在. 主. 分詞. 主. 中. 單	可以做的或合法的
πατριάρχης, ου, ὁ	名. 所. 陽. 單	先祖，族長
τελευτάω	動. 過不. 主. 直說. 三單	死亡，在臨終的時候
θάπτω	動. 過不. 被. 直說. 三單	埋葬
μνῆμα, ατος, τό	名. 主. 中. 單	墳墓
30. ὅρκος, ου, ὁ	名. 間. 陽. 單	誓言，發誓
ὀμνύω	動. 過不. 主. 直說. 三單	發誓，許願，宣誓
ὀσφῦς, ύος, ἡ	名. 所. 陰. 單	生殖器官，子孫
καρπὸς τῆς ὀσφύος		子孫，後裔
31. προοράω	動. 過不. 主. 分詞. 主. 陽. 單	預見，以前看見
ἐγκαταλείπω	動. 過不. 被. 直說. 三單	放棄，離棄
ᾅδης, ου, ὁ	名. 直. 陽. 單	地獄，陰間，死人的世界
33. ὑψόω	動. 過不. 被. 分詞. 主. 陽. 單	（人）高升，舉高，高舉
35. ἐχθρός, ά, όν	名. 直. 陽. 複	敵人，仇敵
ὑποπόδιον, ου, τό	名. 直. 中. 單	腳凳
36. ἀσφαλῶς	副. 原	安全地，確實，無疑地
σταυρόω	動. 過不. 主. 直說. 二複	釘十字架
οἶκος Ἰσραήλ		以色列同胞，以色列人
37. κατανύσσομαι	動. 過不. 被. 直說. 三複	被刺
κατανύσσομαι τὴν καρδίαν		覺得扎心，深受困擾
38. δωρεά, ᾶς, ἡ	名. 直. 陰. 單	恩賜，恩典
39. μακράν	副. 原	遠，遠方
40. σκολιός, ά, όν	形. 所. 陰. 單. 原	邪惡的（人），嚴酷的
41. τρισχίλιοι, αι, α	形. 主. 陰. 複. 原	三千
42. διδαχή, ῆς, ἡ	名. 間. 陰. 單	教訓，教導，學說
κοινωνία, ας, ἡ	名. 間. 陰. 單	團契，聯繫，親密的關係
κλάσις, εως, ἡ	名. 間. 陰. 單	掰（餅）
ἔχω κοινός		公用
45. κτῆμα, ατος, τό	名. 直. 中. 複	所有物，財富，田產
ὕπαρξις, εως, ἡ	名. 直. 陰. 複	所有物，財物，家業
πιπράσκω	動. 過未. 主. 直說. 三複	賣，賣作奴隸
διαμερίζω	動. 過未. 主. 直說. 三複	紛爭，分配，分散
καθότι	連. 比從	因爲，按照，像…一樣

46. κλάω	動.現在.主.分詞.主.陽.複	掰開，擘
μεταλαμβάνω	動.過未.主.直說.三複	得到，分享，有空
ἀγαλλίασις, εως, ἡ	名.間.陰.單	大喜樂
ἀφελότης, ητος, ἡ	名.間.陰.單	純潔，謙讓，慷慨
ἄρτον κλάω		進餐
47. αἰνέω	動.現在.主.分詞.主.陽.複	讚美

第三章

1. ἔνατος, η, ον	形.直.陰.單.原	第九
2. χωλός, ή, όν	形.主.陽.單.原	跛腳的，瘸腿的
κοιλία, ας, ἡ	名.所.陰.單	母胎
βαστάζω	動.過未.被.直說.三單	托著
ὡραῖος, α, ον	形.直.陰.單.原	美麗的，好看的
εἰσπορεύομαι	動.現在.關.分詞.所.陽.複	進入
3. εἴσειμι	動.現在.主.不定	進去，去，到
5. ἐπέχω	動.過未.主.直說.三單	注意，謹慎，停留，緊握住
6. χρυσίον, ου, τό	名.主.中.單	黃金，金幣，金錢
7. πιάζω	動.過不.主.分詞.主.陽.單	握緊，拉著
στερεόω	動.過不.被.直說.三複	使強壯，有力氣
βάσις, εως, ἡ	名.主.陰.複	腳
σφυδρόν, οῦ, τό	名.主.中.複	踝骨
8. ἐξάλλομαι	動.現在.關.分詞.主.陽.單	跳起來
ἅλλομαι	動.現在.關.分詞.主.陽.單	跳起來，湧出（水）
αἰνέω	動.現在.主.分詞.主.陽.單	讚美
10. ὡραῖος, α, ον	形.間.陰.單.原	美麗的，好看的
πύλη, ης, ἡ	名.間.陰.單	門
θάμβος, ους, τό	名.所.中.單	驚訝，驚異
ἔκστασις, εως, ἡ	名.所.陰.單	驚訝，驚異
συμβαίνω	動.完成.主.分詞.間.中.單	發生，經歷
11. κρατέω	動.現在.主.分詞.所.陽.單	抓，握著
συντρέχω	動.過不.主.直說.三單	同跑
στοά, ᾶς, ἡ	名.間.陰.單	門廊，走廊
Σολομών, ῶνος, ὁ	名.所.陽.單	所羅門〔撒羅滿〕

ἔκθαμβος, ον	名. 主. 陽. 複	驚訝的
12. εὐσέβεια, ας, ἡ	名. 間. 陰. 單	敬虔，虔誠的生活，宗教
13. Ἰσαάκ, ὁ	名. 所. 陽. 單	以撒〔依撒格〕
ἀρνέομαι	動. 過不. 關. 直說. 二複	否認，背棄，拒絕
14. φονεύς, έως, ὁ	名. 直. 陽. 單	謀殺者，凶徒
χαρίζομαι	動. 過不. 被. 不定	恩待，釋放
15. ἀρχηγός, οῦ, ὁ	名. 直. 陽. 單	領袖，先鋒，創始者
16. στερεόω	動. 過不. 主. 直說. 三單	使強壯，有力氣
ὁλοκληρία, ας, ἡ	名. 直. 陰. 單	健康，健全
ἀπέναντι	不介. 所	在…面前
17. ἄγνοια, ας, ἡ	名. 直. 陰. 單	無知，蒙昧
ὥσπερ	虛. 比	如同，正如，正像
18. προκαταγγέλλω	動. 過不. 主. 直說. 三單	預先宣告
19. ἐξαλείφω	動. 過不. 被. 不定	擦掉，除掉
ἐξαλείφω τὰς ἁμαρτίας		赦免罪
20. ἀνάψυξις, εως, ἡ	名. 所. 陰. 單	精神愉快，靈力更新
προχειρίζομαι	動. 完成. 關. 分詞. 直. 陽. 單	被選，被任命
21. ἀποκατάστασις, εως, ἡ	名. 所. 陰. 單	更新，復興
23. ἐξολεθρεύω	動. 未來. 被. 直說. 三單	滅絕，除滅
24. Σαμουήλ, ὁ	名. 所. 陽. 單	撒母耳〔撒慕爾〕
καθεξῆς	副. 原	依序，按照次序
οἱ καθεξῆς		後繼者
25. διαθήκη, ης, ἡ	名. 所. 陰. 單	約，契約
διατίθημι	動. 過不. 關. 直說. 三單	立約的人
σπέρμα, ατος, τό	名. 間. 中. 單	後裔，子孫
ἐνευλογέω	動. 未來. 被. 直說. 三複	祝福，賜福
πατριά, ᾶς, ἡ	名. 主. 陰. 複	家，宗族，國，人民
26. ἀποστρέφω	動. 現在. 主. 不定	轉離，除掉
πονηρία, ας, ἡ	名. 所. 陰. 複	邪惡，惡意

第四章

1. ἱερεύς, έως, ὁ	名. 主. 陽. 複	祭司
2. διαπονέομαι	動. 現在. 關. 分詞. 主. 陽. 複	惱怒，不勝其煩

3. ἐπιβάλλω	動. 過不. 主. 直說. 三複	下手，抓住，逮捕
τήρησις, εως, ἡ	名. 直. 陰. 單	拘留所，監獄，遵守
αὔριον	副. 原	明天，第二天，一會兒
ἑσπέρα, ας, ἡ	名. 主. 陰. 單	天黑，夜晚
ἐπιβάλλω τὴν χεῖρα (ἐπί)		逮捕
4. χιλιάς, αδος, ἡ	名. 主. 陰. 複	一千（爲一群）
5. αὔριον	副. 原	明天，第二天，一會兒
6. Ἅννας, α, ὁ	名. 主. 陽. 單	亞那〔亞納斯〕
Καϊάφας, α, ὁ	名. 主. 陽. 單	該亞法〔蓋法〕
Ἀλέξανδρος, ου, ὁ	名. 主. 陽. 單	亞歷山大
ἀρχιερατικός, όν	形. 所. 中. 單. 原	大祭司的，祭司長的
7. ποῖος, α, ον	代. 形疑. 間. 陰. 單	哪一？哪一種？
9. εὐεργεσία, ας, ἡ	名. 間. 陰. 單	服務，善事
ἀσθενής, ές	形. 所. 陽. 單. 原	生病的，軟弱無助的
10. σταυρόω	動. 過不. 主. 直說. 二複	釘十字架
ὑγιής, ές	形. 主. 陽. 單. 原	完整的，健全正確的（教訓）
11. ἐξουθενέω	動. 過不. 被. 分詞. 主. 陽. 單	輕視，輕看，戲弄，丟棄
οἰκοδόμος, ου, ὁ	名. 所. 陽. 複	建造者
γωνία, ας, ἡ	名. 所. 陰. 單	角落
13. καταλαμβάνω	動. 過不. 關. 分詞. 主. 陽. 複	知道，查出
ἀγράμματος, ον	形. 主. 陽. 複. 原	没有受教育的
ἰδιώτης, ου, ὁ	名. 主. 陽. 複	未受教育的
14. ἀντιλέγω	動. 過不. 主. 不定	反對，對抗，反駁
15. συμβάλλω	動. 過未. 主. 直說. 三複	商議，熟慮
16. φανερός, ά, όν	形. 主. 中. 單. 原	已知的，明顯的，清楚的
ἀρνέομαι	動. 現在. 關. 不定	否認，不認
17. διανέμω	動. 過不. 被. 假設. 三單	廣傳
ἀπειλέω	動. 過不. 關. 假設. 一複	恐嚇，警告
μηκέτι	副. 原	不再
18. καθόλου	副. 原	完全地，全部
φθέγγομαι	動. 現在. 關. 不定	說話，發表言論
21. προσαπειλέω	動. 過不. 關. 分詞. 主. 陽. 複	更進一步地威脅
κολάζω	動. 過不. 關. 假設. 三複	處罰，懲罰

22. ἴασις, εως, ἡ	名.所.陰.單	醫治，治病，治好
24. δεσπότης, ου, ὁ	名.呼.陽.單	主
25. ἱνατί	連.疑并	爲甚麼？何故？
φρυάσσω	動.過不.主.直說.三複	憤怒，狂怒，吼叫
μελετάω	動.過不.主.直說.三複	計謀，妄圖
κενός, ή, όν	形.直.中.複.原	空的，没有效果的，愚蠢的
27. χρίω	動.過不.主.直說.二單	膏（油），抹（油）
Πόντιος, ου, ὁ	名.主.陽.單	本丟〔般雀〕
ἐπ᾽ ἀληθείας		眞實地，確實
28. προορίζω	動.過不.主.直說.三單	從開始或最先就決定，預定
29. ἐφοράω	動.過不.主.命令.二單	關心，顧念，鑒察
ἀπειλή, ῆς, ἡ	名.直.陰.複	恐嚇，威脅
30. ἐκτείνω	動.現在.主.不定	伸出，拋出（錨）
ἴασις, εως, ἡ	名.直.陰.單	醫治，治病，治好
31. σαλεύω	動.過不.被.直說.三單	搖動
33. ἀποδίδωμι	動.過未.主.直說.三複	給，付，回報，報應
μαρτύριον, ου, τό	名.直.中.單	見證，證據
34. ἐνδεής, ές	形.主.陽.單.原	貧窮的，缺乏的
κτήτωρ, ορος, ὁ	名.主.陽.複	擁有者，持有者
πωλέω	動.現在.主.分詞.主.陽.複	賣，出售
πιπράσκω	動.現在.被.分詞.所.中.複	賣，賣作奴隸
35. διαδίδωμι	動.過未.被.直說.三單	分配，分，給
καθότι	連.比從	因爲，按照，像…一樣
36. μεθερμηνεύω	動.現在.被.分詞.主.中.單	翻譯，意思是
παράκλησις, εως, ἡ	名.所.陰.單	鼓勵，幫助，安慰
Λευίτης, ου, ὁ	名.主.陽.單	利未人（祭司助手）
Κύπριος, ου, ὁ	名.主.陽.單	塞浦路斯人，居比路人
37. ἀγρός, οῦ, ὁ	名.所.陽.單	田野，農莊，鄉村
πωλέω	動.過不.主.分詞.主.陽.單	賣，出售
χρῆμα, ατος, τό	名.直.中.單	金錢，銀，賣收銀
τίθημι πρὸς τοὺς πόδας		交給

第五章

1. Σάπφιρα, ης, ἡ	名. 間. 陰. 單	撒非喇〔撒裴辣〕
πωλέω	動. 過不. 主. 直說. 三單	賣，出售
κτῆμα, ατος, τό	名. 直. 中. 單	財富，田產
2. νοσφίζω	動. 過不. 關. 直說. 三單	私自保留，偷竊
σύνοιδα	動. 完成. 主. 分詞. 所. 陰. 單	牽連，同意
τίθημι παρὰ τοὺς πόδας		交給
3. Σατανᾶς, ᾶ, ὁ	名. 主. 陽. 單	魔鬼撒但〔撒殫〕
ψεύδομαι	動. 過不. 關. 不定	說謊，虛僞，欺瞞
πληρόω τὴν καρδίαν		使…想
4. πιπράσκω	動. 過不. 被. 分詞. 主. 中. 單	賣，賣作奴隸
σός, σή, σόν	代二所. 間. 陰. 單	你的，屬於你的
πρᾶγμα, ατος, τό	名. 直. 中. 單	事情，行爲
τίθημι ἐν τῇ καρδίᾳ		拿定主意，決定
5. ἐκψύχω	動. 過不. 主. 直說. 三單	斷氣而死
6. νέος, α, ον	形. 主. 陽. 複. 比	新的，年輕的
συστέλλω	動. 過不. 主. 直說. 三複	抬出或包裹
ἐκφέρω	動. 過不. 主. 分詞. 主. 陽. 複	抬出，帶走
θάπτω	動. 過不. 主. 直說. 三複	埋葬
7. διάστημα, ατος, τό	名. 主. 中. 單	（時間的）間隔
8. τοσοῦτος, αύτη, οῦτον	代. 指代. 所. 中. 單	如此多，等，許多
ἀποδίδωμι	動. 過不. 關. 直說. 二複	賣
ναί	虛. 強	是的，眞是，確實，必然
τοσούτου		以這樣的價錢，總數量
9. συμφωνέω	動. 過不. 被. 直說. 三單	同心合意，跟…相符
θάπτω	動. 過不. 主. 分詞. 所. 陽. 複	埋葬
ἐκφέρω	動. 未來. 主. 直說. 三複	拿出，帶走
συμφωνέομαι ἡμῖν		你們存心
10. ἐκψύχω	動. 過不. 主. 直說. 三單	斷氣而死
νεανίσκος, ου, ὁ	名. 主. 陽. 複	年輕人，青年
12. στοά, ᾶς, ἡ	名. 間. 陰. 單	門廊，走廊
Σολομών, ῶνος, ὁ	名. 所. 陽. 單	所羅門〔撒羅滿〕
13. τολμάω	動. 過未. 主. 直說. 三單	敢，勇敢或大膽，壯膽

μεγαλύνω	動.過未.主.直說.三單	尊崇
15. πλατεῖα, ας, ἡ	名.直.陰.複	街道，大街
ἐκφέρω	動.現在.主.不定	抬出，帶走
ἀσθενής, ές	形.直.陽.複.原	生病的，軟弱無助的
κλινάριον, ου, τό	名.所.中.複	小床
κράβαττος, ου, ὁ	名.所.陽.複	床，擔架
κἄν	副.原	即使，甚至於，至少
σκιά, ᾶς, ἡ	名.主.陰.單	影像，影子
ἐπισκιάζω	動.過不.主.假設.三單	（影子）投…上
16. πέριξ	副.原	四周，在附近
ὀχλέω	動.現在.被.分詞.直.陽.複	煩擾，被困擾
17. ζῆλος, ου, ὁ	名.所.陽.單	熱心，嫉妒
18. ἐπιβάλλω	動.過不.主.直說.三複	下手，逮捕
τήρησις, εως, ἡ	名.間.陰.單	拘留所，監獄
δημόσιος, α, ον	形.間.陰.單.原	公立的
21. ὄρθρος, ου, ὁ	名.直.陽.單	清早
συγκαλέω	動.過不.主.直說.三複	集合，召集，叫到面前來
γερουσία, ας, ἡ	名.直.陰.單	議會，猶太教七十人議會
δεσμωτήριον, ου, τό	名.直.中.單	監牢
ὑπὸ τὸν ὄρθρον		在天亮時
22. ὑπηρέτης, ου, ὁ	名.主.陽.複	警衛，幫手
ἀναστρέφω	動.過不.主.分詞.主.陽.複	轉回
23. δεσμωτήριον, ου, τό	名.直.中.單	監牢
κλείω	動.完成.被.分詞.直.中.單	關閉，鎖
ἀσφάλεια, ας, ἡ	名.間.陰.單	安全，完備
φύλαξ, ακος, ὁ	名.直.陽.複	守衛者，站崗者，獄警
ἔσω	副.原	在…裏面
ἐν πάσῃ ἀσφαλείᾳ		緊緊地，牢牢地
24. διαπορέω	動.過未.主.直說.三複	困惑，猜疑，驚異
26. ὑπηρέτης, ου, ὁ	名.間.陽.複	警衛，幫手
βία, ας, ἡ	名.所.陰.單	猛力，暴力，使用暴力
λιθάζω	動.過不.被.假設.三複	用石頭打
28. παραγγελία, ας, ἡ	名.間.陰.單	命令，指示

διδαχή, ῆς, ἡ	名.所.陰.單	教訓，教導，學說，教義
ἐπάγω	動.過不.主.不定	歸到
παραγγελίᾳ παραγγέλλω		嚴厲地命令
29. πειθαρχέω	動.現在.主.不定	服從，聽從
30. διαχειρίζω	動.過不.關.直說.二複	殺，謀害
κρεμάννυμι	動.過不.主.分詞.主.陽.複	懸掛，被釘在十字架上
ξύλον, ου, τό	名.所.中.單	樹，十字架
κρεμάννυμι ἐπὶ ξύλου		釘在十字架上
31. ἀρχηγός, οῦ, ὁ	名.直.陽.單	領袖，先鋒，創始者
σωτήρ, ῆρος, ὁ	名.直.陽.單	救主，拯救者，解救者
ὑψόω	動.過不.主.直說.三單	高升，高舉，舉起，升高
32. πειθαρχέω	動.現在.主.分詞.間.陽.複	服從，聽從
33. διαπρίω	動.過未.被.直說.三複	憤怒，惱怒
34. Γαμαλιήλ, ὁ	名.主.陽.單	迦瑪列〔加瑪里耳〕
νομοδιδάσκαλος, ου, ὁ	名.主.陽.單	法律教師，經學教師
τίμιος, α, ον	形.主.陽.單.原	受敬重的
βραχύς, εῖα, ύ	副.原	一會兒
36. Θευδᾶς, ᾶ, ὁ	名.主.陽.單	丟大〔特烏達〕
προσκλίνω	動.過不.被.直說.三單	加入，附從
τετρακόσιοι, αι, α	形.所.陽.複.原	四百
διαλύω	動.過不.被.直說.三複	分散，散開
εἰμί τις		重要
37. Γαλιλαῖος, α, ον	形.主.陽.單.原	加利利的〔加里肋亞的〕
ἀπογραφή, ῆς, ἡ	名.所.陰.單	登記，戶口登說
ὀπίσω	不介.所	在…之後，在後
κἀκεῖνος, η, ο	連.繫并	那一個也，他也…一樣
διασκορπίζω	動.過不.被.直說.三複	分散，浪費
38. καταλύω	動.未來.被.直說.三單	破壞，擊敗
39. μήποτε	連.不從	恐怕，免得
θεομάχος, ον	形.主.陽.複.原	攻擊神的
40. δέρω	動.過不.主.分詞.主.陽.複	打，拍，擊
41. καταξιόω	動.過不.被.直說.三複	算爲值得或配得，配得
ἀτιμάζω	動.過不.被.不定	羞辱，侮辱，遭受凌辱

第六章

1. γογγυσμός, οῦ, ὁ	名.主.陽.單	埋怨，議論紛紛，爭吵
Ἑλληνιστής, οῦ, ὁ	名.所.陽.複	希利尼人
Ἑβραῖος, ου, ὁ	名.直.陽.複	希伯來人
παραθεωρεώ	動.過未.被.直說.三複	忽略，疏忽
καθημερινός, ή, όν	形.間.陰.單.原	每天的
χήρα, ας, ἡ	名.主.陰.複	寡婦
2. ἀρεστός, ή, όν	形.主.中.單.原	討喜歡
διακονέω	動.現在.主.不定	伺候，照顧，供應
τράπεζα, ης, ἡ	名.間.陰.複	膳食
διακονέω τραπέζαις		管理財政，膳食
οὐκ ἀρεστόν ἐστιν		是不合宜的，不應該的
3. ἐπισκέπτομαι	動.過不.關.命令.二複	選出，尋找
5. ἀρέσκω	動.過不.主.直說.三單	使高興，被悅納
Πρόχορος, ου, ὁ	名.直.陽.單	伯羅哥羅〔仆洛曷洛〕
Νικάνωρ, ορος, ὁ	名.直.陽.單	尼迦挪〔尼加諾爾〕
Τίμων, ωνος, ὁ	名.直.陽.單	提門〔提孟〕
Παρμενᾶς, ᾶ, ὁ	名.直.陽.單	巴米拿〔帕爾默納〕
Νικόλαος, ου, ὁ	名.直.陽.單	尼哥拉〔尼苛勞〕
προσήλυτος, ου, ὁ	名.直.陽.單	皈依猶太教的外邦人
Ἀντιοχεύς, έως, ὁ	名.直.陽.單	安提阿〔安提約基雅〕人
7. αὐξάνω (αὔξω)	動.過未.主.直說.三單	擴展，增加，興旺
σφόδρα	副.原	極，很，大大地
ἱερεύς, έως, ὁ	名.所.陽.複	祭司
ὑπακούω	動.過未.主.直說.三複	聽從，回應，接受
9. Λιβερτῖνος, ου, ὁ	名.所.陽.複	自由人
Κυρηναῖος, ου, ὁ	名.所.陽.複	古利奈人〔基勒乃人〕
Ἀλεξανδρεύς, έως, ὁ	名.所.陽.複	亞歷山大人〔亞歷山大里亞人〕
συζητέω	動.現在.主.分詞.主.陽.複	辯論，質問
10. ἀνθίστημι	動.過不.主.不定	抗拒，反對，抵擋
11. ὑποβάλλω	動.過不.主.直說.三複	（秘密地）教唆…做
βλάσφημος, ον	形.直.中.複.原	褻瀆的，毀謗的
12. συγκινέω	動.過不.主.直說.三複	擾動，煽動

συναρπάζω	動.過不.主.直說.三複	抓住
13. ψευδής, ές	形.直.陽.複.原	虛假的，欺騙的
14. καταλύω	動.未來.主.直說.三單	拆毀
ἀλλάσσω	動.未來.主.直說.三單	變化，改變
15. καθέζομαι	動.現在.關.分詞.主.陽.複	坐著

第七章

2. Μεσοποταμία, ας, ἡ	名.間.陰.單	米所波大米
πρίν	連.時從	在…之前，…以前
Χαρράν, ἡ	名.間.陰.單	哈蘭
3. συγγένεια, ας, ἡ	名.所.陰.單	親戚，親族
δεῦρο	歎	來，來這裏
δείκνυμι	動.過不.主.假設.一單	顯現，指示，給…看
4. Χαλδαῖος, ου, ὁ	名.所.陽.複	迦勒底人〔加色丁人〕
Χαρράν, ἡ	名.間.陰.單	哈蘭
μετοικίζω	動.過不.主.直說.三單	使…遷移
5. κληρονομία, ας, ἡ	名.直.陰.單	產業（神向他子民所作應許）
ἐπαγγέλλομαι	動.過不.關.直說.三單	應許
κατάσχεσις, εως, ἡ	名.直.陰.單	產業
σπέρμα, ατος, τό	名.間.中.單	種子，後裔
βῆμα ποδός		平方公尺，立足之地
6. πάροικος, ον	形.主.中.單.原	外國人，異鄉人，旅客
ἀλλότριος, α, ον	形.間.陰.單.原	屬於別人的，外國人
δουλόω	動.未來.主.直說.三複	奴役，作奴隸，不自由
τετρακόσιοι, αι, α	形.直.中.複.原	四百
7. δουλεύω	動.未來.主.直說.三複)	作奴隸，受奴役，勞苦
8. διαθήκη, ης, ἡ	名.直.陰.單	約
περιτομή, ῆς, ἡ	名.所.陰.單	割禮
Ἰσαάκ, ὁ	名.直.陽.單	以撒〔依撒格〕
ὄγδοος, η, ον	形.間.陰.單.原	第八
πατριάρχης, ου, ὁ	名.直.陽.複	先祖，族長
9. ζηλόω	動.過不.主.分詞.主.陽.複	嫉妒
ἀποδίδωμι	動.過不.關.直說.三複	賣

10. ἐναντίον	不介.所	在…面前或眼中
Φαραώ, ὁ	名.所.陽.單	法老〔法郎〕
ἡγέομαι	動.現在.關.分詞.直.陽.單	治理
11. λιμός, οῦ, ὁ, ἡ	名.主.陽.單	饑荒，饑餓
Χανάαν, ἡ	名.直.陰.單	迦南〔客納罕〕
χόρτασμα, ατος, τό	名.直.中.複	食物，糧食，食糧
12. σιτίον, ου, τό	名.直.中.複	穀類，食物，糧
13. ἀναγνωρίζω	動.過不.被.直說.三單	再相認（跟某人）
φανερός, ά, όν	形.主.中.單.原	已知的，清楚的
Φαραώ, ὁ	名.間.陽.單	法老〔法郎〕
14. μετακαλέω	動.過不.關.直說.三單	請，召喚，邀請
συγγένεια, ας, ἡ	名.直.陰.單	親戚，親族
ἑβδομήκοντα	形.間.陰.複.原	七十
15. τελευτάω	動.過不.主.直說.三單	死亡，在臨終的時候
16. μετατίθημι	動.過不.被.直說.三複	拿回
Συχέμ, ἡ	名.直.陰.單	示劍〔舍根〕
μνῆμα, ατος, τό	名.間.中.單	墳墓
ὠνέομαι	動.過不.關.直說.三單	買，購
Ἑμμώρ, ὁ	名.所.陽.單	哈抹〔摩爾〕
17. ὁμολογέω	動.過不.主.直說.三單	答應，發誓給
αὐξάνω (αὔξω)	動.過不.主.直說.三單	增加，興旺
19. κατασοφίζομαι	動.過不.關.分詞.主.陽.單	用詭計剝削
βρέφος, ους, τό	名.直.中.複	胎兒，嬰孩，兒童時期
ἔκθετος, ον	形.直.中.複.原	被丟棄的
ζῳογονέω	動.現在.被.不定	繼續活著
20. ἀστεῖος, α, ον	形.主.陽.單.原	討人喜歡的，俊美的
ἀνατρέφω	動.過不.被.直說.三單	撫養長大，培育
21. ἐκτίθημι	動.過不.被.分詞.所.陽.單	被丟棄
θυγάτηρ, τρός, ἡ	名.主.陰.單	女兒
Φαραώ, ὁ	名.所.陽.單	法老〔法郎〕
22. παιδεύω	動.過不.被.直說.三單	教導，指導，訓練，管教
Αἰγύπτιος, α, ον	名.所.陽.複	埃及的
23. τεσσερακονταετής, ές	形.主.陽.單.原	四十年

ἐπισκέπτομαι	動. 過不. 關. 不定	照顧，來看，尋找
24. ἀμύνομαι	動. 過不. 關. 直說. 三單	來幫助，保護
ἐκδίκησις, εως, ἡ	名. 直. 陰. 單	懲罰，報應
καταπονέω	動. 現在. 被. 分詞. 間. 陽. 單	欺壓，欺負
πατάσσω	動. 過不. 主. 分詞. 主. 陽. 單	擊打，砍，擊倒
Αἰγύπτιος, α, ον	名. 直. 陽. 單	埃及的
25. συνίημι	動. 現在. 主. 不定	明白，了解，領悟
26. μάχομαι	動. 現在. 關. 分詞. 間. 陽. 複	爭吵，打架
συναλλάσσω	動. 過未. 主. 直說. 三單	復和
ἱνατί	連. 疑并	爲甚麼？何故？
27. πλησίον	副. 原	靠近
ἀπωθέω	動. 過不. 關. 直說. 三單	推開，拒絕，不聽從
δικαστής, οῦ, ὁ	名. 直. 陽. 單	審判者，法官
28. τρόπος, ου, ὁ	名. 直. 陽. 單	方式，樣子，生活態度
ἐχθές	副. 原	昨天
Αἰγύπτιος, α, ον	名. 直. 陽. 單	埃及的
29. φεύγω	動. 過不. 主. 直說. 三單	逃，逃避，逃脫
πάροικος, ον	名. 主. 陽. 單	外國人，異鄉人
Μαδιάμ, ὁ	名. 所. 陽. 單	米甸〔米德楊〕
30. Σινά	名. 所. 中. 單	西奈〔西乃〕
φλόξ, φλογός, ἡ	名. 間. 陰. 單	火焰
βάτος, ου, ὁ, ἡ	名. 所. 陽. 單	樹叢，荊棘
31. κατανοέω	動. 過不. 主. 不定	思想，觀察，看看
32. Ἰσαάκ, ὁ	名. 所. 陽. 單	以撒〔依撒格〕
ἔντρομος, ον	形. 主. 陽. 單. 原	恐懼的，戰戰兢兢的
τολμάω	動. 過未. 主. 直說. 三單	敢，勇敢或大膽，壯膽
33. ὑπόδημα, ατος, τό	名. 直. 中. 單	涼鞋，拖鞋，鞋子
34. κάκωσις, εως, ἡ	名. 直. 陰. 單	壓迫，苦難
στεναγμός, οῦ, ὁ	名. 所. 陽. 單	呻吟，歎息
δεῦρο	歎	來，來這裏
35. ἀρνέομαι	動. 過不. 關. 直說. 三複	否認，不認，拒絕
δικαστής, οῦ, ὁ	名. 直. 陽. 單	審判者，法官
λυτρωτής, οῦ, ὁ	名. 直. 陽. 單	釋放者，解救者

βάτος, ου, ὁ, ἡ	名.間.陰.單	樹叢，荊棘
σὺν χειρί		靠…的幫助
36. ἐρυθρός, ά, όν	形.間.陰.單.原	紅色的
ἔτη τεσσεράκοντα		40 年，一段很長的時間
38. Σινά	名.間.中.單	西奈〔西乃〕
λόγιον, ου, τό	名.直.中.複	神諭，話，信息
39. ὑπήκοος, ον	形.主.陽.複.原	順服的，聽從的，服從的
ἀπωθέω	動.過不.關.直說.三複	拒絕，不聽從
στρέφω	動.過不.被.直說.三複	回轉，轉面，轉
40. ᾿Ααρών, ὁ	名.間.陽.單	亞倫〔亞郎〕
προπορεύομαι	動.未來.關.直說.三複	在…之先走，在…前面走
41. μοσχοποιέω	動.過不.主.直說.三複	造一隻小牛像
θυσία, ας, ἡ	名.直.陰.單	犧牲，祭物，牲祭
εἴδωλον, ου, τό	名.間.中.單	偶像，假神
εὐφραίνω	動.過未.被.直說.三複	使歡欣，歡喜，慶祝
42. στρέφω	動.過不.主.直說.三單	回轉，轉面，轉
στρατιά, ᾶς, ἡ	名.間.陰.單	軍隊，大軍
βίβλος, ου, ἡ	名.間.陰.單	書，記錄
σφάγιον, ου, τό	名.直.中.複	牲禮，祭物
προσφέρω	動.過不.主.直說.二複	供，獻
στρατία τοῦ οὐρανοῦ		超自然的能力，天上的星辰
43. σκηνή, ῆς, ἡ	名.直.陰.單	帳棚，會幕，居住的地方
Μολόχ, ὁ	名.所.陽.單	摩洛〔摩肋客〕
ἄστρον, ου, τό	名.直.中.單	星星，星座
῾Ραιφάν, ὁ	名.所.陽.單	理番〔楞番〕（異教神名）
τύπος, ου, ὁ	名.直.陽.複	象徵，偶像，雕像
μετοικίζω	動.未來.主.直說.一單	使…遷移，送走
ἐπέκεινα	不介.所	到…以外
Βαβυλών, ῶνος, ἡ	名.所.陰.單	巴比倫
44. μαρτύριον, ου, τό	名.所.中.單	見證，證據
45. διαδέχομαι	動.過不.關.分詞.主.陽.複	繼承
κατάσχεσις, εως, ἡ	名.間.陰.單	產業
ἐξωθέω	動.過不.主.直說.三單	趕出，趕走

κατάσχεσις τῶν ἐθνῶν		佔據列國土地
46. σκήνωμα, ατος, τό	名.直.中.單	居住的地方，殿宇
47. Σολομών, ῶνος, ὁ	名.主.陽.單	所羅門〔撒羅滿〕
οἰκοδομέω	動.過不.主.直說.三單	建築，建立
48. ὕψιστος, η, ον	形.主.陽.單.最	至高的
χειροποίητος, ον	形.間.陽.複.原	人手所做的或所建造的
49. ὑποπόδιον, ου, τό	名.主.中.單	腳凳
ποῖος, α, ον	代.形疑.直.陽.單	甚麼？哪一？哪一種？
οἰκοδομέω	動.未來.主.直說.二複	建築，建立
κατάπαυσις, εως, ἡ	名.所.陰.單	安息的地方，安息
51. σκληροτράχηλος, ον	形.呼.陽.複.原	頑固的，剛硬的
ἀπερίτμητος, ον	形.呼.陽.複.原	頑固的
ἀεί	副.原	總是，時常
ἀντιπίπτω	動.現在.主.直說.二複	抗拒，作對
ἀπερίτμητος καρδίᾳ καὶ τοῖς ὠσίν		頑固的，倔強的
52. προκαταγγέλλω	動.過不.主.分詞.直.陽.複	事先宣佈或很久以前宣佈
ἔλευσις, εως, ἡ	名.所.陰.單	來臨
προδότης, ου, ὁ	名.主.陽.複	背叛者，出賣者
φονεύς, έως, ὁ	名.主.陽.複	謀殺者，凶徒
53. διαταγή, ῆς, ἡ	名.直.陰.複	頒令，傳令
εἰς διαταγὴν ἀγγέλων		由天使傳下的
54. διαπρίω	動.過未.被.直說.三複	憤怒，惱怒
βρύχω	動.過未.主.直說.三複	咬牙切齒
ὀδούς, ὀδόντος, ὁ	名.直.陽.複	牙齒
βρύχω τοὺς ὀδόντας		惱怒，忿怒
56. διανοίγω	動.完成.被.分詞.直.陽.複	開，講解
57. συνέχω	動.過不.主.直說.三複	包圍，擁擠
ὁρμάω	動.過不.主.直說.三複	衝，擁
συνέχω τὰ ὦτα		拒絕聆聽
58. λιθοβολέω	動.過未.主.直說.三複	投石頭，用石頭打
ἀποτίθημι	動.過不.關.直說.三複	扔掉，脫掉
νεανίας, ου, ὁ	名.所.陽.單	年輕人，青年
60. γόνυ, ατος, τό	名.直.中.複	膝

κοιμάω	動.過不.被.直說.三單	睡，睡著，死

第八章

1. συνευδοκέω	動.現在.主.分詞.主.陽.單	贊同，同意
ἀναίρεσις, εως, ἡ	名.間.陰.單	殺害，謀殺
διωγμός, οῦ, ὁ	名.主.陽.單	迫害，逼迫
διασπείρω	動.過不.被.直說.三複	分散
πλήν	不介.所	但，然而，可是，除了
2. συγκομίζω	動.過不.主.直說.三複	埋葬
εὐλαβής, ές	形.主.陽.複.原	虔誠的，敬畏神的
κοπετός, οῦ, ὁ	名.直.陽.單	哀哭，悲慟
3. λυμαίνομαι	動.過未.關.直說.三單	毀滅，摧殘
εἰσπορεύομαι	動.現在.關.分詞.主.陽.單	進去或進來，進入
σύρω	動.現在.主.分詞.主.陽.單	拉，搜捕，掃清
4. διασπείρω	動.過不.被.分詞.主.陽.複	分散
7. βοάω	動.現在.主.分詞.直.中.複	呼喊，大叫
παραλύω	動.完成.被.分詞.主.陽.複	癱瘓
χωλός, ή, όν	形.主.陽.複.原	跛腳的，瘸腿的
9. προϋπάρχω	動.過未.主.直說.三單	以前就…，曾經
μαγεύω	動.現在.主.分詞.主.陽.單	行邪術
10. μικρός, ά, όν	形.所.陽.單.原	少的，卑微的
11. μαγεία, ας, ἡ	名.間.陰.複	魔術，巫術，邪術
16. οὐδέπω	副.原	尚未
18. ἐπίθεσις, εως, ἡ	名.所.陰.單	放（手），按（手）
προσφέρω	動.過不.主.直說.三單	供，獻，送到
χρῆμα, ατος, τό	名.直.中.複	財富，金錢，銀
20. ἀπώλεια, ας, ἡ	名.直.陰.單	毀滅
δωρεά, ᾶς, ἡ	名.直.陰.單	恩賜，恩典
χρῆμα, ατος, τό	名.所.中.複	財富，金錢，銀
κτάομαι	動.現在.關.不定	取得，獲得，買
21. μερίς, ίδος, ἡ	名.主.陰.單	部份，地區
εὐθύς, εῖα, ύ	形.主.陰.單.原	直的，正直的，對的
ἔναντι	不介.所	在…面前，根據神的審判

22. κακία, ας, ἡ	名.所.陰.單	邪惡，惡毒
ἐπίνοια, ας, ἡ	名.主.陰.單	意圖，意念
23. χολή, ῆς, ἡ	名.直.陰.單	苦膽，嫉妒的苦果
πικρία, ας, ἡ	名.所.陰.單	苦，惡毒的感受或怨恨
σύνδεσμος, ου, ὁ	名.直.陽.單	捆綁，鏈子
ἀδικία, ας, ἡ	名.所.陰.單	過錯，邪惡，罪，不義
εἰς χολὴν πικρίας εἰμί		極度的嫉妒（或羨慕），怨恨
σύνδεσμος ἀδικίας		被罪捆綁或作罪的囚徒
24. ἐπέρχομαι	動.過不.主.假設.三單	臨到，發生
25. κώμη, ης, ἡ	名.直.陰.複	村莊，小鎮
Σαμαρίτης, ου, ὁ	名.所.陽.複	撒瑪利亞人（男）〔撒瑪黎雅〕
26. μεσημβρία, ας, ἡ	名.直.陰.單	中午，正午，南方
Γάζα, ης, ἡ	名.直.陰.單	迦薩
κατὰ μεσημβρίαν		向南方，或大約正午
27. Αἰθίοψ, οπος, ὁ	名.主.陽.單	埃提阿伯人，埃塞俄比亞
δυνάστης, ου, ὁ	名.主.陽.單	高級官員
Κανδάκη, ης, ἡ	名.所.陰.單	甘大基〔甘達刻〕
βασίλισσα, ης, ἡ	名.所.陰.單	女王，王后
γάζα, ης, ἡ	名.所.陰.單	（國）庫，金庫
ἐπὶ πάσης τῆς γάζας		經營財務
28. ἅρμα, ατος, τό	名.所.中.單	戰車，四輪馬車
᾿Ησαΐας, ου, ὁ	名.直.陽.單	以賽亞〔依撒意亞〕
30. προστρέχω	動.過不.主.分詞.主.陽.單	跑向（某人）
᾿Ησαΐας, ου, ὁ	名.直.陽.單	以賽亞〔依撒意亞〕
ἆρα	虛.疑	期待否定回答的疑問虛詞
γέ	虛.強	表示強調附屬的虛詞
31. ὁδηγέω	動.未來.主.直說.三單	帶領，引導，開導
32. περιοχή, ῆς, ἡ	名.主.陰.單	（聖經）一段經文
πρόβατον, ου, τό	名.主.中.單	羊，小羊
σφαγή, ῆς, ἡ	名.直.陰.單	屠宰
ἀμνός, οῦ, ὁ	名.主.陽.單	羔羊，小羊
ἐναντίον	不介.所	在⋯面前或眼中
κείρω	動.過不.主.分詞.所.陽.單	剪（羊）毛

ἄφωνος, ον	形. 主. 陽. 單. 原	默默無聲的
33. ταπείνωσις, εως, ἡ	名. 間. 陰. 單	卑微，忍受恥辱
κρίσις, εως, ἡ	名. 主. 陰. 單	正義
διηγέομαι	動. 未來. 關. 直說. 三單	告訴，傳遍，述說
38. ἅρμα, ατος, τό	名. 直. 中. 單	戰車，四輪馬車
ἀμφοτεροι, αι, α	形. 主. 陽. 複. 原	兩（者），都
39. ἁρπάζω	動. 過不. 主. 直說. 三單	帶走，提去
οὐκέτι	副. 原	不再
40. Ἄζωτος, ου, ἡ	名. 直. 陰. 單	亞鎖都〔阿左托〕

第九章

1. ἐμπνέω	動. 現在. 主. 分詞. 主. 陽. 單	吐出（恐懼的話）
ἀπειλή, ῆς, ἡ	名. 所. 陰. 單	恐嚇，威脅
φόνος, ου, ὁ	名. 所. 陽. 單	謀殺，兇殺，殺人
ἐμπνέω ἀπειλῆς		強硬恐嚇
3. ἐξαίφνης	副. 原	忽然，没有料到地
περιαστράπτω	動. 過不. 主. 直說. 三單	四面照耀
7. συνοδεύω	動. 現在. 主. 分詞. 主. 陽. 複	跟…一同旅行
ἐνεός, ά, όν	形. 主. 陽. 複. 原	說不出話的
8. χειραγωγέω	動. 現在. 主. 分詞. 主. 陽. 複	拉著手引領
11. ῥύμη, ης, ἡ	名. 直. 陰. 單	街道，巷
εὐθύς, εῖα, ύ	形. 直. 陰. 單. 原	直的，正直的，對的
Ταρσεύς, έως, ὁ	名. 直. 陽. 單	大數人〔塔爾索人〕
ἐπικαλέομαι τὸ ὄνομά τινος ἐπί τινα		屬於（某人）的人
15. ἐκλογή, ῆς, ἡ	名. 所. 陰. 單	揀選，所揀選的人
βαστάζω	動. 過不. 主. 不定	攜帶，忍受，承擔
βαστάζω ὄνομα		通知，報告
16. ὑποδείκνυμι	動. 未來. 主. 直說. 一單	指示，告訴
18. ἀποπίπτω	動. 過不. 主. 直說. 三複	從…掉下
λεπίς, ίδος, ἡ	名. 主. 陰. 複	鱗片，（魚）鱗
19. ἐνισχύω	動. 過不. 主. 直說. 三單	恢復體力，加強力量
21. πορθέω	動. 過不. 主. 分詞. 主. 陽. 單	殘害，摧殘，摧毀，殺害
22. ἐνδυναμόω	動. 過未. 被. 直說. 三單	加給力量，變得剛強

συμβιβάζω	動. 現在. 主. 分詞. 主. 陽. 單	指示，證明（提出證據）
23. συμβουλεύω	動. 過不. 關. 直說. 三複	建議，商議，計劃，陰謀
24. ἐπιβουλή, ῆς, ἡ	名. 主. 陰. 單	陰謀，企圖，謀害
παρατηρέω	動. 過未. 關. 直說. 三複	看，注視，窺伺
πύλη, ης, ἡ	名. 直. 陰. 複	門
25. τεῖχος, ους, τό	名. 所. 中. 單	牆，城牆
καθίημι	動. 過不. 主. 直說. 三複	縋下，降下
χαλάω	動. 過不. 主. 分詞. 主. 陽. 複	縋下，落下，撒（網）
σπυρίς, ίδος, ἡ	名. 間. 陰. 單	籃子
πεῖραν λαμβάνω		企圖
27. διηγέομαι	動. 過不. 關. 直說. 三單	告訴，述說
28. εἰσπορεύομαι	動. 現在. 關. 分詞. 主. 陽. 單	進去或進來
ἐκπορεύομαι	動. 現在. 關. 分詞. 主. 陽. 單	出入
εἰσπορεύομαι καὶ ἐκπορεύομαι εἰς		住在…裏，出入來往
29. συζητέω	動. 過未. 主. 直說. 三單	辯論，談論，質問
Ἑλληνιστής, οῦ, ὁ	名. 直. 陽. 複	希臘人，和：希利尼人
ἐπιχειρέω	動. 過未. 主. 直說. 三複	從事，想，企圖
30. Ταρσός, οῦ, ἡ	名. 直. 陰. 單	大數〔塔爾索〕
31. οἰκοδομέω	動. 現在. 被. 分詞. 主. 陰. 單	建立，造就，鞏固
παράκλησις, εως, ἡ	名. 間. 陰. 單	鼓勵，幫助，安慰
32. Λύδδα, ας, ἡ	名. 直. 陰. 單	呂大〔里達〕
33. Αἰνέας, ου, ὁ	名. 直. 陽. 單	以尼雅〔艾乃阿〕
ὀκτώ	形. 所. 中. 複. 原	八
κατάκειμαι	動. 現在. 關. 分詞. 直. 陽. 單	躺（在床上）
κράβαττος, ου, ὁ	名. 所. 陽. 單	床，擔架
παραλύω	動. 完成. 被. 分詞. 主. 陽. 單	癱瘓
34. ἰάομαι	動. 現在. 關. 直說. 三單	醫治，治好
στρωννύω	動. 過不. 主. 命令. 二單	鋪，收拾鋪蓋
σεαυτοῦ, ῆς	代. 二反. 間. 陽. 單	你自己
35. Λύδδα, ας, ἡ	名. 直. 陰. 單	呂大〔里達〕
Σαρών, ῶνος, ὁ	名. 直. 陽. 單	沙崙〔沙龍〕
36. μαθήτρια, ας, ἡ	名. 主. 陰. 單	女門徒
Ταβιθά, ἡ	名. 主. 陰. 單	大比大〔塔彼達〕

διερμηνεύω	動. 現在. 被. 分詞. 主. 陰. 單	翻譯，解釋
Δορκάς, άδος, ἡ	名. 主. 陰. 單	多加〔多爾卡〕
37. ἀσθενέω	動. 過不. 主. 分詞. 直. 陰. 單	生病
λούω	動. 過不. 主. 分詞. 主. 陽. 複	洗，浴
ὑπερῷον, ου, τό	名. 間. 中. 單	樓上的房間，樓上
38. ἐγγύς	副. 原	接近，靠近
Λύδδα, ας, ἡ	名. 所. 陰. 單	呂大〔里達〕
ὀκνέω	動. 過不. 主. 假設. 二單	延遲，猶豫
39. ὑπερῷον, ου, τό	名. 直. 中. 單	樓上的房間，樓上
χήρα, ας, ἡ	名. 主. 陰. 複	寡婦
κλαίω	動. 現在. 主. 分詞. 主. 陰. 複	哭，痛哭，爲…哀哭
ἐπιδείκνυμι	動. 現在. 關. 分詞. 主. 陰. 複	給…看，證明
χιτών, ῶνος, ὁ	名. 直. 陽. 複	內衣，衫
Δορκάς, άδος, ἡ	名. 主. 陰. 單	多加〔多爾卡〕
40. γόνυ, ατος, τό	名. 直. 中. 複	膝
Ταβιθά, ἡ	名. 呼. 陰. 單	大比大〔塔彼達〕
ἀνακαθίζω	動. 過不. 主. 直說. 三單	坐起來
41. φωνέω	動. 過不. 主. 分詞. 主. 陽. 單	呼叫，傳喚
χήρα, ας, ἡ	名. 直. 陰. 複	寡婦
43. βυρσεύς, έως, ὁ	名. 間. 陽. 單	皮革匠

第十章

1. σπεῖρα, ης, ἡ	名. 所. 陰. 單	營，一隊士兵
Ἰταλικός, ή, όν	形. 所. 陰. 單. 原	義大利的
2. εὐσεβής, ές	形. 主. 陽. 單. 原	虔誠的，敬虔的，敬神的
3. φανερῶς	副. 原	公開地，公然地，清楚地
ἔνατος, η, ον	形. 直. 陰. 單. 原	第九
4. ἔμφοβος, ον	形. 主. 陽. 單. 原	驚惶的，恐懼的，害怕的
μνημόσυνον, ου, τό	名. 直. 中. 單	紀念，有紀念性的事物
ἔμπροσθεν	不介. 所	在…之前，在前面
6. βυρσεύς, έως, ὁ	名. 間. 陽. 單	皮革匠
7. φωνέω	動. 過不. 主. 分詞. 主. 陽. 單	傳喚，叫
οἰκέτης, ου, ὁ	名. 所. 陽. 複	家僕，僕人

εὐσεβής, ές	形.直.陽.單.原	虔誠的，敬虔的，敬神的
8. ἐξηγέομαι	動.過不.關.分詞.主.陽.單	告訴，說明
9. ὁδοιπορέω	動.現在.主.分詞.所.陽.複	在往…途中，旅行
δῶμα, ατος, τό	名.直.中.單	屋頂
ἕκτος, η, ον	形.直.陰.單.原	第六
10. πρόσπεινος, ον	形.主.陽.單.原	饑餓的
γεύομαι	動.過不.關.不定	吃
παρασκευάζω	動.現在.主.分詞.所.陽.複	準備用餐
ἔκστασις, εως, ἡ	名.主.陰.單	驚訝，異象
ἐγένετο ἐπ᾽ αὐτόν ἔκστασις		他得到一個異象
11. ὀθόνη, ης, ἡ	名.直.陰.單	大塊布
καθίημι	動.現在.被.分詞.直.中.單	縋下，降下
12. τετράπους, ουν	名.主.中.複	四足動物，走獸
ἑρπετόν, οῦ, τό	名.主.中.複	爬蟲，昆蟲
πετεινόν, οῦ, τό	名.主.中.複	鳥，飛禽
13. θύω	動.過不.主.命令.二單	宰，獻祭，殺
14. μηδαμῶς	副.原	絕不，絕對不可
οὐδέποτε	副.原	從不，絕不，永不
15. καθαρίζω	動.過不.主.直說.三單	潔淨，宣布在禮儀上爲可悅納的
κοινόω	動.現在.主.命令.二單	褻瀆，當作污穢
16. τρίς	副.原	三次
ἐπὶ τρίς		三次或第三次
17. διαπορέω	動.過未.主.直說.三單	困惑，猜疑，驚異
διερωτάω	動.過不.主.分詞.主.陽.複	探詢，找到
18. φωνέω	動.過不.主.分詞.主.陽.複	大聲說，向…叫，稱呼
19. διενθυμέομαι	動.現在.關.分詞.所.陽.單	尋思
20. διακρίνω	動.現在.關.分詞.主.陽.單	疑惑，猶豫，爭辯
22. χρηματίζω	動.過不.被.直說.三單	指導，指示，啓示
23. εἰσκαλέομαι	動.過不.關.分詞.主.陽.單	邀請進去
24. συγκαλέω	動.過不.關.分詞.主.陽.單	集合，召集，召喚
συγγενής, ές	名.直.陽.複	親戚，親族，親人
ἀναγκαῖος, α, ον	形.直.陽.複.原	親近的（朋友）
φίλος, η, ον	名.直.陽.複	朋友

25. συναντάω	動. 過不. 主. 分詞. 主. 陽. 單	遇見，迎接，遇到
27. συνομιλέω	動. 現在. 主. 分詞. 主. 陽. 單	跟…說話
28. ἀθέμιτος, ον	形. 主. 中. 單. 原	不允許的，令人憎惡的
ἀλλόφυλος, ον	形. 間. 陽. 單. 原	外國的，異族的
δείκνυμι	動. 過不. 主. 直說. 三單	顯現，指示，給…看
29. ἀναντιρρήτως	副. 原	沒有推辭地
30. τέταρτος, η, ον	形. 所. 陰. 單. 原	第四
μέχρι	不介. 所	直到
ἔνατος, η, ον	形. 直. 陰. 單. 原	第九
ἐσθής, ῆτος, ἡ	名. 間. 陰. 單	衣服
λαμπρός, ά, όν	形. 間. 陰. 單. 原	明亮的，閃耀的，光潔的
ἀπὸ τετάρης ἡμέρας		三天前，或許指：四天前
31. εἰσακούω	動. 過不. 被. 直說. 三單	聽（禱告），聽從
μιμνῄσκομαι	動. 過不. 被. 直說. 三複	記得，關懷，被紀念
32. μετακαλέω	動. 過不. 關. 命令. 二單	請，召喚，邀請
βυρσεύς, έως, ὁ	名. 所. 陽. 單	皮革匠
33. ἐξαυτῆς	副. 原	立刻，立即，在那時
καλῶς	副. 原	很好，眞好
προστάσσω	動. 完成. 被. 分詞. 直. 中. 複	吩咐，命令，規定
34. καταλαμβάνω	動. 現在. 關. 直說. 一單	知道，查出
προσωπολήμπτης, ου, ὁ	名. 主. 陽. 單	偏待人的人
ἀνοίγω τὸ στόμα		開始說話
35. ἐργάζομαι	動. 現在. 關. 分詞. 主. 陽. 單	工作，做事，行爲
δεκτός, ή, όν	形. 主. 陽. 單. 原	可悅納的，受歡迎的
38. Ναζαρέθ, ἡ	名. 所. 陰. 單	拿撒勒〔納匝肋〕
χρίω	動. 過不. 主. 直說. 三單	膏（油），抹（油）
εὐεργετέω	動. 現在. 主. 分詞. 主. 陽. 單	行善事
ἰάομαι	動. 現在. 關. 分詞. 主. 陽. 單	醫治，治好
καταδυναστεύω	動. 現在. 被. 分詞. 直. 陽. 複	控制，欺壓
διάβολος, ον	名. 所. 陽. 單	魔鬼
39. κρεμάννυμι	動. 過不. 主. 分詞. 主. 陽. 複	懸掛，被釘在十字架上
ξύλον, ου, τό	名. 所. 陽. 單	樹，十字架
40. ἐμφανής, ες	形. 直. 陽. 單. 原	顯現的

41. προχειροτονέω	動.完成.被.分詞.間.陽.複	預先選擇
συνεσθίω	動.過不.主.直說.一複	一起吃飯，同桌吃飯
συμπίνω	動.過不.主.直說.一複	同喝
42. κριτής, οῦ, ὁ	名.主.陽.單	法官，士師
45. περιτομή, ῆς, ἡ	名.所.陰.單	受過割禮的人
δωρεά, ᾶς, ἡ	名.主.陰.單	恩賜，恩典
46. μεγαλύνω	動.現在.主.分詞.所.陽.複	讚美
47. μήτι	虛.疑	用於期待否定答案的問句中
48. προστάσσω	動.過不.主.直說.三單	吩咐，命令，規定

第十一章

2. διακρίνω	動.過未.關.直說.三複	爭辯，疑惑
περιτομή, ῆς, ἡ	名.所.陰.單	受過割禮的人
οἱ ἐκ περιτομῆς		領受割禮的人（通常指猶太人）
3. ἀκροβυστία, ας, ἡ	名.直.陰.單	没有受割禮
συνεσθίω	動.過不.主.直說.二單	一起吃飯，同桌吃飯
4. ἐκτίθημι	動.過未.關.直說.三單	解釋，講解
καθεξῆς	副.原	依序，按照次序
5. ἔκστασις, εως, ἡ	名.間.陰.單	驚訝，異象
ὀθόνη, ης, ἡ	名.直.陰.單	大塊布
καθίημι	動.現在.被.分詞.直.陰.單	縋下，降下
ἐγένετο ἐπ᾽ αὐτόν ἔκστασις		他得到一個異象，
6. κατανοέω	動.過未.主.直說.一單	注意，看看
τετράπους, ουν	名.直.中.複	四足動物，走獸
θηρίον, ου, τό	名.直.中.複	野獸，走獸，蛇
ἑρπετόν, οῦ, τό	名.直.中.複	爬蟲，昆蟲
πετεινόν, οῦ, τό	名.直.中.複	鳥，飛禽
7. θύω	動.過不.主.命令.二單	宰，獻祭，殺
8. μηδαμῶς	副.原	絕不，絕對不可
οὐδέποτε	副.原	從不，絕不，永不
9. καθαρίζω	動.過不.主.直說.三單	潔淨，宣布在禮儀上爲可悅納的
κοινόω	動.現在.主.命令.二單	褻瀆
10. τρίς	副.原	三次

ἀνασπάω	動.過不.被.直說.三單	拉出，拉上
ἐπὶ τρίς		三次或第三次
11. ἐξαυτῆς	副.原	立刻，立即，在那時
12. διακρίνω	動.過不.主.分詞.直.陽.單	猶豫，疑惑，爭辯
ἕξ	形.主.陽.複.原	六
15. ὥσπερ	虛.比	如同，正如，好像，好比
16. μιμνῄσκομαι	動.過不.被.直說.一單	記得，回憶
17. ἴσος, η, ον	形.直.陰.單.原	平等的，一樣的，符合的
δωρεά, ᾶς, ἡ	名.直.陰.單	恩賜，恩典
18. ἡσυχάζω	動.過不.主.直說.三複	安靜，住口不言
19. διασπείρω	動.過不.被.分詞.主.陽.複	分散
Φοινίκη, ης, ἡ	名.所.陰.單	腓尼基
20. Κύπριος, ου, ὁ	名.主.陽.複	塞浦路斯人，居比路人
Κυρηναῖος, ου, ὁ	名.主.陽.複	古利奈人〔基勒乃人〕
Ἑλληνιστής, οῦ, ὁ	名.直.陽.複	希臘人，和：希利尼人
23. πρόθεσις, εως, ἡ	名.間.陰.單	本意，堅定，忠貞
προσμένω	動.現在.主.不定	斷續
προσμένω τῷ κυρίῳ		靠主
25. Ταρσός, οῦ, ἡ	名.直.陰.單	大數〔塔爾索〕
ἀναζητέω	動.過不.主.不定	尋找
26. ἐνιαυτός, οῦ, ὁ	名.直.陽.單	年
χρηματίζω	動.過不.主.不定	被稱名叫
πρώτως	副.原	爲第一次，開始
Χριστιανός, οῦ, ὁ	名.直.陽.複	基督徒
28. Ἅγαβος, ου, ὁ	名.主.陽.單	亞迦布〔阿加波〕
σημαίνω	動.過不.主.直說.三單	預言，顯示
λιμός, οῦ, ὁ, ἡ	名.直.陰.單	饑荒，饑餓
Κλαύδιος, ου, ὁ	名.所.陽.單	克勞第，和：革老丟〔客勞狄〕
29. εὐπορέω	動.過未.關.直說.三單	有財力

第十二章

1. ἐπιβάλλω	動.過不.主.直說.三單	下手，逮捕
2. μάχαιρα, ης, ἡ	名.間.陰.單	刀，劍

3. ἀρεστός, ή, όν	形. 主. 中. 單. 原	討喜歡
συλλαμβάνω	動. 過不. 主. 不定	抓，逮捕
ἄζυμος, ον	名. 所. 中. 複	無酵的，未發酵的
4. πιάζω	動. 過不. 主. 分詞. 主. 陽. 單	捉拿，逮捕，捕獲
τετράδιον, ου, τό	名. 間. 中. 複	小班隊，（四人的）分班）
πάσχα, τό	名. 直. 中. 單	逾越節，逾越節的晚餐
5. ἐκτενῶς	副. 原	熱切地，眞誠地
6. προάγω	動. 過不. 主. 不定	領出，帶出
κοιμάω	動. 現在. 被. 分詞. 主. 陽. 單	睡，睡著
μεταξύ	不介. 所	在…之間
ἅλυσις, εως, ἡ	名. 間. 陰. 複	鐵鏈，鎖鏈
φύλαξ, ακος, ὁ	名. 主. 陽. 複	守衛者，站崗者，獄警
7. λάμπω	動. 過不. 主. 直說. 三單	照耀，照亮，閃亮，照射
οἴκημα, ατος, τό	名. 間. 中. 單	牢房
πατάσσω	動. 過不. 主. 分詞. 主. 陽. 單	拍，摸
πλευρά, ᾶς, ἡ	名. 直. 陰. 單	肋旁
τάχος, ους, τό	名. 間. 中. 單	速度，快速
8. ζώννυμι (–ύω)	動. 過不. 關. 命令. 二單	束緊腰帶，穿戴
ὑποδέω	動. 過不. 關. 命令. 二單	穿
σανδάλιον, ου, τό	名. 直. 中. 複	鞋
περιβάλλω	動. 過不. 關. 命令. 二單	穿戴，穿（衣），披
9. ἀληθής, ές	形. 主. 中. 單. 原	眞的，眞實的，眞正的
10. πύλη, ης, ἡ	名. 直. 陰. 單	門
σιδηροῦς, ᾶ, οῦν	形. 直. 陰. 單. 原	鐵
αὐτόματος, η, ον	形. 主. 陰. 單. 原	自動的，自然而然的
προέρχομαι	動. 過不. 主. 直說. 三複	在前面走，沿（街）走過
ῥύμη, ης, ἡ	名. 直. 陰. 單	街道，巷
11. ἀληθῶς	副. 原	眞地，實在地，確實地
προσδοκία, ας, ἡ	名. 所. 陰. 單	期待，預感
12. συνοράω	動. 過不. 主. 分詞. 主. 陽. 單	看清楚，知道，發覺
Μαρία, ας, ἡ	名. 所. 陰. 單	馬利亞〔瑪利亞〕
Μᾶρκος, ου, ὁ	名. 所. 陽. 單	馬可〔馬爾谷〕
συναθροίζω	動. 完成. 被. 分詞. 主. 陽. 複	集，聚集，召集

13. κρούω	動.過不.主.分詞.所.陽.單	敲（門）
παιδίσκη, ης, ἡ	名.主.陰.單	婢女，使女，女奴
ὑπακούω	動.過不.主.不定	應敲門聲出來開
Ῥόδη, ης, ἡ	名.主.陰.單	羅大〔洛德〕
14. εἰστρέχω	動.過不.主.分詞.主.陰.單	跑進去
15. μαίνομαι	動.現在.關.直說.二單	失去理智，發瘋
διϊσχυρίζομαι	動.過未.關.直說.三單	堅持，一口咬定
16. κρούω	動.現在.主.分詞.主.陽.單	敲（門）
17. κατασείω	動.過不.主.分詞.主.陽.單	示意，做手勢
σιγάω	動.現在.主.不定	保持安靜，緘默
διηγέομαι	動.過不.關.直說.三單	告訴，述說
18. τάραχος, ου, ὁ	名.主.陽.單	亂，亂事，騷動
19. ἐπιζητέω	動.過不.主.分詞.主.陽.單	尋找，搜查
φύλαξ, ακος, ὁ	名.直.陽.複	守衛者，站崗者，獄警
ἀπάγω	動.過不.被.不定	拉去殺，提出來
20. θυμομαχέω	動.現在.主.分詞.主.陽.單	惱怒，大發脾氣
Τύριος, ου, ὁ	名.間.陽.複	泰爾人，推羅人〔提洛人〕
Σιδώνιος, α, ον	形.間.陽.複.原	西頓的〔漆冬的〕
Βλάστος, ου, ὁ	名.直.陽.單	伯拉斯都〔布拉斯托〕
κοιτών, ῶνος, ὁ	名.所.陽.單	臥室
τρέφω	動.現在.被.不定	照顧，支持
βασιλικός, ή, όν	形.所.陰.單.原	王的，屬於王的
21. τακτός, ή, όν	形.間.陰.單.原	特定的，固定的
ἐνδύω	動.過不.關.分詞.主.陽.單	穿，換上
ἐσθής, ῆτος, ἡ	名.直.陰.單	衣服
δημηγορέω	動.過未.主.直說.三單	演講，訓話
22. δῆμος, ου, ὁ	名.主.陽.單	人民，群衆
ἐπιφωνέω	動.過未.主.直說.三單	呼喊，喊叫
23. πατάσσω	動.過不.主.直說.三單	擊打，擊倒
ἀντί	介.所	爲了…的緣故，因爲
σκωληκόβρωτος, ον	形.主.陽.單.原	被蟲咬的
ἐκψύχω	動.過不.主.直說.三單	斷氣而死
24. αὐξάνω (αὔξω)	動.過未.主.直說.三單	擴展，增加，興旺

25. συμπαραλαμβάνω	動.過不.主.分詞.主.陽.複	帶著…同行或一起去
Μᾶρκος, ου, ὁ	名.直.陽.單	馬可〔馬爾谷〕

第十三章

1. Συμεών, ὁ	名.主.陽.單	西面〔西默盎〕
Νίγερ, ὁ	名.主.陽.單	尼結〔尼革爾〕
Λούκιος, ου, ὁ	名.主.陽.單	路求〔路基約〕
Κυρηναῖος, ου, ὁ	名.主.陽.單	古利奈人〔基勒乃人〕
Μαναήν, ὁ	名.主.陽.單	馬念〔瑪納恆〕
τετράρχης (–αα–), ου, ὁ	名.所.陽.單	小王
σύντροφος, ον	名.主.陽.單	密友
2. λειτουργέω	動.現在.主.分詞.所.陽.複	事奉，敬拜
νηστεύω	動.現在.主.分詞.所.陽.複	禁食
ἀφορίζω	動.過不.主.命令.二複	分別，選召，指派
δή	虛.強	的確，於是，所以，現在
4. ἐκπέμπω	動.過不.被.分詞.主.陽.複	差遣，送…去
Σελεύκεια, ας, ἡ	名.直.陰.單	西流基〔色婁基〕
ἐκεῖθεν	副.原	從那裏
ἀποπλέω	動.過不.主.直說.三複	揚帆，開船，坐船離開
5. Σαλαμίς, ῖνος, ἡ	名.間.陰.單	撒拉米
ὑπηρέτης, ου, ὁ	名.直.陽.單	助理，幫手
6. Πάφος, ου, ἡ	名.所.陰.單	帕弗〔帕佛〕
μάγος, ου, ὁ	名.直.陽.單	星象家，術士，巫師
ψευδοπροφήτης, ου, ὁ	名.直.陽.單	假先知
Βαριησοῦς, οῦ, ὁ	名.主.陽.單	巴耶穌〔巴爾耶穌〕
7. Σέργιος, ου, ὁ	名.間.陽.單	士求〔色爾爵〕
συνετός, ή, όν	形.間.陽.單.原	明達的，博學的
ἐπιζητέω	動.過不.主.直說.三單	希望，邀請
8. ἀνθίστημι	動.過未.關.直說.三單	抗拒，反對，抵擋
Ἐλύμας, α, ὁ	名.主.陽.單	以呂馬〔厄呂瑪〕
μάγος, ου, ὁ	名.主.陽.單	星象家，術士，巫師
μεθερμηνεύω	動.現在.被.直說.三單	翻譯，意思是
διαστρέφω	動.過不.主.不定	歪曲，阻止…

10. ὦ	歎	啊！（用在稱呼人或表達情感）
δόλος, ου, ὁ	名.所.陽.單	詭詐，撒謊，陰謀
ῥᾳδιουργία, ας, ἡ	名.所.陰.單	狂妄無恥，邪惡
διάβολος, ον	名.所.陽.單	魔鬼
ἐχθρός, ά, όν	名.呼.陽.單	敵人，仇敵，被憎恨的
εὐθύς, εῖα, ύ	形.直.陰.複.原	直的，正直的，對的
11. ἥλιος, ου, ὁ	名.直.陽.單	太陽
ἀχλύς, ύος, ἡ	名.主.陰.單	昏暗模糊（如霧）
σκότος, ους, τό	名.主.中.單	黑暗
περιάγω	動.現在.主.分詞.主.陽.單	到處走
χειραγωγός, οῦ, ὁ	名.直.陽.複	牽人手帶路的人
ἀχλὺς καὶ σκότος πίπτει		變瞎
12. ἐκπλήσσω	動.現在.被.分詞.主.陽.單	驚異，驚訝，希奇
διδαχή, ῆς, ἡ	名.間.陰.單	教訓，教導，學說
13. Πάφος, ου, ἡ	名.所.陰.單	帕弗〔帕佛〕
Πέργη, ης, ἡ	名.直.陰.單	別加〔培爾革〕
ἀποχωρέω	動.過不.主.分詞.主.陽.單	走開，離開
14. Πισιδία, ας, ἡ	名.直.陰.單	彼西底〔丕息狄雅〕
15. ἀνάγνωσις, εως, ἡ	名.直.陰.單	誦讀（在公眾面前）
ἀρχισυνάγωγος, ου, ὁ	名.主.陽.複	會堂主管
παράκλησις, εως, ἡ	名.所.陰.單	鼓勵，幫助，安慰
16. κατασείω	動.過不.主.分詞.主.陽.單	示意，做手勢
17. ὑψόω	動.過不.主.直說.三單	高升，高舉，升高
παροικία, ας, ἡ	名.間.陰.單	寄居
βραχίων, ονος, ὁ	名.所.陽.單	手臂，喻：權力
ὑψηλός, ή, όν	形.所.陽.單.原	舉高的
βραχίων ὑψηλός		大能，很大的權柄
18. τεσσερακονταετής, ές	形.直.陽.單.原	四十年
τροποφορέω	動.過不.主.直說.三單	容忍（某人的行爲）
19. καθαιρέω	動.過不.主.分詞.主.陽.單	推倒，消滅
Χανάαν, ἡ	名.所.陰.單	迦南〔客納罕〕
κατακληρονομέω	動.過不.主.直說.三單	把（地）交給人爲業
20. τετρακόσιοι, αι, α	形.間.中.複.原	四百

πεντήκοντα	形.間.中.複.原	五十
κριτής, οῦ, ὁ	名.直.陽.複	法官
Σαμουήλ, ὁ	名.所.陽.單	撒母耳〔撒慕爾〕
21. Κίς, ὁ	名.所.陽.單	基士〔克士〕
φυλή, ῆς, ἡ	名.所.陰.單	支族，部落，（萬）族
Βενιαμείν (–μίν), ὁ	名.所.陽.單	便雅憫〔本雅明〕
κἀκεῖθεν		後來
22. μεθίστημι	動.過不.主.分詞.主.陽.單	廢掉，誤導，遷移
Ἰεσσαί, ὁ	名.所.陽.單	耶西〔葉瑟〕（大衛的父親）
23. σπέρμα, ατος, τό	名.所.中.單	後裔，子孫，後代
σωτήρ, ῆρος, ὁ	名.直.陽.單	救主，救贖者，解救者
24. προκηρύσσω	動.過不.主.分詞.所.陽.單	事先宣講
εἴσοδος, ου, ἡ	名.所.陰.單	來臨，開始（工作）
πρὸ προσώπου		以前
25. δρόμος, ου, ὁ	名.直.陽.單	（人生）路程，使命
ὑπονοέω	動.現在.主.直說.二複	想，想像，認為
ὑπόδημα, ατος, τό	名.直.中.單	涼鞋，拖鞋，鞋子
27. ἀγνοέω	動.過不.主.分詞.主.陽.複	不了解，無知中犯罪
29. τελέω	動.過不.主.直說.三複	完成，履行
καθαιρέω	動.過不.主.分詞.主.陽.複	放下，取下
ξύλον, ου, τό	名.所.中.單	樹，十字架
μνημεῖον, ου, τό	名.直.中.單	墳墓
31. συναναβαίνω	動.過不.主.分詞.間.陽.複	與…一齊來
33. ἐκπληρόω	動.完成.主.直說.三單	應驗，實現
ψαλμός, οῦ, ὁ	名.間.陽.單	詩篇
34. μηκέτι	副.原	不再
ὅσιος, α, ον	形.直.中.複.原	神聖的，聖潔的
τὰ ὅσια		神的應許或祝福
36. ὑπηρετέω	動.過不.主.分詞.主.陽.單	服事，服務
κοιμάω	動.過不.被.直說.三單	死
προστίθημι		埋葬
ὑπηρετέω τῇ τοῦ θεοῦ βουλῇ		他實現了上帝的計劃
38. δικαιόω	動.過不.被.不定	從…解脫，脫離

40. ἐπέρχομαι	動.過不.主.假設.三單	來，臨到，發生
41. καταφρονητής, οῦ, ὁ	名.呼.陽.複	藐視（神）的人
ἀφανίζω	動.過不.被.命令.二複	破壞，裝出苦相
ἐργάζομαι	動.現在.關.直說.一單	工作，做事，完成
ἐκδιηγέομαι	動.現在.關.假設.三單	說明，報告
42. ἔξειμι	動.現在.主.分詞.所.陽.複	離開，回去，動身
μεταξύ	副.原	在…之後，下一個
τὸ μεταξύ σάββατον		下一個安息日
43. προσήλυτος, ου, ὁ	名.所.陽.複	皈依猶太教外邦人，敬拜上帝的
προσλαλέω	動.現在.主.分詞.主.陽.複	向或跟人說話
προσμένω	動.現在.主.不定	留在，繼續，靠著
44. σχεδόν	副.原	幾乎，大概
45. ζῆλος, ου, ὁ	名.所.陽.單	熱心，嫉妒
ἀντιλέγω	動.過未.主.直說.三複	反對，反駁，背逆
βλασφημέω	動.現在.主.分詞.主.陽.複	褻瀆，毀謗，侮辱
46. ἀναγκαῖος, α, ον	形.主.中.單.原	必要的，緊急的
ἐπειδή	連.原從	因爲，既然，…完了之後
ἀπωθέω	動.現在.關.直說.二複	推開，拒絕，不聽從
στρέφω	動.現在.被.直說.一複	轉面
στρέφω είς		轉向，離開…到…
47. ἐντέλλομαι	動.完成.關.直說.三單	吩咐，命令，囑付
48. τάσσω	動.完成.被.分詞.主.陽.複	揀選，指定，設立
49. διαφέρω	動.過未.被.直說.三單	傳遍
50. παροτρύνω	動.過不.主.直說.三複	刺激，煽動
εὐσχήμων, ον	形.直.陰.複.原	受尊敬的，地位高的
ἐπεγείρω	動.過不.主.直說.三複	煽動
διωγμός, οῦ, ὁ	名.直.陽.單	迫害，逼迫
ὅριον, ου, τό	名.所.中.複	地區，境界，區域，附近
51. ἐκτινάσσω	動.過不.關.分詞.主.陽.複	跺掉，抖掉
κονιορτός, οῦ, ὁ	名.直.陽.單	塵土

第十四章

2. ἀπειθέω	動.過不.主.分詞.主.陽.複	不順服，不信服

ἐπεγείρω	動.過不.主.直說.三複	煽動
κακόω τὴν ψυχὴν κατά		使…厭惡
4. σχίζω	動.過不.被.直說.三單	分裂，分開，分派
5. ὁρμή, ῆς, ἡ	名.主.陰.單	決意，企圖，心意，心志
ὑβρίζω	動.過不.主.不定	凌辱，拳打腳踢，對付
λιθοβολέω	動.過不.主.不定	投石頭，用石頭打
ὁρμὴ γίνομαι		拿定主意，決定
6. συνοράω	動.過不.主.分詞.主.陽.複	看清楚，知道，發覺
καταφεύγω	動.過不.主.直說.三複	逃，避到安全之地
Λυκαονία, ας, ἡ	名.所.陰.單	呂高尼〔呂考尼雅〕
Δέρβη, ης, ἡ	名.直.陰.單	特庇〔德爾貝〕
περίχωρος, ον	名.直.陰.單	周圍地區，附近地區
8. ἀδύνατος, ον	形.主.陽.單.原	無能的，軟弱的，殘廢的
χωλός, ή, όν	形.主.陽.單.原	跛腳的，瘸腿的
κοιλία, ας, ἡ	名.所.陰.單	母胎，腹中
οὐδέποτε	副.原	從不，絕不，永不
10. ὀρθός, ή, όν	形.主.陽.單.原	眞的，正直的
ἅλλομαι	動.過不.關.直說.三單	跳起來，湧出（水）
11. Λυκαονιστί	副.原	用呂高尼語言
ὁμοιόω	動.過不.被.分詞.主.陽.複	使…像（類似）
ὁμοιωθεὶς ἀνθρώπῳ		化身為人
12. Ζεύς, Διός, ὁ	名.直.陽.單	宙斯，和：丟斯〔則烏斯〕
Ἑρμῆς, οῦ, ὁ	名.直.陽.單	希耳米〔赫爾默斯〕
ἐπειδή	連.原從	因為，既然，…完了之後
ἡγέομαι	動.現在.關.分詞.主.陽.單	帶領
13. ἱερεύς, έως, ὁ	名.主.陽.單	祭司
ταῦρος, ου, ὁ	名.直.陽.複	牛，公牛
στέμμα, ατος, τό	名.直.中.複	花環，花圈
θύω	動.現在.主.不定	宰，獻祭，殺
14. διαρρήγνυμι (–ρήσσω)	動.過不.主.分詞.主.陽.複	撕裂，扯掉
ἐκπηδάω	動.過不.主.直說.三複	衝出
15. ὁμοιοπαθής, ές	形.主.陽.複.原	各方面都像
μάταιος, α, ον	形.所.中.複.原	没有價値，虛幻的

16. παροίχομαι	動. 完成. 被. 分詞. 間. 陰. 複	以往，過去的
17. καίτοι	連. 讓從	然而，但是，雖然
ἀμάρτυρος, ον	形. 直. 陽. 單. 原	没有證據的，没有證人的
ἀγαθουργέω	動. 現在. 主. 分詞. 主. 陽. 單	行善
οὐρανόθεν	副. 原	從天上
ὑετός, οῦ, ὁ	名. 直. 陽. 複	雨，雨水
καρποφόρος, ον	形. 直. 陽. 複. 原	多產的，豐（年）
ἐμπίμπλημι (ἐμπίπλημι)	動. 現在. 主. 分詞. 主. 陽. 單	充滿，飽足，享受
εὐφροσύνη, ης, ἡ	名. 所. 陰. 單	快樂，喜樂
18. μόλις	副. 原	幾乎無法地，好不容易地
καταπαύω	動. 過不. 主. 直說. 三複	攔阻，阻止
θύω	動. 現在. 主. 不定	屠，宰，獻祭
19. ἐπέρχομαι	動. 過不. 主. 直說. 三複	來，來攻擊
λιθάζω	動. 過不. 主. 分詞. 主. 陽. 複	用石頭打
σύρω	動. 過未. 主. 直說. 三複	拖，拉，搜捕
θνῄσκω	動. 完成. 主. 不定	死，死了
20. κυκλόω	動. 過不. 主. 分詞. 所. 陽. 複	環繞，包圍
Δέρβη, ης, ἡ	名. 直. 陰. 單	特庇〔德爾貝〕
21. μαθητεύω	動. 過不. 主. 分詞. 主. 陽. 複	使人作門徒
22. ἐπιστηρίζω	動. 現在. 主. 分詞. 主. 陽. 複	加強，堅固
ἐμμένω	動. 現在. 主. 不定	保持忠誠，堅固，遵守
23. χειροτονέω	動. 過不. 主. 分詞. 主. 陽. 複	按立，選擇，選派
νηστεία, ας, ἡ	名. 所. 陰. 複	禁食，饑餓，禁食的節期
παρατίθημι	動. 過不. 關. 直說. 三複	擺，給，交託，付託
24. Πισίδιος, α, ον	名. 直. 陰. 單	彼西底人，〔丕息狄雅人〕
25. Πέργη, ης, ἡ	名. 間. 陰. 單	別加〔培爾革〕
Ἀττάλεια, ας, ἡ	名. 直. 陰. 單	亞大利〔阿塔肋雅〕
26. ἀποπλέω	動. 過不. 主. 直說. 三複	開船，坐船離開
ὅθεν	連. 地從	從那裏
ἀνοίγω θύραν		使…可能

第十五章

2. ζήτησις, εως, ἡ	名. 所. 陰. 單	辯論，討論，爭論

τάσσω	動. 過不. 主. 直說. 三複	任命，派，指定，吩咐
3. προπέμπω	動. 過不. 被. 分詞. 主. 陽. 複	差派，一路上幫忙
Φοινίκη, ης, ἡ	名. 直. 陰. 單	腓尼基
ἐκδιηγέομαι	動. 現在. 關. 分詞. 主. 陽. 複	說明，報告
ἐπιστροφή, ῆς, ἡ	名. 直. 陰. 單	改變信仰，歸信神
4. παραδέχομαι	動. 過不. 被. 直說. 三複	接受，歡迎，承認
5. ἐξανίστημι	動. 過不. 主. 直說. 三複	站起來
7. ζήτησις, εως, ἡ	名. 所. 陰. 單	辯論，討論，爭論
ἀρχαῖος, α, ον	形. 所. 陰. 複. 原	舊的，古時的，原先的
ἀφ᾽ ἡμερῶν ἀρχαίων		很久以前
8. καρδιογνώστης, ου, ὁ	名. 主. 陽. 單	洞察人心者（神）
9. διακρίνω	動. 過不. 主. 直說. 三單	區別，分辨，認定
μεταξύ	不介. 所	在…之間
καθαρίζω	動. 過不. 主. 分詞. 主. 陽. 單	潔淨，使純潔
10. ζυγός, οῦ, ὁ	名. 直. 陽. 單	軛，天平
τράχηλος, ου, ὁ	名. 直. 陽. 單	脖子，頸部
βαστάζω	動. 過不. 主. 不定	忍受，承擔，肩負，容忍
ἐπιτίθημι ζυγὸν ἐπὶ τὸν τράχηλον		負擔責任
11. τρόπος, ου, ὁ	名. 直. 陽. 單	方式，樣子
κἀκεῖνος, η, ο	副. 原	而他，他也…一樣
12. σιγάω	動. 過不. 主. 直說. 三單	保持安靜，緘默
ἐξηγέομαι	動. 現在. 關. 分詞. 所. 陽. 複	報告，說明
14. Συμεών, ὁ	名. 主. 陽. 單	西面〔西默盎〕
ἐξηγέομαι	動. 過不. 關. 直說. 三單	報告，說明
ἐπισκέπτομαι	動. 過不. 關. 直說. 三單	眷顧，來拯救
15. συμφωνέω	動. 現在. 主. 直說. 三複	跟…相符
16. ἀναστρέφω	動. 未來. 主. 直說. 一單	轉回
ἀνοικοδομέω	動. 未來. 主. 直說. 一單	重建
σκηνή, ῆς, ἡ	名. 直. 陰. 單	帳棚，會幕，居住的地方
κατασκάπτω	動. 完成. 被. 分詞. 直. 中. 複	倒塌，拆毀
ἀνορθόω	動. 未來. 主. 直說. 一單	恢復，重建，堅強起來
17. ἐκζητέω	動. 過不. 主. 假設. 三複	切切尋求，尋找
κατάλοιπος, ον	形. 主. 陽. 複. 原	其餘的，剩餘的

ἐπικαλέομαι τὸ ὄνομά τινος ἐπί τινα		屬於（某人）的人
19. παρενοχλέω	動. 現在. 主. 不定	增加額外的麻煩，爲難
20. ἐπιστέλλω	動. 過不. 主. 不定	寫信指導，寫
ἀπέχω	動. 現在. 關. 不定	離…遠，禁戒
ἀλίσγημα, ατος, τό	名. 所. 中. 複	不潔淨，污穢
εἴδωλον, ου, τό	名. 所. 中. 複	偶像，形像，假神
πορνεία, ας, ἡ	名. 所. 陰. 單	姦淫，淫亂，不貞
πνικτός, ή, όν	形. 所. 中. 單. 原	被勒死的（牲畜）
21. ἀρχαῖος, α, ον	名. 所. 陰. 複	古時的，以前的，原先的
22. Βαρσαββᾶς, ᾶ, ὁ	名. 直. 陽. 單	巴撒巴〔巴爾撒巴〕
ἡγέομαι	動. 現在. 關. 分詞. 直. 陽. 複	帶領，治理
23 περιέχω τάδε		如下
24. ἐπειδή	連. 原從	因爲，既然，…完了之後
ταράσσω	動. 過不. 主. 直說. 三複	愁煩，著急不安，騷動
ἀνασκευάζω	動. 現在. 主. 分詞. 主. 陽. 複	擾亂
διαστέλλω	動. 過不. 關. 直說. 一複	吩咐，命令
παραδίδωμι τὴν ψυχήν		冒險
28. βάρος, ους, τό	名. 直. 中. 單	重擔
πλήν	不介. 所	除…之外，除了，但，然而
ἐπάναγκες	副. 原	必要地
29. ἀπέχω	動. 現在. 關. 不定	離…遠，禁戒
εἰδωλόθυτος, ον	名. 所. 中. 複	祭過偶像的肉
πνικτός, ή, όν	形. 所. 中. 複. 原	被勒死的（牲畜）
πορνεία, ας, ἡ	名. 所. 陰. 單	姦淫，不道德的性行爲
διατηρέω	動. 現在. 主. 分詞. 主. 陽. 複	保持，存，珍惜地記
εὖ	副. 原	很好地，做得好
ῥώννυμι	動. 完成. 被. 命令. 二複	願…平安，願…健康
30. ἐπιδίδωμι	動. 過不. 主. 直說. 三複	給，交，遞
31. παράκλησις, εως, ἡ	名. 間. 陰. 單	鼓勵，幫助，安慰
32. ἐπιστηρίζω	動. 過不. 主. 直說. 三複	加強，堅固
36. δή	虛. 強	的確，於是，所以，現在
ἐπισκέπτομαι	動. 過不. 關. 假設. 一複	來看，照顧，尋找
37. συμπαραλαμβάνω	動. 過不. 主. 不定	帶著…同行或一起去

Μᾶρκος, ου, ὁ	名. 直. 陽. 單	馬可〔馬爾谷〕
38. ἀξιόω	動. 過未. 主. 直說. 三單	認爲，想要
39. παροξυσμός, οῦ, ὁ	名. 主. 陽. 單	鼓勵，激辯或劇烈的爭執
ἀποχωρίζω	動. 過不. 被. 不定	分開，裂開
Μᾶρκος, ου, ὁ	名. 直. 陽. 單	馬可〔馬爾谷〕
ἐκπλέω	動. 過不. 主. 不定	坐船到…，開船
40. ἐπιλέγω	動. 過不. 關. 分詞. 主. 陽. 單	選擇
41. ἐπιστηρίζω	動. 現在. 主. 分詞. 主. 陽. 單	加強，堅固

第十六章

1. Δέρβη, ης, ἡ	名. 直. 陰. 單	特庇〔德爾貝〕
4. διαπορεύομαι	動. 過未. 關. 直說. 三複	經過，從旁邊走過
δόγμα, ατος, τό	名. 直. 中. 複	規條，命令
5. στερεόω	動. 過未. 被. 直說. 三複	使強壯，堅固
περισσεύω	動. 過未. 主. 直說. 三複	增加
6. Φρυγία, ας, ἡ	名. 直. 陰. 單	弗呂家〔夫黎基雅〕
Γαλατικός, ή, όν	形. 直. 陰. 單. 原	加拉太的〔迦拉達的〕
7. Μυσία, ας, ἡ	名. 直. 陰. 單	每西亞〔米息雅〕
Βιθυνία, ας, ἡ	名. 直. 陰. 單	庇雅尼〔彼提尼雅〕
8. παρέρχομαι	動. 過不. 主. 分詞. 主. 陽. 複	經過，來，到達，穿過
Τρῳάς, άδος, ἡ	名. 直. 陰. 單	特羅亞〔特洛阿〕
9. Μακεδών, όνος, ὁ	名. 主. 陽. 單	馬其頓人
διαβαίνω	動. 過不. 主. 分詞. 主. 陽. 單	橫越，過，過來
βοηθέω	動. 過不. 主. 命令. 二單	幫助
10. συμβιβάζω	動. 現在. 主. 分詞. 主. 陽. 複	結論，斷定
11. Τρῳάς, άδος, ἡ	名. 所. 陰. 單	特羅亞〔特洛阿〕
εὐθυδρομέω	動. 過不. 主. 直說. 一複	一直航行
Σαμοθρᾴκη, ης, ἡ	名. 直. 陰. 單	撒摩特喇〔撒摩辣刻〕
Νέα Πόλις, ἡ		尼亞波利〔乃阿頗里〕
12. Φίλιπποι, ων, οἱ	名. 直. 陽. 複	腓立比〔斐理伯〕
μερίς, ίδος, ἡ	名. 所. 陰. 單	部份，地區
κολωνία, ας, ἡ	名. 主. 陰. 單	殖民區，駐防城
13. πύλη, ης, ἡ	名. 所. 陰. 單	門

ποταμός, οῦ, ὁ	名.直.陽.單	河流，氾濫的河水
οὗ ἐνομίζομεν προσευχὴν εἶναι		我們想那裏可能有個禱告地方
14. Λυδία, ας, ἡ	名.主.陰.單	呂底亞〔里狄雅〕
πορφυρόπωλις, ιδος, ἡ	名.主.陰.單	販賣紫色布疋的婦人
Θυάτιρα (–τειρα), ων, τά	名.所.中.複	推雅推喇〔提雅提辣〕
διανοίγω	動.過不.主.直說.三單	開，講解
διανοίγω τὴν καρδίαν		使…虛心
15. παραβιάζομαι	動.過不.關.直說.三單	力勸，說服
16. παιδίσκη, ης, ἡ	名.直.陰.單	婢女，使女，女奴
πύθων, ωνος, ὁ	名.直.陽.單	會占卜的邪靈
ὑπαντάω	動.過不.主.不定	遇見，迎接
ἐργασία, ας, ἡ	名.直.陰.單	利益，生意
μαντεύομαι	動.現在.關.分詞.主.陰.單	占卜，算命
ἔχω πνεῦμα πύθωνα		做占卜者，做算命者
17. κατακολουθέω	動.現在.主.分詞.主.陰.單	跟隨
ὕψιστος, η, ον	形.所.陽.單.最	至高的
18. διαπονέομαι	動.過不.被.分詞.主.陽.單	惱怒，不勝其煩
19. ἐργασία, ας, ἡ	名.所.陰.單	利益，生意
ἕλκω	動.過不.主.直說.三複	拉，拖，抽出
ἀγορά, ᾶς, ἡ	名.直.陰.單	市場
20. προσάγω	動.過不.主.分詞.主.陽.複	帶到…之前
ἐκταράσσω	動.現在.主.直說.三複	擾亂
21. ἔξεστι	動.現在.主.直說.三單	…是合宜的，合法的
παραδέχομαι	動.現在.關.不定	接受，歡迎
22. συνεφίστημι	動.過不.主.直說.三單	附和著攻擊
περιρήγνυμι	動.過不.主.分詞.主.陽.複	扯開，剝掉（衣服）
ῥαβδίζω	動.現在.主.不定	鞭打，棍打
23. πληγή, ῆς, ἡ	名.直.陰.複	打擊，傷
δεσμοφύλαξ, ακος, ὁ	名.間.陽.單	監牢的守衛，看守的人
ἀσφαλῶς	副.原	安全地，嚴密看守地
ἐπιτίθημι πληγάς		打
24. παραγγελία, ας, ἡ	名.直.陰.單	命令，指示
ἐσώτερος, α, ον	形.直.陰.單.原	內部的

ἀσφαλίζω	動.過不.關.直說.三單	把守，拴上
ξύλον, ου, τό	名.直.中.單	足枷，腳鐐
25. μεσονύκτιον, ου, τό	名.直.中.單	半夜
ὑμνέω	動.過未.主.直說.三複	唱詩，讚美，歌頌
ἐπακροάομαι	動.過未.關.直說.三複	側耳聽著
26. ἄφνω	副.原	突然，忽然
σεισμός, οῦ, ὁ	名.主.陽.單	地震，（海上）暴風
σαλεύω	動.過不.被.不定	搖動
θεμέλιον, ου, τό	名.直.中.複	基礎，根基，基石
δεσμωτήριον, ου, τό	名.所.中.單	監牢
ἀνίημι	動.過不.被.直說.三單	鬆開
27. ἔξυπνος, ον	形.主.陽.單.原	醒著的
δεσμοφύλαξ, ακος, ὁ	名.主.陽.單	監牢的守衛，看守的人
σπάω	動.過不.關.分詞.主.陽.單	拔出（刀劍）
μάχαιρα, ης, ἡ	名.直.陰.單	刀，劍
ἐκφεύγω	動.完成.主.不定	逃脫，逃避
28. φωνέω	動.過不.主.直說.三單	呼叫，大聲說，傳喚
σεαυτοῦ, ῆς	代.二反.間.陽.單	你自己
29. εἰσπηδάω	動.過不.主.直說.三單	跳進，衝進
ἔντρομος, ον	形.主.陽.單.原	恐懼的，戰戰兢兢的
προσπίπτω	動.過不.主.直說.三單	在某人面前俯伏
30. προάγω	動.過不.主.分詞.主.陽.單	領出
33. λούω	動.過不.主.直說.三單	洗，浴
πληγή, ῆς, ἡ	名.所.陰.複	傷口
34. παρατίθημι	動.過不.主.直說.三單	放在…之前
τράπεζα, ης, ἡ	名.直.陰.單	桌子
ἀγαλλιάω	動.過不.關.直說.三單	大大歡喜快樂
πανοικεί	副.原	與全家人
35. ῥαβδοῦχος, ου, ὁ	名.直.陽.複	警官
36. δεσμοφύλαξ, ακος, ὁ	名.主.陽.單	監牢的守衛，看守的人
37. δέρω	動.過不.主.分詞.主.陽.複	打，拍，擊
δημόσιος, α, ον	形.間.陰.單.原	公立的
ἀκατάκριτος, ον	形.直.陽.複.原	未經法律審判的，未被定罪的

λάθρᾳ	副.原	秘密地，暗地裏
38. ῥαβδοῦχος, ου, ὁ	名.主.陽.複	警官
40. Λυδία, ας, ἡ	名.直.陰.單	呂底亞〔里狄雅〕

第十七章

1. διοδεύω	動.過不.主.分詞.主.陽.複	走遍各處，經過
Ἀμφίπολις, εως, ἡ	名.直.陰.單	暗非波利〔安非頗里〕
Ἀπολλωνία, ας, ἡ	名.直.陰.單	亞波羅尼亞〔阿頗羅尼亞〕
Θεσσαλονίκη, ης, ἡ	名.直.陰.單	帖撒羅尼迦〔得撒洛尼〕
2. εἴωθα	動.完成.主.分詞.直.中.單	照常，按照習慣
3. διανοίγω	動.現在.主.分詞.主.陽.單	開，講解
παρατίθημι	動.現在.關.分詞.主.陽.單	證明，指出
4. προσκληρόω	動.過不.被.直說.三複	加入，隨從，成爲同道
5. ζηλόω	動.過不.主.分詞.主.陽.複	嫉妒，熱心，渴慕
ἀγοραῖος, ον	名.所.陽.複	閒逛者，無賴，審判庭
ὀχλοποιέω	動.過不.主.分詞.主.陽.複	集合群衆，聚集暴民
θορυβέω	動.過未.主.直說.三複	引起騷動，亂嚷，被煽動
Ἰάσων, ονος, ὁ	名.所.陽.單	耶孫〔雅松〕
προάγω	動.過不.主.不定	領出，帶出
δῆμος, ου, ὁ	名.直.陽.單	人民，群衆，集會
οἱ ἅγιοι		神的子民，屬神的人
6. σύρω	動.過未.主.直說.三複	拖，拉，搜捕
πολιτάρχης, ου, ὁ	名.直.陽.複	城市的官長，地方官
βοάω	動.現在.主.分詞.主.陽.複	呼喊，大叫，歡呼
ἀναστατόω	動.過不.主.分詞.主.陽.複	擾亂，煽動，作亂
7. ὑποδέχομαι	動.完成.關.直說.三單	接待，迎接，收留
Ἰάσων, ονος, ὁ	名.主.陽.單	耶孫〔雅松〕
ἀπέναντι	不介.所	違反
δόγμα, ατος, τό	名.所.中.複	誡命，規條，命令
8. ταράσσω	動.過不.主.直說.三複	愁煩，騷動，驚駭
πολιτάρχης, ου, ὁ	名.直.陽.複	城市的官長，地方官
9. Ἰάσων, ονος, ὁ	名.所.陽.單	耶孫〔雅松〕
τὸ ἱκανόν		擔保，具保，保狀

10. ἐκπέμπω	動. 過不. 主. 直說. 三複	差遣，送…去
Βέροια, ας, ἡ	名. 直. 陰. 單	庇哩亞〔貝洛雅〕
ἄπειμι	動. 過未. 主. 直說. 三複	去，來，到
11. εὐγενής, ές	形. 主. 陽. 複. 比	社會地位高尚的，開明的
Θεσσαλονίκη, ης, ἡ	名. 間. 陰. 單	帖撒羅尼迦〔得撒洛尼〕
προθυμία, ας, ἡ	名. 所. 陰. 單	熱心，樂意，預備好
12. Ἑλληνίς, ίδος, ἡ	形. 所. 陰. 複. 原	希臘婦女，外邦婦女
εὐσχήμων, ον	形. 所. 陰. 複. 原	受尊敬的，地位高的
13. Θεσσαλονίκη, ης, ἡ	名. 所. 陰. 單	帖撒羅尼迦〔得撒洛尼〕
Βέροια, ας, ἡ	名. 間. 陰. 單	庇哩亞〔貝洛雅〕
σαλεύω	動. 現在. 主. 分詞. 主. 陽. 複	搖動，煽動，使擠緊
ταράσσω	動. 現在. 主. 分詞. 主. 陽. 複	騷動
14. ὑπομένω	動. 過不. 主. 直說. 三複	留下，逗留
15. Ἀθῆναι, ῶν, αἱ	名. 所. 陰. 複	雅典
ταχέως	副. 最	立刻
ἔξειμι	動. 過未. 主. 直說. 三複	離開，回去，動身
ὡς τάχιστα		儘快，趕
16. ἐκδέχομαι	動. 現在. 關. 分詞. 所. 陽. 單	等候，等待
παροξύνω	動. 過未. 被. 直說. 三單	非常難過
κατείδωλος, ον	形. 直. 陰. 單. 原	充滿偶像的
17. ἀγορά, ᾶς, ἡ	名. 間. 陰. 單	市場
παρατυγχάνω	動. 現在. 主. 分詞. 直. 陽. 複	碰巧在場（偶然遇見）
18. Ἐπικούρειος, ου, ὁ	名. 所. 陽. 複	伊壁鳩魯，和：以彼古羅
Στοϊκός, ή, όν	形. 所. 陽. 複. 原	斯多亞派〔斯多噶〕
φιλόσοφος, ου, ὁ	名. 所. 陽. 複	哲學家，教師
συμβάλλω	動. 過未. 主. 直說. 三複	爭論，辯論
σπερμολόγος, ον	名. 主. 陽. 單	聽取片斷消息便胡說的人
ξένος, η, ον	形. 所. 中. 複. 原	怪異的，外國的，異鄉的
καταγγελεύς, έως, ὁ	名. 主. 陽. 單	傳講的人
19. Ἄρειος Πάγος, ὁ		亞略巴古〔阿勒約帕哥〕
καινός, ή, όν	形. 主. 陰. 單. 原	新的，未曾聽過的
διδαχή, ῆς, ἡ	名. 主. 陰. 單	教訓，教導，教義，學說
20. εἰσφέρω	動. 現在. 主. 直說. 二單	帶（進）來

ἀκοή, ῆς, ἡ	名.直.陰.複	耳朵，聽見
τινα εἰσφέρω εἰς τὰς ἀκόας		使…聽見，講關於…，我們聽來
τι καινότερον		新聞
21. Ἀθηναῖος, α, ον	名.主.陽.複	雅典的
ἐπιδημέω	動.現在.主.分詞.主.陽.複	來訪問，旅居
ξένος, η, ον	名.主.陽.複	怪異的，外國的，異鄉的
εὐκαιρέω	動.過未.主.直說.三複	有時間，有機會，花時間
καινός, ή, όν	形.直.中.單.比	新的，未曾聽過的
22. Ἄρειος Πάγος, ὁ		亞略巴古〔阿勒約帕哥〕
Ἀθηναῖος, α, ον	名.呼.陽.複	雅典的
δεισιδαίμων, ον	形.直.陽.複.比	宗教的
ὡς ὡραῖοι		多美呀！
23. ἀναθεωρέω	動.現在.主.分詞.主.陽.單	仔細觀察，深思熟慮
σέβασμα, ατος, τό	名.直.中.複	崇拜神的地方
βωμός, ου, ὁ	名.直.陽.單	祭壇
ἐπιγράφω	動.過完.被.直說.三單	寫在上面或裏面
ἄγνωστος, ον	形.間.陽.單.原	不認識的，未知的
ἀγνοέω	動.現在.主.分詞.主.陽.複	不了解，忽視
εὐσεβέω	動.現在.主.直說.二複	敬拜
24. χειροποίητος, ον	形.間.陽.複.原	人手所做的或所建造的
ναός, οῦ, ὁ	名.間.陽.複	聖殿，聖所，神龕
25. ἀνθρώπινος, η, ον	形.所.陰.複.原	人類的，一般人的
προσδέομαι	動.現在.關.分詞.主.陽.單	需要，有需要
πνοή, ῆς, ἡ	名.直.陰.單	風，氣息
χεὶρ ἀνθρωπίνη		人
26. προστάσσω	動.完成.被.分詞.直.陽.複	吩咐，命令，規定
ὁροθεσία, ας, ἡ	名.直.陰.複	界限，疆界
κατοικία, ας, ἡ	名.所.陰.單	居住的地方
προστεταγμένοι καιροί		預定的年限或命定的時期
27. γέ	虛.強	表示強調附屬的虛詞
ψηλαφάω	動.過不.主.祈願.三複	摸，觸，可觸摸，摸索
μακράν	副.原	遠，遠方
28. κινέω	動.現在.被.直說.一複	挪移，行動

ποιητής, οῦ, ὁ	名.所.陽.複	詩人
29. ὀφείλω	動.現在.主.直說.一複	應該，必須
χρυσός, οῦ, ὁ	名.間.陽.單	黃金，金子，金偶像
ἄργυρος, ου, ὁ	名.間.陽.單	銀，銀幣，銀像
χάραγμα, ατος, τό	名.間.中.單	記號，形像，雕像
τέχνη, ης, ἡ	名.所.陰.單	手藝，職業，藝能，技巧
ἐνθύμησις, εως, ἡ	名.所.陰.單	想法，思想，幻想
θεῖος, α, ον	形.直.中.單.原	神的，神性
ὅμοιος, α, ον	形.直.中.單.原	類似的，像
30. ἄγνοια, ας, ἡ	名.所.陰.單	無知，蒙昧
ὑπεροράω	動.過不.主.分詞.主.陽.單	忽視，忽略，不加注意
πανταχοῦ	副.原	到處，各地
31. καθότι	連.原從	因爲，按照，像…一樣
32. χλευάζω	動.過未.主.直說.三複	譏笑，取笑
34. Διονύσιος, ου, ὁ	名.主.陽.單	丟尼修〔狄約尼削〕
Ἀρεοπαγίτης, ου, ὁ	名.主.陽.單	亞略巴古議會的議員
Δάμαρις, ιδος, ἡ	名.主.陰.單	大馬哩〔達瑪黎〕

第十八章

1. χωρίζω	動.過不.被.分詞.主.陽.單	離開，被帶走
Ἀθῆναι, ῶν, αἱ	名.所.陰.複	雅典
Κόρινθος, ου, ἡ	名.直.陰.單	哥林多〔格林多〕
2. Ἀκύλας, ὁ	名.直.陽.單	亞居拉〔阿桂拉〕
Ποντικός, ή, όν	形.直.陽.單.原	本都的
προσφάτως	副.原	新近
Ἰταλία, ας, ἡ	名.所.陰.單	義大利
Πρίσκιλλα, ης, ἡ	名.直.陰.單	百基拉〔普黎史拉〕
Κλαύδιος, ου, ὁ	名.直.陽.單	克勞第，和：革老丟〔客勞狄〕
3. ὁμότεχνος, ον	形.直.陽.單.原	同業的
ἐργάζομαι	動.過未.關.直說.三單	工作，做事
σκηνοποιός, οῦ, ὁ	名.主.陽.複	製造帳幕的人
τέχνη, ης, ἡ	名.間.陰.單	手藝，職業，藝能，技巧
5. συνέχω	動.過未.被.直說.三單	專心於，用全部時間

6. ἀντιτάσσω	動.現在.關.分詞.所.陽.複	反對，抵抗，排斥
βλασφημέω	動.現在.主.分詞.所.陽.複	毀謗，侮辱
ἐκτινάσσω	動.過不.關.分詞.主.陽.單	跺掉，抖掉
καθαρός, ά, όν	形.主.陽.單.原	潔淨的，乾淨的，無罪的
ἐπὶ τὴν κεφαλήν		責任
7. μεταβαίνω	動.過不.主.分詞.主.陽.單	離開，移動，去
ἐκεῖθεν	副.原	從那裏
Τίτιος, ου, ὁ	名.所.陽.單	提多〔弟鐸〕
Ἰοῦστος, ου, ὁ	名.所.陽.單	猶士都，猶斯托
συνομορέω	動.現在.主.分詞.主.陰.單	鄰近，靠近
8. Κρίσπος, ου, ὁ	名.主.陽.單	利司布〔克黎斯頗〕
ἀρχισυνάγωγος, ου, ὁ	名.主.陽.單	會堂主管
Κορίνθιος, ου, ὁ	形.所.陽.複.原	哥林多人〔格林多人〕
9. σιωπάω	動.過不.主.假設.二單	不作聲，緘默
11. ἐνιαυτός, οῦ, ὁ	名.直.陽.單	年
ἕξ	形.直.陽.複.原	六
12. Γαλλίων, ωνος, ὁ	名.所.陽.單	迦流〔加里雍〕
Ἀχαΐα, ας, ἡ	名.所.陰.單	亞該亞〔阿哈雅〕
κατεφίσταμαι	動.過不.主.直說.三複	攻擊
13. ἀναπείθω	動.現在.主.直說.三單	唆使，說服
14. Γαλλίων, ωνος, ὁ	名.主.陽.單	迦流〔加里雍〕
ἀδίκημα, ατος, τό	名.主.中.單	過犯，罪犯
ῥᾳδιούργημα, ατος, τό	名.主.中.單	犯錯，（法律上）犯罪
ὦ	歎	啊！（用在稱呼人或表達情感）
ἀνέχω	動.過不.關.直說.一單	忍受，忍耐，耐心領受
κατὰ λόγον ἀνέχομαι		接受控訴（或投訴）
15. κριτής, οῦ, ὁ	名.主.陽.單	法官
16. ἀπελαύνω	動.過不.主.直說.三單	趕走
17. Σωσθένης, ους, ὁ	名.直.陽.單	所提尼〔索斯特乃〕
ἀρχισυνάγωγος, ου, ὁ	名.直.陽.單	會堂主管
ἔμπροσθεν	不介.所	在…之前，在前面
Γαλλίων, ωνος, ὁ	名.間.陽.單	迦流〔加里雍〕
μέλει	動.過未.主.直說.三單	關心，在乎

18. προσμένω	動.過不.主.分詞.主.陽.單	留在，又住了…
ἀποτάσσω	動.過不.關.分詞.主.陽.單	告別，離開
ἐκπλέω	動.過未.主.直說.三單	坐船到…，開船
Πρίσκιλλα, ης, ἡ	名.主.陰.單	百基拉〔普黎史拉〕
᾿Ακύλας, ὁ	名.主.陽.單	亞居拉〔阿桂拉〕
κείρω	動.過不.關.分詞.主.陽.單	剪頭髮
Κεγχρεαί, ῶν, αἱ	名.間.陰.複	堅革哩〔耕格勒〕
εὐχή, ῆς, ἡ	名.直.陰.單	許願，禱告
19. κἀκεῖνος, η, ο	連.繫并	而那一個，他也…一樣
αὐτοῦ	副.原	這裏，那裏
20. ἐπινεύω	動.過不.主.直說.三單	同意，答應
21. ἀποτάσσω	動.過不.關.分詞.主.陽.單	告別，離開
ἀνακάμπτω	動.未來.主.直說.一單	回，歸
23. καθεξῆς	副.原	按照次序，從一地到另一地
Γαλατικός, ή, όν	形.直.陰.單.原	加拉太的〔迦拉達的〕
Φρυγία, ας, ἡ	名.直.陰.單	弗呂家〔夫黎基雅〕
ἐπιστηρίζω	動.現在.主.分詞.主.陽.單	堅固，堅定
24. ᾿Απολλῶς, ῶ, ὁ	名.主.陽.單	阿波羅〔阿頗羅〕
᾿Αλεξανδρεύς, έως, ὁ	名.主.陽.單	亞歷山大人〔亞歷山大里亞人〕
λόγιος, α, ον	形.主.陽.單.原	雄辯的，有學問的
25. κατηχέω	動.完成.被.分詞.主.陽.單	教導，教訓，學習
ζέω	動.現在.主.分詞.主.陽.單	沸騰，熱心，心中火熱
ζέω τῷ πνέυματι		大發熱心
26. Πρίσκιλλα, ης, ἡ	名.主.陰.單	百基拉〔普黎史拉〕
᾿Ακύλας, ὁ	名.主.陽.單	亞居拉〔阿桂拉〕
ἐκτίθημι	動.過不.關.直說.三複	解釋，講解
27. ᾿Αχαΐα, ας, ἡ	名.直.陰.單	亞該亞〔阿哈雅〕
προτρέπω	動.過不.關.分詞.主.陽.複	鼓勵，請或勸
συμβάλλω	動.過不.關.直說.三單	幫助，協助
28. εὐτόνως	副.原	極力地，熱切地，有力地
διακατελέγχομαι	動.過未.關.直說.三單	駁倒
δημόσιος, α, ον	形.間.陰.單.原	公立的
ἐπιδείκνυμι	動.現在.主.分詞.主.陽.單	顯示，指示，證明

第十九章

1.	᾿Απολλῶς, ῶ, ὁ	名. 直. 陽. 單	阿波羅〔阿頗羅〕
	Κόρινθος, ου, ἡ	名. 間. 陰. 單	哥林多〔格林多〕
	ἀνωτερικός, ή, όν	形. 直. 中. 複. 原	內陸的
6.	προφητεύω	動. 過未. 主. 直說. 三複	傳講神信息，預言
9.	σκληρύνω	動. 過未. 被. 直說. 三複	使頑硬，頑固，剛硬
	ἀπειθέω	動. 過未. 主. 直說. 三複	不順服，不信服
	κακολογέω	動. 現在. 主. 分詞. 主. 陽. 複	毀謗，詛咒，咒罵
	ἀφορίζω	動. 過不. 主. 直說. 三單	分別，帶開，選召
	σχολή, ῆς, ἡ	名. 間. 陰. 單	講堂
	Τύραννος, ου, ὁ	名. 所. 陽. 單	推喇奴〔提郎諾〕
11	οὐχ ὁ τυχών		不尋常，不平凡，奇異
12.	ἀσθενέω	動. 現在. 主. 分詞. 直. 陽. 複	生病，軟弱
	ἀποφέρω	動. 現在. 被. 不定	帶走，拿去
	χρώς, χρωτός, ὁ	名. 所. 陽. 單	皮（身體的表皮）
	σουδάριον, ου, τό	名. 直. 中. 複	手帕，布巾
	σιμικίνθιον, ου, τό	名. 直. 中. 複	（工人穿的）圍裙
	ἀπαλλάσσω	動. 現在. 被. 不定	離開
	νόσος, ου, ἡ	名. 直. 陰. 複	疾病
	ἐκπορεύομαι	動. 現在. 關. 不定	離開，消失
13.	ἐπιχειρέω	動. 過不. 主. 直說. 三複	想，企圖
	περιέρχομαι	動. 現在. 關. 分詞. 所. 陽. 複	到處走，到處招搖的
	ἐξορκιστής, οῦ, ὁ	名. 所. 陽. 複	驅邪趕鬼的人
	ὀνομάζω	動. 現在. 主. 不定	呼喚…的名
	ὁρκίζω	動. 現在. 主. 直說. 一單	求，吩咐
14.	Σκευᾶς, ᾶ, ὁ	名. 所. 陽. 單	士基瓦〔斯蓋瓦〕
16.	ἐφάλλομαι	動. 過不. 關. 分詞. 主. 陽. 單	跳上，襲擊
	κατακυριεύω	動. 過不. 主. 分詞. 主. 陽. 單	制伏
	ἀμφοτεροι, αι, α	形. 所. 陽. 複. 原	兩（者），都
	γυμνός, ή, όν	形. 直. 陽. 複. 原	裸體的，毫無遮蓋的
	τραυματίζω	動. 完成. 被. 分詞. 直. 陽. 複	受傷，打傷
	ἐκφεύγω	動. 過不. 主. 不定	逃脫
17.	μεγαλύνω	動. 過未. 被. 直說. 三單	讚美，尊崇

18. ἐξομολογέω	動. 現在. 關. 分詞. 主. 陽. 複	承認，宣認
πρᾶξις, εως, ἡ	名. 直. 陰. 複	行爲，習慣，行邪術
19. περίεργος, ον	名. 直. 中. 複	愛管閒事的人，邪術
συμφέρω	動. 過不. 主. 分詞. 主. 陽. 複	…是對…有益，推在一起
βίβλος, ου, ἡ	名. 直. 陰. 複	書，記錄
κατακαίω	動. 過未. 主. 直說. 三複	焚燒，燒掉，燒盡
συμψηφίζω	動. 過不. 主. 直說. 三複	計算，總計
μυριάς, άδος, ἡ	名. 直. 陰. 複	一萬，無數的
20. κράτος, ους, τό	名. 直. 中. 單	權能，權威，大能的作爲
αὐξάνω (αὔξω)	動. 過未. 主. 直說. 三單	擴展，興旺
κατὰ κράτος		大大地，有力地
21. Ἀχαΐα, ας, ἡ	名. 直. 陰. 單	亞該亞〔阿哈雅〕
τίθημι ἐν τῷ πνεύματι		決心, 決定
22. διακονέω	動. 現在. 主. 分詞. 所. 陽. 複	服務，伺候，照顧，供應
Ἔραστος, ου, ὁ	名. 直. 陽. 單	以拉都〔厄辣斯托〕
ἐπέχω	動. 過不. 主. 直說. 三單	停留
ἐπέχω χρόνον		暫時留在…
23. τάραχος, ου, ὁ	名. 主. 陽. 單	亂，亂事，騷動
κατὰ τὸν καιρὸν τοῦτον (ἐκεῖνον)		大約這個〔那個〕時候
24. Δημήτριος, ου ὁ	名. 主. 陽. 單	底米丟〔德默特琉〕
ἀργυροκόπος, ου, ὁ	名. 主. 陽. 單	銀匠
ναός, οῦ, ὁ	名. 直. 陽. 複	神廟模型，神龕
ἀργυροῦς, ᾶ, οῦν	形. 直. 陽. 複. 原	銀，銀幣，銀像
τεχνίτης, ου, ὁ	名. 間. 陽. 複	匠人，技工，設計者
ἐργασία, ας, ἡ	名. 直. 陰. 單	利益，生意，行業，從事
25. συναθροίζω	動. 過不. 主. 分詞. 主. 陽. 單	集，聚集，召集
ἐργάτης, ου, ὁ	名. 直. 陽. 複	工人
εὐπορία, ας, ἡ	名. 主. 陰. 單	發財，繁榮
26. σχεδόν	副. 原	幾乎，大概
μεθίστημι	動. 過不. 主. 直說. 三單	誤導，使…偏離信仰
27. κινδυνεύω	動. 現在. 主. 直說. 三單	有…的危險
ἀπελεγμός, οῦ, ὁ	名. 直. 陽. 單	不名譽，壞名聲
θεά, ᾶς, ἡ	名. 所. 陰. 單	女神

λογίζομαι	動. 過不. 被. 不定	計較，算作，以爲
καθαιρέω	動. 現在. 被. 不定	消滅，遭受…的破壞
μεγαλειότης, ητος, ἡ	名. 所. 陰. 單	威嚴，偉大，大能
ἔρχομαι εἰς		導致，造成
28. θυμός, οῦ, ὁ	名. 所. 陽. 單	忿怒，惱怒
29. σύγχυσις, εως, ἡ	名. 所. 陰. 單	混亂，騷動
ὁρμάω	動. 過不. 主. 直說. 三複	衝，擁
θέατρον, ου, τό	名. 直. 中. 單	戲院，戲
συναρπάζω	動. 過不. 主. 分詞. 主. 陽. 複	抓住
Γάϊος, ου, ὁ	名. 直. 陽. 單	該猶〔加約〕
Ἀρίσταρχος, ου, ὁ	名. 直. 陽. 單	亞里達古〔阿黎斯塔苛〕
Μακεδών, όνος, ὁ	名. 直. 陽. 複	馬其頓人
συνέκδημος, ου, ὁ	名. 直. 陽. 複	旅伴，跟…同行的人
30. δῆμος, ου, ὁ	名. 直. 陽. 單	人民，群衆，集會
31. Ἀσιάρχης, ου, ὁ	名. 所. 陽. 複	亞細亞行省的長官，領袖
φίλος, η, ον	名. 主. 陽. 複	朋友
θέατρον, ου, τό	名. 直. 中. 單	戲院
32. ἕνεκα	不介. 所	因爲，爲了…緣故
τίνος ἕκεκα		爲甚麼？幹甚麼的？
33. συμβιβάζω	動. 過不. 主. 直說. 三複	以爲
Ἀλέξανδρος, ου, ὁ	名. 直. 陽. 單	亞歷山大
προβάλλω	動. 過不. 主. 分詞. 所. 陽. 複	往前推
κατασείω	動. 過不. 主. 分詞. 主. 陽. 單	示意，做手勢
δῆμος, ου, ὁ	名. 間. 陽. 單	人民，群衆，集會
35. καταστέλλω	動. 過不. 主. 分詞. 主. 陽. 單	安撫
νεωκόρος, ου, ὁ	名. 直. 陽. 單	守殿者
διοπετής, ές	形. 所. 中. 單. 原	從天上降下或掉下來的
36. ἀναντίρρητος, ον	形. 所. 中. 複. 原	無可否認的
καταστέλλω	動. 完成. 被. 分詞. 直. 陽. 複	安撫
προπετής, ές	形. 直. 中. 單. 原	魯莽的，粗心的
37. ἱερόσυλος, ον	名. 直. 陽. 複	褻瀆者，盜取廟中之物者
βλασφημέω	動. 現在. 主. 分詞. 直. 陽. 複	褻瀆，毀謗，侮辱
38. Δημήτριος, ου ὁ	名. 主. 陽. 單	底米丟〔德默特琉〕

τεχνίτης, ου, ὁ	名. 主. 陽. 複	匠人，技工，設計者
ἀγοραῖος, ον	名. 主. 陰. 複	閒逛者，無賴，審判庭
ἀγοραῖοι ἄγονται		有開庭日子
39. περαιτέρω	副. 比	更加，進一步地
ἐπιζητέω	動. 現在. 主. 直說. 二複	求，尋求，希望，尋找
ἔννομος, ον	形. 間. 陰. 單. 原	在法律之下的，合法的
ἐπιλύω	動. 未來. 被. 直說. 三單	解說，講論，斷定，解決
40. κινδυνεύω	動. 現在. 主. 直說. 一複	冒險，有…的危險
αἴτιος, α, ον	名. 所. 中. 單	理由，根源
ἀποδίδωμι	動. 過不. 主. 不定	給，回報，報應，遵守
συστροφή, ῆς, ἡ	名. 所. 陰. 單	暴動，群聚，詭計，陰謀

第二十章

1. θόρυβος, ου, ὁ	名. 直. 陽. 單	混亂，暴動，作亂
2. Ἑλλάς, άδος, ἡ	名. 直. 陰. 單	希臘
3. ἐπιβουλή, ῆς, ἡ	名. 所. 陰. 單	陰謀，企圖，謀害
γνώμη, ης, ἡ	名. 所. 陰. 單	意見，決定
γίνομαι γνώμης		拿定主意，決定
4. συνέπομαι	動. 過未. 關. 直說. 三單	作伴，跟…同行
Σώπατρος, ου, ὁ	名. 主. 陽. 單	所巴特〔索帕特爾〕
Πύρρος, ου, ὁ	名. 所. 陽. 單	畢羅斯〔不洛〕
Βεροιαῖος, α, ον	形. 主. 陽. 單. 原	庇哩亞人〔貝洛雅人〕
Θεσσαλονικεύς, έως, ὁ	名. 所. 陽. 複	帖撒羅尼迦人〔得撒洛尼人〕
Ἀρίσταρχος, ου, ὁ	名. 主. 陽. 單	亞里達古〔阿黎斯塔苛〕
Σεκοῦνδος, ου, ὁ	名. 主. 陽. 單	西公都〔色貢多〕
Γάϊος, ου, ὁ	名. 主. 陽. 單	該猶〔加約〕
Δερβαῖος, α, ον	形. 主. 陽. 單. 原	特庇的〔德爾貝的〕
Ἀσιανός, οῦ, ὁ	名. 主. 陽. 複	羅馬帝國亞細亞行省的人
Τυχικός, οῦ, ὁ	名. 主. 陽. 單	推基古〔提希苛〕
Τρόφιμος, ου, ὁ	名. 主. 陽. 單	特羅非摩〔特洛斐摩〕
5. προέρχομαι	動. 過不. 主. 分詞. 主. 陽. 複	先走，在前面走，去
Τρῳάς, άδος, ἡ	名. 間. 陰. 單	特羅亞〔特洛阿〕
6. ἐκπλέω	動. 過不. 主. 直說. 一複	坐船到…，開船

ἄζυμος, ον	名.所.中.複	無酵的，未發酵的
Φίλιπποι, ων, οἱ	名.所.陽.複	腓立比〔裴理伯〕
7. κλάω	動.過不.主.不定	掰開，擘
ἔξειμι	動.現在.主.不定	離開，回去，動身，上
παρατείνω	動.過未.主.直說.三單	延長
μέχρι	不介.所	直到
μεσονύκτιον, ου, τό	名.所.中.單	半夜
ἄρτον κλάω		進餐
8. λαμπάς, άδος, ἡ	名.主.陰.複	燈，火把
ὑπερῷον, ου, τό	名.間.中.單	樓上的房間，樓上
9. καθέζομαι	動.現在.關.分詞.主.陽.單	坐著，坐下，留在
νεανίας, ου, ὁ	名.主.陽.單	年輕人，青年
Εὔτυχος, ου, ὁ	名.主.陽.單	猶推古〔厄烏提曷〕
θυρίς, ίδος, ἡ	名.所.陰.單	窗戶，窗口
καταφέρω	動.現在.被.分詞.主.陽.單	控告
ὕπνος, ου, ὁ	名.間.陽.單	睡覺
βαθύς, εῖα, ύ	形.間.陽.單.原	深的
τρίστεγον, ου, τό	名.所.中.單	三樓
κάτω	副.原	下，在下面
καταφέρομαι ὕπνῳ		沉沉入睡
καταφέρομαι ἀπὸ τοῦ ὕπνῳ		睡
10. συμπεριλαμβάνω	動.過不.主.分詞.主.陽.單	抱
θορυβέω	動.現在.被.命令.二複	亂嚷
11. κλάω	動.過不.主.分詞.主.陽.單	掰開，擘
γεύομαι	動.過不.關.分詞.主.陽.單	吃
ὁμιλέω	動.過不.主.分詞.主.陽.單	談論，交談
αὐγή, ῆς, ἡ	名.所.陰.單	破曉，天亮
ἐφ᾽ ἱκανόν		長期地，許久
12. μετρίως	副.原	可衡量地
οὐ μετρίως		無法衡量地，大大地
13. προέρχομαι	動.過不.主.分詞.主.陽.複	先走，在前面走，去
Ἆσσος, ου, ἡ	名.直.陰.單	亞朔〔阿索〕
ἐκεῖθεν	副.原	從那裏

πεζεύω	動.現在.主.不定	走陸路去
14. συμβάλλω	動.過未.主.直說.三單	相會，會見
Μιτυλήνη, ης, ἡ	名.直.陰.單	米推利尼〔米提肋乃〕
15. ἀποπλέω	動.過不.主.分詞.主.陽.複	揚帆，開船，坐船離開
ἄντικρυς	不介.所	在…對面
Χίος, ου, ἡ	名.所.陰.單	基阿〔希約〕
παραβάλλω	動.過不.主.直說.一複	到達，靠岸
Σάμος, ου, ἡ	名.直.陰.單	撒摩
Μίλητος, ου, ἡ	名.直.陰.單	米利都〔米肋托〕
16. παραπλέω	動.過不.主.不定	航行經過
χρονοτριβέω	動.過不.主.不定	耽擱時日
σπεύδω	動.過未.主.直說.三單	急忙，趕快
πεντηκοστή, ῆς, ἡ	名.所.陰.單	五旬節
17. Μίλητος, ου, ἡ	名.所.陰.單	米利都〔米肋托〕
μετακαλέω	動.過不.關.直說.三單	請，召喚，邀請
19. δουλεύω	動.現在.主.分詞.主.陽.單	事奉，服事，勞苦
ταπεινοφροσύνη, ης, ἡ	名.所.陰.單	謙卑，謙遜，謙讓，謙虛
δάκρυον, ου, τό	名.所.中.複	眼淚
πειρασμός, οῦ, ὁ	名.所.陽.複	試煉，磨煉，試探
συμβαίνω	動.過不.主.分詞.所.陽.複	發生，遭遇，經歷
ἐπιβουλή, ῆς, ἡ	名.間.陰.複	陰謀，企圖，謀害
20. ὑποστέλλω	動.過不.關.直說.一單	退縮，保留，躊躇，保持緘默
συμφέρω	動.現在.主.分詞.所.中.複	要好得多，…是對…有益
δημόσιος, α, ον	形.間.陰.單.原	公開的，當衆
22. συναντάω	動.未來.主.分詞.直.中.複	遇見，迎接，遇到
δέω τῷ πνεύματι		被聖靈催促（順服聖靈）
23. πλήν	連.轉并	除了，除…之外，然而
πλὴν ὅτι		只要
24. τίμιος, α, ον	形.直.陰.單.原	寶貴的，貴重的
ἐμαυτοῦ, ῆς	代.一反.間.陽.單	我自己，我自己的
τελειόω	動.過不.主.不定	成全，完成
δρόμος, ου, ὁ	名.直.陽.單	（人生）路程，使命
λόγου ποιοῦμαι		認爲，算作

25. οὐκέτι	副. 原	不再
26. μαρτύρομαι	動. 現在. 關. 直說. 一單	鄭重地告訴，堅持，警告
καθαρός, ά, όν	形. 主. 陽. 單. 原	潔淨的，無罪的
27. ὑποστέλλω	動. 過不. 關. 直說. 一單	退縮，保留，躊躇，保持緘默
28. ποίμνιον, ου, τό	名. 間. 中. 單	羊群，群
ἐπίσκοπος, ου, ὁ	名. 直. 陽. 複	監督，教會領袖，監護者
ποιμαίνω	動. 現在. 主. 不定	如牧者般照料，治理
περιποιέω	動. 過不. 關. 直說. 三單	得到，贏取，換取
29. ἄφιξις, εως, ἡ	名. 直. 陰. 單	離開
λύκος, ου, ὁ	名. 主. 陽. 複	狼
βαρύς, εῖα, ύ	形. 主. 陽. 複. 原	艱難的，嚴重的，兇暴的
φείδομαι	動. 現在. 關. 分詞. 主. 陽. 複	傷害
30. διαστρέφω	動. 完成. 被. 分詞. 直. 中. 複	歪曲，阻止，煽動
ἀποσπάω	動. 現在. 主. 不定	誘惑，拔出…來，離開
ὀπίσω	不介. 所	在…之後，在後
λαλοῦντες διεστραμμένα		造謠撒謊
31. γρηγορέω	動. 現在. 主. 命令. 二複	警醒，注意，留心
μνημονεύω	動. 現在. 主. 分詞. 主. 陽. 複	記得，記住，想起，提起
τριετία, ας, ἡ	名. 直. 陰. 單	三年的歲月
δάκρυον, ου, τό	名. 所. 中. 複	眼淚
νουθετέω	動. 現在. 主. 分詞. 主. 陽. 單	勸戒，教導，警告
32. παρατίθημι	動. 現在. 關. 直說. 一單	放在…之前，交託，付託
οἰκοδομέω	動. 過不. 主. 不定	建造，建立，鞏固
κληρονομία, ας, ἡ	名. 直. 陰. 單	神向他子民所作的應許
ἁγιάζω	動. 完成. 被. 分詞. 間. 陽. 複	聖化歸神，祝聖
33. χρυσίον, ου, τό	名. 所. 中. 單	黃金，金幣，金錢
ἱματισμός, οῦ, ὁ	名. 所. 陽. 單	衣服
ἐπιθυμέω	動. 過不. 主. 直說. 一單	渴慕，貪婪，貪圖，慾望
ἀργύριον καὶ χρυσίον		金錢
34. ὑπηρετέω	動. 過不. 主. 直說. 三複	服事，服務，供應，照顧
35. ὑποδείκνυμι	動. 過不. 主. 直說. 一單	告訴，留下榜樣
κοπιάω	動. 現在. 主. 分詞. 直. 陽. 複	工作，辛勞工作，勞苦
ἀντιλαμβάνω	動. 現在. 關. 不定	扶助，得益處，獻身於

ἀσθενέω	動.現在.主.分詞.所.陽.複	生病，軟弱
μνημονεύω	動.現在.主.不定	記得，記住，想起，提起
36. γόνυ, ατος, τό	名.直.中.複	膝
37. κλαυθμός, οῦ, ὁ	名.主.陽.單	哀哭，號啕大哭
τράχηλος, ου, ὁ	名.直.陽.單	脖子，頸部
καταφιλέω	動.過未.主.直說.三複	吻，親嘴
ἐπιπίπτω ἐπὶ τὸν τράχηλον		擁抱
38. ὀδυνάω	動.現在.被.分詞.主.陽.複	受極大的痛苦，特別傷心
μάλιστα	副.最	尤其是，更是，特別
οὐκέτι	副.原	不再
προπέμπω	動.過未.主.直說.三複	一路上幫忙，陪伴

第二十一章

1. ἀποσπάω	動.過不.被.分詞.直.陽.複	離開
εὐθυδρομέω	動.過不.主.分詞.主.陽.複	一直航行
Κώς, Κῶ, ἡ	名.直.陰.單	哥士島〔科斯〕
ἑξῆς	副.原	次日，第二天
Ῥόδος, ου, ἡ	名.直.陰.單	羅底〔洛多〕
Πάταρα, ων, τά	名.直.中.複	帕大喇〔帕塔辣〕
2. διαπεράω	動.現在.主.分詞.直.中.單	渡過
Φοινίκη, ης, ἡ	名.直.陰.單	腓尼基
3. ἀναφαίνω	動.過不.主.分詞.主.陽.複	望見
εὐώνυμος, ον	形.直.陰.單.原	左邊
πλέω	動.過未.主.直說.一複	航行
Τύρος, ου, ἡ	名.直.陰.單	泰爾，和：推羅〔提洛〕
ἐκεῖσε	副.原	那裏，在那地方
ἀποφορτίζομαι	動.現在.關.分詞.主.中.單	卸貨
γόμος, ου, ὁ	名.直.陽.單	貨物
4. ἀνευρίσκω	動.過不.主.分詞.主.陽.複	找到
αὐτοῦ	副.原	這裏，那裏
5. ἐξαρτίζω	動.過不.主.不定	（時間）到了，充分準備
προπέμπω	動.現在.主.分詞.所.陽.複	一路上幫忙，陪伴
γόνυ, ατος, τό	名.直.中.複	膝

αἰγιαλός, οῦ, ὁ	名.直.陽.單	海濱，岸邊
ἕως ἔξω		到…外
6. ἀπασπάζομαι	動.過不.關.直說.一複	道別
7. πλοῦς, πλοός, ὁ	名.直.陽.單	航行，船程
διανύω	動.過不.主.分詞.主.陽.複	完成，繼續
Τύρος, ου, ἡ	名.所.陰.單	泰爾，和：推羅〔提洛〕
Πτολεμαΐς, ΐδος, ἡ	名.直.陰.單	多利買〔仆托肋買〕
8. εὐαγγελιστής, οῦ, ὁ	名.所.陽.單	傳福音的人，傳道人
9. θυγάτηρ, τρός, ἡ	名.主.陰.複	女兒
παρθένος, ου, ἡ, ὁ	名.主.陰.複	處女，未婚女孩
προφητεύω	動.現在.主.分詞.主.陰.複	傳講神信息，預言
10. Ἅγαβος, ου, ὁ	名.主.陽.單	亞迦布〔阿加波〕
11. ζώνη, ης, ἡ	名.直.陰.單	腰帶，帶子，錢袋
ὅδε, ἥδε, τόδε	代.指代.直.中.複	這，他，她，它
12. ἐντόπιος, α, ον	形.主.陽.複.原	當地的
13. κλαίω	動.現在.主.分詞.主.陽.複	痛哭，哀泣，爲…哀哭
συνθρύπτω	動.現在.主.分詞.主.陽.複	打碎，（心）碎
ἑτοίμως	副.原	準備好地
συνθρύπτω τὴν καρδίαν		使…心碎，使…極度悲傷
ἑτοίμως ἔχω		準備好，心甘情願地
14. ἡσυχάζω	動.過不.主.直說.一複	安靜，住口不言
15. ἐπισκευάζομαι	動.過不.關.分詞.主.陽.複	準備，收拾行李
16. Μνάσων, ωνος, ὁ	名.間.陽.單	拿孫〔木納松〕
Κύπριος, ου, ὁ	名.間.陽.單	塞浦路斯人，居比路人
ἀρχαῖος, α, ον	形.間.陽.單.原	早期的，原先的
17. ἀσμένως	副.原	高興地，熱誠地
18. εἴσειμι	動.過未.主.直說.三單	進去，去，到
19. ἐξηγέομαι	動.過未.關.直說.三單	告訴，報告，說明，作證
20. πόσος, η, ον	代疑代.主.陰.複	何等多，多麼，多少？
μυριάς, άδος, ἡ	名.主.陰.複	一萬，無數的
ζηλωτής, οῦ, ὁ	名.主.陽.複	熱心者
21. κατηχέω	動.過不.被.直說.三複	教訓，告訴，學習，聽見
ἀποστασία, ας, ἡ	名.直.陰.單	放棄信仰，反叛

22. πάντως	副.原	必定，確定地，無疑地
23. εὐχή, ῆς, ἡ	名.直.陰.單	許願，禱告
24. ἁγνίζω	動.過不.被.命令.二單	使純潔，潔淨
δαπανάω	動.過不.主.命令.二單	花費，浪費，揮霍
ξυράω	動.未來.關.直說.三複	剃，剪，讓人剃或剪
κατηχέω	動.完成.被.直說.三複	教訓，告訴，學習，聽見
στοιχέω	動.現在.主.直說.二單	行爲舉止，遵照…生活
δαπανάω ἐπ᾽ αὐτοῖς		替他們繳費
25. ἐπιστέλλω	動.過不.主.直說.一複	寫信指導，寫
εἰδωλόθυτος, ον	名.直.中.單	祭過偶像的肉
πνικτός, ή, όν	形.直.中.單.原	被勒死的（牲畜）
πορνεία, ας, ἡ	名.直.陰.單	淫亂，不道德的性行爲
26. ἁγνίζω	動.過不.被.分詞.主.陽.單	使純潔，潔淨
εἴσειμι	動.過未.主.直說.三單	進去，去，到
διαγγέλλω	動.現在.主.分詞.主.陽.單	傳佈，宣講，報告
ἐκπλήρωσις, εως, ἡ	名.直.陰.單	屆滿
ἁγνισμός, οῦ, ὁ	名.所.陽.單	潔淨禮
προσφέρω	動.過不.被.直說.三單	供，獻
προσφορά, ᾶς, ἡ	名.主.陰.單	供獻，獻祭，禮物
27. συντελέω	動.現在.被.不定	結束，滿
θεάομαι	動.過不.關.分詞.主.陽.複	看見
ἐπιβάλλω	動.過不.主.直說.三複	下手，抓住，逮捕
28. βοηθέω	動.現在.主.命令.二複	幫助
πανταχῇ	副.原	到處
κοινόω	動.完成.主.直說.三單	污辱，褻瀆，使不潔淨
29. προοράω	動.完成.主.分詞.主.陽.複	以前看見
Τρόφιμος, ου, ὁ	名.直.陽.單	特羅非摩〔特洛斐摩〕
30. κινέω	動.過不.被.直說.三單	騷動
συνδρομή, ῆς, ἡ	名.主.陰.單	一起衝，一起跑過來
ἕλκω	動.過未.主.直說.三複	拉，拖
κλείω	動.過不.被.直說.三複	關閉，鎖
31. φάσις, εως, ἡ	名.主.陰.單	消息，報導，報告
σπεῖρα, ης, ἡ	名.所.陰.單	營，一隊士兵

32. ἐξαυτῆς	副.原	立刻，立即，在那時
κατατρέχω	動.過不.主.直說.三單	跑下來，趕到
33. ἅλυσις, εως, ἡ	名.間.陰.複	鐵鏈，鎖鏈，囚禁
34. ἐπιφωνέω	動.過未.主.直說.三複	呼喊，喊叫
ἀσφαλής, ές	形.直.中.單.原	事實眞相或理由
θόρυβος, ου, ὁ	名.直.陽.單	混亂，亂成一團，暴動
35. ἀναβαθμός, οῦ, ὁ	名.直.陽.複	台階，階梯
συμβαίνω	動.過不.主.直說.三單	情況正像…，只好
βαστάζω	動.現在.被.不定	托著，移走
βία, ας, ἡ	名.直.陰.單	猛力，暴力，使用暴力
37. ἔξεστι	動.現在.主.直說.三單	…是合宜的，合法的
Ἑλληνιστί	副.原	用希臘文
38. Αἰγύπτιος, α, ον	名.主.陽.單	埃及的
ἀναστατόω	動.過不.主.分詞.主.陽.單	擾亂，煽動，作亂
τετρακισχίλιοι, αι, α	形.直.陽.複.原	四千
σικάριος, ου, ὁ	名.所.陽.複	兇徒，殺手，謀殺者
39. Ταρσεύς, έως, ὁ	名.主.陽.單	大數人〔塔爾索人〕
ἄσημος, ον	形.所.陰.單.原	不著名的，無名的
πολίτης, ου, ὁ	名.主.陽.單	公民，居民，同胞，本國的人
40. ἀναβαθμός, οῦ, ὁ	名.所.陽.複	台階，階梯
κατασείω	動.過不.主.直說.三單	示意，做手勢
σιγή, ῆς, ἡ	名.所.陰.單	安靜，寂靜無聲
προσφωνέω	動.過不.主.直說.三單	向…呼叫，說話，勸告
Ἑβραΐς, ΐδος, ἡ	形.間.陰.單.原	希伯來人

第二十二章

1. νυνί	副.原	現在（強調寫法）
ἀπολογία, ας, ἡ	名.所.陰.單	辯護，回答，答覆
2. Ἑβραΐς, ΐδος, ἡ	形.間.陰.單.原	希伯來人
προσφωνέω	動.過未.主.直說.三單	向…呼叫，說話，勸告
ἡσυχία, ας, ἡ	名.直.陰.單	安靜，沉默
παρέχω ἡσυχίαν		安靜
3. Ταρσός, οῦ, ἡ	名.間.陰.單	大數〔塔爾索〕

ἀνατρέφω	動.完成.被.分詞.主.陽.單	撫養長大，培育，訓練
Γαμαλιήλ, ὁ	名.所.陽.單	迦瑪列〔加瑪里耳〕
παιδεύω	動.完成.被.分詞.主.陽.單	教導，指導，訓練，管教
ἀκρίβεια, ας, ἡ	名.直.陰.單	嚴格，精確
πατρῷος, α, ον	形.所.陽.單.原	祖先的，來自祖先的
ζηλωτής, οῦ, ὁ	名.主.陽.單	熱心者
ἀνατρέφω παρὰ τοὺς πόδας		受教於
4. δεσμεύω	動.現在.主.分詞.主.陽.單	捆，綁
5. πρεσβυτέριον, ου, τό	名.主.中.單	長老團
ἐκεῖσε	副.原	那裏，在那地方
τιμωρέω	動.過不.被.假設.三複	使（某人）受刑罰，用刑
6. μεσημβρία, ας, ἡ	名.直.陰.單	中午，正午，南方
ἐξαίφνης	副.原	忽然，没有料到地
περιαστράπτω	動.過不.主.不定	四面照耀
7. ἔδαφος, ους, τό	名.直.中.單	地上
9. θεάομαι	動.過不.關.直說.三複	看見
10. τάσσω	動.完成.被.直說.三單	指示，命令，吩咐
11. ἐμβλέπω	動.過未.主.直說.一單	定睛看，看見
χειραγωγέω	動.現在.被.分詞.主.陽.單	拉著手引領
σύνειμι	動.現在.主.分詞.所.陽.複	同在，跟…在一起
ὑπὸ τῶν συνόντων μοι		跟我同行的人
12. εὐλαβής, ές	形.主.陽.單.原	虔誠的，敬畏神的
14. προχειρίζομαι	動.過不.關.直說.三單	選擇或任命
16. ἀπολούω	動.過不.關.命令.二單	潔淨自己，洗除（罪）
17. ἔκστασις, εως, ἡ	名.間.陰.單	驚訝，驚異，異象
ἐγένετο ἐπ᾽ αὐτόν ἔκστασις		他得到一個異象
18. σπεύδω	動.過不.主.命令.二單	急忙，趕快
τάχος, ους, τό	名.間.中.單	速度，快速
παραδέχομαι	動.未來.關.直說.三複	接受，歡迎，承認
μαρτυρία, ας, ἡ	名.直.陰.單	證言，見證
19. φυλακίζω	動.現在.主.分詞.主.陽.單	下獄，逮捕
δέρω	動.現在.主.分詞.主.陽.單	打，擊
20. συνευδοκέω	動.現在.主.分詞.主.陽.單	贊同，同意，願意

21. μακράν	副.原	遠，遠方
22. καθήκω	動.過未.主.直說.三單	…是合宜的
23. κραυγάζω	動.現在.主.分詞.所.陽.複	大聲喊叫，喧嚷
ῥίπτω (ῥιπτέω)	動.現在.主.分詞.所.陽.複	丟下，拋（衣服），扔掉
κονιορτός, οῦ, ὁ	名.直.陽.單	塵土
ἀήρ, ἀέρος, ὁ	名.直.陽.單	空氣
24. μάστιξ, ιγος, ἡ	名.間.陰.複	鞭子，鞭打
ἀνετάζω	動.現在.被.不定	拷問
ἐπιφωνέω	動.過未.主.直說.三複	呼喊，喊叫
25. προτείνω	動.過不.主.直說.三複	（用繩索）捆綁（備刑）
ἱμάς, άντος, ὁ	名.間.陽.複	皮鞭
ἀκατάκριτος, ον	形.直.陽.單.原	未經法律審判的
ἔξεστι	動.現在.主.直說.三單	…是合宜的，合法的
μαστίζω	動.現在.主.不定	鞭打
27. ναί	虛.強	是的，眞是，確實
28. κεφάλαιον, ου, τό	名.所.中.單	一筆錢
πολιτεία, ας, ἡ	名.直.陰.單	公民身份，人民或國家
κτάομαι	動.過不.關.直說.一單	取得，獲得，買
29. ἀνετάζω	動.現在.主.不定	拷問
30. ἀσφαλής, ές	形.直.中.單.原	事實眞相或理由

第二十三章

1. συνείδησις, εως, ἡ	名.間.陰.單	良心，知覺
πολιτεύομαι	動.完成.關.直說.一單	生活，行事爲人
2. ἐπιτάσσω	動.過不.主.直說.三單	吩咐，命令，指揮
3. τοῖχος, ου, ὁ	名.呼.陽.單	牆
κονιάω	動.完成.被.分詞.呼.陽.單	刷白，粉刷
παρανομέω	動.現在.主.分詞.主.陽.單	違背法律
τοῖχος κεκονιαμένος		騙子
4. λοιδορέω	動.現在.主.直說.二單	咒罵，辱罵，侮辱
5. κακῶς	副.原	動機不好，毀謗
7. σχίζω	動.過不.被.直說.三單	分裂，分開，分派
8. ὁμολογέω	動.現在.主.直說.三複	承認，宣佈，宣認

ἀμφοτεροι, αι, α	形.直.中.複.原	兩（者），都
9. κραυγή, ῆς, ἡ	名.主.陰.單	叫，喊，喧嚷，怒嚷
διαμάχομαι	動.過未.關.直說.三複	強烈地抗議
10. διασπάω	動.過不.被.假設.三單	扭斷，撕碎
στράτευμα, ατος, τό	名.直.中.單	兵士，軍人，兵隊，軍隊
ἁρπάζω	動.過不.主.不定	抓走，帶走
11. θαρσέω	動.現在.主.命令.二單	鼓起勇氣！放心吧！
12. συστροφή, ῆς, ἡ	名.直.陰.單	群聚，陰謀，一起計謀
ἀναθεματίζω	動.過不.主.直說.三複	發誓，賭咒，受重誓約束
13. συνωμοσία, ας, ἡ	名.直.陰.單	陰謀，同謀
14. ἀνάθεμα, ατος, τό	名.間.中.單	咒詛
ἀναθεματίζω	動.過不.主.直說.一複	發誓，賭咒，受重誓約束
γεύομαι	動.過不.關.不定	嘗，吃
ἀναθέματι ἀναθεματίζω		我們已發了重誓
15. διαγινώσκω	動.現在.主.不定	調查，審查，決定
ἕτοιμος, η, ον	形.主.陽.複.原	準備好的，（時間）到了
16. ἀδελφή, ῆς, ἡ	名.所.陰.單	姊妹，同信主的人
ἐνέδρα, ας, ἡ	名.直.陰.單	埋伏，陰謀
17. νεανίας, ου, ὁ	名.直.陽.單	年輕人，青年
ἀπάγω	動.過不.主.命令.二單	引領
19. ἀναχωρέω	動.過不.主.分詞.主.陽.單	退，避，走，走開
20. συντίθημι	動.過不.關.直說.三複	同意，商妥
αὔριον	副.原	明天，第二天，一會兒
21. ἐνεδρεύω	動.現在.主.直說.三複	埋伏，伺機，陰謀，陷害
ἀναθεματίζω	動.過不.主.直說.三複	發誓，賭咒，受重誓約束
ἕτοιμος, η, ον	形.主.陽.複.原	準備好的，（時間）到了
προσδέχομαι	動.現在.關.分詞.主.陽.複	等候，期待
22. νεανίσκος, ου, ὁ	名.直.陽.單	年輕人，青年
ἐκλαλέω	動.過不.主.不定	告訴，讓人知道
23. ἑτοιμάζω	動.過不.主.命令.二複	準備，預備，準備一切
διακόσιοι, αι, α	形.直.陽.複.原	二百
ἱππεύς, έως, ὁ	名.直.陽.複	騎兵
ἑβδομήκοντα	形.直.陽.複.原	七十

δεξιολάβος, ου, ὁ	名.直.陽.複	長槍手
24. κτῆνος, ους, τό	名.直.中.複	乘騎載物的動物，牲口
ἐπιβιβάζω	動.過不.主.分詞.主.陽.複	扶…騎上…
25. τύπος, ου, ὁ	名.直.陽.單	模樣，內容
γράψας ἐπιστολὴν ἔχουσαν τὸν τύπον τοῦτον		他寫好公文，內容如下
26. Κλαύδιος, ου, ὁ	名.主.陽.單	克勞第，和：革老丟〔客勞狄〕
Λυσίας, ου, ὁ	名.主.陽.單	呂西亞〔里息雅〕
κράτιστος, η, ον	形.間.陽.單.最	閣下，大人
27. συλλαμβάνω	動.過不.被.分詞.直.陽.單	抓，逮捕
στράτευμα, ατος, τό	名.間.中.單	兵士，軍人，兵隊，軍隊
μανθάνω	動.過不.主.分詞.主.陽.單	發現
29. ἔγκλημα, ατος, τό	名.直.中.單	控告
ἔχω ἐγκλημα		被控…的罪名
30. μηνύω	動.過不.被.分詞.所.陰.單	告訴，通知，報導，報告
ἐπιβουλή, ῆς, ἡ	名.所.陰.單	陰謀，企圖，謀害
ἐξαυτῆς	副.原	立刻，立即，在那時
κατήγορος, ου, ὁ	名.間.陽.複	控告的人，原告
31. ᾿Αντιπατρίς, ίδος, ἡ	名.直.陰.單	安提帕底〔安提帕特〕
32. ἱππεύς, έως, ὁ	名.直.陽.複	騎兵
33. ἀναδίδωμι	動.過不.主.分詞.主.陽.複	呈送
34. ποῖος, α, ον	代.形疑.所.陰.單	甚麼，哪一，哪一種
ἐπαρχεία, ας, ἡ	名.所.陰.單	省
35. διακούω	動.未來.關.直說.一單	聽審
κατήγορος, ου, ὁ	名.主.陽.複	控告的人，原告
πραιτώριον, ου, τό	名.間.中.單	（軍隊的）總部或總督府

第二十四章

1. ῥήτωρ, ορος, ὁ	名.所.陽.單	律師，發言人，代表者
Τέρτυλλος, ου, ὁ	名.所.陽.單	帖士羅〔特爾突羅〕
2. διόρθωμα, ατος, τό	名.所.中.複	改革
σός, σή, σόν	代二所.所.陰.單	你的，屬於你的
πρόνοια, ας, ἡ	名.所.陰.單	準備，先見，注意
3. πάντῃ	副.原	用各種方法，隨時隨地

πανταχοῦ	副.原	到處，各地
κράτιστος, η, ον	形.呼.陽.單.最	閣下，大人
εὐχαριστία, ας, ἡ	名.所.陰.單	感恩，感謝
4. ἐγκόπτω	動.現在.主.假設.一單	阻擋，阻礙，阻撓，煩擾
συντόμως	副.原	簡短地
σός, σή, σόν	代二所.間.陰.單	你的，屬於你的
ἐπιείκεια, ας, ἡ	名.間.陰.單	寬容，恩惠
5. λοιμός, οῦ, ὁ	名.直.陽.單	製造麻煩的人
κινέω	動.現在.主.分詞.直.陽.單	騷動
πρωτοστάτης, ου, ὁ	名.直.陽.單	魁首，頭目
6. βεβηλόω	動.過不.主.不定	褻瀆，冒犯
κρατέω	動.過不.主.直說.一複	握，抓，捉住，逮捕
9. συνεπιτίθημι	動.過不.關.直說.三複	加入攻擊，同聲控告
φάσκω	動.現在.主.分詞.主.陽.複	聲稱說，控告
10. νεύω	動.過不.主.分詞.所.陽.單	作手勢，點頭，示意
κριτής, οῦ, ὁ	名.直.陽.單	法官
εὐθύμως	副.原	願意地，樂意地
ἐμαυτοῦ, ῆς	代.一反.所.陽.單	我自己，我自己的
12. ἐπίστασις, εως, ἡ	名.直.陰.單	壓力，重擔，煽動
13. νυνί	副.原	現在
14. ὁμολογέω	動.現在.主.直說.一單	承認，宣佈，坦白說
πατρῷος, α, ον	形.間.陽.單.原	祖先的，來自祖先的
15. προσδέχομαι	動.現在.關.直說.三複	等候，歡迎，接受，握住
ἄδικος, ον	形.所.陽.複.原	邪惡的，不信主的
16. ἀσκέω	動.現在.主.直說.一單	竭力，盡力
ἀπρόσκοπος, ον	形.直.陰.單.原	無可指責的，清白的
συνείδησις, εως, ἡ	名.直.陰.單	良心，知覺
17. προσφορά, ᾶς, ἡ	名.直.陰.複	供獻，獻祭，禮物
δι' ἐτῶν		多年以後
18. ἁγνίζω	動.完成.被.分詞.直.陽.單	使純潔，潔淨
θόρυβος, ου, ὁ	名.所.陽.單	混亂，暴動，作亂
20. ἀδίκημα, ατος, τό	名.直.中.單	過犯，罪犯
22. ἀναβάλλω	動.過不.關.直說.三單	延期

Λυσίας, ου, ὁ	名. 主. 陽. 單	呂西亞〔里息雅〕
διαγινώσκω	動. 未來. 關. 直說. 一單	調查，審查，判決
23. ἄνεσις, εως, ἡ	名. 直. 陰. 單	減輕負擔，安心，釋放
ὑπηρετέω	動. 現在. 主. 不定	服事，服務，供應，照顧
ἔχω ἄνεσιν		有自由，寬待
24. Δρούσιλλα, ης, ἡ	名. 間. 陰. 單	土西拉〔得魯息拉〕
25. ἐγκράτεια, ας, ἡ	名. 所. 陰. 單	節制
κρίμα, ατος, τό	名. 所. 中. 單	審判，裁判，定罪
ἔμφοβος, ον	形. 主. 陽. 單. 原	驚惶的，恐懼的，害怕的
μεταλαμβάνω	動. 過不. 主. 分詞. 主. 陽. 單	得到，分享，有（空）
μετακαλέω	動. 未來. 關. 直說. 一單	請，召喚，邀請
τὸ νῦν ἔχον		現在暫時
26. ἅμα	副. 原	同時，一起，與…一起
ἐλπίζω	動. 現在. 主. 分詞. 主. 陽. 單	希望，盼望，指望
χρῆμα, ατος, τό	名. 主. 中. 複	財富，金錢，銀
πυκνός, ή, όν	副. 比	屢次的
ὁμιλέω	動. 過未. 主. 直說. 三單	談論，交談
27. διετία, ας, ἡ	名. 所. 陰. 單	兩年
διάδοχος, ου, ὁ	名. 直. 陽. 單	繼任的人
Πόρκιος, ου, ὁ	名. 直. 陽. 單	波求〔頗爾基約〕
κατατίθημι	動. 過不. 關. 不定	安放，置

第二十五章

1. ἐπαρχεία, ας, ἡ	名. 間. 陰. 單	省
3. ἐνέδρα, ας, ἡ	名. 直. 陰. 單	埋伏，陰謀
4. τάχος, ους, τό	名. 間. 中. 單	速度，快速
ἐκπορεύομαι	動. 現在. 關. 不定	出去
5. συγκαταβαίνω	動. 過不. 主. 分詞. 主. 陽. 複	跟…一起去或來
ἄτοπος, ον	形. 主. 中. 單. 原	不好的，邪惡的，有害的
οἱ δυνατοί		重要的人物
6. ὀκτώ	形. 所. 陰. 複. 原	八
δέκα	形. 所. 陰. 複. 原	十
7. περιΐστημι	動. 過不. 主. 直說. 三複	站在四周，避免

βαρύς, εῖα, ύ	形.直.中.複.原	沉重的，嚴重的
αἰτίωμα, ατος, τό	名.直.中.複	控訴，控告
καταφέρω	動.現在.主.分詞.主.陽.複	控告
ἀποδείκνυμι	動.過不.主.不定	證實，宣佈，證明
8. ἁμαρτάνω	動.過不.主.直說.一單	犯罪，做錯
9. κατατίθημι	動.過不.關.不定	安放，置
10. καλῶς	副.比	正確的，很好
11. παραιτέομαι	動.現在.關.直說.一單	逃避
χαρίζομαι	動.過不.關.不定	交付，給，釋放
12. συλλαλέω	動.過不.主.分詞.主.陽.單	跟…講話，商量，議論
συμβούλιον, ου, τό	名.所.中.單	計劃，計謀，議會，參謀
13. διαγίνομαι	動.過不.關.分詞.所.陰.複	（時間）過去
Βερνίκη, ης, ἡ	名.主.陰.單	百尼基〔貝勒尼切〕
14. ἀνατίθημι	動.過不.關.直說.三單	告訴，說明
15. καταδίκη, ης, ἡ	名.直.陰.單	判刑，定罪
16. χαρίζομαι	動.現在.關.不定	恩待
πρίν	連.時從	在…之前，…以前
κατήγορος, ου, ὁ	名.直.陽.複	控告的人，原告
ἀπολογία, ας, ἡ	名.所.陰.單	辯護，回答，答覆
ἔγκλημα, ατος, τό	名.所.中.單	控告
κατὰ πρόσωπον		親自
17. ἀναβολή, ῆς, ἡ	名.直.陰.單	延遲
ἑξῆς	副.原	次日，第二天
18. κατήγορος, ου, ὁ	名.主.陽.複	控告的人，原告
ὑπονοέω	動.過未.主.直說.一單	想像，認為
19. δεισιδαιμονία, ας, ἡ	名.所.陰.單	宗教
θνῄσκω	動.完成.主.分詞.所.陽.單	死，死了
φάσκω	動.過未.主.直說.三單	聲稱說，控告，以為
20. ἀπορέω	動.現在.關.分詞.主.陽.單	困惑，疑慮，不安
ζήτησις, εως, ἡ	名.直.陰.單	討論，調查，辦理
21. σεβαστός, ή, όν	形.所.陽.單.原	屬皇帝的，皇上的
διάγνωσις, εως, ἡ	名.直.陰.單	斷定，審判
ἀναπέμπω	動.過不.主.假設.一單	送，送回，送上

22. αὔριον	副. 原	明天，第二天
23. Βερνίκη, ης, ἡ	名. 所. 陰. 單	百尼基〔貝勒尼切〕
φαντασία, ας, ἡ	名. 所. 陰. 單	壯觀，排場，浩蕩
ἀκροατήριον, ου, τό	名. 直. 中. 單	大廳
ἐξοχή, ῆς, ἡ	名. 直. 陰. 單	顯著
24. συμπάρειμι	動. 現在. 主. 分詞. 呼. 陽. 複	與…同在
ἐντυγχάνω	動. 過不. 主. 直說. 三複	懇求，控告，抱怨
βοάω	動. 現在. 主. 分詞. 主. 陽. 複	呼喊，大叫
μηκέτι	副. 原	不再
25. καταλαμβάνω	動. 過不. 關. 直說. 一單	得到，知道，查出
σεβαστός, ή, όν	形. 直. 陽. 單. 原	屬皇帝的，皇上的，御營
26. ἀσφαλής, ές	形. 直. 中. 單. 原	正確的，具體的，眞相
προάγω	動. 過不. 主. 直說. 一單	先來，領出，帶出，先去
μάλιστα	副. 最	尤其是，更是，特別
ἀνάκρισις, εως, ἡ	名. 所. 陰. 單	初步審問，調查
προάγω ἐπί		帶到…之前
27. ἄλογος, ον	形. 主. 中. 單. 原	不講理的，不合理的
σημαίνω	動. 過不. 主. 不定	指著，指明，指示

第二十六章

1. σεαυτοῦ, ῆς	代. 二反. 所. 陽. 單	你自己
ἐκτείνω	動. 過不. 主. 分詞. 主. 陽. 單	伸出
2. ἡγέομαι	動. 完成. 被. 直說. 一單	想，認爲，覺得，治理
ἐμαυτοῦ, ῆς	代. 一反. 直. 陽. 單	我自己，我自己的
3. μάλιστα	副. 最	尤其是，更是，特別
γνώστης, ου, ὁ	名. 直. 陽. 單	熟悉…的
μακροθύμως	副. 原	耐心地
4. βίωσις, εως, ἡ	名. 直. 陰. 單	生活方式，爲人處事
νεότης, ητος, ἡ	名. 所. 陰. 單	年幼，年輕，青少年時期
5. προγινώσκω	動. 現在. 主. 分詞. 主. 陽. 複	已經知道
ἄνωθεν	副. 原	從開始，長久或從起初
ἀκριβής, ές	形. 直. 陰. 單. 最	嚴格的
ἡμέτερος, α, ον	代一所. 所. 陰. 單	我們的

θρησκεία, ας, ἡ	名.所.陰.單	宗教，崇拜，虔誠
7. δωδεκάφυλον, ου, τό	名.主.中.單	十二支族
ἐκτένεια, ας, ἡ	名.間.陰.單	懇切，盼望
ἐλπίζω	動.現在.主.直說.三單	希望，盼望，指望
8. ἄπιστος, ον	形.主.中.單.原	不信實的，無法相信的
9. ἐμαυτοῦ, ῆς	代.一反.間.陽.單	我自己，我自己的
ἐναντίος, α, ον	形.直.中.複.原	反對的，與人爲敵的
10. κατακλείω	動.過不.主.直說.一單	關在監裏，抓來坐牢
καταφέρω	動.過不.主.直說.一單	控告，投票反對他們
ψῆφος, ου, ἡ	名.直.陰.單	小石子，石頭，表決
καταφέρω ψῆφον		投票反對
11. πολλάκις	副.原	常常，一再，屢次
τιμωρέω	動.現在.主.分詞.主.陽.單	使（某人）受刑罰，用刑
ἀναγκάζω	動.過未.主.直說.一單	強迫，強逼，力勸，催促
βλασφημέω	動.現在.主.不定	褻瀆，毀謗
περισσῶς	副.原	更加，甚至更，更大聲
ἐμμαίνομαι	動.現在.關.分詞.主.陽.單	惱恨，厭恨
ἕως καὶ εἰς		甚至到⋯
περισσῶς ἐμμαίνομαι		異常憤恨，非常厭恨
12. ἐπιτροπή, ῆς, ἡ	名.所.陰.單	授權，許可，命令
13. οὐρανόθεν	副.原	從天上
λαμπρότης, ητος, ἡ	名.直.陰.單	光亮
ἥλιος, ου, ὁ	名.所.陽.單	太陽
περιλάμπω	動.過不.主.分詞.直.中.單	照亮周圍，四面照射
14. καταπίπτω	動.過不.主.分詞.所.陽.複	仆倒
Ἑβραΐς, ΐδος, ἡ	形.間.陰.單.原	希伯來人
σκληρός, ά, όν	形.主.中.單.原	太艱難的，不敬虔的
κέντρον, ου, τό	名.直.中.複	刺，刺棒
λακτίζω	動.現在.主.不定	踢
πρὸς κέντρα λακτίζω		因反抗而受傷
16. προχειρίζομαι	動.過不.關.不定	選擇或任命，被選
ὑπηρέτης, ου, ὁ	名.直.陽.單	助理，幫手，僕人
18. σκότος, ους, τό	名.所.中.單	黑暗，罪，暗昧

Σατανᾶς, ᾶ, ὁ	名.所.陽.單	魔鬼撒但〔撒殫〕
ἁγιάζω	動.完成.被.分詞.間.陽.複	聖化歸神，使純潔
19. ὅθεν	連.推并	從那裏，所以，因此
ἀπειθής, ές	形.主.陽.單.原	不順服的，悖逆的
οὐράνιος, ον	形.間.陰.單.原	在天上的，從天上來的
ὀπτασία, ας, ἡ	名.間.陰.單	異象，顯現
21. ἕνεκα	不介.所	爲了…緣故，因此
συλλαμβάνω	動.過不.關.分詞.主.陽.複	抓，逮捕
πειράομαι	動.過未.關.直說.三複	企圖，想要
διαχειρίζω	動.過不.關.不定	殺，謀害
22. ἐπικουρία, ας, ἡ	名.所.陰.單	幫助
μαρτύρομαι	動.現在.關.分詞.主.陽.單	作證
μικρός, ά, όν	形.間.陽.單.原	最不足道的，卑微的
ἐκτός	不介.所	第六
23. παθητός, ή, όν	形.主.陽.單.原	註定受苦的，必須受害的
24. μαίνομαι	動.現在.關.直說.二單	失去理智，發瘋
γράμμα, ατος, τό	名.主.中.複	學問
μανία, ας, ἡ	名.直.陰.單	瘋，精神失常
περιτρέπω	動.現在.主.直說.三單	使…，導致
25. κράτιστος, η, ον	形.呼.陽.單.最	閣下，大人
σωφροσύνη, ης, ἡ	名.所.陰.單	眞實無僞
ἀποφθέγγομαι	動.現在.關.直說.一單	說，演講
26. λανθάνω	動.現在.主.不定	忽視
γωνία, ας, ἡ	名.間.陰.單	角落
28. Χριστιανός, οῦ, ὁ	名.直.陽.單	基督徒
ἐν ὀλίγῳ		輕易地，暫時，簡略地
29. εὔχομαι	動.過不.關.祈願.一單	祈求，盼望，願意，祝
ὁποῖος, α, ον	代.聯代.主.陽.單	那一種，像，如
παρεκτός	不介.所	除…之外，外在的
ἐν μεγάλῳ		長久的時間
30. Βερνίκη, ης, ἡ	名.主.陰.單	百尼基〔貝勒尼切〕
συγκάθημαι	動.現在.關.分詞.主.陽.複	與…同坐，一同坐著
31. ἀναχωρέω	動.過不.主.分詞.主.陽.複	退，避，走，走開，回去

第二十七章

1. ἀποπλέω	動. 現在. 主. 不定	揚帆，開船，坐船離開
Ἰταλία, ας, ἡ	名. 直. 陰. 單	義大利
δεσμώτης, ου, ὁ	名. 直. 陽. 複	囚犯
Ἰούλιος, ου, ὁ	名. 間. 陽. 單	猶流〔猶里約〕
σπεῖρα, ης, ἡ	名. 所. 陰. 單	營，一隊士兵
σεβαστός, ή, όν	形. 所. 陰. 單. 原	屬皇帝的，皇上的
2. Ἀδραμυττηνός, ή, όν	形. 間. 中. 單. 原	亞大米田〔阿得辣米特〕
πλέω	動. 現在. 主. 不定	航行
Ἀρίσταρχος, ου, ὁ	名. 所. 陽. 單	亞里達古〔阿黎斯塔哥〕
Μακεδών, όνος, ὁ	名. 所. 陽. 單	馬其頓人
Θεσσαλονικεύς, έως, ὁ	名. 所. 陽. 單	帖撒羅尼迦人〔得撒洛尼人〕
3. Σιδών, ῶνος, ἡ	名. 直. 陰. 單	西頓〔漆冬〕
φιλανθρώπως	副. 原	體貼地，和善地，寬待地
Ἰούλιος, ου, ὁ	名. 主. 陽. 單	猶流〔猶里約〕
χράομαι	動. 過不. 關. 分詞. 主. 陽. 單	寬待
φίλος, η, ον	名. 直. 陽. 複	朋友
ἐπιμέλεια, ας, ἡ	名. 所. 陰. 單	招待
κατάγω εἰς		到達
4. ὑποπλέω	動. 過不. 主. 直說. 一複	靠…背風的一面航行
ἄνεμος, ου, ὁ	名. 直. 陽. 複	風
ἐναντίος, α, ον	形. 直. 陽. 複. 原	逆（風），反對的
5. πέλαγος, ους, τό	名. 直. 中. 單	深（海），海，大海
διαπλέω	動. 過不. 主. 分詞. 主. 陽. 複	航行渡過
Μύρα, ων, τά	名. 直. 中. 複	每拉〔米辣〕
Λυκία, ας, ἡ	名. 所. 陰. 單	呂家〔里基雅〕
6. Ἀλεξανδρῖνος, η, ον	形. 直. 中. 單. 原	亞歷山大的〔亞歷山大里亞〕
πλέω	動. 現在. 主. 分詞. 直. 中. 單	航行
Ἰταλία, ας, ἡ	名. 直. 陰. 單	義大利
ἐμβιβάζω	動. 過不. 主. 直說. 三單	叫…上船
7. βραδυπλοέω	動. 現在. 主. 分詞. 主. 陽. 複	慢慢航行
μόλις	副. 原	幾乎無法地，好不容易地
Κνίδος, ου, ἡ	名. 直. 陰. 單	革尼土〔克尼多〕

προσεάω	動. 現在. 主. 分詞. 所. 陽. 單	允許走更遠些
ἄνεμος, ου, ὁ	名. 所. 陽. 單	風
ὑποπλέω	動. 過不. 主. 直說. 一複	靠…背風的一面航行
Κρήτη, ης, ἡ	名. 直. 陰. 單	克里特島，和：革哩底
Σαλμώνη, ης, ἡ	名. 直. 陰. 單	撒摩尼〔撒耳摩納〕
8. παραλέγομαι	動. 現在. 關. 分詞. 主. 陽. 複	沿岸航行
Καλοὶ Λιμένες, οἱ		佳澳港〔良港〕
ἐγγύς	副. 原	接近，靠近，（時間上）
Λασαία, ας, ἡ	名. 主. 陰. 單	拉西亞〔拉撒雅〕
9. διαγίνομαι	動. 過不. 關. 分詞. 所. 陽. 單	（時間）過去
ἐπισφαλής, ές	形. 所. 陽. 單. 原	危險的
πλοῦς, πλοός, ὁ	名. 所. 陽. 單	航行，船程
νηστεία, ας, ἡ	名. 直. 陰. 單	禁食，饑餓，禁食的節期
παρέρχομαι	動. 完成. 主. 不定	經過，忽略
παραινέω	動. 過未. 主. 直說. 三單	勸告，催促
10. ὕβρις, εως, ἡ	名. 所. 陰. 單	損壞，損失
ζημία, ας, ἡ	名. 所. 陰. 單	損失，損壞，虧損
φορτίον, ου, τό	名. 所. 中. 單	重擔，貨物
11. κυβερνήτης, ου, ὁ	名. 間. 陽. 單	船長，航海者
ναύκληρος, ου, ὁ	名. 間. 陽. 單	船主，船長
12. ἀνεύθετος, ον	形. 所. 陽. 單. 原	不適合的，不理想的
λιμήν, ένος, ὁ	名. 所. 陽. 單	港口
παραχειμασία, ας, ἡ	名. 直. 陰. 單	過冬
ἐκεῖθεν	副. 原	從那裏
πώς	虛. 不	總得，總算
Φοῖνιξ, ικος, ὁ	名. 直. 陽. 單	非尼基〔非尼斯〕
παραχειμάζω	動. 過不. 主. 不定	過冬
Κρήτη, ης, ἡ	名. 所. 陰. 單	克里特島，和：革哩底
λίψ, λιβός, ὁ	名. 直. 陽. 單	西南風
χῶρος, ου, ὁ	名. 直. 陽. 單	西北風
τίθημι βουλήν		勸告，勸勉，贊成
13. ὑποπνέω	動. 過不. 主. 分詞. 所. 陽. 單	柔和地吹
νότος, ου, ὁ	名. 所. 陽. 單	南風，南方

πρόθεσις, εως, ἡ	名.所.陰.單	計劃，本意
κρατέω	動.完成.主.不定	達成，實行
ἆσσον	副.比	緊靠著
παραλέγομαι	動.過未.關.直說.三複	沿岸航行
14. ἄνεμος, ου, ὁ	名.主.陽.單	風
τυφωνικός, ή, όν	形.主.陽.單.原	如旋風般的
Εὐρακύλων, ωνος, ὁ	名.主.陽.單	東北風，（友拉革羅風）
15. συναρπάζω	動.過不.被.分詞.所.中.單	抓住，（被風）襲擊
ἀντοφθαλμέω	動.現在.主.不定	擋（風）
ἐπιδίδωμι	動.過不.主.分詞.主.陽.複	任由，放棄
16. νησίον, ου, τό	名.直.中.單	小島
ὑποτρέχω	動.過不.主.分詞.主.陽.複	靠著…背風的一面航行
Καῦδα	名.直.陰.單	高大〔克勞達〕
μόλις	副.原	幾乎無法地，好不容易地
περικρατής, ές	形.主.陽.複.原	控制
σκάφη, ης, ἡ	名.所.陰.單	船上的小艇
17. βοήθεια, ας, ἡ	名.間.陰.複	纜索
χράομαι	動.過未.關.直說.三複	使用，利用，行動
ὑποζώννυμι	動.現在.主.分詞.主.陽.複	繫緊或綁住
Σύρτις, εως, ἡ	名.直.陰.單	賽耳底〔敘爾提〕
χαλάω	動.過不.主.分詞.主.陽.複	縋下，落下，撒（網）
18. σφοδρῶς	副.原	粗暴地，大大地
χειμάζω	動.現在.被.分詞.所.陽.複	遭遇惡劣的天氣
ἑξῆς	副.原	次日，第二天
ἐκβολή, ῆς, ἡ	名.直.陰.單	拋到船外
19. αὐτόχειρ, ρος	名.主.陽.複	親手
σκευή, ῆς, ἡ	名.直.陰.單	（船上的）器具
ῥίπτω (ῥιπτέω)	動.過不.主.直說.三複	丟，扔掉，放下
20. ἥλιος, ου, ὁ	名.所.陽.單	太陽
ἄστρον, ου, τό	名.所.中.複	星星，星座
ἐπιφαίνω	動.現在.主.分詞.所.中.複	出現
χειμών, ῶνος, ὁ	名.所.陽.單	冬天，惡劣大的天氣，風浪
ἐπίκειμαι	動.現在.關.分詞.所.陽.單	擁上來

περιαιρέω	動.過未.被.直說.三單	放棄
21. ἀσιτία, ας, ἡ	名.所.陰.單	没有食慾
ὦ	歎	啊！（稱呼人或表達情感）
πειθαρχέω	動.過不.主.分詞.直.陽.複	服從，聽從
Κρήτη, ης, ἡ	名.所.陰.單	克里特島，和：革哩底
κερδαίνω	動.過不.主.不定	避免，不致（遭受損失）
ὕβρις, εως, ἡ	名.直.陰.單	損壞，損失
ζημία, ας, ἡ	名.直.陰.單	損失，損壞，虧損
22. παραινέω	動.現在.主.直說.一單	勸告，催促
εὐθυμέω	動.現在.主.不定	鼓起勇氣，使…放心
ἀποβολή, ῆς, ἡ	名.主.陰.單	喪失，棄絕
πλήν	不介.所	但，然而，除了，可是
24. χαρίζομαι	動.完成.關.直說.三單	賜，給，恩待
πλέω	動.現在.主.分詞.直.陽.複	航行
25. εὐθυμέω	動.現在.主.命令.二複	鼓起勇氣，使…放心
τρόπος, ου, ὁ	名.直.陽.單	方式，樣子，生活
27. τεσσαρεσκαιδέκατος,η,ον	形.主.陰.單.原	第十四
διαφέρω	動.現在.被.分詞.所.陽.複	飄來飄去
Ἀδρίας, ου, ὁ	名.間.陽.單	亞得里亞海，和：亞底亞
ὑπονοέω	動.過未.主.直說.三複	想，認爲，猜疑
ναύτης, ου, ὁ	名.主.陽.複	船員，水手
προσάγω	動.現在.主.不定	來到…附近
28. βολίζω	動.過不.主.分詞.主.陽.複	抛下測繩
ὀργυιά, ᾶς, ἡ	名.直.陰.複	噚，長度單位
εἴκοσι	形.直.陰.複.原	二十
βραχύς, εῖα, ύ	副.原	少的，短的，小的
διΐστημι	動.過不.主.分詞.主.陽.複	離開，過，往前航行
δεκαπέντε	形.直.陰.複.原	十五
29. πού	虛.不	某地方，幾乎，快要
τραχύς, εῖα, ύ	形.直.陽.複.原	崎嶇的
πρύμνα, ης, ἡ	名.所.陰.單	船尾
ῥίπτω (ῥιπτέω)	動.過不.主.分詞.主.陽.複	丟下，抛，扔掉
ἄγκυρα, ας, ἡ	名.直.陰.複	錨

εὔχομαι	動.過未.關.直說.三複	祈求，盼望
κατὰ τραχεῖς τόπους		暗礁
30. ναύτης, ου, ὁ	名.所.陽.複	船員，水手
φεύγω	動.過不.主.不定	逃，逃避，逃脫
χαλάω	動.過不.主.分詞.所.陽.複	縋下，落下，撒（網）
σκάφη, ης, ἡ	名.直.陰.單	船上的小艇
πρόφασις, εως, ἡ	名.間.陰.單	假裝
πρῷρα, ης, ἡ	名.所.陰.單	船頭
ἐκτείνω	動.現在.主.不定	伸出，拋出（錨）
32. ἀποκόπτω	動.過不.主.直說.三複	砍斷或砍掉
σχοινίον, ου, τό	名.直.中.複	繩子
σκάφη, ης, ἡ	名.所.陰.單	船上的小艇
33. μεταλαμβάνω	動.過不.主.不定	得到，分享，有（空）
τεσσαρεσκαιδέκατος,η,ον	形.直.陰.單.原	第十四
ἄσιτος, ον	形.主.陽.複.原	沒有吃東西
διατελέω	動.現在.主.直說.二複	繼續，一直堅持
ἄχρι οὗ		在…之前
34. ὑμέτερος, α, ον	代二所.所.陰.單	你們的
θρίξ, τριχός, ἡ	名.主.陰.單	毛，頭髮
τοῦτο πρὸς τῆς ὑμετέρας σωτηρίας ὑπάρχει		你們才能夠支持下去
35. εὐχαριστέω	動.過不.主.直說.三單	感謝，祝謝
κλάω	動.過不.主.分詞.主.陽.單	掰開，擘
36. εὔθυμος, ον	形.主.陽.複.原	願意的，放心的
37. διακόσιοι, αι, α	形.主.陰.複.原	二百
ἑβδομήκοντα	形.主.陰.複.原	七十
ἕξ	形.主.陰.複.原	六
38. κορέννυμι	動.過不.被.分詞.主.陽.複	吃飽，富足
κουφίζω	動.過未.主.直說.三複	減輕重量
σῖτος, ου, ὁ	名.直.陽.單	穀，麥子，食糧
39. κόλπος, ου, ὁ	名.直.陽.單	港灣，海灣
κατανοέω	動.過未.主.直說.三複	觀察，看看
αἰγιαλός, οῦ, ὁ	名.直.陽.單	海濱，岸邊
βουλεύω	動.過未.關.直說.三複	計劃，決定，考慮

ἐξωθέω	動. 過不. 主. 不定	擱淺，攏上去
40. ἄγκυρα, ας, ἡ	名. 直. 陰. 複	錨
περιαιρέω	動. 過不. 主. 分詞. 主. 陽. 複	挪走，切斷，除掉
ἅμα	副. 原	同時，一起，與…一起
ἀνίημι	動. 過不. 主. 分詞. 主. 陽. 複	鬆開
ζευκτηρία, ας, ἡ	名. 直. 陰. 複	繩子
πηδάλιον, ου, τό	名. 所. 中. 複	舵
ἀρτέμων, ωνος, ὁ	名. 直. 陽. 單	船頭的帆
πνέω	動. 現在. 主. 分詞. 間. 陰. 單	（風）吹
κατέχω εἰς		把（船）推向（岸去）
41. περιπίπτω	動. 過不. 主. 分詞. 主. 陽. 複	撞上（暗礁）
διθάλασσος, ον	形. 直. 陽. 單. 原	兩海之間的
ἐπικέλλω	動. 過不. 主. 直說. 三複	擱淺
ναῦς, ὁ	名. 直. 陰. 單	船
πρῷρα, ης, ἡ	名. 主. 陰. 單	船頭
ἐρείδω	動. 過不. 主. 分詞. 主. 陰. 單	粘牢，膠住
ἀσάλευτος, ον	形. 主. 陰. 單. 原	無法移動的，不能震動的
πρύμνα, ης, ἡ	名. 主. 陰. 單	船尾
βία, ας, ἡ	名. 所. 陰. 單	猛力，暴力，使用暴力
κῦμα, ατος, τό	名. 所. 中. 複	波浪
τόπος διθάλασσος		暗礁
42. δεσμώτης, ου, ὁ	名. 直. 陽. 複	囚犯
ἐκκολυμβάω	動. 過不. 主. 分詞. 主. 陽. 單	游泳逃走，潛水逃脫
διαφεύγω	動. 過不. 主. 假設. 三單	逃脫
43. βούλημα, ατος, τό	名. 所. 中. 單	旨意，意圖
κολυμβάω	動. 現在. 主. 不定	游泳
ἀπορίπτω	動. 過不. 主. 分詞. 直. 陽. 複	跳下船
ἔξειμι	動. 現在. 主. 不定	回去，動身，上（岸）
44. σανίς, ίδος, ἡ	名. 間. 陰. 複	木板

第二十八章

1. Μελίτη, ης, ἡ	名. 主. 陰. 單	馬耳他，和：米利大〔默里達〕
2. βάρβαρος, ον	名. 主. 陽. 複	未開化的，當地人，土人

φιλανθρωπία, ας, ἡ	名. 直. 陰. 單	親切，友善
ἅπτω	動. 過不. 主. 分詞. 主. 陽. 複	點燃生火
πυρά, ᾶς, ἡ	名. 直. 陰. 單	火
ὑετός, οῦ, ὁ	名. 直. 陽. 單	雨，雨水
ψῦχος, ους, τό	名. 直. 中. 單	寒冷
οὐχ ὁ τυχών		不尋常，不平凡，奇異
3. συστρέφω	動. 過不. 主. 分詞. 所. 陽. 單	撿（木柴），聚，集合
φρύγανον, ου, τό	名. 所. 中. 複	枯木，柴
ἔχιδνα, ης, ἡ	名. 主. 陰. 單	蛇，毒蛇
θέρμη, ης, ἡ	名. 所. 陰. 單	熱氣
καθάπτω	動. 過不. 主. 直說. 三單	纏住
4. βάρβαρος, ον	名. 主. 陽. 複	未開化的，當地人，土人
κρεμάννυμι	動. 現在. 關. 分詞. 直. 中. 單	懸掛
θηρίον, ου, τό	名. 直. 中. 單	蛇
πάντως	副. 原	必定，確定地，無疑地
φονεύς, έως, ὁ	名. 主. 陽. 單	謀殺者，凶徒
δίκη, ης, ἡ	名. 主. 陰. 單	天理（公理），天理（女神）
5. ἀποτινάσσω	動. 過不. 主. 分詞. 主. 陽. 單	抖掉，踩掉
6. πίμπρημι	動. 現在. 被. 不定	腫脹或發燒
καταπίπτω	動. 現在. 主. 不定	仆倒
ἄφνω	副. 原	突然，忽然
ἄτοπος, ον	形. 直. 中. 單. 原	不好，邪惡，有害，異樣的
μεταβάλλω	動. 過不. 關. 分詞. 主. 陽. 複	改變念頭
7. Πόπλιος, ου, ὁ	名. 間. 陽. 單	部百流〔頗理約〕
ἀναδέχομαι	動. 過不. 關. 分詞. 主. 陽. 單	領受，歡迎
φιλοφρόνως	副. 原	誠意地，親切地
8. πυρετός, οῦ, ἡ	名. 間. 陽. 複	發燒，熱，熱度
δυσεντέριον, ου, τό	名. 間. 中. 單	痢疾
συνέχω	動. 現在. 被. 分詞. 直. 陽. 單	患病
κατάκειμαι	動. 現在. 關. 不定	躺（在床上）
ἰάομαι	動. 過不. 關. 直說. 三單	醫治，治好，恢復
9. ἀσθένεια, ας, ἡ	名. 直. 陰. 複	（各種）軟弱，疾病
10. τιμάω	動. 過不. 主. 直說. 三複	尊重，重用

11. παραχειμάζω	動. 完成. 主. 分詞. 間. 中. 單	過冬
Ἀλεξανδρῖνος, η, ον	形. 間. 中. 單. 原	亞歷山大的〔亞歷山大里亞〕
παράσημος, ον	形. 間. 中. 單. 原	以船頭的雕飾爲名號的
Διόσκουροι, ων, οἱ	名. 間. 陽. 複	雙神，和：丟斯雙子〔彫斯雇黎〕
12. Συράκουσαι, ῶν, αἱ	名. 直. 陰. 複	敍古拉〔息辣谷撒〕
13. ὅθεν	連. 地從	地方，從那裏
περιαιρέω	動. 過不. 主. 分詞. 主. 陽. 複	除掉，切斷
Ῥήγιον, ου, τό	名. 直. 中. 單	利基翁〔勒基雍〕
ἐπιγίνομαι	動. 過不. 關. 分詞. 所. 陽. 單	起（風），（夜晚）來臨
νότος, ου, ὁ	名. 所. 陽. 單	南風，南方
δευτεραῖος, α, ον	形. 主. 陽. 複. 原	在兩天內，在第二天
Ποτίολοι, ων, οἱ	名. 直. 陽. 複	部丟利〔頗提約里〕
15. ἀπάντησις, εως, ἡ	名. 直. 陰. 單	迎接
Ἀππίου Φόρον		亞比烏市廣場〔阿丕約〕
Τρεῖς Ταβέρναι		三館
εὐχαριστέω	動. 過不. 主. 分詞. 主. 陽. 單	感謝，祝謝
θάρσος, ους, τό	名. 直. 中. 單	勇氣，壯膽
λαμβάνω θάρσος		壯膽
17. συγκαλέω	動. 過不. 關. 不定	召集，叫到面前來，約見
ἐναντίος, α, ον	不介. 所	相反對
πατρῷος, α, ον	形. 間. 中. 複. 原	祖先的，來自祖先的
19. ἀντιλέγω	動. 現在. 主. 分詞. 所. 陽. 複	反對，反駁
ἀναγκάζω	動. 過不. 被. 直說. 一單	強迫，強逼
20. προσλαλέω	動. 過不. 主. 不定	向或跟人說話
ἕνεκα	不介. 所	爲了…緣故，因此
ἅλυσις, εως, ἡ	名. 直. 陰. 單	鐵鏈，鎖鏈，囚禁
περίκειμαι	動. 現在. 關. 直說. 一單	被綁住
21. γράμμα, ατος, τό	名. 直. 中. 複	信件
22. ἀξιόω	動. 現在. 主. 直說. 一複	認爲，想要
φρονέω	動. 現在. 主. 直說. 二單	重視
πανταχοῦ	副. 原	到處，各地
ἀντιλέγω	動. 現在. 被. 直說. 三單	反對，反駁
23. τάσσω	動. 過不. 關. 分詞. 主. 陽. 複	約定，指定，指示

ξενία, ας, ἡ	名.直.陰.單	住處，房間，客房
ἐκτίθημι	動.過未.關.直說.三單	解釋，講解
πρωΐ	副.原	清早，早晨，早上
ἑσπέρα, ας, ἡ	名.所.陰.單	天黑，夜晚
24. ἀπιστέω	動.過未.主.直說.三複	不信，不肯相信
25. ἀσύμφωνος, ον	形.主.陽.複.原	意見不同的
καλῶς	副.原	正確的，很好
Ἠσαΐας, ου, ὁ	名.所.陽.單	以賽亞〔依撒意亞〕
26. ἀκοή, ῆς, ἡ	名.間.陰.單	報導，消息，耳朵，聽見
συνίημι	動.過不.主.假設.二複	明白，了解，領悟
ἀκοῇ ἀκούω		留心聽，聽又聽了
27. παχύνω	動.過不.被.直說.三單	變鈍或不敏感
βαρέως	副.原	困難地
καμμύω	動.過不.主.直說.三複	閉（眼）
μήποτε	連.不從	恐怕，免得，也許
ἰάομαι	動.未來.關.直說.一單	醫治，治好，恢復
καμμύω τοὺς ὀφθαλμούς		拒絕認識（或學習）
τοῖς ὠσὶν βαρέως ἀκούω		頭腦遲鈍
28. σωτήριον, ου, τό	名.主.中.單	拯救，救恩，拯救的能力
30. ἐμμένω	動.過不.主.直說.三單	住或停留一段時間
διετία, ας, ἡ	名.直.陰.單	兩年
μίσθωμα, ατος, τό	名.間.中.單	費用，租金，租用的房子
εἰσπορεύομαι	動.現在.關.分詞.直.陽.複	進去或進來，進入
31. ἀκωλύτως	副.原	無阻礙地

羅馬書

特別詞彙

ἀγνοέω　無知，不了解；忽視；或許指：無知中犯罪

ἀδικία, ας, ἡ　過錯，邪惡，罪；不義，不公平

ἀκροβυστία, ας, ἡ　没有受割禮（常指：非猶太人）

ἁμαρτάνω　犯罪，做錯

ἀπειθέω　不順服，不信服

ἄρα　結果，爲此，那麼，因此，所以；有時加上 εἰ 或 ἐπεί 表示強調

βασιλεύω　掌權，統治

δικαιόω　使（人與神）有正確合宜的關係；宣判無罪，宣告爲義；顯示或證明爲公義；從…解脫，脫離（羅 6.7）

δικαίωμα, ατος, τό　誡命，規例，命令，要求；義行（羅 5.18），公義的作爲或審判；宣判無罪（羅 5.16）

διώκω　迫害，逼迫；追求，向…直跑，驅逐，趕出；慇懃待客（羅 12.13）；追隨

δουλεύω　伺候，事奉；服事，作奴隸，受奴役；勞苦

δυνατός, ή, όν　可能的；剛強的，有力量的，大能的；有影響力的，作領袖的；信心堅強或有良心的（羅 15.1）；知識豐富的

ἐγκεντρίζω　接枝

ἐλεέω　憐憫（＜被動＞得到憐憫）

Ἕλλην, ηνος, ὁ　希臘人；非猶太人，外邦人，異教徒

ἐπιθυμία, ας, ἡ　慾望，慾念，情慾，私慾；盼望，意願，貪心

εὐχαριστέω　感謝，祝謝

Ἠσαΐας, ου, ὁ　以賽亞〔依撒意亞〕

θλῖψις, εως, ἡ　困難，痛苦，苦難，患難；災難；憂傷；負擔

καταργέω	使失效，取消；毀滅，廢除（＜被動＞消失，終止，不再…）；白佔（土地）；褪色；＜被動＞接ἀπό 從…得到釋放，不再受限制（羅 7.2, 6）；與…隔絕，自絕於
κατεργάζομαι	作，做，行；完成，達成；使，產生，激發，帶來，培養；準備
καυχάομαι	誇口，誇耀；誇獎，稱讚；對…感覺驕傲，以…爲榮；歡欣，喜樂；高興
κλάδος, ου, ὁ	枝子，樹枝
κρίμα, ατος, τό	審判；裁判，判決；定罪，懲罰；訴訟，告狀；審判權
κτίσις, εως, ἡ	創造，創世；被造之物，萬有，被造的宇宙，生物；創造（的行動）
λογίζομαι	算，計較；算作，看作，當作；以爲，認爲，想，相信；批評，評斷，列在；爭辯，追究；熟思
μέλος, ους, τό	肢體，成員
νοῦς, νοός ὁ	心思，心智；意念，想法，見解；心意，目的；明白，曉悟；聰明
νυνί	現在
οἰκέω	＜不及＞居住；＜及＞住在
ὀργή, ῆς, ἡ	憤怒，義憤；審判，懲罰；報仇
οὐκέτι	不再（οὐκέτι οὐ μή 永遠不再）
παράπτωμα, ατος, τό	罪，過錯
παρίστημι	＜及＞在…面前，帶到…面前，顯現；獻，奉獻，交給；供給，調派；證明；＜不及＞（＜完成＞，＜過完＞，＜二過不＞＜主動＞；所有＜關＞）站在旁邊，在場，站；來到；站在…前；站在一起
περιτομή, ῆς, ἡ	割禮（宗教儀式）；受過割禮的人，猶太人（ὁ ἐκ π. 猶太人）
πλοῦτος, ου, ὁ, τό	財富，豐裕；豐富的祝福，寬裕
πράσσω	＜及＞做，作，行；收取（稅或利息）；π. τὰ ἴδια 辦自己的事，親手做工；＜不及＞做，作，行
ῥίζα, ης, ἡ	根；後代（羅 15.12），根源，（罪惡的）起因
σεαυτοῦ, ῆς	＜反代＞你自己（κατὰ σ. ἔχε ἐνώπιον τοῦ θεοῦ 是你自己跟神之間的事，羅 14.22）

σπέρμα, ατος, τό	種子；後裔，子孫，後代
σωτηρία, ας, ἡ	拯救，救恩（基督教所指）；κέρας σ. 一位全能的救主；解救，得救，保全，釋放
τέλος, ους, τό	終局，窮盡，終點，末期，終結（ἄχρι τ. 至終；εἰς τ. 到最後，永遠，繼續地，最後；ἕως τ. 給終，完全地；μέχρι τ. βεβαίαν 堅持到底；ἔχω τ. 終止，結局，結果，目標，目的，實現；稅，關稅（羅 13.7）
τιμή, ῆς, ἡ	尊貴，尊敬，敬重；禮物價格，價值，總額（錢）；尊貴的地位，榮耀；報償，報酬
ὑπακοή, ῆς, ἡ	服從，信服，信從，順從
ὑπομονή, ῆς, ἡ	忍耐，堅定，恒毅，恒心
ὑποτάσσω	制服，使服從，使…隸屬；＜被動＞服從，順從，受…轄制；安於本份，居於從屬的地位
φόβος, ου, ὁ	恐懼，恐怖，畏懼，（對神的）敬畏；（對人）尊敬
φρονέω	思想，想念，有…的情感；意向於（羅 8.5）；τὸ αὐτὸ φ. 或 ἕν. φ. 同心合意地生活，有同樣的見解；ὑψηλὰ φ. 驕傲，有驕傲的思想；關懷，關心；重視（羅 14.6）
φύσις, εως, ἡ	本性，天然的情況（ὁ κατὰ φ. κλάδος 原有的枝子，羅 11.21, 24；ἡ ἐκ φ. ἀκροβυστία 身體上沒有受割禮的，羅 2.27；παρὰ φ. 逆性的，不自然的，羅 11.24）；自然，自然的秩序（ἡ παρὰ φ. χρῆσιν 違反自然的性行爲，羅 1.26）；本性，本體，本質；種，類
χάρισμα, ατος, τό	禮物，（神恩典的）恩賜
χρηστότης, ητος, ἡ	仁慈，良善，慈悲；正直
χωρίς	1. 接＜所有＞沒有，不藉著，跟…無關；οὐ χ. 沒有它；除了…以外，還，另外；2. ＜副＞分開地，在另一邊）
ὥσπερ	如同，正如，正像；好像，好比

第一章

1. κλητός, ή, όν	形.主.陽.單.原	蒙召的
ἀφορίζω	動.完成.被.分詞.主.陽.單	分別，選召
2. προεπαγγέλλω	動.過不.關.直說.三單	很久以前應許
4. ὁρίζω	動.過不.被.分詞.所.陽.單	決定，任命，安排
ἁγιωσύνη, ης, ἡ	名.所.陰.單	聖潔，聖化
ἀνάστασις, εως, ἡ	名.所.陰.單	復活
5. ἀποστολή, ῆς, ἡ	名.直.陰.單	使徒的職份
6. κλητός, ή, όν	形.主.陽.複.原	蒙召的
7. ῾Ρώμη, ης, ἡ	名.間.陰.單	羅馬
8. καταγγέλλω	動.現在.被.直說.三單	宣揚，教導
9. μάρτυς, υρος, ὁ	名.主.陽.單	見證人
λατρεύω	動.現在.主.直說.一單	事奉，敬拜
ἀδιαλείπτως	副.原	不停地，經常地
μνεία, ας, ἡ	名.直.陰.單	想念，提到
10. πάντοτε	副.原	總是，常常
προσευχή, ῆς, ἡ	名.所.陰.複	禱告
δέομαι	動.現在.關.分詞.主.陽.單	要求，懇求
πώς	虛.不	總得，總算
ποτέ	副.原	終於，過了一段時間
εὐοδόω	動.未來.被.直說.一單	順利進展，使..有可能
ἤδη ποτέ		現在終於
11. ἐπιποθέω	動.現在.主.直說.一單	熱切想念，急切地想
μεταδίδωμι	動.過不.主.假設.一單	分享，給，分，施與
πνευματικός, ή, όν	形.直.中.單.原	靈的，屬靈的
στηρίζω	動.過不.被.不定	使堅強，堅定
12. συμπαρακαλέω	動.過不.被.不定	互相獲得鼓勵
13. πολλάκις	副.原	常常，一再，屢次
προτίθημι	動.過不.關.直說.一單	計劃，目的，意向
κωλύω	動.過不.被.直說.一單	阻擋，阻止
ἄχρι	不介.所	直到
δεῦρο	副.原	來，來這裏
ἄχρι τοῦ δεῦρο		直到現在

14. βάρβαρος, ον	名.間.陽.複	非希臘人的，未開化的
σοφός, ή, όν	形.間.陽.複.原	智慧的，聰明博學的
ἀνόητος, ον	形.間.陽.複.原	愚昧的，無知的
ὀφειλέτης, ου, ὁ	名.主.陽.單	負債的人
15. πρόθυμος, ον	形.主.中.單.原	願意的
῾Ρώμη, ης, ἡ	名.間.陰.單	羅馬
16. ἐπαισχύνομαι	動.現在.關.直說.一單	以…爲恥
17. ἀποκαλύπτω	動.現在.被.直說.三單	啓示，顯明，揭露
ἐκ ... εἰς		完全地
18. ἀσέβεια, ας, ἡ	名.直.陰.單	不信神，不敬虔
κατέχω	動.現在.主.分詞.所.陽.複	阻止
19. διότι	連.原從	因爲，所以
γνωστός, ή, όν	形.主.中.單.原	廣爲人知的
φανερός, ά, όν	形.主.中.單.原	明顯的，清楚的
φανερόω	動.過不.主.直說.三單	顯露，顯現
τὸ γνωστόν		可以知道的
20. ἀόρατος, ον	形.主.中.複.原	看不見的，未曾見過的
ποίημα, ατος, τό	名.間.中.複	受造之物
νοέω	動.現在.被.分詞.主.中.複	明白，曉得，辨認
καθοράω	動.現在.被.直說.三單	清楚地查覺，看見而辨認
ἀΐδιος, ον	形.主.陰.單.原	永遠的，無窮的
θειότης, ητος, ἡ	名.主.陰.單	神祇，神性
ἀναπολόγητος, ον	形.直.陽.複.原	没有藉口的，不可原諒的
21. διότι	連.原從	因爲，所以
ματαιόω	動.過不.被.直說.三複	思想荒唐
διαλογισμός, οῦ, ὁ	名.間.陽.複	想法，見解，思考，議論
σκοτίζω	動.過不.被.直說.三單	暗昧，昏暗
ἀσύνετος, ον	形.主.陰.單.原	遲鈍的，愚昧的
22. φάσκω	動.現在.主.分詞.主.陽.複	聲稱說，主張，以爲
σοφός, ή, όν	形.主.陽.複.原	智慧的，聰明博學的
μωραίνω	動.過不.被.直說.三複	使…變成愚拙
23. ἀλλάσσω	動.過不.主.直說.三複	改變，顛倒
ἄφθαρτος, ον	形.所.陽.單.原	不滅的，不朽壞的

ὁμοίωμα, ατος, τό	名.間.中.單	相像，形像
εἰκών, όνος, ἡ	名.所.陰.單	形像，外表
φθαρτός, ή, όν	形.所.陽.單.原	必朽壞的，必死的
πετεινόν, οῦ, τό	名.所.中.複	鳥，飛禽
τετράπους, ουν	名.所.中.複	四足動物，走獸
ἑρπετόν, οῦ, τό	名.所.中.複	爬蟲，昆蟲
24. ἀκαθαρσία, ας, ἡ	名.直.陰.單	不道德，污穢，腐爛
ἀτιμάζω	動.現在.關.不定	羞辱，侮辱，糟蹋
25. μεταλλάσσω	動.過不.主.直說.三複	交換，顛倒
ψεῦδος, ους, τό	名.間.中.單	謊言，不真實，說謊
σεβάζομαι	動.過不.被.直說.三複	崇拜，敬奉
λατρεύω	動.過不.主.直說.三複	事奉，敬拜
κτίζω	動.過不.主.分詞.直.陽.單	創造，造
εὐλογητός, ή, όν	形.主.陽.單.原	該受稱頌的那位
ψευδής, ές	形.直.複.陽.原	虛假的，欺騙的
26. πάθος, ους, τό	名.直.中.複	情慾，邪情
ἀτιμία, ας, ἡ	名.所.陰.單	不體面，卑賤
θῆλυς, εια, υ	形.主.陰.複.原	女性的，婦女的
φυσικός, ή, όν	形.直.陰.單.原	自然的，合乎本性的
χρῆσις, εως, ἡ	名.直.陰.單	（性的）功用
μεταλλάσσω	動.過不.主.直說.三複	交換，顛倒
ἡ παρὰ φύσιν χρῆσιν		違反自然的性行爲
27. ὁμοίως	副.原	同樣，也是這樣
ἄρσην, εν, ὁ	形.主.陽.複.原	男性，男人
ἐκκαίω	動.過不.被.直說.三複	焚燒（情慾），同性相戀
ὄρεξις, εως, ἡ	名.間.陰.單	情慾
ἀσχημοσύνη, ης, ἡ	名.直.陰.單	無恥的行爲
ἀντιμισθία, ας, ἡ	名.直.陰.單	懲罰
πλάνη, ης, ἡ	名.所.陰.單	謬誤，說謊，逆性的敗行
ἀπολαμβάνω	動.現在.主.分詞.主.陽.複	得到
ἐκκαίομαι ἐν τῇ ὀρέξει		有強烈的慾望
28. δοκιμάζω	動.過不.主.直說.三複	省察，明辨
ἐπίγνωσις, εως, ἡ	名.間.陰.單	知識，認識，體會

ἀδόκιμος, ον	形. 直. 陽. 單. 原	做不出好事的
καθήκω	動. 現在. 主. 分詞. 直. 中. 複	…是合宜的
ἔχω ἐν ἐπιγνώσει		承認
τὸ μὴ καθῆκον		不該的
29. πονηρία, ας, ἡ	名. 間. 陰. 單	邪惡，惡意
πλεονεξία, ας, ἡ	名. 間. 陰. 單	貪心，勉強去做的事
κακία, ας, ἡ	名. 間. 陰. 單	邪惡，惡毒，怨恨
μεστός, ή, όν	形. 直. 陽. 複. 原	充滿的
φθόνος, ου, ὁ	名. 所. 陽. 單	嫉妒，恨意
φόνος, ου, ὁ	名. 所. 陽. 單	謀殺，兇殺，殺人
ἔρις, ιδος, ἡ	名. 所. 陰. 單	爭鬥，紛爭
δόλος, ου, ὁ	名. 所. 陽. 單	詭詐，撒謊，陰謀
κακοήθεια, ας, ἡ	名. 所. 陰. 單	邪惡，惡毒，陰謀
ψιθυριστής, οῦ, ὁ	名. 直. 陽. 複	暗中毀謗人的人，搬弄是非的
30. κατάλαλος, ον	名. 直. 陽. 複	毀謗者
θεοστυγής, ές	形. 直. 陽. 複. 原	憎恨神的，被神憎恨的
ὑβριστής, οῦ, ὁ	名. 直. 陽. 複	傲慢無禮的人
ὑπερήφανος, ον	形. 直. 陽. 複. 原	傲慢的，驕傲的
ἀλαζών, όνος, ὁ	名. 直. 陽. 複	傲慢自誇的人
ἐφευρετής, οῦ, ὁ	名. 直. 陽. 複	陰謀者，惹是生非的人
γονεύς, έως, ὁ	名. 間. 陽. 複	父母
ἀπειθής, ές	形. 直. 陽. 複. 原	不順服的，悖逆的
31. ἀσύνετος, ον	形. 直. 陽. 複. 原	不明白的，無知的
ἀσύνθετος, ον	形. 直. 陽. 複. 原	言而無信的，背約的
ἄστοργος, ον	形. 直. 陽. 複. 原	無親情的，沒有愛心的
ἀνελεήμων, ον	形. 直. 陽. 複. 原	不憐憫的，不同情的
32. ἐπιγινώσκω	動. 過不. 主. 分詞. 主. 陽. 複	知道，認出，認識
ἄξιος, α, ον	形. 主. 陽. 複. 原	值得的，符合
συνευδοκέω	動. 現在. 主. 直說. 三複	贊同，同意，願意

第二章

1. ἀναπολόγητος, ον	形. 主. 陽. 單. 原	沒有藉口的，不可原諒的
ὦ	歎	啊！

κατακρίνω	動.現在.主.直說.二單	審判，定罪
3. ἐκφεύγω	動.未來.關.直說.二單	逃脫，逃避
4. ἀνοχή, ῆς, ἡ	名.所.陰.單	忍耐，寬容
μακροθυμία, ας, ἡ	名.所.陰.單	耐心，忍耐
καταφρονέω	動.現在.主.直說.二單	藐視，不當作一回事
χρηστός, ή, όν	形.主.中.單.原	仁慈的，慈愛的，良善的
μετάνοια, ας, ἡ	名.直.陰.單	悔改，心靈改變，生活方式改變
5. σκληρότης, ητος, ἡ	名.直.陰.單	堅硬，頑固
ἀμετανόητος, ον	形.直.陰.單.原	不肯悔改的，頑固的
θησαυρίζω	動.現在.主.直說.二單	積聚，招來（憤怒）
ἀποκάλυψις, εως, ἡ	名.所.陰.單	啓示
δικαιοκρισία, ας, ἡ	名.所.陰.單	公義的審判
6. ἀποδίδωμι	動.未來.主.直說.三單	回報，報應（善惡）
7. ἀφθαρσία, ας, ἡ	名.直.陰.單	不滅，不朽壞
8. ἐριθεία, ας, ἡ	名.所.陰.單	自私，野心，爭鬥
θυμός, οῦ, ὁ	名.主.陽.單	怒氣，忿怒，惱怒
9. στένοχωρία, ας, ἡ	名.主.陰.單	痛苦，困苦
10. ἐργάζομαι	動.現在.關.分詞.間.陽.單	工作，做事
11. προσωποληµψία, ας, ἡ	名.主.陰.單	偏袒，偏待人
12. ἀνόμως	副.原	没有法律（猶太法律）
13. ἀκροατής, οῦ, ὁ	名.主.陽.複	聽者
ποιητής, οῦ, ὁ	名.主.陽.複	行事的人，實行者
15. ἐνδείκνυμι	動.現在.關.直說.三複	顯示，表明，表現
γραπτός, ή, όν	形.直.中.單.原	寫下的，刻上的
συμμαρτυρέω	動.現在.主.分詞.所.陰.單	證實，…也證明這是對的
συνείδησις, εως, ἡ	名.所.陰.單	良心，知覺
μεταξύ	不介.所	在…之間
λογισμός, οῦ, ὁ	名.所.陽.複	思想，荒謬錯誤的論證
κατηγορέω	動.現在.主.分詞.所.陽.複	控告（人），譴責
ἀπολογέομαι	動.現在.關.分詞.所.陽.複	爲自己說話，替自己辯護
μεταξὺ ἀλλήλων τῶν λογισμῶν		他們之間互相…的想法
16. κρυπτός, ή, όν	形.直.中.複.原	秘密的，隱藏的
17. ἐπονομάζω	動.現在.關.直說.二單	（自）稱

ἐπαναπαύομαι	動.現在.關.直說.二單	倚靠
18. δοκιμάζω	動.現在.主.直說.二單	省察，明辨
διαφέρω	動.現在.主.分詞.直.中.複	更貴重，不一樣
κατηχέω	動.現在.被.分詞.主.陽.單	教導，教訓
τὰ διαφέροντα		最好的或對的
19. ὁδηγός, οῦ, ὁ	名.直.陽.單	嚮導，帶領的人
σκότος, ους, τό	名.間.中.單	罪，暗昧
20. παιδευτής, οῦ, ὁ	名.直.陽.單	老師，執行管教的人
ἄφρων, ον	形.所.陽.複.原	無知的人，蠢的
νήπιος, α, ον	形.所.陽.複.原	小孩，不成熟的，無學問的
μόρφωσις, εως, ἡ	名.直.陰.單	外形，外貌，內容，要旨
γνῶσις, εως, ἡ	名.所.陰.單	知識，秘傳的知識
21. κλέπτω	動.現在.主.不定	偷，竊
22. μοιχεύω	動.現在.主.不定	犯姦淫
βδελύσσομαι	動.現在.關.分詞.呼.陽.單	憎惡，腐敗的
εἴδωλον, ου, τό	名.直.中.複	偶像，形像，假神
ἱεροσυλέω	動.現在.主.直說.二單	盜取寺廟裏的東西
23. παράβασις, εως, ἡ	名.所.陰.單	不服從，罪，違犯
ἀτιμάζω	動.現在.主.直說.二單	羞辱，侮辱，糟蹋
24. βλασφημέω	動.現在.被.直說.三單	褻瀆，毀謗，侮辱
25. ὠφελέω	動.現在.主.直說.三單	獲利，達到
παραβάτης, ου, ὁ	名.主.陽.單	違背（神法律）的人
26. φυλάσσω	動.現在.主.假設.三單	看守，遵守
27. τελέω	動.現在.主.分詞.主.陰.單	完成，滿足，實現
γράμμα, ατος, τό	名.所.中.單	文字
παραβάτης, ου, ὁ	名.直.陽.單	違背（神法律）的人
28. φανερός, ά, όν	形.間.中.單.原	已知的，明顯的
29. κρυπτός, ή, όν	形.間.中.單.原	秘密的，隱藏的
γράμμα, ατος, τό	名.間.中.單	文字
ἔπαινος, ου, ὁ	名.主.陽.單	讚美，稱讚
ὁ ἐν τῷ κρυπτῷ (ἄνθρωπος)		內心作…的人

第三章

1. περισσός, ή, όν	形.主.中.單.原	優點，好處
ὠφέλεια, ας, ἡ	名.主.陰.單	利益，好處，勝過
2. τρόπος, ου, ὁ	名.直.陽.單	方式，樣子
λόγιον, ου, τό	名.直.中.複	神諭，話，信息
3. ἀπιστέω	動.過不.主.直說.三複	不信，不信實
ἀπιστία, ας, ἡ	名.主.陰.單	不信，不信實
4. ἀληθής, ές	形.主.陽.單.原	眞的，誠實的，眞實的
ψεύστης, ου, ὁ	名.主.陽.單	說謊者
νικάω	動.未來.主.直說.二單	勝過，得勝
5. συνίστημι	動.現在.主.直說.三單	顯示，表明
ἄδικος, ον	形.主.陽.單.原	不誠實的，不義的
ἐπιφέρω	動.現在.主.分詞.主.陽.單	降怒，懲罰
6. ἐπεί	連.原從	因爲，既然
7. ψεύσμα, ατος, τό	名.間.中.單	不眞實，欺詐
περισσεύω	動.過不.主.直說.三單	富裕，有許多，使增加
ἁμαρτωλός, όν	名.主.陽.單	有罪的，罪人
8. βλασφημέω	動.現在.被.直說.一複	褻瀆，毀謗
ἔνδικος, ον	形.主.中.單.原	應該的，應得的
9. προέχω	動.現在.關.直說.一複	比別人強，比別人差
πάντως	副.原	必定，確定地，無疑地
προαιτιάομαι	動.過不.關.直說.一複	事先指控
πάντως		絕沒有這回事
11. συνίημι	動.現在.主.分詞.主.陽.單	明白，了解，領悟
ἐκζητέω	動.現在.主.分詞.主.陽.單	切切尋求，尋找
12. ἐκκλίνω	動.過不.主.直說.三複	背離，偏離，遠離，避開
ἅμα	副.原	同時，一起，與…一起
ἀχρειόω	動.過不.被.直說.三複	變爲無用，墜落
13. τάφος, ου, ὁ	名.主.陽.單	墳墓，墳
λάρυγξ, γγος, ὁ	名.主.陽.單	喉嚨
δολιόω	動.過未.主.直說.三複	欺騙，詭詐
ἰός, οῦ, ὁ	名.主.陽.單	毒，毒氣
ἀσπίς, ίδος, ἡ	名.所.陰.複	毒蛇

χεῖλος, ους, τό	名.直.中.複	嘴唇
14. ἀρά, ᾶς, ἡ	名.所.陰.單	咒罵，詛咒
πικρία, ας, ἡ	名.所.陰.單	苦，憎恨，惡毒的感受
γέμω	動.現在.主.直說.三單	充滿，盛滿，長滿
15. ὀξύς, εῖα, ύ	形.主.陽.複.原	鋒利的，快速的
ἐκχέω	動.過不.主.不定	潙掉，流（血），傷害，殘殺
αἷμα ἐκχέω/ἐκχύννω		殺害
16. σύντριμμα, ατος, τό	名.主.中.單	毀滅，破壞
ταλαιπωρία, ας, ἡ	名.主.陰.單	殘殺，災難
18. ἀπέναντι	不介.所	在…面前
19. φράσσω	動.過不.被.假設.三單	使安靜，阻擋，堵住
ὑπόδικος, ον	形.主.陽.單.原	對…負有責任的
στόμα φράσσω		使…緘默，不能有藉口
20. διότι	連.原從	因為，所以，表示理由句
ἐπίγνωσις, εως, ἡ	名.主.陰.單	知識，認識，體會
21. φανερόω	動.完成.被.直說.三單	顯明，揭露，張揚或顯露
22. διαστολή, ῆς, ἡ	名.主.陰.單	差別，區別，分別
23. ὑστερέω	動.現在.關.直說.三複	低於或比…少
24. δωρεάν	副.原	白白地，徒然
ἀπολύτρωσις, εως, ἡ	名.所.陰.單	自由，拯救，釋放
25. προτίθημι	動.過不.關.直說.三單	計劃，目的，意向，公開展示
ἱλαστήριον, ου, τό	名.直.中.單	罪得赦免，赦罪的座位
ἔνδειξις, εως, ἡ	名.直.陰.單	顯明，證明
πάρεσις, εως, ἡ	名.直.陰.單	寬容，放過
προγίνομαι	動.完成.主.分詞.所.中.複	以前發生
ἁμάρτημα, ατος, τό	名.所.中.複	罪，罪行
26. ἀνοχή, ῆς, ἡ	名.間.陰.單	忍耐，寬容
27. ποῦ	連.疑并	哪裏？在哪裏？
καύχησις, εως, ἡ	名.主.陰.單	誇口，驕傲，誇耀的事
ἐκκλείω	動.過不.被.直說.三單	一點兒也沒有
ποῖος, α, ον	代.形疑.所.陽.單	甚麼？哪一？哪一種？
29. ναί	虛.強	是的，真是，確實，必然
30. εἴπερ	連.條從	既然，如果那是真的

第四章

1. προπάτωρ, ορος, ὁ	名.直.陽.單	祖先
2. καύχημα, ατος, τό	名.直.中.單	誇耀的事，引以爲榮的事
4. ἐργάζομαι	動.現在.關.分詞.間.陽.單	工作，做事，完成，執行
μισθός, οῦ, ὁ	名.主.陽.單	工價，報應，懲罰
ὀφείλημα, ατος, τό	名.直.中.單	債，過錯，罪
κατὰ ὀφείλημα		看作是應得的工資
5. ἀσεβής, ές	形.直.陽.單.原	不信神的，不敬虔的
6. καθάπερ	連.比從	像，正如，同…一樣
μακαρισμός, οῦ, ὁ	名.直.陽.單	幸福，福澤
7. ἀνομία, ας, ἡ	名.主.陰.複	邪惡，不法，罪惡
ἐπικαλύπτω	動.過不.被.直說.三複	遮蓋，赦免（罪）
9. μακαρισμός, οῦ, ὁ	名.主.陽.單	幸福，福澤
11. σφραγίς, ῖδος, ἡ	名.直.陰.單	印，記號，證明，證據
12. στοιχέω	動.現在.主.分詞.間.陽.複	遵照…生活
ἴχνος, ους, τό	名.間.中.複	腳蹤，範例
στοιχέω τοῖς ἴχνεσιν		遵照…生活
13. κληρονόμος, ου, ὁ	名.直.陽.單	繼承人
14. κενόω	動.完成.被.直說.三單	使失去效力，落空
15. παράβασις, εως, ἡ	名.主.陰.單	罪，違犯
16. βέβαιος, α, ον	形.直.陰.單.原	可靠的，堅持的，確實的
17. κατέναντι	不介.所	對面，在…面前
ζῳοποιέω	動.現在.主.分詞.所.陽.單	賦以生命，使復活
19. ἀσθενέω	動.過不.主.分詞.主.陽.單	生病，軟弱
κατανοέω	動.過不.主.直說.三單	思想，看穿
νεκρόω	動.完成.被.分詞.直.中.單	如同已死
ἑκατονταετής, ές	形.主.陽.單.原	一百歲
πού	虛.不	某地方，幾乎，快要
νέκρωσις, εως, ἡ	名.直.陰.單	死亡，不生育
μήτρα, ας, ἡ	名.所.陰.單	子宮
Σάρρα, ας, ἡ	名.所.陰.單	撒拉〔撒辣〕
20. διακρίνω	動.過不.被.直說.三單	疑惑
ἀπιστία, ας, ἡ	名.間.陰.單	不信，不信實

ἐνδυναμόω	動. 過不. 被. 直說. 三單	加給力量，變得剛強
21. πληροφορέω	動. 過不. 被. 分詞. 主. 陽. 單	完全實現，完全信服
ἐπαγγέλλομαι	動. 完成. 關. 直說. 三單	應許
25. δικαίωσις, εως, ἡ	名. 直. 陰. 單	宣判無罪，釋放

第五章

2. προσαγωγή, ῆς, ἡ	名. 直. 陰. 單	進入的自由或權利
4. δοκιμή, ῆς, ἡ	名. 直. 陰. 單	考驗，毅力，證據，憑據
5. καταισχύνω	動. 現在. 主. 直說. 三單	使慚愧，羞辱，使失望
ἐκχέω	動. 完成. 被. 直說. 三單	倒出
6. ἀσθενής, ές	形. 所. 陽. 複. 原	生病的，軟弱的，軟弱無助的
ἀσεβής, ές	形. 所. 陽. 複. 原	不信神的，不敬虔的
7. μόλις	副. 原	難以，好不容易地
τάχα	副. 原	或許，也許
τολμάω	動. 現在. 主. 直說. 三單	敢，勇敢或大膽，壯膽
8. συνίστημι	動. 現在. 主. 直說. 三單	顯明
ἁμαρτωλός, όν	名. 所. 陽. 複	有罪的，罪人
10. ἐχθρός, ά, όν	名. 主. 陽. 複	敵人，仇敵
καταλλάσσω	動. 過不. 被. 直說. 一複	使（人）與神和好
11. καταλλαγή, ῆς, ἡ	名. 直. 陰. 單	與神和好，使人跟神建立關係
12. διέρχομαι	動. 過不. 主. 直說. 三單	產生果效
13. ἄχρι	不介. 所	直到，到，到…爲止
ἐλλογέω	動. 現在. 被. 直說. 三單	記到某人的賬上
14. Ἀδάμ, ὁ	名. 所. 陽. 單	亞當
μέχρι	不介. 所	直到，甚至
ὁμοίωμα, ατος, τό	名. 間. 中. 單	相像，樣子，形像
παράβασις, εως, ἡ	名. 所. 陰. 單	罪，違犯
τύπος, ου, ὁ	名. 主. 陽. 單	模範，榜樣，典型，象徵
15. δωρεά, ᾶς, ἡ	名. 主. 陰. 單	恩賜，恩典
περισσεύω	動. 過不. 主. 直說. 三單	富裕，有許多，使增加
16. δώρημα, ατος, τό	名. 主. 中. 單	恩賜
κατάκριμα, ατος, τό	名. 直. 中. 單	定罪
17. περισσεία, ας, ἡ	名. 直. 陰. 單	豐富，充裕

δωρεά, ᾶς, ἡ	名.所.陰.單	恩賜，恩典
18. κατάκριμα, ατος, τό	名.直.中.單	定罪
δικαίωσις, εως, ἡ	名.直.陰.單	宣判無罪，釋放
19. παρακοή, ῆς, ἡ	名.所.陰.單	不順服，不遵從，背逆
ἁμαρτωλός, όν	形.主.陽.複.原	有罪的，罪人
καθίστημι	動.過不.被.直說.三複	陪伴
20. παρεισέρχομαι	動.過不.主.直說.三單	混進，溜入
πλεονάζω	動.過不.主.假設.三單	增多，擴展，使增加
ὑπερπερισσεύω	動.過不.主.直說.三單	更加豐富，滿溢

第六章

1. ἐπιμένω	動.現在.主.假設.一複	繼續，仍，持守
πλεονάζω	動.過不.主.假設.三單	增多，擴展，使增加
4. συνθάπτω	動.過不.被.直說.一複	跟…一齊或一同埋葬
βάπτισμα, ατος, τό	名.所.中.單	洗禮
καινότης, ητος, ἡ	名.間.陰.單	新
καινότης ζωῆς		新生活
5. σύμφυτος, ον	形.主.陽.複.原	同享，跟…合而爲一
ὁμοίωμα, ατος, τό	名.間.中.單	相像，樣子，形像
ἀνάστασις, εως, ἡ	名.所.陰.單	復活
6. παλαιός, ά, όν	形.主.陽.單.原	舊約，以前的
συσταυρόω	動.過不.被.直說.三單	同釘十字架
μηκέτι	副.原	不再
8. συζάω	動.未來.主.直說.一複	跟…住在一起，跟…同活
9. κυριεύω	動.現在.主.直說.三單	管轄，控制，主宰
10. ἐφάπαξ	副.原	一舉而竟全功，一次
12. θνητός, ή, όν	形.間.中.單.原	會死的，必朽的
ὑπακούω	動.現在.主.不定	聽從，服從，順服，信奉
13. ὅπλον, ου, τό	名.直.中.複	武器，兵器，工具，器具
ὡσεί	虛.比	像，好像
14. κυριεύω	動.未來.主.直說.三單	管轄，控制，主宰
16. ὑπακούω	動.現在.主.直說.二複	聽從，服從，順服，信奉
ἤτοι	連.相并	或

17. τύπος, ου, ὁ	名. 直. 陽. 單	模範，榜樣，典型
διδαχή, ῆς, ἡ	名. 所. 陰. 單	教訓，教導，教義
18. ἐλευθερόω	動. 過不. 被. 分詞. 主. 陽. 複	使獲得自由，釋放
δουλόω	動. 過不. 被. 直說. 二複	奴役，使…作奴隸
19. ἀνθρώπινος, η, ον	形. 直. 中. 單. 原	人類的，一般人的
ἀσθένεια, ας, ἡ	名. 直. 陰. 單	（各種）軟弱，疾病
δοῦλος, η, ον	名. 直. 中. 複	作奴僕的
ἀκαθαρσία, ας, ἡ	名. 間. 陰. 單	不純潔，不道德，污穢
ἀνομία, ας, ἡ	名. 間. 陰. 單	邪惡，不法，罪惡
ἁγιασμός, οῦ, ὁ	名. 直. 陽. 單	成聖，聖潔
ἀνθρώπινον λέγω		用普通的話來說
20. ἐλεύθερος, α, ον	形. 主. 陽. 複. 原	自由的，不受管束的
21. ἐπαισχύνομαι	動. 現在. 關. 直說. 二複	以…爲恥
22. ἐλευθερόω	動. 過不. 被. 分詞. 主. 陽. 複	使獲得自由，釋放
δουλόω	動. 過不. 被. 分詞. 主. 陽. 複	奴役，使…作奴隸
ἁγιασμός, οῦ, ὁ	名. 直. 陽. 單	成聖，聖潔
23. ὀψώνιον, ου, τό	名. 主. 中. 複	工價，工資，糧餉

第七章

1. κυριεύω	動. 現在. 主. 直說. 三單	管轄，控制，主宰
2. ὕπανδρος, ον	形. 主. 陰. 單. 原	已婚的（女人）
δέω	動. 完成. 被. 直說. 三單	捆，綁，約束
νόμος τοῦ ἀνδρός		婚姻法律
3. μοιχαλίς, ίδος, ἡ	名. 主. 陰. 單	淫婦，不忠信的人
χρηματίζω	動. 未來. 主. 直說. 三單	被稱名叫
ἐλεύθερος, α, ον	形. 主. 陰. 單. 原	自由的，不受管束的
γίνομαι ἀνδρί		結婚
4. θανατόω	動. 過不. 被. 直說. 二複	殺死，置於死地，害死
καρποφορέω	動. 過不. 主. 假設. 一複	結出果實
5. πάθημα, ατος, τό	名. 主. 中. 複	苦難，邪情慾望
ἐνεργέω	動. 過未. 關. 直說. 三單	發生作用，有效果
6. κατέχω	動. 過未. 被. 直說. 一複	管束
καινότης, ητος, ἡ	名. 間. 陰. 單	新

παλαιότης, ητος, ἡ	名.間.陰.單	老年，古舊
γράμμα, ατος, τό	名.所.中.單	文字
7. ἐπιθυμέω	動.未來.主.直說.二單	渴慕，貪婪，貪圖，慾望
8. ἀφορμή, ῆς, ἡ	名.直.陰.單	機會，把柄
9. ποτέ	副.原	那時候，曾經
ἀναζάω	動.過不.主.直說.三單	復活，又活躍起來（罪）
11. ἀφορμή, ῆς, ἡ	名.直.陰.單	機會，把柄
ἐξαπατάω	動.過不.主.直說.三單	欺騙，迷惑，誘惑
13. φαίνω	動.過不.被.假設.三單	顯明，讓…看見，被顯明爲
ὑπερβολή, ῆς, ἡ	名.直.陰.單	超卓，卓越
ἁμαρτωλός, όν	形.主.陰.單.原	有罪的，罪人
14. πνευματικός, ή, όν	形.主.陽.單.原	靈的，屬靈的
σάρκινος, η, ον	形.主.陽.單.原	屬世的，人的
πιπράσκω	動.完成.被.分詞.主.陽.單	賣，賣作奴隸
πιπρασκόμενος ὑπὸ τήν ἁμαρτίαν		被賣作罪的奴隸
15. μισέω	動.現在.主.直說.一單	恨，厭惡，不顧
16. σύμφημι	動.現在.主.直說.一單	同意，不得不承認
18. παράκειμαι	動.現在.關.直說.三單	同在，在場
οὔ	虛.否	不（否定答詞）
21. παράκειμαι	動.現在.關.直說.三單	同在，在場，作祟
22. συνήδομαι	動.現在.關.直說.一單	樂於，喜愛
ἔσω	副.原	在…裏面
ὁ ἔσω (ἄνθρωπος)		內心
23. ἀντιστρατεύομαι	動.現在.關.分詞.直.陽.單	與…交戰
αἰχμαλωτίζω	動.現在.主.分詞.直.陽.單	使成爲俘擄或囚犯，控制，支配
24. ταλαίπωρος, ον	形.主.陽.單.原	悲慘的，眞苦
ῥύομαι	動.未來.關.直說.三單	拯救，解救，救…脫離

第八章

1. κατάκριμα, ατος, τό	名.主.中.單	定罪
2. ἐλευθερόω	動.過不.主.直說.三單	使獲得自由，釋放
3. ἀδύνατος, ον	形.直.中.單.原	無能的，軟弱的，殘廢的
ἀσθενέω	動.過未.主.直說.三單	軟弱

ὁμοίωμα, ατος, τό	名.間.中.單	相像，樣子，形像
κατακρίνω	動.過不.主.直說.三單	審判，定罪
τὸ ἀδύνατον τοῦ νόμου		法律不成就的
6. φρόνημα, ατος, τό	名.主.中.單	意向，意思
7. διότι	連.原從	因爲，所以
ἔχθρα, ας, ἡ	名.主.陰.單	敵意，冤仇，仇恨
8. ἀρέσκω	動.過不.主.不定	討喜歡，使高興
9. εἴπερ	連.條從	既然，如果那是眞的
11. ζῳοποιέω	動.未來.主.直說.三單	賦以生命，使復活
θνητός, ή, όν	形.直.中.複.原	會死的，必朽的
ἐνοικέω	動.現在.主.分詞.所.中.單	住在，存在，駐在
12. ὀφειλέτης, ου, ὁ	名.主.陽.複	負債的人，犯錯的人
13. πρᾶξις, εως, ἡ	名.直.陰.複	行爲，實行，習慣
θανατόω	動.現在.主.直說.二複	置於死地，害死
15. δουλεία, ας, ἡ	名.所.陰.單	奴役，枷鎖，奴隸
υἱοθεσία, ας, ἡ	名.所.陰.單	收養成爲兒子
αββα	名.呼.陽.單	阿爸（亞蘭語，直接呼叫神稱呼）
16. συμμαρτυρέω	動.現在.主.直說.三單	證實，…也證實，一同證實
17. κληρονόμος, ου, ὁ	名.主.陽.複	繼承人
συγκληρονόμος, ον	名.主.陽.複	同分享，同享神的祝福
εἴπερ	連.條從	既然，如果那是眞的
συμπάσχω	動.現在.主.直說.一複	一同受苦，分擔苦難
συνδοξάζω	動.過不.被.假設.一複	分享…的榮耀
18. ἄξιος, α, ον	形.主.中.複.原	值得的，配得的，符合
πάθημα, ατος, τό	名.主.中.複	苦難
ἀποκαλύπτω	動.過不.被.不定	啓示，顯明，揭露
ἄξιος πρός		與…比較
19. ἀποκαραδοκία, ας, ἡ	名.主.陰.單	迫切的盼望
ἀποκάλυψις, εως, ἡ	名.直.陰.單	啓示
ἀπεκδέχομαι	動.現在.關.直說.三單	熱切期待，等候
20. ματαιότης, ητος, ἡ	名.間.陰.單	没有價值，虛妄
ἑκών, οῦσα, όν	形.主.陰.單.原	自願的
21. ἐλευθερόω	動.未來.被.直說.三單	使獲得自由，釋放

δουλεία, ας, ἡ	名.所.陰.單	奴役，枷鎖，奴隸
φθορά, ᾶς, ἡ	名.所.陰.單	腐敗，敗壞，死亡
ἐλευθερία, ας, ἡ	名.直.陰.單	自由
22. συστενάζω	動.現在.主.直說.三單	一同歎息，都在痛苦呻吟
συνωδίνω	動.現在.主.直說.三單	一同遭受極大痛苦
ἄχρι	不介.所	直到，到，到…爲止
23. ἀπαρχή, ῆς, ἡ	名.直.陰.單	最初的一分，初熟果子
στενάζω	動.現在.主.直說.一複	歎息，呻吟，埋怨，訴苦
υἱοθεσία, ας, ἡ	名.直.陰.單	收養成爲兒子
ἀπεκδέχομαι	動.現在.關.分詞.主.陽.複	熱切期待，等候
ἀπολύτρωσις, εως, ἡ	名.直.陰.單	自由，拯救，釋放
24. ἐλπίζω	動.現在.主.直說.三單	希望，盼望，指望，仰望
25. ἀπεκδέχομαι	動.現在.關.直說.一複	熱切期待，等候
26. ὡσαύτως	副.原	照樣地，同樣地
συναντιλαμβάνομαι	動.現在.關.直說.三單	幫助
ἀσθένεια, ας, ἡ	名.間.陰.單	（各種）軟弱，疾病
καθό	連.比從	如同，依照，到…程度
ὑπερεντυγχάνω	動.現在.主.直說.三單	代求，（爲某人）祈求
στεναγμός, οῦ, ὁ	名.間.陽.複	呻吟，歎息
ἀλάλητος, ον	形.間.陽.複.原	無法用言語表達的
27. ἐραυνάω	動.現在.主.分詞.主.陽.單	細察，研究，查考探索
φρόνημα, ατος, τό	名.主.中.單	意向，意思
ἐντυγχάνω	動.現在.主.直說.三單	代求，懇求，控告
28. συνεργέω	動.現在.主.直說.三單	跟…一齊工作，同工合作
πρόθεσις, εως, ἡ	名.直.陰.單	目的，計劃，本意，堅定
κλητός, ή, όν	形.間.陽.複.原	蒙召的
29. προγινώσκω	動.過不.主.直說.三單	預先知道，預先揀選
προορίζω	動.過不.主.直說.三單	預定，從開始就揀選
σύμμορφος, ον	形.直.陽.複.原	有相同的形狀的，跟…一樣的
εἰκών, όνος, ἡ	名.所.陰.單	像，形像，形狀，外表
πρωτότοκος, ον	形.直.陽.單.原	頭胎的，長子（基督）
32. γέ	虛.強	表示強調附屬的虛詞
φείδομαι	動.過不.關.直說.三單	顧惜，避免做（某事）

χαρίζομαι	動.未來.關.直說.三單	給，賜，恩待，赦免
33. ἐγκαλέω	動.未來.主.直說.三單	控告，追究責任
ἐκλεκτός, ή, όν	形.所.陽.複.原	被揀選的，傑出的
34. κατακρίνω	動.現在.主.分詞.主.陽.單	審判，定罪
ἐντυγχάνω	動.現在.主.直說.三單	代求，懇求
35. χωρίζω	動.未來.主.直說.三單	分開，離開
στένοχωρία, ας, ἡ	名.主.陰.單	痛苦，困苦
διωγμός, οῦ, ὁ	名.主.陽.單	迫害，逼迫
λιμός, οῦ, ὁ, ἡ	名.主.陽.單	饑荒，饑餓
γυμνότης, ητος, ἡ	名.主.陰.單	赤裸，衣不蔽體，貧窮
κίνδυνος, ου, ὁ	名.主.陽.單	危險
μάχαιρα, ης, ἡ	名.主.陰.單	刀劍，戰爭，死亡
36. ἕνεκα	不介.所	因爲，爲了…緣故
θανατόω	動.現在.被.直說.一複	殺死，置於死地，害死
πρόβατον, ου, τό	名.主.中.複	羊
σφαγή, ῆς, ἡ	名.所.陰.單	屠宰
37. ὑπερνικάω	動.現在.主.直說.一複	獲得完全勝利
38. ἐνίστημι	動.完成.主.分詞.主.中.複	已經來了，目前
39. ὕψωμα, ατος, τό	名.主.中.單	高天，高傲的言論的根據
βάθος, ους, τό	名.主.中.單	深度，極大，水深的地方
χωρίζω	動.過不.主.不定	分開，離開

第九章

1. ψεύδομαι	動.現在.關.直說.一單	說謊，虛偽，欺瞞
συμμαρτυρέω	動.現在.主.分詞.所.陰.單	證實，…也證實
συνείδησις, εως, ἡ	名.所.陰.單	良心，知覺
2. λύπη, ης, ἡ	名.主.陰.單	憂傷，憂愁，痛苦
ἀδιάλειπτος, ον	形.主.陰.單.原	不停的，經常的
ὀδύνη, ης, ἡ	名.主.陰.單	痛苦，悲傷
3. εὔχομαι	動.過未.關.直說.一單	祈求，盼望，願意，祝
ἀνάθεμα, ατος, τό	名.主.中.單	咒詛
συγγενής, ές	名.所.陽.複	親人，同胞
οἱ συγγενεῖς μου κατὰ σάρκα		我骨肉之親

4. Ἰσραηλίτης, ου, ὁ	名.主.陽.複	以色列人
υἱοθεσία, ας, ἡ	名.主.陰.單	收養成爲兒子，兒子的名份
διαθήκη, ης, ἡ	名.主.陰.複	約，契約，遺囑
νομοθεσία, ας, ἡ	名.主.陰.單	頒佈法律（特指神給以色列人的）
λατρεία, ας, ἡ	名.主.陰.單	事奉，敬拜
5. εὐλογητός, ή, όν	形.主.陽.單.原	受祝福的，受讚美的
6. οἷος, α, ον	代.聯代.主.中.單	但那不像是
ἐκπίπτω	動.完成.主.直說.三單	落下，失去，自絕，落空
οὐχ οἷον δὲ ὅτι		但那不像是，那是不可能的
7. Ἰσαάκ, ὁ	名.間.陽.單	以撒〔依撒格〕
9. Σάρρα, ας, ἡ	名.間.陰.單	撒拉〔撒辣〕
κατὰ τὸν καιρὸν τοῦτον		大約這個時候
10. Ῥεβέκκα, ας, ἡ	名.主.陰.單	利百加〔黎貝加〕
κοίτη, ης, ἡ	名.直.陰.單	床，婚姻關係
Ἰσαάκ, ὁ	名.所.陽.單	以撒〔依撒格〕
κοίτην ἔχω		懷孕
11. μήπω	副.原	還沒，尚未
φαῦλος, η, ον	形.直.中.單.原	錯的，壞的，没有價值的
ἐκλογή, ῆς, ἡ	名.直.陰.單	揀選，所揀選的人
πρόθεσις, εως, ἡ	名.主.陰.單	目的，計劃，本意
12. ἐλάσσων, ον	形.間.陽.單.比	較少的，較年輕的
13. Ἰακώβ, ὁ	名.直.陽.單	雅各〔雅各伯〕
Ἠσαῦ, ὁ	名.直.陽.單	以掃〔厄撒烏〕
μισέω	動.過不.主.直說.一單	恨，厭惡
15. οἰκτίρω	動.未來.主.直說.一單	憐憫，體恤
16. τρέχω	動.現在.主.分詞.所.陽.單	盡力，努力
ἐλεάω	動.現在.主.分詞.所.陽.單	憐憫
17. Φαραώ, ὁ	名.間.陽.單	法老〔法郎〕
ἐξεγείρω	動.過不.主.直說.一單	喚醒，使復活，立…作王
ἐνδείκνυμι	動.過不.關.假設.一單	顯示，彰顯，表明，表現
διαγγέλλω	動.過不.被.假設.三單	傳佈，宣講，報告
18. σκληρύνω	動.現在.主.直說.三單	使頑硬，頑固，剛硬
19. μέμφομαι	動.現在.關.直說.三單	挑剔，指責，責怪

βούλημα, ατος, τό	名.間.中.單	旨意，意圖
ἀνθίστημι	動.完成.主.直說.三單	抗拒，反對，抵擋
20. ὦ	歎	啊！（稱呼人或表達情感）
μενοῦνγε	虛.強	竟然，相反地
ἀνταποκρίνομαι	動.現在.關.分詞.主.陽.單	回答，頂嘴
πλάσμα, ατος, τό	名.主.中.單	（由黏土）塑造之物，瓦器
πλάσσω	動.過不.主.分詞.間.陽.單	塑造，形成
21. κεραμεύς, έως, ὁ	名.主.陽.單	陶匠
πηλός, οῦ, ὁ	名.所.陽.單	泥土，黏土
φύραμα, ατος, τό	名.所.中.單	（泥土或麵粉的）團
σκεῦος, ους, τό	名.直.中.單	物品，工具
ἀτιμία, ας, ἡ	名.直.陰.單	不體面，卑賤
εἰς ἀτιμίαν		作普通用途
22. ἐνδείκνυμι	動.過不.關.不定	顯示，彰顯，表明，表現
γνωρίζω	動.過不.主.不定	使…知道，顯明，彰顯
μακροθυμία, ας, ἡ	名.間.陰.單	耐心，忍耐
καταρτίζω	動.完成.被.分詞.直.中.複	造成，預備
ἀπώλεια, ας, ἡ	名.直.陰.單	毀滅
23. σκεῦος, ους, τό	名.直.中.複	物品，工具
ἔλεος, ους, τό	名.所.中.單	仁慈，憐憫
προετοιμάζω	動.過不.主.直說.三單	事先預備，早已計劃
25. Ὡσηέ, ὁ	名.間.陽.單	何西亞〔歐瑟亞〕
27. ἀριθμός, οῦ, ὁ	名.主.陽.單	數目，總數
ἄμμος, ου, ἡ	名.主.陰.單	沙，海邊
ὑπόλειμμα, ατος, τό	名.主.中.單	餘下的人，殘存者
28. συντελέω	動.現在.主.分詞.主.陽.單	設立，立（約），發生，撤底
συντέμνω	動.現在.主.分詞.主.陽.單	割短，迅速完成
29. προλέγω	動.完成.主.直說.三單	說或警告，預先說或警告
Σαβαώθ	名.所.陽.複	希伯來語，描述神的用語，萬軍
ἐγκαταλείπω	動.過不.主.直說.三單	留下
Σόδομα, ων, τά	名.主.中.複	所多瑪〔索多瑪〕
Γόμορρα, ων, τά	名.主.陰.單	蛾摩拉〔哈摩辣〕
ὁμοιόω	動.過不.被.直說.一複	使…像

30. καταλαμβάνω	動. 過不. 主. 直說. 三單	得到，達到，臨到
31. φθάνω	動. 過不. 主. 直說. 三單	獲得，達成，達到
32. προσκόπτω	動. 過不. 主. 直說. 三複	跌或絆倒
πρόσκομμα, ατος, τό	名. 所. 中. 單	絆腳石，使人犯罪之事
33. Σιών, ἡ	名. 間. 陰. 單	錫安山，喻：耶路撒冷
πέτρα, ας, ἡ	名. 直. 陰. 單	岩石，磐石
σκάνδαλον, ου, τό	名. 所. 中. 單	那導致人跌倒或麻煩的事
καταισχύνω	動. 未來. 被. 直說. 三單	使慚愧，羞辱，使失望

第十章

1. εὐδοκία, ας, ἡ	名. 主. 陰. 單	美意，喜悅，盼望，目的
δέησις, εως, ἡ	名. 主. 陰. 單	禱告，祈求
2. ζῆλος, ου, ὁ	名. 直. 陽. 單	熱心，嫉妒
ἐπίγνωσις, εως, ἡ	名. 直. 陰. 單	知識，認識，體會
6. κατάγω	動. 過不. 主. 不定	帶下來
7. ἄβυσσος, ου, ἡ	名. 直. 陰. 單	深淵，陰間
ἀνάγω	動. 過不. 主. 不定	帶，領
8. ἐγγύς	介. 所/間. 副. 原	接近，靠近，親近
9. ὁμολογέω	動. 過不. 主. 假設. 二單	承認，認（罪）
11. καταισχύνω	動. 未來. 被. 直說. 三單	使慚愧，羞辱，使失望
12. διαστολή, ῆς, ἡ	名. 主. 陰. 單	差別，區別，分別
πλουτέω	動. 現在. 主. 分詞. 主. 陽. 單	富足，變得富有，豐富地賜福
ἐπικαλέω	動. 現在. 關. 分詞. 直. 陽. 複	呼求，祈求
15. ὡραῖος, α, ον	形. 主. 陽. 複. 原	美麗的，好看的
ὡς ὡραῖοι		多美呀！
16. ὑπακούω	動. 過不. 主. 直說. 三複	聽從，服從，順服，信奉
ἀκοή, ῆς, ἡ	名. 間. 陰. 單	報導，消息
18. μενοῦνγε	虛. 強	竟然，相反地，的確
φθόγγος, ου, ὁ	名. 主. 陽. 單	聲音，聲響，音調
πέρας, ατος, τό	名. 直. 中. 複	終端，地極，天涯海角
οἰκουμένη, ης, ἡ	名. 所. 陰. 單	世界，人類居住的地方
19. παραζηλόω	動. 未來. 主. 直說. 一單	使嫉妒，激動怒氣
ἀσύνετος, ον	形. 間. 中. 單. 原	遲鈍的，無知的，愚昧的

παροργίζω	動. 未來. 主. 直說. 一單	惹…生氣，激怒
20. ἀποτολμάω	動. 現在. 主. 直說. 三單	放膽，有膽量
ἐμφανής, ες	形. 主. 陽. 單. 原	顯現的
21. ἐκπετάννυμι	動. 過不. 主. 直說. 一單	伸出
ἀντιλέγω	動. 現在. 主. 分詞. 直. 陽. 單	反對，背逆

第十一章

1. ἀπωθέω	動. 過不. 關. 直說. 三單	拒絕，不聽從
Ἰσραηλίτης, ου, ὁ	名. 主. 陽. 單	以色列人
φυλή, ῆς, ἡ	名. 所. 陰. 單	支族，部落，（萬）族
Βενιαμείν (–μίν), ὁ	名. 所. 陽. 單	便雅憫〔本雅明〕
2. προγινώσκω	動. 過不. 主. 直說. 三單	預先知道，預先揀選
Ἠλίας, ου, ὁ	名. 間. 陽. 單	以利亞〔厄里亞〕
ἐντυγχάνω	動. 現在. 主. 直說. 三單	祈求，代求，懇求
3. θυσιαστήριον, ου, τό	名. 直. 中. 複	祭壇
κατασκάπτω	動. 過不. 主. 直說. 三複	倒塌，拆毀
ὑπολείπω	動. 過不. 被. 直說. 一單	留下，剩下
4. χρηματισμός, οῦ, ὁ	名. 主. 陽. 單	神諭，神的回答
καταλείπω	動. 過不. 主. 直說. 一單	仍然留下
ἐμαυτοῦ, ῆς	代. 一反. 間. 陽. 單	我自己，我自己的
ἑπτακισχίλιοι, αι, α	形. 直. 陽. 複. 原	七千
κάμπτω	動. 過不. 主. 直說. 三複	跪拜，屈膝
γόνυ, ατος, τό	名. 直. 中. 單	膝
Βάαλ, ὁ	名. 間. 陽. 單	巴力〔巴耳〕
5. λεῖμμα, ατος, τό	名. 主. 中. 單	殘餘，剩下的少數
ἐκλογή, ῆς, ἡ	名. 直. 陰. 單	揀選，所揀選的人
6. ἐπεί	連. 原從	因爲，既然
7. ἐπιζητέω	動. 現在. 主. 直說. 三單	求，尋求，追逐，尋找
ἐπιτυγχάνω	動. 過不. 主. 直說. 三單	得到，領受，達到
ἐκλογή, ῆς, ἡ	名. 主. 陰. 單	揀選，所揀選的人
πωρόω	動. 過不. 被. 直說. 三複	使頑固或毫無感覺
8. κατάνυξις, εως, ἡ	名. 所. 陰. 單	昏迷，痲木
οὖς, ὠτός, τό	名. 直. 中. 複	耳朵，聽

σήμερον	副. 原	今日
9. τράπεζα, ης, ἡ	名. 主. 陰. 單	桌子，宴會，筵席
παγις, ίδος, ἡ	名. 直. 陰. 單	羅網，陷阱，圈套
θήρα, ας, ἡ	名. 直. 陰. 單	陷阱，圈套
σκάνδαλον, ου, τό	名. 直. 中. 單	那導致人跌倒或麻煩的事
ἀνταπόδομα, ατος, τό	名. 直. 中. 單	償還，報答，報應
10. σκοτίζω	動. 過不. 被命命三複	變黑，暗昧，昏暗
νῶτος, ου, ὁ	名. 直. 陽. 單	背脊
συγκάμπτω	動. 過不. 主. 命令. 二單	彎曲
συγκάμπτω τὸν νῶτον		受煩惱困窘
11. πταίω	動. 過不. 主. 直說. 三複	跌倒，犯罪，失足，違背
παραζηλόω	動. 過不. 主. 不定	使嫉妒，激動怒氣
12. ἥττημα, ατος, τό	名. 主. 中. 單	失敗，貧乏
πόσος, η, ον	代疑代. 間. 中. 單	何等多？多麼？多少？
πλήρωμα, ατος, τό	名. 主. 中. 單	充滿，完全，全數
13. διακονία, ας, ἡ	名. 直. 陰. 單	使命，執事的職份或權柄
14. πώς	虛. 不	總得，總算，如何
παραζηλόω	動. 未來. 主. 直說. 一單	使嫉妒，激動怒氣
15. ἀποβολή, ῆς, ἡ	名. 主. 陰. 單	喪失，棄絕
καταλλαγή, ῆς, ἡ	名. 主. 陰. 單	與神和好，使人跟神建立關係
πρόσλημψις, εως, ἡ	名. 主. 陰. 單	接納
16. ἀπαρχή, ῆς, ἡ	名. 主. 陰. 單	最初的一分，第一個
φύραμα, ατος, τό	名. 主. 中. 單	（泥土或麵粉的）團
17. ἐκκλάω	動. 過不. 被. 直說. 三複	折斷，折下
ἀγριέλαιος, ου, ἡ	名. 主. 陰. 單	野橄欖樹
συγκοινωνός, οῦ, ὁ	名. 主. 陽. 單	同享者，分擔者，參加者
πιότης, τητος, ἡ	名. 所. 陰. 單	肥壯，豐富的生命力
ἐλαία, ας, ἡ	名. 所. 陰. 單	橄欖樹，橄欖
18. κατακαυχάομαι	動. 現在. 關. 命令. 二單	向…誇口，輕視，自誇
βαστάζω	動. 現在. 主. 直說. 二單	承擔，托著，培養
19. ἐκκλάω	動. 過不. 被. 直說. 三複	折斷，折下
20. καλῶς	副. 原	正確的，很好
ἀπιστία, ας, ἡ	名. 間. 陰. 單	不信，不信實

ὑψηλός, ή, όν	形.直.中.複.原	驕傲的
ὑψηλὰ φρονέω		驕傲，狂妄
21. φείδομαι	動.過不.關.直說.三單	顧惜，避免做（某事）
πώς	虛.不	怎樣，怎能，豈不
ὁ κατὰ φύσιν κλάδος		原有的枝子
22. ἀποτομία, ας, ἡ	名.直.陰.單	嚴厲
ἐπιμένω	動.現在.主.假設.二單	停留，繼續，仍
ἐπεί	連.原從	因爲，要不是，既然
ἐκκόπτω	動.未來.被.直說.二單	砍掉，砍下，使…無法（誇口）
23. κἀκεῖνος, η, ο	副.原	那一個也，他也…一樣
ἀπιστία, ας, ἡ	名.間.陰.單	不信，不信實
24. ἐκκόπτω	動.過不.被.直說.二單	砍掉，砍下，使…無法（誇口）
ἀγριέλαιος, ου, ἡ	名.所.陰.單	野橄欖樹
καλλιέλαιος, ου, ἡ	名.直.陰.單	受栽培的好橄欖樹
πόσος, η, ον	代疑代.間.中.單	何等多？多麼？多少？
ἐλαία, ας, ἡ	名.間.陰.單	橄欖樹，橄欖
παρὰ φύσιν		逆性的，不自然的
25. μυστήριον, ου, τό	名.直.中.單	秘密，奧秘
φρόνιμος, ον	形.主.陽.複.原	智慧的，聰明的，機警的
πώρωσις, εως, ἡ	名.主.陰.單	頑固，無感覺，剛硬
μέρος, ους, τό	名.所.中.單	部份
ἄχρι	不介.所	直到，到，到…爲止
πλήρωμα, ατος, τό	名.主.中.單	充滿，完全，全數
ἀπὸ μέρους		部份地
26. ἥκω	動.未來.主.直說.三單	已經來到，臨到，來
Σιών, ἡ	名.所.陰.單	錫安山，喻：耶路撒冷
ῥύομαι	動.現在.關.分詞.主.陽.單	拯救，解救，救…脫離
ἀποστρέφω	動.未來.主.直說.三單	轉離，除掉，收回，拿還
ἀσέβεια, ας, ἡ	名.直.陰.複	不信神，不敬虔，邪惡
Ἰακώβ, ὁ	名.所.陽.單	雅各〔雅各伯〕
27. διαθήκη, ης, ἡ	名.主.陰.單	約，契約
ἀφαιρέω	動.過不.關.假設.一單	奪走，除去，赦免
28. ἐχθρός, ά, όν	形.主.陽.複.原	敵人，仇敵，被憎恨的

ἐκλογή, ῆς, ἡ	名.直.陰.單	揀選，所揀選的人
29. ἀμεταμέλητος, ον	形.主.中.複.原	不後悔的，不改變的
κλῆσις, εως, ἡ	名.主.陰.單	呼召，選召，身份
30. ποτέ	副.原	那時候，曾經
ἀπείθεια, ας, ἡ	名.間.陰.單	不順服
31. ὑμέτερος, α, ον	代二所.間.中.單	你們的
ἔλεος, ους, τό	名.間.中.單	仁慈，憐憫
32. συγκλείω	動.過不.主.直說.三單	把（人）關在監裏，被困在…
ἀπείθεια, ας, ἡ	名.直.陰.單	不順服
33. ὦ	歎	啊！（稱呼人或表達情感）
βάθος, ους, τό	名.主.中.單	深度，極大，水深的地方
γνῶσις, εως, ἡ	名.所.陰.單	知識，秘傳的知識
ἀνεξεραύνητος, ον	形.主.中.複.原	深奧難測的
ἀνεξιχνίαστος, ον	名.主.陰.複	無法查尋的，深不可測的
ὡς ὡραῖοι		多美呀！
34. σύμβουλος, ου, ὁ	名.主.陽.單	參謀，顧問
35. προδίδωμι	動.過不.主.直說.三單	先給
ἀνταποδίδωμι	動.未來.被.直說.三單	償退，報答，報應

第十二章

1. οἰκτιρμός, οῦ, ὁ	名.所.陽.複	憐憫，慈愛，同情
θυσία, ας, ἡ	名.直.陰.單	犧牲，祭物，牲祭
εὐάρεστος, ον	形.直.陰.單.原	可接受的，令人喜歡的
λογικός, ή, όν	形.直.陰.單.原	合理的，應該的，屬靈的
λατρεία, ας, ἡ	名.直.陰.單	事奉，敬拜
2. συσχηματίζω	動.現在.被.命令.二複	讓…支配，跟隨…方式生活
μεταμορφόω	動.現在.被.命令.二複	改變形像，改變
ἀνακαίνωσις, εως, ἡ	名.間.陰.單	更新
δοκιμάζω	動.現在.主.不定	察驗，試驗，考驗，明辨
τέλειος, α, ον	形.主.中.單.原	完全的，完美的，完整的
3. ὑπερφρονέω	動.現在.主.不定	把自己看得太高
σωφρονέω	動.現在.主.不定	神智，謹慎自守
μερίζω	動.過不.主.直說.三單	給，分配

μέτρον, ου, τό	名.直.中.單	尺度，程度，數量
4. καθάπερ	連.比從	像，正如，同…一樣
πρᾶξις, εως, ἡ	名.直.陰.單	行爲，實行，功用
6. διάφορος, ον	形.直.中.複.原	不同的
προφητεία, ας, ἡ	名.直.陰.單	預言
ἀναλογία, ας, ἡ	名.直.陰.單	比例，程度
7. διακονία, ας, ἡ	名.直.陰.單	使命，執事的職份或權柄
διδασκαλία, ας, ἡ	名.間.陰.單	教導，教訓，教義，命令
8. παράκλησις, εως, ἡ	名.間.陰.單	鼓勵，幫助，安慰，懇求
μεταδίδωμι	動.現在.主.分詞.主.陽.單	分享，給，分，施與
ἁπλότης, ητος, ἡ	名.間.陰.單	慷慨好施，眞誠，純潔
προΐστημι	動.現在.關.分詞.主.陽.單	管理，照料，幫助
σπουδή, ῆς, ἡ	名.間.陰.單	熱誠，勤奮，急切，盡力
ἱλαρότης, ητος, ἡ	名.間.陰.單	甘心，高興
9. ἀνυπόκριτος, ον	形.主.陰.單.原	眞誠的，眞實的
ἀποστυγέω	動.現在.主.分詞.主.陽.複	憎惡，厭棄
κολλάω	動.現在.被.分詞.主.陽.複	與…聯合，靠近
10. φιλαδελφία, ας, ἡ	名.間.陰.單	兄弟姊妹愛，手足之愛
φιλόστοργος, ον	形.主.陽.複.原	相愛的
προηγέομαι	動.現在.關.分詞.主.陽.複	搶先，帶頭
11. σπουδή, ῆς, ἡ	名.間.陰.單	熱誠，勤奮，急切，盡力
ὀκνηρός, ά, όν	形.主.陽.複.原	懶惰的，麻煩的，討厭的
ζέω	動.現在.主.分詞.主.陽.複	沸騰
12. ὑπομένω	動.現在.主.分詞.主.陽.複	忍耐，持續，忍受
προσευχή, ῆς, ἡ	名.間.陰.單	禱告
προσκαρτερέω	動.現在.主.分詞.主.陽.複	同心，恆切
13. χρεία, ας, ἡ	名.間.陰.複	應當，必須
κοινωνέω	動.現在.主.分詞.主.陽.複	分擔，貢獻
φιλοξενία, ας, ἡ	名.直.陰.單	慇懃款待，接待（異鄉人）
14. εὐλογέω	動.現在.主.命令.二複	祝福，恩待，賜福
καταράομαι	動.現在.關.命令.二複	咒詛
15. κλαίω	動.現在.主.不定	哭，哀泣，爲…哀哭
16. ὑψηλός, ή, όν	形.直.中.複.原	高的，驕傲的

ταπεινός, ή, όν	形.間.陽.複.原	卑微的，貧窮的，謙和的
συναπάγω	動.現在.被.分詞.主.陽.複	被帶走或被引入歧途
φρόνιμος, ον	形.主.陽.複.原	智慧的，聰明的，機警的
τοῖς ταπεινοῖς συναπάγω		俯就卑微的人或從事卑微工作
φρονῶ ὑψηλος		心驕氣傲或狂妄
17. ἀντί	介.所	代替，因爲
ἀποδίδωμι	動.現在.主.分詞.主.陽.複	給，付，回報，報應
προνοέω	動.現在.關.分詞.主.陽.複	想去做，試著去做
18. εἰρηνεύω	動.現在.主.分詞.主.陽.複	和平相處，和睦
19. ἐκδικέω	動.現在.主.分詞.主.陽.複	伸冤，主持公道，懲罰
ἐκδίκησις, εως, ἡ	名.主.陰.單	伸冤，懲罰，報應
ἀνταποδίδωμι	動.未來.主.直說.一單	償退，報答，報應
20. πεινάω	動.現在.主.假設.三單	饑餓
ἐχθρός, ά, όν	名.主.陽.單	敵人，仇敵，被憎恨的
ψωμίζω	動.現在.主.命令.二單	餵，給食物，放棄
διψάω	動.現在.主.假設.三單	口渴，渴望
ποτίζω	動.現在.主.命令.二單	給…喝
ἄνθραξ, ακος, ὁ	名.直.陽.複	木炭
σωρεύω	動.未來.主.直說.二單	堆
σωρεύω ἄνθρακας πυρὸς ἐπὶ τὴν κεφαλήν		使…羞慚交加
21. νικάω	動.現在.被.命令.二單	勝過，得勝，勝訴

第十三章

1. ὑπερέχω	動.現在.主.分詞.間.陰.複	統治，治理，掌權
τάσσω	動.完成.被.分詞.主.陰.複	任命，命令，設立
2. ἀντιτάσσω	動.現在.關.分詞.主.陽.單	反對，抵抗，排斥
διαταγή, ῆς, ἡ	名.間.陰.單	頒令，傳令
ἀνθίστημι	動.完成.主.直說.三單	抗拒，反對，抵擋
3. ἄρχων, οντος, ὁ	名.主.陽.複	統治者，長官，掌權者
ἔπαινος, ου, ὁ	名.直.陽.單	讚美，稱讚
4. διάκονος, ου, ὁ, ἡ	名.主.陽.單	僕人，傭人
εἰκῇ	副.原	徒然地，落空，無緣無故
μάχαιρα, ης, ἡ	名.直.陰.單	刀劍，戰爭，死亡

希臘文	文法分析	中文意思
φορέω	動. 現在. 主. 直說. 三單	穿戴，握有…權力
ἔκδικος, ον	名. 主. 陽. 單	執行懲罰的人
φορέω τὴν μάχαιραν		有權懲罰
5. ἀνάγκη, ης, ἡ	名. 主. 陰. 單	必要性
συνείδησις, εως, ἡ	名. 直. 陰. 單	良心，知覺
6. φόρος, ου, ὁ	名. 直. 陽. 複	稅，貢錢
τελέω	動. 現在. 主. 直說. 二複	繳付（稅）
λειτουργός, οῦ, ὁ	名. 主. 陽. 複	僕人，供職的人
προσκαρτερέω	動. 現在. 主. 分詞. 主. 陽. 複	執行（任務）
7. ἀποδίδωμι	動. 過不. 主. 命令. 二複	給，付
ὀφειλή, ῆς, ἡ	名. 直. 陰. 複	債，責任
8. ὀφείλω	動. 現在. 主. 命令. 二複	欠，負債
9. μοιχεύω	動. 未來. 主. 直說. 二單	犯姦淫
φονεύω	動. 未來. 主. 直說. 二單	謀殺，殺害，殺人
κλέπτω	動. 未來. 主. 直說. 二單	偷，竊
ἐπιθυμέω	動. 未來. 主. 直說. 二單	渴慕，貪婪，貪圖，慾望
ἀνακεφαλαιόω	動. 現在. 被. 直說. 三單	總括，聯合，結合一起
πλησίον	副. 原	靠近
10. ἐργάζομαι	動. 現在. 關. 直說. 三單	工作，做事，完成，執行
πλήρωμα, ατος, τό	名. 主. 中. 單	應驗，實現
11. ὕπνος, ου, ὁ	名. 所. 陽. 單	睡覺
ἐγγύς	副. 比	接近，靠近，親近
12. προκόπτω	動. 過不. 主. 直說. 三單	（夜更）深沉
ἐγγίζω	動. 完成. 主. 直說. 三單	接近，靠近，到了
ἀποτίθημι	動. 過不. 關. 假設. 一複	扔掉，除去，脫掉
σκότος, ους, τό	名. 所. 中. 單	黑暗，罪，暗昧
ἐνδύω	動. 過不. 關. 假設. 一複	穿，換上
ὅπλον, ου, τό	名. 直. 中. 複	武器，兵器，工具，器具
13. εὐσχημόνως	副. 原	端正地，光明正大地
κῶμος, ου, ὁ	名. 間. 陽. 複	狂歡，宴樂
μέθη, ης, ἡ	名. 間. 陰. 複	醉酒
κοίτη, ης, ἡ	名. 間. 陰. 複	邪淫
ἀσέλγεια, ας, ἡ	名. 間. 陰. 複	淫蕩，下流，邪惡

ἔρις, ιδος, ἡ	名.間.陰.單	爭鬥，（自私的）競爭，紛爭
ζῆλος, ου, ὁ	名.間.陽.單	熱心，嫉妒
14. ἐνδύω	動.過不.關.命令.二複	穿，換上
πρόνοια, ας, ἡ	名.直.陰.單	準備

第十四章

1. ἀσθενέω	動.現在.主.分詞.直.陽.單	軟弱
προσλαμβάνω	動.現在.關.命令.二複	歡迎，接受
διάκρισις, εως, ἡ	名.直.陰.複	辨別的能力，爭辯
διαλογισμός, οῦ, ὁ	名.所.陽.複	想法，見解，議論
2. λάχανον, ου, τό	名.直.中.複	栽培的植物，蔬菜
3. ἐξουθενέω	動.現在.主.命令.三單	輕視，輕看，戲弄
προσλαμβάνω	動.過不.關.直說.三單	歡迎，接受
4. ἀλλότριος, α, ον	形.直.陽.單.原	屬於別人的，另外一個
οἰκέτης, ου, ὁ	名.直.陽.單	家僕，僕人
στήκω	動.現在.主.直說.三單	站著，站穩，堅定
δυνατέω	動.現在.主.直說.三單	顯出能力
τῷ ἰδίῳ κυρίῳ στήκει ἢ πίπτει		成敗得失由主人判斷
5. πληροφορέω	動.現在.被.命令.三單	完全實現，完全信服
9. κυριεύω	動.過不.主.假設.三單	管轄，控制，主宰
10. ἐξουθενέω	動.現在.主.直說.二單	輕視，輕看，戲弄
βῆμα, ατος, τό	名.間.中.單	審判台，法庭
11. κάμπτω	動.未來.主.直說.三單	跪拜，屈膝
γόνυ, ατος, τό	名.主.中.單	膝
ἐξομολογέω	動.未來.關.直說.三單	承認，宣認，頌讚
κάμπτω τὸ γόνυ		敬拜，崇拜
13. μηκέτι	副.原	不再
πρόσκομμα, ατος, τό	名.直.中.單	絆腳石，使人犯罪之事
σκάνδαλον, ου, τό	名.直.中.單	那導致人跌倒或麻煩的事
14. κοινός, ή, όν	形.主.中.單.原	凡俗的，不潔淨的
15. βρῶμα, ατος, τό	名.直.中.單	食物，飯
λυπέω	動.現在.被.直說.三單	痛苦，傷心，難過，憂傷
16. βλασφημέω	動.現在.被.命令.三單	褻瀆，毀謗

17. βρῶσις, εως, ἡ	名.主.陰.單	食物，飲食
πόσις, εως, ἡ	名.主.陰.單	飲喝，飲料
18. εὐάρεστος, ον	形.主.陽.單.原	可接受的，令人喜歡的
δόκιμος, ον	形.主.陽.單.原	經得起考驗的，受贊許的
19. οἰκοδομή, ῆς, ἡ	名.所.陰.單	建立，造就
20. ἕνεκα	不介.所	因爲，爲了…緣故
βρῶμα, ατος, τό	名.所.中.單	食物，飯
καταλύω	動.現在.主.命令.二單	拆毀，阻止，廢除
καθαρός, ά, όν	形.主.中.複.原	潔淨的，純潔的
πρόσκομμα, ατος, τό	名.所.中.單	絆腳石，使人犯罪之事
ὁ διὰ προσκόμματος ἐσθίων		因所吃而使別人失足的人
21. κρέας, κρέως, τό	名.直.中.複	肉
οἶνος, ου, ὁ	名.直.陽.單	酒
προσκόπτω	動.現在.主.直說.三單	跌或絆倒，擊打在
22. δοκιμάζω	動.現在.主.直說.三單	察驗，試驗，認爲對的
κατὰ σεαυτὸν ἔχε ἐνώπιον τοῦ θεοῦ		是你自己跟上帝之間的事
23. διακρίνω	動.現在.關.分詞.主.陽.單	疑惑
κατακρίνω	動.完成.被.直說.三單	審判，定罪

第十五章

1. ὀφείλω	動.現在.主.直說.一複	應該，必須
ἀσθένημα, ατος, τό	名.直.中.複	軟弱
ἀδύνατος, ον	形.所.陽.複.原	無能的，軟弱的，殘廢的
βαστάζω	動.現在.主.不定	忍受，承擔，托著
ἀρέσκω	動.現在.主.不定	討喜歡，使高興，被悅納
2. πλησίον	副.原	靠近
οἰκοδομή, ῆς, ἡ	名.直.陰.單	建立，造就
3. ἀρέσκω	動.過不.主.直說.三單	討喜歡，使高興，被悅納
ὀνειδισμός, οῦ, ὁ	名.主.陽.複	責備，侮辱，辱罵，羞辱
ὀνειδίζω	動.現在.主.分詞.所.陽.複	責備，譴責，侮辱，辱罵
ἐπιπίπτω	動.過不.主.直說.三複	落在，臨到
4. προγράφω	動.過不.被.直說.三單	以前寫，已經寫下，揭示
ἡμέτερος, α, ον	代一所.直.陰.單	我們的

διδασκαλία, ας, ἡ	名.直.陰.單	教導，教訓，教義，命令
παράκλησις, εως, ἡ	名.所.陰.單	鼓勵，幫助，安慰，懇求
6. ὁμοθυμαδόν	副.原	同心合意，一起
7. προσλαμβάνω	動.現在.關.命令.二複	歡迎，接受，接待
8. διάκονος, ου, ὁ, ἡ	名.直.陽.單	僕人，傭人
βεβαιόω	動.過不.主.不定	證實，證明，保證
9. ἔλεος, ους, τό	名.所.中.單	仁慈，憐憫
ἐξομολογέω	動.未來.關.直說.一單	同意，承認，宣認，頌讚
ψάλλω	動.未來.主.直說.一單	唱歌，唱讚美詩，歌頌
10. εὐφραίνω	動.過不.被.命令.二複	使歡欣，歡喜，慶祝
11. αἰνέω	動.現在.主.命令.二複	讚美
ἐπαινέω	動.過不.主.命令.三複	稱讚，贊同，誇耀，頌讚
12. Ἰεσσαί, ὁ	名.所.陽.單	耶西〔葉瑟〕（大衛的父親）
ἐλπίζω	動.未來.主.直說.三複	希望，盼望，指望，仰望
13. περισσεύω	動.現在.主.不定	剩餘，富裕，有許多
14. μεστός, ή, όν	形.主.陽.複.原	充滿的
ἀγαθωσύνη, ης, ἡ	名.所.陰.單	良善
γνῶσις, εως, ἡ	名.所.陰.單	知識，秘傳的知識
νουθετέω	動.現在.主.不定	勸戒，教導，警告
15. τολμηρός	副.比	有些自由地，相當大膽地
μέρος, ους, τό	名.所.中.單	偶而，對於某些問題
ἐπαναμιμνῄσκω	動.現在.主.分詞.主.陽.單	題醒，再題醒
16. λειτουργός, οῦ, ὁ	名.直.陽.單	僕人，供職的人
ἱερουργέω	動.現在.主.分詞.直.陽.單	作祭司
προσφορά, ᾶς, ἡ	名.主.陰.單	供獻，獻祭，禮物
εὐπρόσδεκτος, ον	形.主.陰.單.原	可悅納的，可接納的
ἁγιάζω	動.完成.被.分詞.主.陰.單	聖化歸神，祝聖，使純潔
17. καύχησις, εως, ἡ	名.直.陰.單	誇口，驕傲，誇耀的事
18. τολμάω	動.未來.主.直說.一單	敢，勇敢或大膽，壯膽
19. τέρας, ατος, τό	名.所.中.複	奇事，兆頭，預兆
κύκλῳ	副.原	周圍，附近，四周
μέχρι	不介.所	直到，甚至
Ἰλλυρικόν, οῦ, τό	名.所.中.單	以利哩古〔依里黎苛〕

20. φιλοτιμέομαι	動. 現在. 關. 分詞. 直. 陽. 單	立志向或目標，欲望
ὀνομάζω	動. 過不. 被. 直說. 三單	取名，呼喚…的名，被知道
ἀλλότριος, α, ον	形. 直. 陽. 單. 原	屬於別人的，另外一個
θεμέλιον, ου, τό	名. 直. 中. 單	基礎，根基，基石
οἰκοδομέω	動. 現在. 主. 假設. 一單	建造，鼓勵，造就，重建
21. ἀναγγέλλω	動. 過不. 被. 直說. 三單	傳，報告，報消息，宣講
συνίημι	動. 未來. 主. 直說. 三複	明白，了解，領悟
22. ἐγκόπτω	動. 過未. 被. 直說. 一單	阻擋，阻礙，阻撓
23. μηκέτι	副. 原	不再
κλίμα, ατος, τό	名. 間. 中. 複	地區，區域，境（內）
ἐπιποθία, ας, ἡ	名. 直. 陰. 單	渴望，一直想
ἔτος, ους, τό	名. 所. 中. 複	年
ἀπὸ ἱκανῶν (πολλῶν) ἐτῶν		多年來
24. Σπανία, ας, ἡ	名. 直. 陰. 單	西班牙，和：士班雅
ἐλπίζω	動. 現在. 主. 直說. 一單	希望，盼望，指望，仰望
διαπορεύομαι	動. 現在. 關. 分詞. 主. 陽. 單	經過，從旁邊走過
θεάομαι	動. 過不. 關. 不定	看見，注意，看看，訪問
προπέμπω	動. 過不. 被. 不定	差派，一路上幫忙，陪伴
μέρος, ους, τό	名. 所. 中. 單	一會兒，一些時候
ἐμπίμπλημι (ἐμπίπλημι)	動. 過不. 被. 假設. 一單	充滿，享受，歡聚
ἀπὸ μέρους		短暫，暫時
25. διακονέω	動. 現在. 主. 分詞. 主. 陽. 單	服務，伺候，照顧，供應
26. εὐδοκέω	動. 過不. 主. 直說. 三複	喜歡，喜悅，情願
Μακεδονία, ας, ἡ	名. 主. 陰. 單	馬其頓
Ἀχαΐα, ας, ἡ	名. 主. 陰. 單	亞該亞〔阿哈雅〕
κοινωνία, ας, ἡ	名. 直. 陰. 單	團契，分享，聯繫，捐獻
πτωχός, ή, όν	形. 直. 陽. 複. 原	貧窮的，貧乏的
27. εὐδοκέω	動. 過不. 主. 直說. 三複	喜愛，喜歡，情願，樂意
ὀφειλέτης, ου, ὁ	名. 主. 陽. 複	有義務者，負債的人
πνευματικός, ή, όν	形. 間. 中. 複. 原	靈的，屬靈的事
κοινωνέω	動. 過不. 主. 直說. 三複	分享，分擔，參加，貢獻
ὀφείλω	動. 現在. 主. 直說. 三複	應該，必須
σαρκικός, ή, όν	形. 間. 中. 複. 原	屬世的，肉體的，物質的

λειτουργέω	動.過不.主.不定	事奉，敬拜
28. ἐπιτελέω	動.過不.主.分詞.主.陽.單	完成，辦完
σφραγίζω	動.過不.關.分詞.主.陽.單	蓋印，封閉，證實，承認
Σπανία, ας, ἡ	名.直.陰.單	西班牙，和：士班雅
σφραγίζω αὐτοῖς τόν καρπὸν τοῦτον		把募捐的錢都安全地交付清楚
29. πλήρωμα, ατος, τό	名.間.中.單	充滿，完全，全數，豐富
εὐλογία, ας, ἡ	名.所.陰.單	福氣，恩典，頌讚，祝謝
30. συναγωνίζομαι	動.過不.關.不定	幫助，跟…一起懇切地
προσευχή, ῆς, ἡ	名.間.陰.複	禱告
31. ῥύομαι	動.過不.被.假設.一單	拯救，不至於受到…的危害
Ἰουδαία, ας, ἡ	名.間.陰.單	猶太
διακονία, ας, ἡ	名.主.陰.單	服侍，服務，貢獻，使命
εὐπρόσδεκτος, ον	形.主.陰.單.原	可悅納的，可接納的
32. συναναπαύομαι	動.過不.關.假設.一單	跟…休息一些時候

第十六章

1. συνίστημι	動.現在.主.直說.一單	介紹，推薦
Φοίβη, ης, ἡ	名.直.陰.單	非比，和：非比〔福依貝〕
ἀδελφή, ῆς, ἡ	名.直.陰.單	姊妹，同信主的人
διάκονος, ου, ὁ, ἡ	名.直.陰.單	僕人，執事，女執事
Κεγχρεαί, ῶν, αἱ	名.間.陰.複	堅革哩〔耕格勒〕
2. προσδέχομαι	動.過不.關.假設.二複	期待，接待，歡迎，接受
ἀξίως	副.原	配得地，合乎
χρῄζω	動.現在.主.假設.三單	需要，用得著
πρᾶγμα, ατος, τό	名.間.中.單	事情，事務，行爲，工作
προστάτις, ιδος, ἡ	名.主.陰.單	幫助者，好朋友
3. Πρίσκα, ης, ἡ	名.直.陰.單	百基拉〔普黎史拉〕
Ἀκύλας, ὁ	名.直.陽.單	亞居拉〔阿桂拉〕
συνεργός, όν	名.直.陽.複	同工，跟…同工合作的人
4. τράχηλος, ου, ὁ	名.直.陽.單	脖子，頸部
ὑποτίθημι	動.過不.主.直說.三複	冒險
τράχηλον ὑποτίθημι		冒險
5. Ἐπαίνετος, ου, ὁ	名.直.陽.單	以拜尼土〔厄拜乃托〕

ἀπαρχή, ῆς, ἡ	名.主.陰.單	第一個
Ἀσία, ας, ἡ	名.所.陰.單	亞細亞，和：亞西亞
6. Μαρία, ας, ἡ	名.直.陰.單	馬利亞〔瑪利亞〕
κοπιάω	動.過不.主.直說.三單	辛勞工作，勞苦，疲倦
7. Ἀνδρόνικος, ου, ὁ	名.直.陽.單	安多尼古〔安得洛尼科〕
Ἰουνιᾶς, ᾶ, ὁ	名.直.陽.單	猶尼亞〔猶尼雅〕
συγγενής, ές	名.直.陽.複	親戚，親族，親人，同胞
συναιχμάλωτος, ου, ὁ	名.直.陽.複	一齊坐牢的人
ἐπίσημος, ον	形.主.陽.複.原	有名望的
πρό	介.所	在…之前（時，地）
8. Ἀμπλιᾶτος, ου, ὁ	名.直.陽.單	暗伯利〔安仆里雅〕
9. Οὐρβανός, οῦ, ὁ	名.直.陽.單	耳巴努，和：耳巴奴〔吳爾巴諾〕
συνεργός, όν	名.直.陽.單	同工，跟…同工合作的人
Στάχυς, υος, ὁ	名.直.陽.單	士大夫〔斯塔輝〕
10. Ἀπελλῆς, οῦ, ὁ	名.直.陽.單	亞比利〔阿培肋〕
δόκιμος, ον	形.直.陽.單.原	經得起考驗的，受贊許的
Ἀριστόβουλος, ου, ὁ	名.所.陽.單	亞利多布〔阿黎斯托步〕
ὁ δόκιμος ἐν Χριστῷ		歷過考驗對基督始終忠心的人
11. Ἡρῳδίων, ωνος, ὁ	名.直.陽.單	希羅天〔黑落狄雍〕
συγγενής, ές	名.直.陽.單	親戚，親族，親人，同胞
Νάρκισσος, ου, ὁ	名.所.陽.單	拿其數〔納爾基索〕
12. Τρύφαινα, ης, ἡ	名.直.陰.單	土非拿〔特黎費納〕
Τρυφῶσα, ης, ἡ	名.直.陰.單	土富撒〔特黎佛撒〕
κοπιάω	動.現在.主.分詞.直.陰.複	辛勞工作，勞苦，疲倦
Περσίς, ίδος, ἡ	名.直.陰.單	彼息〔培爾息〕
13. Ῥοῦφος, ου, ὁ	名.直.陽.單	魯孚〔魯富〕
ἐκλεκτός, ή, όν	形.直.陽.單.原	被揀選的，傑出的
14. Ἀσύγκριτος, ου, ὁ	名.直.陽.單	亞遜其士〔阿松黎托〕
Φλέγων, οντος, ὁ	名.直.陽.單	弗勒干〔弗肋貢〕
Ἑρμῆς, οῦ, ὁ	名.直.陽.單	希耳米〔赫爾默斯〕，黑米
Πατροβᾶς, ᾶ, ὁ	名.直.陽.單	八羅巴〔帕特洛巴〕
Ἑρμᾶς, ᾶ, ὁ	名.直.陽.單	黑馬〔赫爾瑪〕
15. Φιλόλογος, ου, ὁ	名.直.陽.單	非羅羅古〔非羅羅哥〕

	᾽Ιουλία, ας, ἡ	名.直.陰.單	猶利亞〔猶里雅〕
	Νηρεύς, εως, ὁ	名.直.陽.單	尼利亞〔乃勒烏〕
	ἀδελφή, ῆς, ἡ	名.直.陰.單	姊妹，同信主的人
	᾽Ολυμπᾶς, ᾶ, ὁ	名.直.陽.單	阿林巴〔敖林帕〕
16.	φίλημα, ατος, τό	名.間.中.單	吻，親吻
17.	σκοπέω	動.現在.主.不定	關心，注意，小心，防備
	διχοστασία, ας, ἡ	名.直.陰.複	分裂，紛爭，對立
	σκάνδαλον, ου, τό	名.直.中.複	那導致人跌倒或麻煩的事
	διδαχή, ῆς, ἡ	名.直.陰.單	教訓，教導，教義
	μανθάνω	動.過不.主.直說.二複	學習，研究，找到，發現
	ἐκκλίνω	動.現在.主.命令.二複	背離，偏離，遠離
18.	κοιλία, ας, ἡ	名.間.陰.單	肚，腹，指：肉體的情慾
	χρηστολογία, ας, ἡ	名.所.陰.單	花言巧語
	εὐλογία, ας, ἡ	名.所.陰.單	恩典，祝謝，花言巧語
	ἐξαπατάω	動.現在.主.直說.三複	欺騙，迷惑，誘惑
	ἄκακος, ον	形.所.陽.複.原	無邪的，老實的
19.	ἀφικνέομαι	動.過不.關.直說.三單	傳到，得知
	σοφός, ή, όν	形.直.陽.複.原	智慧的
	ἀκέραιος, ον	形.直.陽.複.原	無邪的，純良的
20.	συντρίβω	動.未來.主.直說.三單	打碎，摧毀，斷
	Σατανᾶς, ᾶ, ὁ	名.直.陽.單	魔鬼撒但〔撒殫〕
	τάχος, ους, τό	名.間.中.單	速度，快速
21.	Τιμόθεος, ου, ὁ	名.主.陽.單	提摩太〔弟茂德〕
	συνεργός, όν	名.主.陽.單	同工，跟…同工合作的人
	Λούκιος, ου, ὁ	名.主.陽.單	路求〔路基約〕
	᾽Ιάσων, ονος, ὁ	名.主.陽.單	耶孫〔雅松〕
	Σωσίπατρος, ου, ὁ	名.主.陽.單	所西巴德〔索息帕特〕
	συγγενής, ές	名.主.陽.複	親戚，親族，親人，同胞
22.	Τέρτιος, ου, ὁ	名.主.陽.單	德提，和：德丟〔特爾爵〕
	ἐπιστολή, ῆς, ἡ	名.直.陰.單	信，信件
23.	Γαΐος, ου, ὁ	名.主.陽.單	該猶〔加約〕
	ξένος, η, ον	名.主.陽.單	東道主
	῎Εραστος, ου, ὁ	名.主.陽.單	以拉都〔厄辣斯托〕

οἰκονόμος, ου, ὁ	名.主.陽.單	管家，管理財務者
Κούαρτος, ου, ὁ	名.主.陽.單	括土〔夸爾托〕
οἰκονόμος τῆς πόλεως		城市的司庫
25. στηρίζω	動.過不.主.不定	使堅強，堅定，堅固
κήρυγμα, ατος, τό	名.直.中.單	所講的道，信息，宣道
ἀποκάλυψις, εως, ἡ	名.直.陰.單	啓示
μυστήριον, ου, τό	名.所.中.單	秘密，奧秘
σιγάω	動.完成.被.分詞.所.中.單	保密，隱藏
χρόνοις αἰωνίοις		自古以來
26. φανερόω	動.過不.被.分詞.所.中.單	顯明，張揚或顯露，顯現
προφητικός, ή, όν	形.所.陰.複.原	先知的
ἐπιταγή, ῆς, ἡ	名.直.陰.單	命令，權柄，職權
γνωρίζω	動.過不.被.分詞.所.中.單	使…知道，顯明，彰顯
27. σοφός, ή, όν	形.間.陽.單.原	智慧的，聰明博學的

哥林多前書

特別詞彙

ἁμαρτάνω	犯罪，做錯
ἀνακρίνω	查考，查問；判斷，評價；審訊，審問，結帳
ἄπιστος, ον	不信實的，不信的（ὁ ἄ. 不信者），無法相信的
Ἀπολλῶς, ῶ, ὁ	阿波羅〔阿頗羅〕
ἄρα	結果，爲此，那麼，因此，所以；有時加上 εἰ 或 ἐπεί 表示強調
ἄρτι	現在，如今（ἀπ᾽ ἄρτι 從今以後，從現在開始，再）；剛剛；立刻
ἀσθενής, ές	生病的；軟弱的；軟弱的（肢體）（林前 12.22）；軟弱無助的
βρῶμα, ατος, τό	食物；飯
γαμέω	娶，嫁
γνῶσις, εως, ἡ	知識；秘傳的知識；κατὰ γ. 體貼
διακρίνω	審判；解決（糾紛）（林前 6.5）；省察；辨認，分辨；區別（人），認定或使（某人）勝過別人（林前 4.7），＜關＞（與＜過不＞＜被動＞）疑惑，猶豫，爭辯，偏心
εἰδωλόθυτος, ον	祭過偶像的肉
ἐλεύθερος, α, ον	自由的；自由人（奴隸的反義）；不受管束的
ἐμαυτοῦ, ῆς	我自己；＜所代＞我自己的（林前 10.33）
ἐπεί	因爲；如果不，要不是；既然；否則，除非；…完了之後
ἔπειτα	然後，後來，以後；其次；過了
ἐπουράνιος, ον	屬天的；天空的，天上的（林前 15.40）
εὐχαριστέω	感謝，祝謝
καταισχύνω	使慚愧，羞辱；使失望

καταργέω	使失效，取消；毀滅，廢除（<被動>消失，終止，不再…）；<被動>接 **ἀπό** 從…得到釋放，不再受限制；與…隔絕
καυχάομαι	誇口，誇耀；誇獎，稱讚；對…感覺驕傲，以…爲榮；歡欣，喜樂；高興
κερδαίνω	獲得，賺；贏得，爭取；避免，不致（遭受損失）
κοιμάω	睡，睡著；死
μέλος, ους, τό	肢體，成員
μεριμνάω	掛慮，憂慮；照顧，關心，操心
μέρος, ους, τό	部份，塊，片（**ἀνὰ μέρος** 輪流，林前 14.27；**ἀπὸ μέρους** 部份地；偶而，對於某些問題；一會兒；到某種程度；**ἐκ μέρους** 個別地，林前 12.27
μετέχω	分享，參加；領受（食物），吃（奶）爲生；有（權柄）；屬於
μυστήριον, ου, τό	秘密，奧秘
μωρία, ας, ἡ	愚拙，荒唐
νήπιος, α, ον	嬰孩，幼兒，小孩；未成年的；不成熟的；無學問的
νοῦς, νοός ὁ	心思，心智；意念，想法，見解；心意，目的；明白，曉悟；聰明
οἰκοδομέω	建造，蓋；建立，鼓勵，鞏固，造就；重建，修復
οἰκοδομή, ῆς, ἡ	建立，鞏固，造就；建築物，建築
ὀφείλω	欠，負債；應該，必須，有義務；得罪，犯錯
παρθένος, ου, ἡ, ὁ	處女，未婚女孩；<陽>守童貞的男人，未婚男人
πνευματικός, ή, όν	靈的，屬靈的；屬靈的人；屬靈的事，屬靈的恩賜；超自然的，靈的（林前 10.3, 4）
πορνεία, ας, ἡ	姦淫，淫亂，不道德的性行爲；不貞
ποτήριον, ου, τό	杯
ποτίζω	給…喝；灌溉
ποῦ	哪裏？在哪裏？到哪裏？ **οὐκ ἔχω ποῦ** 没有地方（去…）
προφητεία, ας, ἡ	傳講神信息的恩賜（林前 14.22）；受靈感的信息或言辭，預言（林前 14.6）

προφητεύω	傳講神信息，作先知講道；預言；以先知的洞察力闡明事物
σοφός, ή, όν	智慧的，有經驗的，聰明博學的；內行的（建築師），林前 3.10；＜比較＞ **σοφώτερος** 更有智慧的
συνείδησις, εως, ἡ	良心；知覺，覺知
συνέρχομαι	聚攏來，聚集；聚在一起，聚會；跟…同來或同去，作伴，同在
ὑποτάσσω	制服，使服從，使…隸屬；＜被動＞服從，順從，受…轄制；安於本份，居於從屬的地位（林前 14.34）
φυσιόω	使…狂妄或自大；＜被動＞自高自大或狂妄的
χάρισμα, ατος, τό	禮物，（神恩典的）恩賜
ὥσπερ	如同，正如，正像；好像，好比

第一章

1. κλητός, ή, όν	形. 主. 陽. 單. 原	蒙召的，被邀請的
Σωσθένης, ους, ὁ	名. 主. 陽. 單	所提尼〔索斯特乃〕
2. Κόρινθος, ου, ἡ	名. 間. 陰. 單	哥林多〔格林多〕
ἁγιάζω	動. 完成. 被. 分詞. 間. 陽. 複	成聖
ἐπικαλέω	動. 現在. 關. 分詞. 間. 陽. 複	稱呼，呼求
οἱ ἅγιοι		神的子民，屬神的人
4. πάντοτε	副. 原	總是，常常
5. πλουτίζω	動. 過不. 被. 直說. 二複	使豐富，使富足
6. μαρτύριον, ου, τό	名. 主. 中. 單	見證，證據
βεβαιόω	動. 過不. 被. 直說. 三單	證實，證明，樹立
7. ὑστερέω	動. 現在. 被. 不定	缺乏，需要
ἀπεκδέχομαι	動. 現在. 關. 分詞. 直. 陽. 複	熱切期待，等候
ἀποκάλυψις, εως, ἡ	名. 直. 陰. 單	啓示
8. βεβαιόω	動. 未來. 主. 直說. 三單	證明，保證
τέλος, ους, τό	名. 所. 中. 單	終局，末期
ἀνέγκλητος, ον	形. 直. 陽. 複. 原	無可指責的，沒有過錯的
9. κοινωνία, ας, ἡ	名. 直. 陰. 單	團契，親密的關係，聯繫

10. σχίσμα, ατος, τό	名.主.中.複	紛爭，結黨，分派
καταρτίζω	動.完成.被.分詞.主.陽.複	一致的，共同的
γνώμη, ης, ἡ	名.間.陰.單	目標，意見，決定
τὸ αὐτὸ λέγειν		同意
11. δηλόω	動.過不.被.直說.三單	告訴，告知
Χλόη, ης, ἡ	名.所.陰.單	革來〔黑羅厄〕
ἔρις, ιδος, ἡ	名.主.陰.複	爭鬥，紛爭
12. Κηφᾶς, ᾶ, ὁ	名.所.陽.單	磯法〔刻法〕（亞蘭語）
13. μερίζω	動.完成.被.直說.三單	分割
σταυρόω	動.過不.被.直說.三單	釘十字架
14. Κρίσπος, ου, ὁ	名.直.陽.單	利司布〔克黎斯頗〕
Γάϊος, ου, ὁ	名.直.陽.單	該猶〔加約〕
16. Στεφανᾶς, ᾶ, ὁ	名.所.陽.單	司提法那〔斯特法納〕
17. κενόω	動.過不.被.假設.三單	使失去效力，落空
σταυρός, οῦ, ὁ	名.主.陽.單	十字架
19. σύνεσις, εως, ἡ	名.直.陰.單	領悟，理智，聰明
συνετός, ή, όν	形.所.陽.複.原	有學問的，博學的
ἀθετέω	動.未來.主.直說.一單	拒絕，不理，廢除
20. συζητητής, οῦ, ὁ	名.主.陽.單	雄辯家，善辯者
μωραίνω	動.過不.主.直說.三單	使…變成愚拙
21. ἐπειδή	連.原從	因為，既然
εὐδοκέω	動.過不.主.直說.三單	喜愛，情願，決意選擇
κήρυγμα, ατος, τό	名.所.中.單	所講的道，信息，宣道
22. Ἕλλην, ηνος, ὁ	名.主.陽.複	希臘人，非猶太人
23. σταυρόω	動.完成.被.分詞.直.陽.單	釘十字架
σκάνδαλον, ου, τό	名.直.中.單	障礙，侮辱
24. κλητός, ή, όν	形.間.陽.複.原	蒙召的，被邀請的
Ἕλλην, ηνος, ὁ	名.間.陽.複	希臘人，非猶太人
25. μωρός, ά, όν	形.主.中.單.原	愚蠢的，愚拙的
ἰσχυρός, ά, όν	形.主.中.單.比	強壯的
26. κλῆσις, εως, ἡ	名.直.陰.單	呼召，選召
δυνατός, ή, όν	形.主.陽.複.原	剛強的，有影響力的
εὐγενής, ές	形.主.陽.複.原	生於貴族的，地位高尚的

27. μωρός, ά, όν	形.直.中.複.原	愚蠢的
ἐκλέγομαι	動.過不.關.直說.三單	揀選，選
ἰσχυρός, ά, όν	形.直.中.複.原	強壯的
28. ἀγενής, ές	形.直.中.複.原	卑賤的，不足輕重的
ἐξουθενέω	動.完成.被.分詞.直.中.複	輕視，輕看
30. ἁγιασμός, οῦ, ὁ	名.主.陽.單	祝聖，獻身
ἀπολύτρωσις, εως, ἡ	名.主.陰.單	自由，拯救，釋放

第二章

1. ὑπεροχή, ῆς, ἡ	名.直.陰.單	權位
καταγγέλλω	動.現在.主.分詞.主.陽.單	宣揚，傳講，教導
καθ᾽ ὑπεροχή λόγου		用華麗的詞藻
2. σταυρόω	動.完成.被.分詞.直.陽.單	釘十字架
3. ἀσθένεια, ας, ἡ	名.間.陰.單	（各種）軟弱，疾病
φόβος, ου, ὁ	名.間.陽.單	恐懼，（對神的）敬畏
τρόμος, ου, ὁ	名.間.陽.單	恐懼，戰戰兢兢
4. κήρυγμα, ατος, τό	名.主.中.單	所講的道，信息，宣道
πειθός, ή, όν	形.間.陽.複.原	有說服力的，委婉動聽的
ἀπόδειξις, εως, ἡ	名.間.陰.單	證據，證明
6. τέλειος, α, ον	形.間.陽.複.原	成年的，長大的
ἄρχων, οντος, ὁ	名.所.陽.複	統治者，掌權者
7. ἀποκρύπτω	動.完成.被.分詞.直.陰.單	隱藏，守密
προορίζω	動.過不.主.直說.三單	預定，從開始就揀選
πρό	介.所	在…之前
8. ἄρχων, οντος, ὁ	名.所.陽.複	統治者，掌權者
σταυρόω	動.過不.主.直說.三複	釘十字架
9. οὖς, ὠτός, τό	名.主.中.單	耳朵
ἑτοιμάζω	動.過不.主.直說.三單	準備，預備
ἀναβαίνω ἐπὶ καρδίαν		開始想
10. ἀποκαλύπτω	動.過不.主.直說.三單	啓示，顯明，揭露
ἐραυνάω	動.現在.主.直說.三單	細察，查考探索
βάθος, ους, τό	名.直.中.複	深度
12. χαρίζομαι	動.過不.被.分詞.直.中.複	給，賜，恩待

13. διδακτός, ή, όν	形. 間. 陽. 複. 原	受教導的，所教導的
ἀνθρώπινος, η, ον	形. 所. 陰. 單. 原	人類的，一般人的
συγκρίνω	動. 現在. 主. 分詞. 主. 陽. 複	詮釋，講解
14. ψυχικός, ή, όν	形. 主. 陽. 單. 原	肉體的，物質的
πνευματικῶς	副. 原	屬靈地，受到聖靈的引導
16. συμβιβάζω	動. 未來. 主. 直說. 三單	指示，給…作出主意

第三章

1. σάρκινος, η, ον	形. 間. 陽. 複. 原	屬世的，不受聖靈管轄的
2. γάλα, γάλακτος, τό	名. 直. 中. 單	奶
οὔπω	副. 原	尚未
3. σαρκικός, ή, όν	形. 主. 陽. 複. 原	屬世的，肉體的
ζῆλος, ου, ὁ	名. 主. 陽. 單	嫉妒
ἔρις, ιδος, ἡ	名. 主. 陰. 單	爭鬥，紛爭
5. διάκονος, ου, ὁ, ἡ	名. 主. 陽. 複	僕人，庸人，執事
6. φυτεύω	動. 過不. 主. 直說. 一單	栽種，耕種
αὐξάνω (αὔξω)	動. 過未. 主. 直說. 三單	使長大
8. φυτεύω	動. 現在. 主. 分詞. 主. 陽. 單	栽種，耕種
μισθός, οῦ, ὁ	名. 直. 陽. 單	工價，報酬
κόπος, ου, ὁ	名. 直. 陽. 單	工作，辛勤工作
9. συνεργός, όν	名. 主. 陽. 複	同工，跟…同工合作的人
γεώργιον, ου, τό	名. 主. 中. 單	（耕種過的）田地
10. ἀρχιτέκτων, ονος, ὁ	名. 主. 陽. 單	建築專家
θεμέλιον, ου, τό	名. 直. 中. 單	基礎，根基，基石
ἐποικοδομέω	動. 現在. 主. 直說. 三單	建造在…上，堅定
11. κεῖμαι	動. 現在. 關. 分詞. 直. 陽. 單	立
12. ἐποικοδομέω	動. 現在. 主. 直說. 三單	建造在…上，堅定
θεμέλιον, ου, τό	名. 直. 中. 單	基礎，根基
χρυσός, οῦ, ὁ	名. 直. 陽. 單	黃金，金子
ἄργυρος, ου, ὁ	名. 直. 陽. 單	銀
τίμιος, α, ον	形. 直. 陽. 複. 原	寶貴的，貴重的
ξύλον, ου, τό	名. 直. 中. 複	木，樹
χόρτος, ου, ὁ	名. 直. 陽. 單	植物，草

καλάμη, ης, ἡ	名.直.陰.單	稻草，秸
13. φανερός, ά, όν	形.主.中.單.原	明顯的，清楚的
δηλόω	動.未來.主.直說.三單	顯露，指示，指明
ἀποκαλύπτω	動.現在.被.直說.三單	啓示，顯明，揭露
ὁποῖος, α, ον	代.聯代.主.中.單	那一種，像，如
δοκιμάζω	動.未來.主.直說.三單	試驗，洞察
14. ἐποικοδομέω	動.過不.主.直說.三單	建造在…上，堅定
μισθός, οῦ, ὁ	名.直.陽.單	工價，報酬
15. κατακαίω	動.未來.被.直說.三單	焚燒，燒掉，燒盡
ζημιόω	動.未來.被.直說.三單	損失，受虧損或受懲罰
16. ναός, οῦ, ὁ	名.主.陽.單	聖殿
οἰκέω	動.現在.主.直說.三單	住在
17. φθείρω	動.現在.主.直說.三單	敗壞，毀滅，毀壞
18. ἐξαπατάω	動.現在.主.命令.三單	欺騙，迷惑，誘惑
μωρός, ά, όν	形.主.陽.單.原	愚蠢的
19. δράσσομαι	動.現在.關.分詞.主.陽.單	捉，陷，中計
πανουργία, ας, ἡ	名.間.陰.單	詭詐，欺騙，狡猾
20. διαλογισμός, οῦ, ὁ	名.直.陽.複	思考，議論
μάταιος, α, ον	形.主.陽.複.原	没有價值，虛幻的
22. Κηφᾶς, ᾶ, ὁ	名.主.陽.單	磯法〔刻法〕（亞蘭語）
ἐνίστημι	動.完成.主.分詞.主.中.複	即將來臨的

第四章

1. λογίζομαι	動.現在.關.命令.三單	算作，以為
ὑπηρέτης, ου, ὁ	名.直.陽.複	助理，幫手，僕人
οἰκονόμος, ου, ὁ	名.直.陽.複	管家，受託管理的人
ὧδε λιπόν		並且，此外
3. ἐλάχιστος, η, ον	形.直.中.單.最	最小的，不重要的
ἀνθρώπινος, η, ον	形.所.陰.單.原	人類的，一般人的
ἀνθρώπινη ἡμέρας		人的法庭，人的評斷
4. σύνοιδα	動.完成.主.直說.一單	牽連，同意
δικαιόω	動.完成.被.直說.一單	脫離
οὐδὲν ἐμαυτῷ σύνοιδα		我不覺有甚麼事在控告我

5. πρό	介.所	在…之前
φωτίζω	動.未來.主.直說.三單	照亮，光照
κρυπτός, ή, όν	形.直.中.複.原	秘密的，隱藏的，內在的
σκότος, ους, τό	名.所.中.單	黑暗，罪，暗昧
φανερόω	動.未來.主.直說.三單	顯明，揭露，顯露
βουλή, ῆς, ἡ	名.直.陰.複	動機，計謀，計劃
ἔπαινος, ου, ὁ	名.主.陽.單	稱讚，賞
6. μετασχηματίζω	動.過不.主.直說.一單	應用
μανθάνω	動.過不.主.假設.二複	學習，發現
μὴ ὑπὲρ ἃ γέγραπται		循規蹈矩
8. κορέννυμι	動.完成.被.分詞.主.陽.複	吃飽，富足，滿意
πλουτέω	動.過不.主.直說.二複	富足，變得富有
χωρίς	不介.所	没有，不藉著，跟…無關
βασιλεύω	動.過不.主.直說.二複	掌權，統治，作王
ὄφελον	動.過不.主.分詞.主.中.單	但願…，倒希望…
γέ	虛.強	表示強調附屬的虛詞
συμβασιλεύω	動.過不.主.假設.一複	一起作王，一同掌權
9. ἀποδείκνυμι	動.過不.主.直說.三單	宣佈，列，證明
ἐπιθανάτιος, ον	形.直.陽.複.原	判死刑的
θέατρον, ου, τό	名.主.中.單	戲院，戲
10. μωρός, ά, όν	形.主.陽.複.原	愚蠢的
φρόνιμος, ον	形.主.陽.複.原	智慧的，機警的
ἰσχυρός, ά, όν	形.主.陽.複.原	強壯的
ἔνδοξος, ον	形.主.陽.複.原	受尊重的
ἄτιμος, ον	形.主.陽.複.原	不受尊敬的，被輕視的
11. ἄχρι	不介.所	直到，到…爲止
πεινάω	動.現在.主.直說.一複	饑餓
διψάω	動.現在.主.直說.一複	口渴，渴望
γυμνιτεύω	動.現在.主.直說.一複	衣不蔽體
κολαφίζω	動.現在.被.直說.一複	打，用拳頭打
ἀστατέω	動.現在.主.直說.一複	没有家，到處流浪
ἡ ἄρτι ὥρα		現在，此刻
12. κοπιάω	動.現在.主.直說.一複	辛勞工作，勞苦，疲倦

ἐργάζομαι	動. 現在. 關. 分詞. 主. 陽. 複	工作
λοιδορέω	動. 現在. 被. 分詞. 主. 陽. 複	咒罵，辱罵，侮辱
εὐλογέω	動. 現在. 主. 直說. 一複	祝福
διώκω	動. 現在. 被. 分詞. 主. 陽. 複	迫害，逼迫（追擊）
ἀνέχω	動. 現在. 關. 直說. 一複	忍受，忍耐，耐心領受
13. δυσφημέω	動. 現在. 被. 分詞. 主. 陽. 複	中傷，毀謗，侮辱
περικάθαρμα, ατος, τό	名. 主. 中. 複	垃圾
περίψημα, ατος, τό	名. 主. 中. 單	渣滓，髒東西
14. ἐντρέπω	動. 現在. 主. 分詞. 主. 陽. 單	使…覺得慚愧
νουθετέω	動. 現在. 主. 分詞. 主. 陽. 單	勸戒，教導，警告
15. μυρίος, α, ον	形. 直. 陽. 複. 原	無數的，上萬的
παιδαγωγός, οῦ, ὁ	名. 直. 陽. 複	導師，老師，監護人
16. μιμητής, οῦ, ὁ	名. 主. 陽. 複	仿效者
17. Τιμόθεος, ου, ὁ	名. 直. 陽. 單	提摩太〔弟茂德〕
ἀναμιμνῄσκω	動. 未來. 主. 直說. 三單	提醒
πανταχοῦ	副. 原	到處，各地
19. ταχέως	副. 原	立刻，很快，不久
21. ῥάβδος, ου, ἡ	名. 間. 陰. 單	棍，杖，權（杖）
πραΰτης, ητος, ἡ	名. 所. 陰. 單	溫和，柔順，謙遜

第五章

1. ὅλως	副. 原	根本，完全，確實
2. πενθέω	動. 過不. 主. 直說. 二複	悲傷，哀慟，憂愁，悲傷
πράσσω	動. 過不. 主. 分詞. 主. 陽. 單	做，作
3. ἄπειμι	動. 現在. 主. 分詞. 主. 陽. 單	離開，不在
πάρειμι	動. 現在. 主. 分詞. 主. 陽. 單	在一起，在這裏，來臨
κατεργάζομαι	動. 過不. 關. 分詞. 直. 陽. 單	作，做
5. Σατανᾶς, ᾶ, ὁ	名. 間. 陽. 單	魔鬼撒但〔撒殫〕
ὄλεθρος, ου, ὁ	名. 直. 陽. 單	毀滅，滅亡
6. καύχημα, ατος, τό	名. 主. 中. 單	誇耀的事，誇口
μικρός, ά, όν	形. 主. 陰. 單. 原	少的，小的
ζύμη, ης, ἡ	名. 主. 陰. 單	酵母
φύραμα, ατος, τό	名. 直. 中. 單	（泥土或麵粉的）團

ζυμόω	動. 現在. 主. 直說. 三單	使發酵
7. ἐκκαθαίρω	動. 過不. 主. 命令. 二複	潔淨
παλαιός, ά, όν	形. 直. 陰. 單. 原	舊約，以前的
νέος, α, ον	形. 主. 中. 單. 原	新的，新鮮的
ἄζυμος, ον	形. 主. 陽. 複. 原	無酵的，未發酵的
πάσχα, τό	名. 主. 中. 單	逾越節，逾越節的羊羔
θύω	動. 過不. 被. 直說. 三單	屠，宰，獻祭
8. ἑορτάζω	動. 現在. 主. 假設. 一複	守節
ζύμη, ης, ἡ	名. 間. 陰. 單	酵母
κακία, ας, ἡ	名. 所. 陰. 單	邪惡，惡毒
πονηρία, ας, ἡ	名. 所. 陰. 單	邪惡，惡意
εἰλικρίνεια, ας, ἡ	名. 所. 陰. 單	純潔，誠懇
9. ἐπιστολή, ῆς, ἡ	名. 間. 陰. 單	信，信件
συναναμίγνυμι	動. 現在. 關. 不定	跟…同夥，跟…來往
πόρνος, ου, ὁ	名. 間. 陽. 複	淫亂的人
10. πάντως	副. 原	確定地，無疑地
πλεονέκτης, ου, ὁ	名. 間. 陽. 複	貪婪的人
ἅρπαξ, αγος	形. 間. 陽. 複. 原	貪婪的，兇狠的（豺狼）
εἰδωλολάτρης, ου, ὁ	名. 間. 陽. 複	拜偶像的人
οὐ πάντως		我的意思並不是
11. συναναμίγνυμι	動. 現在. 關. 不定	跟…同夥，跟…來往
ὀνομάζω	動. 現在. 被. 分詞. 主. 陽. 單	稱
πόρνος, ου, ὁ	名. 主. 陽. 單	淫亂的人
λοίδορος, ου, ὁ	名. 主. 陽. 單	毀謗者
μέθυσος, ου, ὁ	名. 主. 陽. 單	醉漢
συνεσθίω	動. 現在. 主. 不定	同吃，同桌吃飯
12. ἔσω	副. 原	在…裏面
ὁ ἔξω		教外的人，局外人
ὁ ἔσω		教內的人，內部的人
13. ἐξαίρω	動. 過不. 主. 命令. 二複	趕出，開除

第六章

1. τολμάω	動. 現在. 主. 直說. 三單	敢，勇敢或大膽

πρᾶγμα, ατος, τό	名. 直. 中. 單	訴訟
ἄδικος, ον	形. 所. 陽. 複. 原	不誠實的，不信主的
2. ἀνάξιος, ον	形. 主. 陽. 複. 原	沒有能力的
κριτήριον, ου, τό	名. 所. 中. 複	案件，糾紛
ἐλάχιστος, η, ον	形. 所. 中. 複. 最	非常微小的，不重要的
3. μήτιγε	虛. 否	更不用說，遑論，何況
γέ	虛. 否	表示強調附屬的虛詞
βιωτικός, ή, όν	形. 直. 中. 複. 原	生活的
4. κριτήριον, ου, τό	名. 直. 中. 複	案件，糾紛
ἐξουθενέω	動. 完成. 被. 分詞. 直. 陽. 複	輕視，輕看
καθίζω	動. 現在. 主. 命令. 二複	讓…處理
5. ἐντροπή, ῆς, ἡ	名. 直. 陰. 單	羞愧，可恥
ἔνι	動. 現在. 主. 直說. 三單	有
ἀνά	介. 直	每個，各
ἀνὰ μέσον		在中間
7. ὅλως	副. 原	根本，完全，確實
ἥττημα, ατος, τό	名. 主. 中. 單	失敗，貧乏
κρίμα, ατος, τό	名. 直. 中. 複	裁判，定罪，訴訟
ἀδικέω	動. 現在. 關. 直說. 二複	冤枉，佔便宜，傷害
ἀποστερέω	動. 現在. 關. 直說. 二複	欺詐，虧負
9. ἄδικος, ον	形. 主. 陽. 複. 原	邪惡的，犯罪的
κληρονομέω	動. 未來. 主. 直說. 三複	承受，成爲（神國）子民
πλανάω	動. 現在. 被. 命令. 二複	欺騙，迷失，被騙，流浪
πόρνος, ου, ὁ	名. 主. 陽. 複	淫亂的人
εἰδωλολάτρης, ου, ὁ	名. 主. 陽. 複	拜偶像的人
μοιχός, οῦ, ὁ	名. 主. 陽. 複	行淫者，犯姦淫的人
μαλακός, ή, όν	形. 主. 陽. 複. 原	柔軟的，同性戀的
ἀρσενοκοίτης, ου, ὁ	名. 主. 陽. 複	男同性戀者，親男色者
10. κλέπτης, ου, ὁ	名. 主. 陽. 複	小偷，賊
πλεονέκτης, ου, ὁ	名. 主. 陽. 複	貪婪的人
μέθυσος, ου, ὁ	名. 主. 陽. 複	醉漢
λοίδορος, ου, ὁ	名. 主. 陽. 複	毀謗者
ἅρπαξ, αγος	形. 主. 陽. 複. 原	貪婪的，兇狠的（豺狼）

11. ἀπολούω	動.過不.關.直說.二複	潔淨自己，洗除（罪）
ἁγιάζω	動.過不.被.直說.二複	成聖
δικαιόω	動.過不.被.直說.二複	宣告爲義
12. ἔξεστι	動.現在.主.直說.三單	…是合宜的，…是可能的
συμφέρω	動.現在.主.直說.三單	要好得多，…是對…有益
ἐξουσιάζω	動.未來.被.直說.一單	受…的奴役
13. κοιλία, ας, ἡ	名.間.陰.單	肚，腹
14. ἐξεγείρω	動.未來.主.直說.三單	喚醒，使復活
15. πόρνη, ης, ἡ	名.所.陰.單	妓女，娼妓
16. κολλάω	動.現在.被.分詞.主.陽.單	與…聯合，靠近
18. φεύγω	動.現在.主.命令.二複	逃，逃脫，避免
ἁμάρτημα, ατος, τό	名.主.中.單	罪，罪行
ἐκτός	不介.所	外面，在…外
πορνεύω	動.現在.主.分詞.主.陽.單	犯淫亂，行淫
19. ναός, οῦ, ὁ	名.主.陽.單	聖殿
20. ἀγοράζω	動.過不.被.直說.二複	買，贖
τιμή, ῆς, ἡ	名.所.陰.單	尊貴，價值，尊貴的地位
δή	虛.強	的確，於是，所以，現在

第七章

1. ἅπτω	動.現在.關.不定	摸
γυναικὸς ἅπτομαι		結婚
3. ὀφειλή, ῆς, ἡ	名.直.陰.單	責任（夫妻間的）
ἀποδίδωμι	動.現在.主.命令.三單	給，遵守
ὁμοίως	副.原	同樣，也是這樣
4. ἐξουσιάζω	動.現在.主.直說.三單	管轄，作主
5. ἀποστερέω	動.現在.主.命令.二複	欺詐，虧負
μήτι	虛.疑	用於期待否定答案的問句
σύμφωνος, ον	名.所.中.單	彼此同意，協議
σχολάζω	動.過不.主.假設.二複	專心於（禱告）
προσευχή, ῆς, ἡ	名.間.陰.單	禱告
πειράζω	動.現在.主.假設.三單	試驗，試探，誘惑
Σατανᾶς, ᾶ, ὁ	名.主.陽.單	魔鬼撒但〔撒殫〕

ἀκρασία, ας, ἡ	名.直.陰.單	放縱，節制不了
μὴ ἀποστερέω ἀλλήλους		不互相拒絕（婚姻）需求
6. συγγνώμη, ης, ἡ	名.直.陰.單	讓步，允許
ἐπιταγή, ῆς, ἡ	名.直.陰.單	命令，權柄，職權
κατὰ σ.		勉強同意
8. ἄγαμος, ον	形.間.陽.複.原	沒有結婚的，單身的
χήρα, ας, ἡ	名.間.陰.複	寡婦
9. ἐγκρατεύομαι	動.現在.關.直說.三複	抑制
κρείττων (κρεῖττον), ον	形.主.中.單.比	更偉大，更美好
πυρόω	動.現在.被.不定	焚燒，慾火中燒
10. παραγγέλλω	動.現在.主.直說.一單	命令，吩咐
χωρίζω	動.過不.被.不定	分開，離開
11. ἄγαμος, ον	形.主.陰.單.原	沒有結婚的，單身的
καταλλάσσω	動.過不.被.命令.三單	（夫妻之間）和好
12. συνευδοκέω	動.現在.主.直說.三單	贊同，同意，願意
οἰκέω	動.現在.主.不定	居住，住在
14. ἁγιάζω	動.完成.被.直說.三單	成聖，祝聖
ἀκάθαρτος, ον	形.主.中.複.原	不潔的，污穢的
15. χωρίζω	動.現在.被.直說.三單	分開，離開
δουλόω	動.完成.被.直說.三單	受（婚姻）約束，不自由
ἀδελφή, ῆς, ἡ	名.主.陰.單	姊妹，同信主的人
17. μερίζω	動.過不.主.直說.三單	給，分配
διατάσσω	動.現在.關.直說.一單	命令，指示，安排
18. περιτέμνω	動.完成.被.分詞.主.陽.單	行割禮
ἐπισπάομαι	動.現在.關.命令.三單	除掉割禮的印記
ἀκροβυστία, ας, ἡ	名.間.陰.單	沒有受割禮
περιτέμνω	動.現在.被.命令.三單	行割禮
19. περιτομή, ῆς, ἡ	名.主.陰.單	割禮，受過割禮的人
τήρησις, εως, ἡ	名.主.陰.單	遵守，服從
20. κλῆσις, εως, ἡ	名.間.陰.單	呼召，選召，身份
21. μέλει	動.現在.主.命令.三單	關心，在乎
χράομαι	動.過不.關.命令.二單	使用，利用（機會）
μή σοι μελέτω		沒有關係，不要在意

22. ἀπελεύθερος, ου, ὁ	名.主.陽.單	被釋放的人，自由人
ὁμοίως	副.原	同樣，也是這樣
23. τιμή, ῆς, ἡ	名.所.陰.單	價值
ἀγοράζω	動.過不.被.直說.二複	買，贖
25. ἐπιταγή, ῆς, ἡ	名.直.陰.單	命令，權柄，職權
γνώμη, ης, ἡ	名.直.陰.單	意見
ἐλεέω	動.完成.被.分詞.主.陽.單	憐憫
26. νομίζω	動.現在.主.直說.一單	想，以爲，認爲
ἐνίστημι	動.完成.主.分詞.直.陰.單	目前
ἀνάγκη, ης, ἡ	名.直.陰.單	必要性，勉強
27. δέω	動.完成.被.假設.二單	捆，綁
λύσις, εως, ἡ	名.直.陰.單	分開，離婚
λύω	動.完成.被.假設.二單	鬆，解，釋放
δέομαι γυναικί		有了妻子
28. θλῖψις, εως, ἡ	名.直.陰.單	困難，憂傷，負擔
φείδομαι	動.現在.關.直說.一單	顧惜，爲…著想
29. συστέλλω	動.完成.被.分詞.主.陽.單	減少（時間）
30. κλαίω	動.現在.主.分詞.主.陽.複	痛哭，哀泣
ἀγοράζω	動.現在.主.分詞.主.陽.複	買，贖
κατέχω	動.現在.主.分詞.主.陽.複	擁有
31. χράομαι	動.現在.關.分詞.主.陽.複	使用，利用，行動
καταχράομαι	動.現在.關.分詞.主.陽.複	充分利用
παράγω	動.現在.主.直說.三單	經過，消逝
σχῆμα, ατος, τό	名.主.中.單	外形，（世界）現有樣子
32. ἀμέριμνος, ον	形.直.陽.複.原	無憂無慮的
ἄγαμος, ον	形.主.陽.單.原	没有結婚的，單身的
ἀρέσκω	動.過不.主.假設.三單	討喜歡，使高興，被悅納
34. μερίζω	動.完成.被.直說.三單	分割，分心
ἄγαμος, ον	形.主.陰.單.原	没有結婚的，單身的
ἀρέσκω	動.過不.主.假設.三單	討喜歡，使高興，被悅納
35. σύμφορος, ον	名.直.中.單	好處，利益，幫助
βρόχος, ου, ὁ	名.直.陽.單	限制，陷阱
ἐπιβάλλω	動.過不.主.假設.一單	加上，附諸

εὐσχήμων, ον	形. 直. 中. 單. 原	合宜的，合適的
εὐπάρεδρος, ον	名. 直. 中. 單	奉獻自己
ἀπερισπάστως	副. 原	不分心地，毫無保留地
βρόχον ἐπιβάλλω		限制
36. ἀσχημονέω	動. 現在. 主. 不定	行爲魯莽
νομίζω	動. 現在. 主. 直說. 三單	想，以爲，認爲
ὑπέρακμος, ον	形. 主. 陽. 單. 原	有旺盛的性慾的（男人）
37. ἑδραῖος, α, ον	形. 主. 陽. 單. 原	堅定的，穩固的
ἀνάγκη, ης, ἡ	名. 直. 陰. 單	必要性
καλῶς	副. 原	善，正確的，眞好
ἵσταμαι ἐν τῇ καρδίᾳ		堅持個人的立場
38. γαμίζω	動. 現在. 主. 分詞. 主. 陽. 單	嫁，結婚
κρείττων (κρεῖττον), ον	副. 比	更偉大，更美好
39. δέω	動. 完成. 被. 直說. 三單	捆，綁
40. γνώμη, ης, ἡ	名. 直. 陰. 單	意見

第八章

2. οὔπω	副. 原	尚未
4. βρῶσις, εως, ἡ	名. 所. 陰. 單	食物，飲食
εἴδωλον, ου, τό	名. 主. 中. 單	偶像，形像，假神
5. εἴπερ	連. 條從	既然，如果那是眞的
7. συνήθεια, ας, ἡ	名. 間. 陰. 單	風俗，慣例
εἴδωλον, ου, τό	名. 所. 中. 單	偶像，形像，假神
μολύνω	動. 現在. 被. 直說. 三單	弄髒，沾污
ἡ συνήθεια τοῦ εἰδώλου		習慣於拜偶像的事
8. παρίστημι	動. 未來. 主. 直說. 三單	帶到…面前
ὑστερέω	動. 現在. 被. 直說. 一複	缺乏，低於，損失
περισσεύω	動. 現在. 主. 直說. 一複	富裕，更加，使增加
9. πώς	虛. 不	總算，怎樣，怎能，何等
πρόσκομμα, ατος, τό	名. 主. 中. 單	絆腳石，使人犯罪之事
10. εἰδωλεῖον, ου, τό	名. 間. 中. 單	偶像的廟
κατάκειμαι	動. 現在. 關. 分詞. 直. 陽. 單	坐著（躺臥著）吃飯
11. ἀσθενέω	動. 現在. 主. 分詞. 主. 陽. 單	生病，軟弱

σός, σή, σόν	代二所.間.陰.單	你的，屬於你的
12. τύπτω	動.現在.主.分詞.主.陽.複	傷害，損傷
13. διόπερ	連.推并	所以，正因此
σκανδαλίζω	動.現在.主.直說.三單	使（人）犯罪
κρέας, κρέως, τό	名.直.中.複	肉

第九章

2. γέ	虛.強	表示強調附屬的虛詞
σφραγίς, ῖδος, ἡ	名.主.陰.單	印，記號，證明，證據
ἀποστολή, ῆς, ἡ	名.所.陰.單	使徒的職份
3. ἀπολογία, ας, ἡ	名.主.陰.單	辯護，回答，答覆
5. ἀδελφή, ῆς, ἡ	名.直.陰.單	姊妹，同信主的人
περιάγω	動.現在.主.不定	帶著一起走
Κηφᾶς, ᾶ, ὁ	名.主.陽.單	磯法〔刻法〕（亞蘭語）
6. Βαρναβᾶς, ᾶ, ὁ	名.主.陽.單	巴拿巴〔巴爾納伯〕
ἐργάζομαι	動.現在.關.不定	工作，完成
7. στρατεύω	動.現在.關.直說.三單	當兵，作戰，爭鬥
ὀψώνιον, ου, τό	名.間.中.複	工資，糧餉，費用
ποτέ	副.原	那時候，曾經
φυτεύω	動.現在.主.直說.三單	栽種，耕種
ἀμπελών, ῶνος, ὁ	名.直.陽.單	葡萄園
ποιμαίνω	動.現在.主.直說.三單	牧養，治理，牧羊
ποίμνη, ης, ἡ	名.直.陰.單	羊群，群
γάλα, γάλακτος, τό	名.所.中.單	奶
9. κημόω	動.未來.主.直說.二單	籠住（牛）嘴
βοῦς, βοός, ὁ, ἡ	名.直.陽.單	牛
ἀλοάω	動.現在.主.分詞.直.陽.單	踹穀
μέλει	動.現在.主.直說.三單	關心，在乎
10. πάντως	副.原	必定，確定地，無疑地
ἀροτριάω	動.現在.主.分詞.主.陽.單	犁，耕種
11. σαρκικός, ή, όν	形.直.中.複.原	肉體的，物質的
θερίζω	動.未來.主.直說.一複	收割，得到…供給
12. χράομαι	動.過不.關.直說.一複	使用，利用

στέγω	動. 現在. 主. 直說. 一複	忍受，忍耐，等下去
ἐγκοπή, ῆς, ἡ	名. 直. 陰. 單	阻礙
13. ἱερός, ά, όν	名. 直. 中. 複	神聖的，屬於聖殿的
ἐργάζομαι	動. 現在. 關. 分詞. 主. 陽. 複	工作，投資，完成，執行
θυσιαστήριον, ου, τό	名. 間. 中. 單	祭壇
παρεδρεύω	動. 現在. 主. 分詞. 主. 陽. 複	服務，伺候
συμμερίζω	動. 現在. 關. 直說. 三複	分享，分領
τὰ ἱερά		神聖的事或物
14. διατάσσω	動. 過不. 主. 直說. 三單	吩咐，命令，指示
καταγγέλλω	動. 現在. 主. 分詞. 間. 陽. 複	宣揚，教導
15. χράομαι	動. 完成. 關. 直說. 一單	使用，利用
καύχημα, ατος, τό	名. 直. 中. 單	誇耀的事，誇口
κενόω	動. 未來. 主. 直說. 三單	使失去效力，落空
16. ἀνάγκη, ης, ἡ	名. 主. 陰. 單	必要性，勉強，責任心
ἐπίκειμαι	動. 現在. 關. 直說. 三單	生效，奉命
οὐαί	歎	有禍了！苦了！不幸
17. ἑκών, οῦσα, όν	形. 主. 陽. 單. 原	自願的
πράσσω	動. 現在. 主. 直說. 一單	做，行，作
μισθός, οῦ, ὁ	名. 直. 陽. 單	工價，報酬
ἄκων, ουσα, ον	形. 主. 陽. 單. 原	不情願地
οἰκονομία, ας, ἡ	名. 直. 陰. 單	經管家務，職責，計劃
18. ἀδάπανος, ον	形. 直. 中. 單. 原	免費的，不需花錢的
καταχράομαι	動. 過不. 關. 不定	充分利用
καταχράομαι τῇ ἐξουσίᾳ		享受應得的權利
19. δουλόω	動. 過不. 主. 直說. 一單	使…作奴隸，不自由
21. ἄνομος, ον	形. 間. 陽. 複. 原	不法的，在律法之外的
ἔννομος, ον	形. 主. 陽. 單. 原	在法律之下的，合法的
22. πάντως	副. 原	必定，確定地，無疑地
23. συγκοινωνός, οῦ, ὁ	名. 主. 陽. 單	同享者
24. στάδιον, ου, τό	名. 間. 中. 單	競技場，運動場
τρέχω	動. 現在. 主. 分詞. 主. 陽. 複	跑，賽跑
βραβεῖον, ου, τό	名. 直. 中. 單	獎賞
καταλαμβάνω	動. 過不. 主. 假設. 二複	得到，達到

25. ἀγωνίζομαι	動. 現在. 關. 分詞. 主. 陽. 單	奮鬥，盡力，競賽
ἐγκρατεύομαι	動. 現在. 關. 直說. 三單	嚴格訓練
φθαρτός, ή, όν	形. 直. 陽. 單. 原	必朽壞的，必死的
στέφανος, ου, ὁ	名. 直. 陽. 單	冠冕，獎，賞
ἄφθαρτος, ον	形. 直. 陽. 單. 原	不滅的，不朽壞的
26. τοίνυν	連. 推廾	因此，所以
τρέχω	動. 現在. 主. 直說. 一單	跑，賽跑
ἀδήλως	副. 原	没有目標地
πυκτεύω	動. 現在. 主. 直說. 一單	打拳，鬥拳
ἀήρ, ἀέρος, ὁ	名. 直. 陽. 單	空氣
δέρω	動. 現在. 主. 分詞. 主. 陽. 單	打，拍，擊
27. ὑπωπιάζω	動. 現在. 主. 直說. 一單	嚴格地對待或控制
δουλαγωγέω	動. 現在. 主. 直說. 一單	使…受控制，對付
πώς	虛. 不	總得，怎樣
ἀδόκιμος, ον	形. 主. 陽. 單. 原	經不起考驗的，被淘汰的
μή πως		免得，恐怕

第十章

1. ἀγνοέω	動. 現在. 主. 不定	忽視，無知
νεφέλη, ης, ἡ	名. 直. 陰. 單	雲
διέρχομαι	動. 過不. 主. 直說. 三複	穿過，經過，渡過
4. πόμα, ατος, τό	名. 直. 中. 單	飲料
πέτρα, ας, ἡ	名. 所. 陰. 單	岩石，磐石，石頭
5. εὐδοκέω	動. 過不. 主. 直說. 三單	喜愛，喜歡，喜悅
καταστρώννυμι	動. 過不. 被. 直說. 三複	倒斃
ἔρημος, ον	名. 間. 陰. 單	曠野，荒野
6. τύπος, ου, ὁ	名. 主. 陽. 複	象徵，典型，鑑戒
ἐπιθυμητής, οῦ, ὁ	名. 直. 陽. 複	貪婪的人
κἀκεῖνος, η, ο	副. 原	那一個也，他也…一樣
ἐπιθυμέω	動. 過不. 主. 直說. 三複	渴慕，貪婪，慾望
7. εἰδωλολάτρης, ου, ὁ	名. 主. 陽. 複	拜偶像的人
καθίζω	動. 過不. 主. 直說. 三單	坐下，坐著
παίζω	動. 現在. 主. 不定	跳舞，玩耍

8. πορνεύω	動.現在.主.假設.一複	犯淫亂，行淫
ἔικοσι	形.主.陰.複.原	二十
χιλιάς, αδος, ἡ	名.主.陰.複	一千（爲一群）
9. ἐκπειράζω	動.現在.主.假設.一複	試探
πειράζω	動.過不.主.直說.三複	試探，嘗試
ὄφις, εως, ὁ	名.所.陽.複	蛇
10. γογγύζω	動.現在.主.命令.二複	埋怨，抱怨
καθάπερ	連.比從	像，正如，同…一樣
ὀλοθρευτής, οῦ, ὁ	名.所.陽.單	（專司）執行毀滅的天使
11. τυπικῶς	副.原	成爲例子，作爲鑑戒
συμβαίνω	動.過未.主.直說.三單	發生，遭遇，經歷
νουθεσία, ας, ἡ	名.直.陰.單	教導，警告
τέλος, ους, τό	名.主.中.複	終局，末期，終結
καταντάω	動.完成.主.直說.三單	來到，到達，達到
13. πειρασμός, οῦ, ὁ	名.主.陽.單	試煉，磨煉，試探
ἀνθρώπινος, η, ον	形.主.陽.單.原	人類的，一般人的
ἐάω	動.未來.主.直說.三單	任憑，讓，許可
πειράζω	動.過不.被.不定	試驗，誘惑，嘗試
πειρασμός, οῦ, ὁ	名.間.陽.單	試煉，磨煉，試探
ἔκβασις, εως, ἡ	名.直.陰.單	出路
ὑποφέρω	動.過不.主.不定	忍受，擔當
14. διόπερ	連.推并	所以，正因此
φεύγω	動.現在.主.命令.二複	逃避，逃脫，避免
εἰδωλολατρία, ας, ἡ	名.所.陰.單	拜偶像的事
15. φρόνιμος, ον	形.間.陽.複.原	智慧的，機警的
16. εὐλογία, ας, ἡ	名.所.陰.單	福氣，恩典，頌讚，祝謝
εὐλογέω	動.現在.主.直說.一複	祝福，頌讚，求神祝福
κοινωνία, ας, ἡ	名.主.陰.單	親密的關係，分享，聯繫
κλάω	動.現在.主.直說.一複	掰開，擘
18. θυσία, ας, ἡ	名.直.陰.複	犧牲，祭物，牲祭
κοινωνός, οῦ, ὁ, ἡ	名.主.陽.複	夥伴，與…有份的人
θυσιαστήριον, ου, τό	名.所.中.單	祭壇
19. εἴδωλον, ου, τό	名.主.中.單	偶像，形像，假神

20. θύω	動. 現在. 主. 直說. 三複	屠，宰，獻祭
κοινωνός, οῦ, ὁ, ἡ	名. 直. 陽. 複	夥伴，與…有份的人
21. τράπεζα, ης, ἡ	名. 所. 陰. 單	桌子，筵席
τραπέζης μετέχω		屬某一個宗教團體
22. παραζηλόω	動. 現在. 主. 直說. 一複	使嫉妒，激動怒氣
ἰσχυρός, ά, όν	形. 主. 陽. 複. 比	強壯的
23. ἔξεστι	動. 現在. 主. 直說. 三單	…是合宜的，…是可能的
συμφέρω	動. 現在. 主. 直說. 三單	要好得多，…是對…有益
25. μάκελλον, ου, τό	名. 間. 中. 單	肉市場
πωλέω	動. 現在. 被. 分詞. 直. 中. 單	賣，出售
26. πλήρωμα, ατος, τό	名. 主. 中. 單	充滿，充滿的東西
τὸ πλήρωμα τῆς γῆς		地上的萬物
27. παρατίθημι	動. 現在. 被. 分詞. 直. 中. 單	擺，放在…之前，給
28. ἱερόθυτος, ον	形. 主. 中. 單. 原	祭過（偶像）的
μηνύω	動. 過不. 主. 分詞. 直. 陽. 單	告訴，通知，報告
29. ἱνατί	連. 疑并	爲甚麼？何故？
ἐλευθερία, ας, ἡ	名. 主. 陰. 單	自由
30. βλασφημέω	動. 現在. 被. 直說. 一單	褻瀆，毀謗，侮辱
32. ἀπρόσκοπος, ον	形. 主. 陽. 複. 原	無可指責，不致使人跌倒的
Ἕλλην, ηνος, ὁ	名. 間. 陽. 複	希臘人，非猶太人
33. ἀρέσκω	動. 現在. 主. 直說. 一單	討喜歡，使高興，被悅納
σύμφορος, ον	名. 直. 中. 單	好處，利益，幫助

第十一章

1. μιμητής, οῦ, ὁ	名. 主. 陽. 複	仿效者
2. ἐπαινέω	動. 現在. 主. 直說. 一單	稱讚，誇耀
μιμνήσκομαι	動. 完成. 關. 直說. 二複	記得，記住
παράδοσις, εως, ἡ	名. 直. 陰. 複	傳統
κατέχω	動. 現在. 主. 直說. 二複	遵從，保留
κατὰ κεφαλῆς ἔχω		蒙頭
4. κατὰ κεφαλῆς ἔχειν		把頭蒙著
5. ἀκατακάλυπτος, ον	形. 間. 陰. 單. 原	没有遮蓋的
ξυράω	動. 完成. 被. 分詞. 間. 陰. 單	剃，剪，讓人剃或剪

6.κατακαλύπτω	動.現在.關.直說.三單	遮蓋自己的頭，蒙頭
κείρω	動.過不.關.命令.三單	剪頭髮
αἰσχρός, ά, όν	形.主.中.單.原	可恥的，不誠實的
7. εἰκών, όνος, ἡ	名.主.陰.單	形像，形狀，外表，模型
9. κτίζω	動.過不.被.直說.三單	創造，造
11. πλήν	連.轉并	但，然而
χωρίς	不介.所	沒有，不藉著，跟…無關
13. πρέπω	動.現在.主.分詞.主.中.單	…是合宜的，…是適當的
ἀκατακάλυπτος, ον	形.直.陰.單.原	沒有遮蓋的
14. φύσις, εως, ἡ	名.主.陰.單	本性，自然，自然的秩序
κομάω	動.現在.主.假設.三單	留長髮
ἀτιμία, ας, ἡ	名.主.陰.單	不體面，不名譽，卑賤
15. κόμη, ης, ἡ	名.主.陰.單	頭髮
ἀντί	介.所	代替，為了…的緣故，作
περιβόλαιον, ου, τό	名.所.中.單	袍，外衣，遮蓋物
16. φιλόνεικος, ον	形.主.陽.單.原	好辯的，辯駁的
συνήθεια, ας, ἡ	名.直.陰.單	風俗，慣例，規矩
17. παραγγέλλω	動.現在.主.分詞.主.陽.單	命令，吩咐
ἐπαινέω	動.現在.主.直說.一單	稱讚，贊同，誇讚
κρείττων (κρεῖττον), ον	形.直.中.單.比	更偉大，更美好
ἥσσων, ον	形.直.中.單.比	越壞，無益
18. σχίσμα, ατος, τό	名.直.中.複	紛爭，分裂，分派
19. αἵρεσις, εως, ἡ	名.直.陰.複	分裂，紛爭
δόκιμος, ον	形.主.陽.複.原	值得稱讚，經得起考驗的
φανερός, ά, όν	形.主.陽.複.原	明顯的，清楚的
20. κυριακός, ή, όν	形.直.中.單.原	屬於主的，主的
δεῖπνον, ου, τό	名.直.中.單	筵席，晚餐
21. προλαμβάνω	動.現在.主.直說.三單	在（別人做）之前
πεινάω	動.現在.主.直說.三單	饑餓
μεθύω	動.現在.主.直說.三單	醉酒
22. καταφρονέω	動.現在.主.直說.二複	藐視，不當作一回事
ἐπαινέω	動.過不.主.假設.一單	稱讚，贊同，誇讚
23. παραλαμβάνω	動.過不.主.直說.一單	領受，學習

24. κλάω	動.過不.主.直說.三單	掰開，擘
ἀνάμνησις, εως, ἡ	名.直.陰.單	提醒，紀念
25. ὡσαύτως	副.原	照樣地，同樣地
δειπνέω	動.過不.主.不定	吃飯，吃晚餐
καινός, ή, όν	形.主.陰.單.原	新的，未曾聽過的
διαθήκη, ης, ἡ	名.主.陰.單	約，契約
ὁσάκις	副.原	每逢，無論何時，隨時
26. καταγγέλλω	動.現在.主.直說.二複	宣揚，教導
ἄχρι	不介.所	直到，到…爲止
27. ἀναξίως	副.原	不適宜地，冒犯地
ἔνοχος, ον	形.主.陽.單.原	有罪的，冒犯…的（罪）
28. δοκιμάζω	動.現在.主.命令.三單	省察，洞察
29. κρίμα, ατος, τό	名.直.中.單	審判，定罪
30. ἄρρωστος, ον	形.主.陽.複.原	生病的
ἱκανός, ή, όν	形.主.陽.複.原	值得的，配
32. παιδεύω	動.現在.被.直說.一複	教導，管教，懲治
κατακρίνω	動.過不.被.假設.一複	審判，定罪
33. ἐκδέχομαι	動.現在.關.命令.二複	等候，等待，盼望
34. πεινάω	動.現在.主.直說.三單	饑餓
κρίμα, ατος, τό	名.直.中.單	審判，定罪
διατάσσω	動.未來.關.直說.一單	吩咐，指示，安排

第十二章

1. ἀγνοέω	動.現在.主.不定	不了解，忽視
2. εἴδωλον, ου, τό	名.直.中.複	偶像，形像，假神
ἄφωνος, ον	形.直.中.複.原	啞的
ἀπάγω	動.現在.被.分詞.主.陽.複	強迫，引領，引入岐途
3. γνωρίζω	動.現在.主.直說.一單	使…知道，曉得
ἀνάθεμα, ατος, τό	名.主.中.單	咒詛
4. διαίρεσις, εως, ἡ	名.主.陰.複	差別，不同
5. διακονία, ας, ἡ	名.所.陰.複	服侍，執事的職份或權柄
6. διαίρεσις, εως, ἡ	名.主.陰.複	差別，不同
ἐνέργημα, ατος, τό	名.所.中.複	工作

ἐνεργέω	動. 現在. 主. 分詞. 主. 陽. 單	發生作用，有效果
7. φανέρωσις, εως, ἡ	名. 主. 陰. 單	彰顯，顯露
συμφέρω	動. 現在. 主. 分詞. 直. 中. 單	要好得多，…是對…有益
9. ἴαμα, ατος, τό	名. 所. 中. 複	醫治，治病
10. ἐνέργημα, ατος, τό	名. 主. 中. 複	行（神蹟）的能力
διάκρισις, εως, ἡ	名. 主. 陰. 複	辨別的能力
γένος, ους, τό	名. 主. 中. 複	種，類
ἑρμηνεία, ας, ἡ	名. 主. 陰. 單	解釋，翻譯
11. ἐνεργέω	動. 現在. 主. 直說. 三單	發生作用，有效果
διαιρέω	動. 現在. 主. 分詞. 主. 中. 單	分配
βούλομαι	動. 現在. 關. 直說. 三單	欲，希望，願意
12. καθάπερ	連. 比從	像，正如，同…一樣
13. Ἕλλην, ηνος, ὁ	名. 主. 陽. 複	希臘人，非猶太人
15. παρὰ τοῦτο		因此
16. οὖς, ὠτός, τό	名. 主. 中. 單	耳朵
17. ἀκοή, ῆς, ἡ	名. 主. 陰. 單	聽見
ὄσφρησις, εως, ἡ	名. 主. 陰. 單	嗅覺，鼻子
18. νυνί	副. 原	現在
21. χρεία, ας, ἡ	名. 直. 陰. 單	應當，必須
22. ἀναγκαῖος, α, ον	形. 主. 中. 複. 原	必要的
23. ἄτιμος, ον	形. 直. 中. 複. 比	被輕視的，外表不吸引人的
τιμή, ῆς, ἡ	名. 直. 陰. 單	敬重，價值，尊貴的地位
περισσότερος, α, ον	形. 直. 陰. 單. 比	更…，更多，最嚴厲
περιτίθημι	動. 現在. 主. 直說. 一複	用…圍著，放上，穿上
ἀσχήμων, ον	形. 主. 中. 複. 原	不好意思被人看見的
εὐσχημοσύνη, ης, ἡ	名. 直. 陰. 單	美觀，中看，體面
περιτίθημι τιμήν		重視，關注
24. εὐσχήμων, ον	形. 主. 中. 複. 原	較美觀的
χρεία, ας, ἡ	名. 直. 陰. 單	應當，必須
συγκεράννυμι	動. 過不. 主. 直說. 三單	聯合
ὑστερέω	動. 現在. 被. 分詞. 間. 中. 單	低於或比…少
25. σχίσμα, ατος, τό	名. 主. 中. 單	紛爭，分裂，分派
26. πάσχω	動. 現在. 主. 直說. 三單	受苦，受難，忍受

συμπάσχω	動. 現在. 主. 直說. 三單	一同受苦，分擔苦難
συγχαίρω	動. 現在. 主. 直說. 三單	與…同樂，慶祝，喜愛
27. ἐκ μέρους		個別地
28. δεύτερος, α, ον	形. 直. 中. 單. 原. 或副. 原	第二的，然後
ἴαμα, ατος, τό	名. 所. 中. 複	醫治，治病
ἀντίλημψις, εως, ἡ	名. 直. 陰. 複	助人的能力，助人者
κυβέρνησις, εως, ἡ	名. 直. 陰. 複	領導才幹，管理事務能力
γένος, ους, τό	名. 直. 中. 複	種，類
30. ἴαμα, ατος, τό	名. 所. 中. 複	醫治，治病
διερμηνεύω	動. 現在. 主. 直說. 三複	翻譯，解釋
31. ζηλόω	動. 現在. 主. 命令. 二複	熱心，渴慕
ὑπερβολή, ῆς, ἡ	名. 直. 陰. 單	超卓，卓越
δείκνυμι	動. 現在. 主. 直說. 一單	顯現，指示，給…看
καθ᾽ ὑπερβολὴ ὁδός		至善道路

第十三章

1. χαλκός, οῦ, ὁ	名. 主. 陽. 單	黃銅，青銅
ἠχέω	動. 現在. 主. 分詞. 主. 陽. 單	響聲，吵鬧
κύμβαλον, ου, τό	名. 主. 中. 單	鈸
ἀλαλάζω	動. 現在. 主. 分詞. 主. 中. 單	號咷大哭，吵鬧，鏗鏘
χαλκὸς ἠχῶν		銅鑼
2. μεθίστημι μεθιστάνω	動. 現在. 主. 不定	遷移
κἄν	連. 繫并	即使，雖然，甚至於
3. ψωμίζω	動. 過不. 主. 假設. 一單	放棄，讓給別人
ὠφελέω	動. 現在. 被. 直說. 一單	獲得，獲利，幫助
τὰ ὑπάρχοντα		所有物，財富
4. μακροθυμέω	動. 現在. 主. 直說. 三單	有耐心，堅忍，寬容
χρηστεύομαι	動. 現在. 關. 直說. 三單	仁慈
ζηλόω	動. 現在. 主. 直說. 三單	嫉妒
περπερεύομαι	動. 現在. 關. 直說. 三單	自負，自誇
5. ἀσχημονέω	動. 現在. 主. 直說. 三單	行爲魯莽
παροξύνω	動. 現在. 被. 直說. 三單	動怒，非常難過
λογίζομαι	動. 現在. 關. 直說. 三單	熟思，計較

6. ἀδικία, ας, ἡ	名. 間. 陰. 單	過錯，邪惡，罪，不義
συγχαίρω	動. 現在. 主. 直說. 三單	與…同樂，慶祝，喜愛
7. στέγω	動. 現在. 主. 直說. 三單	忍受，忍耐，等下去，包容
ἐλπίζω	動. 現在. 主. 直說. 三單	希望，盼望，指望，仰望
ὑπομένω	動. 現在. 主. 直說. 三單	忍耐，持續，忍受，留下
8. οὐδέποτε	副. 原	從不，絕不，永不
παύω	動. 未來. 關. 直說. 三複	停止，止息，終止
10. τέλειος, α, ον	形. 主. 中. 單. 原	完全的，完美的，完整的
τὸ ἐκ μέρους		那有限的
11. φρονέω	動. 過未. 主. 直說. 一單	思想，想念，關心
λογίζομαι	動. 過未. 關. 直說. 一單	計較，算作，熟思
12. ἔσοπτρον, ου, τό	名. 所. 中. 單	鏡子
αἴνιγμα, ατος, τό	名. 間. 中. 單	模糊不清或朦朧的影像
ἐπιγινώσκω	動. 未來. 關. 直說. 一單	曉得，認識
πρόσωπον πρὸς πρόσωπον		親自
13. νυνί	副. 原	現在
νυνὶ δε		因此

第十四章

1. διώκω	動. 現在. 主. 命令. 二複	追求
ζηλόω	動. 現在. 主. 命令. 二複	熱心，渴慕
3. παράκλησις, εως, ἡ	名. 直. 陰. 單	鼓勵，安慰，懇求
παραμυθία, ας, ἡ	名. 直. 陰. 單	安慰
5. ἐκτός	副. 原	除…外，除了
διερμηνεύω	動. 現在. 主. 假設. 三單	翻譯，解釋
ἐκτὸς εἰ μή		除了, 除非
6. ὠφελέω	動. 未來. 主. 直說. 一單	獲得，獲利，幫助
ἀποκάλυψις, εως, ἡ	名. 間. 陰. 單	啓示
διδαχή, ῆς, ἡ	名. 間. 陰. 單	教訓，教導（的內容）
7. ὅμως	副. 原	甚至於
ἄψυχος, ον	形. 主. 中. 複. 原	沒有生命的
αὐλός, οῦ, ὁ	名. 主. 陽. 單	笛子
κιθάρα, ας, ἡ	名. 主. 陰. 單	豎琴

διαστολή, ῆς, ἡ	名.直.陰.單	差別，區別，分別
φθόγγος, ου, ὁ	名.間.陽.複	聲音，聲響，音調
αὐλέω	動.現在.被.分詞.主.中.單	吹笛
κιθαρίζω	動.現在.被.分詞.主.中.單	彈奏（豎琴）
τὸ αὐλούμενον		笛子吹出的聲音
8. ἄδηλος, ον	形.直.陰.單.原	含混不清的，不準確的
σάλπιγξ, ιγγος, ἡ	名.主.陰.單	號角，吹喇叭
παρασκευάζω	動.未來.關.直說.三單	自己作好準備
πόλεμος, ου, ὁ	名.直.陽.單	戰爭，打仗
9. εὔσημος, ον	形.直.陽.單.原	容易明白的，清楚的
ἀήρ, ἀέρος, ὁ	名.直.陽.單	空氣
εἰς ἀέρα λαλέω		無意義的說話
10. τοσοῦτος, αὐτη, οῦτον	代.形指.間.中.複	如此多，許多
γένος, ους, τό	名.主.中.複	種，類
ἄφωνος, ον	形.主.中.單.原	不表達意思的
εἰ τυχόι		如果，也許，可能
11. βάρβαρος, ον	名.主.陽.單	開化的，外國人
12. ζηλωτής, οῦ, ὁ	名.主.陽.複	熱心者
περισσεύω	動.現在.主.假設.二複	富裕，更加，使增加
13. διερμηνεύω	動.現在.主.假設.三單	翻譯，解釋
14. ἄκαρπος, ον	形.主.陽.單.原	不結果子的，没有用的
15. ψάλλω	動.未來.主.直說.一單	唱歌，歌頌
16. εὐλογέω	動.現在.主.假設.二單	祝福，，頌讚
ἀναπληρόω	動.現在.主.分詞.主.陽.單	佔位子
ἰδιώτης, ου, ὁ	名.所.陽.單	外行人，無（屬靈）恩賜
σός, σή, σόν	代二所.間.陰.單	你的，屬於你的
εὐχαριστία, ας, ἡ	名.間.陰.單	感恩，感謝
ἐπειδή	連.原從	因爲，既然，…完了之後
ὁ ἀναπληρῶν τὸν τόπον		坐在聚會中的人
17. καλῶς	副.原	好，正確的，眞好
19. πέντε	形.直.陽.複.原	五
κατηχέω	動.過不.主.假設.一單	教導，教訓，告訴
μύριοι, αι, α	形.直.陽.複.原	一萬

20. φρήν, φρενός, ἡ	名.間.陰.複	思想，了解
κακία, ας, ἡ	名.間.陰.單	邪惡，惡毒，怨恨
νηπιάζω	動.現在.主.命令.二複	作小孩子或像小孩子
τέλειος, α, ον	形.主.陽.複.原	完美的，成年的
21. ἑτερόγλωσσος, ον	形.間.陽.複.原	說外國話的
χεῖλος, ους, τό	名.間.中.複	嘴唇
εἰσακούω	動.未來.關.直說.三複	聽從
23. ἰδιώτης, ου, ὁ	名.主.陽.複	外行人，無（屬靈）恩賜的
μαίνομαι	動.現在.關.直說.二複	失去理智，發瘋
24. ἐλέγχω	動.現在.被.直說.三單	指證有罪，責備
25. κρυπτός, ή, όν	形.主.中.複.原	秘密的，隱藏的，內在的
φανερός, ά, όν	形.主.中.複.原	明顯的，看得見的
ἀπαγγέλλω	動.現在.主.分詞.主.陽.單	宣告，傳揚，承認
ὄντως	副.原	當然，的確，眞實的
26. ψαλμός, οῦ, ὁ	名.直.陽.單	詩篇，讚美詩
διδαχή, ῆς, ἡ	名.直.陰.單	教導（的內容）
ἀποκάλυψις, εως, ἡ	名.直.陰.單	啓示
ἑρμηνεία, ας, ἡ	名.直.陰.單	解釋，翻譯
27. ἀνά	介.直	每個，各
διερμηνεύω	動.現在.主.命令.三單	翻譯，解釋
ἀνὰ μέρος		輪流
τὸ πλεῖστον		最多
28. διερμηνευτής, οῦ, ὁ	名.主.陽.單	翻譯者，解釋者
σιγάω	動.現在.主.命令.三單	保持安靜，緘默，隱藏
30. ἀποκαλύπτω	動.過不.被.假設.三單	啓示，顯明，揭露
σιγάω	動.現在.主.命令.三單	保持安靜，緘默，隱藏
31. μανθάνω	動.現在.主.假設.三複	學習，發現
καθ᾽ ἕνα		一個一個地
33. ἀκαταστασία, ας, ἡ	名.所.陰.單	混亂，叛亂
34. σιγάω	動.現在.主.命令.三複	保持安靜，緘默，隱藏
ἐπιτρέπω	動.現在.被.直說.三單	讓，准，許
35. μανθάνω	動.過不.主.不定	學習，發現
αἰσχρός, ά, όν	形.主.中.單.原	不名譽的，不誠實的

36. καταντάω	動.過不.主.直說.三單	來到，到達，達到
37. ἐπιγινώσκω	動.現在.主.命令.三單	曉得，認識，敬重
38. ἀγνοέω	動.現在.被.直說.三單	無知，忽視
39. ζηλόω	動.現在.主.命令.二複	熱心，渴慕
κωλύω	動.現在.主.命令.二複	阻止，禁止，不准
40. εὐσχημόνως	副.原	端正地，規規矩矩地
τάξις, εως, ἡ	名.直.陰.單	班次，循規蹈矩
κατὰ τάξιν		依照次序

第十五章

1. γνωρίζω	動.現在.主.直說.一單	使…知道，告訴，顯明
παραλαμβάνω	動.過不.主.直說.二複	接去，領受，學習
2. κατέχω	動.現在.主.直說.二複	堅持，遵從
ἐκτός	副.原	除…外，除了
εἰκῇ	副.原	空空洞洞地，徒然地
ἐκτός εἰ μή	副.原	除非，除了
3. παραλαμβάνω	動.過不.主.直說.一單	接去，領受，學習
4. θάπτω	動.過不.被.直說.三單	埋葬
5. Κηφᾶς, ᾶ, ὁ	名.間.陽.單	磯法〔刻法〕（亞蘭語）
εἶτα	副.原	然後，再者
6. ἐπάνω	副.原	在…上，多於
πεντακόσιοι, αι, α	形.間.陽.複.原	五百
ἐφάπαξ	副.原	一勞永逸，一次
7. Ἰάκωβος, ου, ὁ	名.間.陽.單	雅各〔雅各伯〕
εἶτα	副.原	然後，再者
8. ὡσπερεί	虛.比	好像，如同
ἔκτρωμα, ατος, τό	名.間.中.單	不正常的生育，早產
9. ἐλάχιστος, η, ον	形.主.陽.單.最	最小的，不重要的
ἱκανός, ή, όν	形.主.陽.單.原	值得的，配
διότι	連.原從	因爲，所以
διώκω	動.過不.主.直說.一單	迫害，逼迫，驅逐
10. κενός, ή, όν	形.主.陰.單.原	徒然的，空的，虛妄的
περισσότερος, α, ον	形.直.中.單.比	更多，更大，更…

κοπιάω	動.過不.主.直說.一單	辛勞工作，勞苦，疲倦
12. ἀνάστασις, εως, ἡ	名.主.陰.單	復活
14. κενός, ή, όν	形.主.中.單.原	徒然的，空的，虛妄的
κήρυγμα, ατος, τό	名.主.中.單	所講的道，信息，宣道
15. ψευδόμαρτυς, υρος, ὁ	名.主.陽.複	假證人，作僞證的人
εἴπερ	連.條從	既然，如果那是眞的
17. μάταιος, α, ον	形.主.陰.單.原	没有價值，虛幻的
19. ἐλπίζω	動.完成.主.分詞.主.陽.複	希望，盼望
ἐλεεινός, ή, όν	形.主.陽.複.比	可憐的
20. νυνί	副.原	現在
ἀπαρχή, ῆς, ἡ	名.主.陰.單	第一個
21. ἐπειδή	連.原從	因爲，既然
ἀνάστασις, εως, ἡ	名.主.陰.單	復活
22. Ἀδάμ, ὁ	名.間.陽.單	亞當
ζῳοποιέω	動.未來.被.直說.三複	賜…生命，使復活
23. τάγμα, ατος, τό	名.間.中.單	次序，秩序
ἀπαρχή, ῆς, ἡ	名.主.陰.單	第一個
παρουσία, ας, ἡ	名.間.陰.單	來臨，來到，出現
24. εἶτα	副.原	然後，…就，再者
τέλος, ους, τό	名.主.中.單	終局，窮盡，末期
25. βασιλεύω	動.現在.主.不定	掌權，統治，作王
ἄχρι	不介.所	直到，到…爲止
ἐχθρός, ά, όν	名.直.陽.複	敵人，仇敵，被憎恨的
ὑπὸ τοὺς πόδας		完全統治
27. δῆλος, η, ον	形.主.中.單.原	明顯的
ἐκτός	不介.所	外面，在…外
29. ὅλως	副.原	根本，完全，確實
30. κινδυνεύω	動.現在.主.直說.一複	在危險中，冒險
31. νή	虛.強	鄭重發誓
ὑμέτερος, α, ον	形.直.陰.單.原	你們的
καύχησις, εως, ἡ	名.直.陰.單	誇口，驕傲，誇耀的事
καθ᾽ ἡμέραν		天天，每日
32. θηριομαχέω	動.過不.主.直說.一單	跟野獸格鬥

Ἔφεσος, ου, ἡ	名.間.陰.單	以弗所〔厄弗所〕
ὄφελος, ους, τό	名.主.中.單	收獲，利益
αὔριον	副.原	明天，第二天，很快地
33. πλανάω	動.現在.被.命令.二複	欺騙，迷失，被騙
φθείρω	動.現在.主.直說.三複	敗壞，毀壞，引入歧途
ἦθος, ους, τό	名.直.中.複	習慣，規矩，品德
χρηστός, ή, όν	形.直.中.複.原	慈愛，良善，好品德，正直
ὁμιλία, ας, ἡ	名.主.陰.複	友伴，交友
34. ἐκνήφω	動.過不.主.命令.二複	醒悟
δικαίως	副.原	公正地，正直地
ἀγνωσία, ας, ἡ	名.直.陰.單	不認識神，無知
ἐντροπή, ῆς, ἡ	名.直.陰.單	羞愧，可恥
ἐκνήφω δικαίως		覺得羞愧,醒悟
35. ποῖος, α, ον	代.形疑.間.中.單	甚麼？哪一？哪一種？
36. ἄφρων, ον	名.呼.陽.單	無知的人，蠢的，無知的
ζῳοποιέω	動.現在.被.直說.三單	賜…生命，使復活
37. γυμνός, ή, όν	形.直.陽.單.原	裸體的，毫無遮蓋的
κόκκος, ου, ὁ	名.直.陽.單	種子，子粒
σῖτος, ου, ὁ	名.所.陽.單	穀，麥子，食糧
εἰ τύχον		如果，也許，可能
38. σπέρμα, ατος, τό	名.所.中.複	種子，（從神來的）生命
39. κτῆνος, ους, τό	名.所.中.複	動物
πτηνός, ή, όν	名.所.中.複	鳥
ἰχθύς, ύος, ὁ	名.所.陽.複	魚
40. ἐπίγειος, ον	形.主.中.複.原	世上的，地上的，屬世的
ἐπουράνιος		屬天的，天空的，天上的
41. ἥλιος, ου, ὁ	名.所.陽.單	太陽
σελήνη, ης, ἡ	名.所.陰.單	月亮
ἀστήρ, έρος, ὁ	名.所.陽.複	星，星辰
διαφέρω	動.現在.主.直說.三單	更貴重，不一樣
42. ἀνάστασις, εως, ἡ	名.主.陰.單	復活
φθορά, ᾶς, ἡ	名.間.陰.單	敗壞，毀滅
ἀφθαρσία, ας, ἡ	名.間.陰.單	不滅，不朽壞

43. ἀτιμία, ας, ἡ	名. 間. 陰. 單	不體面，不名譽，卑賤
ἀσθένεια, ας, ἡ	名. 間. 陰. 單	（各種）軟弱，疾病
44. ψυχικός, ή, όν	形. 主. 中. 單. 原	非靈性的，肉體的，物質的
45. ᾿Αδάμ, ὁ	名. 主. 陽. 單	亞當
ζῳοποιέω	動. 現在. 主. 分詞. 直. 中. 單	賜…生命，使復活
46. ψυχικός, ή, όν	形. 主. 中. 單. 原	非靈性的，肉體的，物質的
47. χοϊκός, ή, όν	形. 主. 陽. 單. 原	塵土造成的，屬塵土的
δεύτερος, α, ον	形. 主. 陽. 單. 原	第二的，然後
48. οἷος, α, ον	代. 聯代. 主. 陽. 單	像…，那一種的…
49. φορέω	動. 過不. 主. 直說. 一複	穿載，握有…權力
εἰκών, όνος, ἡ	名. 直. 陰. 單	形像，形狀，外表
χοϊκός, ή, όν	形. 所. 陽. 單. 原	塵土造成的，屬塵土的
φορέω εἰκόνα		有...的形狀
50. κληρονομέω	動. 過不. 主. 不定	承受，成為神國子民
φθορά, ᾶς, ἡ	名. 主. 陰. 單	敗壞，毀滅
ἀφθαρσία, ας, ἡ	名. 直. 陰. 單	不滅，不朽壞
51. ἀλλάσσω	動. 未來. 被. 直說. 一複	變化，改變，變形
52. ἄτομος, ον	形. 間. 中. 單. 原	不能分割的
ῥιπή, ῆς, ἡ	名. 間. 陰. 單	一眨眼之間，一剎那
σάλπιγξ, ιγγος, ἡ	名. 間. 陰. 單	號角，吹喇叭
σαλπίζω	動. 未來. 主. 直說. 三單	吹號角，吹喇叭
ἄφθαρτος, ον	形. 主. 陽. 複. 原	不滅的，不朽壞的
ἐν ῥιπῇ ὀφθαλμοῦ		一剎那，一眨眼之間
53. φθαρτός, ή, όν	形. 直. 中. 單. 原	必朽壞的，必死的
ἐνδύω	動. 過不. 關. 不定	穿（衣），變成，換上
ἀφθαρσία, ας, ἡ	名. 直. 陰. 單	不滅的，不朽壞
θνητός, ή, όν	形. 直. 中. 單. 原	會死的，必朽的
ἀθανασία, ας, ἡ	名. 直. 陰. 單	不死，不滅
54. καταπίνω	動. 過不. 被. 直說. 三單	消滅，取代，吞吃
νῖκος, ους, τό	名. 直. 中. 單	勝
55. κέντρον, ου, τό	名. 主. 中. 單	刺，刺棒
57. νῖκος, ους, τό	名. 直. 中. 單	勝
58. ἑδραῖος, α, ον	形. 主. 陽. 複. 原	堅定的，穩固的

ἀμετακίνητος, ον	形. 主. 陽. 複. 原	不動搖的，堅定的
περισσεύω	動. 現在. 主. 分詞. 主. 陽. 複	富裕，更加，使增加
πάντοτε	副. 原	總是，常常
κόπος, ου, ὁ	名. 主. 陽. 單	工作，辛勤工作，勞苦
κενός, ή, όν	形. 主. 陽. 單. 原	徒勞無功的，虛妄的

第十六章

1. λογεία, ας, ἡ	名. 所. 陰. 單	捐獻，籌款
διατάσσω	動. 過不. 主. 直說. 一單	吩咐，指示，安排
Γαλατία, ας, ἡ	名. 所. 陰. 單	加拉太〔迦拉達〕
2. θησαυρίζω	動. 現在. 主. 分詞. 主. 陽. 單	積存，保留
εὐοδόω	動. 現在. 被. 假設. 三單	順利進展，賺錢，收入
3. παραγίνομαι	動. 過不. 關. 假設. 一單	來，到達，出現
δοκιμάζω	動. 過不. 主. 假設. 二複	省察，試驗，洞察，信任
ἐπιστολή, ῆς, ἡ	名. 所. 陰. 複	信，信件
ἀποφέρω	動. 過不. 主. 不定	帶走，拿去（來），押解
4. ἄξιος, α, ον	形. 主. 中. 單. 原	值得的，配得的，合適的
5. Μακεδονία, ας, ἡ	名. 直. 陰. 單	馬其頓
διέρχομαι	動. 過不. 主. 假設. 一單	穿過，經過，渡過
6. τύχον		或許，可能
παραμένω	動. 未來. 主. 直說. 一單	停留，住
παραχειμάζω	動. 未來. 主. 直說. 一單	過冬
προπέμπω	動. 過不. 主. 假設. 二複	差派，一路上幫忙
καταμένω		停留，住宿
7. πάροδος, ου, ἡ	名. 間. 陰. 單	路過時
ἐλπίζω	動. 現在. 主. 直說. 一單	希望，盼望
ἐπιμένω	動. 過不. 主. 不定	停留，繼續
ἐπιτρέπω	動. 過不. 主. 假設. 三單	讓，准，許
8. Ἔφεσος, ου, ἡ	名. 間. 陰. 單	以弗所〔厄弗所〕
πεντηκοστή, ῆς, ἡ	名. 所. 陰. 單	五旬節，逾越節後第 50 天
9. θύρα, ας, ἡ	名. 主. 陰. 單	機會
ἐνεργής, ές	形. 主. 陰. 單. 原	有效，很好的，藉…而能
ἀντίκειμαι	動. 現在. 關. 分詞. 主. 陽. 複	反對，敵對

10. Τιμόθεος, ου, ὁ	名.主.陽.單	提摩太〔弟茂德〕
ἀφόβως	副.原	坦然無懼地，安心自在
ἐργάζομαι	動.現在.關.直說.三單	工作，執行，為…操勞
ἀφόβως γίνομαι		安心自在
11. ἐξουθενέω	動.過不.主.假設.三單	輕視，輕看
προπέμπω	動.過不.主.命令.二複	差派，一路上幫忙
ἐκδέχομαι	動.現在.關.直說.一單	等候，等待，盼望
12. πάντως	副.原	必定，確定地，無疑地
εὐκαιρέω	動.過不.主.假設.三單	有時間，有機會，花時間
13. γρηγορέω	動.現在.主.命令.二複	警醒，注意，留心
στήκω	動.現在.主.命令.二複	站著，站穩，堅定
ἀνδρίζομαι	動.現在.關.命令.二複	作大丈夫，勇敢
κραταιόω	動.現在.被.命令.二複	強壯起來
15. Στεφανᾶς, ᾶ, ὁ	名.所.陽.單	司提法那〔斯特法納〕
ἀπαρχή, ῆς, ἡ	名.主.陰.單	第一個
Ἀχαΐα, ας, ἡ	名.所.陰.單	亞該亞〔阿哈雅〕
διακονία, ας, ἡ	名.直.陰.單	服侍，幫助
τάσσω	動.過不.主.直說.三複	非常熱心
16. συνεργέω	動.現在.主.分詞.間.陽.單	跟…一齊工作，同工合作
κοπιάω	動.現在.主.分詞.間.陽.單	辛勞工作，勞苦，疲倦
17. παρουσία, ας, ἡ	名.間.陰.單	來臨，來到，出現
Στεφανᾶς, ᾶ, ὁ	名.所.陽.單	司提法那〔斯特法納〕
Φορτουνᾶτος, ου, ὁ	名.所.陽.單	福徒拿都〔福突納托〕
Ἀχαϊκός, οῦ, ὁ	名.所.陽.單	亞該古〔阿哈依科〕
ὑμέτερος, α, ον	代二所.直.中.單	你們的
ὑστέρημα, ατος, τό	名.直.中.單	需要，未能…的地方
ἀναπληρόω	動.過不.主.直說.三複	彌補
18. ἀναπαύω	動.過不.主.直說.三複	使休息，使愉快，休息
ἐπιγινώσκω	動.現在.主.命令.二複	曉得，認出，敬重，看穿
19. Ἀσία, ας, ἡ	名.所.陰.單	亞細亞，和：亞西亞
Ἀκύλας, ὁ	名.主.陽.單	亞居拉〔阿桂拉〕
Πρίσκα, ης, ἡ	名.主.陰.單	百基拉〔普黎史拉〕
20. φίλημα, ατος, τό	名.間.中.單	吻，親吻

21. ἀσπασμός, οῦ, ὁ	名. 主. 陽. 單	問安
22. φιλέω	動. 現在. 主. 直說. 三單	愛，愛惜
ἀνάθεμα, ατος, τό	名. 主. 中. 單	咒詛
μαρανα θα		（亞蘭語）我們的主，來！

哥林多後書

特別詞彙

ἀνέχω	忍受，忍耐，耐心領受
ἁπλότης, ητος, ἡ	慷慨好施；眞誠，純潔，專一
ἀσθένεια, ας, ἡ	（各種）軟弱；疾病
ἀσθενέω	生病；軟弱
ἄφρων, ον	無知的人，糊塗的人，蠢材；蠢的，愚妄的；無知的
γνῶσις, εως, ἡ	知識；秘傳的知識；κατὰ γ. 體貼
διακονία, ας, ἡ	服侍，服務；貢獻，幫助，支持；宣教事工，使命；或指：執事的職份或權柄
διάκονος, ου, ὁ, ἡ	僕人，庸人；執事；服侍者
ἐλπίζω	希望，盼望；指望；仰望
ἐπιγινώσκω	知道，曉得，明白；認出；認識；敬重；查出，看穿，聽說；熟知，家喻戶曉（林後 6.9）
ἐπιστολή, ῆς, ἡ	信，信件；文件，公文
ζῆλος, ου, ὁ	熱心；嫉妒
θαρρέω	坦然無懼，充滿勇氣；大膽行動；有信心，完全信任（林後 7.16）；嚴厲，不客氣（林後 10.1, 2）
θλῖψις, εως, ἡ	困難，痛苦，苦難，患難；災難；憂傷（林後 2.4）；負擔（林後 8.13）
κατεργάζομαι	作，做，行；完成，達成；使，產生，激發，帶來，培養；準備
καυχάομαι	誇口，誇耀；誇獎，稱讚（林後 10.17）；對…感覺驕傲，以…爲榮；歡欣，喜樂；高興
καύχησις, εως, ἡ	誇口；驕傲；誇耀的事
κίνδυνος, ου, ὁ	危險

λογίζομαι	算，計較；算作，看作，當作；以為，認為，想，相信；批評，評斷，列在；爭辯，追究；熟思，再想一想（林後 10.7）
λυπέω	痛苦，憂愁，憂傷；<被動>傷心，難過，憂愁或苦惱；憂傷，哀哭
λύπη, ης, ἡ	憂傷，憂愁，痛苦；**ἐκ λύπης** 勉強地，後悔地（林後 9.7）
Μακεδονία, ας, ἡ	馬其頓
ναί	是的；眞是，眞的，確實；必然，一定
νόημα, ατος, τό	心智，意念，思想；方法，詭計，陰謀（林後 2.11）
παράκλησις, εως, ἡ	鼓勵，幫助；安慰；懇求；要求（**μετὰ πολλῆς π.** 堅決懇求，林後 8.4）；拯救，釋放
πάρειμι	在一起，在這裏（**πρὸς τὸ π.** 目前，此時；**τὰ π.** 個人所有的；來臨
περισσεύω	<不及>剩下，剩餘（**τὸ π.** 剩餘之物；財富，充裕的財物）；增加，富裕，豐富，充足有餘；更…，更加，超過；有許多，格外；更有收獲；**π. μᾶλλον** 更加；<及>使增加；使充足有餘
περισσοτέρως	更加，甚至更，尤其，格外；**π. μᾶλλον** 更加（林後 7.13）
πολλάκις	常常，一再，屢次
πώς	<附虛>總得，總算，如何；怎樣；怎能；何等；豈不（林後 3.8）
σπουδή, ῆς, ἡ	熱心，熱誠，熱情，勤奮；急切；努力，盡力；**μετὰ σ.** 立刻；**πᾶσαν σ.** 早已很想
συνίστημι	<及>介紹，推薦；**τῶν ἑαυτοὺς σ.** 自命不凡的人（林後 10.12）；**ὁ ἑαυτὸν σ.** 自吹自擂的人（林後 10.18）；稱讚，讚許；顯示，顯明，表明；**σ. ἑαυτοὺς πρὸς** 以自己的行為來啓發（林後 4.2）；
συνίστημι	<不及>存有，各得其所；被形成，所成；跟…站在一起或站在旁邊
Τίτος, ου, ὁ	提多〔弟鐸〕：保羅的同伴

ὑπερβολή, ῆς, ἡ	超卓，卓越；καθ' ὑ. 無法計算的，極力，極端；καθ' ὑ. ὁδός 至善道路；καθ' ὑ. εἰς ὑ. 無可比擬的（林後 4.17）；καθ' ὑ. ὑπὲρ δύναμιν 遠超過某人能夠忍受的，連生存的希望都沒有（林後 1.8）
φανερόω	顯明，揭露，顯示，散播（林後 2.14），彰顯或闡明；＜被動＞張揚或顯露，明顯，表明；顯現，表明身份
φόβος, ου, ὁ	恐懼，恐怖，畏懼，（對神的）敬畏；（對人）尊敬
χαρίζομαι	領，給，賜；慷慨，恩待，赦免；交付或釋放（犯人）；取消債務；歸回

第一章

1.	Τιμόθεος, ου, ὁ	名.主.陽.單	提摩太〔弟茂德〕
	Κόρινθος, ου, ἡ	名.間.陰.單	哥林多〔格林多〕
	Ἀχαΐα, ας, ἡ	名.間.陰.單	亞該亞〔阿哈雅〕
3.	εὐλογητός, ή, όν	形.主.陽.單.原	受讚美的，該受稱頌的那位
	οἰκτιρμός, οῦ, ὁ	名.所.陽.複	憐憫，慈愛，同情
5.	πάθημα, ατος, τό	名.主.中.複	苦難
6.	θλίβω	動.現在.被.直說.一複	迫害，遭遇苦難
	σωτηρία, ας, ἡ	名.所.陰.單	拯救，救恩，得救
	ἐνεργέω	動.現在.關.分詞.所.陰.單	發生作用，運行，工作
	ὑπομονή, ῆς, ἡ	名.間.陰.單	忍耐，堅定，恒毅，恒心
	πάσχω	動.現在.主.直說.一複	受苦，受難，忍受，經驗
7.	βέβαιος, α, ον	形.主.陰.單.原	可靠的，確實的，永久的
	κοινωνός, οῦ, ὁ, ἡ	名.主.陽.複	夥伴，與…有份的人
	πάθημα, ατος, τό	名.所.中.複	苦難
8.	ἀγνοέω	動.現在.主.不定	不了解，忽視
	Ἀσία, ας, ἡ	名.間.陰.單	亞細亞，和：亞西亞
	βαρέω	動.過不.被.直說.一複	使負重擔，重壓，拖累
	ἐξαπορέω	動.過不.被.不定	絕望
	καθ' ὑπερβολὴν ὑπὲρ δύναμιν		遠超過某人能夠忍受的
9.	ἀπόκριμα, ατος, τό	名.直.中.單	宣判或判決

10. τηλικοῦτος, αύτη, οῦτο	代. 形指. 所. 陽. 單	這麼大，如此大
ῥύομαι	動. 過不. 關. 直說. 三單	拯救，救…脫離
ἐκ τηλικούτου θανάτου		從死亡的危險之中
11. συνυπουργέω	動. 現在. 主. 分詞. 所. 陽. 複	協助，幫助
δέησις, εως, ἡ	名. 間. 陰. 單	禱告，祈求
χάρισμα, ατος, τό	名. 主. 中. 單	禮物，恩賜
εὐχαριστέω	動. 過不. 被. 假設. 三單	感謝，祝謝
12. μαρτύριον, ου, τό	名. 主. 中. 單	證言，見證
συνείδησις, εως, ἡ	名. 所. 陰. 單	良心，知覺
εἰλικρίνεια, ας, ἡ	名. 間. 陰. 單	純潔，誠懇
σαρκικός, ή, όν	形. 間. 陰. 單. 原	屬世的，肉體的，物質的
ἀναστρέφω	動. 過不. 被. 直說. 一複	生活，舉止
ἁγιότης		聖潔，純潔
13. ἀναγινώσκω	動. 現在. 主. 直說. 二複	念，在公衆崇拜中誦讀
τέλος, ους, τό	名. 所. 中. 單	終點
ἕως τέλους		完全地
14. μέρος, ους, τό	名. 所. 中. 單	部份，情況
καύχημα, ατος, τό	名. 主. 中. 單	誇耀的事，引以爲榮的事
καθάπερ	連. 比從	像，正如，同…一樣
ἀπὸ μέρους		部份地
15. πεποίθησις, εως, ἡ	名. 間. 陰. 單	信心，信任，信靠
βούλομαι	動. 過未. 關. 直說. 一單	想要，欲，希望，願意
πρότερος, α, ον	形. 直. 中. 單. 原. 或副. 比	先前，起初
δεύτερος, α, ον	形. 直. 陰. 單. 原	第二的，然後
16. διέρχομαι	動. 過不. 主. 不定	穿過，經過，渡過，去
προπέμπω	動. 過不. 被. 不定	差派，一路上幫忙
Ἰουδαία, ας, ἡ	名. 直. 陰. 單	猶太
17. βούλομαι	動. 現在. 關. 分詞. 主. 陽. 單	欲，願意，打算，計劃
μήτι	虛. 疑	用於期待否定答案的問句中
ἆρα	連. 推并	結果，所以
ἐλαφρία, ας, ἡ	名. 間. 陰. 單	猶豫. 不定
χράομαι	動. 過不. 關. 直說. 一單	行動，行爲
βουλεύω	動. 現在. 關. 直說. 一單	計劃，決定

οὔ	虛. 否	不（否定答詞）
ἐλαφρία χράομαι		反覆無常
19. Σιλουανός, οῦ, ὁ	名. 所. 陽. 單	西拉〔息耳瓦諾〕
Τιμόθεος, ου, ὁ	名. 所. 陽. 單	提摩太〔弟茂德〕
21. βεβαιόω	動. 現在. 主. 分詞. 主. 陽. 單	證實，證明，保證
χρίω	動. 過不. 主. 分詞. 主. 陽. 單	膏（油），揀選，差派
22. σφραγίζω	動. 過不. 關. 分詞. 主. 陽. 單	蓋印，證實，承認
ἀρραβών, ῶνος, ὁ	名. 直. 陽. 單	憑據，保證
23. μάρτυς, υρος, ὁ	名. 直. 陽. 單	見證人
ἐπικαλέω	動. 現在. 關. 直說. 一單	稱呼，呼求，祈求
φείδομαι	動. 現在. 關. 分詞. 主. 陽. 單	顧惜，饒恕
οὐκέτι	副. 原	不再
Κόρινθος, ου, ἡ	名. 直. 陰. 單	哥林多〔格林多〕
φείδομαι τινός		爲…著想
24. κυριεύω	動. 現在. 主. 直說. 一複	管轄，命令人接受
συνεργός, όν	名. 主. 陽. 複	同工，跟…同工合作的人

第二章

1. ἐμαυτοῦ, ῆς	代. 一反. 間. 陽. 單	我自己，我自己的
2. εὐφραίνω	動. 現在. 主. 分詞. 主. 陽. 單	使快樂，使歡欣
4. συνοχή, ῆς, ἡ	名. 所. 陰. 單	憂傷，焦慮
δάκρυον, ου, τό	名. 所. 中. 複	眼淚
5. μέρος, ους, τό	名. 所. 中. 單	部份，到某種程度
ἐπιβαρέω	動. 現在. 主. 假設. 一單	成爲（財務）負擔
ἵνα μὴ ἐπιβαρῶ		免得你太難堪
6. ἱκανός, ή, όν	形. 主. 中. 單. 原	充份的，足夠的
ἐπιτιμία, ας, ἡ	名. 主. 陰. 單	責罰，譴責
7. τοὐναντίον	冠. 直. 中. 單	相反地
περισσότερος, α, ον	形. 間. 陰. 單. 比	更多
καταπίνω	動. 過不. 被. 假設. 三單	消滅，絕望，吞吃
καταπίνομαι λύπῃ		傷心欲絕
τοὐαντίον μᾶλλον		應該
8. κυρόω	動. 過不. 主. 不定	使（契約）生效

κυρόω εἰς αὐτὸν ἀγάπην		證明（你們）確實愛他
9. δοκιμή, ῆς, ἡ	名.直.陰.單	考驗
ὑπήκοος, ον	形.主.陽.複.原	順服的，聽從的，服從的
10. χαρίζομαι		赦免，寬恕，釋放
11. πλεονεκτέω	動.過不.被.假設.一複	佔便宜，欺騙，佔優勢
Σατανᾶς, ᾶ, ὁ	名.所.陽.單	魔鬼撒但〔撒殫〕
ἀγνοέω	動.現在.主.直說.一複	忽視，無知中犯罪
12. Τρῳάς, άδος, ἡ	名.直.陰.單	特羅亞〔特洛阿〕
θύρα, ας, ἡ	名.所.陰.單	機會
13. ἄνεσις, εως, ἡ	名.直.陰.單	減輕負擔，安心，釋放
ἀποτάσσω	動.過不.關.分詞.主.陽.單	告別，離開
14. πάντοτε	副.原	總是，常常
θριαμβεύω	動.現在.主.分詞.間.陽.單	率領（俘擄）凱旋遊行，勝過
ὀσμή, ῆς, ἡ	名.直.陰.單	香氣
15. εὐωδία, ας, ἡ	名.主.陰.單	香氣，馨香之氣
16. ὀσμή, ῆς, ἡ	名.主.陰.單	香氣
ἱκανός, ή, όν	形.主.陽.單.原	值得的，配，能夠的
17. καπηλεύω	動.現在.主.分詞.主.陽.複	爲了利益而叫賣
εἰλικρίνεια, ας, ἡ	名.所.陰.單	純潔，誠懇
κατέναντι	不介.所	在…面前

第三章

1. χρῄζω	動.現在.主.直說.一複	需要，用得著
συστατικός, ή, όν	形.所.陰.複.原	推薦的
συστ. ἐπιστολή		推薦信
2. ἐγγράφω	動.完成.被.分詞.主.陰.單	寫，記錄
ἀναγινώσκω	動.現在.被.分詞.主.陰.單	念，在公衆崇拜中誦讀
3. διακονέω	動.過不.被.分詞.主.陰.單	服務，照顧，供應
μέλας, αινα, αν	形.間.中.單.原	黑色的
πλάξ, πλακός, ἡ	名.間.陰.複	版
λίθινος, η, ον	形.間.陰.複.原	石製的
σάρκινος, η, ον	形.間.陰.複.原	屬世的，人的
4. πεποίθησις, εως, ἡ	名.直.陰.單	信心

5. ἱκανός, ή, όν	形. 主. 陽. 複. 原	值得的，配，能夠的
ἱκανότης, ητος, ἡ	名. 主. 陰. 單	能力，才幹
6. ἱκανόω	動. 過不. 主. 直說. 三單	使…能，使…有資格…
καινός, ή, όν	形. 所. 陰. 單. 原	新的，未曾聽過的
διαθήκη, ης, ἡ	名. 所. 陰. 單	約，契約
γράμμα, ατος, τό	名. 所. 中. 單	文字
ζῳοποιέω	動. 現在. 主. 直說. 三單	賜…生命，使復活
7. ἐντυπόω	動. 完成. 被. 分詞. 主. 陰. 單	刻
ἀτενίζω	動. 過不. 主. 不定	定眼看，盯，瞪眼
καταργέω	動. 現在. 被. 分詞. 直. 陰. 單	褪色
9. κατάκρισις, εως, ἡ	名. 所. 陰. 單	定罪，譴責
10. μέρος, ους, τό	名. 間. 中. 單	情況
ἕνεκα	不介. 所	十一
ὑπερβάλλω	動. 現在. 主. 分詞. 所. 陰. 單	超越
11. καταργέω	動. 現在. 被. 分詞. 主. 中. 單	取消，毀滅，褪色
12. παρρησία, ας, ἡ	名. 間. 陰. 單	公開，信心，勇敢
χράομαι	動. 現在. 關. 直說. 一複	行動，行為
13. καθάπερ	連. 比從	正如，同…一樣
κάλυμμα, ατος, τό	名. 直. 中. 單	帕子，面紗
ἀτενίζω	動. 過不. 主. 不定	定眼看，盯，瞪眼
τέλος, ους, τό	名. 直. 中. 單	終局，末期，終結
καταργέω	動. 現在. 被. 分詞. 所. 中. 單	褪色
14. πωρόω	動. 過不. 被. 直說. 三單	使頑固或毫無感覺，遲鈍
ἄχρι	不介. 所	直到，到…為止
σήμερον	副. 原	今日
ἀνάγνωσις, εως, ἡ	名. 間. 陰. 單	誦讀（在公眾面前）
παλαιός, ά, όν	形. 所. 陰. 單. 原	舊約，以前的
διαθήκη, ης, ἡ	名. 所. 陰. 單	約，契約
ἀνακαλύπτω	動. 現在. 被. 分詞. 主. 中. 單	揭開，除去遮蓋
15. ἡνίκα	連. 時從	當…時
ἀναγινώσκω	動. 現在. 被. 假設. 三單	念，在公眾崇拜中誦讀
κάλυμμα, ατος, τό	名. 主. 中. 單	帕子，面紗
κεῖμαι	動. 現在. 關. 直說. 三單	安放，在

ἡνίκα ἄν = ἐάν		每逢
16. ἐπιστρέφω	動. 過不. 主. 假設. 三單	回轉，轉向
περιαιρέω	動. 現在. 被. 直說. 三單	挪走，除掉
17. ἐλευθερία, ας, ἡ	名. 主. 陰. 單	自由
18. ἀνακαλύπτω	動. 完成. 被. 分詞. 間. 中. 單	揭開，除去遮蓋
κατοπτρίζω	動. 現在. 關. 分詞. 主. 陽. 複	（對鏡子）看，反映
εἰκών, όνος, ἡ	名. 直. 陰. 單	形像，形狀，外表
μεταμορφόω	動. 現在. 被. 直說. 一複	改變形像，改變
καθάπερ	虛. 比	正如，同…一樣

第四章

1. ἐλεέω	動. 過不. 被. 直說. 一複	憐憫
ἐγκακέω	動. 現在. 主. 直說. 一複	畏縮，灰心，鬆懈
2. ἀπολέγω	動. 過不. 關. 直說. 一複	棄絕，放棄
κρυπτός, ή, όν	形. 直. 中. 複. 原	秘密的，隱藏的，內在的
αἰσχύνη, ης, ἡ	名. 所. 陰. 單	羞辱，羞恥，可恥的行爲
πανουργία, ας, ἡ	名. 間. 陰. 單	詭詐，欺騙，狡猾
δολόω	動. 現在. 主. 分詞. 主. 陽. 複	謬講，曲解
φανέρωσις, εως, ἡ	名. 間. 陰. 單	彰顯，顯露
συνείδησις, εως, ἡ	名. 直. 陰. 單	良心，知覺
τῇ φ. τῆς ἀληθείας		公開顯明眞理
συνίστημι ἑαυτοὺς πρὸς		以自己的行爲來啓發
3. καλύπτω	動. 完成. 被. 分詞. 主. 中. 單	遮蓋，不明白
4. τυφλόω	動. 過不. 主. 直說. 三單	使瞎，弄瞎
ἄπιστος, ον	形. 所. 陽. 複. 原	不信實的，不信的
αὐγάζω	動. 過不. 主. 不定	看見，帶來光亮
φωτισμός, οῦ, ὁ	名. 直. 陽. 單	光，光輝，啓示
εἰκών, όνος, ἡ	名. 主. 陰. 單	形像，形狀，外表
ὁ θεὸς τοῦ αἰῶνος τούτου		惡魔，魔鬼
6. σκότος, ους, τό	名. 所. 中. 單	黑暗，罪，暗昧
λάμπω	動. 未來. 主. 直說. 三單	照耀，照亮，照射
φωτισμός, οῦ, ὁ	名. 直. 陽. 單	光，光輝，啓示
7. θησαυρός, οῦ, ὁ	名. 直. 陽. 單	財寶，寶貝，儲藏

ὀστράκινος, η, ον	形.間.中.複.原	黏土製成的，瓦（器）
σκεῦος, ους, τό	名.間.中.複	物品，容器
8. θλίβω	動.現在.被.分詞.主.陽.複	迫害，遭遇苦難
στενοχωρέω	動.現在.被.分詞.主.陽.複	受管制，受（困難的）壓迫
ἀπορέω	動.現在.關.分詞.主.陽.複	困惑，疑慮，不安
ἐξαπορέω	動.現在.關.分詞.主.陽.複	絕望
9. διώκω	動.現在.被.分詞.主.陽.複	迫害，逼迫
ἐγκαταλείπω	動.現在.被.分詞.主.陽.複	放棄，離棄
καταβάλλω	動.現在.被.分詞.主.陽.複	打倒，立（根基）
10. πάντοτε	副.原	總是，常常
νέκρωσις, εως, ἡ	名.直.陰.單	死亡
περιφέρω	動.現在.主.分詞.主.陽.複	帶到各處，帶引
11. ἀεί	副.原	總是，時常
θνητός, ή, όν	形.間.陰.單.原	會死的，必朽的
12. ἐνεργέω	動.現在.關.直說.三單	發生作用，有效果
14. παρίστημι	動.未來.主.直說.三單	帶到…面前，顯現
15. πλεονάζω	動.過不.主.分詞.主.陰.單	增多
εὐχαριστία, ας, ἡ	名.直.陰.單	感恩，感謝
16. ἐγκακέω	動.現在.主.直說.一複	畏縮，灰心
διαφθείρω	動.現在.被.直說.三單	損壞，蛀蝕，衰敗
ἔσω	副.原	在…裏面，內心
ἀνακαινόω	動.現在.被.直說.三單	更新，重作
ὁ ἔξω ἄνθρωπος		身軀，身體
17. παραυτίκα	副.原	一瞬間的，短暫的
ἐλαφρός, ά, όν	形.主.中.單.原	輕的，不重要的
βάρος, ους, τό	名.直.中.單	充滿（榮耀），重要
καθ' ὑπερβολὴν εἰς ὑπερβολήν		無可比擬的
18. σκοπέω	動.現在.主.分詞.所.陽.複	關心，注意，防備
πρόσκαιρος, ον	形.主.中.複.原	暫時的，不持久的

第五章

1. ἐπίγειος, ον	形.主.陰.單.原	世上的，地上的，屬世的
σκῆνος, ους, τό	名.所.中.單	帳棚（喻：人的身體）

καταλύω	動. 過不. 被. 假設. 三單	拆毀，廢除
οἰκοδομή, ῆς, ἡ	名. 直. 陰. 單	建立，造就，建築物
ἀχειροποίητος, ον	形. 直. 陰. 單. 原	不是人手建造的
2. στενάζω	動. 現在. 主. 直說. 一複	歎息，呻吟，訴苦
οἰκητήριον, ου, τό	名. 直. 中. 單	住處
ἐπενδύομαι	動. 過不. 關. 不定	穿上，穿衣
ἐπιποθέω	動. 現在. 主. 分詞. 主. 陽. 複	熱切想念，急切地想
3. γέ	虛. 強	表示強調附屬的虛詞
ἐκδύω	動. 過不. 關. 分詞. 主. 陽. 複	赤身露體
γυμνός, ή, όν	形. 主. 陽. 複. 原	裸體的，毫無遮蓋的
ἐνδύω		穿（衣），換上
4. σκῆνος, ους, τό	名. 間. 中. 單	帳棚（喻：人的身體）
στενάζω	動. 現在. 主. 直說. 一複	歎息，呻吟，訴苦
βαρέω	動. 現在. 被. 分詞. 主. 陽. 複	使負重擔，重壓，睡著
ἐπενδύομαι	動. 過不. 關. 不定	穿上，穿衣
καταπίνω	動. 過不. 被. 假設. 三單	消滅，淹沒，取代
θνητός, ή, όν	形. 主. 中. 單. 原	會死的，必朽的
5. ἀρραβών, ῶνος, ὁ	名. 直. 陽. 單	憑據，保證
6. πάντοτε	副. 原	總是，常常
ἐνδημέω	動. 現在. 主. 分詞. 主. 陽. 複	住在身體裏，活著
ἐκδημέω	動. 現在. 主. 直說. 一複	遠離住處，離開
ἐνδημέω ἐν τῷ σώματι		活著
7. εἶδος, ους, τό	名. 所. 中. 單	眼見
8. εὐδοκέω	動. 現在. 主. 直說. 一複	喜歡，情願，決意選擇
ἐκδημέω	動. 過不. 主. 不定	遠離住處，離開
ἐνδημέω	動. 過不. 主. 不定	住在身體裏，活著
ἐκδημέω ἐκ τοῦ σώματος		死亡，死去
9. φιλοτιμέομαι	動. 現在. 關. 直說. 一複	立志向或目標，欲望
εὐάρεστος, ον	形. 主. 陽. 複. 原	令⋯喜歡的
10. ἔμπροσθεν	不介. 所	在⋯之前，在前面
βῆμα, ατος, τό	名. 所. 中. 單	審判台，法庭
κομίζω	動. 過不. 關. 假設. 三單	接受報應
πράσσω	動. 過不. 主. 直說. 三單	做，行，作

φαῦλος, η, ον	形.直.中.單.原	邪惡的，錯的，壞的
11. συνείδησις, εως, ἡ	名.間.陰.複	良心，知覺
12. ἀφορμή, ῆς, ἡ	名.直.陰.單	機會
καύχημα, ατος, τό	名.所.中.單	誇耀的事，引以爲榮的事
13. ἐξίστημι	動.過不.主.直說.一複	神失常，令人驚訝
σωφρονέω	動.現在.主.直說.一複	神智，謹慎自守
14. συνέχω	動.現在.主.直說.三單	包圍，控制，支配
ἄρα	連.推并	結果，所以，因此，那麼
15. μηκέτι	副.原	不再
16. οὐκέτι	副.原	不再
17. καινός, ή, όν	形.主.陰.單.原	新的
κτίσις, εως, ἡ	名.主.陰.單	創造，被造之物
ἀρχαῖος, α, ον	形.主.中.複.原	舊的，古時的，原先的
παρέρχομαι	動.過不.主.直說.三單	經過，消失
18. καταλλάσσω	動.過不.主.分詞.所.陽.單	使（人）與神和好
καταλλαγή, ῆς, ἡ	名.所.陰.單	使人跟神建立和好的關係
19. παράπτωμα, ατος, τό	名.直.中.複	罪，過錯
20. πρεσβεύω	動.現在.主.直說.一複	作特使，作代表
δέομαι	動.現在.關.直說.一複	要求，祈求，懇求
καταλλάσσω	動.過不.被.命令.二複	使（人）與神和好

第六章

1. συνεργέω	動.現在.主.分詞.主.陽.複	跟…一齊工作，同工合作
κενός, ή, όν	形.直.中.單.原	空的，沒有效果的
εἰς κενόν		落空的，徒然的
2. δεκτός, ή, όν	形.間.陽.單.原	受歡迎的，接納的
ἐπακούω	動.過不.主.直說.一單	垂聽
σωτηρία, ας, ἡ	名.所.陰.單	拯救，救恩，得救
βοηθέω	動.過不.主.直說.一單	幫助
εὐπρόσδεκτος, ον	形.主.陽.單.原	可悅納的，可接納的
3. προσκοπή, ῆς, ἡ	名.直.陰.單	使人犯罪，妨礙
μωμάομαι	動.過不.被.假設.三單	挑剔，被毀謗
4. ὑπομονή, ῆς, ἡ	名.間.陰.單	忍耐，堅定，恒毅，恒心

	ἀνάγκη, ης, ἡ	名.間.陰.複	艱難，災難
	στένοχωρία, ας, ἡ	名.間.陰.複	痛苦，困苦
5.	πληγή, ῆς, ἡ	名.間.陰.複	瘟疫，災難，打擊，傷
	φυλακή, ῆς, ἡ	名.間.陰.複	監獄
	ἀκαταστασία, ας, ἡ	名.間.陰.複	混亂，叛亂，暴民的騷擾
	κόπος, ου, ὁ	名.間.陽.複	工作，勞苦，困難
	ἀγρυπνία, ας, ἡ	名.間.陰.複	失眠，不眠
	νηστεία, ας, ἡ	名.間.陰.複	饑餓
6.	ἁγνότης, ητος, ἡ	名.間.陰.單	廉潔，誠摯
	μακροθυμία, ας, ἡ	名.間.陰.單	耐心，忍耐
	χρηστότης, ητος, ἡ	名.間.陰.單	仁慈，良善，慈悲，正直
	ἀνυπόκριτος, ον	形.間.陰.單.原	眞誠的，眞實的
7.	ὅπλον, ου, τό	名.所.中.複	武器，兵器
	ἀριστερός, ά, όν	形.所.陰.複.原	左，左手
	ὅπλον ἀριστερός		保衛自己的武器
8.	ἀτιμία, ας, ἡ	名.所.陰.單	不名譽，卑賤
	δυσφημία, ας, ἡ	名.所.陰.單	中傷，侮辱
	εὐφημία, ας, ἡ	名.所.陰.單	好名聲，受稱讚
	πλάνος, ον	形.主.陽.複.原	欺騙的
	ἀληθής, ές	形.主.陽.複.原	誠實的，眞實的
9.	ἀγνοέω	動.現在.被.分詞.主.陽.複	不了解，忽視
	παιδεύω	動.現在.被.分詞.主.陽.複	懲治，鞭打，責打
	θανατόω	動.現在.被.分詞.主.陽.複	殺死，被置於死地
10.	ἀεί	副.原	總是，時常
	πτωχός, ή, όν	形.主.陽.複.原	貧窮的，討飯的
	πλουτίζω	動.現在.主.分詞.主.陽.複	使豐富，使富足
	κατέχω	動.現在.主.分詞.主.陽.複	擁有
11.	Κορίνθιος, ου, ὁ	名.呼.陽.複	哥林多人〔格林多人〕
	πλατύνω	動.完成.被.直說.三單	擴大，寬宏大量
	πλατύνω τὴν καρδίαν		寬宏大量，給予愛心
	τὸ στόμα ἀνοίγω πρός		完全說實話
12.	στενοχωρέω	動.現在.被.直說.二複	受管制，褊狹，受，壓迫
	σπλάγχνον, ου, τό	名.間.中.複	內心，情，愛心

στενοχωρέομαι ἐν τοῖς σπλάγχνοις		心胸狹窄
13. ἀντιμισθία, ας, ἡ	名.直.陰.單	回應，對答
πλατύνω	動.過不.被.命令.二複	擴大，寬宏大量
τὴν αὐτὴν ἀντιμισθία πλατύνετε		用我們待你們的感情來待我們
14. ἑτεροζυγέω	動.現在.主.分詞.主.陽.複	不相配者同負一軛
ἄπιστος, ον	形.間.陽.複.原	不信實的，不信的
μετοχή, ῆς, ἡ	名.主.陰.單	合伙關係，合作
ἀνομία, ας, ἡ	名.間.陰.單	邪惡，不法，罪惡
κοινωνία, ας, ἡ	名.主.陰.單	團契，分享，共存關係
σκότος, ους, τό	名.直.中.單	黑暗，罪，暗昧
15. συμφώνησις, εως, ἡ	名.主.陰.單	協定，協調
Βελιάρ, ὁ	名.直.陽.單	彼列〔貝里雅耳〕，魔鬼
μερίς, ίδος, ἡ	名.主.陰.單	部份，地區
τίς μερὶς πιστῷ μετὰ ἀπίστου		信和不信有何共同地方呢？
16. συγκατάθεσις, εως, ἡ	名.主.陰.單	同意，相同，並立
ναός, οῦ, ὁ	名.間.陽.單	聖殿，聖所
εἴδωλον, ου, τό	名.所.中.複	偶像，形像，假神
ἐνοικέω	動.未來.主.直說.一單	住在
ἐμπεριπατέω	動.未來.主.直說.一單	同住，在…當中往來
17. ἀφορίζω	動.過不.被.命令.二複	分別，棄絕
ἀκάθαρτος, ον	形.所.中.單.原	不潔的，污穢的
ἅπτω	動.現在.關.命令.二複	摸
εἰσδέχομαι	動.未來.關.直說.一單	接納
18. θυγάτηρ, τρός, ἡ	名.直.陰.複	女兒
παντοκράτωρ, ορος, ὁ	名.主.陽.單	全能者（神）

第七章

1. καθαρίζω	動.過不.主.假設.一複	潔淨，使純潔
μολυσμός, οῦ, ὁ	名.所.陽.單	污穢
ἐπιτελέω	動.現在.主.分詞.主.陽.複	完成
ἁγιωσύνη, ης, ἡ	名.直.陰.單	聖潔，聖化
2. χωρέω	動.過不.主.命令.二複	寬容
ἀδικέω	動.過不.主.直說.一複	冤枉，佔便宜，傷害，犯錯

φθείρω	動. 過不. 主. 直說. 一複	敗壞，毀滅，引入歧途
πλεονεκτέω	動. 過不. 主. 直說. 一複	佔便宜，欺騙，佔優勢
χωρέω ἡμᾶς		以寬大的胸懷容納我們
3. κατάκρισις, εως, ἡ	名. 直. 陰. 單	定罪，譴責
προεῖπον	動. 完成. 主. 直說. 一單	說，警告
συναποθνήσκω	動. 過不. 主. 不定	同死
συζάω	動. 現在. 主. 不定	同生（共死），跟…同活
4. παρρησία, ας, ἡ	名. 主. 陰. 單	坦白，信心，衆人面前
ὑπερπερισσεύω	動. 現在. 關. 直說. 一單	滿溢，更加豐富
5. ἄνεσις, εως, ἡ	名. 直. 陰. 單	減輕負擔，安心，釋放
θλίβω	動. 現在. 被. 分詞. 主. 陽. 複	迫害，遭遇苦難
ἔξωθεν	副. 原	從外面，從…外面
μάχη, ης, ἡ	名. 主. 陰. 複	爭吵，衝突
ἔσωθεν	副. 原	在內心，從裏面出來
6. ταπεινός, ή, όν	形. 直. 陽. 複. 原	卑微的，灰心喪志的
παρουσία, ας, ἡ	名. 間. 陰. 單	來臨，來到，出現
7. ἀναγγέλλω	動. 現在. 主. 分詞. 主. 陽. 單	告訴，報告
ἐπιπόθησις, εως, ἡ	名. 直. 陰. 單	渴望，熱望
ὀδυρμός, οῦ, ὁ	名. 直. 陽. 單	哀哭，悲痛
8. μεταμέλομαι	動. 現在. 關. 直說. 一單	懊悔，後悔
9. μετάνοια, ας, ἡ	名. 直. 陰. 單	悔改，心靈改變，轉離罪惡
ζημιόω	動. 過不. 被. 假設. 二複	損失，受虧損或受懲罰
10. σωτηρία, ας, ἡ	名. 直. 陰. 單	拯救，救恩，得救
ἀμεταμέλητος, ον	形. 直. 陰. 單. 原	不後悔的
ἐργάζομαι	動. 現在. 關. 直說. 三單	工作，完成，執行
11. πόσος, η, ον	代. 形疑. 直. 陰. 單	何等多，多麼，多少
ἀπολογία, ας, ἡ	名. 直. 陰. 單	辯護，回答，答覆
ἀγανάκτησις, εως, ἡ	名. 直. 陰. 單	憤慨，義憤
ἐπιπόθησις, εως, ἡ	名. 直. 陰. 單	渴望，熱望
ἐκδίκησις, εως, ἡ	名. 直. 陰. 單	伸冤，懲罰，報應
ἁγνός, ή, όν	形. 直. 陽. 複. 原	純潔的，聖潔的，無辜的
πρᾶγμα, ατος, τό	名. 間. 中. 單	事情，事件，訴訟
12. ἄρα	連. 推并	所以，因此

ἕνεκα	不介.所	十一
ἀδικέω	動.過不.主.分詞.所.陽.單	犯錯，作惡，有罪
ἕνεκεν		爲…的緣故，要是…
13. ἀναπαύω	動.完成.被.直說.三單	使休息，使愉快，安息
14. καταισχύνω	動.過不.被.直說.一單	使慚愧，羞辱，使失望
15. σπλάγχνον, ου, τό	名.主.中.複	內心，情，愛心
ἀναμιμνῄσκω	動.現在.被.分詞.所.陽.單	提醒，記起，想起
ὑπακοή, ῆς, ἡ	名.直.陰.單	服從，信服，信從，順從
τρόμος, ου, ὁ	名.所.陽.單	顫抖，恐懼，戰戰兢兢

第八章

1. γνωρίζω	動.現在.主.直說.一複	使…知道，告訴
2. δοκιμή, ῆς, ἡ	名.間.陰.單	考驗，證據
περισσεία, ας, ἡ	名.主.陰.單	豐富，充裕
βάθος, ους, τό	名.所.中.單	深度，極大
πτωχεία, ας, ἡ	名.主.陰.單	貧窮
πλοῦτος, ου, ὁ, τό	名.直.中.單	財富，豐富的祝福
κατὰ βάθους		極度的，偏激的
ἁπλότης		慷慨好施，眞誠，專一
ἡ κατὰ βάθους πτωχεία		極度的貧困
3. αὐθαίρετος, ον	形.主.陽.複.原	自願的，自動的
4. δέομαι	動.現在.被.分詞.主.陽.複	要求，祈求，懇求
κοινωνία, ας, ἡ	名.直.陰.單	團契，救濟，分享，有份
ἑαυτὸν δίδωμι		奉獻自己
κατ᾽ ἐπιταγήν λέγω		定下規則
6. προενάρχομαι	動.過不.關.直說.三單	開始，事前開始
ἐπιτελέω	動.過不.主.假設.三單	完成，辦完
7. ὥσπερ	連.比從	如同，正如
8. ἐπιταγή, ῆς, ἡ	名.直.陰.單	命令，權柄，職權
ὑμέτερος, α, ον	代二所.所.陰.單	你們的
γνήσιος, α ον	形.直.中.單.原	眞正的，眞實的，忠誠的
δοκιμάζω	動.現在.主.分詞.主.陽.單	省察，試驗，洞察
9. πτωχεύω	動.過不.主.直說.三單	變窮，成爲貧窮

πλούσιος, α, ον	形.主.陽.單.原	豐富的，富有的
πτωχεία, ας, ἡ	名.間.陰.單	貧窮
πλουτέω	動.過不.主.假設.二複	富足，變得富有，慷慨
10. γνώμη, ης, ἡ	名.直.陰.單	意見，同意
συμφέρω	動.現在.主.直說.三單	要好得多，…是對…有益
προενάρχομαι	動.過不.關.直說.二複	開始，事前開始
πέρυσι	副.原	一年前
11. νυνί	副.原	現在
ἐπιτελέω	動.過不.主.命令.二複	完成，辦完
καθάπερ	連.比從	正如，同…一樣
προθυμία, ας, ἡ	名.主.陰.單	熱心，願意，預備好
12. πρόκειμαι	動.現在.關.直說.三單	被擺在面前，有
καθό	連.比從	依照，在…範圍內
εὐπρόσδεκτος, ον	形.主.陽.單.原	可悅納的，可接納的
13. ἄνεσις, εως, ἡ	名.主.陰.單	減輕負擔
ἰσότης, ητος, ἡ	名.所.陰.單	平等，公平（對待）
ἐξ ἰσότητος		都有同樣的機會
14. περίσσευμα, ατος, τό	名.主.中.單	富足，充滿，剩餘的碎屑
ὑστέρημα, ατος, τό	名.直.中.單	缺乏之物，需要，貧乏
15. πλεονάζω	動.過不.主.直說.三單	增多，擴展
ὀλίγος, η, ον	形.直.中.單.原	少的，小的，少許
ἐλαττονέω	動.過不.主.直說.三單	欠缺，不足
17. σπουδαῖος, α, ον	形.主.陽.單.比	熱心的，熱切的
αὐθαίρετος, ον	形.主.陽.單.原	自願的，自動的
18. συμπέμπω	動.過不.主.直說.一複	派…跟…一同走或同行
ἔπαινος, ου, ὁ	名.主.陽.單	稱讚，值得讚揚的事
19. χειροτονέω	動.過不.被.分詞.主.陽.單	按立，選擇，選派
συνέκδημος, ου, ὁ	名.主.陽.單	旅伴，跟…同行的人
διακονέω	動.現在.被.分詞.間.陰.單	服務，照顧，供應
προθυμία, ας, ἡ	名.直.陰.單	熱心，樂意，預備好
20. στέλλω	動.現在.關.分詞.主.陽.複	防範，避免，免得
μωμάομαι	動.過不.關.假設.三單	挑剔，被毀謗
ἁδρότης, ητος, ἡ	名.間.陰.單	慷慨的捐款，巨款

21. προνοέω	動.現在.主.直說.一複	想去做，試著去做
22. συμπέμπω	動.過不.主.直說.一複	派…跟…一同走或同行
δοκιμάζω	動.過不.主.直說.一複	省察，試驗，認為對的
σπουδαῖος, α, ον	形.直.陽.單.原	熱心的，熱切的
νυνί	副.原	現在
πεποίθησις, εως, ἡ	名.間.陰.單	信心，信任，信靠
23. κοινωνός, οῦ, ὁ, ἡ	名.主.陽.單	夥伴，與…有份的人
συνεργός, όν	名.主.陽.單	同工，跟…同工合作的人
24. ἔνδειξις, εως, ἡ	名.直.陰.單	顯明，證明
ἐνδείκνυμι	動.現在.關.分詞.主.陽.複	顯示，表明，做…

第九章

1. περισσός, ή, όν	形.主.中.單.原	不必要的
2. προθυμία, ας, ἡ	名.直.陰.單	熱心，願意，預備好
Μακεδών, όνος, ὁ	名.間.陽.複	馬其頓人
Ἀχαΐα, ας, ἡ	名.主.陰.單	亞該亞〔阿哈雅〕
παρασκευάζω	動.完成.關.直說.三單	自己作好準備
πέρυσι	副.原	一年前
ἐρεθίζω	動.過不.主.直說.三單	激動，感動
3. καύχημα, ατος, τό	名.主.中.單	誇耀的事，引以為榮的事
κενόω	動.過不.被.假設.三單	使失去效力，落空
μέρος, ους, τό	名.間.中.單	事件
4. Μακεδών, όνος, ὁ	名.主.陽.複	馬其頓人
ἀπαρασκεύαστος, ον	形.直.陽.複.原	沒有準備好的
καταισχύνω	動.過不.被.假設.一複	使慚愧，羞辱，使失望
ὑπόστασις, εως, ἡ	名.間.陰.單	確信，保證，有把握
5. ἀναγκαῖος, α, ον	形.主.中.單.原	必要的，緊急的
ἡγέομαι	動.過不.關.直說.一單	認為，覺得
προέρχομαι	動.過不.主.假設.三複	先走，去
προκαταρτίζω	動.過不.主.假設.三複	事先預備
προεπαγγέλλω	動.完成.被.分詞.直.陰.單	從開始就答應
εὐλογία, ας, ἡ	名.直.陰.單	捐款，奉獻
ἕτοιμος, η, ον	形.直.陰.單.原	準備好的，隨時都方便

πλεονεξία, ας, ἡ	名. 直. 陰. 單	勉強去做的事
6. φειδομένως	副. 原	吝惜地
θερίζω	動. 未來. 主. 直說. 三單	收獲，積聚，得到…供給
ἐπ᾽ εὐλογίαις		多，大量地
ὁ σπείρων φειδομένως		少種的
7. προαιρέω	動. 完成. 關. 直說. 三單	決定，立意
ἀνάγκη, ης, ἡ	名. 所. 陰. 單	必要性，勉強
ἱλαρός, ά, όν	形. 直. 陽. 單. 原	樂意的
δότης, ου, ὁ	名. 直. 陽. 單	奉獻的人，捐贈者
ἐξ ἀνάγκης		出於勉強，責任心所驅使
ἐκ λύπης		勉強地，後悔地
8. δυνατέω	動. 現在. 主. 直說. 三單	顯出能力
πάντοτε	副. 原	總是，常常
αὐτάρκεια, ας, ἡ	名. 直. 陰. 單	知足，充足
9. σκορπίζω	動. 過不. 主. 直說. 三單	要慷慨
πένης, ητος	名. 間. 陽. 複	窮苦的人
10. ἐπιχορηγέω	動. 現在. 主. 分詞. 主. 陽. 單	賜給，提供，滋養
σπόρος, ου, ὁ	名. 直. 陽. 單	種子，種子的供應
βρῶσις, εως, ἡ	名. 直. 陰. 單	食物，飲食
χορηγέω	動. 未來. 主. 直說. 三單	供應，提供
πληθύνω	動. 未來. 主. 直說. 三單	豐富賜給，增加
αὐξάνω (αὔξω)	動. 未來. 主. 直說. 三單	使長大
γένημα, ατος, τό	名. 直. 中. 複	產品，果子
σπέρμα		種子
11. πλουτίζω	動. 現在. 被. 分詞. 主. 陽. 複	使豐富，使富足
εὐχαριστία, ας, ἡ	名. 直. 陰. 單	感恩，感謝
ἁπλότης		慷慨好施，專一眞誠
12. λειτουργία, ας, ἡ	名. 所. 陰. 單	服事，職務
προσαναπληρόω	動. 現在. 主. 分詞. 主. 陰. 單	供給，供應
ὑστέρημα, ατος, τό	名. 直. 中. 複	需要，貧乏
13. δοκιμή, ῆς, ἡ	名. 所. 陰. 單	考驗，證據
ὑποταγή, ῆς, ἡ	名. 間. 陰. 單	順服，謙卑
ὁμολογία, ας, ἡ	名. 所. 陰. 單	承認，宣認

κοινωνία, ας, ἡ	名.所.陰.單	救濟，分享
ἁπλότης		慷慨好施，專一眞誠
14. δέησις, εως, ἡ	名.間.陰.單	禱告，祈求
ἐπιποθέω	動.現在.主.分詞.所.陽.複	熱切想念，急切地想
ὑπερβάλλω	動.現在.主.分詞.直.陰.單	超越
15. ἀνεκδιήγητος, ον	形.間.陰.單.原	無法形容的
δωρεά, ᾶς, ἡ	名.間.陰.單	恩賜，恩典

第十章

1. πραΰτης, ητος, ἡ	名.所.陰.單	溫和，柔順，謙遜
ἐπιείκεια, ας, ἡ	名.所.陰.單	慈祥，寬容，恩惠
ταπεινός, ή, όν	形.主.陽.單.原	卑微的，謙和的
ἄπειμι	動.現在.主.分詞.主.陽.單	離開，不在
κατὰ πρόσωπον		親自
2. δέομαι	動.現在.被.直說.一單	乞求，請（感歎詞）
πεποίθησις, εως, ἡ	名.間.陰.單	信心，信任，信靠
τολμάω	動.過不.主.不定	敢，勇敢，壯膽（去做）
3. στρατεύω	動.現在.關.直說.一複	爭戰，作戰
4. ὅπλον, ου, τό	名.主.中.複	武器，兵器
στρατεία, ας, ἡ	名.所.陰.單	戰事，打仗，作戰
σαρκικός, ή, όν	形.主.中.複.原	屬世的，肉體的，物質的
δυνατός, ή, όν	形.主.中.複.原	有能力的
καθαίρεσις, εως, ἡ	名.直.陰.單	摧毀，打擊
ὀχύρωμα, ατος, τό	名.所.中.複	要塞，堡壘
λογισμός, οῦ, ὁ	名.直.陽.複	思想，荒謬錯誤的辯論
καθαιρέω	動.現在.主.分詞.主.陽.複	推倒，消滅
5. ὕψωμα, ατος, τό	名.直.中.單	高傲的言論的根據
ἐπαίρω	動.現在.被.分詞.直.中.單	起來反對，輕視
αἰχμαλωτίζω	動.現在.主.分詞.主.陽.複	使成爲俘擄或囚犯，控制
ὑπακοή, ῆς, ἡ	名.直.陰.單	服從，信服，信從，順從
αἰχμαλωτίζω πᾶν νόημα εἰς τὴν ὑπακοήν		爭取每個人的思想來歸順
6. ἕτοιμος, η, ον	形.間.中.單.原	準備好的
ἐκδικέω	動.過不.主.不定	主持公道，懲罰

παρακοή, ῆς, ἡ	名.直.陰.單	不順服，不遵從，背逆
τὰ κατὰ πρόσωπον		外表
ἐν ἑτοίμῳ ἔχω		準備好，就要
8. περισσότερος, α, ον	副.比	更…，甚至更多，最嚴厲
οἰκοδομή, ῆς, ἡ	名.直.陰.單	建立，造就
καθαίρεσις, εως, ἡ	名.直.陰.單	摧毀，打擊
αἰσχύνω	動.未來.被.直說.一單	引以爲恥，使羞愧
9. ἐκφοβέω	動.現在.主.不定	嚇人
10. βαρύς, εῖα, ύ	形.主.陰.複.原	沉重的，嚴重的
ἰσχυρός, ά, όν	形.主.陰.複.原	強壯的，大聲的，嚴重的
παρουσία, ας, ἡ	名.主.陰.單	來臨，來到，出現
ἀσθενής, ές	形.主.陰.單.原	生病的，軟弱無助的
ἐξουθενέω	動.完成.被.分詞.主.陽.單	輕視，輕看
λόγος ἐξουθενεῖται		言語粗俗
11. οἷος, α, ον	代.聯代.主.陽.複	跟…是一致的，如…
ἄπειμι	動.現在.主.分詞.主.陽.複	去，來，到
12. τολμάω	動.現在.主.直說.一複	敢，大膽，壯膽（去做）
ἐγκρίνω	動.過不.主.不定	同列
συγκρίνω	動.過不.主.不定	相比，比較
μετρέω	動.現在.主.分詞.主.陽.複	衡量
συνίημι	動.現在.主.直說.三複	明白，了解，領悟
ὁ ἑαυτὸν συνιστάνων		自吹自擂的人，自命不凡的人
13. ἄμετρος, ον	形.直.中.複.原	無法測量的，未測過的
μέτρον, ου, τό	名.直.中.單	程度，這範圍包括在你工作中
κανών, όνος, ὁ	名.所.陽.單	界限，範圍，原則
μερίζω	動.過不.主.直說.三單	給，分配
ἐφικνέομαι	動.過不.關.不定	到達
ἄχρι	不介.所	直到，到…爲止
εἰς τὰ ἄμετρα		超過限度
14. ὑπερεκτείνω	動.現在.主.直說.一複	越過
φθάνω	動.過不.主.直說.一複	臨到，獲得，達成，先…
15. ἄμετρος, ον	形.直.中.複.原	無法測量的，未測過的
ἀλλότριος, α, ον	形.間.陽.複.原	屬於別人的，另外一個

κόπος, ου, ὁ	名.間.陽.複	工作，勞苦，煩擾
αὐξάνω (αὔξω)	動.現在.被.分詞.所.陰.單	興旺，完全成長
μεγαλύνω	動.過不.被.不定	擴大，增長
κανών, όνος, ὁ	名.直.陽.單	界限，範圍，原則
περισσεία, ας, ἡ	名.直.陰.單	豐富，充裕
εἰς τὰ ἄμετρα		超過限度
εἰς περισσείαν		大大地
16. ὑπερέκεινα	不介.所	外方
ἕτοιμος, η, ον	形.直.中.複.原	準備好的，隨時都方便
τὰ ὑπερέκεινα ὑμων		你們以外的其他地區
τὰ ἕτοιμα		已成就的工作
18. δόκιμος, ον	形.主.陽.單.原	值得稱讚的，受贊許的
ὁ ἑαυτὸν συνιστάνων		自吹自擂的人，自命不凡的人

第十一章

1. ὄφελον	動.過不.主.分詞.主.中.單	但願…，倒希望…
μικρός, ά, όν	形.直.中.單.原	少的，小的
ἀφροσύνη, ης, ἡ	名.所.陰.單	愚妄，蠢
2. ζηλόω	動.現在.主.直說.一單	嫉妒，極爲關切，渴慕
ἁρμόζω	動.過不.關.直說.一單	許配婚嫁
παρθένος, ου, ἡ, ὁ	名.直.陰.單	處女，未婚女孩
ἁγνός, ή, όν	形.直.陰.單.原	純潔的，聖潔的，貞潔的
παρίστημι	動.過不.主.不定	帶到…面前
3. ὄφις, εως, ὁ	名.主.陽.單	蛇
ἐξαπατάω	動.過不.主.直說.三單	欺騙，迷惑，誘惑
Εὕα, ας, ἡ	名.直.陰.單	夏娃〔厄娃〕
πανουργία, ας, ἡ	名.間.陰.單	詭詐，欺騙，狡猾
φθείρω	動.過不.被.假設.三單	腐化，敗壞，毀壞，引誘
ἁγνότης, ητος, ἡ	名.所.陰.單	廉潔，誠摯
ἁπλότης		慷慨好施，純潔，專一
4. καλῶς	副.原	善，正確的，很好
5. ὑστερέω	動.完成.主.不定	缺乏，低於或比…少
ὑπερλίαν	副.原	傑出的，特殊的，超等的

6. ἰδιώτης, ου, ὁ	名.主.陽.單	未受教育的，没有恩賜的
7. ἐμαυτοῦ, ῆς	代.一反.直.陽.單	我自己，我自己的
ταπεινόω	動.現在.主.分詞.主.陽.單	謙卑，貶低
ὑψόω	動.過不.被.假設.二複	高升，高舉
δωρεάν	副.原	白白地，徒然
8. συλάω	動.過不.主.直說.一單	搶奪，剝削
ὀψώνιον, ου, τό	名.直.中.單	糧餉，供給，費用
9. ὑστερέω	動.過不.被.分詞.主.陽.單	缺乏，需要
καταναρκάω	動.過不.主.直說.一單	拖累，成爲負擔，向…要求
ὑστέρημα, ατος, τό	名.直.中.單	需要，未能…之處，貧乏
προσαναπληρόω	動.過不.主.直說.三複	供給，供應
ἀβαρής, ές	形.直.陽.單.原	没有（財務）負擔的
ἐμαυτοῦ, ῆς	代.一反.直.陽.單	我自己，我自己的
10. φράσσω	動.未來.被.直說.三單	阻擋，堵住
κλίμα, ατος, τό	名.間.中.複	地區，區域，境（內）
Ἀχαΐα, ας, ἡ	名.所.陰.單	亞該亞〔阿哈雅〕
οὐ φράσσω		傳開
12. ἐκκόπτω	動.過不.主.假設.一單	使…無法，阻礙
ἀφορμή, ῆς, ἡ	名.直.陰.單	機會，把柄
13. ψευδαπόστολος, ου, ὁ	名.主.陽.複	假使徒，自稱使徒的人
ἐργάτης, ου, ὁ	名.主.陽.複	工人
δόλιος, α, ον	形.主.陽.複.原	詭詐的
μετασχηματίζω	動.現在.關.分詞.主.陽.複	變形（僞裝）
14. θαῦμα, ατος, τό	名.主.中.單	奇事，神蹟，驚奇
Σατανᾶς, ᾶ, ὁ	名.主.陽.單	魔鬼撒但〔撒殫〕
15. τέλος, ους, τό	名.主.中.單	終局，末期，終結
16. γέ	虛.強	表示強調附屬的虛詞
κἄν	副.原	即使，而且如果，甚至於
μικρός, ά, όν	形.直.中.單.原	少的，小的
εἰ δέ μή γε		否則，但若不…
17. ἀφροσύνη, ης, ἡ	名.間.陰.單	愚妄，蠢，說狂話
ὑπόστασις, εως, ἡ	名.間.陰.單	保證，有把握
ἐν ἀφροσύνῃ		像蠢材胡吹，說狂話

18. ἐπεί	連.原從	因為，既然，…完了之後
19. ἡδέως	副.原	喜歡，樂意，願意
φρόνιμος, ον	形.主.陽.複.原	聰明的，更精明的
20. καταδουλόω	動.現在.主.直說.三單	奴役
κατεσθίω	動.現在.主.直說.三單	吃掉，侵吞，佔便宜
ἐπαίρω	動.現在.關.直說.三單	舉高，起來反對，輕視
δέρω	動.現在.主.直說.三單	打，拍，擊
21. ἀτιμία, ας, ἡ	名.直.陰.單	不體面，不名譽，卑賤
τολμάω	動.現在.主.假設.三單	大膽，敢，壯膽（去做）
ἀφροσύνη, ης, ἡ	名.間.陰.單	愚妄，蠢，說狂話
ἐν ἀφροσύνῃ		像蠢材胡吹，說狂話
22. Ἑβραῖος, ου, ὁ	名.主.陽.複	希伯來人
Ἰσραηλίτης, ου, ὁ	名.主.陽.複	以色列人
σπέρμα, ατος, τό	名.主.中.單	後裔
23. παραφρονέω	動.現在.主.分詞.主.陽.單	瘋狂
κόπος, ου, ὁ	名.間.陽.複	工作，勞苦，煩擾
φυλακή, ῆς, ἡ	名.間.陰.複	監獄
πληγή, ῆς, ἡ	名.間.陰.複	災難，打擊，傷
ὑπερβαλλόντως	副.原	更多，更嚴厲
(εἰμὶ) ἐν θανάτοις		冒死亡危險
24. πεντάκις	副.原	五次
τεσσεράκοντα	形.直.陰.複.原	四十
παρὰ μίαν		少一下
25. τρίς	副.原	三次
ῥαβδίζω	動.過不.被.直說.一單	鞭打，棍打
ἅπαξ	副.原	一次，一再
λιθάζω	動.過不.被.直說.一單	用石頭打
τρίς	副.原	三次
ναυαγέω	動.過不.主.直說.一單	船難，海難
νυχθήμερον, ου, τό	名.直.中.單	一夜一晝
βυθός, οῦ, ὁ	名.間.陽.單	深海
26. ὁδοιπορία, ας, ἡ	名.間.陰.複	旅行
ποταμός, οῦ, ὁ	名.所.陽.複	河流

λῃστής, οῦ, ὁ	名.所.陽.複	強盜，暴徒，兇犯
γένος, ους, τό	名.所.中.單	家，族，國，人民
ἐρημία, ας, ἡ	名.間.陰.單	荒野，偏僻的地方
ψευδάδελφος, ου, ὁ	名.間.陽.複	假弟兄，假信徒
27. κόπος, ου, ὁ	名.間.陽.單	工作，勞苦，煩擾
μόχθος, ου, ὁ	名.間.陽.單	辛勞，艱困
ἀγρυπνία, ας, ἡ	名.間.陰.複	失眠，不眠
λιμός, οῦ, ὁ, ἡ	名.間.陽.單	饑荒，饑餓
δίψος, ους, τό	名.間.中.單	渴
νηστεία, ας, ἡ	名.間.陰.複	饑餓
ψῦχος, ους, τό	名.間.中.單	寒冷
γυμνότης, ητος, ἡ	名.間.陰.單	赤裸，衣不蔽體，貧窮
28. χωρίς	不介.所	除了…以外
παρεκτός	副.原	外在的
ἐπίστασις, εως, ἡ	名.主.陰.單	壓力，重擔，煽動
μέριμνα, ης, ἡ	名.主.陰.單	關心，掛慮，擔憂
χωρὶς τῶν παρεκτῶν		除了這些事之外，這且不說
29. σκανδαλίζω	動.現在.被.直說.三單	放棄信仰
πυρόω	動.現在.被.直說.一單	焚燒，滿懷焦慮
31. εὐλογητός, ή, όν	形.主.陽.單.原	該受稱頌的那位
ψεύδομαι	動.現在.關.直說.一單	說謊，虛僞，欺瞞
32. Δαμασκός, οῦ, ἡ	名.間.陰.單	大馬士革，和：大馬色
ἐθνάρχης, ου, ὁ	名.主.陽.單	總督
Ἁρέτας, α, ὁ	名.所.陽.單	亞哩達〔阿勒達〕
φρουρέω	動.過未.主.直說.三單	把守，看守
Δαμασκηνός, ή, όν	形.所.陽.複.原	大馬士革的，和：大馬色的
πιάζω	動.過不.主.不定	逮捕，捕獲
33. θυρίς, ίδος, ἡ	名.所.陰.單	窗戶，窗口
σαργάνη, ης, ἡ	名.間.陰.單	（繩結）籃子，大籃子
χαλάω	動.過不.被.直說.一單	縋下，落下
τεῖχος, ους, τό	名.所.中.單	牆，城牆
ἐκφεύγω	動.過不.主.直說.一單	逃脫，逃避

第十二章

1. συμφέρω	動.現在.主.分詞.主.中.單	…是對…有益
ὀπτασία, ας, ἡ	名.直.陰.複	異象，顯現
ἀποκάλυψις, εως, ἡ	名.直.陰.複	啓示
ἐπὶ τὸ συμφέρον		爲了我們的好處
2. πρό	介.所	在…之前
ἔτος, ους, τό	名.所.中.複	年
δεκατέσσαρες	形.所.中.複.原	十四
ἐκτός	不介.所	第六
ἁρπάζω	動.過不.被.分詞.直.陽.單	奪走，抓走，帶走，提去
τρίτος οὐρανός		天堂，天上
3. χωρίς	不介.所	跟…無關
4. ἁρπάζω	動.過不.被.直說.三單	奪走，抓走，帶走，提去
παράδεισος, ου, ὁ	名.直.陽.單	樂園
ἄρρητος, ον	形.直.中.複.原	太神聖不能用言語表達的
ἔξεστι	動.現在.主.分詞.主.中.單	…是合宜的，可以做的
5. ἐμαυτοῦ, ῆς	代.一反.所.陽.單	我自己，我自己的
6. φείδομαι	動.現在.關.直說.一單	節制，避免做（某事）
7. ἀποκάλυψις, εως, ἡ	名.所.陰.複	啓示
ὑπεραίρω	動.現在.被.假設.一單	驕傲自滿，趾高氣揚
σκόλοψ, οπος, ὁ	名.主.陽.單	刺，碎木片
Σατανᾶς, ᾶ, ὁ	名.所.陽.單	魔鬼撒但〔撒殫〕
κολαφίζω	動.現在.主.假設.三單	困擾，刺痛
σκόλοψ τῇ σαρκί		煩惱，憂慮
8. τρίς	副.原	三次
ἀφίστημι	動.過不.主.假設.三單	遠離
9. ἀρκέω	動.現在.主.直說.三單	足夠，充份
τελέω	動.現在.被.直說.三單	充滿力量，顯得最剛強
ἡδέως	副.最	喜歡，樂意，願意
ἐπισκηνόω	動.過不.主.假設.三單	棲息…之上，住在…內
ἥδιστα	副.取	特別喜歡
10. εὐδοκέω	動.現在.主.直說.一單	喜歡，情願，樂意
ὕβρις, εως, ἡ	名.間.陰.複	侮慢，虐待

ἀνάγκη, ης, ἡ	名.間.陰.複	艱難，災難
διωγμός, οῦ, ὁ	名.間.陽.複	迫害，逼迫
στένοχωρία, ας, ἡ	名.間.陰.複	痛苦，困苦
δυνατός, ή, όν	形.主.陽.單.原	可能，剛強的，信心堅強的
11. ἀναγκάζω	動.過不.主.直說.二複	強迫，強逼
ὀφείλω	動.過未.主.直說.一單	應該，必須
ὑστερέω	動.過不.主.直說.一單	缺乏，低於或比…少
ὑπερλίαν	副.原	傑出的，特殊的，超等的
12. ὑπομονή, ῆς, ἡ	名.間.陰.單	忍耐，堅定，恒毅，恒心
τέρας, ατος, τό	名.間.中.複	奇事，兆頭，預兆
13. ἑσσόομαι	動.過不.被.直說.二複	比較差，（待遇）不及別人
καταναρκάω	動.過不.主.直說.一單	拖累，向…要求
ἀδικία, ας, ἡ	名.直.陰.單	過錯，不義，不公平
14. ἑτοίμως	副.原	準備好地
ὀφείλω	動.現在.主.直說.三單	應該，必須
γονεύς, έως, ὁ	名.間.陽.複	父母
θησαυρίζω	動.現在.主.不定	積存，保留，供給
15. ἡδέως	副.最	喜歡，樂意，願意
δαπανάω	動.未來.主.直說.一單	花費，浪費，揮霍
ἐκδαπανάω	動.未來.被.直說.一單	支付自己所有的一切
ἥσσων, ον	副.比	越少
ἥδιστα	副.取	特別喜歡
16. καταβαρέω	動.過不.主.直說.一單	成爲…的拖累
πανοῦργος, ον	形.主.陽.單.原	詭詐的，狡猾的
δόλος, ου, ὁ	名.間.陽.單	詭詐，撒謊，陰謀
17. πλεονεκτέω	動.過不.主.直說.一單	佔便宜，欺騙，佔優勢
18. συναποστέλλω	動.過不.主.直說.一單	派…同去
μήτι	虛.疑	用於期待否定答案的問句中
ἴχνος, ους, τό	名.間.中.複	腳蹤，範例
περιπατέω τοῖς ἴχνεσιν		倣效，模倣
19. πάλαι	副.原	以前，一向
ἀπολογέομαι	動.現在.關.直說.一複	爲自己說話，替自己辯護
κατέναντι	不介.所	在…面前

οἰκοδομή, ῆς, ἡ	名.所.陰.單	建立，鞏固，造就，建築
20. οἷος, α, ον	代.聯代.直.陽.複	像…，跟…是一致的
ἔρις, ιδος, ἡ	名.主.陰.單	（自私的）競爭，紛爭
θυμός, οῦ, ὁ	名.主.陽.複	怒氣，忿怒，惱怒
ἐριθεία, ας, ἡ	名.主.陰.複	自私，野心，爭鬥
καταλαλιά, ᾶς, ἡ	名.主.陰.複	毀謗，說壞話
ψιθυρισμός, οῦ, ὁ	名.主.陽.複	有害的閒話，搬弄是非
φυσίωσις, εως, ἡ	名.主.陰.複	自大，狂妄，傲慢
ἀκαταστασία, ας, ἡ	名.主.陰.複	混亂，叛亂，暴民的騷擾
21. ταπεινόω	動.過不.主.假設.三單	謙卑，使蒙羞
πενθέω	動.過不.主.假設.一單	哀慟，憂愁，悲傷
προαμαρτάνω	動.完成.主.分詞.所.陽.複	以前犯罪
μετανοέω	動.過不.主.分詞.所.陽.複	悔改，心靈改變，轉離罪惡
ἀκαθαρσία, ας, ἡ	名.間.陰.單	不純潔，不道德，不良動機
πορνεία, ας, ἡ	名.間.陰.單	姦淫，淫亂，不道德的性行爲
ἀσέλγεια, ας, ἡ	名.間.陰.單	淫蕩，下流，邪惡
πράσσω	動.過不.主.直說.三複	做，行，作

第十三章

1. μάρτυς, υρος, ὁ	名.所.陽.複	見證人
τρίτον		第三，第三次
2. προλέγω	動.完成.主.直說.一單	說或警告，預先說
δεύτερος, α, ον	副.原	第二的
ἄπειμι	動.現在.主.分詞.主.陽.單	去，來，到
προαμαρτάνω	動.完成.主.分詞.間.陽.複	以前犯罪
φείδομαι	動.未來.關.直說.一單	顧惜，饒恕，避免做
εἰς τὸ πάλιν		再次，又
3. ἐπεί	連.原從	因爲，既然
δοκιμή, ῆς, ἡ	名.直.陰.單	考驗，證據，憑據
δυνατέω	動.現在.主.直說.三單	顯出能力
4. σταυρόω	動.過不.被.直說.三單	釘十字架
5. πειράζω	動.現在.主.命令.二複	試驗，試探，嘗試
δοκιμάζω	動.現在.主.命令.二複	省察，試驗，洞察

μήτι	虛. 疑	用於期待否定答案的問句中
ἀδόκιμος, ον	形. 主. 陽. 複. 原	經不起考驗的，被淘汰的
εἰ μήτι		除非
7. εὔχομαι	動. 現在. 關. 直說. 一複	祈求，盼望，願意
δόκιμος, ον	形. 主. 陽. 複. 原	值得稱讚的，經得起考驗的
φαίνω	動. 過不. 被. 假設. 一複	出現
9. δυνατός, ή, όν	形. 主. 陽. 複. 原	剛強的，信心堅強的
εὔχομαι	動. 現在. 關. 直說. 一複	祈求，盼望，願意
κατάρτισις, εως, ἡ	名. 直. 陰. 單	成爲完全
10. ἄπειμι	動. 現在. 主. 分詞. 主. 陽. 單	去，來，到
ἀποτόμως	副. 原	嚴厲地
χράομαι	動. 過不. 關. 假設. 一單	使用，利用，行動
οἰκοδομή, ῆς, ἡ	名. 直. 陰. 單	建立，鞏固，造就
καθαίρεσις, εως, ἡ	名. 直. 陰. 單	摧毀，打擊
11. καταρτίζω	動. 現在. 被. 命令. 二複	整理，一致的，作完全人
φρονέω	動. 現在. 主. 命令. 二複	想念，關懷，重視
εἰρηνεύω	動. 現在. 主. 命令. 二複	和平相處，和睦
τὸ αὐτὸ φρονέω		同心合意地生活
12. φίλημα, ατος, τό	名. 間. 中. 單	吻，親吻
13. κοινωνία, ας, ἡ	名. 主. 陰. 單	團契，聯繫，幫助

加拉太書

特別詞彙

ἄρα	結果，為此，那麼，因此，所以；有時加上 εἰ 或 ἐπεί 表示強調
δικαιόω	使（人與神）有正確合宜的關係；宣判無罪，宣告為義；顯示或證明為公義；從…解脫，脫離
διώκω	迫害，逼迫；追求，向…直跑，趕出；慇懃待客；追隨
ἐλεύθερος, α, ον	自由的；自由人（奴隸的反義）；不受管束的
παιδίσκη, ης, ἡ	婢女，使女，女奴
περιτέμνω	行割禮
περιτομή, ῆς, ἡ	割禮（宗教儀式）；受過割禮的人，猶太人（ὁ ἐκ π. 指：猶太人）
σπέρμα, ατος, τό	種子；後裔，子孫，後代

第一章

2.	Γαλατία, ας, ἡ	名.所.陰.單	加拉太〔迦拉達〕
4.	ἐξαιρέω	動.過不.關.假設.三單	拯救或揀選
	ἐνίστημι	動.完成.主.分詞.所.陽.單	已經來了，現在
6.	θαυμάζω	動.現在.主.直說.一單	驚奇，稀奇
	ταχέως	副.原	太迅速，太快
	μετατίθημι	動.現在.關.直說.二複	離棄
	μετατίθεμαι ἀπό		離棄，背叛
	οὕτως ταχέως		輕易
7.	ταράσσω	動.現在.主.分詞.主.陽.複	愁煩，著急不安

μεταστρέφω	動. 過不. 主. 不定	變，歪曲
8. ἀνάθεμα, ατος, τό	名. 主. 中. 單	咒詛
9. προλέγω	動. 完成. 主. 直說. 一複	說或警告，預先說
ἄρτι	副. 原	現在，如今
παραλαμβάνω	動. 過不. 主. 直說. 二複	領受（傳統），學習
10. ἀρέσκω	動. 現在. 主. 不定	討喜歡，使高興
11. γνωρίζω	動. 現在. 主. 直說. 一單	使…知道，告訴，曉得
12. παραλαμβάνω	動. 過不. 主. 直說. 一單	領受（傳統），學習
ἀποκάλυψις, εως, ἡ	名. 所. 陰. 單	啓示
13. ἀναστροφή, ῆς, ἡ	名. 直. 陰. 單	行事爲人
ποτέ	副. 原	那時候，曾經，終於
Ἰουδαϊσμός, οῦ, ὁ	名. 間. 陽. 單	猶太教（的信仰與生活方式）
ὑπερβολή, ῆς, ἡ	名. 直. 陰. 單	超越，超過
πορθέω	動. 過未. 主. 直說. 一單	殘害，摧殘，摧毀，殺害
14. προκόπτω	動. 過未. 主. 直說. 一單	進步，成長
συνηλικιώτης, ου, ὁ	名. 直. 陽. 複	同時代的人，同輩
γένος, ους, τό	名. 間. 中. 單	族，國，種，類
περισσοτέρως	副. 比	更加，甚至更，格外
ζηλωτής, οῦ, ὁ	名. 主. 陽. 單	激進黨徒，和：奮銳黨〔熱誠派〕
πατρικός, ή, όν	形. 所. 陰. 複. 原	來自祖先的，祖宗的
παράδοσις, εως, ἡ	名. 所. 陰. 複	傳統
15. εὐδοκέω	動. 過不. 主. 直說. 三單	喜歡，喜悅，樂意
ἀφορίζω	動. 過不. 主. 分詞. 主. 陽. 單	分別，選召，指派
κοιλία, ας, ἡ	名. 所. 陰. 單	母胎，腹中
16. ἀποκαλύπτω	動. 過不. 主. 不定	啓示，顯明
εὐθέως	副. 原	立刻，一…就
προσανατίθημι	動. 過不. 關. 直說. 一單	向人求教，商談
17. ἀνέρχομαι	動. 過不. 主. 直說. 一單	上去
πρό	介. 所	在…之前
Ἀραβία, ας, ἡ	名. 直. 陰. 單	阿拉伯〔阿剌伯〕
ὑποστρέφω	動. 過不. 主. 直說. 一單	返回，回轉，回家
Δαμασκός, οῦ, ἡ	名. 直. 陰. 單	大馬士革，和：大馬色
18. ἔπειτα	副. 原	然後，以後，過了

ἔτος, ους, τό	名. 直. 中. 複	年
ἱστορέω	動. 過不. 主. 不定	得知，會見
Κηφᾶς, ᾶ, ὁ	名. 直. 陽. 單	磯法〔刻法〕（亞蘭語）
ἐπιμένω	動. 過不. 主. 直說. 一單	停留，住
δεκαπέντε	形. 直. 陰. 複. 原	十五
19. Ἰάκωβος, ου, ὁ	名. 直. 陽. 單	雅各〔雅各伯〕
20. ψεύδομαι	動. 現在. 關. 直說. 一單	說謊，虛偽，欺瞞
21. ἔπειτα	副. 原	然後，以後
κλίμα, ατος, τό	名. 直. 中. 複	地區，區域，境（內）
Συρία, ας, ἡ	名. 所. 陰. 單	敘利亞，亞蘭
Κιλικία, ας, ἡ	名. 所. 陰. 單	基利家〔基里基雅〕
22. ἀγνοέω	動. 現在. 被. 分詞. 主. 陽. 單	不了解，忽視，不認識
Ἰουδαία, ας, ἡ	名. 所. 陰. 單	猶太
23. ποτέ	副. 原	那時候，曾經
πορθέω	動. 過未. 主. 直說. 三單	殘害，摧殘，摧毀，殺害

第二章

1. ἔπειτα	副. 原	然後，後來，以後
δεκατέσσαρες	形. 所. 中. 複. 原	十四
ἔτος, ους, τό	名. 所. 中. 複	年
Βαρναβᾶς, ᾶ, ὁ	名. 所. 陽. 單	巴拿巴〔巴爾納伯〕
συμπαραλαμβάνω	動. 過不. 主. 分詞. 主. 陽. 單	帶著…同行或一起去
Τίτος, ου, ὁ	名. 直. 陽. 單	提多〔弟鐸〕
2. ἀποκάλυψις, εως, ἡ	名. 直. 陰. 單	啓示
ἀνατίθημι	動. 過不. 關. 直說. 一單	告訴，說明
πώς	虛. 不	總得，總算，怎樣
κενός, ή, όν	形. 直. 中. 單. 原	空的，沒有效果的
τρέχω	動. 現在. 主. 假設. 一單	跑，賽跑
κατ' ἰδίαν		私下地，秘密地
οἱ δοκοῦντες		卓越的人，傑出的人
3. Τίτος, ου, ὁ	名. 主. 陽. 單	提多〔弟鐸〕
Ἕλλην, ηνος, ὁ	名. 主. 陽. 單	希臘人，外邦人
ἀναγκάζω	動. 過不. 被. 直說. 三單	強迫，強逼

4. παρείσακτος, ον	形. 直. 陽. 複. 原	僞裝帶入的，偷偷加入
ψευδάδελφος, ου, ὁ	名. 直. 陽. 複	假弟兄，假信徒
παρεισέρχομαι	動. 過不. 主. 直說. 三複	混進，溜入
κατασκοπέω	動. 過不. 主. 不定	窺探，偵察
ἐλευθερία, ας, ἡ	名. 直. 陰. 單	自由
καταδουλόω	動. 未來. 主. 直說. 三複	奴役
5. εἴκω	動. 過不. 主. 直說. 一複	屈服，讓步
ὑποταγή, ῆς, ἡ	名. 間. 陰. 單	順服，讓步，屈服
διαμένω	動. 過不. 主. 假設. 三單	始終，繼續
6. ὁποῖος, α, ον	代. 聯代. 主. 陽. 複	那一種
ποτέ	虛. 不	那時候，終於
διαφέρω	動. 現在. 主. 直說. 三單	不一樣
προσανατίθημι	動. 過不. 關. 直說. 三複	加增
οὐδέχ μοι διαφέρει		我不在乎
ὁποῖός ποτε		無論是誰，無論〔地位高低〕
7. τοὔναντίον	冠. 直. 中. 單	相反地
ἀκροβυστία, ας, ἡ	名. 所. 陰. 單	没有受割禮
8. ἐνεργέω	動. 過不. 主. 分詞. 主. 陽. 單	發生作用，有效果，完成
ἀποστολή, ῆς, ἡ	名. 直. 陰. 單	使徒的職份
9. Ἰάκωβος, ου, ὁ	名. 主. 陽. 單	雅各〔雅各伯〕
Κηφᾶς, ᾶ, ὁ	名. 主. 陽. 單	磯法〔刻法〕（亞蘭語）
στῦλος, ου, ὁ	名. 主. 陽. 複	柱石，領袖
Βαρναβᾶς, ᾶ, ὁ	名. 間. 陽. 單	巴拿巴〔巴爾納伯〕
κοινωνία, ας, ἡ	名. 所. 陰. 單	親密的關係，有份，聯繫
δεξιὰς δίδωμι		立約
10. πτωχός, ή, όν	形. 所. 陽. 複. 原	貧窮的，貧乏的
μνημονεύω	動. 現在. 主. 假設. 一複	記得，記住，想起
σπουδάζω	動. 過不. 主. 直說. 一單	盡力，努力，竭力
11. Κηφᾶς, ᾶ, ὁ	名. 主. 陽. 單	磯法〔刻法〕（亞蘭語）
Ἀντιόχεια, ας, ἡ	名. 直. 陰. 單	安提阿〔安提約基雅〕
ἀνθίστημι	動. 過不. 主. 直說. 一單	抗拒，反對，抵擋
καταγινώσκω	動. 完成. 被. 分詞. 主. 陽. 單	譴責，指責，責備
κατὰ πρόσωπον		親自

12. πρό	介.所	在…之前
Ἰάκωβος, ου, ὁ	名.所.陽.單	雅各〔雅各伯〕
συνεσθίω	動.過未.主.直說.三單	同吃，一起吃飯
ὑποστέλλω	動.過未.主.直說.三單	退縮，退卻
ἀφορίζω	動.過未.主.直說.三單	帶開，離開，分別
13. συνυποκρίνομαι	動.過不.被.直說.三複	一同假裝
Βαρναβᾶς, ᾶ, ὁ	名.主.陽.單	巴拿巴〔巴爾納伯〕
συναπάγω	動.過不.被.直說.三單	被帶走或被引入歧途
ὑπόκρισις, εως, ἡ	名.間.陰.單	不誠實，虛偽，没有原則
14. ὀρθοποδέω	動.現在.主.直說.三複	與…一致
Κηφᾶς, ᾶ, ὁ	名.間.陽.單	磯法〔刻法〕（亞蘭語）
ἔμπροσθεν	不介.所	在…之前
ἐθνικῶς	副.原	像外邦人地
Ἰουδαϊκῶς	副.原	像猶太人地
ἀναγκάζω	動.現在.主.直說.二單	強迫，強逼，力勸，催促
ἰουδαΐζω	動.現在.主.不定	按猶太教規矩生活（指受割禮）
15. φύσις, εως, ἡ	名.間.陰.單	本性，天生
ἁμαρτωλός, όν	名.主.陽.複	有罪的，罪人
17. ἆρα	虛.疑	期待否定回答的疑問虛詞
διάκονος, ου, ὁ, ἡ	名.主.陽.單	僕人，庸人，執事
ἆρα χριστὸς ἁμαρτίας διάκονος		基督在支持罪嗎？
18. καταλύω	動.過不.主.直說.一單	拆毀，廢除
οἰκοδομέω	動.現在.主.直說.一單	建造，重建，修復
παραβάτης, ου, ὁ	名.直.陽.單	違背（神法律）的人
ἐμαυτοῦ, ῆς	代.一反.直.陽.單	我自己，我自己的
συνίστημι	動.現在.主.直說.一單	表明，顯示，顯明
19. συσταυρόω	動.完成.被.直說.一單	同釘十字架
20. οὐκέτι	副.原	不再
21. ἀθετέω	動.現在.主.直說.一單	拒絕，不理，廢除，違背
δωρεάν	副.原	白白地，徒然

第三章

1. ὦ	歎	啊！（稱呼人或表達情感）

ἀνόητος, ον	形. 呼. 陽. 複. 原	愚昧的，無知的
Γαλάτης, ου, ὁ	名. 呼. 陽. 複	加拉太人〔迦拉達人〕
βασκαίνω	動. 過不. 主. 直說. 三單	迷惑，蠱惑
προγράφω	動. 過不. 被. 直說. 三單	公開展示，揭示
σταυρόω	動. 完成. 被. 分詞. 主. 陽. 單	釘十字架
κατ᾽ ὀφθαλμούς		在…的眼前
2. μανθάνω	動. 過不. 主. 不定	學習，問
ἀκοή, ῆς, ἡ	名. 所. 陰. 單	聽見，宣講，傾聽
3. ἀνόητος, ον	形. 主. 陽. 複. 原	愚昧的，無知的
ἐνάρχομαι	動. 過不. 關. 分詞. 主. 陽. 複	開始
ἐπιτελέω	動. 現在. 關. 直說. 二複	完成，辦完
4. τοσοῦτος, αύτη, οῦτον	代. 指代. 直. 中. 複	如此多，如此大
πάσχω	動. 過不. 主. 直說. 二複	受苦，遭受，經驗
εἰκῇ	副. 原	徒然地，無緣無故，不經考慮
γέ	虛. 強	表示強調附屬的虛詞
5. ἐπιχορηγέω	動. 現在. 主. 分詞. 主. 陽. 單	賜給
ἐνεργέω	動. 現在. 主. 分詞. 主. 陽. 單	發生作用，有效果，完成
ἀκοή, ῆς, ἡ	名. 所. 陰. 單	聽見，宣講，傾聽
6. λογίζομαι	動. 過不. 被. 直說. 三單	算作，以為
8. προοράω	動. 過不. 主. 分詞. 主. 陰. 單	預見，以前看見
προευαγγελίζομαι	動. 過不. 關. 直說. 三單	事先傳好消息
ἐνευλογέω	動. 未來. 被. 直說. 三複	祝福，賜福
9. εὐλογέω	動. 現在. 被. 直說. 三複	祝福，恩待，賜福
10. κατάρα, ας, ἡ	名. 直. 陰. 單	咒詛，受咒詛的東西
ἐπικατάρατος, ον	形. 主. 陽. 單. 原	受咒詛的
ἐμμένω	動. 現在. 主. 直說. 三單	保持忠誠，堅固，遵守
βιβλίον, ου, τό	名. 間. 中. 單	書冊，書卷
11. δῆλος, η, ον	形. 主. 中. 單. 原	明顯的
13. ἐξαγοράζω	動. 過不. 主. 直說. 三單	買回，救贖，釋放
κατάρα, ας, ἡ	名. 所. 陰. 單	咒詛，受咒詛的東西
ἐπικατάρατος, ον	形. 主. 陽. 單. 原	受咒詛的
κρεμάννυμι	動. 過不. 關. 分詞. 主. 陽. 單	懸掛，被釘在十字架上
ξύλον, ου, τό	名. 所. 中. 單	木，樹，十字架

14. εὐλογία, ας, ἡ	名.主.陰.單	福氣，恩典
15. ὅμως	副.原	甚至於
κυρόω	動.完成.被.分詞.直.陰.單	使（契約）生效
διαθήκη, ης, ἡ	名.直.陰.單	約，遺囑
ἀθετέω	動.現在.主.直說.三單	廢除，違背
ἐπιδιατάσσομαι	動.現在.關.直說.三單	增添（遺囑）
17. διαθήκη, ης, ἡ	名.直.陰.單	約，契約
προκυρόω	動.完成.被.分詞.直.陰.單	以前立（約）
τετρακόσιοι, αι, α	形.直.中.複.原	四百
τριάκοντα	形.直.中.複.原	三十
ἔτος, ους, τό	名.直.中.複	年
ἀκυρόω	動.現在.主.直說.三單	作廢，抵消，不顧
καταργέω	動.過不.主.不定	取消，終止
18. κληρονομία, ας, ἡ	名.主.陰.單	產業，遺產
οὐκέτι	副.原	不再
χαρίζομαι	動.完成.關.直說.三單	賜，恩待
19. παράβασις, εως, ἡ	名.所.陰.複	不服從，罪，破壞，違犯
χάριν	不介.所	為了…的緣故，由於
προστίθημι	動.過不.被.直說.三單	增加，給
ἄχρι	不介.所	直到，到…為止
ἐπαγγέλλομαι	動.完成.被.直說.三單	應許
διατάσσω	動.過不.被.分詞.主.陽.單	吩咐，命令，指示
μεσίτης, ου, ὁ	名.所.陽.單	中間人，調解人，中保
21. ζῳοποιέω	動.過不.主.不定	賜…生命，賦以生命，使復活
ὄντως	副.原	真，的確，真實的，實在
22. συγκλείω	動.過不.主.直說.三單	把（人）關在監裏，處在…
23. πρό	介.所	在…之前（時，地）
φρουρέω	動.過未.被.直說.一複	把守，看守，監禁
ἀποκαλύπτω	動.過不.被.不定	啓示，顯明，揭露
24. παιδαγωγός, οῦ, ὁ	名.主.陽.單	導師，老師，監護人
25. οὐκέτι	副.原	不再
27. ἐνδύω	動.過不.關.直說.二複	穿，變成，換上
28. ἔνι	動.現在.主.直說.三單	有

Ἕλλην, ηνος, ὁ	名.主.陽.單	希臘人，外邦人
ἄρσην, εν, ὁ	形.主.中.單.原	男性，男人
θῆλυς, εια, υ	形.主.中.單.原	女性的，婦女的
29. κληρονόμος, ου, ὁ	名.主.陽.複	繼承人

第四章

1. νήπιος, α, ον	形.主.陽.單.原	嬰孩，小孩
διαφέρω	動.現在.主.直說.三單	不一樣
2. ἐπίτροπος, ου, ὁ	名.直.陽.複	總管，管家，監護人
οἰκονόμος, ου, ὁ	名.直.陽.複	管家，受託管理的人
ἄχρι	不介.所	直到，當…時
προθεσμία, ας, ἡ	名.所.陰.單	所定的日子
3. νήπιος, α, ον	形.主.陽.複.原	嬰孩，小孩
στοιχεῖον, ου, τό	名.直.中.複	元素，基本原則
δουλόω	動.完成.被.分詞.主.陽.複	奴役，使…作奴隸
4. πλήρωμα, ατος, τό	名.主.中.單	充滿，全數豐富
ἐξαποστέλλω	動.過不.主.直說.三單	叫…出去，打發，差遣
τὸ πλήρωμα τοῦ χρόνου		時機成熟
5. ἐξαγοράζω	動.過不.主.假設.三單	買回，救贖，釋放
υἱοθεσία, ας, ἡ	名.直.陰.單	收養成爲兒子，兒子的名份
ἀπολαμβάνω	動.過不.主.假設.一複	得到，要回
6. ἐξαποστέλλω	動.過不.主.直說.三單	叫…出去，打發，差遣
αββα	名.呼.陽.單	阿爸（亞蘭語）
7. οὐκέτι	副.原	不再
κληρονόμος, ου, ὁ	名.主.陽.單	繼承人
8. δουλεύω	動.過不.主.直說.二複	作奴隸，受奴役，勞苦
φύσις, εως, ἡ	名.間.陰.單	本性，天然的情況
9. ἐπιστρέφω	動.現在.主.直說.二複	回轉，轉向，轉回
ἀσθενής, ές	形.直.中.複.原	軟弱的，軟弱無助的
πτωχός, ή, όν	形.直.中.複.原	貧乏的或無用的
στοιχεῖον, ου, τό	名.直.中.複	元素，基本原則
ἄνωθεν	副.原	再一次，長久或從起初
10. παρατηρέω	動.現在.關.直說.二複	遵守，守（節期）

μήν, μηνός, ὁ	名.直.陽.複	月
ἐνιαυτός, οῦ, ὁ	名.直.陽.複	年
11. πώς	虛.不	怎樣，豈不
εἰκῆ	副.原	徒然地，無緣無故
κοπιάω	動.完成.主.直說.一單	工作，辛勞工作，勞苦
12. δέομαι	動.現在.被.直說.一單	要求，懇求
ἀδικέω	動.過不.主.直說.二複	傷害，犯錯
13. ἀσθένεια, ας, ἡ	名.直.陰.單	（各種）軟弱，疾病
πρότερος, α, ον	副.比	較早的，先前
14. πειρασμός, οῦ, ὁ	名.直.陽.單	試煉，磨煉，試探
ἐξουθενέω	動.過不.主.直說.二複	輕視，輕看
ἐκπτύω	動.過不.主.直說.二複	唾棄，拒絕，厭煩
15. ποῦ	連.疑并	哪裏？在哪裏？到哪裏？
μακαρισμός, οῦ, ὁ	名.主.陽.單	幸福，福澤，高興
δυνατός, ή, όν	形.主.中.單.原	可能的
ἐξορύσσω	動.過不.主.分詞.主.陽.複	拆開，挖出
16. ἐχθρός, ά, όν	名.主.陽.單	敵人，被憎恨的（敵人）
ἀληθεύω	動.現在.主.分詞.主.陽.單	說實話，誠實
17. ζηλόω	動.現在.主.假設.三複	熱心，熱情，極爲關切
καλῶς	副.原	好，善，正確的
ἐκκλείω	動.過不.主.不定	孤立
οὐ καλῶς		不懷好意
18. πάντοτε	副.原	總是，常常
πάρειμι	動.現在.主.不定	在一起，在這裏，來臨
19. ὠδίνω	動.現在.主.直說.一單	受生產的痛苦
μέχρι	不介.所	直到
μορφόω	動.過不.被.假設.三單	形成
20. πάρειμι	動.現在.主.不定	在一起，在這裏，來臨
ἄρτι	副.原	現在，如今
ἀλλάσσω	動.過不.主.不定	變化，改變
ἀπορέω	動.現在.關.直說.一單	困惑，疑慮，不安
24. ἀλληγορέω	動.現在.被.分詞.主.中.複	以寓言方式說
διαθήκη, ης, ἡ	名.主.陰.複	約，契約

Σινά	名.所.中.單	西奈，和：西乃
δουλεία, ας, ἡ	名.直.陰.單	奴役，枷鎖，奴隸
Ἁγάρ, ἡ	名.主.陰.單	夏甲〔哈加爾〕
25. Ἀραβία, ας, ἡ	名.間.陰.單	阿拉伯〔阿剌伯〕
συστοιχέω	動.現在.主.直說.三單	相當於，表示，象徵
δουλεύω	動.現在.主.直說.三單	作奴隸，受奴役，勞苦
26. ἄνω	副.原	在…之上
27. εὐφραίνω	動.過不.被.命令.二單	歡喜
στεῖρα, ας, ἡ	名.呼.陰.單	不能生育的女人
τίκτω	動.現在.主.分詞.呼.陰.單	生育，生產
ῥήγνυμι (ῥήσσω)	動.過不.主.命令.二單	發出（叫喊聲）
ῥῆξον καὶ βόησον		高聲歡呼
βοάω	動.過不.主.命令.二單	呼喊，大叫，歡呼
ὠδίνω	動.現在.主.分詞.呼.陰.單	受生產的痛苦
ἔρημος, ον	形.所.陰.單.原	被棄絕的，荒廢的
28. Ἰσαάκ, ὁ	名.直.陽.單	以撒〔依撒格〕
29. ὥσπερ	連.比從	正如，正像，好比
30. κληρονομέω	動.未來.主.直說.三單	得到，承受

第五章

1. ἐλευθερία, ας, ἡ	名.間.陰.單	自由
ἐλευθερόω	動.過不.主.直說.三單	使獲得自由，釋放
στήκω	動.現在.主.命令.二複	站著，站穩，堅定
ζυγός, οῦ, ὁ	名.間.陽.單	軛，天平
δουλεία, ας, ἡ	名.所.陰.單	奴役，枷鎖，奴隸
ἐνέχω	動.現在.被.命令.二複	受…支配，再作…奴隸
2. ἴδε	歎	瞧！聽！
ὠφελέω	動.未來.主.直說.三單	獲得，獲利，幫助
3. μαρτύρομαι	動.現在.關.直說.一單	作證，鄭重地告訴，警告
ὀφειλέτης, ου, ὁ	名.主.陽.單	有義務者，負債的人
4. καταργέω	動.過不.被.直說.二複	終止，與…隔絕
ἐκπίπτω	動.過不.主.直說.二複	失去，自絕（恩典）
5. ἀπεκδέχομαι	動.現在.關.直說.一複	熱切期待，等候

6. ἰσχύω	動. 現在. 主. 直說. 三單	能夠，重要，生效，緊要
ἀκροβυστία, ας, ἡ	名. 主. 陰. 單	沒有受割禮
ἐνεργέω	動. 現在. 關. 分詞. 主. 陰. 單	發生作用，有效果，完成
7. τρέχω	動. 過未. 主. 直說. 二複	跑，賽跑
καλῶς	副. 原	正確的，很好，眞好
ἐγκόπτω	動. 過不. 主. 直說. 三單	阻擋，阻礙，阻撓，煩擾
τρέχω καλῶς		表現得很好，做得好
8. πεισμονή, ῆς, ἡ	名. 主. 陰. 單	勸服
9. μικρός, ά, όν	形. 主. 陰. 單. 原	少的，小的
ζύμη, ης, ἡ	名. 主. 陰. 單	酵母
φύραμα, ατος, τό	名. 直. 中. 單	（泥土或麵粉的）團
ζυμόω	動. 現在. 主. 直說. 三單	使發酵（發起來）
10. φρονέω	動. 未來. 主. 直說. 二複	思想，關心，重視
ταράσσω	動. 現在. 主. 分詞. 主. 陽. 單	愁煩，著急不安，騷動
βαστάζω	動. 未來. 主. 直說. 三單	承擔
κρίμα, ατος, τό	名. 直. 中. 單	審判，裁判，定罪
11. καταργέω	動. 完成. 被. 直說. 三單	取消，毀滅，與…隔絕
σκάνδαλον, ου, τό	名. 主. 中. 單	誘人犯罪的事物，障礙
σταυρός, οῦ, ὁ	名. 所. 陽. 單	十字架
12. ὄφελον	動. 過不. 主. 分詞. 主. 中. 單	但願…，倒希望…
ἀποκόπτω	動. 未來. 關. 直說. 三複	砍掉，自殘或自閹
ἀναστατόω	動. 現在. 主. 分詞. 主. 陽. 複	擾亂，煽動，作亂
13. ἐλευθερία, ας, ἡ	名. 間. 陰. 單	自由
ἀφορμή, ῆς, ἡ	名. 直. 陰. 單	機會，把柄
δουλεύω	動. 現在. 主. 命令. 二複	作奴隸，受奴役，勞苦
14. πλησίον	副. 原	靠近
σεαυτοῦ, ῆς	代. 二反. 直. 陽. 單	你自己
15. δάκνω	動. 現在. 主. 直說. 二複	咬
κατεσθίω	動. 現在. 主. 直說. 二複	吃掉，侵吞，佔便宜
ἀναλίσκω (-λόω)	動. 過不. 被. 假設. 二複	燒毀，毀滅
16. ἐπιθυμία, ας, ἡ	名. 直. 陰. 單	慾望，慾念，情慾
τελέω	動. 過不. 主. 假設. 二複	完成，滿足，實現
17. ἐπιθυμέω	動. 現在. 主. 直說. 三單	渴慕，希望，慾望

ἀντίκειμαι	動. 現在. 關. 直說. 三單	反對，敵對
19. φανερός, ά, όν	形. 主. 中. 複. 原	明顯的，清楚的
πορνεία, ας, ἡ	名. 主. 陰. 單	姦淫，不道德的性行爲
ἀκαθαρσία, ας, ἡ	名. 主. 陰. 單	不純潔，不道德，污穢
ἀσέλγεια, ας, ἡ	名. 主. 陰. 單	淫蕩，下流，邪惡
20. εἰδωλολατρία, ας, ἡ	名. 主. 陰. 單	拜偶像的事
φαρμακεία, ας, ἡ	名. 主. 陰. 單	邪術，巫術
ἔχθρα, ας, ἡ	名. 主. 陰. 複	敵意，冤仇，仇恨
ἔρις, ιδος, ἡ	名. 主. 陰. 單	爭鬥，競爭，紛爭
ζῆλος, ου, ὁ	名. 主. 陽. 單	熱心，嫉妒
θυμός, οῦ, ὁ	名. 主. 陽. 複	怒氣，忿怒，惱怒
ἐριθεία, ας, ἡ	名. 主. 陰. 複	自私，野心，爭鬥
διχοστασία, ας, ἡ	名. 主. 陰. 複	分裂，紛爭，對立
αἵρεσις, εως, ἡ	名. 主. 陰. 複	（宗教）黨派，紛爭
21. φθόνος, ου, ὁ	名. 主. 陽. 複	嫉妒，恨意
μέθη, ης, ἡ	名. 主. 陰. 複	醉酒
κῶμος, ου, ὁ	名. 主. 陽. 複	狂歡，宴樂
ὅμοιος, α, ον	形. 主. 中. 複. 原	類似的，像
προλέγω	動. 現在. 主. 直說. 一單	預先說或警告
πράσσω	動. 現在. 主. 分詞. 主. 陽. 複	做，行
κληρονομέω	動. 未來. 主. 直說. 三複	承受，領受，成爲（神國）子民
22. μακροθυμία, ας, ἡ	名. 主. 陰. 單	耐心，忍耐
χρηστότης, ητος, ἡ	名. 主. 陰. 單	仁慈，良善，慈悲，正直
ἀγαθωσύνη, ης, ἡ	名. 主. 陰. 單	良善
23. πραΰτης, ητος, ἡ	名. 主. 陰. 單	溫和，柔順，謙遜
ἐγκράτεια, ας, ἡ	名. 主. 陰. 單	節制
24. σταυρόω	動. 過不. 主. 直說. 三複	釘十字架
πάθημα, ατος, τό	名. 間. 中. 複	苦難，邪情慾望
ἐπιθυμία, ας, ἡ	名. 間. 陰. 複	慾望，慾念，情慾
25. στοιχέω	動. 現在. 主. 假設. 一複	生活，行爲舉止，遵照…生活
26. κενόδοξος, ον	形. 主. 陽. 複. 原	自負的，驕傲的
προκαλέω	動. 現在. 關. 分詞. 主. 陽. 複	使激怒，使生氣
φθονέω	動. 現在. 主. 分詞. 主. 陽. 複	嫉妒

第六章

1. προλαμβάνω	動.過不.被.假設.三單	事前做（事），在…之前
παράπτωμα, ατος, τό	名.間.中.單	罪，過錯
πνευματικός, ή, όν	形.主.陽.複.原	屬靈的人，屬靈的事
καταρτίζω	動.現在.主.命令.二複	糾正，造成，預備
πραΰτης, ητος, ἡ	名.所.陰.單	溫和，柔順，謙遜
σκοπέω	動.現在.主.分詞.主.陽.單	注意，小心，防備
σεαυτοῦ, ῆς	代.二反.直.陽.單	你自己
πειράζω	動.過不.被.假設.二單	試探，誘惑，嘗試
2. βάρος, ους, τό	名.直.中.複	重擔
βαστάζω	動.現在.主.命令.二複	忍受，承擔
ἀναπληρόω	動.未來.主.直說.二複	遵行，達到最大限度
3. φρεναπατάω	動.現在.主.直說.三單	欺騙，愚弄
4. δοκιμάζω	動.現在.主.命令.三單	省察，試驗
καύχημα, ατος, τό	名.直.中.單	誇耀的事，引以爲榮的事
5. φορτίον, ου, τό	名.直.中.單	擔子，重擔，貨物
βαστάζω	動.未來.主.直說.三單	忍受，承擔
6. κοινωνέω	動.現在.主.命令.三單	分享，分擔，參加，有份於
κατηχέω	動.現在.被.分詞.主.陽.單	教導，教訓，告訴
7. πλανάω	動.現在.被.命令.二複	迷惑，欺騙，被騙
μυκτηρίζω	動.現在.被.直說.三單	愚弄，欺騙
θερίζω	動.未來.主.直說.三單	收割，收獲，積聚
8. φθορά, ᾶς, ἡ	名.直.陰.單	腐敗，敗壞，道德敗壞
9. ἐγκακέω	動.現在.主.假設.一複	畏縮，灰心，鬆懈
θερίζω	動.未來.主.直說.一複	收割，收獲，積聚
ἐκλύω	動.現在.被.分詞.主.陽.複	灰心
10. ἐργάζομαι	動.現在.關.假設.一複	工作，做事
μάλιστα	副.最	尤其是，更是，特別
οἰκεῖος, α, ον	名.直.陽.複	親人，家人
11. πηλίκος, η, ον	代.形疑.間.中.複	何等大，多麼偉大
γράμμα, ατος, τό	名.間.中.複	文字，信件
12. εὐπροσωπέω	動.過不.主.不定	使外貌體面，在外表炫燿
ἀναγκάζω	動.現在.主.直說.三複	強迫，強逼，力勸，催促

σταυρός, οῦ, ὁ	名.間.陽.單	十字架
13. φυλάσσω	動.現在.主.直說.三複	看守，遵守
ὑμέτερος, α, ον	代二所.間.陰.單	你們的
καυχάομαι	動.過不.關.假設.三複	誇耀，以…爲榮
14. σταυρός, οῦ, ὁ	名.間.陽.單	十字架
σταυρόω	動.完成.被.直說.三單	釘十字架
15. ἀκροβυστία, ας, ἡ	名.主.陰.單	沒有受割禮
καινός, ή, όν	形.主.陰.單.原	新的，未曾用過的
κτίσις, εως, ἡ	名.主.陰.單	創造，創世，被造之物
16. κανών, όνος, ὁ	名.間.陽.單	界限，範圍，地區，原則
στοιχέω	動.未來.主.直說.三複	行爲舉止，遵照…生活
ἔλεος, ους, τό	名.主.中.單	仁慈，憐憫
17. κόπος, ου, ὁ	名.直.陽.複	煩擾，困難
παρέχω	動.現在.主.命令.三單	導致，引起，使…得到
στίγμα, ατος, τό	名.直.中.複	傷痕，表示歸屬的印記
βαστάζω	動.現在.主.直說.一單	忍受，承擔
βαστάζω στίγματα		經歷作…的奴僕

以弗所書

特別詞彙

γνωρίζω	使…知道，告訴；顯明，彰顯；曉得
ἐπουράνιος, ον	屬天的；天空的，天上的；ἐν τοῖς ἐ. 在天上的世界，在超自然的領域中（弗 1.3）
μυστήριον, ου, τό	秘密，奧秘
πλοῦτος, ου, ὁ, τό	財富，豐裕；豐富的祝福，寬裕
ποτέ	從前，那時候；一旦…就；曾經，任何時候（οὐ…ποτέ 從未）；最後，終於，過了一段時間；當…以後就；ὁποῖός ποτε 無論是誰，無論甚麼

第一章

1. Ἔφεσος, ου, ἡ	名.間.陰.單	以弗所〔厄弗所〕
3. εὐλογητός, ή, όν	形.主.陽.單.原	該受稱頌的那位
εὐλογέω	動.過不.主.分詞.主.陽.單	祝福，恩待，賜福
εὐλογία, ας, ἡ	名.間.陰.單	福氣，恩典
πνευματικός, ή, όν	形.間.陰.單.原	靈的，屬靈的事
ἐν τοῖς ἐπουρανιοῖς		在天上的世界，在超自然領域中
4. ἐκλέγομαι	動.過不.關.直說.三單	揀選，選
πρό	介.所	在…之前
καταβολή, ῆς, ἡ	名.所.陰.單	起初，創造
ἄμωμος, ον	形.直.陽.複.原	無缺點的，無可指責的
κατενώπιον	不介.所	在…面前
5. προορίζω	動.過不.主.分詞.主.陽.單	從開始就揀選，預定

υἱοθεσία, ας, ἡ	名.直.陰.單	收養成為兒子，兒子的名份
εὐδοκία, ας, ἡ	名.直.陰.單	美意，誠意，目的
6. ἔπαινος, ου, ὁ	名.直.陽.單	讚美，稱讚
χαριτόω	動.過不.主.直說.三單	白白地賜給，蒙恩的…
7. ἀπολύτρωσις, εως, ἡ	名.直.陰.單	自由，拯救，釋放
ἄφεσις, εως, ἡ	名.直.陰.單	赦免，除去（罪）
παράπτωμα, ατος, τό	名.所.中.複	罪，過錯
8. περισσεύω	動.過不.主.直說.三單	富裕，有許多，使增加
φρόνησις, εως, ἡ	名.間.陰.單	聰明，智慧，意向
9. εὐδοκία, ας, ἡ	名.直.陰.單	美意，喜悅，盼望，目的
προτίθημι	動.過不.關.直說.三單	計劃，目的，意向
10. οἰκονομία, ας, ἡ	名.直.陰.單	（神聖的）計劃
πλήρωμα, ατος, τό	名.所.中.單	豐富，完全（神的存在或本質）
ἀνακεφαλαιόω	動.過不.關.不定	總括，聯合，結合一起
πληρώματα τῶν καιρῶν		時機成熟
11. κληρόω	動.過不.被.直說.一複	選擇
προορίζω	動.過不.被.分詞.主.陽.複	預定，從開始就揀選
πρόθεσις, εως, ἡ	名.直.陰.單	目的，計劃，本意，堅定
ἐνεργέω	動.現在.主.分詞.所.陽.單	發生作用，完成
βουλή, ῆς, ἡ	名.直.陰.單	旨意，計謀，計劃，決定
12. ἔπαινος, ου, ὁ	名.直.陽.單	讚美，稱讚
προελπίζω	動.完成.主.分詞.直.陽.複	首先有希望
13. σωτηρία, ας, ἡ	名.所.陰.單	拯救，救恩，得救，釋放
σφραγίζω	動.過不.被.直說.二複	蓋印，嚴守秘密，證實
14. ἀρραβών, ῶνος, ὁ	名.主.陽.單	憑據，保證
κληρονομία, ας, ἡ	名.所.陰.單	神向他的子民所作的應許
ἀπολύτρωσις, εως, ἡ	名.直.陰.單	自由，拯救，釋放
περιποίησις, εως, ἡ	名.所.陰.單	得到，得（救），承受
ἔπαινος, ου, ὁ	名.直.陽.單	讚美，稱讚
16. παύω	動.現在.關.直說.一單	停止，禁止，止息，終止
εὐχαριστέω	動.現在.主.分詞.主.陽.單	感謝，祝謝
μνεία, ας, ἡ	名.直.陰.單	想念，提到
προσευχή, ῆς, ἡ	名.所.陰.複	禱告

17. ἀποκάλυψις, εως, ἡ	名.所.陰.單	啓示
ἐπίγνωσις, εως, ἡ	名.間.陰.單	知識，認識，體會
18. φωτίζω	動.完成.被.分詞.直.陽.複	照耀，顯明發表，啓明
κλῆσις, εως, ἡ	名.所.陰.單	呼召，選召，身份
κληρονομία, ας, ἡ	名.所.陰.單	產業，神向他子民所作應許
19. ὑπερβάλλω	動.現在.主.分詞.主.中.單	超越
μέγεθος, ους, τό	名.主.中.單	偉大
ἐνέργεια, ας, ἡ	名.直.陰.單	大能，能力，功用，運用
κράτος, ους, τό	名.所.中.單	能力，權能，大能的作為
ἰσχύς, ύος, ἡ	名.所.陰.單	力量，能力
20. ἐνεργέω	動.過不.主.直說.三單	顯示（能力），完成，工作
καθίζω	動.過不.主.分詞.主.陽.單	坐下，坐著，使…坐在
καθίζω ἐν δεξιᾷ		坐高位，處在重要的地位
21. ὑπεράνω	不介.所	上面，在…之上，超越
κυριότης, ητος, ἡ	名.所.陰.單	掌權者，權威
ὀνομάζω	動.現在.被.分詞.所.中.單	取名，呼喚…的名
22. ὑποτάσσω	動.過不.主.直說.三單	制服，服從，受…轄制
23. πλήρωμα, ατος, τό	名.主.中.單	豐富，完全（神的存在或本質）

第二章

1. παράπτωμα, ατος, τό	名.間.中.複	罪，過錯
2. ἄρχων, οντος, ὁ	名.直.陽.單	統治者，掌權者
ἀήρ, ἀέρος, ὁ	名.所.陽.單	太空，天界
ἐνεργέω	動.現在.主.分詞.所.中.單	管轄，顯示，工作
ἀπείθεια, ας, ἡ	名.所.陰.單	不順服
ἄρχων τῆς ἐξουσίας τοῦ ἀέρος		超自然的能力
αἰῶν τοῦ κόσμου τούτου		超自然的能力
3. ἀναστρέφω	動.過不.被.直說.一複	生活，舉止
ἐπιθυμία, ας, ἡ	名.間.陰.複	私慾，意願，貪心
διάνοια, ας, ἡ	名.所.陰.複	心思，理智，思想，意念
φύσις, εως, ἡ	名.間.陰.單	本性，天然的情況
ὀργή, ῆς, ἡ	名.所.陰.單	憤怒，審判，懲罰
4. πλούσιος, α, ον	形.主.陽.單.原	豐富的，富有的

ἔλεος, ους, τό	名.間.中.單	仁慈，憐憫
5. παράπτωμα, ατος, τό	名.間.中.複	罪，過錯
συζωοποιέω	動.過不.主.直說.三單	跟…一同復活
6. συνεγείρω	動.過不.主.直說.三單	跟…一同復活
συγκαθίζω	動.過不.主.直說.三單	與…坐在一起，與…同坐
7. ἐνδείκνυμι	動.過不.關.假設.三單	顯示，彰顯，表現
ἐπέρχομαι	動.現在.關.分詞.間.陽.複	來，臨到
ὑπερβάλλω	動.現在.主.分詞.直.中.單	超越
χρηστότης, ητος, ἡ	名.間.陰.單	仁慈，良善，慈悲，正直
8. δῶρον, ου, τό	名.主.中.單	禮物，所賜的
9. καυχάομαι	動.過不.關.假設.三單	誇耀，以（自己）為榮，高興
10. ποίημα, ατος, τό	名.主.中.單	受造之物
κτίζω	動.過不.被.分詞.主.陽.複	創造，造
προετοιμάζω	動.過不.主.直說.三單	事先預備，早已計劃
11. μνημονεύω	動.現在.主.命令.二複	記得，記住，想起
ἀκροβυστία, ας, ἡ	名.主.陰.單	沒有受割禮的人
περιτομή, ῆς, ἡ	名.所.陰.單	受過割禮的人
χειροποίητος, ον	形.所.陰.單.原	人手所做的或所建造的
12. χωρίς	不介.所	沒有，不藉著，跟…無關
ἀπαλλοτριόω	動.完成.被.分詞.主.陽.複	隔絕，跟…沒有關係
πολιτεία, ας, ἡ	名.所.陰.單	公民身份，人民或國家
ξένος, η, ον	名.主.陽.複	外國的，異鄉的
διαθήκη, ης, ἡ	名.所.陰.複	約，契約條文或單指契約
ἄθεος, ον	形.主.陽.複.原	無神的，沒有神的
13. νυνί	副.原	現在
μακράν	副.原	遠，遠方
ἐγγύς	副.原	接近，靠近，親近
14. ἀμφοτεροι, αι, α	形.直.中.複.原	兩（者），都
μεσότοιχον, ου, τό	名.直.中.單	分隔的牆
φραγμός, οῦ, ὁ	名.所.陽.單	柵欄，牆，籬笆
λύω	動.過不.主.分詞.主.陽.單	拆毀，破壞
ἔχθρα, ας, ἡ	名.直.陰.單	敵意，冤仇，仇恨
15. δόγμα, ατος, τό	名.間.中.複	誡命，規條，法律上的束縛

καταργέω	動.過不.主.分詞.主.陽.單	取消，毀滅，與…隔絕
κτίζω	動.過不.主.假設.三單	創造，造
καινός, ή, όν	形.直.陽.單.原	新的，未曾聽過的
16. ἀποκαταλλάσσω	動.過不.主.假設.三單	和好
ἀμφοτεροι, αι, α	形.直.陽.複.原	兩（者），都
σταυρός, οῦ, ὁ	名.所.陽.單	十字架
ἔχθρα, ας, ἡ	名.直.陰.單	敵意，冤仇，仇恨
17. μακράν	副.原	遠，遠方
ἐγγύς	副.原	接近，靠近，親近
18. προσαγωγή, ῆς, ἡ	名.直.陰.單	進入的自由或權利
ἀμφοτεροι, αι, α	形.主.陽.複.原	兩（者），都
19. ἄρα	連.推并	結果，那麼，因此，所以
οὐκέτι	副.原	不再
ξένος, η, ον	名.主.陽.複	外國的，異鄉的
πάροικος, ον	名.主.陽.複	外國人，異鄉人，旅客
συμπολίτης, ου, ὁ	名.主.陽.複	同爲市民，同胞
οἰκεῖος, α, ον	名.主.陽.複	親人，家人
20. ἐποικοδομέω	動.過不.被.分詞.主.陽.複	建造在…上，堅立
θεμέλιον, ου, τό	名.間.中.單	基礎，根基，基石
ἀκρογωνιαῖος, α, ον	形.所.陽.單.原	房角石，基石
21. οἰκοδομή, ῆς, ἡ	名.主.陰.單	建築物
συναρμολογέω	動.現在.被.分詞.主.陰.單	互相聯繫，互相配合
αὐξάνω (αὔξω)	動.現在.主.直說.三單	擴展，完全成長，興旺
ναός, οῦ, ὁ	名.直.陽.單	聖殿
22. συνοικοδομέω	動.現在.被.直說.二複	一同建造
κατοικητήριον, ου, τό	名.直.中.單	房子，居住的地方

第三章

1. χάριν	不介.所	爲了…的緣故，由於
δέσμιος, ου, ὁ	名.主.陽.單	囚犯
2. γέ	虛.強	表示強調附屬的虛詞
οἰκονομία, ας, ἡ	名.直.陰.單	經管家務，職務
3. ἀποκάλυψις, εως, ἡ	名.直.陰.單	啓示

προγράφω	動. 過不. 主. 直說. 一單	以前寫，已經寫下
ὀλίγος, η, ον	形. 間. 中. 單. 原	少的，少許
4. ἀναγινώσκω	動. 現在. 主. 分詞. 主. 陽. 複	念，在公衆崇拜中誦讀
νοέω	動. 過不. 主. 不定	明白，曉得，辨認
σύνεσις, εως, ἡ	名. 直. 陰. 單	了解，理解力，領悟
5. γενεά, ᾶς, ἡ	名. 間. 陰. 複	世代，時期，時代
ἀποκαλύπτω	動. 過不. 被. 直說. 三單	啓示，顯明，揭露
6. συγκληρονόμος, ον	形. 直. 中. 複. 原	同分享，同享神的祝福
σύσσωμος, ον	形. 直. 中. 複. 原	同一身體的肢體
συμμέτοχος, ον	形. 直. 中. 複. 原	分享者，跟…來往的人
7. διάκονος, ου, ὁ, ἡ	名. 主. 陽. 單	僕人，庸人，執事
δωρεά, ᾶς, ἡ	名. 直. 陰. 單	恩賜，恩典
ἐνέργεια, ας, ἡ	名. 直. 陰. 單	功用，運用
8. ἐλάχιστος, η, ον	形. 間. 陽. 單. 比	最小，不重要，微不足道的
ἀνεξιχνίαστος, ον	形. 直. 中. 單. 原	無法查尋的，深不可測的
9. φωτίζω	動. 過不. 主. 不定	顯明發表，光照，（心中）啓明
οἰκονομία, ας, ἡ	名. 主. 陰. 單	職務，職責，（神聖的）計劃
ἀποκρύπτω	動. 完成. 被. 分詞. 所. 中. 單	隱藏，守密
κτίζω	動. 過不. 主. 分詞. 間. 陽. 單	創造，造
10. πολυποίκιλος, ον	形. 主. 陰. 單. 原	不同形式的，各樣的
11. πρόθεσις, εως, ἡ	名. 直. 陰. 單	目的，計劃，本意
12. παρρησία, ας, ἡ	名. 直. 陰. 單	信心，勇敢，（在）衆人面前
προσαγωγή, ῆς, ἡ	名. 直. 陰. 單	進入的自由或權利
πεποίθησις, εως, ἡ	名. 間. 陰. 單	信心
13. ἐγκακέω	動. 現在. 主. 不定	畏縮，灰心，鬆懈
θλῖψις, εως, ἡ	名. 間. 陰. 複	痛苦，苦難，災難，憂傷
14. χάριν	不介. 所	爲了…的緣故，由於
κάμπτω	動. 現在. 主. 直說. 一單	跪拜，屈膝
γόνυ, ατος, τό	名. 直. 中. 複	膝
15. πατριά, ᾶς, ἡ	名. 主. 陰. 單	家，宗族，國，人民
ὀνομάζω	動. 現在. 被. 直說. 三單	取名
16. κραταιόω	動. 過不. 被. 不定	強壯起來
ἔσω	副. 原	在…裏面，內心

17. κατοικέω	動. 過不. 主. 不定	居住，定居，住在
ῥιζόω	動. 完成. 被. 分詞. 主. 陽. 複	堅固地札根於
θεμελιόω	動. 完成. 被. 分詞. 主. 陽. 複	堅立，立鞏固的根基
18. ἐξισχύω	動. 過不. 主. 假設. 二複	能夠
καταλαμβάνω	動. 過不. 關. 不定	知道，查出
πλάτος, ους, τό	名. 主. 中. 單	寬度
μῆκος, ους, τό	名. 主. 中. 單	長度
ὕψος, ους, τό	名. 主. 中. 單	高度
βάθος, ους, τό	名. 主. 中. 單	深度，極大
19. ὑπερβάλλω	動. 現在. 主. 分詞. 直. 陰. 單	超越
γνῶσις, εως, ἡ	名. 所. 陰. 單	知識，秘傳的知識
πλήρωμα, ατος, τό	名. 直. 中. 單	豐富，完全（神的存在或本質）
ὑπερβάλλουσα τῆς γνώσεως ἀγάπη		那超知識所能領悟的愛
20. ὑπερεκπερισσοῦ	副. 原	遠超過，可...更多
νοέω	動. 現在. 主. 直說. 一複	明白，曉得，辨認，想
ἐνεργέω	動. 現在. 關. 分詞. 直. 陰. 單	管轄，運行，完成
21. γενεά, ᾶς, ἡ	名. 直. 陰. 複	世代，時期，時代

第四章

1. δέσμιος, ου, ὁ	名. 主. 陽. 單	囚犯
ἀξίως	副. 原	配得地，合乎
κλῆσις, εως, ἡ	名. 所. 陰. 單	呼召，選召，身份
2. ταπεινοφροσύνη, ης, ἡ	名. 所. 陰. 單	謙卑，謙遜，謙讓，謙虛
πραΰτης, ητος, ἡ	名. 所. 陰. 單	溫和，柔順，謙遜
μακροθυμία, ας, ἡ	名. 所. 陰. 單	耐心，忍耐
ἀνέχω	動. 現在. 關. 分詞. 主. 陽. 複	忍受，忍耐，耐心領受
3. σπουδάζω	動. 現在. 主. 分詞. 主. 陽. 複	盡力，竭力，盡可能
ἑνότης, ητος, ἡ	名. 直. 陰. 單	合一，一致
σύνδεσμος, ου, ὁ	名. 間. 陽. 單	鏈子，聯繫，關鍵
4. κλῆσις, εως, ἡ	名. 所. 陰. 單	呼召，選召，身份
5. βάπτισμα, ατος, τό	名. 主. 中. 單	洗禮
7. μέτρον, ου, τό	名. 直. 中. 單	尺度，程度，數量
δωρεά, ᾶς, ἡ	名. 所. 陰. 單	恩賜，恩典

8. ὕψος, ους, τό	名.直.中.單	高天，上面
αἰχμαλωτεύω	動.過不.主.直說.三單	俘擄，囚禁
αἰχμαλωσία, ας, ἡ	名.直.陰.單	囚禁，一群俘擄
δόμα, ατος, τό	名.直.中.複	好東西，恩賜，餽贈
9. κατώτερος, α, ον	形.直.中.複.比	較低的，最深的
μέρος, ους, τό	名.直.中.複	部份，地區
10. ὑπεράνω	不介.所	上面，在…之上，超越
11. εὐαγγελιστής, οῦ, ὁ	名.直.陽.複	傳福音的人，傳道人
ποιμήν, ένος, ὁ	名.直.陽.複	牧師
12. καταρτισμός, οῦ, ὁ	名.直.陽.單	裝備，訓練，使成為完全
διακονία, ας, ἡ	名.所.陰.單	服侍，幫助，使命
οἰκοδομή, ῆς, ἡ	名.直.陰.單	建立，鞏固，造就，建築
13. μέχρι	連.時從	直到，甚至，直到
καταντάω	動.過不.主.假設.一複	來到，達到，得以
ἑνότης, ητος, ἡ	名.直.陰.單	合一，一致
ἐπίγνωσις, εως, ἡ	名.所.陰.單	知識，認識，體會
τέλειος, α, ον	形.直.陽.單.原	完全的，成年的，長大的
μέτρον, ου, τό	名.直.中.單	尺度，程度，數量
ἡλικία, ας, ἡ	名.所.陰.單	年齡，年日，成熟的高度
πλήρωμα, ατος, τό	名.所.中.單	充滿，實現，完全（神存在本質）
14. μηκέτι	副.原	不再
νήπιος, α, ον	名.主.陽.複	嬰孩，小孩，不成熟的
κλυδωνίζομαι	動.現在.被.分詞.主.陽.複	飄來飄去
περιφέρω	動.現在.被.分詞.主.陽.複	帶到各處，帶引，吹，（隨風）飄
ἄνεμος, ου, ὁ	名.間.陽.單	風
διδασκαλία, ας, ἡ	名.所.陰.單	教導，教訓，教義，命令
κυβεία, ας, ἡ	名.間.陰.單	詭計，狡詐
πανουργία, ας, ἡ	名.間.陰.單	詭詐，欺騙，狡猾
μεθοδεία, ας, ἡ	名.直.陰.單	詭計，計謀
πλάνη, ης, ἡ	名.所.陰.單	錯誤，謬誤，欺騙
15. ἀληθεύω	動.現在.主.分詞.主.陽.複	說實話，誠實
αὐξάνω (αὔξω)	動.過不.主.假設.一複	生長，興旺，使長大
16. συναρμολογέω	動.現在.被.分詞.主.中.單	互相聯繫，互相配合

συμβιβάζω	動. 現在. 被. 分詞. 主. 中. 單	結合，團結，指示，以為
ἁφή, ῆς, ἡ	名. 所. 陰. 單	關節韌帶
ἐπιχορηγία, ας, ἡ	名. 所. 陰. 單	供應，支持，幫助，倚靠
ἐνέργεια, ας, ἡ	名. 直. 陰. 單	（能力的）功用，運用
μέτρον, ου, τό	名. 間. 中. 單	尺度，程度，數量
μέρος, ους, τό	名. 所. 中. 單	部份
αὔξησις, εως, ἡ	名. 直. 陰. 單	生長
οἰκοδομή, ῆς, ἡ	名. 直. 陰. 單	建立，鞏固，造就，建築
μέτρῳ ἑνὸς ἑκάστου μέρους		各肢體都發揮功用
17. μαρτύρομαι	動. 現在. 關. 直說. 一單	鄭重地告訴，勸告，警告
μηκέτι	副. 原	不再
ματαιότης, ητος, ἡ	名. 間. 陰. 單	沒有價值，虛妄
νοῦς, νοός ὁ	名. 所. 陽. 單	心思，意念，見解，目的
τὰ ἔθνη		外邦人，異教徒
18. σκοτόω	動. 完成. 被. 分詞. 主. 陽. 複	變暗
διάνοια, ας, ἡ	名. 間. 陰. 單	心思，理智，思想，意念
ἀπαλλοτριόω	動. 完成. 被. 分詞. 主. 陽. 複	隔絕，跟…沒有關係
ἄγνοια, ας, ἡ	名. 直. 陰. 單	無知，蒙昧
πώρωσις, εως, ἡ	名. 直. 陰. 單	頑固，無感覺，剛硬
19. ἀπαλγέω	動. 完成. 主. 分詞. 主. 陽. 複	麻木不仁，喪盡羞恥之心
ἀσέλγεια, ας, ἡ	名. 間. 陰. 單	淫蕩，下流，邪惡
ἐργασία, ας, ἡ	名. 直. 陰. 單	從事，做事
ἀκαθαρσία, ας, ἡ	名. 所. 陰. 單	不道德，不良的動機
πλεονεξία, ας, ἡ	名. 間. 陰. 單	貪心，貪婪
20. μανθάνω	動. 過不. 主. 直說. 二複	學習，找到，發現
21. γέ	虛. 強	表示強調附屬的虛詞
22. ἀποτίθημι	動. 過不. 關. 不定	扔掉，除去，脫掉
πρότερος, α, ον	形. 直. 陰. 單. 比	以前的，起初，過去的
ἀναστροφή, ῆς, ἡ	名. 直. 陰. 單	行事為人
παλαιός, ά, όν	形. 直. 陽. 單. 原	舊約，以前的
φθείρω	動. 現在. 被. 分詞. 直. 陽. 單	腐化，敗壞，毀滅，毀壞
ἐπιθυμία, ας, ἡ	名. 直. 陰. 複	慾念，私慾，意願，貪心
ἀπάτη, ης, ἡ	名. 所. 陰. 單	誘惑，詭詐

παλαιὸς ἄνθρωπος		舊行爲，從前的行爲
23. ἀνανεόω	動. 現在. 被. 不定	更新
νοῦς, νοός ὁ	名. 所. 陽. 單	心思，意念，見解，聰明
24. ἐνδύω	動. 過不. 關. 不定	穿，換上
καινός, ή, όν	形. 直. 陽. 單. 原	新的，未曾聽過的
κτίζω	動. 過不. 被. 分詞. 直. 陽. 單	創造，造
ὁσιότης, ητος, ἡ	名. 間. 陰. 單	神聖，聖潔
25. ἀποτίθημι	動. 過不. 關. 分詞. 主. 陽. 複	扔掉，除去，脫掉
ψεῦδος, ους, τό	名. 直. 中. 單	謊言，不眞實，說謊
πλησίον	副. 原	靠近
μέλος, ους, τό	名. 主. 中. 複	肢體，成員
26. ὀργίζω	動. 現在. 關. 命令. 二複	生氣，憤怒
ἁμαρτάνω	動. 現在. 主. 命令. 二複	犯罪，做錯
ἥλιος, ου, ὁ	名. 主. 陽. 單	太陽
ἐπιδύω	動. 現在. 主. 命令. 三單	（太陽）落下
παροργισμός, οῦ, ὁ	名. 間. 陽. 單	生氣
27. διάβολος, ον	名. 間. 陽. 單	魔鬼
28. κλέπτω	動. 現在. 主. 分詞. 主. 陽. 單	偷，竊
μηκέτι	副. 原	不再
κοπιάω	動. 現在. 主. 命令. 三單	工作，勞苦，疲倦
ἐργάζομαι	動. 現在. 關. 分詞. 主. 陽. 單	工作，做事
μεταδίδωμι	動. 現在. 主. 不定	分享，給，分，施與
χρεία, ας, ἡ	名. 直. 陰. 單	應當，必須
29. σαπρός, ά, όν	形. 主. 陽. 單. 原	没有價值，壞或害人的(話)
ἐκπορεύομαι	動. 現在. 關. 命令. 三單	出自
οἰκοδομή, ῆς, ἡ	名. 直. 陰. 單	建立，鞏固，造就，建築
πρὸς οἰκοδομὴν τῆς χρεῖαν		按著情況去〔說〕造就人〔的話〕
30. λυπέω	動. 現在. 主. 命令. 二複	傷心，難過，憂傷
σφραγίζω	動. 過不. 被. 直說. 二複	蓋印，證實，承認
ἀπολύτρωσις, εως, ἡ	名. 所. 陰. 單	自由，拯救，釋放
31. πικρία, ας, ἡ	名. 主. 陰. 單	苦，憎恨，惡毒的感受或怨恨
θυμός, οῦ, ὁ	名. 主. 陽. 單	怒氣，忿怒，惱怒
ὀργή, ῆς, ἡ	名. 主. 陰. 單	憤怒

κραυγή, ῆς, ἡ	名. 主. 陰. 單	喧嚷，怒嚷
βλασφημία, ας, ἡ	名. 主. 陰. 單	褻瀆，毀謗，侮辱
κακία, ας, ἡ	名. 間. 陰. 單	邪惡，惡毒，怨恨
32. χρηστός, ή, όν	形. 主. 陽. 複. 原	仁慈的，慈愛的，良善的
εὔσπλαγχνος, ον	形. 主. 陽. 複. 原	溫柔的，憐憫的，仁慈的
χαρίζομαι	動. 現在. 關. 分詞. 主. 陽. 複	恩待

第五章

1. μιμητής, οῦ, ὁ	名. 主. 陽. 複	仿效者
2. προσφορά, ᾶς, ἡ	名. 直. 陰. 單	供獻，禮物，獻祭的行為
θυσία, ας, ἡ	名. 直. 陰. 單	犧牲，祭物，牲祭
ὀσμή, ῆς, ἡ	名. 直. 陰. 單	香氣
εὐωδία, ας, ἡ	名. 所. 陰. 單	香氣，馨香之氣
3. πορνεία, ας, ἡ	名. 主. 陰. 單	姦淫，淫亂
ἀκαθαρσία, ας, ἡ	名. 主. 陰. 單	不純潔，不道德，污穢
πλεονεξία, ας, ἡ	名. 主. 陰. 單	貪心，貪婪
ὀνομάζω	動. 現在. 被. 命令. 三單	論到，提到
πρέπω	動. 現在. 主. 直說. 三單	…是合宜的，…是適當的
4. αἰσχρότης, ητος, ἡ	名. 主. 陰. 單	輕浮，淫猥
μωρολογία, ας, ἡ	名. 主. 陰. 單	愚妄的話
εὐτραπελία, ας, ἡ	名. 主. 陰. 單	髒話，下流的話
ἀνήκω	動. 過未. 主. 直說. 三單	是合宜的，是應當的
εὐχαριστία, ας, ἡ	名. 主. 陰. 單	感恩，感謝
5. πόρνος, ου, ὁ	名. 主. 陽. 單	淫亂的人
ἀκάθαρτος, ον	形. 主. 陽. 單. 原	不潔的，污穢的
πλεονέκτης, ου, ὁ	名. 主. 陽. 單	貪婪的人
εἰδωλολάτρης, ου, ὁ	名. 主. 陽. 單	拜偶像的人
κληρονομία, ας, ἡ	名. 直. 陰. 單	產業，神向他子民所作的應許
6. ἀπατάω	動. 現在. 主. 命令. 三單	欺騙，引入歧途
κενός, ή, όν	形. 間. 陽. 複. 原	空的，没有效果的
ὀργή, ῆς, ἡ	名. 主. 陰. 單	憤怒，審判，懲罰
ἀπείθεια, ας, ἡ	名. 所. 陰. 單	不順服
7. συμμέτοχος, ον	名. 主. 陽. 複	分享者，跟…來往的人

8. σκότος, ους, τό	名. 主. 中. 單	黑暗，罪，暗昧
τέκνα φωτός		神的子民，屬神的人
9. ἀγαθωσύνη, ης, ἡ	名. 間. 陰. 單	良善
10. δοκιμάζω	動. 現在. 主. 分詞. 主. 陽. 複	省察，試驗，洞察
εὐάρεστος, ον	形. 主. 中. 單. 原	可接受的，喜悅的
11. συγκοινωνέω	動. 現在. 主. 命令. 二複	參加或做（別人所做的事）
ἄκαρπος, ον	形. 間. 中. 複. 原	不結果子的，沒有用的
σκότος, ους, τό	名. 所. 中. 單	黑暗，罪，暗昧
ἐλέγχω	動. 現在. 主. 命令. 二複	揭露，指證有罪，責備
12. κρυφῇ	副. 原	秘密地，暗地裏
αἰσχρός, ά, όν	形. 主. 中. 單. 原	可恥的，不誠實的
13. ἐλέγχω	動. 現在. 被. 分詞. 主. 中. 複	揭露，指證有罪，責備
φανερόω	動. 現在. 被. 直說. 三單	顯明，揭露
14. καθεύδω	動. 現在. 主. 分詞. 呼. 陽. 單	睡著，睡覺，死了
ἐπιφαύσκω	動. 未來. 主. 直說. 三單	光照
15. ἀκριβῶς	副. 原	準確地，仔細地
ἄσοφος, ον	形. 主. 陽. 複. 原	無知的，愚昧的
σοφός, ή, όν	形. 主. 陽. 複. 原	智慧的，內行的
16. ἐξαγοράζω	動. 現在. 關. 分詞. 主. 陽. 複	買回，把握（機會），善用
ἐξαγοράζομαι τὸν καιρόν		立刻行動
17. ἄφρων, ον	形. 主. 陽. 複. 原	無知的人，蠢的，無知的
συνίημι	動. 現在. 主. 命令. 二複	明白，了解，領悟
18. μεθύσκω	動. 現在. 被. 命令. 二複	醉酒，鬧醉
οἶνος, ου, ὁ	名. 間. 陽. 單	酒
ἀσωτία, ας, ἡ	名. 主. 陰. 單	放蕩的生活
19. ψαλμός, οῦ, ὁ	名. 間. 陽. 複	詩篇，讚美詩，詩歌
ὕμνος, ου, ὁ	名. 間. 陽. 複	詩，聖經
ᾠδή, ῆς, ἡ	名. 間. 陰. 複	歌，讚美歌
πνευματικός, ή, όν	形. 間. 陰. 複. 原	靈的，屬靈的事
ᾄδω	動. 現在. 主. 分詞. 主. 陽. 複	唱
ψάλλω	動. 現在. 主. 分詞. 主. 陽. 複	唱讚美詩，歌頌，稱頌
20. εὐχαριστέω	動. 現在. 主. 分詞. 主. 陽. 複	感謝，祝謝
πάντοτε	副. 原	總是，常常

21. ὑποτάσσω	動.現在.被.分詞.主.陽.複	服從，受…轄制
φόβος, ου, ὁ	名.間.陽.單	恐懼，敬畏
23. σωτήρ, ῆρος, ὁ	名.主.陽.單	救主，拯救者
24. ὑποτάσσω	動.現在.被.直說.三單	服從，受…轄制
26. ἁγιάζω	動.過不.主.假設.三單	聖化歸神，尊爲聖
καθαρίζω	動.過不.主.分詞.主.陽.單	潔淨，使純潔
λουτρόν, οῦ, τό	名.間.中.單	洗滌，潔淨
27. παρίστημι	動.過不.主.假設.三單	帶到…面前，站在旁邊
ἔνδοξος, ον	形.直.陰.單.原	榮美的，奇妙的，受尊重的
σπίλος, ου, ὁ	名.直.陽.單	斑點，污點
ῥυτίς, ίδος, ἡ	名.直.陰.單	皺紋
ἄμωμος, ον	形.主.陰.單.原	無缺點的，無可指責的
28. ὀφείλω	動.現在.主.直說.三複	應該，必須
29. μισέω	動.過不.主.直說.三單	恨，厭惡，不顧
ἐκτρέφω	動.現在.主.直說.三單	保養，養育（小孩）
θάλπω	動.現在.主.直說.三單	照顧，乳養
30. μέλος, ους, τό	名.主.中.複	肢體，成員
31. ἀντί	介.所	爲了…的緣故
καταλείπω	動.未來.主.直說.三單	離開，撇下
προσκολλάω	動.未來.被.直說.三單	（婚姻）結合，附從
33. πλήν	連.轉并	但，然而，除…之外

第六章

1. ὑπακούω	動.現在.主.命令.二複	聽從
γονεύς, έως, ὁ	名.間.陽.複	父母
2. τιμάω	動.現在.主.命令.二單	尊重，孝敬
3. εὖ	副.原	很好地，做得好，亨通
μακροχρόνιος, ον	形.主.陽.單.原	長壽的
4. παροργίζω	動.現在.主.命令.二複	惹…生氣，激怒
ἐκτρέφω	動.現在.主.命令.二複	保養，養育（小孩）
παιδεία, ας, ἡ	名.間.陰.單	管教，教導，訓練
νουθεσία, ας, ἡ	名.間.陰.單	教導，警告
5. ὑπακούω	動.現在.主.命令.二複	聽從

φόβος, ου, ὁ	名.所.陽.單	恐懼，尊敬
τρόμος, ου, ὁ	名.所.陽.單	顫抖，恐懼，戰戰兢兢
ἁπλότης, ητος, ἡ	名.間.陰.單	眞誠，專一
6. ὀφθαλμοδουλία, ας, ἡ	名.直.陰.單	只爲討人喜歡而做的服務
ἀνθρωπάρεσκος, ον	形.主.陽.複.原	只想討人喜歡的人
7. εὔνοια, ας, ἡ	名.所.陰.單	善意，熱心，甘心
δουλεύω	動.現在.主.分詞.主.陽.複	伺候，事奉，服事
8. κομίζω	動.未來.關.直說.三單	領受，接受報應
ἐλεύθερος, α, ον	形.主.陽.單.原	自由的，不受管束的
9. ἀνίημι	動.現在.主.分詞.主.陽.複	停止，離開，放棄
ἀπειλή, ῆς, ἡ	名.直.陰.單	恐嚇，威脅
προσωπολημψία, ας, ἡ	名.主.陰.單	偏袒，偏待人
10. ἐνδυναμόω	動.現在.被.命令.二複	加給力量，變得剛強
κράτος, ους, τό	名.間.中.單	能力，權能，大能的作爲
ἰσχύς, ύος, ἡ	名.所.陰.單	力量，能力
11. ἐνδύω	動.過不.關.命令.二複	穿，換上
πανοπλία, ας, ἡ	名.直.陰.單	全副軍裝
μεθοδεία, ας, ἡ	名.直.陰.複	詭計，計謀
διάβολος, ον	名.所.陽.單	魔鬼
12. πάλη, ης, ἡ	名.主.陰.單	搏鬥，爭戰
κοσμοκράτωρ, ορος, ὁ	名.直.陽.複	世界統治者，宇宙間的勢力
σκότος, ους, τό	名.所.中.單	黑暗，罪，暗昧
πνευματικός, ή, όν	形.直.中.複.原	靈的，超自然的
πονηρία, ας, ἡ	名.所.陰.單	邪惡，惡意
τὰ πνευματικὰ τῆς πονηρίας ἐν τοῖς ἐπουρανιοῖς		超自然的能力，邪靈的力量
13. ἀναλαμβάνω	動.過不.主.命令.二複	拿起，帶來
πανοπλία, ας, ἡ	名.直.陰.單	全副軍裝
ἀνθίστημι	動.過不.主.不定	抗拒，反對，抵擋
ἅπας, ασα, αν	形.直.中.複.原	所有的，全部
κατεργάζομαι	動.過不.關.分詞.主.陽.複	作，做，完成
ἅπαντα κατεργάζομαι		戰鬥到底
14. περιζώννυμι	動.過不.關.分詞.主.陽.複	束緊腰帶，準備好
ὀσφῦς, ύος, ἡ	名.直.陰.單	腰部

ἐνδύω	動. 過不. 關. 分詞. 主. 陽. 複	穿，換上
θώραξ, ακος, ὁ	名. 直. 陽. 單	護胸甲，胸部
περιζώννυμαι τὴν ὀσφύν		準備好
15. ὑποδέω	動. 過不. 關. 分詞. 主. 陽. 複	穿
ἑτοιμασία, ας, ἡ	名. 間. 陰. 單	準備妥當，裝備
16. ἀναλαμβάνω	動. 過不. 主. 分詞. 主. 陽. 複	拿起，帶上
θυρεός, οῦ, ὁ	名. 直. 陽. 單	盾牌
βέλος, ους, τό	名. 直. 中. 複	箭
πυρόω	動. 完成. 被. 分詞. 直. 中. 複	焚燒，滿懷焦慮
σβέννυμι	動. 過不. 主. 不定	熄滅，抵禦
17. περικεφαλαία, ας, ἡ	名. 直. 陰. 單	頭盔
σωτήριον, ου, τό	名. 所. 中. 單	拯救，救恩，拯救的能力
μάχαιρα, ης, ἡ	名. 直. 陰. 單	刀劍，戰爭，死亡
18. προσευχή, ῆς, ἡ	名. 所. 陰. 單	禱告
δέησις, εως, ἡ	名. 所. 陰. 單	禱告，祈求
ἀγρυπνέω	動. 現在. 主. 分詞. 主. 陽. 複	警醒，關顧
προσκαρτέρησις, εως, ἡ	名. 間. 陰. 單	堅忍，不可放鬆
19. ἄνοιξις, εως, ἡ	名. 間. 陰. 單	打開
παρρησία, ας, ἡ	名. 間. 陰. 單	坦白，勇敢，（在）衆人面前
20. πρεσβεύω	動. 現在. 主. 直說. 一單	作特使，作代表
ἅλυσις, εως, ἡ	名. 間. 陰. 單	鐵鏈，鎖鏈，囚禁
παρρησιάζομαι	動. 過不. 關. 假設. 一單	大膽地談，有勇氣…
21. πράσσω	動. 現在. 主. 直說. 一單	做，行，作
Τυχικός, οῦ, ὁ	名. 主. 陽. 單	推基古〔提希苛〕
διάκονος, ου, ὁ, ἡ	名. 主. 陽. 單	僕人，庸人，執事
24. ἀφθαρσία, ας, ἡ	名. 間. 陰. 單	不滅，不朽壞，恆心

腓立比書

特別詞彙

ἡγέομαι	想，認爲，覺得，當作；帶領，治理（ὁ ἡ. 領袖，統治者
περισσεύω	＜不及＞剩下，剩餘（τὸ π. 剩餘之物；財富，充裕的財物）；增加，富裕，豐富，充足有餘；更…，更加，超過；有許多，格外；＜及＞使增加；使充足有餘
φρονέω	思想，想念，有…的情感；φ. τα 接＜所有＞所想…的想法；意向於；τὸ αὐτὸ φ. 或 ἕν. φ. 同心合意地生活，有同樣的見解；ὑψηλὰ φ. 驕傲，有驕傲的思想；關懷，關心（τὸ φρονεῖν 關心，關切，腓 4.10）

第一章

1. Τιμόθεος, ου, ὁ	名. 主. 陽. 單	提摩太〔弟茂德〕
Φίλιπποι, ων, οἱ	名. 間. 陽. 複	腓立比〔斐理伯〕
ἐπίσκοπος, ου, ὁ	名. 間. 陽. 複	監督，教會領袖，監護者
διάκονος, ου, ὁ, ἡ	名. 間. 陽. 複	僕人，執事
3. εὐχαριστέω	動. 現在. 主. 直說. 一單	感謝，祝謝
μνεία, ας, ἡ	名. 間. 陰. 單	想念，提到
4. πάντοτε	副. 原	總是，常常
δέησις, εως, ἡ	名. 間. 陰. 單	禱告，祈求
5. κοινωνία, ας, ἡ	名. 間. 陰. 單	有份，親密的關係
ἄχρι	不介. 所	直到，到…爲止
6. ἐνάρχομαι	動. 過不. 關. 分詞. 主. 陽. 單	開始
ἐπιτελέω	動. 未來. 主. 直說. 三單	完成，辦完
7. δεσμός, οῦ, ὁ	名. 間. 陽. 複	捆綁，囚禁

ἀπολογία, ας, ἡ	名.間.陰.單	辯護，回答
βεβαίωσις, εως, ἡ	名.間.陰.單	作證，確認
συγκοινωνός, οῦ, ὁ	名.直.陽.複	同享者，分擔者，參加者
8. μάρτυς, υρος, ὁ	名.主.陽.單	見證人
ἐπιποθέω	動.現在.主.直說.一單	熱切想念，急切地想
σπλάγχνον, ου, τό	名.間.中.複	深處的情感，愛心
9. ἐπίγνωσις, εως, ἡ	名.間.陰.單	知識，認識，體會
αἴσθησις, εως, ἡ	名.間.陰.單	見識，判斷力
10. δοκιμάζω	動.現在.主.不定	省察，試驗，洞察
διαφέρω	動.現在.主.分詞.直.中.複	更貴重，不一樣
εἰλικρινής, ές	形.主.陽.複.原	純潔的，眞誠的，誠實的
ἀπρόσκοπος, ον	形.主.陽.複.原	無可指責的，清白的
τὰ διαφέροντα		最好的或對的
11. ἔπαινος, ου, ὁ	名.直.陽.單	讚美，值得讚揚的事
12. βούλομαι	動.現在.關.直說.一單	希望，願意，計劃
προκοπή, ῆς, ἡ	名.直.陰.單	進步，進展
13. δεσμός, οῦ, ὁ	名.直.陽.複	捆綁，囚禁
φανερός, ά, όν	形.直.陽.複.原	已知的，明顯的
πραιτώριον, ου, τό	名.間.中.單	王宮警衛隊
14. περισσοτέρως	副.原	更加，甚至更，尤其
τολμάω	動.現在.主.不定	敢，勇敢或大膽，壯膽
ἀφόβως	副.原	坦然無懼地，安心自在
15. φθόνος, ου, ὁ	名.直.陽.單	嫉妒，恨意
ἔρις, ιδος, ἡ	名.直.陰.單	爭鬥，（自私的）競爭
εὐδοκία, ας, ἡ	名.直.陰.單	美意，誠意，喜悅
16. ἀπολογία, ας, ἡ	名.直.陰.單	辯護，回答
κεῖμαι	動.現在.關.直說.一單	交給…使命，設立
17. ἐριθεία, ας, ἡ	名.所.陰.單	自私，野心，爭鬥
καταγγέλλω	動.現在.主.直說.三複	宣揚，傳講，教導
ἁγνῶς	副.原	動機純正
οἴομαι (οἶμαι)	動.現在.關.分詞.主.陽.複	假設，想象
θλῖψις, εως, ἡ	名.直.陰.單	困難，痛苦，苦難
δεσμός, οῦ, ὁ	名.間.陽.複	捆綁，鎖鏈，囚禁，監牢

18. πλήν	連. 轉折	但，然而
τρόπος, ου, ὁ	名. 間. 陽. 單	方式，樣子，方面
πρόφασις, εως, ἡ	名. 間. 陰. 單	虛僞的動機，假裝
πλὴν ὅτι		只要
19. ἀποβαίνω	動. 未來. 關. 直說. 三單	離開（船）
σωτηρία, ας, ἡ	名. 直. 陰. 單	拯救，解救，釋放
δέησις, εως, ἡ	名. 所. 陰. 單	禱告，祈求
ἐπιχορηγία, ας, ἡ	名. 所. 陰. 單	供應，支持，幫助
ἀποβαίνω εἰς		導致，造成
20. ἀποκαραδοκία, ας, ἡ	名. 直. 陰. 單	迫切的盼望
αἰσχύνω	動. 未來. 被. 直說. 一單	引以爲恥，使羞愧
παρρησία, ας, ἡ	名. 間. 陰. 單	信心，勇敢，衆人面前
πάντοτε	副. 原	總是，常常
μεγαλύνω	動. 未來. 被. 直說. 三單	讚美，尊崇
21. κέρδος, ους, τό	名. 主. 中. 單	收獲，益處，財利
22. αἱρέω	動. 未來. 關. 直說. 一單	選擇，比較喜歡，決定
γνωρίζω	動. 現在. 主. 直說. 一單	曉得
23. συνέχω	動. 現在. 被. 直說. 一單	心裏困擾，苦惱
ἐπιθυμία, ας, ἡ	名. 直. 陰. 單	盼望，意願
ἀναλύω	動. 過不. 主. 不定	回家，離開，死亡
κρείττων, ον	形. 主. 中. 單. 比	更偉大，更美好
συνέχομαι ἐκ		思想產生衝突
24. ἐπιμένω	動. 現在. 主. 不定	繼續，仍（活著），持守
ἀναγκαῖος, α, ον	形. 主. 中. 單. 比	緊急的，親近的（朋友）
25. παραμένω	動. 未來. 主. 直說. 一單	與…在一起或繼續服務
προκοπή, ῆς, ἡ	名. 直. 陰. 單	進步，進展
26. καύχημα, ατος, τό	名. 主. 中. 單	誇耀的事，引以爲榮的事
παρουσία, ας, ἡ	名. 所. 陰. 單	來臨，來到，出現
27. ἀξίως	副. 原	配得地，合乎
πολιτεύομαι	動. 現在. 關. 命令. 二複	生活，行事爲人
ἄπειμι	動. 現在. 主. 分詞. 主. 陽. 單	離開，不在
στήκω	動. 現在. 主. 直說. 二複	站著，站穩，堅定
συναθλέω	動. 現在. 主. 分詞. 主. 陽. 複	同心協力，一齊勞苦

28. πτύρω	動. 現在. 被. 分詞. 主. 陽. 複	驚駭，怕
ἀντίκειμαι	動. 現在. 關. 分詞. 所. 陽. 複	反對，敵對
ἔνδειξις, εως, ἡ	名. 主. 陰. 單	顯明，證明
ἀπώλεια, ας, ἡ	名. 所. 陰. 單	毀滅
σωτηρία, ας, ἡ	名. 所. 陰. 單	拯救，解救，釋放
29. χαρίζομαι	動. 過不. 被. 直說. 三單	給，賜，恩待
πάσχω	動. 現在. 主. 不定	受苦，受難
30. ἀγών, ῶνος, ὁ	名. 直. 陽. 單	賽跑，爭戰，奮鬥
οἷος, α, ον	代. 聯代. 直. 陽. 單	像…，那一種的…

第二章

1. παράκλησις, εως, ἡ	名. 主. 陰. 單	鼓勵，幫助，安慰
παραμύθιον, ου, τό	名. 主. 中. 單	安慰，鼓勵
κοινωνία, ας, ἡ	名. 主. 陰. 單	親密的關係，團契
σπλάγχνον, ου, τό	名. 主. 中. 複	內心，深處的情感
οἰκτιρμός, οῦ, ὁ	名. 主. 陽. 複	憐憫，慈愛，同情
2. σύμψυχος, ον	形. 主. 陽. 複. 原	靈裏結合的，相同的情感的
3. ἐριθεία, ας, ἡ	名. 直. 陰. 單	自私，野心，爭鬥
κενοδοξία, ας, ἡ	名. 直. 陰. 單	自負，虛榮
ταπεινοφροσύνη, ης, ἡ	名. 間. 陰. 單	謙卑，謙遜，謙讓，謙虛
ὑπερέχω	動. 現在. 主. 分詞. 直. 陽. 複	比…更有價值，統治
4. σκοπέω	動. 現在. 主. 分詞. 主. 陽. 複	關心，注意
6. μορφή, ῆς, ἡ	名. 間. 陰. 單	本質，形像，方式
ἁρπαγμός, οῦ, ὁ	名. 直. 陽. 單	該牢牢抓住的東西
ἴσος, η, ον	副. 原	平等的，一樣的，符合的
τὸ εἶναι ἴσα		同等
7. κενόω	動. 過不. 主. 直說. 三單	使失去效力，落空
ὁμοίωμα, ατος, τό	名. 間. 中. 單	相像，樣子，形像
σχῆμα, ατος, τό	名. 間. 中. 單	外形，形式
ἐμαυτόν κενόω		放棄自己所擁有的
ἐν ὁμοιώματι ἀνθρώπων γενόμενος		出生成為人
σχῆμα εὑρεθεὶς ὡς ἄνθρωπος		取了人的形體，以此形體出現
8. ταπεινόω	動. 過不. 主. 直說. 三單	謙卑，貶低

ὑπήκοος, ον	形.主.陽.單.原	順服的，聽從的，服從的
μέχρι	不介.所	直到，甚至
σταυρός, οῦ, ὁ	名.所.陽.單	十字架
9. ὑπερυψόω	動.過不.主.直說.三單	達於至高之處
χαρίζομαι	動.過不.關.直說.三單	賜，恩待，赦免
10. γόνυ, ατος, τό	名.主.中.單	膝
κάμπτω	動.過不.主.假設.三單	跪拜，屈膝
ἐπουράνιος, ον	形.所.陽.複.原	屬天的，天空的，天上的
ἐπίγειος, ον	形.所.陽.複.原	世上的，地上的，屬世的
καταχθόνιος, ον	形.所.陽.複.原	在地底下
11. ἐξομολογέω	動.過不.關.假設.三單	承認，宣認
12. πάντοτε	副.原	總是，常常
ὑπακούω	動.過不.主.直說.二複	聽從，回應，接受
παρουσία, ας, ἡ	名.間.陰.單	來臨，來到，出現
ἀπουσία, ας, ἡ	名.間.陰.單	不在
φόβος, ου, ὁ	名.所.陽.單	恐懼
τρόμος, ου, ὁ	名.所.陽.單	顫抖，恐懼，戰戰兢兢
σωτηρία, ας, ἡ	名.直.陰.單	拯救，救恩，得救
κατεργάζομαι	動.現在.關.命令.二複	作，做，完成
13. ἐνεργέω	動.現在.主.分詞.主.陽.單	發生作用，有效果，完成
εὐδοκία, ας, ἡ	名.所.陰.單	美意，誠意，喜悅
14. χωρίς	不介.所	没有，不藉著
γογγυσμός, οῦ, ὁ	名.所.陽.複	埋怨，議論紛紛，爭吵
διαλογισμός, οῦ, ὁ	名.所.陽.複	想法，見解，思考
15. ἄμεμπτος, ον	形.主.陽.複.原	無可指責的，無過失的
ἀκέραιος, ον	形.主.陽.複.原	無邪的，純良的
ἄμωμος, ον	形.主.中.複.原	無缺點的，無可指責的
γενεά, ᾶς, ἡ	名.所.陰.單	世代，時代
σκολιός, ά, όν	形.所.陰.單.原	邪惡的（人）
διαστρέφω	動.完成.被.分詞.所.陰.單	歪曲，阻止…
φαίνω	動.現在.關.直說.二複	照耀，顯現，照耀，發光
φωστήρ, ῆρος, ὁ	名.主.陽.複	光，星，光芒
16. ἐπέχω	動.現在.主.分詞.主.陽.複	留神，停留，緊握住或傳給

καύχημα, ατος, τό	名.直.中.單	誇耀的事，引以爲榮的事
κενός, ή, όν	形.直.中.單.原	没有效果的，愚蠢的
τρέχω	動.過不.主.直說.一單	賽跑，盡力，快速前進
κοπιάω	動.過不.主.直說.一單	工作，辛勞工作，勞苦
17. σπένδω	動.現在.被.直說.一單	獻自己作爲奠祭
θυσία, ας, ή	名.間.陰.單	犧牲，祭物，牲祭
λειτουργία, ας, ή	名.間.陰.單	服事，奉獻，獻祭
συγχαίρω	動.現在.主.直說.一單	跟…分享喜樂，慶祝
19. ἐλπίζω	動.現在.主.直說.一單	希望，盼望
Τιμόθεος, ου, ὁ	名.直.陽.單	提摩太〔弟茂德〕
ταχέως	副.原	立刻
εὐψυχέω	動.現在.主.假設.一單	受到鼓舞，獲得安慰
20. ἰσόψυχος, ον	形.直.陽.單.原	同心的
γνησίως	副.原	眞正地，眞實地
μεριμνάω	動.未來.主.直說.三單	掛慮，憂慮，照顧
22. δοκιμή, ῆς, ή	名.直.陰.單	考驗，毅力，證據，憑據
δουλεύω	動.過不.主.直說.三單	伺候，事奉，服事，勞苦
23. ἐλπίζω	動.現在.主.直說.一單	希望，盼望
ἀφοράω	動.過不.主.假設.一單	注視
ἐξαυτῆς	副.原	立刻，立即，在那時
ὡς ἄν ἀφίδω τὰ περὶ ἐμέ		當我一知道我的情況
24. ταχέως	副.原	立刻
25. ἀναγκαῖος, α, ον	形.主.中.單.原	必要的，緊急的
Ἐπαφρόδιτος, ου, ὁ	名.直.陽.單	以巴弗提〔厄帕洛狄托〕
συνεργός, όν	名.直.陽.單	同工，跟…同工合作的人
συστρατιώτης, ου, ὁ	名.直.陽.單	伙伴，一同作戰的人
λειτουργός, οῦ, ὁ	名.直.陽.單	僕人，供職的人
χρεία, ας, ή	名.所.陰.單	應當，必須
26. ἐπειδή	連.原從	因爲，既然
ἐπιποθέω	動.現在.主.分詞.主.陽.單	熱切想念，急切地想
ἀδημονέω	動.現在.主.分詞.主.陽.單	難過
διότι	連.原從	因爲，所以
ἀσθενέω	動.過不.主.直說.三單	生病，軟弱

27. παραπλήσιος, α, ον	副. 原	幾乎
ἐλεέω	動. 過不. 主. 直說. 三單	憐憫
λύπη, ης, ἡ	名. 直. 陰. 單	憂傷，憂愁，痛苦
28. σπουδαίως	副. 比	熱心地，勤奮地，懇切地
ἄλυπος, ον	形. 主. 陽. 單. 比	無憂無慮的
29. προσδέχομαι	動. 現在. 關. 命令. 二複	等候，接待，歡迎
ἔντιμος, ον	形. 直. 陽. 複. 原	貴重的，受尊重的
30. μέχρι	不介. 所	直到，甚至
ἐγγίζω	動. 過不. 主. 直說. 三單	接近，靠近，幾乎
παραβολεύομαι	動. 過不. 關. 分詞. 主. 陽. 單	冒險
ἀναπληρόω	動. 過不. 主. 假設. 三單	彌補，達到最大限度
ὑστέρημα, ατος, τό	名. 直. 中. 單	需要，未能…的地方
λειτουργία, ας, ἡ	名. 所. 陰. 單	服事，職務

第三章

1. ὀκνηρός, ά, όν	形. 主. 中. 單. 原	麻煩的，討厭的
ἀσφαλής, ές	形. 主. 中. 單. 原	正確的，妥當的，有助益的
2. κύων, κυνός, ὁ	名. 直. 陽. 複	狗，狐群狗黨，作惡的人
ἐργάτης, ου, ὁ	名. 直. 陽. 複	工人
κατατομή, ῆς, ἡ	名. 直. 陰. 單	割禮，割損
3. περιτομή, ῆς, ἡ	名. 主. 陰. 單	割禮，受過割禮的人
λατρεύω	動. 現在. 主. 分詞. 主. 陽. 複	事奉，敬拜
καυχάομαι	動. 現在. 關. 分詞. 主. 陽. 複	誇耀，稱讚，以…爲榮
4. καίπερ	連. 讓從	雖然，即使，縱使
πεποίθησις, εως, ἡ	名. 直. 陰. 單	信心，信任，信靠
5. περιτομή, ῆς, ἡ	名. 間. 陰. 單	割禮
ὀκταήμερος, ον	形. 主. 陽. 單. 原	在第八天
γένος, ους, τό	名. 所. 中. 單	家，族，國，人民
φυλή, ῆς, ἡ	名. 所. 陰. 單	支族，部落
Βενιαμείν (–μίν), ὁ	名. 所. 陽. 單	便雅憫〔本雅明〕
Ἑβραῖος, ου, ὁ	名. 主. 陽. 單	希伯來人
6. ζῆλος, ου, ὁ	名. 直. 中. 單	熱心，嫉妒
διώκω	動. 現在. 主. 分詞. 主. 陽. 單	逼迫（追擊）

ἄμεμπτος, ον	形. 主. 陽. 單. 原	無可指責的，無過失的
7. κέρδος, ους, τό	名. 主. 中. 複	收獲，益處，財利
ζημία, ας, ἡ	名. 直. 陰. 單	損失，損壞，虧損
8. μενοῦνγε	虛. 強	竟然，相反地，的確
ὑπερέχω	動. 現在. 主. 分詞. 直. 中. 單	比…更有價値，統治
γνῶσις, εως, ἡ	名. 所. 陰. 單	知識，秘傳的知識
ζημιόω	動. 過不. 被. 直說. 一單	損失，喪失
σκύβαλον, ου, τό	名. 直. 中. 複	糞便，垃圾
κερδαίνω	動. 過不. 主. 假設. 一單	獲得，贏得
τὸ ὑπερέχω		至寶
10. ἀνάστασις, εως, ἡ	名. 所. 陰. 單	復活
κοινωνία, ας, ἡ	名. 直. 陰. 單	分享，聯繫
πάθημα, ατος, τό	名. 所. 中. 複	苦難，邪情慾望
συμμορφίζω	動. 現在. 被. 分詞. 主. 陽. 單	一同經歷
11. πώς	虛. 不	總得，總算
καταντάω	動. 過不. 主. 假設. 一單	來到，達到，得以
ἐξανάστασις, εως, ἡ	名. 直. 陰. 單	復活
12. τελειόω	動. 完成. 被. 直說. 一單	使完全，成全
διώκω	動. 現在. 主. 直說. 一單	逼迫（追擊），追求
καταλαμβάνω	動. 過不. 主. 假設. 一單	得到，達到
13. ἐμαυτοῦ, ῆς	代. 一反. 直. 陽. 單	我自己
λογίζομαι	動. 現在. 關. 直說. 一單	計較，算作，以爲
ὀπίσω	副. 原	在…之後
ἐπιλανθάνομαι	動. 現在. 關. 分詞. 主. 陽. 單	忘記，忘了
ἔμπροσθεν	副. 原	在…之前，在前面
ἐπεκτείνομαι	動. 現在. 關. 分詞. 主. 陽. 單	努力，追求
τὰ ὀπίσω		在後面的事物
14. σκοπός, οῦ, ὁ	名. 直. 陽. 單	目標
διώκω	動. 現在. 主. 直說. 一單	追求，向…直跑
βραβεῖον, ου, τό	名. 直. 中. 單	獎賞
ἄνω	副. 原	在…之上，向上
κλῆσις, εως, ἡ	名. 所. 陰. 單	呼召，選召，身份
κατὰ σκοπὸν διώκω		爲某一個目標奮鬥

15. τέλειος, α, ον	形. 主. 陽. 複. 原	完全的，完美的
ἑτέρως	副. 原	別樣地，不同地
ἀποκαλύπτω	動. 未來. 主. 直說. 三單	啓示，顯明，揭露
16. πλήν	連. 轉幷	然而，除…之外
φθάνω	動. 過不. 主. 直說. 一複	臨到，獲得，達成
στοιχέω	動. 現在. 主. 不定	遵照…生活
τῷ αὐτῷ στοιχέω		依照常規向前走
17. συμμιμητής, οῦ, ὁ	名. 主. 陽. 複	效法別人的參與者
σκοπέω	動. 現在. 主. 命令. 二複	關心，注意，學習
τύπος, ου, ὁ	名. 直. 陽. 單	模範，榜樣，象徵
18. πολλάκις	副. 原	常常，一再，屢次
κλαίω	動. 現在. 主. 分詞. 主. 陽. 單	痛哭，爲…哀哭
ἐχθρός, ά, όν	名. 直. 陽. 複	仇敵，被憎恨的（敵人）
σταυρός, οῦ, ὁ	名. 所. 陽. 單	十字架
19. τέλος, ους, τό	名. 主. 中. 單	終局，窮盡，終點
ἀπώλεια, ας, ἡ	名. 主. 陰. 單	浪費
κοιλία, ας, ἡ	名. 主. 陰. 單	肚腹之慾，肉體的情慾
αἰσχύνη, ης, ἡ	名. 間. 陰. 單	羞辱，羞恥，可恥的行爲
ἐπίγειος, ον	形. 直. 中. 複. 原	世上的，地上的，屬世的
20. πολίτευμα, ατος, τό	名. 主. 中. 單	行使公民權的地方
σωτήρ, ῆρος, ὁ	名. 直. 陽. 單	救主，拯救者，救贖者
ἀπεκδέχομαι	動. 現在. 關. 直說. 一複	熱切期待，等候
21. μετασχηματίζω	動. 未來. 主. 直說. 三單	改變，變形
ταπείνωσις, εως, ἡ	名. 所. 陰. 單	卑微，脆弱必死
σύμμορφος, ον	形. 直. 中. 單. 原	有相同的形狀的
ἐνέργεια, ας, ἡ	名. 直. 陰. 單	（超自然的）大能
ὑποτάσσω	動. 過不. 主. 不定	制服，服從，受…轄制

第四章

1. ἐπιπόθητος, ον	形. 呼. 陽. 複. 原	想念的
στέφανος, ου, ὁ	名. 呼. 陽. 單	華冠，冠冕，獎
στήκω	動. 現在. 主. 命令. 二複	站著，站穩，堅定
2. Εὐοδία, ας, ἡ	名. 直. 陰. 單	友阿蝶，和：友阿爹

Συντύχη, ης, ἡ	名.直.陰.單	循都基〔欣提赫〕
3. ναί	虛.強	是的，眞是，確實
γνήσιος, α ον	形.呼.陽.單.原	眞正的，眞實的，忠誠的
σύζυγος, ου, ὁ	名.呼.陽.單	同工，或可能是專有名詞
συλλαμβάνω	動.現在.關.命令.二單	幫助，協助
συναθλέω	動.過不.主.直說.三複	同心協力，一齊勞苦
Κλήμης, εντος, ὁ	名.所.陽.單	革利免〔克肋孟〕
συνεργός, όν	名.所.陽.複	同工，跟…同工合作的人
βίβλος, ου, ἡ	名.間.陰.單	書，記錄
4. πάντοτε	副.原	總是，常常
5. ἐπιεικής, ές	形.主.中.單.原	溫和的，謙讓的，和平的
ἐγγύς	副.原	接近，靠近，親近
6. μεριμνάω	動.現在.主.命令.二複	掛慮，憂慮，照顧
προσευχή, ῆς, ἡ	名.間.陰.單	禱告
δέησις, εως, ἡ	名.間.陰.單	禱告，祈求
εὐχαριστία, ας, ἡ	名.所.陰.單	感恩，感謝
αἴτημα, ατος, τό	名.主.中.複	請求，需要
γνωρίζω	動.現在.被.命令.三單	使…知道，告訴，顯明
7. ὑπερέχω	動.現在.主.分詞.主.陰.單	比…更有價值，統治
νοῦς, νοός ὁ	名.直.陽.單	心思，意念，見解
φρουρέω	動.未來.主.直說.三單	把守，看守（保護）
νόημα, ατος, τό	名.直.中.複	意念，思想
8. ἀληθής, ές	形.主.陽.複.原	眞的，誠實的，眞實的
σεμνός, ή, όν	形.主.中.複.原	嚴肅的，好品格的
ἁγνός, ή, όν	形.主.中.複.原	純潔的，聖潔的
προσφιλής, ές	形.主.中.複.原	令人喜悅的，可愛的
εὔφημος, ον	形.主.中.複.原	値得讚揚的
ἀρετή, ῆς, ἡ	名.主.陰.單	美德，美善
ἔπαινος, ου, ὁ	名.主.陽.單	讚美，値得讚揚的事
λογίζομαι	動.現在.關.命令.二複	計較，算作，以爲
9. μανθάνω	動.過不.主.直說.二複	學習，研究，找到
παραλαμβάνω	動.過不.主.直說.二複	領受，學習
πράσσω	動.現在.主.命令.二複	做，行，收取

10. μεγάλως	副.原	大大地，非常
ποτέ	副.原	從前，最後，過了一段時間
ἀναθάλλω	動.過不.主.直說.二複	再次表示
ἀκαιρέομαι	動.過未.關.直說.二複	没有機會
11. ὑστέρησις, εως, ἡ	名.直.陰.單	需要，缺乏，貧乏
μανθάνω	動.過不.主.直說.一單	學習，研究，找到
αὐτάρκης, ες	名.主.陽.單	豐富的，知足的，滿足的
καθ' ὑστέρησιν		被疏忽，由於需要或缺乏
12. ταπεινόω	動.現在.被.不定	過貧困的生活
μυέω	動.完成.被.直說.一單	學得秘訣
χορτάζω	動.現在.被.不定	餵飽，飽足，滿足
πεινάω	動.現在.主.不定	饑餓
ὑστερέω	動.現在.被.不定	缺乏，需要，用盡
13. ἰσχύω	動.現在.主.直說.一單	能夠，制伏，得勝
ἐνδυναμόω	動.現在.主.分詞.間.陽.單	加給力量，變得剛強
14. πλήν	連.轉并	但，然而
καλῶς	副.原	好，善，正確的
συγκοινωνέω	動.過不.主.分詞.主.陽.複	參加或做別人所做的事
θλῖψις, εως, ἡ	名.間.陰.單	困難，痛苦，苦難
15. Φιλιππήσιος, ου, ὁ	名.呼.陽.複	腓立比人〔斐理伯人〕
Μακεδονία, ας, ἡ	名.所.陰.單	馬其頓
κοινωνέω	動.過不.主.直說.三單	分享，分擔，參加
δόσις, εως, ἡ	名.所.陰.單	供給的事物
λῆμψις, εως, ἡ	名.所.陰.單	接受
λόγον δόσεως καὶ λήμψεως		盈虧得失
16. Θεσσαλονίκη, ης, ἡ	名.間.陰.單	帖撒羅尼迦〔得撒洛尼〕
ἅπαξ	副.原	一次，一次就永遠有效
δίς	副.原	兩次
χρεία, ας, ἡ	名.直.陰.單	應當，必須
ἅπαξ καὶ δίς		一再，多次，不只一次
17. ἐπιζητέω	動.現在.主.直說.一單	求，尋求，希望
δόμα, ατος, τό	名.直.中.單	好東西，恩賜，餽贈
πλεονάζω	動.現在.主.分詞.直.陽.單	使增加

18. ἀπέχω	動.現在.主.直說.一單	完全得到
Ἐπαφρόδιτος, ου, ὁ	名.所.陽.單	以巴弗提〔厄帕洛狄托〕
ὀσμή, ῆς, ἡ	名.直.陰.單	香氣
εὐωδία, ας, ἡ	名.所.陰.單	香氣，馨香之氣
θυσία, ας, ἡ	名.直.陰.單	犧牲，祭物，牲祭
δεκτός, ή, όν	形.直.陰.單.原	可悅納的，受歡迎的
εὐάρεστος, ον	形.直.陰.單.原	可接受的，令人喜歡的
ὀσμὴ εὐωδίας		馨香的祭物或香氣
19. χρεία, ας, ἡ	名.直.陰.單	應當，必須
πλοῦτος, ου, ὁ, τό	名.直.中.單	豐裕，豐富的祝福
22. μάλιστα	副.最	尤其是，更是，特別
Καῖσαρ, αρος, ὁ	名.所.陽.單	凱撒，和：該撒

歌羅西書

第一章

1. Τιμόθεος, ου, ὁ	名. 主. 陽. 單	提摩太〔弟茂德〕
2. Κολοσσαί, ῶν, αἱ	名. 間. 陰. 複	歌羅西〔哥羅森〕
3. εὐχαριστέω	動. 現在. 主. 直說. 一複	感謝，祝謝
πάντοτε	副. 原	總是，常常
5. ἀπόκειμαι	動. 現在. 關. 分詞. 直. 陰. 單	保存，存留
προακούω	動. 過不. 主. 直說. 二複	以前聽到
6. πάρειμι	動. 現在. 主. 分詞. 所. 中. 單	在一起，在這裏，來臨
καρποφορέω	動. 現在. 關. 分詞. 主. 中. 單	結出果實，多產
αὐξάνω (αὔξω)	動. 現在. 被. 分詞. 主. 中. 單	生長，興旺
ἐπιγινώσκω	動. 過不. 主. 直說. 二複	知道，認識
7. μανθάνω	動. 過不. 主. 直說. 二複	學習
Ἐπαφρᾶς, ᾶ, ὁ	名. 所. 陽. 單	以巴弗〔厄帕夫辣〕
σύνδουλος, ου, ὁ	名. 所. 陽. 單	同作僕人的人，同工
διάκονος, ου, ὁ, ἡ	名. 主. 陽. 單	僕人，執事
8. δηλόω	動. 過不. 主. 分詞. 主. 陽. 單	顯露，指明，告訴，告知
9. παύω	動. 現在. 關. 直說. 一複	停止，止息，終止
ἐπίγνωσις, εως, ἡ	名. 直. 陰. 單	知識，認識，體會
σύνεσις, εως, ἡ	名. 間. 陰. 單	了解，理解力，領悟
πνευματικός, ή, όν	形. 間. 陰. 單. 原	靈的，屬靈的事
10. ἀξίως	副. 原	配得地，合乎
ἀρεσκεία, ας, ἡ	名. 直. 陰. 單	討喜歡
καρποφορέω	動. 現在. 主. 分詞. 主. 陽. 複	結出果實，多產
αὐξάνω (αὔξω)	動. 現在. 被. 分詞. 主. 陽. 複	生長，興旺
11. δυναμόω	動. 現在. 被. 分詞. 主. 陽. 複	使剛強，得到堅強的力量
κράτος, ους, τό	名. 直. 中. 單	能力，權能，大能的作爲

ὑπομονή, ῆς, ἡ	名.直.陰.單	忍耐，堅定，恒毅，恒心
μακροθυμία, ας, ἡ	名.直.陰.單	耐心，忍耐
12. εὐχαριστέω	動.現在.主.分詞.主.陽.複	感謝，祝謝
ἱκανόω	動.過不.主.分詞.間.陽.單	使…能，使…有資格…
μερίς, ίδος, ἡ	名.直.陰.單	部份
κλῆρος, ου, ὁ	名.所.陽.單	部分，職份
13. ῥύομαι	動.過不.關.直說.三單	拯救，解救，救…脫離
σκότος, ους, τό	名.所.中.單	黑暗，罪，暗昧
μεθίστημι	動.過不.主.直說.三單	遷移
14. ἀπολύτρωσις, εως, ἡ	名.直.陰.單	自由，拯救，釋放
ἄφεσις, εως, ἡ	名.直.陰.單	赦免，除去（罪），釋放
15. εἰκών, όνος, ἡ	名.主.陰.單	形像，外表，模型
ἀόρατος, ον	形.所.陽.單.原	看不見的，未曾見過的
πρωτότοκος, ον	形.主.陽.單.原	頭胎的，首先的，長子
κτίσις, εως, ἡ	名.所.陰.單	創造，被造之物，萬有
πρωτότοκος πάσης κτίσεως		超越萬有的
16. κτίζω	動.過不.被.直說.三單	創造，造
κυριότης, ητος, ἡ	名.主.陰.複	掌權者，權威
17. πρό	介.所	在…之前
συνίστημι	動.完成.主.直說.三單	各得其所
18. πρωτότοκος, ον	形.主.陽.單.原	頭胎的，首先的，長子
πρωτεύω	動.現在.主.分詞.主.陽.單	居首位，在所有之上
19. εὐδοκέω	動.過不.主.直說.三單	喜悅，決意選擇，樂意
πλήρωμα, ατος, τό	名.直.中.單	豐富，完全（神的存在或本質）
κατοικέω	動.過不.主.不定	居住，住在
20. ἀποκαταλλάσσω	動.過不.主.不定	和好
εἰρηνοποιέω	動.過不.主.分詞.主.陽.單	成就和平
σταυρός, οῦ, ὁ	名.所.陽.單	十字架
21. ποτέ	副.原	從前，曾經
ἀπαλλοτριόω	動.完成.被.分詞.直.陽.複	隔絕，遠離，跟…没有關係
ἐχθρός, ά, όν	名.直.陽.複	敵人，仇敵，被憎恨的
διάνοια, ας, ἡ	名.間.陰.單	心思，思想，計謀，意念
22. νυνί	副.原	現在

ἀποκαταλλάσσω	動. 過不. 主. 直說. 三單	和好
παρίστημι	動. 過不. 主. 不定	帶到…面前，顯現
ἄμωμος, ον	形. 直. 陽. 複. 原	無缺點的，無可指責的
ἀνέγκλητος, ον	形. 直. 陽. 複. 原	無可指責的，没有過錯的
κατενώπιον	不介. 所	在…面前
23. γέ	虛. 強	表示強調附屬的虛詞
ἐπιμένω	動. 現在. 主. 直說. 二複	停留，繼續，持守
θεμελιόω	動. 完成. 被. 分詞. 主. 陽. 複	堅立，立鞏固的根基
ἑδραῖος, α, ον	形. 主. 陽. 複. 原	堅定的，穩固的
μετακινέω	動. 現在. 被. 分詞. 主. 陽. 複	轉移，放棄
κτίσις, εως, ἡ	名. 間. 陰. 單	創世，被造之物，萬有
διάκονος, ου, ὁ, ἡ	名. 主. 陽. 單	僕人，庸人，執事
ὑπὸ τὸν οὐρανόν		在地上
24. πάθημα, ατος, τό	名. 間. 中. 複	苦難，邪情慾望
ἀνταναπληρόω	動. 現在. 主. 直說. 一單	補足
ὑστέρημα, ατος, τό	名. 直. 中. 複	需要，未能…的地方
θλῖψις, εως, ἡ	名. 所. 陰. 複	痛苦，苦難，憂傷，負擔
25. διάκονος, ου, ὁ, ἡ	名. 主. 陽. 單	僕人，執事
οἰκονομία, ας, ἡ	名. 直. 陰. 單	職務，職責，（神聖的）計劃
26. μυστήριον, ου, τό	名. 直. 中. 單	秘密，奧秘
ἀποκρύπτω	動. 完成. 被. 分詞. 直. 中. 單	隱藏，守密
γενεά, ᾶς, ἡ	名. 所. 陰. 複	世代，時代
φανερόω	動. 過不. 被. 直說. 三單	清楚的，已知的，顯明的
ἀπὸ τῶν αἰώνων		自古以來
27. γνωρίζω	動. 過不. 主. 不定	使…知道，顯明，彰顯
πλοῦτος, ου, ὁ, τό	名. 主. 中. 單	豐裕，豐富的祝福
28. καταγγέλλω	動. 現在. 主. 直說. 一複	宣揚，傳講，教導
νουθετέω	動. 現在. 主. 分詞. 主. 陽. 複	勸戒，教導，警告
παρίστημι	動. 過不. 主. 假設. 一複	帶到…面前
τέλειος, α, ον	形. 直. 陽. 單. 原	完全的，成年的，長大的
29. κοπιάω	動. 現在. 主. 直說. 一單	工作，辛勞工作，勞苦
ἀγωνίζομαι	動. 現在. 關. 分詞. 主. 陽. 單	爭戰，奮鬥，盡力
ἐνέργεια, ας, ἡ	名. 直. 陰. 單	大能，能力

ἐνεργέω	動. 現在. 關. 分詞. 直. 陰. 單	發生作用，有效果

第二章

1. ἡλίκος, η, ον	形. 直. 陽. 單. 原	多偉大，多大，多小
ἀγών, ῶνος, ὁ	名. 直. 陽. 單	奮鬥，竭力工作
Λαοδίκεια, ας, ἡ	名. 間. 陰. 單	老底嘉〔勞狄刻雅〕
2. συμβιβάζω	動. 過不. 被. 分詞. 主. 陽. 複	結合，指示，團結
πλοῦτος, ου, ὁ, τό	名. 直. 中. 單	豐裕，豐富的祝福
πληροφορία, ας, ἡ	名. 所. 陰. 單	充足信心，確信，肯定
σύνεσις, εως, ἡ	名. 所. 陰. 單	了解，領悟
ἐπίγνωσις, εως, ἡ	名. 直. 陰. 單	知識，認識，體會
μυστήριον, ου, τό	名. 所. 中. 單	秘密，奧秘
3. θησαυρός, οῦ, ὁ	名. 主. 陽. 複	財寶，寶貝，儲藏
γνῶσις, εως, ἡ	名. 所. 陰. 單	知識，秘傳的知識
ἀπόκρυφος, ον	形. 主. 陽. 複. 原	隱秘的，隱藏的
4. παραλογίζομαι	動. 現在. 關. 假設. 三單	欺騙，引入歧途
πιθανολογία, ας, ἡ	名. 間. 陰. 單	花言巧語
5. ἄπειμι	動. 現在. 主. 直說. 一單	離開，不在
τάξις, εως, ἡ	名. 直. 陰. 單	循規蹈矩，資格
στερέωμα, ατος, τό	名. 直. 中. 單	堅固，穩固
6. παραλαμβάνω	動. 過不. 主. 直說. 二複	領受，學習
7. ῥιζόω	動. 完成. 被. 分詞. 主. 陽. 複	堅固地札根於
ἐποικοδομέω	動. 現在. 被. 分詞. 主. 陽. 複	建造在…上，堅定，造就
βεβαιόω	動. 現在. 被. 分詞. 主. 陽. 複	證實，證明，樹立
περισσεύω	動. 現在. 主. 分詞. 主. 陽. 複	剩餘，富裕，有許多
εὐχαριστία, ας, ἡ	名. 間. 陰. 單	感恩，感謝
8. συλαγωγέω	動. 現在. 主. 分詞. 主. 陽. 單	擄…爲俘，把…迷住
φιλοσοφία, ας, ἡ	名. 所. 陰. 單	哲學（含有貶意），人的智慧
κενός, ή, όν	形. 所. 陰. 單. 原	空的，没有效果的，愚蠢的
ἀπάτη, ης, ἡ	名. 所. 陰. 單	誘惑，詭詐
παράδοσις, εως, ἡ	名. 直. 陰. 單	傳統
στοιχεῖον, ου, τό	名. 直. 中. 複	元素，基本原則
9. κατοικέω	動. 現在. 主. 直說. 三單	居住，住在

πλήρωμα, ατος, τό	名. 主. 中. 單	豐富，完全（神的存在或本質）
θεότης, ητος, ἡ	名. 所. 陰. 單	神格，神性
σωματικῶς	副. 原	以人的形像，具體地
11. περιτέμνω	動. 過不. 被. 直說. 二複	行割禮
περιτομή, ῆς, ἡ	名. 間. 陰. 單	割禮，猶太人
ἀχειροποίητος, ον	形. 間. 陰. 單. 原	不是人手建造的
ἀπέκδυσις, εως, ἡ	名. 間. 陰. 單	脫去，從…釋放出來
περιτομῇ ἀχειροποίητος		不是人爲（生理上）的割禮
12. συνθάπτω	動. 過不. 被. 分詞. 主. 陽. 複	跟…一齊或一同埋葬
βαπτισμός, οῦ, ὁ	名. 間. 陽. 單	潔淨儀式，洗禮
συνεγείρω	動. 過不. 被. 直說. 二複	跟…一同復活
ἐνέργεια, ας, ἡ	名. 所. 陰. 單	大能，能力
13. παράπτωμα, ατος, τό	名. 間. 中. 複	罪，過錯
ἀκροβυστία, ας, ἡ	名. 間. 陰. 單	沒有受割禮
συζωοποιέω	動. 過不. 主. 直說. 三單	跟…一同復活
χαρίζομαι	動. 過不. 關. 分詞. 主. 陽. 單	赦免，取消債務
14. ἐξαλείφω	動. 過不. 主. 分詞. 主. 陽. 單	擦掉，除掉，取消
χειρόγραφον, ου, τό	名. 直. 中. 單	債務記錄，（罪）債
δόγμα, ατος, τό	名. 間. 中. 複	誡命，規條，法律上的束縛
ὑπεναντίος, α, ον	形. 主. 中. 單. 原	不利的，敵對的，反對的
προσηλόω	動. 過不. 主. 分詞. 主. 陽. 單	釘在
σταυρός, οῦ, ὁ	名. 間. 陽. 單	十字架
αἴρω ἐκ τοῦ μέσου		移掉,取消
15. ἀπεκδύομαι	動. 過不. 關. 分詞. 主. 陽. 單	解除權勢，脫掉，拋棄
δειγματίζω	動. 過不. 主. 直說. 三單	羞辱，顯示
παρρησία, ας, ἡ	名. 間. 陰. 單	公開，（在）衆人面前
θριαμβεύω	動. 過不. 主. 分詞. 主. 陽. 單	率領凱旋遊行，勝過
δειγματίζω ἐν παρρησίᾳ		公開示衆
16. βρῶσις, εως, ἡ	名. 間. 陰. 單	食物，飲食，銹
πόσις, εως, ἡ	名. 間. 陰. 單	飲喝，飲料
μέρος, ους, τό	名. 間. 中. 單	部份，事情
ἑορτή, ῆς, ἡ	名. 所. 陰. 單	節期
νεομηνία, ας, ἡ	名. 所. 陰. 單	新月節

ἐν μέρει		關於
17. σκιά, ᾶς, ἡ	名.主.陰.單	陰影，蔭，影像，影子
18. καταβραβεύω	動.現在.主.命令.三單	使喪失得獎的機會
ταπεινοφροσύνη, ης, ἡ	名.間.陰.單	謙卑，謙遜，謙讓，謙虛
θρησκεία, ας, ἡ	名.間.陰.單	崇拜，虔誠
ἐμβατεύω	動.現在.主.分詞.主.陽.單	採取立場，自認爲有特殊遠見
εἰκῇ	副.原	徒然地，無緣無故，不經考慮
φυσιόω	動.現在.被.分詞.主.陽.單	使…狂妄或自大
νοῦς, νοός ὁ	名.所.陽.單	心思，見解，明白，聰明
19. κρατέω	動.現在.主.分詞.主.陽.單	握，持守，實行
ἁφή, ῆς, ἡ	名.所.陰.複	關節韌帶
σύνδεσμος, ου, ὁ	名.所.陽.複	聯繫，關鍵，韌帶，筋絡，筋
ἐπιχορηγέω	動.現在.被.分詞.主.中.單	提供，滋養
συμβιβάζω	動.現在.被.分詞.主.中.單	結合，聯結
αὐξάνω (αὔξω)	動.現在.主.直說.三單	生長，興旺，使長大
αὔξησις, εως, ἡ	名.直.陰.單	生長
20. στοιχεῖον, ου, τό	名.所.中.複	元素，基本原則
δογματίζω	動.現在.被.直說.二複	守規條（禁忌）
21. ἅπτω	動.過不.關.假設.二單	拉住，摸
γεύομαι	動.過不.關.假設.二單	嘗，吃
θιγγάνω	動.過不.主.假設.二單	接觸，摸，動
22. φθορά, ᾶς, ἡ	名.直.陰.單	敗壞，毀滅
ἀπόχρησις, εως, ἡ	名.間.陰.單	耗盡，使用
ἔνταλμα, ατος, τό	名.直.中.複	吩咐，規例
διδασκαλία, ας, ἡ	名.直.陰.複	教導，教訓，教義，命令
23. ἐθελοθρησκία, ας, ἡ	名.間.陰.單	自以爲是的敬虔，崇拜（天使）
ταπεινοφροσύνη, ης, ἡ	名.間.陰.單	謙卑，謙遜，謙讓，謙虛
ἀφειδία, ας, ἡ	名.間.陰.單	苦待
τιμή, ῆς, ἡ	名.間.陰.單	尊貴，價值
πλησμονή, ῆς, ἡ	名.直.陰.單	滿足

第三章

1. συνεγείρω	動.過不.被.直說.二複	跟…一同復活

ἄνω	副. 原	在…之上
2. φρονέω	動. 現在. 主. 命令. 二複	思想，想念，關心，重視
3. κρύπτω	動. 完成. 被. 直說. 三單	躲，隱藏
4. φανερόω	動. 過不. 被. 假設. 三單	顯明，揭露
5. νεκρόω	動. 過不. 主. 命令. 二複	處死，治死
μέλος, ους, τό	名. 直. 中. 複	肢體，成員
πορνεία, ας, ἡ	名. 直. 陰. 單	姦淫，淫亂，不道德性行爲
ἀκαθαρσία, ας, ἡ	名. 直. 陰. 單	不潔，不良的動機，污穢
πάθος, ους, τό	名. 直. 中. 單	情慾，邪情
ἐπιθυμία, ας, ἡ	名. 直. 陰. 單	情慾，私慾，意願，貪心
πλεονεξία, ας, ἡ	名. 直. 陰. 單	貪婪，貪心
εἰδωλολατρία, ας, ἡ	名. 主. 陰. 單	拜偶像的事
6. ὀργή, ῆς, ἡ	名. 主. 陰. 單	義憤，審判，懲罰
ἀπείθεια, ας, ἡ	名. 所. 陰. 單	不順服
7. ποτέ	副. 原	那時候，曾經
8. νυνί	副. 原	現在
ἀποτίθημι	動. 過不. 關. 命令. 二複	扔掉，除去
ὀργή, ῆς, ἡ	名. 直. 陰. 單	憤怒，報仇
θυμός, οῦ, ὁ	名. 直. 陽. 單	忿怒，惱怒，義憤，烈
κακία, ας, ἡ	名. 直. 陰. 單	邪惡，惡毒，怨恨
βλασφημία, ας, ἡ	名. 直. 陰. 單	褻瀆，毀謗，侮辱
αἰσχρολογία, ας, ἡ	名. 直. 陰. 單	污穢的話
9. ψεύδομαι	動. 現在. 關. 命令. 二複	說謊，虛僞，欺瞞
ἀπεκδύομαι	動. 過不. 關. 分詞. 主. 陽. 複	解除權勢，脫掉
παλαιός, ά, όν	形. 直. 陽. 單. 原	舊約，以前的
πρᾶξις, εως, ἡ	名. 間. 陰. 複	行爲，習慣，功用
10. ἐνδύω	動. 過不. 關. 分詞. 主. 陽. 複	穿，變成，換上
νέος, α, ον	形. 直. 陽. 單. 原	新的，新鮮的
ἀνακαινόω	動. 現在. 被. 分詞. 直. 陽. 單	更新，重作
ἐπίγνωσις, εως, ἡ	名. 直. 陰. 單	知識，認識，體會
εἰκών, όνος, ἡ	名. 直. 陰. 單	形像，外表，模型
κτίζω	動. 過不. 主. 分詞. 所. 陽. 單	創造，造
11. ἔνι	動. 現在. 主. 直說. 三單	有

Ἕλλην, ηνος, ὁ	名. 主. 陽. 單	希臘人，非猶太人，異教徒
περιτομή, ῆς, ἡ	名. 主. 陰. 單	割禮，猶太人
ἀκροβυστία, ας, ἡ	名. 主. 陰. 單	沒有受割禮
βάρβαρος, ον	名. 主. 陽. 單	非希臘人的，未開化的
Σκύθης, ου, ὁ	名. 主. 陽. 單	野蠻人，和：西古提人
ἐλεύθερος, α, ον	形. 主. 陽. 單. 原	自由的，不受管束的
12. ἐνδύω	動. 過不. 關. 命令. 二複	要有
ἐκλεκτός, ή, όν	形. 主. 陽. 複. 原	被揀選的，貴重的
σπλάγχνον, ου, τό	名. 直. 中. 複	內心，深處的情感，愛心
οἰκτιρμός, οῦ, ὁ	名. 所. 陽. 單	憐憫，慈愛，同情
χρηστότης, ητος, ἡ	名. 直. 陰. 單	仁慈，良善，慈悲，正直
ταπεινοφροσύνη, ης, ἡ	名. 直. 陰. 單	謙卑，謙遜，謙讓，謙虛
πραΰτης, ητος, ἡ	名. 直. 陰. 單	溫和，柔順，謙遜
μακροθυμία, ας, ἡ	名. 直. 陰. 單	耐心，忍耐
13. ἀνέχω	動. 現在. 關. 分詞. 主. 陽. 複	忍受，忍耐，耐心領受
χαρίζομαι	動. 現在. 關. 分詞. 主. 陽. 複	赦免
μομφή, ῆς, ἡ	名. 直. 陰. 單	抱怨，糾紛
14. σύνδεσμος, ου, ὁ	名. 主. 陽. 單	聯繫，關鍵
τελειότης, ητος, ἡ	名. 所. 陰. 單	完全，成熟
σύνδεσμος τῆς τελειότητος		聯繫一切的關鍵
15. βραβεύω	動. 現在. 主. 命令. 三單	作主，支配
εὐχάριστος, ον	形. 主. 陽. 複. 原	感謝的
16. ἐνοικέω	動. 現在. 主. 命令. 三單	住在，存在，駐在
πλουσίως	副. 原	豐富地，全然，充份
νουθετέω	動. 現在. 主. 分詞. 主. 陽. 複	勸戒，教導，警告
ψαλμός, οῦ, ὁ	名. 間. 陽. 複	詩篇，讚美詩，詩歌
ὕμνος, ου, ὁ	名. 間. 陽. 複	詩，聖經
ᾠδή, ῆς, ἡ	名. 間. 陰. 複	歌，讚美歌
πνευματικός, ή, όν	形. 間. 陰. 複. 原	靈的，屬靈的
ᾄδω	動. 現在. 主. 分詞. 主. 陽. 複	唱
17. εὐχαριστέω	動. 現在. 主. 分詞. 主. 陽. 複	感謝，祝謝
18. ὑποτάσσω	動. 現在. 被. 命令. 二複	服從，安於本份
ἀνήκω	動. 過未. 主. 直說. 三單	是合宜的，是應當的

19. πικραίνω	動. 現在. 被. 命令. 二複	使…變苦，刻薄對待或虐待
20. ὑπακούω	動. 現在. 主. 命令. 二複	聽從
γονεύς, έως, ὁ	名. 間. 陽. 複	父母
εὐάρεστος, ον	形. 主. 中. 單. 原	可接受的，令人喜歡的
21. ἐρεθίζω	動. 現在. 主. 命令. 二複	惹…生氣，刺激
ἀθυμέω	動. 現在. 主. 假設. 三複	灰心，喪志
22. ὑπακούω	動. 現在. 主. 命令. 二複	聽從，接受
ὀφθαλμοδουλία, ας, ἡ	名. 間. 陰. 單	只爲討人喜歡而做的服務
ἀνθρωπάρεσκος, ον	形. 主. 陽. 複. 原	只想討人喜歡的人
ἁπλότης, ητος, ἡ	名. 間. 陰. 單	慷慨好施，眞誠，純潔
ὁ κατὰ σάρκα κύριος		世上的主人
23. ἐργάζομαι	動. 現在. 關. 命令. 二複	工作，做事，完成，執行
24. ἀπολαμβάνω	動. 未來. 關. 直說. 二複	得到，要回
ἀνταπόδοσις, εως, ἡ	名. 直. 陰. 單	報賞
κληρονομία, ας, ἡ	名. 所. 陰. 單	產業，神向他子民所作應許
δουλεύω	動. 現在. 主. 直說. 二複	伺候，事奉，服事
25. ἀδικέω	動. 現在. 主. 分詞. 主. 陽. 單	傷害，犯錯，作惡，有罪
κομίζω	動. 未來. 關. 直說. 三單	接受，接受報應
προσωπολημψία, ας, ἡ	名. 主. 陰. 單	偏袒，偏待人

第四章

1. ἰσότης, ητος, ἡ	名. 直. 陰. 單	平等，公平（對待）
παρέχω	動. 現在. 關. 命令. 二複	使…得到，給，對待
2. προσευχή, ῆς, ἡ	名. 間. 陰. 單	禱告
προσκαρτερέω	動. 現在. 主. 命令. 二複	常與…在一起，恆切
γρηγορέω	動. 現在. 主. 分詞. 主. 陽. 複	警醒，注意，留心
εὐχαριστία, ας, ἡ	名. 間. 陰. 單	感恩，感謝
3. ἅμα	副. 原	同時，一起，與…一起
θύρα, ας, ἡ	名. 直. 陰. 單	機會
μυστήριον, ου, τό	名. 直. 中. 單	秘密，奧秘
δέω	動. 完成. 被. 直說. 一單	捆，綁，囚禁
ἀνοίγω θύραν		使…可能
4. φανερόω	動. 過不. 主. 假設. 一單	闡明，張揚

5. ἐξαγοράζω	動. 現在. 關. 分詞. 主. 陽. 複	善用，把握
ἐξγοράζομαι τὸν καιρόν		把握機會，善用機會
6. πάντοτε	副. 原	總是，常常
ἅλας, ατος, τό	名. 間. 中. 單	鹽
ἀρτύω	動. 完成. 被. 分詞. 主. 陽. 單	調味
7. γνωρίζω	動. 未來. 主. 直說. 三單	使…知道，告訴
Τυχικός, οῦ, ὁ	名. 主. 陽. 單	推基古〔提希苛〕
διάκονος, ου, ὁ, ἡ	名. 主. 陽. 單	僕人，執事
σύνδουλος, ου, ὁ	名. 主. 陽. 單	同作僕人的人，同工
9. Ὀνήσιμος, ου, ὁ	名. 間. 陽. 單	阿尼西謀，和：阿尼西母
γνωρίζω	動. 未來. 主. 直說. 三複	使…知道，告訴
10. Ἀρίσταρχος, ου, ὁ	名. 主. 陽. 單	亞里達古〔阿黎斯塔苛〕
συναιχμάλωτος, ου, ὁ	名. 主. 陽. 單	一齊坐牢的人
Μᾶρκος, ου, ὁ	名. 主. 陽. 單	馬可〔馬爾谷〕
ἀνεψιός, οῦ, ὁ	名. 主. 陽. 單	表（堂）兄弟
Βαρναβᾶς, ᾶ, ὁ	名. 所. 陽. 單	巴拿巴〔巴爾納伯〕
11. Ἰοῦστος, ου, ὁ	名. 主. 陽. 單	猶士都，猶斯托
περιτομή, ῆς, ἡ	名. 所. 陰. 單	受過割禮的人，猶太人
συνεργός, όν	名. 主. 陽. 複	同工，跟…同工合作的人
παρηγορία, ας, ἡ	名. 主. 陰. 單	安慰
12. Ἐπαφρᾶς, ᾶ, ὁ	名. 主. 陽. 單	以巴弗〔厄帕夫辣〕
πάντοτε	副. 原	總是，常常
ἀγωνίζομαι	動. 現在. 關. 分詞. 主. 陽. 單	爭戰，奮鬥，盡力
προσευχή, ῆς, ἡ	名. 間. 陰. 複	禱告
τέλειος, α, ον	形. 主. 陽. 複. 原	完全的，完美的，完整的
πληροφορέω	動. 完成. 被. 分詞. 主. 陽. 複	完全實現，完全信服
13. πόνος, ου, ὁ	名. 直. 陽. 單	艱辛的工作
Λαοδίκεια, ας, ἡ	名. 間. 陰. 單	老底嘉〔勞狄刻雅〕
Ἱεράπολις, εως, ἡ	名. 間. 陰. 單	希拉波立〔耶辣頗里〕
14. Λουκᾶς, ᾶ, ὁ	名. 主. 陽. 單	路加
ἰατρός, οῦ, ὁ	名. 主. 陽. 單	醫生
Δημᾶς, ᾶ, ὁ	名. 主. 陽. 單	底馬〔德瑪斯〕
15. Λαοδίκεια, ας, ἡ	名. 間. 陰. 單	老底嘉〔勞狄刻雅〕

Νύμφα (–φᾶς, ᾶ, ὁ), ας, ἡ	名.直.陰.單	寧法
16. ἀναγινώσκω	動.過不.被.假設.三單	念，在公眾崇拜中誦讀
ἐπιστολή, ῆς, ἡ	名.主.陰.單	信，信件
Λαοδικεύς, έως, ὁ	名.所.陽.複	老底嘉人〔勞狄刻雅人〕
17. Ἄρχιππος, ου, ὁ	名.間.陽.單	亞基布〔阿爾希頗〕
διακονία, ας, ἡ	名.直.陰.單	服侍，使命，執事的職份
παραλαμβάνω	動.過不.主.直說.二單	領受
18. ἀσπασμός, οῦ, ὁ	名.主.陽.單	問安
μνημονεύω	動.現在.主.命令.二複	記得，記住，想起
δεσμός, οῦ, ὁ	名.所.陽.複	捆綁，鎖鏈，囚禁，監牢

帖撒羅尼迦前書

特別詞彙

πάντοτε 總是，常常

第一章

1. Σιλουανός, οῦ, ὁ	名.主.陽.單	西拉〔息耳瓦諾〕
Τιμόθεος, ου, ὁ	名.主.陽.單	提摩太〔弟茂德〕
Θεσσαλονικεύς, έως, ὁ	名.所.陽.複	帖撒羅尼迦〔得撒洛尼〕人
2. εὐχαριστέω	動.現在.主.直說.一複	感謝，祝謝
μνεία, ας, ἡ	名.直.陰.單	想念，提到
προσευχή, ῆς, ἡ	名.所.陰.複	禱告
ἀδιαλείπτως	副.原	不停地，經常地
3. μνημονεύω	動.現在.主.分詞.主.陽.複	記得，記住，想起
κόπος, ου, ὁ	名.所.陽.單	工作，辛勤工作，勞苦
ὑπομονή, ῆς, ἡ	名.所.陰.單	忍耐，堅定，恒毅，恒心
ἔμπροσθεν	不介.所	在…之前，在前面
4. ἐκλογή, ῆς, ἡ	名.直.陰.單	揀選，所揀選的人
5. πληροφορία, ας, ἡ	名.間.陰.單	充足信心，確信，肯定
οἷος, α, ον	代.聯代.主.陽.複	如…，像…，那一種的…
6. μιμητής, οῦ, ὁ	名.主.陽.複	仿效者
θλῖψις, εως, ἡ	名.間.陰.單	困難，痛苦，苦難
7. τύπος, ου, ὁ	名.直.陽.單	模範，榜樣
Μακεδονία, ας, ἡ	名.間.陰.單	馬其頓
Ἀχαΐα, ας, ἡ	名.間.陰.單	亞該亞〔阿哈雅〕

8. ἐξηχέω	動. 完成. 被. 直說. 三單	傳揚出來，傳開
χρεία, ας, ἡ	名. 直. 陰. 單	應當，必須，需要
9. ἀπαγγέλλω	動. 現在. 主. 直說. 三複	告訴，宣告，傳揚
ὁποῖος, α, ον	代. 聯代. 直. 陰. 單	那一種，像，如
εἴσοδος, ου, ἡ	名. 直. 陰. 單	進入，開始，接待
ἐπιστρέφω	動. 過不. 主. 直說. 二複	回轉，轉向
εἴδωλον, ου, τό	名. 所. 中. 複	偶像，假神
δουλεύω	動. 現在. 主. 不定	伺候，事奉，服事，作奴隸
ἀληθινός, ή, ός	形. 間. 陽. 單. 原	眞實的，眞正的，眞的
10. ἀναμένω	動. 現在. 主. 不定	盼望，等候，期望
ῥύομαι	動. 現在. 關. 分詞. 直. 陽. 單	拯救，解救，救…脫離
ὀργή, ῆς, ἡ	名. 所. 陰. 單	義憤，審判，懲罰

第二章

1. εἴσοδος, ου, ἡ	名. 直. 陰. 單	進入，來臨，開始，訪問
κενός, ή, όν	名. 主. 陰. 單	空的，沒有效果的
2. προπάσχω	動. 過不. 主. 分詞. 主. 陽. 複	以前受苦
ὑβρίζω	動. 過不. 被. 分詞. 主. 陽. 複	凌辱，侮辱，虐待，對付
Φίλιπποι, ων, οἱ	名. 間. 陽. 複	腓立比〔斐理伯〕
παρρησιάζομαι	動. 過不. 關. 直說. 一複	大膽地談，有勇氣…
ἀγών, ῶνος, ὁ	名. 間. 陽. 單	爭戰，奮鬥，阻撓
3. παράκλησις, εως, ἡ	名. 主. 陰. 單	鼓勵，幫助，安慰，懇求
πλάνη, ης, ἡ	名. 所. 陰. 單	謬誤，欺騙，說謊
ἀκαθαρσία, ας, ἡ	名. 所. 陰. 單	不純潔，不良的動機，污穢
δόλος, ου, ὁ	名. 間. 陽. 單	詭詐，撒謊，陰謀
4. δοκιμάζω	動. 完成. 被. 直說. 一複	省察，試驗，認爲對的
ἀρέσκω	動. 現在. 主. 分詞. 主. 陽. 複	討喜歡，使高興，被悅納
5. ποτέ	副. 原	任何時候，曾經
κολακεία, ας, ἡ	名. 所. 陰. 單	諂媚
πρόφασις, εως, ἡ	名. 間. 陰. 單	虛僞的動機，假裝，藏著
πλεονεξία, ας, ἡ	名. 所. 陰. 單	貪心，貪婪
μάρτυς, υρος, ὁ	名. 主. 陽. 單	見證人
7. βάρος, ους, τό	名. 間. 中. 單	重擔

νήπιος, α, ον	形. 主. 陽. 複. 原	嬰孩，小孩，無學問的
τροφός, οῦ, ἡ	名. 主. 陰. 單	護士，保姆，奶媽
θάλπω	動. 現在. 主. 假設. 三單	照顧，乳養
ἐν βάρει εἰμί		要求尊重
8. ὁμείρομαι	動. 現在. 關. 分詞. 主. 陽. 複	渴望，熱愛
εὐδοκέω	動. 過未. 主. 直說. 一複	喜悅，情願，決意選擇
μεταδίδωμι	動. 過不. 主. 不定	分享，給，分
διότι	連. 原從	因為，所以
9. μνημονεύω	動. 現在. 主. 直說. 二複	記得，記住，想起
κόπος, ου, ὁ	名. 直. 陽. 單	工作，辛勤工作，勞苦
μόχθος, ου, ὁ	名. 直. 陽. 單	辛勞，艱困
ἐργάζομαι	動. 現在. 關. 分詞. 主. 陽. 複	工作，做事，完成
ἐπιβαρέω	動. 過不. 主. 不定	成為（財務）負擔
10. μάρτυς, υρος, ὁ	名. 主. 陽. 複	見證人
ὁσίως	副. 原	聖潔地，使神喜悅地
δικαίως	副. 原	公正地，正直地
ἀμέμπτως	副. 原	無可指責地
γίνομαι δικαίως		言行公正
11. καθάπερ	連. 比從	像，正如，同…一樣
12. παραμυθέομαι	動. 現在. 關. 分詞. 主. 陽. 複	慰藉，安慰，鼓勵，鼓舞
μαρτύρομαι	動. 現在. 關. 分詞. 主. 陽. 複	鄭重地告訴，勸告
ἀξίως	副. 原	配得地，合乎
13. εὐχαριστέω	動. 現在. 主. 直說. 一複	感謝，祝謝
ἀδιαλείπτως	副. 原	不停地，經常地
παραλαμβάνω	動. 過不. 主. 分詞. 主. 陽. 複	領受，學習
ἀκοή, ῆς, ἡ	名. 所. 陰. 單	報導，聽見
ἀληθῶς	副. 原	眞地，實在地，確實地
ἐνεργέω	動. 現在. 關. 直說. 三單	發生作用，有效果
14. μιμητής, οῦ, ὁ	名. 主. 陽. 複	仿效者
Ἰουδαία, ας, ἡ	名. 間. 陰. 單	猶太
πάσχω	動. 過不. 主. 直說. 二複	受苦，受難，忍受，遭受
συμφυλέτης, ου, ὁ	名. 所. 陽. 複	同胞
15. ἐκδιώκω	動. 過不. 主. 分詞. 所. 陽. 複	逼迫，迫害，趕出

ἀρέσκω	動.現在.主.分詞.所.陽.複	討喜歡，使高興，被悅納
ἐναντίος, α, ον	形.所.陽.複.原	反對的，與人爲敵的
16. κωλύω	動.現在.主.分詞.所.陽.複	阻擋，阻止，制止，禁止
ἀναπληρόω	動.過不.主.不定	達到最大限度，惡貫滿盈
φθάνω	動.過不.主.直說.三單	臨到，達到，來到
ὀργή, ῆς, ἡ	名.主.陰.單	憤怒，義憤，審判，懲罰
τέλος, ους, τό	名.直.中.單	終局，終點，末期，終結
17. ἀπορφανίζω	動.過不.被.分詞.主.陽.複	分離
περισσοτέρως	副.比	更加，甚至更，格外
σπουδάζω	動.過不.主.直說.一複	盡力，竭力，盡可能
ἐπιθυμία, ας, ἡ	名.間.陰.單	盼望，意願
πρὸς καιρὸν ὥρας		短暫，暫時
περισσοτέρως σπουδάζω		非常想念
18. διότι	連.原從	因爲，所以
ἅπαξ	副.原	一次，一再
δίς	副.原	兩次
ἐγκόπτω	動.過不.主.直說.三單	阻擋，阻礙，阻撓
Σατανᾶς, ᾶ, ὁ	名.主.陽.單	魔鬼撒但〔撒殫〕
ἅπαξ καὶ δίς		不只一次
19. στέφανος, ου, ὁ	名.主.陽.單	華冠，冠冕，獎賞
καύχησις, εως, ἡ	名.所.陰.單	誇口，誇耀的事
ἔμπροσθεν	不介.所	在…之前，在前面
παρουσία, ας, ἡ	名.間.陰.單	來臨，來到，出現

第三章

1. μηκέτι	副.原	不再
στέγω	動.現在.主.分詞.主.陽.複	忍受，忍耐，等下去
εὐδοκέω	動.過不.主.直說.一複	情願，決意選擇，樂意
καταλείπω	動.過不.被.不定	離開，撇下，離棄
Ἀθῆναι, ῶν, αἱ	名.間.陰.複	雅典
2. Τιμόθεος, ου, ὁ	名.直.陽.單	提摩太〔弟茂德〕
συνεργός, όν	名.直.陽.單	同工，跟…同工合作的人
στηρίζω	動.過不.主.不定	使堅強，堅定，堅固

3. σαίνω	動. 現在. 被. 不定	動搖，退縮
θλῖψις, εως, ἡ	名. 間. 陰. 複	困難，苦難，災難，負擔
κεῖμαι	動. 現在. 關. 直說. 一複	被命定，必須經歷
4. προλέγω	動. 過未. 主. 直說. 一複	預先說或警告，預言
θλίβω	動. 現在. 被. 不定	迫害，遭遇苦難
5. μηκέτι	副. 原	不再
στέγω	動. 現在. 主. 分詞. 主. 陽. 單	忍受，忍耐，等下去
πώς	虛. 不	總得，總算，如何
πειράζω	動. 過不. 主. 直說. 三單	試驗，試探，誘惑，嘗試
κενός, ή, όν	形. 直. 中. 單. 原	空的，沒有效果的
κόπος, ου, ὁ	名. 主. 陽. 單	辛勤工作，勞苦，困難
6. ἄρτι	副. 原	現在，如今，剛剛，立刻
Τιμόθεος, ου, ὁ	名. 所. 陽. 單	提摩太〔弟茂德〕
μνεία, ας, ἡ	名. 直. 陰. 單	想念，提到
ἐπιποθέω	動. 現在. 主. 分詞. 主. 陽. 複	熱切想念，急切地想
καθάπερ	連. 比從	像，正如，同…一樣
7. ἀνάγκη, ης, ἡ	名. 間. 陰. 單	艱難，災難
θλῖψις, εως, ἡ	名. 間. 陰. 單	困難，痛苦，苦難，災難
8. στήκω	動. 現在. 主. 直說. 二複	站著，站穩，堅定
9. εὐχαριστία, ας, ἡ	名. 直. 陰. 單	感恩，感謝
ἀνταποδίδωμι	動. 過不. 主. 不定	償退，報答，報應
ἔμπροσθεν	不介. 所	在…之前，在前面
10. ὑπερεκπερισσοῦ	副. 原	懇切地
δέομαι	動. 現在. 關. 分詞. 主. 陽. 複	要求，乞求，祈求，懇求
καταρτίζω	動. 過不. 主. 不定	整理，供應，補足
ὑστέρημα, ατος, τό	名. 直. 中. 複	未能…的地方，貧乏
11. κατευθύνω	動. 過不. 主. 祈願. 三單	引導
κατευθύνω ὁδόν		開路
12. πλεονάζω	動. 過不. 主. 祈願. 三單	使增加或成長
περισσεύω	動. 過不. 主. 祈願. 三單	富裕，使增加
καθάπερ	連. 比從	像，正如，同…一樣
13. στηρίζω	動. 過不. 主. 不定	使堅強，堅定，堅固
ἄμεμπτος, ον	形. 直. 陰. 複. 原	無可指責的，無過失的

ἁγιωσύνη, ης, ἡ	名.間.陰.單	聖潔，聖化
ἔμπροσθεν	不介.所	在…之前，在前面
παρουσία, ας, ἡ	名.間.陰.單	來臨，來到，出現

第四章

1. παραλαμβάνω	動.過不.主.直說.二複	領受，學習
ἀρέσκω	動.現在.主.不定	討喜歡，使高興，被悅納
περισσεύω	動.現在.主.假設.二複	富裕，使增加
2. παραγγελία, ας, ἡ	名.直.陰.複	命令，指示
3. ἁγιασμός, οῦ, ὁ	名.主.陽.單	祝聖，獻身，成聖，聖潔
ἀπέχω	動.現在.關.不定	離…遠，禁戒
πορνεία, ας, ἡ	名.所.陰.單	姦淫，淫亂，不道德性行爲
4. σκεῦος, ους, τό	名.直.中.單	各人的身體或妻子
κτάομαι	動.現在.關.不定	保住
τιμή, ῆς, ἡ	名.間.陰.單	尊貴，敬重
σκεῦος κτᾶσθαι		娶妻子或自制，性生活
τὸ ἑαυτοῦ σκεῦος κτᾶσθαι		爲自己娶妻子或自制
5. πάθος, ους, τό	名.間.中.單	情慾，邪情
ἐπιθυμία, ας, ἡ	名.所.陰.單	慾望，情慾，盼望
καθάπερ	虛.比	像，正如，同…一樣
6. ὑπερβαίνω	動.現在.主.不定	虧待，得罪
πλεονεκτέω	動.現在.主.不定	佔便宜，欺騙
πρᾶγμα, ατος, τό	名.間.中.單	事情，事務，事件，訴訟
διότι	連.原從	因爲
ἔκδικος, ον	名.主.陽.單	執行懲罰的人
προλέγω	動.過不.主.直說.一複	預先說或警告，預言
διαμαρτύρομαι	動.過不.關.直說.一複	鄭重勸告，警告
7. ἀκαθαρσία, ας, ἡ	名.間.陰.單	不純潔，不良的動機，污穢
ἁγιασμός, οῦ, ὁ	名.間.陽.單	祝聖，獻身，成聖，聖潔
8. τοιγαροῦν	連.推并	因此，所以
ἀθετέω	動.現在.主.分詞.主.陽.單	拒絕，不理，廢除，違背
9. φιλαδελφία, ας, ἡ	名.所.陰.單	兄弟姊妹愛，手足之愛
χρεία, ας, ἡ	名.直.陰.單	必須，需要，缺少

θεοδίδακτος, ον	形. 主. 陽. 複. 原	被神教導的
10. Μακεδονία, ας, ἡ	名. 間. 陰. 單	馬其頓
περισσεύω	動. 現在. 主. 不定	更加，有許多，使增加
11. φιλοτιμέομαι	動. 現在. 關. 不定	立志向或目標，立志
ἡσυχάζω	動. 現在. 主. 不定	過安靜的生活，安份守己
πράσσω	動. 現在. 主. 不定	做，行，作
ἐργάζομαι	動. 現在. 關. 不定	工作，做事，完成
παραγγέλλω	動. 過不. 主. 直說. 一複	命令，吩咐
πράσσω τὰ ἴδια		辦自己的事，親手做工
12. εὐσχημόνως	副. 原	端正地，光明正大地
χρεία, ας, ἡ	名. 直. 陰. 單	應當，必須，需要，缺少
13. ἀγνοέω	動. 現在. 主. 不定	不了解，忽視
κοιμάω	動. 現在. 關. 分詞. 所. 陽. 複	睡，睡著，死
λυπέω	動. 現在. 被. 假設. 二複	痛苦，傷心，難過，憂傷
15. περιλείπομαι	動. 現在. 被. 分詞. 主. 陽. 複	留下，還活著
παρουσία, ας, ἡ	名. 直. 陰. 單	來臨，來到，出現
φθάνω	動. 過不. 主. 假設. 一複	先…
16. κέλευσμα, ατος, τό	名. 間. 中. 單	大聲命令，喊聲
ἀρχάγγελος, ου, ὁ	名. 所. 陽. 單	天使長
σάλπιγξ, ιγγος, ἡ	名. 間. 陰. 單	號角，號筒，喇叭
17. ἔπειτα	副. 原	然後，後來，以後，過了
περιλείπομαι	動. 現在. 被. 分詞. 主. 陽. 複	留下，還活著
ἅμα	副. 原	同時，一起，與…一起
ἁρπάζω	動. 未來. 被. 直說. 一複	帶走，提去
νεφέλη, ης, ἡ	名. 間. 陰. 複	雲
ἀπάντησις, εως, ἡ	名. 直. 陰. 單	迎接
ἀήρ, ἀέρος, ὁ	名. 直. 陽. 單	太空，天界

第五章

1. χρεία, ας, ἡ	名. 直. 陰. 單	應當，必須
2. ἀκριβῶς	副. 原	準確地，仔細地
κλέπτης, ου, ὁ	名. 主. 陽. 單	小偷，賊
3. ἀσφάλεια, ας, ἡ	名. 主. 陰. 單	平安無事，安全

αἰφνίδιος, ον	形. 主. 陽. 單. 原	突然的
ἐφίστημι	動. 現在. 關. 直說. 三單	來到，出現
ὄλεθρος, ου, ὁ	名. 主. 陽. 單	毀滅，滅亡
ὥσπερ	連. 比從	如同，正如，好像，好比
ὠδίν, ῖνος, ἡ	名. 主. 陰. 單	生產的痛苦，陣痛，痛苦
γαστήρ, τρός, ἡ	名. 間. 陰. 單	子宮，貪吃暴食
ἐκφεύγω	動. 過不. 主. 假設. 三複	逃脫，逃避
ἐν γαστρὶ ἐχούσῃ		懷孕
4. σκότος, ους, τό	名. 間. 中. 單	黑暗，罪，暗昧
κλέπτης, ου, ὁ	名. 主. 陽. 單	小偷，賊
καταλαμβάνω	動. 過不. 主. 假設. 三單	達到，臨到，追上
υἱοὶ τῆς ἡμέρας		神的子民，屬神的人
6. ἄρα	連. 推并	爲此，那麼，所以
καθεύδω	動. 現在. 主. 假設. 一複	睡著，睡覺
γρηγορέω	動. 現在. 主. 假設. 一複	警醒，注意，留心
νήφω	動. 現在. 主. 假設. 一複	警醒，謹慎，自制
7. μεθύσκω	動. 現在. 被. 分詞. 主. 陽. 複	醉酒，鬧醉
μεθύω	動. 現在. 主. 直說. 三複	醉酒
8. νήφω	動. 現在. 主. 假設. 一複	警醒，謹慎，自制
ἐνδύω	動. 過不. 關. 分詞. 主. 陽. 複	穿，變成，換上
θώραξ, ακος, ὁ	名. 直. 陽. 單	護胸甲，胸部
περικεφαλαία, ας, ἡ	名. 直. 陰. 單	頭盔
σωτηρία, ας, ἡ	名. 所. 陰. 單	拯救，救恩，解救
9. ὀργή, ῆς, ἡ	名. 直. 陰. 單	審判，懲罰
περιποίησις, εως, ἡ	名. 直. 陰. 單	承受
10. γρηγορέω	動. 現在. 主. 假設. 一複	警醒，活著
καθεύδω	動. 現在. 主. 假設. 一複	睡著，睡覺，死了
ἅμα	副. 原	同時，一起，與…一起
11. οἰκοδομέω	動. 現在. 主. 命令. 二複	建造，鼓勵，造就
εἷς τον ἕνα		互相，彼此
12. κοπιάω	動. 現在. 主. 分詞. 直. 陽. 複	辛勞工作，勞苦
προΐστημι	動. 現在. 關. 分詞. 直. 陽. 複	作領袖，管理，照料
νουθετέω	動. 現在. 主. 分詞. 直. 陽. 複	勸戒，教導，警告

13. ἡγέομαι	動.現在.關.不定	想，認為，當作
ὑπερεκπερισσοῦ	副.原	懇切地，遠超過
εἰρηνεύω	動.現在.主.命令.二複	和平相處，和睦
14. νουθετέω	動.現在.主.命令.二複	勸戒，教導，警告
ἄτακτος, ον	形.直.陽.複.原	懶惰的，閒懶的
παραμυθέομαι	動.現在.關.命令.二複	慰藉，安慰，鼓勵，鼓舞
ὀλιγόψυχος, ον	形.直.陽.複.原	灰心的，喪志的
ἀντέχω	動.現在.關.命令.二複	看重，幫助
ἀσθενής, ές	形.所.陽.複.原	生病的，軟弱的（肢體）
μακροθυμέω	動.現在.主.命令.二複	有耐心，堅忍，寬容
15. ἀντί	介.所	代替，為了…的緣故
ἀποδίδωμι	動.過不.主.假設.三單	報應
διώκω	動.現在.主.命令.二複	追求
17. ἀδιαλείπτως	副.原	不停地，經常地
18. εὐχαριστέω	動.現在.主.命令.二複	感謝，祝謝
19. σβέννυμι	動.現在.主.命令.二複	熄滅，抵禦，抑制
20. προφητεία, ας, ἡ	名.直.陰.複	傳講神信息的恩賜
ἐξουθενέω	動.現在.主.命令.二複	輕視，輕看
21. δοκιμάζω	動.現在.主.命令.二複	省察，試驗，洞察
κατέχω	動.現在.主.命令.二複	堅持，遵從
22. εἶδος, ους, τό	名.所.中.單	形狀，外貌，種，類
ἀπέχω	動.現在.關.命令.二複	離…遠，禁戒
23. ἁγιάζω	動.過不.主.祈願.三單	聖化歸神，祝聖，使純潔
ὁλοτελής, ές	形.直.陽.複.原	完全地，每方面都
ὁλόκληρος, ον	名.主.中.單	健全的，完整的，完全的
ἀμέμπτως	副.原	無可指責地
παρουσία, ας, ἡ	名.間.陰.單	來臨，來到，出現
26. φίλημα, ατος, τό	名.間.中.單	吻，親吻
27. ἐνορκίζω	動.現在.主.直說.一單	鄭重囑託
ἀναγινώσκω	動.過不.被.不定	念，在公眾崇拜中誦讀
ἐπιστολή, ῆς, ἡ	名.直.陰.單	信，信件

帖撒羅尼迦後書

第一章

1. Σιλουανός, οῦ, ὁ	名.主.陽.單	西拉〔息耳瓦諾〕
Τιμόθεος, ου, ὁ	名.主.陽.單	提摩太〔弟茂德〕
Θεσσαλονικεύς, έως, ὁ	名.所.陽.複	帖撒羅尼迦（得撒洛尼）人
3. εὐχαριστέω	動.現在.主.不定	感謝，祝謝
ὀφείλω	動.現在.主.直說.一複	應該，必須
πάντοτε	副.原	總是，常常
ἄξιος, α, ον	形.主.中.單.原	值得的，配得的，當然的
ὑπεραυξάνω	動.現在.主.直說.三單	大有進步
πλεονάζω	動.現在.主.直說.三單	增多，擴展
4. ἐγκαυχάομαι	動.現在.關.不定	誇耀
ὑπομονή, ῆς, ἡ	名.所.陰.單	忍耐，堅定，恒毅，恒心
διωγμός, οῦ, ὁ	名.間.陽.複	迫害，逼迫
θλῖψις, εως, ἡ	名.間.陰.複	困難，痛苦，苦難，憂傷
ἀνέχω	動.現在.關.直說.二複	忍受，耐心領受
5. ἔνδειγμα, ατος, τό	名.主.中.單	證據
κρίσις, εως, ἡ	名.所.陰.單	審判，定罪
καταξιόω	動.過不.被.不定	算為值得或配得
πάσχω	動.現在.主.直說.二複	受苦，受難，忍受，遭受
6. εἴπερ	連.條從	既然，如果那是眞的
ἀνταποδίδωμι	動.過不.主.不定	償還，報答，報應
θλίβω	動.現在.主.分詞.間.陽.複	迫害，遭遇苦難
θλῖψις, εως, ἡ	名.直.陰.單	困難，痛苦，苦難
7. ἄνεσις, εως, ἡ	名.直.陰.單	減輕負擔，安心，釋放
ἀποκάλυψις, εως, ἡ	名.間.陰.單	啓示
8. φλόξ, φλογός, ἡ	名.所.陰.單	火焰

	ἐκδίκησις, εως, ἡ	名. 直. 陰. 單	伸冤，懲罰，報應
	ὑπακούω	動. 現在. 主. 分詞. 間. 陽. 複	聽從，回應，接受
9.	δίκη, ης, ἡ	名. 直. 陰. 單	定罪，天理
	τίνω	動. 未來. 主. 直說. 三複	受懲罰
	ὄλεθρος, ου, ὁ	名. 直. 陽. 單	毀滅，滅亡
	ἰσχύς, ύος, ἡ	名. 所. 陰. 單	力量，能力
10.	ἐνδοξάζομαι	動. 過不. 被. 不定	得榮耀，受尊重
	θαυμάζω	動. 過不. 被. 不定	驚奇，稀奇，驚駭，頌讚
	μαρτύριον, ου, τό	名. 主. 中. 單	證言，見證，證據
11.	πάντοτε	副. 原	總是，常常
	ἀξιόω	動. 過不. 主. 假設. 三單	使值得，配得
	κλῆσις, εως, ἡ	名. 所. 陰. 單	呼召，選召，身份
	εὐδοκία, ας, ἡ	名. 直. 陰. 單	美意，誠意，目的，向善
	ἀγαθωσύνη, ης, ἡ	名. 所. 陰. 單	良善
12.	ἐνδοξάζομαι	動. 過不. 被. 假設. 三單	得榮耀，受尊重

第二章

1.	παρουσία, ας, ἡ	名. 所. 陰. 單	來臨，來到，出現
	ἐπισυναγωγή, ῆς, ἡ	名. 所. 陰. 單	聚集
2.	ταχέως	副. 原	立刻，太迅速，太快
	σαλεύω	動. 過不. 被. 不定	搖動
	νοῦς, νοός ὁ	名. 所. 陽. 單	心思，意念，見解
	θροέω	動. 現在. 被. 不定	驚慌，害怕，煩擾
	μήτε	連. 相并	也不
	ἐπιστολή, ῆς, ἡ	名. 所. 陰. 單	信，信件
	ἐνίστημι	動. 完成. 主. 直說. 三單	迫近，即將來臨的
	σαλευθῆναι ἀπὸ τοῦ νοός		心志動搖，困惑
3.	ἐξαπατάω	動. 過不. 主. 假設. 三單	欺騙，迷惑，誘惑
	τρόπος, ου, ὁ	名. 直. 陽. 單	方式，樣子
	ἀποστασία, ας, ἡ	名. 主. 陰. 單	放棄信仰，反叛
	ἀποκαλύπτω	動. 過不. 被. 假設. 三單	啓示，顯明，揭露
	ἀνομία, ας, ἡ	名. 所. 陰. 單	邪惡，不法，罪惡
	ἀπώλεια, ας, ἡ	名. 所. 陰. 單	毀滅

ὁ υἱὸς τῆς ἀπώλειας		注定滅亡的人
ὁ ἄνθρωπος τῆς ἀνομίας		不法者〔不法的擬人化〕
κατὰ μηδένα τρόπον		不讓…用任何手段
4. ἀντίκειμαι	動.現在.關.分詞.主.陽.單	反對，敵對
ὑπεραίρω	動.現在.關.分詞.主.陽.單	驕傲自滿，趾高氣揚，抬高
σέβασμα, ατος, τό	名.直.中.單	敬拜的對象
ναός, οῦ, ὁ	名.直.陽.單	聖殿，至聖所，聖所
καθίζω	動.過不.主.不定	坐下，坐著
ἀποδείκνυμι	動.現在.主.分詞.直.陽.單	證實，自稱，宣佈
5. μνημονεύω	動.現在.主.直說.二複	記得，記住，想起
6. κατέχω	動.現在.主.分詞.直.中.單	阻止
ἀποκαλύπτω	動.過不.被.不定	啓示，顯明，揭露
7. μυστήριον, ου, τό	名.主.中.單	秘密，奧秘
ἐνεργέω	動.現在.關.直說.三單	發生作用，有效果
ἀνομία, ας, ἡ	名.所.陰.單	邪惡，不法，罪惡
ἄρτι	副.原	現在，如今
γίνομαι ἐκ μέσου		被移去，消失
μυστήριον τῆς ἀνομίας		不法者（神秘力量擬人化）
8. ἀποκαλύπτω	動.未來.被.直說.三單	啓示，顯明，揭露
ἄνομος, ον	形.主.陽.單.原	不法的，犯罪的
ἀναιρέω	動.未來.主.直說.三單	除掉，殺害，處死，取消
καταργέω	動.未來.主.直說.三單	取消，毀滅，終止
ἐπιφάνεια, ας, ἡ	名.間.陰.單	顯現，降臨，光輝
παρουσία, ας, ἡ	名.所.陰.單	來臨，來到，出現
9. ἐνέργεια, ας, ἡ	名.直.陰.單	（超自然的）大能，能力
Σατανᾶς, ᾶ, ὁ	名.所.陽.單	魔鬼撒但〔撒殫〕
τέρας, ατος, τό	名.間.中.複	奇事，兆頭，預兆
ψεῦδος, ους, τό	名.所.中.單	謊言，不眞實，說謊
10. ἀπάτη, ης, ἡ	名.間.陰.單	誘惑，詭詐
ἀδικία, ας, ἡ	名.所.陰.單	邪惡，罪，不義，不公平
ἀντί	介.所	因爲
11. ἐνέργεια, ας, ἡ	名.直.陰.單	（超自然的）大能，能力
πλάνη, ης, ἡ	名.所.陰.單	錯誤，欺騙，錯覺，說謊

ψεῦδος, ους, τό	名.間.中.單	謊言，不眞實，說謊
12. εὐδοκέω	動.過不.主.分詞.主.陽.複	喜愛，決意選擇，樂意
ἀδικία, ας, ἡ	名.間.陰.單	過錯，邪惡，罪，不義
13. ὀφείλω	動.現在.主.直說.一複	應該，必須
εὐχαριστέω	動.現在.主.不定	感謝，祝謝
πάντοτε	副.原	總是，常常
αἱρέω	動.過不.關.直說.三單	選擇
ἀπαρχή, ῆς, ἡ	名.直.陰.單	最初的一分，第一個
σωτηρία, ας, ἡ	名.直.陰.單	拯救，救恩，得救
ἁγιασμός, οῦ, ὁ	名.間.陽.單	祝聖，成聖，聖潔
14. περιποίησις, εως, ἡ	名.直.陰.單	得到，承受
15. ἄρα	連.推幷	爲此，那麼，所以
στήκω	動.現在.主.命令.二複	站著，站穩，堅定
κρατέω	動.現在.主.命令.二複	持守，實行，遵行
παράδοσις, εως, ἡ	名.直.陰.複	傳統
ἐπιστολή, ῆς, ἡ	名.所.陰.單	信，信件
16. παράκλησις, εως, ἡ	名.直.陰.單	鼓勵，幫助，安慰，拯救
17. στηρίζω	動.過不.主.祈願.三單	使堅強，堅定，堅固

第三章

1. τρέχω	動.現在.主.假設.三單	快速前進，傳聞
λόγος τρέχει		信息傳開
2. ῥύομαι	動.過不.被.假設.一複	拯救，解救，救…脫離
ἄτοπος, ον	形.所.陽.複.原	不好的，邪惡的，有害的
3. στηρίζω	動.未來.主.直說.三單	使堅強，堅定，堅固
φυλάσσω	動.未來.主.直說.三單	看守，保護，保守
4. παραγγέλλω	動.現在.主.直說.一複	命令，吩咐
5. κατευθύνω	動.過不.主.祈願.三單	引導
ὑπομονή, ῆς, ἡ	名.直.陰.單	忍耐，堅定，恒毅，恒心
6. παραγγέλλω	動.現在.主.直說.一複	命令，吩咐
στέλλω	動.現在.關.不定	防範，避免
ἀτάκτως	副.原	懶惰地，閒懶地
παράδοσις, εως, ἡ	名.直.陰.單	傳統

παραλαμβάνω	動.過不.主.直說.三複	領受，學習
στέλλομαι ἀπό		遠離，規避
7. μιμέομαι	動.現在.關.不定	模仿，效法別人的榜樣
ἀτακτέω	動.過不.主.直說.一複	偷懶，閒懶
8. δωρεάν	副.原	白白地，無緣無故地
κόπος, ου, ὁ	名.間.陽.單	辛勤工作，勞苦
μόχθος, ου, ὁ	名.間.陽.單	辛勞，艱困
ἐργάζομαι	動.現在.關.分詞.主.陽.複	工作，做事
ἐπιβαρέω	動.過不.主.不定	成爲（財務）負擔
9. τύπος, ου, ὁ	名.直.陽.單	模範，榜樣
μιμέομαι	動.現在.關.不定	模仿，效法別人的榜樣
10. παραγγέλλω	動.過未.主.直說.一複	命令，吩咐
ἐργάζομαι	動.現在.關.不定	工作，做事
11. ἀτάκτως	副.原	懶惰地，閒懶地
περιεργάζομαι	動.現在.關.分詞.直.陽.複	愛管閒事
12. παραγγέλλω	動.現在.主.直說.一複	命令，吩咐
ἡσυχία, ας, ἡ	名.所.陰.單	安靜，沉默
ἐργάζομαι	動.現在.關.分詞.主.陽.複	工作，做事
τὸν ἑαυτοῦ ἄρτον ἐσθίω		謀生
13. ἐγκακέω	動.過不.主.假設.二複	畏縮，灰心，鬆懈
καλοποιέω	動.現在.主.分詞.主.陽.複	行善
14. ὑπακούω	動.現在.主.直說.三單	聽從，回應，接受
ἐπιστολή, ῆς, ἡ	名.所.陰.單	信，信件
σημειόω	動.現在.關.命令.二複	作記號，提防
συναναμίγνυμι	動.現在.關.不定	跟…同夥，跟…來往
ἐντρέπω	動.過不.被.假設.三單	使…覺得慚愧，感覺慚愧
15. ἐχθρός, ά, όν	名.直.陽.單	敵人，仇敵，被憎恨的
ἡγέομαι	動.現在.關.命令.二複	認爲，覺得，當作
νουθετέω	動.現在.主.命令.二複	勸戒，教導，警告
16. τρόπος, ου, ὁ	名.間.陽.單	方式，樣子
17. ἀσπασμός, οῦ, ὁ	名.主.陽.單	問安
ἐπιστολή, ῆς, ἡ	名.間.陰.單	信，信件

提摩太前書

特別詞彙

διδασκαλία, ας, ἡ	教導，教訓；教義；命令
εὐσέβεια, ας, ἡ	敬虔，虔誠的生活；宗教；＜複＞善行或虔誠的生活
παραγγέλλω	命令，吩咐
χήρα, ας, ἡ	寡婦

第一章

1.	ἐπιταγή, ῆς, ἡ	名. 直. 陰. 單	命令，權柄，職權
	σωτήρ, ῆρος, ὁ	名. 所. 陽. 單	救主，拯救者，救贖者
2.	Τιμόθεος, ου, ὁ	名. 間. 陽. 單	提摩太〔弟茂德〕
	γνήσιος, α ον	形. 間. 中. 單. 原	眞正的，眞實的，忠誠的
	ἔλεος, ους, τό	名. 主. 中. 單	仁慈，憐憫
3.	προσμένω	動. 過不. 主. 不定	跟…在一起，留在
	Ἔφεσος, ου, ἡ	名. 間. 陰. 單	以弗所〔厄弗所〕
	Μακεδονία, ας, ἡ	名. 直. 陰. 單	馬其頓
	ἑτεροδιδασκαλέω	動. 現在. 主. 不定	傳異教，傳不正確的教訓
4.	προσέχω	動. 現在. 主. 不定	堅守，謹慎，順從
	μῦθος, ου, ὁ	名. 間. 陽. 複	無稽之談，荒唐傳說
	γενεαλογία, ας, ἡ	名. 間. 陰. 複	族譜
	ἀπέραντος, ον	形. 間. 陰. 複. 原	不盡的，冗長的
	ἐκζήτησις, εως, ἡ	名. 直. 陰. 複	無意義的冥想，爭論
	παρέχω	動. 現在. 主. 直說. 三複	導致，引起
	οἰκονομία, ας, ἡ	名. 直. 陰. 單	職務，職責，（神聖）計劃

οὐ παρέχω		放棄
5. τέλος, ους, τό	名.主.中.單	終局，窮盡，終點
παραγγελία, ας, ἡ	名.所.陰.單	命令，指示
καθαρός, ά, όν	形.所.陰.單.原	潔淨的，純潔的，無罪的
συνείδησις, εως, ἡ	名.所.陰.單	良知，知覺
ἀνυπόκριτος, ον	形.所.陰.單.原	眞誠的，眞實的
6. ἀστοχέω	動.過不.主.分詞.主.陽.複	迷路，離開眞道
ἐκτρέπω	動.過不.被.直說.三複	迷失，轉離，傾向
ματαιολογία, ας, ἡ	名.直.陰.單	空談
7. νομοδιδάσκαλος, ου, ὁ	名.主.陽.複	解釋法律者，法律教師
νοέω	動.現在.主.分詞.主.陽.複	明白，曉得，辨認
μήτε	連.相并	也不
διαβεβαιόομαι	動.現在.關.直說.三複	肯定主張，堅持
8. νομίμως	副.原	合法地，合宜地
χράομαι	動.現在.關.假設.三單	使用，利用
9. κεῖμαι	動.現在.關.直說.三單	是，設立
ἄνομος, ον	形.間.陽.複.原	不法的，犯罪的
ἀνυπότακτος, ον	形.間.陽.複.原	混亂的，不順服的
ἀσεβής, ές	形.間.陽.複.原	不信神的，不敬虔的
ἁμαρτωλός, όν	形.間.陽.複.原	有罪的，罪人
ἀνόσιος, ον	形.間.陽.複.原	藐視宗教的，不敬虔的
βέβηλος, ον	形.間.陽.複.原	不敬虔的，荒唐的
πατρολῴας, ου, ὁ	名.間.陽.複	殺父者
μητρολῴας, ου, ὁ	名.間.陽.複	弒母者
ἀνδροφόνος, ου, ὁ	名.間.陽.複	殺人者
10. πόρνος, ου, ὁ	名.間.陽.複	淫亂的人
ἀρσενοκοίτης, ου, ὁ	名.間.陽.複	男同性戀者，親男色者
ἀνδραποδιστής, οῦ, ὁ	名.間.陽.複	綁匪，販賣奴隸者
ψεύστης, ου, ὁ	名.間.陽.複	說謊者
ἐπίορκος, ον	名.間.陽.複	作假證的人
ὑγιαίνω	動.現在.主.分詞.間.陰.單	健全或立場穩固，健康
ἀντίκειμαι	動.現在.關.直說.三單	反對，敵對
12. ἐνδυναμόω	動.過不.主.分詞.間.陽.單	加給力量，變得剛強

ἡγέομαι	動. 過不. 關. 直說. 三單	認爲，覺得，當作
διακονία, ας, ἡ	名. 直. 陰. 單	服侍，使命
13. πρότερος, α, ον	副. 比	以前的，較早的，起初
βλάσφημος, ον	形. 直. 陽. 單. 原	褻瀆的，毀謗的
διώκτης, ου, ὁ	名. 直. 陽. 單	逼迫者
ὑβριστής, οῦ, ὁ	名. 直. 陽. 單	傲慢無禮的人
ἐλεέω	動. 過不. 被. 直說. 一單	憐憫
ἀγνοέω	動. 現在. 主. 分詞. 主. 陽. 單	不了解，無知中犯罪
ἀπιστία, ας, ἡ	名. 間. 陰. 單	不信，不信實
14. ὑπερπλεονάζω	動. 過不. 主. 直說. 三單	滿溢，賜給格外（恩典）
15. ἀποδοχή, ῆς, ἡ	名. 所. 陰. 單	接受
ἄξιος, α, ον	形. 主. 陽. 單. 原	配得的，當然的
ἁμαρτωλός, όν	名. 直. 陽. 複	有罪的，罪人
16. ἐλεέω	動. 過不. 被. 直說. 一單	憐憫
ἐνδείκνυμι	動. 過不. 關. 假設. 三單	顯示，明顯，彰顯
ἅπας, ασα, αν	形. 直. 陰. 單. 原	全部，每個人，每件事
μακροθυμία, ας, ἡ	名. 直. 陰. 單	耐心，忍耐
ὑποτύπωσις, εως, ἡ	名. 直. 陰. 單	榜樣，規範
17. ἄφθαρτος, ον	形. 間. 陽. 單. 原	不滅的，不朽壞的
ἀόρατος, ον	形. 間. 陽. 單. 原	看不見的，未曾見過的
τιμή, ῆς, ἡ	名. 主. 陰. 單	尊貴，敬重
18. παραγγελία, ας, ἡ	名. 直. 陰. 單	命令，指示
παρατίθημι	動. 現在. 關. 直說. 一單	擺，放在…之前，給
Τιμόθεος, ου, ὁ	名. 呼. 陽. 單	提摩太〔弟茂德〕
προάγω	動. 現在. 主. 分詞. 直. 陰. 複	走在前頭，先來
προφητεία, ας, ἡ	名. 直. 陰. 複	受靈感的信息
στρατεύω	動. 現在. 關. 假設. 二單	當兵，打仗
στρατεία, ας, ἡ	名. 直. 陰. 單	戰士，打仗，作戰
αἱ προάγοντες προγητεῖαι		從前的預言
19. συνείδησις, εως, ἡ	名. 直. 陰. 單	良心，知覺
ἀπωθέω	動. 過不. 關. 分詞. 主. 陽. 複	拒絕，不聽從
ναυαγέω	動. 過不. 主. 直說. 三複	船難，海難
περὶ τὴν πίστιν ἐναυάγησαν		他們喪失了信仰

20. Ὑμέναιος, ου, ὁ	名.主.陽.單	舒米乃〔依默納約〕
Ἀλέξανδρος, ου, ὁ	名.主.陽.單	亞歷山大
Σατανᾶς, ᾶ, ὁ	名.間.陽.單	魔鬼撒但〔撒殫〕
παιδεύω	動.過不.被.假設.三複	教導，管教，懲治
βλασφημέω	動.現在.主.不定	褻瀆，毀謗，侮辱

第二章

1. δέησις, εως, ἡ	名.直.陰.複	禱告，祈求
προσευχή, ῆς, ἡ	名.直.陰.複	禱告
ἔντευξις, εως, ἡ	名.直.陰.複	代求，祈禱
εὐχαριστία, ας, ἡ	名.直.陰.複	感恩，感謝
2. ὑπεροχή, ῆς, ἡ	名.間.陰.單	權位
ἤρεμος, ον	形.直.陽.單.原	平安的，安寧的
ἡσύχιος, ον	形.直.陽.單.原	安寧的，嫻靜的
βίος, ου, ὁ	名.直.陽.單	生活
διάγω	動.現在.主.假設.一複	度日，生活
σεμνότης, ητος, ἡ	名.間.陰.單	嚴肅，可尊敬，端正
3. ἀπόδεκτος, ον	形.主.中.單.原	蒙悅納的
σωτήρ, ῆρος, ὁ	名.所.陽.單	救主，拯救者，救贖者
4. ἐπίγνωσις, εως, ἡ	名.直.陰.單	知識，認識，體會
εἰς ἐπίγνωσιν ἔρχομαι		認識，體會
5. μεσίτης, ου, ὁ	名.主.陽.單	中間人，調解人，中保
6. ἀντίλυτρον, ου, τό	名.直.中.單	贖金，換取自由的代價
μαρτύριον, ου, τό	名.主.中.單	見證，證據
7. κῆρυξ, υκος, ὁ	名.主.陽.單	傳道者，報信的人
ψεύδομαι	動.現在.關.直說.一單	說謊，虛偽，欺瞞
8. βούλομαι	動.現在.關.直說.一單	希望，願意
ἐπαίρω	動.現在.主.分詞.直.陽.複	舉高，高（聲）
ὅσιος, α, ον	形.直.陰.複.原	聖潔的，敬畏的，虔誠的
χωρίς	不介.所	没有，不藉著，跟…無關
ὀργή, ῆς, ἡ	名.所.陰.單	憤怒，義憤
διαλογισμός, οῦ, ὁ	名.所.陽.單	疑惑，議論，爭辯
9. ὡσαύτως	副.原	照樣地，同樣地

καταστολή, ῆς, ἡ	名.間.陰.單	衣裳，衣飾
κόσμιος, ον	形.間.陰.單.原	行爲良好的，正派的
αἰδώς, οῦς, ἡ	名.所.陰.單	樸素，虔誠
σωφροσύνη, ης, ἡ	名.所.陰.單	眞實無僞，冷靜
κοσμέω	動.現在.主.不定	裝飾，打扮，整理
πλέγμα, ατος, τό	名.間.中.複	精緻的髮型
χρυσίον, ου, τό	名.間.中.單	金飾，（貴重的）珠寶
μαργαρίτης, ου, ὁ	名.間.陽.複	珍珠
ἱματισμός, οῦ, ὁ	名.間.陽.單	衣服
πολυτελής, ές	形.間.陽.單.原	昂貴的，很有價值的
10. πρέπω	動.現在.主.直說.三單	…是合宜的，…是適當的
ἐπαγγέλλομαι	動.現在.關.分詞.間.陰.複	自稱，表白
θεοσέβεια, ας, ἡ	名.直.陰.單	敬虔，宗教，信仰
11. ἡσυχία, ας, ἡ	名.間.陰.單	安靜，沉默
μανθάνω	動.現在.主.命令.三單	學習，研究
ὑποταγή, ῆς, ἡ	名.間.陰.單	順服，讓步，屈服，謙卑
12. ἐπιτρέπω	動.現在.主.直說.一單	讓，准，許
αὐθεντέω	動.現在.主.不定	管轄
13. Ἀδάμ, ὁ	名.主.陽.單	亞當
πλάσσω	動.過不.被.直說.三單	塑造，形成，創造
εἶτα	副.原	然後，後來，…又
Εὕα, ας, ἡ	名.主.陰.單	夏娃〔厄娃〕
14. Ἀδάμ, ὁ	名.主.陽.單	亞當
ἀπατάω	動.過不.被.直說.三單	欺騙，引入歧途
ἐξαπατάω	動.過不.被.分詞.主.陰.單	欺騙，迷惑，誘惑
παράβασις, εως, ἡ	名.間.陰.單	不服從，罪，違犯
15. τεκνογονία, ας, ἡ	名.所.陰.單	生育兒女
ἁγιασμός, οῦ, ὁ	名.間.陽.單	獻身，成聖，聖潔
σωφροσύνη, ης, ἡ	名.所.陰.單	眞實無僞，安份守己

第三章

1. ἐπισκοπή, ῆς, ἡ	名.所.陰.單	職份，監督，教會領袖
ὀρέγω	動.現在.關.直說.三單	渴慕，希求，貪慕

	ἐπιθυμέω	動. 現在. 主. 直說. 三單	渴慕，希望
2.	ἐπίσκοπος, ου, ὁ	名. 直. 陽. 單	監督，教會領袖，監護者
	ἀνεπίλημπτος, ον	形. 直. 陽. 單. 原	無可指責的
	νηφάλιος, α, ον	形. 直. 陽. 單. 原	節制的，嚴肅的，莊重的
	σώφρων, ον	形. 直. 陽. 單. 原	莊敬自重的，自制的
	κόσμιος, ον	形. 直. 陽. 單. 原	行爲良好的，正派的
	φιλόξενος, ον	形. 直. 陽. 單. 原	親切好客的，慇懃接待的
	διδακτικός, ή, όν	形. 直. 陽. 單. 原	善於教導的
3.	πάροινος, ον	名. 直. 陽. 單	酗酒的人
	πλήκτης, ου, ὁ	名. 直. 陽. 單	脾氣暴躁或粗暴的人
	ἐπιεικής, ές	形. 直. 陽. 單. 原	溫和的，謙讓的，和平的
	ἄμαχος, ον	形. 直. 陽. 單. 原	溫和的，不與人爭吵的
	ἀφιλάργυρος, ον	形. 直. 陽. 單. 原	不貪財的
4.	καλῶς	副. 原	好，善
	προΐστημι	動. 現在. 關. 分詞. 直. 陽. 單	作領袖，照料
	ὑποταγή, ῆς, ἡ	名. 間. 陰. 單	順服，謙卑
	σεμνότης, ητος, ἡ	名. 所. 陰. 單	嚴肅，行爲端莊合宜
5.	ἐπιμελέομαι	動. 未來. 關. 直說. 三單	照顧，看顧
6.	νεόφυτος, ον	形. 直. 陽. 單. 原	新入教的
	τυφόω	動. 過不. 被. 分詞. 主. 陽. 單	心高氣傲，自高自大
	κρίμα, ατος, τό	名. 直. 中. 單	審判，裁判，定罪
	ἐμπίπτω	動. 過不. 主. 假設. 三單	掉進，落入，陷入
	διάβολος, ον	名. 所. 陽. 單	魔鬼
7.	μαρτυρία, ας, ἡ	名. 直. 陰. 單	聲望
	ἔξωθεν	副. 原	從外面，教外的
	ὀνειδισμός, οῦ, ὁ	名. 直. 陽. 單	責備，侮辱，辱罵
	παγις, ίδος, ἡ	名. 直. 陰. 單	羅網，陷阱，圈套
8.	διάκονος, ου, ὁ, ἡ	名. 直. 陽. 複	僕人，執事，女執事
	ὡσαύτως	副. 原	照樣地，同樣地
	σεμνός, ή, όν	形. 直. 陽. 複. 原	嚴肅的，好品格的，端莊的
	δίλογος, ον	形. 直. 陽. 複. 原	一口兩舌的，不誠實的
	οἶνος, ου, ὁ	名. 間. 陽. 單	酒
	προσέχω	動. 現在. 主. 分詞. 直. 陽. 複	堅守，謹慎，順從

αἰσχροκερδής, ές	形.直.陽.複.原	貪財的
οἴνῳ πολλῷ προέχω		酗酒
9. μυστήριον, ου, τό	名.直.中.單	秘密，奧秘
καθαρός, ά, όν	形.間.陰.單.原	純潔的，無罪的
συνείδησις, εως, ἡ	名.間.陰.單	良知，知覺
10. δοκιμάζω	動.現在.被.命令.三複	省察，試驗，洞察
εἶτα	副.原	然後，後來，…又
διακονέω	動.現在.主.命令.三複	服務，作執事
ἀνέγκλητος, ον	形.主.陽.複.原	無可指責的，没有過錯的
11. ὡσαύτως	副.原	照樣地，同樣地
σεμνός, ή, όν	形.直.陰.複.原	嚴肅的，好品格的
διάβολος, ον	形.直.陰.複.原	魔鬼
νηφάλιος, α, ον	形.直.陰.複.原	節制的，嚴肅的，莊重的
12. διάκονος, ου, ὁ, ἡ	名.主.陽.複	僕人，執事，女執事
καλῶς	副.原	好，正確地
προΐστημι	動.現在.關.分詞.主.陽.複	作領袖，照料
13. διακονέω	動.過不.主.分詞.主.陽.複	服務，作執事
βαθμός, οῦ, ὁ	名.直.陽.單	地位，聲譽
περιποιέω	動.現在.關.直說.三複	得到，贏取，換取
παρρησία, ας, ἡ	名.直.陰.單	公開，坦白，勇敢
14. ἐλπίζω	動.現在.主.分詞.主.陽.單	盼望
τάχος, ους, τό	名.間.中.單	速度，快速
15. βραδύνω	動.現在.主.假設.一單	延遲，耽擱
ἀναστρέφω	動.現在.被.不定	生活，舉止
στῦλος, ου, ὁ	名.主.陽.單	柱子，柱石，領袖
ἑδραίωμα, ατος, τό	名.主.中.單	根基，基礎
16. ὁμολογουμένως	副.原	大家都宣認地
μυστήριον, ου, τό	名.主.中.單	秘密，奧秘
φανερόω	動.過不.被.直說.三單	顯明，揭露
δικαιόω	動.過不.被.直說.三單	顯明爲公義
ἀναλαμβάνω	動.過不.被.直說.三單	接（到天）上

第四章

1. ῥητῶς	副. 原	明白地，明確地
ὕστερος, α, ον	形. 間. 陽. 複. 原	最後，稍後，將來，末後
ἀφίστημι	動. 未來. 關. 直說. 三複	離開，放棄信仰
προσέχω	動. 現在. 主. 分詞. 主. 陽. 複	堅守，謹慎，順從
πλάνος, ον	形. 間. 中. 複. 原	欺騙的
2. ὑπόκρισις, εως, ἡ	名. 間. 陰. 單	僞善，不誠實，詭計
ψευδολόγος, ον	名. 所. 陽. 複	騙人的
καυστηριάζω	動. 完成. 被. 分詞. 所. 陽. 複	用熱鐵烙
συνείδησις, εως, ἡ	名. 直. 陰. 單	良知，知覺
καυστηριάζομαι τὴν συνείδησιν		遲鈍
ἐν ὑποκρίσεως ψευδολόγων		騙子的伎倆
3. κωλύω	動. 現在. 主. 分詞. 所. 陽. 複	制止，禁止，不准
γαμέω	動. 現在. 主. 不定	娶，嫁
ἀπέχω	動. 現在. 關. 不定	離…遠，禁戒
βρῶμα, ατος, τό	名. 所. 中. 複	食物，飯
κτίζω	動. 過不. 主. 直說. 三單	創造，造
μετάλημψις, εως, ἡ	名. 直. 陰. 單	接受，領受（食物）
εὐχαριστία, ας, ἡ	名. 所. 陰. 單	感恩，感謝
ἐπιγινώσκω	動. 完成. 主. 分詞. 間. 陽. 複	知道，認識，敬重，熟知
4. κτίσμα, ατος, τό	名. 主. 中. 單	被造之物，萬有，生物
ἀπόβλητος, ον	形. 主. 中. 單. 原	被拒絕的
5. ἁγιάζω	動. 現在. 被. 直說. 三單	聖化歸神，祝聖
ἔντευξις, εως, ἡ	名. 所. 陰. 單	代求，祈禱
6. ὑποτίθημι	動. 現在. 關. 分詞. 主. 陽. 單	指示，指出，教導
διάκονος, ου, ὁ, ἡ	名. 主. 陽. 單	僕人，執事
ἐντρέφω	動. 現在. 被. 分詞. 主. 陽. 單	長進，得到滋養
παρακολουθέω	動. 完成. 主. 直說. 二單	跟從，仿效，仔細查考
7. βέβηλος, ον	形. 直. 陽. 複. 原	不敬虔的，荒唐的
γραώδης, ες	形. 直. 陽. 複. 原	愚蠢的，荒唐的
μῦθος, ου, ὁ	名. 直. 陽. 複	無稽之談，荒唐傳說
παραιτέομαι	動. 現在. 關. 命令. 二單	棄絕，逃避，拒絕聽
γυμνάζω	動. 現在. 主. 命令. 二單	訓練，練習，鍛練

σεαυτοῦ, ῆς	代.二反.直.陽.單	你自己
8. σωματικός, ή, όν	形.主.陰.單.原	肉身的，有形狀的
γυμνασία, ας, ἡ	名.主.陰.單	訓練，鍛練
ὀλίγος, η, ον	形.直.中.單.原	少的，小的，少許
ὠφέλιμος, ον	形.主.陰.單.原	有價值的，有用的，有益的
πρὸς ὀλίγον ὠφέλιμος		（固然）有些益處
9. ἀποδοχή, ῆς, ἡ	名.所.陰.單	接受
ἄξιος, α, ον	形.主.陽.單.原	配得的，當然的
10. κοπιάω	動.現在.主.直說.一複	工作，辛勞工作，勞苦
ἀγωνίζομαι	動.現在.關.直說.一複	爭戰，奮鬥，盡力
ἐλπίζω	動.完成.主.直說.一複	盼望
σωτήρ, ῆρος, ὁ	名.主.陽.單	救主，拯救者，救贖者
μάλιστα	副.最	尤其是，特別
12. νεότης, ητος, ἡ	名.所.陰.單	年幼，年輕，青春
καταφρονέω	動.現在.主.命令.三單	藐視，不當作一回事
τύπος, ου, ὁ	名.主.陽.單	模範，典型，榜樣
ἀναστροφή, ῆς, ἡ	名.間.陰.單	行事爲人
ἁγνεία, ας, ἡ	名.間.陰.單	純潔，貞潔
13. προσέχω	動.現在.主.命令.二單	堅守，謹慎，順從
ἀνάγνωσις, εως, ἡ	名.間.陰.單	誦讀（在公衆面前）
παράκλησις, εως, ἡ	名.間.陰.單	鼓勵，幫助，安慰
14. ἀμελέω	動.現在.主.命令.二單	不理，忽略，拒絕
χάρισμα, ατος, τό	名.所.中.單	（神恩典的）恩賜
προφητεία, ας, ἡ	名.所.陰.單	傳講神信息的恩賜
ἐπίθεσις, εως, ἡ	名.所.陰.單	放（手），按（手）
πρεσβυτέριον, ου, τό	名.所.中.單	長老團
15. μελετάω	動.現在.主.命令.二單	實踐，操練
προκοπή, ῆς, ἡ	名.主.陰.單	進步，進展
φανερός, ά, όν	形.主.陰.單.原	已知的，明顯的
εἰμὶ ἐν		繼續去做
16. ἐπέχω	動.現在.主.命令.二單	留神，謹慎，緊握住
σεαυτοῦ, ῆς	代.二反.間.陽.單	你自己
ἐπιμένω	動.現在.主.命令.二單	繼續，持守

第五章

1. ἐπιπλήσσω	動.過不.主.假設.二單	譴責，斥責
νέος, α, ον	形.直.陽.複.比	新的，年輕的
2. ἀδελφή, ῆς, ἡ	名.直.陰.複	姊妹，同信主的人
ἁγνεία, ας, ἡ	名.間.陰.單	純潔，貞潔
3. τιμάω	動.現在.主.命令.二單	尊重，孝敬，尊重…的身份
ὄντως	副.原	眞實的，當然的
4. ἔκγονος, ον	名.直.中.複	孫子女，後輩
μανθάνω	動.現在.主.命令.三複	學習
εὐσεβέω	動.現在.主.不定	敬拜
ἀμοιβή, ῆς, ἡ	名.直.陰.複	報償
ἀποδίδωμι	動.現在.主.不定	付，回報，報答，遵守
πρόγονος, ον	名.間.陽.複	父母，祖宗
ἀπόδεκτος, ον	形.主.中.單.原	討喜悅的，蒙悅納的
τὸν ἴδιον οἶκον εὐ		在家中盡存道
5. ὄντως	副.原	眞實的，當然的
μονόω	動.完成.被.分詞.主.陰.單	單獨留下，守寡獨居
ἐλπίζω	動.完成.主.直說.三單	盼望
προσμένω	動.現在.主.直說.三單	繼續，留在
δέησις, εως, ἡ	名.間.陰.複	禱告，祈求
προσευχή, ῆς, ἡ	名.間.陰.複	禱告
6. σπαταλάω	動.現在.主.分詞.主.陰.單	專想享樂，奢侈享樂
θνῄσκω	動.完成.主.直說.三單	死了
7. ἀνεπίλημπτος, ον	形.主.陽.複.原	無可指責的
8. μάλιστα	副.最	尤其是，特別
οἰκεῖος, α, ον	名.所.陽.複	親人，家人
προνοέω	動.現在.主.直說.三單	想去做，試著去做，照顧
ἀρνέομαι	動.完成.關.直說.三單	否認，不認，背棄，拒絕
ἄπιστος, ον	形.所.陽.單.原	不信實的，不信的
χείρων, ον	形.主.陽.單.比	更壞的，更厲害的
9. καταλέγω	動.現在.被.命令.三單	（教會）登記
ἐλάσσων, ον	副.比	較少的，較年輕的，少於
ἔτος, ους, τό	名.所.中.複	年

ἑξήκοντα	形. 所. 中. 複. 原	六十
10. τεκνοτροφέω	動. 過不. 主. 直說. 三單	養育兒女
ξενοδοχέω	動. 過不. 主. 直說. 三單	善待客人
νίπτω	動. 過不. 主. 直說. 三單	洗身，臉，手，足等
θλίβω	動. 現在. 被. 分詞. 間. 陽. 複	迫害，遭遇苦難
ἐπαρκέω	動. 過不. 主. 直說. 三單	幫助，扶助，照顧
ἐπακολουθέω	動. 過不. 主. 直說. 三單	隨後，盡力作
πόδας νίπτω		殷勤招待，表現得謙卑
11. νέος, α, ον	形. 直. 陰. 複. 比	新的，年輕的
παραιτέομαι	動. 現在. 關. 命令. 二單	道歉，棄絕，不包括
καταστρηνιάω	動. 過不. 主. 假設. 三複	性慾衝動
γαμέω	動. 現在. 主. 不定	娶，嫁
12. κρίμα, ατος, τό	名. 直. 中. 單	審判，裁判，定罪
ἀθετέω	動. 過不. 主. 直說. 三複	拒絕，不理，廢除，違背
13. ἅμα	副. 原	同時
ἀργός, ή, όν	形. 主. 陰. 複. 原	無所事事，懶惰的
μανθάνω	動. 現在. 主. 直說. 三複	學習
περιέρχομαι	動. 現在. 關. 分詞. 主. 陰. 複	到處走，到處招搖的
φλύαρος, ον	形. 主. 陰. 複. 原	愛說閒話的人，說長道短的
περίεργος, ον	形. 主. 陰. 複. 原	愛管閒事的人
14. βούλομαι	動. 現在. 關. 直說. 一單	希望，願意
νέος, α, ον	形. 直. 陰. 複. 比	新的，年輕的
γαμέω	動. 現在. 主. 不定	娶，嫁
τεκνογονέω	動. 現在. 主. 不定	生育兒女
οἰκοδεσποτέω	動. 現在. 主. 不定	料理家務
ἀφορμή, ῆς, ἡ	名. 直. 陰. 單	機會，把柄
ἀντίκειμαι	動. 現在. 關. 分詞. 間. 陽. 單	反對，敵對
λοιδορία, ας, ἡ	名. 所. 陰. 單	咒罵或辱罵（人）
χάριν	不介. 所	爲了…的緣故，由於
15. ἐκτρέπω	動. 過不. 被. 直說. 三複	迷失，轉離
ὀπίσω	不介. 所	在…之後
Σατανᾶς, ᾶ, ὁ	名. 所. 陽. 單	撒但〔撒殫〕
16. ἐπαρκέω	動. 現在. 主. 命令. 三單	幫助，扶助，照顧

βαρέω	動. 現在. 被. 命令. 三單	使負重擔，重壓，拖累
ὄντως	副. 原	當然的，眞實的
17. καλῶς	副. 原	好，正確地
προΐστημι	動. 完成. 主. 分詞. 主. 陽. 複	作領袖，照料
διπλοῦς, ῆ, οῦν	形. 所. 陰. 單. 原	加倍
τιμή, ῆς, ἡ	名. 所. 陰. 單	報償，報酬
ἀξιόω	動. 現在. 被. 命令. 三複	使值得，配得
μάλιστα	副. 最	尤其是，特別
κοπιάω	動. 現在. 主. 分詞. 主. 陽. 複	工作，辛勞工作，勞苦
18. βοῦς, βοός, ὁ, ἡ	名. 直. 陽. 單	牛
ἀλοάω	動. 現在. 主. 分詞. 直. 陽. 單	踹穀
φιμόω	動. 未來. 主. 直說. 二單	籠住嘴，罩住（牛）口
ἄξιος, α, ον	形. 主. 陽. 單. 原	配得的，當然的
ἐργάτης, ου, ὁ	名. 主. 陽. 單	工人
μισθός, οῦ, ὁ	名. 所. 陽. 單	工價，工資，報酬
19. κατηγορία, ας, ἡ	名. 直. 陰. 單	控告
παραδέχομαι	動. 現在. 關. 命令. 二單	接受，收納，承認
ἐκτός	副. 原	除了，除…之外
μάρτυς, υρος, ὁ	名. 所. 陽. 複	見證人
20. ἁμαρτάνω	動. 現在. 主. 分詞. 直. 陽. 複	犯罪，做錯
ἐλέγχω	動. 現在. 主. 命令. 二單	指出錯誤，揭露，責備
φόβος, ου, ὁ	名. 直. 陽. 單	（對神）敬畏，（對人）尊敬
21. διαμαρτύρομαι	動. 現在. 關. 直說. 一單	作見證，鄭重宣佈
ἐκλεκτός, ή, όν	形. 所. 陽. 複. 原	被揀選的，貴重的
φυλάσσω	動. 過不. 主. 假設. 二單	看守，遵守，保護
χωρίς	不介. 所	没有，不藉著
πρόκριμα, ατος, τό	名. 所. 中. 單	偏見
πρόσκλισις, εως, ἡ	名. 直. 陰. 單	偏袒，偏私
22. ταχέως	副. 原	立刻，太迅速，太快
ἐπιτίθημι	動. 現在. 主. 命令. 二單	按（手）
κοινωνέω	動. 現在. 主. 命令. 二單	參加，成爲夥伴，有份於
ἀλλότριος, α, ον	形. 間. 陰. 複. 原	屬於別人的，另外一個
σεαυτοῦ, ῆς	代. 二反. 直. 陽. 單	你自己

ἁγνός, ή, όν	形. 直. 陽. 單. 原	純潔的，聖潔的，無辜的
23. μηκέτι	副. 原	不再
ὑδροποτέω	動. 現在. 主. 命令. 二單	喝水
οἶνος, ου, ὁ	名. 間. 陽. 單	酒
ὀλίγος, η, ον	形. 間. 陽. 單. 原	少的，小的，少許
χράομαι	動. 現在. 關. 命令. 二單	使用
στόμαχος, ου, ὁ	名. 直. 陽. 單	胃
πυκνός, ή, όν	形. 直. 陰. 複. 原	屢次的
ἀσθένεια, ας, ἡ	名. 直. 陰. 複	（各種）軟弱，疾病
24. πρόδηλος, ον	形. 主. 陰. 複. 原	非常明顯的，顯而易見的
προάγω	動. 現在. 主. 分詞. 主. 陰. 複	走在前頭，先來
κρίσις, εως, ἡ	名. 直. 陰. 單	審判，定罪
ἐπακολουθέω	動. 現在. 主. 直說. 三複	跟隨，隨後
25. ὡσαύτως	副. 原	照樣地，同樣地
ἄλλως	副. 原	另外，不明顯（事情）
κρύπτω	動. 過不. 被. 不定	隱藏，遮蓋

第六章

1. ζυγός, οῦ, ὁ	名. 直. 陽. 單	軛，天平
δεσπότης, ου, ὁ	名. 直. 陽. 複	主人，（一家之）主
τιμή, ῆς, ἡ	名. 所. 陰. 單	尊貴，敬重
ἄξιος, α, ον	形. 直. 陽. 複. 原	配得的，當然的
ἡγέομαι	動. 現在. 關. 命令. 三複	認為，覺得，當作
βλασφημέω	動. 現在. 被. 假設. 三單	褻瀆，毀謗，侮辱
εἰμὶ ὑπὸ ζυγόν		作奴僕
2. καταφρονέω	動. 現在. 主. 命令. 三複	藐視，輕看
δουλεύω	動. 現在. 主. 命令. 三複	伺候，事奉，服事
εὐεργεσία, ας, ἡ	名. 所. 陰. 單	服務，伺候，善事
ἀντιλαμβάνω	動. 現在. 關. 分詞. 主. 陽. 複	得益處，獻身於
3. ἑτεροδιδασκαλέω	動. 現在. 主. 直說. 三單	傳異教，傳不正確的教訓
ὑγιαίνω	動. 現在. 主. 分詞. 間. 陽. 複	健全或立場穩固，健康
4. τυφόω	動. 完成. 被. 直說. 三單	心高氣傲，自高自大
ἐπίσταμαι	動. 現在. 被. 分詞. 主. 陽. 單	知道，曉得，明白，懂得

νοσέω	動.現在.主.分詞.主.陽.單	對…有不良的偏好，喜歡
ζήτησις, εως, ἡ	名.直.陰.複	辯論，討論，爭論
λογομαχία, ας, ἡ	名.直.陰.複	喜在字句上吹毛求疵
φθόνος, ου, ὁ	名.主.陽.單	嫉妒，恨意
ἔρις, ιδος, ἡ	名.主.陰.單	爭鬥，（自私的）競爭
βλασφημία, ας, ἡ	名.主.陰.複	褻瀆，毀謗，侮辱
ὑπόνοια, ας, ἡ	名.主.陰.複	猜疑
5. διαπαρατριβή, ῆς, ἡ	名.主.陰.複	無休無止的爭吵或激怒
διαφθείρω	動.完成.被.分詞.所.陽.複	損壞，蛀蝕，心術不正
νοῦς, νοός ὁ	名.直.陽.單	心思，意念，見解
ἀποστερέω	動.完成.被.分詞.所.陽.複	欺詐，拒絕
νομίζω	動.現在.主.分詞.所.陽.複	想，以爲，認爲
πορισμός, οῦ, ὁ	名.直.陽.單	獲利，發財（的門徑）
6. αὐτάρκεια, ας, ἡ	名.所.陰.單	知足，充足
7. εἰσφέρω	動.過不.主.直說.一複	帶（進）來，抬進
ἐκφέρω	動.過不.主.不定	拿出，抬出，帶走
8. διατροφή, ῆς, ἡ	名.直.陰.複	食物
σκέπασμα, ατος, τό	名.直.中.複	衣服，遮蔽物
ἀρκέω	動.未來.被.直說.一複	足夠，充份，滿意
9. βούλομαι	動.現在.關.分詞.主.陽.複	想要，欲，希望，計劃
πλουτέω	動.現在.主.不定	富足，變得富有，發財
ἐμπίπτω	動.現在.主.直說.三複	掉進，落入，陷入
πειρασμός, οῦ, ὁ	名.直.陽.單	試驗的期間或過程，試探
παγις, ίδος, ἡ	名.直.陰.單	羅網，陷阱，圈套
ἐπιθυμία, ας, ἡ	名.直.陰.複	慾望，情慾，貪心
ἀνόητος, ον	形.直.陰.複.原	愚昧的，無知的
βλαβερός, ά, όν	形.直.陰.複.原	有害的
βυθίζω	動.現在.主.直說.三複	沉沒，陷入
ὄλεθρος, ου, ὁ	名.直.陽.單	毀滅，滅亡
ἀπώλεια, ας, ἡ	名.直.陰.單	浪費
10. ῥίζα, ης, ἡ	名.主.陰.單	根源
φιλαργυρία, ας, ἡ	名.主.陰.單	愛錢，貪財
ὀρέγω	動.現在.關.分詞.主.陽.複	渴慕，貪慕

ἀποπλανάω	動.過不.被.直說.三複	引入迷途，欺騙
περιπείρω	動.過不.主.直說.三複	刺穿
ὀδύνη, ης, ἡ	名.間.陰.複	痛苦，悲傷
11. ὦ	歎	啊！（稱呼人或表達情感）
φεύγω	動.現在.主.命令.二單	逃脫，規避，消滅
διώκω	動.現在.主.命令.二單	追求
ὑπομονή, ῆς, ἡ	名.直.陰.單	忍耐，堅定，恒毅，恒心
πραϋπάθεια, ας, ἡ	名.直.陰.單	溫柔，謙遜
12. ἀγωνίζομαι	動.現在.關.命令.二單	爭戰，奮鬥，盡力，競賽
ἀγών, ῶνος, ὁ	名.直.陽.單	賽跑，爭戰，奮鬥
ἐπιλαμβάνομαι	動.過不.關.命令.二單	拉，揪，抓，贏得
ὁμολογέω	動.過不.主.直說.二單	承認，認（罪），宣佈
ὁμολογία, ας, ἡ	名.直.陰.單	承認，宣認
μάρτυς, υρος, ὁ	名.所.陽.複	見證人
13. ζῳογονέω	動.現在.主.分詞.所.陽.單	（神）賜給生命
Πόντιος, ου, ὁ	名.所.陽.單	本丟〔般雀〕
14. ἄσπιλος, ον	形.直.陰.單.原	純潔的，無污點的
ἀνεπίλημπτος, ον	形.直.陰.單.原	無可指責的
μέχρι	不介.所	直到，甚至
ἐπιφάνεια, ας, ἡ	名.所.陰.單	顯現，降臨，光輝
15. δείκνυμι	動.未來.主.直說.三單	顯現，表現，指示
δυνάστης, ου, ὁ	名.主.陽.單	統治者，君王，主宰
βασιλεύω	動.現在.主.分詞.所.陽.複	掌權，統治，作王
κυριεύω	動.現在.主.分詞.所.陽.複	管轄，主宰
16. ἀθανασία, ας, ἡ	名.直.陰.單	不死，不滅
οἰκέω	動.現在.主.分詞.主.陽.單	居住，住在
ἀπρόσιτος, ον	形.直.中.單.原	不能靠近的
τιμή, ῆς, ἡ	名.主.陰.單	尊貴，敬重
κράτος, ους, τό	名.主.中.單	能力，權能，權威
17. πλούσιος, α, ον	形.間.陽.複.原	豐富的
ὑψηλοφρονέω	動.現在.主.不定	驕傲或狂妄
ἐλπίζω	動.完成.主.不定	盼望
πλοῦτος, ου, ὁ, τό	名.所.陽.單	豐裕，豐富的祝福

ἀδηλότης, ητος, ἡ	名.間.陰.單	不可靠
παρέχω	動.現在.主.分詞.間.陽.單	導致，使…得到
πλουσίως	副.原	豐富地，全然，充份
ἀπόλαυσις, εως, ἡ	名.直.陰.單	享受，享樂
18. ἀγαθοεργέω	動.現在.主.不定	行善
πλουτέω	動.現在.主.不定	富足，變得富有
εὐμετάδοτος, ον	形.直.陽.複.原	慷慨施捨的
κοινωνικός, ή, όν	形.直.陽.複.原	慷慨的，樂意助人的
19. ἀποθησαυρίζω	動.現在.主.分詞.直.陽.複	積存（財寶）
θεμέλιον, ου, τό	名.直.中.單	基礎，根基，基石
ἐπιλαμβάνομαι	動.過不.關.假設.三複	拉，揪，抓，贏得
ὄντως	副.原	眞實的，當然的
20. ὦ	歎	啊！（稱呼人或表達情感）
Τιμόθεος, ου, ὁ	名.呼.陽.單	提摩太〔弟茂德〕
παραθήκη, ης, ἡ	名.直.陰.單	受託之物
φυλάσσω	動.過不.主.命令.二單	看守，遵守，保守
ἐκτρέπω	動.現在.關.分詞.主.陽.單	轉離，避免
βέβηλος, ον	形.直.陰.複.原	不敬虔的，荒唐的
κενοφωνία, ας, ἡ	名.直.陰.複	空談
ἀντίθεσις, εως, ἡ	名.直.陰.複	矛盾，爭論
ψευδώνυμος, ον	形.所.陰.單.原	誤稱的，所謂的
γνῶσις, εως, ἡ	名.所.陰.單	知識，秘傳的知識
21. ἐπαγγέλλομαι	動.現在.關.分詞.主.陽.複	應許，自稱
ἀστοχέω	動.過不.主.直說.三複	迷路，離開眞道

提摩太後書

第一章

2. Τιμόθεος, ου, ὁ	名.間.陽.單	提摩太〔弟茂德〕
ἔλεος, ους, τό	名.主.中.單	仁慈，憐憫
3. λατρεύω	動.現在.主.直說.一單	事奉，敬拜
πρόγονος, ον	名.所.陽.複	父母，祖宗
καθαρός, ά, όν	形.間.陰.單.原	潔淨的，純潔的，無罪的
συνείδησις, εως, ἡ	名.間.陰.單	良心
ἀδιάλειπτος, ον	形.直.陰.單.原	不停的，經常的
μνεία, ας, ἡ	名.直.陰.單	想念，提到
δέησις, εως, ἡ	名.間.陰.複	禱告，祈求
4. ἐπιποθέω	動.現在.主.分詞.主.陽.單	熱切想念，急切地想
μιμνῄσκομαι	動.完成.關.分詞.主.陽.單	記得，記住，回憶
δάκρυον, ου, τό	名.所.中.複	眼淚
5. ὑπόμνησις, εως, ἡ	名.直.陰.單	記憶，紀念
ἀνυπόκριτος, ον	形.所.陰.單.原	真誠的，真實的
ἐνοικέω	動.過不.主.直說.三單	住在，存在
μάμμη, ης, ἡ	名.間.陰.單	祖母
Λωΐς, ΐδος, ἡ	名.間.陰.單	羅綺〔羅依〕
Εὐνίκη, ης, ἡ	名.間.陰.單	友尼基〔歐尼刻〕
6. αἰτία, ας, ἡ	名.直.陰.單	理由，關係
ἀναμιμνῄσκω	動.現在.主.直說.一單	提醒，想起
ἀναζωπυρέω	動.現在.主.不定	重新燃起
χάρισμα, ατος, τό	名.直.中.單	（神恩典的）恩賜
ἐπίθεσις, εως, ἡ	名.所.陰.單	放（手）
7. δειλία, ας, ἡ	名.所.陰.單	膽怯
σωφρονισμός, οῦ, ὁ	名.所.陽.單	正確的判斷，自制

8. ἐπαισχύνομαι	動. 過不. 被. 假設. 二單	以…爲恥
μαρτύριον, ου, τό	名. 直. 中. 單	見證，作證的機會
δέσμιος, ου, ὁ	名. 直. 陽. 單	囚犯
συγκακοπαθέω	動. 過不. 主. 命令. 二單	分擔苦難或與某人分擔困境
9. κλῆσις, εως, ἡ	名. 間. 陰. 單	呼召，選召
πρόθεσις, εως, ἡ	名. 直. 陰. 單	目的，計劃，本意
πρό	介. 所	在…之前
πρὸ χρόνων αἰωνίων		自古以來
10. φανερόω	動. 過不. 被. 分詞. 直. 陰. 單	顯明，揭露，顯現
ἐπιφάνεια, ας, ἡ	名. 所. 陰. 單	顯現，降臨
σωτήρ, ῆρος, ὁ	名. 所. 陽. 單	救主，拯救者，救贖者
καταργέω	動. 過不. 主. 分詞. 所. 陽. 單	取消，毀滅，終止
φωτίζω	動. 過不. 主. 分詞. 所. 陽. 單	照亮，照耀，光照，啓明
ἀφθαρσία, ας, ἡ	名. 直. 陰. 單	不滅，不朽壞
11. κῆρυξ, υκος, ὁ	名. 主. 陽. 單	傳道者，報信的人
12. αἰτία, ας, ἡ	名. 直. 陰. 單	理由，關係
πάσχω	動. 現在. 主. 直說. 一單	受苦，受難，忍受
ἐπαισχύνομαι	動. 現在. 關. 直說. 一單	以…爲恥
δυνατός, ή, όν	形. 主. 陽. 單. 原	有力量的，大能的
παραθήκη, ης, ἡ	名. 直. 陰. 單	受託之物
φυλάσσω	動. 過不. 主. 不定	保護，保守
13. ὑποτύπωσις, εως, ἡ	名. 直. 陰. 單	榜樣，規範
ὑγιαίνω	動. 現在. 主. 分詞. 所. 陽. 複	健全或立場穩固，健康
14. παραθήκη, ης, ἡ	名. 直. 陰. 單	受託之物
φυλάσσω	動. 過不. 主. 命令. 二單	看守，遵守
ἐνοικέω	動. 現在. 主. 分詞. 所. 中. 單	住在，存在
15. ἀποστρέφω	動. 過不. 被. 直說. 三複	轉離，迷惑
Ἀσία, ας, ἡ	名. 間. 陰. 單	亞細亞，和：亞西亞
Φύγελος, ου, ὁ	名. 主. 陽. 單	腓吉路〔非革羅〕
Ἑρμογένης, ους, ὁ	名. 主. 陽. 單	黑摩其尼〔赫摩革乃〕
16. ἔλεος, ους, τό	名. 直. 中. 單	仁慈，憐憫
Ὀνησίφορος, ου, ὁ	名. 所. 陽. 單	阿尼色弗〔敖尼息佛洛〕
πολλάκις	副. 原	常常，一再，屢次

ἀναψύχω	動.過不.主.直說.三單	使精神愉快，高興，振奮
ἅλυσις, εως, ἡ	名.直.陰.單	鐵鏈，鎖鏈，囚禁
ἐπαισχύνομαι	動.過不.被.直說.三單	以…爲恥
17. Ῥώμη, ης, ἡ	名.間.陰.單	羅馬
σπουδαίως	副.原	熱心地，勤奮地，懇切地
18. ἔλεος, ους, τό	名.直.中.單	仁慈，憐憫
Ἔφεσος, ου, ἡ	名.間.陰.單	以弗所〔厄弗所〕
διακονέω	動.過不.主.直說.三單	服務，照應，供應
βελτίων, ον	副.比	清楚（知道）

第二章

1. ἐνδυναμόω	動.現在.被.命令.二單	加給力量，變得剛強
2. μάρτυς, υρος, ὁ	名.所.陽.複	見證人
παρατίθημι	動.過不.關.命令.二單	交託，付託
ἱκανός, ή, όν	形.主.陽.複.原	值得的，配，能夠的
3. συγκακοπαθέω	動.過不.主.命令.二單	與某人分擔困境
στρατιώτης, ου, ὁ	名.主.陽.單	兵士，戰士，侍衛
4. στρατεύω	動.現在.關.分詞.主.陽.單	當兵，入伍，打仗
ἐμπλέκω	動.現在.被.直說.三單	被纏擾，被捲入，被抓去
βίος, ου, ὁ	名.所.陽.單	生活
πραγματεία, ας, ἡ	名.間.陰.複	事務
στρατολογέω	動.過不.主.分詞.間.陽.單	招募軍人
ἀρέσκω	動.過不.主.假設.三單	討喜歡，使高興，被悅納
5. ἀθλέω	動.現在.主.假設.三單	競爭，競賽（運動）
στεφανόω	動.現在.被.直說.三單	加冕，獎賞
νομίμως	副.原	合法地，按規則地
6. κοπιάω	動.現在.主.分詞.直.陽.單	工作，辛勞工作，勞苦
γεωργός, οῦ, ὁ	名.直.陽.單	農人，佃戶，園丁
μεταλαμβάνω	動.現在.主.不定	得到，分享
7. νοέω	動.現在.主.命令.二單	明白，曉得，辨認
σύνεσις, εως, ἡ	名.直.陰.單	了解，理解力，領悟，聰明
8. μνημονεύω	動.現在.主.命令.二單	記得，記住，想起
σπέρμα, ατος, τό	名.所.中.單	種子，後裔

9. κακοπαθέω	動. 現在. 主. 直說. 一單	受苦難，遭遇痛苦
μέχρι	不介. 所	甚至
δεσμός, οῦ, ὁ	名. 所. 陽. 複	捆綁，鎖鏈，囚禁，監牢
κακοῦργος, ον	名. 主. 陽. 單	囚犯
δέω	動. 完成. 被. 直說. 三單	捆，綁，囚禁
10. ὑπομένω	動. 現在. 主. 直說. 一單	忍耐，持續，忍受
ἐκλεκτός, ή, όν	形. 直. 陽. 複. 原	被揀選的，貴重的
σωτηρία, ας, ἡ	名. 所. 陰. 單	拯救，救恩，得救
τυγχάνω	動. 過不. 主. 假設. 三複	獲得，享受，經驗
11. συναποθνῄσκω	動. 過不. 主. 直說. 一複	跟…同死
συζάω	動. 未來. 主. 直說. 一複	同生（共死），跟…同活
12. ὑπομένω	動. 現在. 主. 直說. 一複	忍耐，持續，忍受
συμβασιλεύω	動. 未來. 主. 直說. 一複	一起作王，一同掌權
ἀρνέομαι	動. 未來. 關. 直說. 一複	否認，背棄，拒絕
κἀκεῖνος, η, ο	副. 原	而那一個，而他，那一個也
13. ἀπιστέω	動. 現在. 主. 直說. 一複	不信，不肯相信，不信實
14. ὑπομιμνῄσκω	動. 現在. 主. 命令. 二單	提醒，提出
διαμαρτύρομαι	動. 現在. 關. 分詞. 主. 陽. 單	鄭重宣佈，鄭重勸告，警告
λογομαχέω	動. 現在. 主. 不定	在言詞上爭辯
χρήσιμος, η, ον	形. 直. 中. 單. 原	益處，利益
καταστροφή, ῆς, ἡ	名. 間. 陰. 單	腐化，毀滅
15. σπουδάζω	動. 過不. 主. 命令. 二單	盡力，努力，竭力
σεαυτοῦ, ῆς	代. 二反. 直. 陽. 單	你自己
δόκιμος, ον	形. 直. 陽. 單. 原	經得起考驗的，受贊許的
παρίστημι	動. 過不. 主. 不定	帶到…面前，顯現
ἐργάτης, ου, ὁ	名. 直. 陽. 單	工人
ἀνεπαίσχυντος, ον	形. 直. 陽. 單. 原	問心無愧的
ὀρθοτομέω	動. 現在. 主. 分詞. 直. 陽. 單	正確地使用或解釋
16. βέβηλος, ον	形. 直. 陰. 複. 原	不敬虔的，荒唐的
κενοφωνία, ας, ἡ	名. 直. 陰. 複	空談
περιΐστημι	動. 現在. 關. 命令. 二單	避免
προκόπτω	動. 未來. 主. 直說. 三複	前進，增加，愈發
ἀσέβεια, ας, ἡ	名. 所. 陰. 單	不信神，不敬虔，邪惡

17. γάγγραινα, ης, ἡ	名.主.陰.單	毒瘡，癌
νομή, ῆς, ἡ	名.直.陰.單	蔓延
Ὑμέναιος, ου, ὁ	名.主.陽.單	舒米乃〔依默納約〕
Φίλητος, ου, ὁ	名.主.陽.單	腓理徒〔非肋托〕
18. ἀστοχέω	動.過不.主.直說.三複	迷路，離開眞道
ἀνάστασις, εως, ἡ	名.直.陰.單	復活
ἀνατρέπω	動.現在.主.直說.三複	推翻，動搖，使…毀壞
19. μέντοι	連.轉并	但，可是，然而
στερεός, ά, όν	形.主.陽.單.原	堅定的
θεμέλιον, ου, τό	名.主.中.單	基礎，根基，基石
σφραγίς, ῖδος, ἡ	名.直.陰.單	印，記號，碑刻，證明
ἀφίστημι	動.過不.主.命令.三單	離開，遠離
ἀδικία, ας, ἡ	名.所.陰.單	過錯，邪惡，罪，不義
ὀνομάζω	動.現在.主.分詞.主.陽.單	取名，呼喚…的名
ὀνομάζω τὸ ὄνομα κυρίου		自稱爲屬主的
20. σκεῦος, ους, τό	名.主.中.複	物品，容器，工具
χρυσοῦς, ῆ, οῦν	形.主.中.複.原	黃金做的，黃金的，金的
ἀργυροῦς, ᾶ, οῦν	形.主.中.複.原	銀製的
ξύλινος, η, ον	形.主.中.複.原	木的
ὀστράκινος, η, ον	形.主.中.複.原	黏土製成的，瓦（器）
τιμή, ῆς, ἡ	名.直.陰.單	尊貴，敬重，榮耀
ἀτιμία, ας, ἡ	名.直.陰.單	不體面，不名譽，卑賤
εἰς ἀτιμίαν		作普通用途
21. ἐκκαθαίρω	動.過不.主.假設.三單	潔淨
ἁγιάζω	動.完成.被.分詞.主.中.單	聖化歸神，祝聖
εὔχρηστος, ον	形.主.中.單.原	有用，有利益的，被器重的
δεσπότης, ου, ὁ	名.間.陽.單	主（神或基督）
ἑτοιμάζω	動.完成.被.分詞.主.中.單	準備，預備，準備一切
22. νεωτερικός, ή, όν	形.直.陰.複.原	年輕人的，少年人的
ἐπιθυμία, ας, ἡ	名.直.陰.複	慾望，慾念，情慾，貪心
φεύγω	動.現在.主.命令.二單	逃，逃避，逃脫，規避
διώκω	動.現在.主.命令.二單	追求
ἐπικαλέω	動.現在.關.分詞.所.陽.複	呼求，祈求

καθαρός, ά, όν	形. 所. 陰. 單. 原	潔淨的，純潔的，無罪的
23. μωρός, ά, όν	形. 直. 陰. 複. 原	愚蠢的
ἀπαίδευτος, ον	形. 直. 陰. 複. 原	無知的，愚蠢的
ζήτησις, εως, ἡ	名. 直. 陰. 複	辯論，討論，爭論
παραιτέομαι	動. 現在. 關. 命令. 二單	棄絕，逃避，拒絕聽
μάχη, ης, ἡ	名. 直. 陰. 複	爭吵，衝突
24. μάχομαι	動. 現在. 關. 不定	爭吵，打架
ἤπιος, α, ον	形. 直. 陽. 單. 原	溫柔的，和氣的
διδακτικός, ή, όν	形. 直. 陽. 單. 原	善於教導的
ἀνεξίκακος, ον	形. 直. 陽. 單. 原	寬大的，忍耐的
25. πραΰτης, ητος, ἡ	名. 間. 陰. 單	溫和，柔順，謙遜
παιδεύω	動. 現在. 主. 分詞. 直. 陽. 單	教導，指導
ἀντιδιατίθημι	動. 現在. 關. 分詞. 直. 陽. 複	反對
μήποτε	連. 疑從	也許
μετάνοια, ας, ἡ	名. 直. 陰. 單	悔改，轉離罪惡
ἐπίγνωσις, εως, ἡ	名. 直. 陰. 單	知識，認識，體會
26. ἀνανήφω	動. 過不. 主. 假設. 三複	甦醒，醒悟
διάβολος, ον	名. 所. 陽. 單	魔鬼
παγις, ίδος, ἡ	名. 所. 陰. 單	羅網，陷阱，圈套
ζωγρέω	動. 完成. 被. 分詞. 主. 陽. 複	擄，抓

第三章

1. ἐνίστημι	動. 未來. 關. 直說. 三複	迫近，已經來了
χαλεπός, ή, όν	形. 主. 陽. 複. 原	艱苦的，困難的
2. φίλαυτος, ον	形. 主. 陽. 複. 原	自私的，只顧自己的
φιλάργυρος, ον	形. 主. 陽. 複. 原	愛錢的，貪財的
ἀλαζών, όνος, ὁ	名. 主. 陽. 複	傲慢自誇的人
ὑπερήφανος, ον	形. 主. 陽. 複. 原	傲慢的，驕傲的，狂傲的
βλάσφημος, ον	形. 主. 陽. 複. 原	褻瀆的，毀謗的
γονεύς, έως, ὁ	名. 間. 陽. 複	父母
ἀπειθής, ές	形. 主. 陽. 複. 原	不順服的，悖逆的
ἀχάριστος, ον	形. 主. 陽. 複. 原	忘恩負義的
ἀνόσιος, ον	形. 主. 陽. 複. 原	藐視宗教的，不敬虔的

3. ἄστοργος, ον	形. 主. 陽. 複. 原	無親情的，没有愛心的
ἄσπονδος, ον	形. 主. 陽. 複. 原	不肯和解的，殘忍的
διάβολος, ον	形. 主. 陽. 複. 原	散播謠言的
ἀκρατής, ές	形. 主. 陽. 複. 原	節制不了的，兇暴的
ἀνήμερος, ον	形. 主. 陽. 複. 原	兇暴的
ἀφιλάγαθος, ον	形. 主. 陽. 複. 原	恨惡善良的
4. προδότης, ου, ὁ	名. 主. 陽. 複	背叛者，出賣者
προπετής, ές	形. 主. 陽. 複. 原	魯莽的，粗心的
τυφόω	動. 完成. 被. 分詞. 主. 陽. 複	心高氣傲，自高自大
φιλήδονος, ον	形. 主. 陽. 複. 原	愛享樂的
φιλόθεος, ον	形. 主. 陽. 複. 原	愛神的，愛神的
5. μόρφωσις, εως, ἡ	名. 直. 陰. 單	外形，外貌，内容
εὐσέβεια, ας, ἡ	名. 所. 陰. 單	敬虔，虔誠的生活，宗教
ἀρνέομαι	動. 完成. 關. 分詞. 主. 陽. 複	否認，不認，背棄
ἀποτρέπω	動. 現在. 關. 命令. 二單	躲避，遠離
6. ἐνδύνω	動. 現在. 主. 分詞. 主. 陽. 複	偷偷進入，穿門入戶
αἰχμαλωτίζω	動. 現在. 主. 分詞. 主. 陽. 複	使成爲俘擄或囚犯，支配
γυναικάριον, ου, τό	名. 直. 中. 複	意志薄弱和無知的婦女
σωρεύω	動. 完成. 被. 分詞. 直. 中. 複	（煤）堆，壓制
ἐπιθυμία, ας, ἡ	名. 間. 陰. 複	慾望，慾念，情慾
ποικίλος, η, ον	形. 間. 陰. 複. 原	各種的，各樣的，種種
7. πάντοτε	副. 原	總是，常常
μανθάνω	動. 現在. 主. 分詞. 直. 中. 複	學習，研究，找到
μηδέποτε	副. 原	從不，永不
ἐπίγνωσις, εως, ἡ	名. 直. 陰. 單	知識，認識，體會
εἰς ἐπίγνωσιν ἔρχομαι		認識，明白
8. τρόπος, ου, ὁ	名. 直. 陽. 單	方式，怎樣，一樣，像…的方式
Ἰάννης, ὁ	名. 主. 陽. 單	雅尼〔雅乃斯〕
Ἰαμβρῆς, ὁ	名. 主. 陽. 單	洋布雷，和：佯庇〔楊布勒〕
ἀνθίστημι	動. 過不. 主. 直說. 三複	抗拒，反對，抵擋
καταφθείρω	動. 完成. 被. 分詞. 主. 陽. 複	敗壞，墮落，毀滅
νοῦς, νοός ὁ	名. 直. 陽. 單	心思，意念，見解
ἀδόκιμος, ον	形. 主. 陽. 複. 原	被淘汰的，做不出好事的

9. προκόπτω	動. 未來. 主. 直說. 三複	進步，成長
ἄνοια, ας, ἡ	名. 主. 陰. 單	愚昧，愚蠢
ἔκδηλος, ον	形. 主. 陰. 單. 原	明顯的，暴露無遺的
10. παρακολουθέω	動. 過不. 主. 直說. 二單	跟從，仿效
διδασκαλία, ας, ἡ	名. 間. 陰. 單	教導，教訓，命令
ἀγωγή, ῆς, ἡ	名. 間. 陰. 單	生活態度，人生觀
πρόθεσις, εως, ἡ	名. 間. 陰. 單	目的，本意，堅定，忠貞
μακροθυμία, ας, ἡ	名. 間. 陰. 單	耐心，忍耐
ὑπομονή, ῆς, ἡ	名. 間. 陰. 單	忍耐，堅定，恒毅，恒心
11. διωγμός, οῦ, ὁ	名. 間. 陽. 複	迫害，逼迫
πάθημα, ατος, τό	名. 間. 中. 複	苦難
οἷος, α, ον	代. 聯代. 主. 中. 複	像…，那一種的…
Ἀντιόχεια, ας, ἡ	名. 間. 陰. 單	安提阿〔安提約基雅〕
Ἰκόνιον, ου, τό	名. 間. 中. 單	以哥念〔依科尼雍〕
Λύστρα, ἡ, τά	名. 間. 中. 複	路司得〔呂斯特辣〕
ὑποφέρω	動. 過不. 主. 直說. 一單	忍受，負荷，擔當
ῥύομαι	動. 過不. 關. 直說. 三單	拯救，解救
12. εὐσεβῶς	副. 原	敬虔地
διώκω	動. 未來. 被. 直說. 三複	逼迫，追求
13. γόης, ητος, ὁ	名. 主. 陽. 複	騙子
προκόπτω	動. 未來. 主. 直說. 三複	前進
χείρων, ον	形. 直. 中. 單. 比	更壞的，更厲害的
πλανάω	動. 現在. 主. 分詞. 主. 陽. 複	迷惑，欺騙，被騙
προκοπτω ἐπί τό χεῖρον		每況愈下
14. μανθάνω	動. 過不. 主. 直說. 二單	學習，研究，找到
πιστόω	動. 過不. 被. 直說. 二單	確信
15. βρέφος, ους, τό	名. 所. 中. 單	胎兒，嬰孩，兒童時期
ἱερός, ά, όν	形. 直. 中. 複. 原	神聖的，屬於聖殿的
γράμμα, ατος, τό	名. 直. 中. 複	文字，聖經，學問
σοφίζω	動. 過不. 主. 不定	賜給智慧
σωτηρία, ας, ἡ	名. 直. 陰. 單	拯救，救恩，解救
16. θεόπνευστος, ον	形. 主. 陰. 單. 原	受神的靈感動的
ὠφέλιμος, ον	形. 主. 陰. 單. 原	有價值的，有用的

διδασκαλία, ας, ἡ	名.直.陰.單	教導，教訓，命令
ἐλεγμός, οῦ, ὁ	名.直.陽.單	指責謬誤
ἐπανόρθωσις, εως, ἡ	名.直.陰.單	糾正過錯
παιδεία, ας, ἡ	名.直.陰.單	管教，教導，訓練
17. ἄρτιος, α, ον	形.主.陽.單.原	完全合格的，充份準備的
ἐξαρτίζω	動.完成.被.分詞.主.陽.單	（時間）到了，充分準備

第四章

1. διαμαρτύρομαι	動.現在.關.直說.一單	鄭重宣佈，鄭重勸告
ἐπιφάνεια, ας, ἡ	名.直.陰.單	顯現，降臨
2. ἐφίστημι	動.過不.主.命令.二單	堅持，或從事（傳道）
εὐκαίρως	副.原	在適當或恰巧的時機
ἀκαίρως	副.原	不合時機地
ἐλέγχω	動.過不.主.命令.二單	指出錯誤，揭露
ἐπιτιμάω	動.過不.主.命令.二單	命令，斥責，勸阻
μακροθυμία, ας, ἡ	名.間.陰.單	耐心，忍耐
διδαχή, ῆς, ἡ	名.間.陰.單	教導（的內容），教義
3. ὑγιαίνω	動.現在.主.分詞.所.陰.單	健全或立場穩固，健康
διδασκαλία, ας, ἡ	名.所.陰.單	教導，教訓，教義
ἀνέχω	動.未來.關.直說.三複	忍受，忍耐
ἐπιθυμία, ας, ἡ	名.直.陰.複	慾望，慾念，情慾
ἐπισωρεύω	動.未來.主.直說.三複	積聚，增添
κνήθω	動.現在.被.分詞.主.陽.複	發癢
ἀκοή, ῆς, ἡ	名.直.陰.單	耳朵，聽見
κνήθομαι τὴν ἀκόην		渴望聽見
4. ἀποστρέφω	動.未來.主.直說.三複	轉離，迷惑
μῦθος, ου, ὁ	名.直.陽.複	無稽之談，荒唐傳說
ἐκτρέπω	動.未來.被.直說.三複	轉離，避免，傾向
5. νήφω	動.現在.主.命令.二單	警醒，謹慎，自制
κακοπαθέω	動.過不.主.命令.二單	受苦難，忍受苦難
εὐαγγελιστής, οῦ, ὁ	名.所.陽.單	傳好消息的人
διακονία, ας, ἡ	名.直.陰.單	執事的職份或權柄
πληροφορέω	動.過不.主.命令.二單	完成，完全實現

6. σπένδω	動. 現在. 被. 直說. 一單	獻自己作爲奠祭
ἀνάλυσις, εως, ἡ	名. 所. 陰. 單	離開，死亡
ἐφίστημι	動. 完成. 主. 直說. 三單	（死亡）即將臨近，離世
7. ἀγών, ῶνος, ὁ	名. 直. 陽. 單	賽跑，爭戰，奮鬥
ἀγωνίζομαι	動. 完成. 關. 直說. 一單	爭戰，奮鬥，盡力，競賽
δρόμος, ου, ὁ	名. 直. 陽. 單	（人生）路程，使命
τελέω	動. 完成. 主. 直說. 一單	完成，實現，履行
8. ἀπόκειμαι	動. 現在. 關. 直說. 三單	保存，包藏起來
στέφανος, ου, ὁ	名. 主. 陽. 單	華冠，冠冕
ἀποδίδωμι	動. 未來. 主. 直說. 三單	給，付，回報，報答
κριτής, οῦ, ὁ	名. 主. 陽. 單	法官
ἐπιφάνεια, ας, ἡ	名. 直. 陰. 單	顯現，降臨
9. σπουδάζω	動. 過不. 主. 命令. 二單	盡力，努力，竭力
ταχέως	副. 原	立刻
10. Δημᾶς, ᾶ, ὁ	名. 主. 陽. 單	底馬〔德瑪斯〕
ἐγκαταλείπω	動. 過不. 主. 直說. 三單	放棄，離棄，離開
Θεσσαλονίκη, ης, ἡ	名. 直. 陰. 單	帖撒羅尼迦〔得撒洛尼〕
Κρήσκης, εντος, ὁ	名. 主. 陽. 單	革勒士〔克勒斯刻〕
Γαλατία, ας, ἡ	名. 直. 陰. 單	加拉太〔迦拉達〕
Τίτος, ου, ὁ	名. 主. 陽. 單	提多〔弟鐸〕
Δαλματία, ας, ἡ	名. 直. 陰. 單	撻馬太〔達耳瑪提雅〕
11. Λουκᾶς, ᾶ, ὁ	名. 主. 陽. 單	路加
Μᾶρκος, ου, ὁ	名. 直. 陽. 單	馬可〔馬爾谷〕
ἀναλαμβάνω	動. 過不. 主. 分詞. 主. 陽. 單	帶來
σεαυτοῦ, ῆς	代. 二反. 所. 陽. 單	你自己
εὔχρηστος, ον	形. 主. 陽. 單. 原	有用的，有利益的
διακονία, ας, ἡ	名. 直. 陰. 單	服侍，幫助，使命
12. Τυχικός, οῦ, ὁ	名. 直. 陽. 單	推基古〔提希苛〕
Ἔφεσος, ου, ἡ	名. 直. 陰. 單	以弗所〔厄弗所〕
13. φαιλόνης, ου, ὁ	名. 直. 陽. 單	斗篷，外衣
ἀπολείπω	動. 過不. 主. 直說. 一單	留下
Τρῳάς, άδος, ἡ	名. 間. 陰. 單	特羅亞〔特洛阿〕
Κάρπος, ου, ὁ	名. 間. 陽. 單	加布〔卡爾頗〕

βιβλίον, ου, τό	名.直.中.複	書冊，書卷
μάλιστα	副.最	尤其是，特別
μεμβράνα, ης, ἡ	名.直.陰.複	羊皮卷
14. ᾿Αλέξανδρος, ου, ὁ	名.主.陽.單	亞歷山大
χαλκεύς, έως, ὁ	名.主.陽.單	銅匠，金屬工人
ἐνδείκνυμι	動.過不.關.直說.三單	顯示，表現，做…
ἀποδίδωμι	動.未來.主.直說.三單	回報，報答，報應（善惡）
15. φυλάσσω	動.現在.關.命令.二單	遵守，提防
λίαν	副.原	極力地，大大地，非常
ἀνθίστημι	動.過不.主.直說.三單	抗拒，反對，抵擋
ἡμέτερος, α, ον	代一所.間.陽.複	我們的
16. ἀπολογία, ας, ἡ	名.間.陰.單	辯護，回答，答覆
παραγίνομαι	動.過不.關.直說.三單	來，出現，爲…辯護，支持
ἐγκαταλείπω	動.過不.主.直說.三複	放棄，離棄，離開
λογίζομαι	動.過不.被.祈願.三單	計較，算作，以爲
17. παρίστημι	動.過不.主.直說.三單	顯現，站在旁邊
ἐνδυναμόω	動.過不.主.直說.三單	加給力量，變得剛強
κήρυγμα, ατος, τό	名.主.中.單	所講的道，信息，宣道
πληροφορέω	動.過不.被.假設.三單	完成，完整地宣揚出來
ῥύομαι	動.過不.被.直說.一單	拯救，解救
λέων, οντος, ὁ	名.所.陽.單	獅子
18. ἐπουράνιος, ον	形.直.陰.單.原	屬天的，天空的，天上的
19. Πρίσκα, ης, ἡ	名.直.陰.單	百基拉〔普黎史拉〕
᾿Ακύλας, ὁ	名.直.陽.單	亞居拉〔阿桂拉〕
᾿Ονησίφορος, ου, ὁ	名.所.陽.單	阿尼色弗〔敖尼息佛洛〕
20. Ἔραστος, ου, ὁ	名.主.陽.單	以拉都〔厄辣斯托〕
Κόρινθος, ου, ἡ	名.間.陰.單	哥林多〔格林多〕
Τρόφιμος, ου, ὁ	名.直.陽.單	特羅非摩〔特洛斐摩〕
ἀπολείπω	動.過不.主.直說.一單	留下，離開
Μίλητος, ου, ἡ	名.間.陰.單	米利都〔米肋托〕
ἀσθενέω	動.現在.主.分詞.直.陽.單	生病，軟弱
21. σπουδάζω	動.過不.主.命令.二單	盡力，努力，竭力
πρό	介.所	在…之前（時，地）

χειμών, ῶνος, ὁ	名.所.陽.單	冬天，風雨，風浪
Εὔβουλος, ου, ὁ	名.主.陽.單	友布羅〔歐步羅〕
Πούδης, εντος, ὁ	名.主.陽.單	布田〔普登〕
Λίνος, ου, ὁ	名.主.陽.單	利努〔理諾〕
Κλαυδία, ας, ἡ	名.主.陰.單	革老底亞〔克勞狄雅〕

提多書

特別詞彙

σωτήρ, ῆρος, ὁ	救主，拯救者，救贖者；解救者

第一章

節	詞彙	文法	意義
1.	ἐκλεκτός, ή, όν	形. 所. 陽. 複. 原	被揀選的，貴重的
	ἐπίγνωσις, εως, ἡ	名. 直. 陰. 單	知識，認識，體會
	εὐσέβεια, ας, ἡ	名. 直. 陰. 單	敬虔，虔誠的生活
2.	ἐπαγγέλλομαι	動. 過不. 關. 直說. 三單	應許
	ἀψευδής, ές	形. 主. 陽. 單. 原	不撒謊的，值得信賴的
	πρό	介. 所	在…之前
3.	φανερόω	動. 過不. 主. 直說. 三單	張揚或顯露，顯現
	κήρυγμα, ατος, τό	名. 間. 中. 單	所講的道，信息
	ἐπιταγή, ῆς, ἡ	名. 直. 陰. 單	命令，權柄
4.	Τίτος, ου, ὁ	名. 間. 陽. 單	提多〔弟鐸〕
	γνήσιος, α ον	形. 間. 中. 單. 原	眞正的，眞實的，忠誠的
	κοινός, ή, όν	形. 直. 陰. 單. 原	共同的，和大家有關係的
5.	χάριν	不介. 所	爲了…的緣故，由於
	ἀπολείπω	動. 過不. 主. 直說. 一單	留下，離開
	Κρήτη, ης, ἡ	名. 間. 陰. 單	克里特島，和：革哩底
	λείπω	動. 現在. 主. 分詞. 直. 中. 複	缺，欠
	ἐπιδιορθόω	動. 過不. 關. 假設. 二單	處理，辦完
	καθίστημι	動. 過不. 主. 假設. 二單	派…管理，設立
	διατάσσω	動. 過不. 關. 直說. 一單	吩咐，指示，安排

6. ἀνέγκλητος, ον	形.主.陽.單.原	無可指責的，沒有過錯的
κατηγορία, ας, ἡ	名.間.陰.單	控告
ἀσωτία, ας, ἡ	名.所.陰.單	放蕩的生活
ἀνυπότακτος, ον	形.直.中.複.原	混亂的，不順服的
7. ἐπίσκοπος, ου, ὁ	名.直.陽.單	監督，教會領袖，監護者
οἰκονόμος, ου, ὁ	名.直.陽.單	管家，管理財務者
αὐθάδης, ες	形.直.陽.單.原	高傲的，任性妄爲的
ὀργίλος, η, ον	形.直.陽.單.原	暴躁的
πάροινος, ον	名.直.陽.單	酗酒的人
πλήκτης, ου, ὁ	名.直.陽.單	脾氣暴躁或粗暴的人
αἰσχροκερδής, ές	形.直.陽.單.原	貪財的
8. φιλόξενος, ον	形.直.陽.單.原	親切好客的，慇懃接待的
φιλάγαθος, ον	形.直.陽.單.原	好善的，喜歡做好事的
σώφρων, ον	形.直.陽.單.原	莊敬自重的，自制的
ὅσιος, α, ον	形.直.陽.單.原	神聖的，聖潔的
ἐγκρατής, ές	形.直.陽.單.原	自制的，管束自己的
9. ἀντέχω	動.現在.關.分詞.直.陽.單	堅守
διδαχή, ῆς, ἡ	名.直.陰.單	教訓，教導（的內容），教義
δυνατός, ή, όν	形.主.陽.單.原	剛強的，信心，有能力的
διδασκαλία, ας, ἡ	名.間.陰.單	教訓
ὑγιαίνω	動.現在.主.分詞.間.陰.單	健全
ἀντιλέγω	動.現在.主.分詞.直.陽.複	反對，反駁，背逆
ἐλέγχω	動.現在.主.不定	指出錯誤，揭露
10. ἀνυπότακτος, ον	形.主.陽.複.原	混亂的，不順服的
ματαιολόγος, ον	名.主.陽.複	說荒唐無稽的話的人
φρεναπάτης, ου, ὁ	名.主.陽.複	騙子
μάλιστα	副.最	特別是
περιτομή, ῆς, ἡ	名.所.陰.單	受過割禮的人
11. ἐπιστομίζω	動.現在.主.不定	禁止說話
ἀνατρέπω	動.現在.主.直說.三複	推翻，動搖，使…毀壞
αἰσχρός, ά, όν	形.所.中.單.原	不名譽的，可恥的
κέρδος, ους, τό	名.所.中.單	收獲，益處，財利
χάριν	不介.所	爲了…的緣故

12. Κρής, ητός, ὁ	名.主.陽.複	克里特人，和：革哩底人
ἀεί	副.原	總是，時常
ψεύστης, ου, ὁ	名.主.陽.複	說謊者
θηρίον, ου, τό	名.主.中.複	野獸，走獸，蛇
γαστήρ, τρός, ἡ	名.主.陰.複	貪吃暴食
ἀργός, ἡ, όν	名.主.陰.複	無所事事，懶惰的
γαστέρες ἀργαί		好吃懶做的人
13. μαρτυρία, ας, ἡ	名.主.陰.單	證言，見證
ἀληθής, ές	形.主.陰.單.原	誠實的，眞實的
αἰτία, ας, ἡ	名.直.陰.單	理由，控訴
ἐλέγχω	動.現在.主.命令.二單	指出錯誤，揭露，責備
ἀποτόμως	副.原	嚴厲地
ὑγιαίνω	動.現在.主.假設.三複	健全
14. προσέχω	動.現在.主.分詞.主.陽.複	堅守，謹慎，順從
Ἰουδαϊκός, ή, όν	形.間.陽.複.原	猶太的
μῦθος, ου, ὁ	名.間.陽.複	無稽之談，荒唐傳說
ἀποστρέφω	動.現在.關.分詞.所.陽.複	轉離，除掉
15. καθαρός, ά, όν	形.主.中.複.原	潔淨的，純潔的，無罪的
μιαίνω	動.完成.被.分詞.間.陽.複	弄髒，污
ἄπιστος, ον	形.間.陽.複.原	不信實的，不信的
νοῦς, νοός ὁ	名.主.陽.單	心思，意念，見解
συνείδησις, εως, ἡ	名.主.陰.單	良心，知覺
16. ὁμολογέω	動.現在.主.直說.三複	承認，宣佈，坦白說，宣認
ἀρνέομαι	動.現在.關.直說.三複	否認，不認，背棄，拒絕
βδελυκτός, ή, όν	形.主.陽.複.原	可憎惡的
ἀπειθής, ές	形.主.陽.複.原	不順服的，悖逆的
ἀδόκιμος, ον	形.主.陽.複.原	經不起考驗的，做不出好事的

第二章

1. πρέπω	動.現在.主.直說.三單	…是合宜的，…是適當的
ὑγιαίνω	動.現在.主.分詞.間.陰.單	健全
διδασκαλία, ας, ἡ	名.間.陰.單	教訓
2. πρεσβύτης, ου, ὁ	名.直.陽.複	年老或年長的男人

νηφάλιος, α, ον	形. 直. 陽. 複. 原	節制的，嚴肅的，莊重的
σεμνός, ή, όν	形. 直. 陽. 複. 原	嚴肅的，好品格的，端莊的
σώφρων, ον	形. 直. 陽. 複. 原	莊敬自重的，自制
ὑπομονή, ῆς, ἡ	名. 間. 陰. 單	忍耐，堅定，恒毅，恒心
3. πρεσβῦτις, ιδος, ἡ	名. 直. 陰. 複	年老或年長的婦女
ὡσαύτως	副. 原	照樣地，同樣地
κατάστημα, ατος, τό	名. 間. 中. 單	行爲，生活方式
ἱεροπρεπής, ές	形. 直. 陰. 複. 原	敬虔的，謹慎的
διάβολος, ον	形. 直. 陰. 複. 原	讒言
οἶνος, ου, ὁ	名. 間. 陽. 單	酒
δουλόω	動. 完成. 被. 分詞. 直. 陰. 複	奴役，使..作奴隸
καλοδιδάσκαλος, ον	形. 直. 陰. 複. 原	教好的道理的，作好榜樣的
4. σωφρονίζω	動. 現在. 主. 假設. 三複	教導，忠告
νέος, α, ον	形. 直. 陰. 複. 原	新的，年輕的
φίλανδρος, ον	形. 直. 陰. 複. 原	愛丈夫的
φιλότεκνος, ον	形. 直. 陰. 複. 原	愛兒女的
5. σώφρων, ον	形. 直. 陰. 複. 原	莊敬自重的，自制
ἁγνός, ή, όν	形. 直. 陰. 複. 原	純潔的，聖潔的
οἰκουργός, όν	形. 直. 陰. 複. 原	專務家事的
ὑποτάσσω	動. 現在. 被. 分詞. 直. 陰. 複	制服，服從
βλασφημέω	動. 現在. 被. 假設. 三單	褻瀆，毀謗，侮辱
6. νέος, α, ον	形. 直. 陽. 複. 比	新的，年輕的
ὡσαύτως	副. 原	照樣地，同樣地
σωφρονέω	動. 現在. 主. 不定	神智，謹慎自守，管束自己
7. σεαυτοῦ, ῆς	代. 二反. 直. 陽. 單	你自己
παρέχω	動. 現在. 關. 分詞. 主. 陽. 單	導致，使…得到，給
τύπος, ου, ὁ	名. 直. 陽. 單	模範，榜樣，典型
διδασκαλία, ας, ἡ	名. 間. 陰. 單	教訓
ἀφθορία, ας, ἡ	名. 直. 陰. 單	正直，誠懇
σεμνότης, ητος, ἡ	名. 直. 陰. 單	嚴肅，行爲端莊合宜
8. ὑγιής, ές	形. 直. 陽. 單. 原	健全正確的（教訓），恰當的
ἀκατάγνωστος, ον	形. 直. 陽. 單. 原	無可指責的
ἐναντίος, α, ον	形. 所. 陰. 單. 原	反對的

ἐντρέπω	動. 過不. 被. 假設. 三單	使…覺得慚愧，感覺慚愧
φαῦλος, η, ον	形. 直. 中. 單. 原	錯的，壞的
ἐξ ἐναντίας		敵對，表示敵意
9. δεσπότης, ου, ὁ	名. 間. 陽. 複	主人，（一家之）主
ὑποτάσσω	動. 現在. 被. 不定	制服，服從，安於本份
εὐάρεστος, ον	形. 直. 陽. 複. 原	可接受的，令人喜歡的
ἀντιλέγω	動. 現在. 主. 分詞. 直. 陽. 複	反對，反駁，背逆
10. νοσφίζω	動. 現在. 關. 分詞. 直. 陽. 複	私自保留，偷竊
ἐνδείκνυμι	動. 現在. 關. 分詞. 直. 陽. 複	顯示，明顯，彰顯
διδασκαλία, ας, ἡ	名. 直. 陰. 單	教訓
κοσμέω	動. 現在. 主. 假設. 三複	裝飾，打扮，整理
11. ἐπιφαίνω	動. 過不. 被. 直說. 三單	出現，光照
σωτήριος, ον	形. 主. 陰. 單. 原	拯救
12. παιδεύω	動. 現在. 主. 分詞. 主. 陰. 單	教導，指導，訓練
ἀρνέομαι	動. 過不. 關. 分詞. 主. 陽. 複	否認，不認，背棄，拒絕
ἀσέβεια, ας, ἡ	名. 直. 陰. 單	不信神，不敬虔，邪惡
κοσμικός, ή, όν	形. 直. 陰. 複. 原	屬世的，人造的，物質的
ἐπιθυμία, ας, ἡ	名. 直. 陰. 複	慾望，情慾，私慾，貪心
σωφρόνως	副. 原	明智地，自制地
δικαίως	副. 原	公正地，正直地
εὐσεβῶς	副. 原	敬虔地
13. προσδέχομαι	動. 現在. 關. 分詞. 主. 陽. 複	等候，期待，接待
ἐπιφάνεια, ας, ἡ	名. 直. 陰. 單	顯現，降臨
14. λυτρόω	動. 過不. 關. 假設. 三單	救贖，釋放，使自由
ἀνομία, ας, ἡ	名. 所. 陰. 單	邪惡，不法，罪惡
καθαρίζω	動. 過不. 主. 假設. 三單	潔淨，使純潔
περιούσιος, ον	形. 直. 陽. 單. 原	特別的，只屬於自己的
ζηλωτής, οῦ, ὁ	名. 直. 陽. 單	熱心者
15. ἐλέγχω	動. 現在. 主. 命令. 二單	指出錯誤，揭露
ἐπιταγή, ῆς, ἡ	名. 所. 陰. 單	命令，權柄，職權
περιφρονέω	動. 現在. 主. 命令. 三單	輕看，漠視

第三章

1. ὑπομιμνῄσκω	動. 現在. 主. 命令. 二單	提醒
ὑποτάσσω	動. 現在. 被. 不定	服從，受…轄制，安於本份
πειθαρχέω	動. 現在. 主. 不定	服從，聽從
ἕτοιμος, η, ον	形. 直. 陽. 複. 原	準備好的
2. βλασφημέω	動. 現在. 主. 不定	褻瀆，毀謗，侮辱
ἄμαχος, ον	形. 直. 陽. 複. 原	溫和的，不與人爭吵的
ἐπιεικής, ές	形. 直. 陽. 複. 原	溫和的，謙讓的，和平的
ἐνδείκνυμι	動. 現在. 關. 分詞. 直. 陽. 複	明顯，表明，表現
πραΰτης, ητος, ἡ	名. 直. 陰. 單	溫和，柔順
3. ποτέ	副. 原	從前
ἀνόητος, ον	形. 主. 陽. 複. 原	愚昧的，無知的
ἀπειθής, ές	形. 主. 陽. 複. 原	不順服的，悖逆的
πλανάω	動. 現在. 被. 分詞. 主. 陽. 複	迷失，被騙，流浪
δουλεύω	動. 現在. 主. 分詞. 主. 陽. 複	伺候，事奉，服事，作奴隸
ἐπιθυμία, ας, ἡ	名. 間. 陰. 複	慾望，情慾，私慾，貪心
ἡδονή, ῆς, ἡ	名. 間. 陰. 複	享樂，慾望
ποικίλος, η, ον	形. 間. 陰. 複. 原	各種的，各樣的，種種
κακία, ας, ἡ	名. 間. 陰. 單	邪惡，惡毒，怨恨
φθόνος, ου, ὁ	名. 間. 陽. 單	嫉妒，恨意
διάγω	動. 現在. 主. 分詞. 主. 陽. 複	度日，生活
στυγητός, ή, όν	形. 主. 陽. 複. 原	可恨的
μισέω	動. 現在. 主. 分詞. 主. 陽. 複	恨，厭惡
4. χρηστότης, ητος, ἡ	名. 主. 陰. 單	仁慈，良善，慈悲，正直
φιλανθρωπία, ας, ἡ	名. 主. 陰. 單	（神）向人類的慈愛
ἐπιφαίνω	動. 過不. 被. 直說. 三單	顯出，顯明
5. ἔλεος, ους, τό	名. 直. 中. 單	仁慈，憐憫
λουτρόν, οῦ, τό	名. 所. 中. 單	洗滌，潔淨
παλιγγενεσία, ας, ἡ	名. 所. 陰. 單	重生，新生，新時代
ἀνακαίνωσις, εως, ἡ	名. 所. 陰. 單	更新
6. ἐκχέω	動. 過不. 主. 直說. 三單	倒出，傾注
πλουσίως	副. 原	豐富地，全然，充份
7. δικαιόω	動. 過不. 被. 分詞. 主. 陽. 複	宣告爲義

	κληρονόμος, ου, ὁ	名.主.陽.複	承受神應許的人
8.	βούλομαι	動.現在.關.直說.一單	希望，願意
	διαβεβαιόομαι	動.現在.關.不定	肯定主張，堅持，特別強調
	φροντίζω	動.現在.主.假設.三複	專心，熱心（做某事）
	προΐστημι	動.現在.關.不定	作領袖，照料，實行
	ὠφέλιμος, ον	形.主.中.複.原	有價值的，有用的
9.	μωρός, ά, όν	形.直.陰.複.原	愚蠢的
	ζήτησις, εως, ἡ	名.直.陰.複	辯論，爭論，爭論的問題
	γενεαλογία, ας, ἡ	名.直.陰.複	族譜
	ἔρις, ιδος, ἡ	名.直.陰.複	爭鬥，（自私的）競爭
	μάχη, ης, ἡ	名.直.陰.複	爭吵，衝突
	νομικός, ή, όν	形.直.陰.複.原	屬於法律的
	περιΐστημι	動.現在.關.命令.二單	避免，逃避
	ἀνωφελής, ές	形.主.陰.複.原	無用的，有害的
	μάταιος, α, ον	形.主.陰.複.原	没有價值，虛幻的，無用的
10.	αἱρετικός, ή, όν	形.直.陽.單.原	製造分裂的
	δεύτερος, α, ον	形.直.陰.單.原	第二的，然後
	νουθεσία, ας, ἡ	名.直.陰.單	教導，警告
	παραιτέομαι	動.現在.關.命令.二單	棄絕，逃避
11.	ἐκστρέφω	動.完成.被.直說.三單	叛教，腐化
	ἁμαρτάνω	動.現在.主.直說.三單	犯罪，做錯
	αὐτοκατάκριτος, ον	形.主.陽.單.原	責備自己是錯誤的
12.	᾿Αρτεμᾶς, ᾶ, ὁ	名.直.陽.單	亞提馬〔阿爾特瑪〕
	Τυχικός, οῦ, ὁ	名.直.陽.單	推基古〔提希苛〕
	σπουδάζω	動.過不.主.命令.二單	盡力，竭力，盡可能
	Νικόπολις, εως, ἡ	名.直.陰.單	尼哥波立〔尼苛頗立〕
	παραχειμάζω	動.過不.主.不定	過冬
13.	Ζηνᾶς, ὁ	名.直.陽.單	西納〔則納〕
	νομικός, ή, όν	名.直.陽.單	屬於法律的
	᾿Απολλῶς, ῶ, ὁ	名.直.陽.單	阿波羅〔阿頗羅〕
	σπουδαίως	副.原	熱心地，勤奮地，懇切地
	προπέμπω	動.過不.主.命令.二單	差派，一路上幫忙
	λείπω	動.現在.主.假設.三單	缺，欠

αὐτοὺς σπουδαίως πρόπεμψον		盡力促成他們旅行的計劃
ὁ νομικός		法律教師，經學教師，律師
14. μανθάνω	動. 現在. 主. 命令. 三複	學習
ἡμέτερος, α, ον	代一所. 主. 陽. 複	我們的
προΐστημι	動. 現在. 關. 不定	照料，實行，幫助
ἀναγκαῖος, α, ον	形. 直. 陰. 複. 原	必要的，緊急的
χρεία, ας, ἡ	名. 直. 陰. 複	應當，必須
ἄκαρπος, ον	形. 主. 陽. 複. 原	不結果子的，没有用的
15. φιλέω	動. 現在. 主. 分詞. 直. 陽. 複	愛，愛惜，愛好

腓利門書

1. δέσμιος, ου, ὁ	名.主.陽.單	囚犯
Τιμόθεος, ου, ὁ	名.主.陽.單	提摩太〔弟茂德〕
Φιλήμων, ονος, ὁ	名.間.陽.單	腓利門〔費肋孟〕
συνεργός, όν	名.間.陽.單	同工，跟…同工合作的人
2. ᾿Απφία, ας, ἡ	名.間.陰.單	亞腓亞〔阿丕雅〕
ἀδελφή, ῆς, ἡ	名.間.陰.單	姊妹，同信主的人
Ἄρχιππος, ου, ὁ	名.間.陽.單	亞基布〔阿爾希頗〕
συστρατιώτης, ου, ὁ	名.間.陽.單	伙伴，一同作戰的人
4. εὐχαριστέω	動.現在.主.直說.一單	感謝，祝謝
πάντοτε	副.原	總是，常常
μνεία, ας, ἡ	名.直.陰.單	想念，提到
προσευχή, ῆς, ἡ	名.所.陰.複	禱告
6. κοινωνία, ας, ἡ	名.主.陰.單	親密的關係，聯繫，幫助
ἐνεργής, ές	形.主.陰.單.原	有效的，很好的，藉…而能
ἐπίγνωσις, εως, ἡ	名.間.陰.單	知識，認識，體會
7. παράκλησις, εως, ἡ	名.直.陰.單	鼓勵，幫助，安慰
σπλάγχνον, ου, τό	名.主.中.複	內心，深處的情感，愛心
ἀναπαύω	動.完成.被.直說.三單	休息，安息
8. παρρησία, ας, ἡ	名.直.陰.單	公開，坦白，信心
ἐπιτάσσω	動.現在.主.不定	吩咐，命令，指揮
ἀνήκω	動.現在.主.分詞.直.中.單	是合宜的，是應當的
9. πρεσβύτης, ου, ὁ	名.主.陽.單	年老或年長的男人
νυνί	副.原	現在
δέσμιος, ου, ὁ	名.主.陽.單	囚犯
10. δεσμός, οῦ, ὁ	名.間.陽.複	捆綁，鎖鏈，囚禁，監牢
᾿Ονήσιμος, ου, ὁ	名.直.陽.單	阿尼西謀，和：阿尼西母
11. ποτέ	副.原	那時候，曾經

ἄχρηστος, ον	形.直.陽.單.原	無用的，無益的
νυνί	副.原	現在
εὔχρηστος, ον	形.直.陽.單.原	有用的，有利益的
12. ἀναπέμπω	動.過不.主.直說.一單	送，送回，送上
σπλάγχνον, ου, τό	名.直.中.複	內心，深處的情感，愛心
13. βούλομαι	動.過未.關.直說.一單	希望，願意，計劃
ἐμαυτοῦ, ῆς	代.一反.直.陽.單	我自己的
κατέχω	動.現在.主.不定	保留，挽留
διακονέω	動.現在.主.假設.三單	服務，伺候，照顧，供應
δεσμός, οῦ, ὁ	名.間.陽.複	捆綁，鎖鏈，囚禁，監牢
14. χωρίς	不介.所	没有，不藉著
σός, σή, σόν	代二所.所.陰.單	你的，屬於你的
γνώμη, ης, ἡ	名.所.陰.單	旨意，意見，決定，同意
ἀνάγκη, ης, ἡ	名.直.陰.單	必要性，勉強
ἑκούσιος, α, ον	形.直.中.單.原	甘心樂意的
κατὰ ἀνάγκην		出於勉強
15. τάχα	副.原	或許，也許
χωρίζω	動.過不.被.直說.三單	分開，離開
ἀπέχω	動.現在.主.假設.二單	完全得到，留著
16. οὐκέτι	副.原	不再
μάλιστα	副.最	尤其是
πόσος, η, ον	代疑代.間.中.單	何等多，多麼，多少？
17. κοινωνός, οῦ, ὁ, ἡ	名.直.陽.單	同伴，夥伴
προσλαμβάνω	動.過不.關.命令.二單	歡迎，接受，接待
18. ἀδικέω	動.過不.主.直說.三單	佔便宜，傷害，犯錯
ὀφείλω	動.現在.主.直說.三單	欠，負債，應該，必須
ἐλλογέω	動.現在.主.命令.二單	記到某人的賬上，記錄
19. ἀποτίνω	動.未來.主.直說.一單	償還
σεαυτοῦ, ῆς	代.二反.直.陽.單	你自己
προσοφείλω	動.現在.主.直說.二單	欠
20. ναί	虛.強	是的，確實，必然，一定
ὀνίνημι	動.過不.關.祈願.一單	獲得利益，求情
ἀναπαύω	動.過不.主.命令.二單	使休息，使愉快

σπλάγχνον, ου, τό	名.直.中.複	內心，深處的情感，愛心
21. ὑπακοή, ῆς, ἡ	名.間.陰.單	服從，信服，信從，順從
22. ἅμα	副.原	同時，一起，與…一起
ἑτοιμάζω	動.現在.主.命令.二單	準備，預備，準備一切
ξενία, ας, ἡ	名.直.陰.單	住處，房間，客房
ἐλπίζω	動.現在.主.直說.一單	希望，盼望，指望，仰望
προσευχή, ῆς, ἡ	名.所.陰.複	禱告
χαρίζομαι	動.未來.被.直說.一單	給，賜，恩待
23. Ἐπαφρᾶς, ᾶ, ὁ	名.主.陽.單	以巴弗〔厄帕夫辣〕
συναιχμάλωτος, ου, ὁ	名.主.陽.單	一同作囚犯者
24. Μᾶρκος, ου, ὁ	名.主.陽.單	馬可〔馬爾谷〕
Ἀρίσταρχος, ου, ὁ	名.主.陽.單	亞里達古〔阿黎斯塔苛〕
Δημᾶς, ᾶ, ὁ	名.主.陽.單	底馬〔德瑪斯〕
Λουκᾶς, ᾶ, ὁ	名.主.陽.單	路加
συνεργός, όν	名.主.陽.複	同工，跟…同工合作的人

希伯來書

特別詞彙

ἁγιάζω	聖化歸神；祝聖，聖化；尊為聖，敬畏；使純潔，潔淨
ἅπαξ	曾經，一次；一次就永遠有效；ἅ. καὶ δίς 不只一次，一再
δεύτερος, α, ον	第二的；（τὸ）δ., πάλιν δ., ἐν τῷ δ. 或 ἐκ δ. 第二次
διαθήκη, ης, ἡ	約，契約；遺囑；<複>契約條文或單指契約
δῶρον, ου, τό	禮物；供物，祭物；捐款；所賜的
ἐπεί	因為；如果不，要不是；既然；否則，除非
ἐπουράνιος, ον	屬天的；天空的，天上的
εὐλογέω	（神或基督為主詞時）祝福，恩待，賜福；（神或基督為受詞時）頌讚；求神祝福（飲食）
ἡγέομαι	想，認為，覺得，當作；帶領，治理
θυσία, ας, ἡ	犧牲，祭物；牲祭
ἱερεύς, έως, ὁ	祭司
κατάπαυσις, εως, ἡ	安息的地方；安息
κατασκευάζω	準備，開（路）；建造，蓋（房子）；造成（來 9.2），安排（來 9.6）
κρείττων (κρεῖττον), ον	<副>更好（κ. λαλῶ παρά 所表達的遠勝過…，來 12.24）；接<所有>更偉大，更美好
λατρεύω	事奉，敬拜
Μελχισέδεκ, ὁ	麥基洗德〔默基瑟德〕
μέτοχος, ον	分享者；同工；同伴，夥伴
ὅθεν	地方，從那裏；所以，因此，為了這個理由
ὀμνύω	發誓，許願，宣誓
πειράζω	試驗，使…受試驗；試探，誘惑；嘗試，企圖，想要

προσφέρω	供，獻（特別是禮物與祭物）；來，將（某人）帶到（官）前；＜被動＞對待（來 12.7）
προσφορά, ᾶς, ἡ	供獻，獻祭，禮物；供獻或獻祭的行爲
σήμερον	今日；ἡ σ. 或 ἡ σ. ἡμέσα 今天，正在這一天
σκηνή, ῆς, ἡ	帳棚，暫時避身之處；會幕（崇拜的地方）；居住的地方
συνείδησις, εως, ἡ	良心（ἔω σ. ἁμαρτιῶν 有罪惡感覺，來 10.2）；知覺，覺知
σωτηρία, ας, ἡ	拯救，救恩（基督教所指）；解救，得救，保全，釋放
τάξις, εως, ἡ	班次，系列，（祭司）制度；循規蹈矩；等級或性質，資格（κατὰ τ. Μελχισέδεχ 正如麥基洗德）
τελειόω	使完全，使完美，成全（＜被動＞達到完美）；完成，成熟，變成；使成熟；應驗，實現（聖經）
τοσοῦτος, αύτη, οῦτον	如此多，如此大，等；＜複＞如此多，許多（τ. χρόνῳ 所有這段時間；μετὰ τ. χρόνον 許多年後，來 4.7）；καθ' ὅσον…κατὰ τ. 或 ὅσα…τοσοῦτον 到…的程度，到…同樣的程度； τοσούτῳ…ὅσῳ 像…一樣（來 1.4）
ὑποτάσσω	制服，使服從，使…隸屬；＜被動＞服從，順從，受…轄制
χωρίς	1. 接＜所有＞没有，不藉著，跟…無關（來 12.14 後置用法）；οὗ χ. 没有它；除了…以外，還，另外；2. ＜副＞分開地，在另一邊）

第一章

1. πολυμερῶς	副.原	許多次
πολυτρόπως	副.原	用多種方法地
πάλαι	副.原	在古時候，以前
2. κληρονόμος, ου, ὁ	名.直.陽.單	繼承人
3. ἀπαύγασμα, ατος, τό	名.主.中.單	光輝，燦爛
χαρακτήρ, ῆρος, ὁ	名.主.陽.單	本像，完全的反映
ὑπόστασις, εως, ἡ	名.所.陰.單	本性，本體
καθαρισμός, οῦ, ὁ	名.直.陽.單	潔淨，潔淨禮

καθίζω	動. 過不. 主. 直說. 三單	坐下，坐著
μεγαλωσύνη, ης, ἡ	名. 所. 陰. 單	威嚴，偉大，至高權力者
ὑψηλός, ή, όν	形. 間. 陽. 複. 原	高的
ἐν ὑψηλῷ		在天上
4. διάφορος, ον	形. 直. 中. 單. 比	不同的
κληρονομέω	動. 完成. 主. 直說. 三單	得到，承受，領受
τοσούτῳ···ὅσῳ		正如···也
5. ποτέ	副. 原	從前，那時候，曾經
6. εἰσάγω	動. 過不. 主. 假設. 三單	帶進，差到···來
πρωτότοκος, ον	形. 直. 陽. 單. 原	頭胎的，首先的，長子
οἰκουμένη, ης, ἡ	名. 直. 陰. 單	世界，人類居住的地方
7. λειτουργός, οῦ, ὁ	名. 直. 陽. 複	僕人，供職的人
φλόξ, φλογός, ἡ	名. 直. 陰. 單	火焰
8. ῥάβδος, ου, ἡ	名. 主. 陰. 單	棍，杖，權（杖）
εὐθύτης, ητος, ἡ	名. 所. 陰. 單	正直，公平
9. μισέω	動. 過不. 主. 直說. 二單	恨，厭惡
ἀνομία, ας, ἡ	名. 直. 陰. 單	邪惡，不法，罪惡
χρίω	動. 過不. 主. 直說. 三單	膏（油），抹（油）
ἔλαιον, ου, τό	名. 直. 中. 單	橄欖油，油
ἀγαλλίασις, εως, ἡ	名. 所. 陰. 單	大喜樂
10. θεμελιόω	動. 過不. 主. 直說. 二單	立根基，堅立
11. διαμένω	動. 現在. 主. 直說. 二單	始終，常存
παλαιόω	動. 未來. 被. 直說. 三複	作廢，當作舊的，變舊
12. ὡσεί	虛. 比	像，好像，約，大概
περιβόλαιον, ου, τό	名. 直. 中. 單	袍，外衣
ἑλίσσω	動. 未來. 主. 直說. 二單	捲起來
ἀλλάσσω	動. 未來. 被. 直說. 三複	變化，改變，變形
ἔτος, ους, τό	名. 主. 中. 複	年
ἐκλείπω	動. 未來. 主. 直說. 三複	窮盡
13. ποτέ	副. 原	從前，那時候，曾經
ἐχθρός, ά, όν	名. 直. 陽. 複	敵人，仇敵，被憎恨的
ὑποπόδιον, ου, τό	名. 直. 中. 單	腳凳
14. λειτουργικός, ή, όν	形. 主. 中. 複. 原	事奉的

διακονία, ας, ἡ	名.直.陰.單	服侍，幫助，使命
κληρονομέω	動.現在.主.不定	得到，承受，領受

第二章

1. περισσοτέρως	副.比	更加，甚至更，格外
προσέχω	動.現在.主.不定	謹慎，小心，堅守
μήποτε	連.不從	恐怕，免得
παραρρέω	動.過不.被.假設.一複	漂走，沖走
2. βέβαιος, α, ον	形.主.陽.單.原	可靠的，確實的，生效的
παράβασις, εως, ἡ	名.主.陰.單	不服從，罪，破壞，違犯
παρακοή, ῆς, ἡ	名.主.陰.單	不順服，不遵從，背逆
ἔνδικος, ον	形.直.陰.單.原	應該的，應得的
μισθαποδοσία, ας, ἡ	名.直.陰.單	獎賞，報應，懲罰
3. ἐκφεύγω	動.未來.關.直說.一複	逃脫，逃避
τηλικοῦτος, αύτη, οῦτο	代.形指.所.陰.單	這麼大，如此大
ἀμελέω	動.過不.主.分詞.主.陽.複	不理，忽略，拒絕
βεβαιόω	動.過不.被.直說.三單	證實，證明，保證
4. συνεπιμαρτυρέω	動.現在.主.分詞.所.陽.單	更進一步或加強作證
τέρας, ατος, τό	名.間.中.複	奇事，兆頭，預兆
ποικίλος, η, ον	形.間.陰.複.原	各種的，種種，不同的
μερισμός, οῦ, ὁ	名.間.陽.複	分配，分發
θέλησις, εως, ἡ	名.直.陰.單	意志，心意，（神的）旨意
5. οἰκουμένη, ης, ἡ	名.直.陰.單	世界，人類居住的地方
6. διαμαρτύρομαι	動.過不.關.直說.三單	作見證，證明，鄭重勸告
πού	副.原	某地方
μιμνῄσκομαι	動.現在.關.直說.二單	記得，記住，關懷
ἐπισκέπτομαι	動.現在.關.直說.二單	照顧，眷顧，選出，尋找
7. ἐλαττόω	動.過不.主.直說.二單	低微
βραχύς, εῖα, ύ	副.原	少的，短的，小的
τιμή, ῆς, ἡ	名.間.陰.單	尊貴，價値，榮耀
στεφανόω	動.過不.主.直說.二單	加冕，獎賞
βραχύ τι		一時，暫時，稍微，略爲
8. ὑποκάτω	不介.所	在…下面，在…底下

ἀνυπότακτος, ον	形. 直. 中. 單. 原	不順服的，不受管轄的
οὔπω	副. 原	尚未
ὑποκάτω τῶν ποδῶν		完全統治
9. βραχύς, εῖα, ύ	副. 原	少的，短的，小的
ἐλαττόω	動. 完成. 被. 分詞. 直. 陽. 單	低微
πάθημα, ατος, τό	名. 直. 中. 單	苦難
τιμή, ῆς, ἡ	名. 間. 陰. 單	尊貴，榮耀
στεφανόω	動. 完成. 被. 分詞. 直. 陽. 單	加冕，獎賞
γεύομαι	動. 過不. 關. 假設. 三單	嘗，經驗
βραχύ τι		一時，暫時，稍微，略爲
10. πρέπω	動. 過未. 主. 直說. 三單	…是合宜的，…是適當的
ἀρχηγός, οῦ, ὁ	名. 直. 陽. 單	領袖，創始者，發起人
11. αἰτία, ας, ἡ	名. 直. 陰. 單	理由，關係
ἐπαισχύνομαι	動. 現在. 關. 直說. 三單	以…爲恥
12. ἀπαγγέλλω	動. 未來. 主. 直說. 一單	告訴，宣告，傳揚
ὑμνέω	動. 未來. 主. 直說. 一單	唱詩，讚美，歌頌
14. κοινωνέω	動. 完成. 主. 直說. 三單	分享，成爲夥伴，有份於
παραπλησίως	副. 原	同樣地
μετέχω	動. 過不. 主. 直說. 三單	參加，屬於
καταργέω	動. 過不. 主. 假設. 三單	毀滅，終止
κράτος, ους, τό	名. 直. 中. 單	能力，權能，大能的作爲
διάβολος, ον	名. 直. 陽. 單	魔鬼
κοινωνέω αἵματος καὶ σαρκός		作一個人，作個有血有肉的人
15. ἀπαλλάσσω	動. 過不. 主. 假設. 三單	釋放
φόβος, ου, ὁ	名. 間. 陽. 單	恐懼，（對神的）敬畏
ἔνοχος, ον	形. 主. 陽. 複. 原	有罪的，該受（制裁）的
δουλεία, ας, ἡ	名. 所. 陰. 單	奴役，枷鎖，奴隸
διὰ παντὸς τοῦ ζῆν		一生
δουλείας ἔνοχος		處在奴役下
16. δήπου	副. 原	明顯地，當然地
ἐπιλαμβάνομαι	動. 現在. 關. 直說. 三單	幫助，關懷，像有…的本性
σπέρμα, ατος, τό	名. 所. 中. 單	後裔
17. ὀφείλω	動. 過未. 主. 直說. 三單	應該，必須

ὁμοιόω	動.過不.被.不定	使…像，類似，相同
ἐλεήμων, ον	形.主.陽.單.原	仁慈的
ἱλάσκομαι	動.現在.關.不定	使…得赦免，除掉
18. πάσχω	動.完成.主.直說.三單	受苦，受難，忍受，遭受
βοηθέω	動.過不.主.不定	幫助

第三章

1. κλῆσις, εως, ἡ	名.所.陰.單	呼召，選召，身份
κατανοέω	動.過不.主.命令.二複	思想，看看
ὁμολογία, ας, ἡ	名.所.陰.單	承認，宣認
3. ἀξιόω	動.完成.被.直說.三單	使値得，配得
τιμή, ῆς, ἡ	名.直.陰.單	尊貴，榮耀
5. θεράπων, οντος, ὁ	名.主.陽.單	僕人
μαρτύριον, ου, τό	名.直.中.單	見證，證據
6. ἐάνπερ	連.條從	如果，若，假如
παρρησία, ας, ἡ	名.直.陰.單	坦白，大膽，信心，勇敢
καύχημα, ατος, τό	名.直.中.單	引以爲榮的事，誇口，驕傲
κατέχω	動.過不.主.假設.一複	堅持，遵從
8. σκληρύνω	動.過不.主.假設.二複	使頑硬，頑固，剛硬
παραπικρασμός, οῦ, ὁ	名.間.陽.單	背叛
πειρασμός, οῦ, ὁ	名.所.陽.單	試煉，磨煉，試探
ἔρημος, ου, ἡ	名.間.陰.單	曠野，荒野
9. δοκιμασία, ας, ἡ	名.間.陰.單	試探，考驗
10. τεσσεράκοντα	形.直.中.複.原	四十
ἔτος, ους, τό	名.直.中.複	年
προσοχθίζω	動.過不.主.直說.一單	發怒
γενεά, ᾶς, ἡ	名.間.陰.單	世代，時期，時代
ἀεί	副.原	總是，時常
πλανάω	動.現在.被.直說.三複	迷惑，欺騙，迷失，被騙
11. ὀργή, ῆς, ἡ	名.間.陰.單	憤怒，義憤
12. μήποτε	連.名從	恐怕，免得，也許
ἀπιστία, ας, ἡ	名.所.陰.單	不信，不信實
ἀφίστημι	動.過不.主.不定	離開，放棄信仰，遠離

13. ἄχρι	不介.所	當…時，趁著還有
σκληρύνω	動.過不.被.假設.三單	使頑硬，頑固，剛硬
ἀπάτη, ης, ἡ	名.間.陰.單	誘惑，詭詐
14. ἐάνπερ	連.條從	如果，若，假如
ὑπόστασις, εως, ἡ	名.所.陰.單	確信，保證，信念
μέχρι	不介.所	直到，甚至
τέλος, ους, τό	名.所.中.單	終局，終點，終結
βέβαιος, α, ον	形.直.陰.單.原	堅持的，確實的
κατέχω	動.過不.主.假設.一複	堅持，遵從
15. σκληρύνω	動.過不.主.假設.二複	使頑硬，頑固，剛硬
παραπικρασμός, οῦ, ὁ	名.間.陽.單	背叛
16. παραπικραίνω	動.過不.主.直說.三複	背叛
Αἴγυπτος, ου, ἡ	名.所.陰.單	埃及
17. προσοχθίζω	動.過不.主.直說.三單	發怒
τεσσεράκοντα	形.直.中.複.原	四十
ἔτος, ους, τό	名.直.中.複	年
ἁμαρτάνω	動.過不.主.分詞.間.陽.複	犯罪，做錯
κῶλον, ου, τό	名.主.中.複	屍首
ἔρημος, ου, ἡ	名.間.陰.單	曠野，荒野
18. ἀπειθέω	動.過不.主.分詞.間.陽.複	不順服，不信服
19. ἀπιστία, ας, ἡ	名.直.陰.單	不信，不信實

第四章

1. μήποτε	連.名從	恐怕，免得
καταλείπω	動.現在.被.分詞.所.陰.單	離開，撇下，離棄
ὑστερέω	動.完成.主.不定	缺乏，需要，用盡
2. καθάπερ	連.比從	像，正如，同…一樣
κἀκεῖνος, η, ο	副.原	那一個也，他也…一樣
ὠφελέω	動.過不.主.直說.三單	獲得，獲利，達到，幫助
ἀκοή, ῆς, ἡ	名.所.陰.單	聽見
συγκεράννυμι	動.完成.被.分詞.直.陽.複	聯合，連接，領受
3. ὀργή, ῆς, ἡ	名.間.陰.單	憤怒，義憤
καίτοι	連.讓從	然而，但是，雖然

	καταβολή, ῆς, ἡ	名.所.陰.單	起初，創造
4.	πού	副.原	某地方
	ἕβδομος, η, ον	形.所.陰.單.原	第七
	καταπαύω	動.過不.主.直說.三單	使安息，休息
6.	ἀπολείπω	動.現在.被.直說.三單	留下，仍然是或當然
	πρότερος, α, ον	副.比	先前，起初
	ἀπείθεια, ας, ἡ	名.直.陰.單	不順服
7.	ὁρίζω	動.現在.主.直說.三單	設定，安排
	προλέγω	動.完成.被.直說.三單	預先說或警告，上面所引用
	σκληρύνω	動.過不.主.假設.二複	使頑硬，頑固，剛硬
8.	καταπαύω	動.過不.主.直說.三單	使安息
9.	ἄρα	連.推并	結果，爲此，那麼，所以
	ἀπολείπω	動.現在.被.直說.三單	留下，仍然是或當然
	σαββατισμός, οῦ, ὁ	名.主.陽.單	安息日的休息
10.	καταπαύω	動.過不.主.直說.三單	休息
	ὥσπερ	連.比從	如同，正如，好像，好比
11.	σπουδάζω	動.過不.主.假設.一複	盡力，竭力，盡可能
	ὑπόδειγμα, ατος, τό	名.間.中.單	榜樣，樣式
	ἀπείθεια, ας, ἡ	名.所.陰.單	不順服
12.	ἐνεργής, ές	形.主.陽.單.原	有效的，很好的
	τομός, ή, όν	形.主.陽.單.比	銳利的，刺骨的
	μάχαιρα, ης, ἡ	名.直.陰.單	刀，劍
	δίστομος, ον	形.直.陰.單.原	雙刃的
	διϊκνέομαι	動.現在.關.分詞.主.陽.單	刺入，穿透
	ἄχρι	不介.所	直到
	μερισμός, οῦ, ὁ	名.所.陽.單	分割，分開
	ἁρμός, οῦ, ὁ	名.所.陽.複	（身體的）關節
	μυελός, οῦ, ὁ	名.所.陽.複	（骨）髓
	κριτικός, ή, όν	形.主.陽.單.原	能夠判斷的
	ἐνθύμησις, εως, ἡ	名.所.陰.複	想法，思想
	ἔννοια, ας, ἡ	名.所.陰.複	心意，思想，心志，意志
13.	κτίσις, εως, ἡ	名.主.陰.單	被造之物，萬有
	ἀφανής, ές	形.主.陰.單.原	隱藏的，能隱瞞的

γυμνός, ή, όν	形. 主. 中. 複. 原	裸體的，毫無遮蓋的
τραχηλίζω	動. 完成. 被. 分詞. 主. 中. 複	敞開，暴露
14. διέρχομαι	動. 完成. 主. 分詞. 直. 陽. 單	穿過，經過
κρατέω	動. 現在. 主. 假設. 一複	持守，遵行
ὁμολογία, ας, ἡ	名. 所. 陰. 單	承認，宣認
15. συμπαθέω	動. 過不. 主. 不定	同情，與…受苦
ἀσθένεια, ας, ἡ	名. 間. 陰. 複	軟弱，疾病
ὁμοιότης, ητος, ἡ	名. 直. 陰. 單	相像，相似
κατὰ πάντα καθ' ὁμοιότητα		各方面像（我們）一樣
16. παρρησία, ας, ἡ	名. 所. 陰. 單	坦白，大膽，信心，勇敢
ἔλεος, ους, τό	名. 直. 中. 單	仁慈，憐憫
εὔκαιρος, ον	形. 直. 陰. 單. 原	隨時的，及時的
βοήθεια, ας, ἡ	名. 直. 陰. 單	幫助，支持

第五章

1. καθίστημι	動. 現在. 被. 直說. 三單	派…管理，設立
2. μετριοπαθέω	動. 現在. 主. 不定	溫和待（人），體諒
ἀγνοέω	動. 現在. 主. 分詞. 間. 陽. 複	不了解，不認識
πλανάω	動. 現在. 被. 分詞. 間. 陽. 複	迷失，被騙
περίκειμαι	動. 現在. 關. 直說. 三單	被綁住，受支配
ἀσθένεια, ας, ἡ	名. 直. 陰. 單	（各種）軟弱
περίκειται ἀσθένειαν		被軟弱所困
3. ὀφείλω	動. 現在. 主. 直說. 三單	應該，必須
4. τιμή, ῆς, ἡ	名. 直. 陰. 單	尊貴，地位，榮耀
καθώσπερ	連. 比從	正如，照著，像…一樣
Ἀαρών, ὁ	名. 主. 陽. 單	亞倫〔亞郎〕
7. δέησις, εως, ἡ	名. 直. 陰. 複	禱告，祈求
ἱκετηρία, ας, ἡ	名. 直. 陰. 複	懇求，祈求
κραυγή, ῆς, ἡ	名. 所. 陰. 單	叫，喊，哭喊
ἰσχυρός, ά, όν	形. 所. 陰. 單. 原	強壯的，大聲的，嚴重的
δάκρυον, ου, τό	名. 所. 中. 複	眼淚
εἰσακούω	動. 過不. 被. 分詞. 主. 陽. 單	聽（禱告），聽從
εὐλάβεια, ας, ἡ	名. 所. 陰. 單	敬畏（神），虔誠

ἐν ταῖς ἡμέραις τῆς σαρκός αὐτοῦ		他在世的時侯
8. καίπερ	連. 讓從	雖然，即使，縱使
μανθάνω	動. 過不. 主. 直說. 三單	學習
πάσχω	動. 過不. 主. 直說. 三單	受苦，受難，忍受，遭受
ὑπακοή, ῆς, ἡ	名. 直. 陰. 單	服從，信服，信從，順從
9. ὑπακούω	動. 現在. 主. 分詞. 間. 陽. 複	聽從，回應，接受
αἴτιος, α, ον	名. 主. 陽. 單	理由，關係，根源
10. προσαγορεύω	動. 過不. 被. 分詞. 主. 陽. 單	稱呼，命名
11. δυσερμήνευτος, ον	形. 主. 陽. 單. 原	難以解釋的
νωθρός, ά, όν	形. 主. 陽. 複. 原	懶惰的，遲鈍的
ἀκοή, ῆς, ἡ	名. 間. 陰. 複	耳朵，聽見
νωθρὸς ταῖς ἀκοαῖς		領悟力遲鈍
12. ὀφείλω	動. 現在. 主. 分詞. 主. 陽. 複	應該，必須
χρεία, ας, ἡ	名. 直. 陰. 單	需要，缺少
στοιχεῖον, ου, τό	名. 直. 中. 複	基本原則
λόγιον, ου, τό	名. 所. 中. 複	神諭，話，信息
γάλα, γάλακτος, τό	名. 所. 中. 單	奶
στερεός, ά, όν	形. 所. 陰. 單. 原	堅定的，固體，乾（飯）
τροφή, ῆς, ἡ	名. 所. 陰. 單	飯，食物，糧食，乾飯
τὰ στοιχεῖα τῆς ἀρχῆς		初步原理，法則或課業
13. μετέχω	動. 現在. 主. 分詞. 主. 陽. 單	領受
ἄπειρος, ον	形. 主. 陽. 單. 原	無經驗的，不會的
νήπιος, α, ον	形. 主. 陽. 單. 原	嬰孩，小孩
14. τέλειος, α, ον	形. 所. 陽. 複. 原	完美的，成年的，長大的
στερεός, ά, όν	形. 主. 陰. 單. 原	堅定的，固體，乾（飯）
τροφή, ῆς, ἡ	名. 主. 陰. 單	飯，食物，糧食
ἕξις, εως, ἡ	名. 直. 陰. 單	練習
αἰσθητήριον, ου, τό	名. 直. 中. 複	洞察力
γυμνάζω	動. 完成. 被. 分詞. 直. 中. 複	訓練，練習，鍛練
διάκρισις, εως, ἡ	名. 直. 陰. 單	辨別的能力

第六章

1. τελειότης, ητος, ἡ	名. 直. 陰. 單	完全，成熟

θεμέλιον, ου, τό	名. 直. 中. 單	基礎，根基，初步階段
καταβάλλω	動. 現在. 關. 分詞. 主. 陽. 複	立（根基），下（功夫）
μετάνοια, ας, ἡ	名. 所. 陰. 單	悔改，轉離罪惡
2. βαπτισμός, οῦ, ὁ	名. 所. 陽. 複	潔淨儀式，洗禮
διδαχή, ῆς, ἡ	名. 所. 陰. 單	教訓，教導，教義
ἐπίθεσις, εως, ἡ	名. 所. 陰. 單	按（手）
ἀνάστασις, εως, ἡ	名. 所. 陰. 單	復活
κρίμα, ατος, τό	名. 所. 中. 單	審判，裁判，定罪
3. ἐάνπερ	連. 條從	如果，若，假如
ἐπιτρέπω	動. 現在. 主. 假設. 三單	讓，准，許
4. ἀδύνατος, ον	形. 主. 中. 單. 原	無能的，不可能的
φωτίζω	動. 過不. 被. 分詞. 直. 陽. 複	照亮，光照，（心中）啓明
γεύομαι	動. 過不. 關. 分詞. 直. 陽. 複	嘗，經驗
δωρεά, ᾶς, ἡ	名. 所. 陰. 單	恩賜，恩典
6. παραπίπτω	動. 過不. 主. 分詞. 直. 陽. 複	離棄，背道
ἀνακαινίζω	動. 現在. 主. 不定	重新，恢復
μετάνοια, ας, ἡ	名. 直. 陰. 單	悔改，轉離罪惡
ἀνασταυρόω	動. 現在. 主. 分詞. 直. 陽. 複	釘十字架，重釘十字架
παραδειγματίζω	動. 現在. 主. 分詞. 直. 陽. 複	使公開羞辱
εἰ μήν		一定
7. πολλάκις	副. 原	常常，一再，屢次
ὑετός, οῦ, ὁ	名. 直. 陽. 單	雨，雨水
τίκτω	動. 現在. 主. 分詞. 主. 陰. 單	生產
βοτάνη, ης, ἡ	名. 直. 陰. 單	蔬菜，農作物
εὔθετος, ον	形. 直. 陰. 單. 原	適宜的，有用處的
γεωργέω	動. 現在. 被. 直說. 三單	耕種
μεταλαμβάνω	動. 現在. 主. 直說. 三單	得到，分享，有（空）
εὐλογία, ας, ἡ	名. 所. 陰. 單	福氣，恩典，頌讚，祝謝
8. ἐκφέρω	動. 現在. 主. 分詞. 主. 陰. 單	出產，長出
ἄκανθα, ης, ἡ	名. 直. 陰. 複	荊棘
τρίβολος, ου, ὁ	名. 直. 陽. 複	荊棘，蒺藜
ἀδόκιμος, ον	形. 主. 陰. 單. 原	經不起考驗的，被淘汰的
κατάρα, ας, ἡ	名. 所. 陰. 單	咒詛，受咒詛的東西

ἐγγύς	不介.所	接近，將近，差不多
τέλος, ους, τό	名.主.中.單	終局，終結
καῦσις, εως, ἡ	名.直.陰.單	燒毀
κατάρας ἐγγυς		有被咒詛的危險
9. τὰ ἐχόμενα σωτηρίας		接近拯救的東西
10. ἄδικος, ον	形.主.陽.單.原	邪惡的，不誠實的
ἐπιλανθάνομαι	動.過不.關.不定	忘記，忘了，忽視
ἐνδείκνυμι	動.過不.關.直說.二複	顯示，表明，表現
διακονέω	動.過不.主.分詞.主.陽.複	服務，伺候，照顧，供應
11. ἐπιθυμέω	動.現在.主.直說.一複	渴慕，希望
σπουδή, ῆς, ἡ	名.直.陰.單	熱誠，勤奮，急切，努力
πληροφορία, ας, ἡ	名.直.陰.單	充足信心，確信，肯定
ἄχρι	不介.所	直到，到…爲止
τέλος, ους, τό	名.所.中.單	終局，終點，終結
12. νωθρός, ά, όν	形.主.陽.複.原	懶惰的，遲鈍的
μιμητής, οῦ, ὁ	名.主.陽.複	仿效者
μακροθυμία, ας, ἡ	名.所.陰.單	耐心，忍耐
κληρονομέω	動.現在.主.分詞.所.陽.複	得到，承受，領受
13. ἐπαγγέλλομαι	動.過不.關.分詞.主.陽.單	應許
14. μήν	虛.強	加強語氣用：的確，眞實地
πληθύνω	動.現在.主.分詞.主.陽.單	豐富賜給，增加
εἰ μήν		一定
15. μακροθυμέω	動.過不.主.分詞.主.陽.單	有耐心，堅忍，寬容
ἐπιτυγχάνω	動.過不.主.直說.三單	得到，領受，達到
16. ἀντιλογία, ας, ἡ	名.所.陰.單	爭論，辯論
πέρας, ατος, τό	名.主.中.單	結束，結論
βεβαίωσις, εως, ἡ	名.直.陰.單	作證，確認，擔保
ὅρκος, ου, ὁ	名.主.陽.單	誓言，發誓
17. περισσότερος, α, ον	副.比	更清楚明白地
βούλομαι	動.現在.關.分詞.主.陽.單	想要，希望，願意
ἐπιδείκνυμι	動.過不.主.不定	顯示，給…看，證明
κληρονόμος, ου, ὁ	名.間.陽.複	承受神應許的人，繼承人
ἀμετάθετος, ον	形.直.中.單.原	不改變的

βουλή, ῆς, ἡ	名.所.陰.單	旨意，計劃，決定
μεσιτεύω	動.過不.主.直說.三單	確認，保證
18. πρᾶγμα, ατος, τό	名.所.中.複	事情，事件
ἀδύνατος, ον	形.主.中.單.原	無能的，不可能的
ψεύδομαι	動.過不.關.不定	說謊，虛僞，欺瞞
ἰσχυρός, ά, όν	形.直.陰.單.原	強壯的，強大
παράκλησις, εως, ἡ	名.直.陰.單	鼓勵，幫助，安慰
καταφεύγω	動.過不.主.分詞.主.陽.複	逃
κρατέω	動.過不.主.不定	握，持守，抓
πρόκειμαι	動.現在.關.分詞.所.陰.單	被擺在面前
19. ἄγκυρα, ας, ἡ	名.直.陰.單	錨
ἀσφαλής, ές	形.直.陰.單.原	安全的，正確的，妥當的
βέβαιος, α, ον	形.直.陰.單.原	可靠的，確實的
ἐσώτερος, α, ον	不介.所	內部的，在…之後，在…裡面
καταπέτασμα, ατος, τό	名.所.中.單	幔子
20. πρόδρομος, ον	名.主.陽.單	跑在前面的人，先鋒

第七章

1. Σαλήμ, ἡ	名.所.陰.單	撒冷
ὕψιστος, η, ον	形.所.陽.單.最	至高的
συναντάω	動.過不.主.分詞.主.陽.單	遇見，迎接，遇到
ὑποστρέφω	動.現在.主.分詞.間.陽.單	返回，回轉，回家
κοπή, ῆς, ἡ	名.所.陰.單	打敗
2. δέκατη, ης, ἡ	名.直.陰.單	十分之一（奉獻）
μερίζω	動.過不.主.直說.三單	分，給，分配
ἑρμηνεύω	動.現在.被.分詞.主.陽.單	解說，意思是，譯爲
ἔπειτα	副.原	然後，後來，以後
3. ἀπάτωρ, ορος	名.主.陽.單	没有父親（的記錄）的
ἀμήτωρ, ορος	名.主.陽.單	没有母親（的記錄）的
ἀγενεαλόγητος, ον	形.主.陽.單.原	無身世族譜（記錄）的
μήτε	連.相并	也不
τέλος, ους, τό	名.直.中.單	終局，終結
ἀφομοιόω	動.完成.被.分詞.主.陽.單	像，跟…相似

διηνεκής, ές	形. 直. 中. 單. 原	永遠的，不停的
4. πηλίκος, η, ον	代. 形疑. 主. 陽. 單	何等大，多麼偉大
δέκατη, ης, ἡ	名. 直. 陰. 單	十分之一（奉獻）
ἀκροθίνιον, ου τό	名. 所. 中. 複	戰利品，掠奪物
πατριάρχης, ου, ὁ	名. 主. 陽. 單	先祖，族長
5. Λευί, ὁ	名. 所. 陽. 單	利未〔肋未〕
ἱερατεία, ας, ἡ	名. 直. 陰. 單	祭司職位
ἀποδεκατόω	動. 現在. 主. 不定	從…徵收十分之一的奉獻
καίπερ	連. 讓從	雖然，即使，縱使
ὀσφῦς, ύος, ἡ	名. 所. 陰. 單	腰部，生殖器官
ἐξέρχομαι ἐκ τῆς ὀσφύος		生於…，源自…祖先
6. γενεαλογέω	動. 現在. 被. 分詞. 主. 陽. 單	屬…世系
δεκατόω	動. 完成. 主. 直說. 三單	收取十分之一
7. ἀντιλογία, ας, ἡ	名. 所. 陰. 單	爭論，辯論
ἐλάσσων, ον	形. 主. 中. 單. 比	較少的，較劣的，普通的
8. δέκατη, ης, ἡ	名. 直. 陰. 單	十分之一（奉獻）
9. ἔπος, ους, τό	名. 直. 中. 單	話
Λευί, ὁ	名. 主. 陽. 單	利未〔肋未〕
δεκατόω	動. 完成. 被. 直說. 三單	收取十分之一
ὡς ἔπος εἰπεῖν		所謂的，可以說
10. ὀσφῦς, ύος, ἡ	名. 間. 陰. 單	腰部，生殖器官
συναντάω	動. 過不. 主. 直說. 三單	遇見，迎接，遇到
11. τελείωσις, εως, ἡ	名. 主. 陰. 單	應驗，實現，完全
Λευιτικός, ή, όν	形. 所. 陰. 單. 原	利未的
ἱερωσύνη, ης, ἡ	名. 所. 陰. 單	祭司職，祭司工作
νομοθετέω	動. 完成. 被. 直說. 三單	接受法律，根據…而來
χρεία, ας, ἡ	名. 主. 陰. 單	必須，缺少，需要
Ἀαρών, ὁ	名. 所. 陽. 單	亞倫〔亞郎〕
ὁ λαὸς γὰρ ἐπ᾽ αὐτῆς νομοθετεῖ		以色列人接受的法律是以它為基礎
12. μετατίθημι	動. 現在. 被. 分詞. 所. 陰. 單	改變（祭司職）
ἀνάγκη, ης, ἡ	名. 所. 陰. 單	必要性，必須
μετάθεσις, εως, ἡ	名. 主. 陰. 單	改變
13. φυλή, ῆς, ἡ	名. 所. 陰. 單	支族

μετέχω	動. 完成. 主. 直說. 三單	屬於
προσέχω	動. 完成. 主. 直說. 三單	當祭司
θυσιαστήριον, ου, τό	名. 間. 中. 單	祭壇
14. πρόδηλος, ον	形. 主. 中. 單. 原	非常明顯的，顯而易見的
᾽Ιούδας, α, ὁ	名. 所. 陽. 單	猶大
ἀνατέλλω	動. 完成. 主. 直說. 三單	是出自…的後裔
15. περισσότερος, α, ον	副. 比	更
κατάδηλος, ον	形. 主. 中. 單. 原	非常明顯的
ὁμοιότης, ητος, ἡ	名. 直. 陰. 單	相像，相似
16. σάρκινος, η, ον	形. 所. 陰. 單. 原	屬世的，人的
ἀκατάλυτος, ον	形. 所. 陰. 單. 原	不會毀壞的，無窮的
18. ἀθέτησις, εως, ἡ	名. 主. 陰. 單	廢棄，除掉
προάγω	動. 現在. 主. 分詞. 所. 陰. 單	走在前頭，先來
ἀσθενής, ές	形. 直. 中. 單. 原	軟弱的，軟弱無助的
ἀνωφελής, ές	形. 直. 中. 單. 原	無用的，有害的
19. ἐπεισαγωγή, ῆς, ἡ	名. 主. 陰. 單	引進，…有了…
ἐγγίζω	動. 現在. 主. 直說. 一複	接近，靠近，到了
20. ὁρκωμοσία, ας, ἡ	名. 所. 陰. 單	誓言，發誓
καθ᾽ ὅσον		正如，與…同樣
21. μεταμέλομαι	動. 未來. 被. 直說. 三單	懊悔，後悔，改變主意
22. ἔγγυος, ου, ὁ	名. 主. 陽. 單	保證人，中保，保證
23. κωλύω	動. 現在. 被. 不定	阻擋，阻止
παραμένω	動. 現在. 主. 不定	停留，住，繼續職份
24. ἀπαράβατος, ον	形. 直. 陰. 單. 原	不由（別人）繼承的
ἱερωσύνη, ης, ἡ	名. 直. 陰. 單	祭司職，祭司工作
25. παντελής, ές	形. 直. 中. 單. 原	完全的，完全地，始終
πάντοτε	副. 原	總是，常常
ἐντυγχάνω	動. 現在. 主. 不定	代求，懇求
εἰς τὸ παντελές		完全地
26. πρέπω	動. 過未. 主. 直說. 三單	…是合宜的，…是適當的
ὅσιος, α, ον	形. 主. 陽. 單. 原	神聖的，聖潔的
ἄκακος, ον	形. 主. 陽. 單. 原	無邪的，老實的
ἀμίαντος, ον	形. 主. 陽. 單. 原	純潔的，不玷污的

χωρίζω	動. 完成. 被. 分詞. 主. 陽. 單	分開
ἁμαρτωλός, όν	名. 所. 陽. 複	有罪的，罪人
ὑψηλός, ή, όν	形. 主. 陽. 單. 比	高的，提升到…之上
χωριζόμενος ἀπό		從…被分別出來
27. ἀνάγκη, ης, ἡ	名. 直. 陰. 單	必要性，心須
ὥσπερ	虛. 比	正如，正像，好像
πρότερος, α, ον	副. 比	以前的，較早的，先前
ἀναφέρω	動. 現在. 主. 不定	獻（祭）
ἔπειτα	副. 原	然後，後來，以後
ἐφάπαξ	副. 原	一勞永逸，一舉而竟全功
28. καθίστημι	動. 現在. 主. 直說. 三單	派…管理，設立
ἀσθένεια, ας, ἡ	名. 直. 陰. 單	軟弱，疾病
ὁρκωμοσία, ας, ἡ	名. 所. 陰. 單	誓言，發誓

第八章

1. κεφάλαιον, ου, τό	名. 主. 中. 單	重點，撮要
καθίζω	動. 過不. 主. 直說. 三單	坐下，坐著
μεγαλωσύνη, ης, ἡ	名. 所. 陰. 單	威嚴，偉大，至高權力者
2. λειτουργός, οῦ, ὁ	名. 主. 陽. 單	僕人，供職的人
ἀληθινός, ή, ός	形. 所. 陰. 單. 原	眞實的，眞正的，眞的
πήγνυμι	動. 過不. 主. 直說. 三單	搭設，建立（帳幕）
3. καθίστημι	動. 現在. 被. 直說. 三單	派…管理，設立
ἀναγκαῖος, α, ον	形. 主. 中. 單. 原	必要的，緊急的
5. ὑπόδειγμα, ατος, τό	名. 間. 中. 單	榜樣，樣式，副本，仿造品
σκιά, ᾶς, ἡ	名. 間. 陰. 單	影像，影子
χρηματίζω	動. 完成. 被. 直說. 三單	指導，指示，啓示，揭露
ἐπιτελέω	動. 現在. 主. 不定	建造
τύπος, ου, ὁ	名. 直. 陽. 單	模範，榜樣，典型
δείκνυμι	動. 過不. 被. 分詞. 直. 陽. 單	表現，指示，給…看
6. νυνί	副. 原	現在
διάφορος, ον	形. 所. 陰. 單. 比	不同的
τυγχάνω	動. 完成. 主. 直說. 三單	配得，接受
λειτουργία, ας, ἡ	名. 所. 陰. 單	服事，職務，獻祭

μεσίτης, ου, ὁ	名.主.陽.單	中間人，中保
νομοθετέω	動.完成.被.直說.三單	根據…而來
7. ἄμεμπτος, ον	形.主.陰.單.原	無可指責的，無過失的
8. μέμφομαι	動.現在.關.分詞.主.陽.單	指責，責怪
συντελέω	動.未來.主.直說.一單	設立，立（約）
Ἰούδας, α, ὁ	名.所.陽.單	猶大
καινός, ή, όν	形.直.陰.單.原	新的，未曾聽過的
9. ἐπιλαμβάνομαι	動.過不.關.分詞.所.陽.單	拉，幫助
ἐξάγω	動.過不.主.不定	領出，帶出
Αἴγυπτος, ου, ἡ	名.所.陰.單	埃及
ἐμμένω	動.過不.主.直說.三複	保持忠誠，堅固，遵守
ἀμελέω	動.過不.主.直說.一單	不理，忽略，拒絕
10. διατίθημι	動.未來.關.直說.一單	立（約或遺囑）
διάνοια, ας, ἡ	名.直.陰.單	心思，理智，思想，意念
ἐπιγράφω	動.未來.主.直說.一單	寫在上面或裏面
11. πολίτης, ου, ὁ	名.直.陽.單	公民，居民
μικρός, ά, όν	形.所.陽.單.原	少的，小的，最不足道的
12. ἵλεως, ων	形.主.陽.單.原	寬恕的
ἀδικία, ας, ἡ	名.間.陰.複	過錯，邪惡，罪，不義
μιμνῄσκομαι	動.過不.被.假設.一單	記得，記住
13. καινός, ή, όν	形.直.陰.單.原	新的，未曾聽過的
παλαιόω	動.完成.主.直說.三單	作廢，變舊
γηράσκω	動.現在.主.分詞.主.中.單	老邁，衰老
ἐγγύς	不介.所	接近，將近
ἀφανισμός, οῦ, ὁ	名.所.陽.單	消失，毀滅

第九章

1. δικαίωμα, ατος, τό	名.直.中.複	誡命，規例，命令
λατρεία, ας, ἡ	名.所.陰.單	事奉，敬拜
κοσμικός, ή, όν	形.直.中.單.原	屬世的，人造的，物質的
2. λυχνία, ας, ἡ	名.主.陰.單	燈台
τράπεζα, ης, ἡ	名.主.陰.單	桌子
πρόθεσις, εως, ἡ	名.主.陰.單	擺設，陳設

ἄρτοι τῆς προθέσεως		（獻給上帝的）供餅
3. καταπέτασμα, ατος, τό	名.直.中.單	幔子
4. χρυσοῦς, ῆ, οῦν	形.直.中.單.原	黃金做的，黃金的，金的
θυμιατήριον, ου, τό	名.直.中.單	香爐，香壇
κιβωτός, οῦ, ἡ	名.直.陰.單	方舟
περικαλύπτω	動.完成.被.分詞.直.陰.單	遮蓋，隱藏，包著
πάντοθεν	副.原	在各方面，整個地，從四面
χρυσίον, ου, τό	名.間.中.單	黃金
στάμνος, ου, ἡ	名.主.陰.單	罐
χρυσοῦς, ῆ, οῦν	形.主.陰.單.原	黃金做的，黃金的，金的
μάννα, τό	名.直.中.單	嗎哪〔瑪納〕
ῥάβδος, ου, ἡ	名.主.陰.單	棍，杖
Ἀαρών, ὁ	名.所.陽.單	亞倫〔亞郎〕
βλαστάνω	動.過不.主.分詞.主.陰.單	發芽
πλάξ, πλακός, ἡ	名.主.陰.複	版
5. ὑπεράνω	不介.所	上面，在…之上，超越
Χερούβ, τό	名.主.中.複	基路伯〔革魯賓〕
κατασκιάζω	動.現在.主.分詞.主.中.複	陰影籠罩，覆蓋
ἱλαστήριον, ου, τό	名.直.中.單	罪得赦免，赦罪的座位
μέρος, ους, τό	名.直.中.單	部份
κατὰ μέρος		詳細，一一
6. εἴσειμι	動.現在.主.直說.三複	進去，去，到
λατρεία, ας, ἡ	名.直.陰.複	事奉，敬拜
ἐπιτελέω	動.現在.主.分詞.主.陽.複	完成，辦完，舉行
διὰ παντός		經常地
7. ἐνιαυτός, οῦ, ὁ	名.所.陽.單	年
ἀγνόημα, ατος, τό	名.所.中.複	因無知犯的罪
8. δηλόω	動.現在.主.分詞.所.中.單	顯露，指示，指明，告訴
μήπω	副.原	還沒，尚未
φανερόω	動.完成.被.不定	顯明，揭露，顯現
στάσις, εως, ἡ	名.直.陰.單	存，在
9. ἐνίστημι	動.完成.主.分詞.直.陽.單	即將來臨的，目前
10. βρῶμα, ατος, τό	名.間.中.複	食物，飯

πόμα, ατος, τό	名. 間. 中. 複	飲料
διάφορος, ον	形. 間. 陽. 複. 原	不同的
βαπτισμός, οῦ, ὁ	名. 間. 陽. 複	潔淨儀式，洗禮
δικαίωμα, ατος, τό	名. 主. 中. 複	誡命，規例，命令
μέχρι	不介. 所	直到
διόρθωσις, εως, ἡ	名. 所. 陰. 單	新秩序，振興，改革
ἐπίκειμαι	動. 現在. 關. 分詞. 主. 中. 複	生效
11. παραγίνομαι	動. 過不. 關. 分詞. 主. 陽. 單	來，出現
τέλειος, α, ον	形. 所. 陰. 單. 比	完全的，完美的，完整的
χειροποίητος, ον	形. 所. 陰. 單. 原	人手所做的或所建造的
κτίσις, εως, ἡ	名. 所. 陰. 單	創造，創世，被造之物
12. τράγος, ου, ὁ	名. 所. 陽. 複	公山羊
μόσχος, ου, ὁ	名. 所. 陽. 複	牛犢，小公牛
ἐφάπαξ	副. 原	一舉而竟全功，一次
λύτρωσις, εως, ἡ	名. 直. 陰. 單	救贖，釋放，使自由
13. ταῦρος, ου, ὁ	名. 所. 陽. 複	牛，公牛
σποδός, οῦ, ἡ	名. 主. 陰. 單	灰燼
δάμαλις, εως, ἡ	名. 所. 陰. 單	小母牛
ῥαντίζω	動. 現在. 主. 分詞. 主. 陰. 單	灑，洗滌，被洗或潔淨
κοινόω	動. 完成. 被. 分詞. 直. 陽. 複	污辱，褻瀆，使不潔淨
καθαρότης, ητος, ἡ	名. 直. 陰. 單	純潔，潔淨
14. πόσος, η, ον	代疑代. 間. 中. 單	何等多？多麼？多少？
ἄμωμος, ον	形. 直. 陽. 單. 原	無缺點的，無可指責的
καθαρίζω	動. 未來. 主. 直說. 三單	潔淨，洗淨，使純潔
15. καινός, ή, όν	形. 所. 陰. 單. 原	新的，未曾聽過的
μεσίτης, ου, ὁ	名. 主. 陽. 單	中間人，中保
ἀπολύτρωσις, εως, ἡ	名. 直. 陰. 單	自由，拯救，釋放
παράβασις, εως, ἡ	名. 所. 陰. 複	不服從，罪，破壞，違犯
κληρονομία, ας, ἡ	名. 所. 陰. 單	產業，遺產
16. ἀνάγκη, ης, ἡ	名. 主. 陰. 單	必要性，必須
διατίθημι	動. 過不. 關. 分詞. 所. 陽. 單	立（約或遺囑）
17. βέβαιος, α, ον	形. 主. 陰. 單. 原	生效的（遺囑）
μήποτε	虛. 否	恐怕，免得，決不

ἰσχύω	動.現在.主.直說.三單	生效
18. ἐγκαινίζω	動.完成.被.直說.三單	生效，開闢
19. μόσχος, ου, ὁ	名.所.陽.複	牛犢，小公牛
τράγος, ου, ὁ	名.所.陽.複	公山羊
ἔριον, ου, τό	名.所.中.單	羊毛，絨
κόκκινος, η, ον	形.所.中.單.原	深紅色的，紅色的
ὕσσωπος, ου, ὁ, ἡ	名.所.陰.單	牛膝草（潔淨禮用）
βιβλίον, ου, τό	名.直.中.單	書冊，書卷
ῥαντίζω	動.過不.主.直說.三單	灑，洗滌，被洗或潔淨
20. ἐντέλλομαι	動.過不.關.直說.三單	吩咐，命令，囑付
21. σκεῦος, ους, τό	名.直.中.複	物品，容器，工具
λειτουργία, ας, ἡ	名.所.陰.單	服事，職務，禮拜，奉獻
ὁμοίως	副.原	同樣，照樣，相同地
ῥαντίζω	動.過不.主.直說.三單	灑，洗滌，被洗或潔淨
22. σχεδόν	副.原	幾乎，大概
καθαρίζω	動.現在.被.直說.三單	潔淨，洗淨，使純潔
αἱματεκχυσία, ας, ἡ	名.所.陰.單	流血
ἄφεσις, εως, ἡ	名.主.陰.單	赦免，除去
23. ἀνάγκη, ης, ἡ	名.主.陰.單	必要性，必須
ὑπόδειγμα, ατος, τό	名.直.中.複	榜樣，樣式，副本，仿造品
24. χειροποίητος, ον	形.直.中.複.原	人手所做的或所建造的
ἀντίτυπος, ον	名.直.中.複	相對應的，預表，影像
ἀληθινός, ή, όν	形.所.中.複.原	眞實的，眞正的，眞的
ἐμφανίζω	動.過不.被.不定	站著
25. πολλάκις	副.原	常常，一再，屢次
ὥσπερ	連.比從	如同，正如，正像，好像
ἐνιαυτός, οῦ, ὁ	名.直.陽.單	年
ἀλλότριος, α, ον	形.間.中.單.原	屬於別人的，另外一個
26. πάσχω	動.過不.主.不定	受苦，受難，忍受，遭受
καταβολή, ῆς, ἡ	名.所.陰.單	起初，創造
νυνί	副.原	現在
συντέλεια, ας, ἡ	名.間.陰.單	末日，終局
ἀθέτησις, εως, ἡ	名.直.陰.單	廢棄，除掉

φανερόω	動.完成.被.直說.三單	顯明，揭露，顯現
ἐπὶ συντελείᾳ τῶν αἰώνων		在這末世
27. ἀπόκειμαι	動.現在.關.直說.三單	注定
κρίσις, εως, ἡ	名.主.陰.單	審判，定罪
καθ' ὅσον		正如，與…同樣
28. ἀναφέρω	動.過不.主.不定	擔當
ἀπεκδέχομαι	動.現在.關.分詞.間.陽.複	熱切期待，等候

第十章

1. σκιά, ᾶς, ἡ	名.直.陰.單	影像，影子
εἰκών, όνος, ἡ	名.直.陰.單	像，形像，形狀，外表，模型
πρᾶγμα, ατος, τό	名.所.中.複	事情，事物
ἐνιαυτός, οῦ, ὁ	名.直.陽.單	年
διηνεκής, ές	形.直.中.單.原	永遠的，不停的
οὐδέποτε	副.原	從不，絕不，永不
2. παύω	動.過不.關.直說.三複	停止，止息，完，終止
καθαρίζω	動.完成.被.分詞.直.陽.複	潔淨，洗淨，使純潔
ἔχω συνείδησις ἁμαρτιῶν		有罪惡感覺
3. ἀνάμνησις, εως, ἡ	名.主.陰.單	提醒，紀念
ἐνιαυτός, οῦ, ὁ	名.直.陽.單	年
4. ἀδύνατος, ον	形.主.中.單.原	無能的，不可能的
ταῦρος, ου, ὁ	名.所.陽.複	牛，公牛
τράγος, ου, ὁ	名.所.陽.複	公山羊
ἀφαιρέω	動.現在.主.不定	奪走，除去，赦免
5. καταρτίζω	動.過不.關.直說.二單	預備
6. ὁλοκαύτωμα, ατος, τό	名.直.中.複	完全的燒化祭，燔祭
εὐδοκέω	動.過不.主.直說.二單	喜愛，喜歡，喜悅，樂意
7. ἥκω	動.現在.主.直說.一單	已經來到，臨到，來
κεφαλίς, ίδος, ἡ	名.間.陰.單	書卷
βιβλίον, ου, τό	名.所.中.單	書冊，書卷
8. ἀνώτερος, α, ον	副.比	上面（說過的話）
ὁλοκαύτωμα, ατος, τό	名.直.中.複	完全的燒化祭，燔祭
εὐδοκέω	動.過不.主.直說.二單	喜愛，喜歡，喜悅，樂意

9. ἥκω	動.現在.主.直說.一單	臨到，來
ἀναιρέω	動.現在.主.直說.三單	除掉，取消，廢除
10. ἐφάπαξ	副.原	一舉而竟全功，一次
11. λειτουργέω	動.現在.主.分詞.主.陽.單	事奉，敬拜
πολλάκις	副.原	常常，一再，屢次
οὐδέποτε	副.原	從不，絕不，永不
περιαιρέω	動.過不.主.不定	挪走，除掉，切斷
12. διηνεκής, ές	形.直.中.單.原	永遠的，不停的
καθίζω	動.過不.主.直說.三單	坐下，坐著
13. ἐκδέχομαι	動.現在.關.分詞.主.陽.單	等候，等待，盼望
ἐχθρός, ά, όν	名.主.陽.複	敵人，仇敵，被憎恨的
ὑποπόδιον, ου, τό	名.主.中.單	腳凳
14. διηνεκής, ές	形.直.中.單.原	永遠的，不停的
16. διατίθημι	動.未來.關.直說.一單	立（約或遺囑）
διάνοια, ας, ἡ	名.直.陰.單	心思，理智，思想，意念
ἐπιγράφω	動.未來.主.直說.一單	寫在上面或裏面
17. ἀνομία, ας, ἡ	名.所.陰.複	邪惡，不法，罪惡
μιμνῄσκομαι	動.未來.被.直說.一單	記得，記住
18. ἄφεσις, εως, ἡ	名.主.陰.單	赦免，除去
οὐκέτι	副.原	不再
19. παρρησία, ας, ἡ	名.直.陰.單	坦白，大膽，信心，勇敢
εἴσοδος, ου, ἡ	名.直.陰.單	入口，進入
20. ἐγκαινίζω	動.過不.主.直說.三單	生效，開闢
πρόσφατος, ον	形.直.陰.單.原	新的，先前沒有的
καταπέτασμα, ατος, τό	名.所.中.單	幔子
22. ἀληθινός, ή, ός	形.所.陰.單.原	眞實的，眞正的，眞的
πληροφορία, ας, ἡ	名.間.陰.單	充足信心，確信，肯定
ῥαντίζω	動.完成.被.分詞.主.陽.複	灑，洗滌，被洗或潔淨
λούω	動.完成.被.分詞.主.陽.複	洗，浴
καθαρός, ά, όν	形.間.中.單.原	潔淨的，純潔的，無罪的
ῥαντίζομαι τὴν καρδίαν		潔淨
23. κατέχω	動.現在.主.假設.一複	堅持，遵從
ὁμολογία, ας, ἡ	名.直.陰.單	承認，宣認

ἀκλινής, ές	形.直.陰.單.原	不動搖地，堅定地
ἐπαγγέλλομαι	動.過不.關.分詞.主.陽.單	應許
24. κατανοέω	動.現在.主.假設.一複	思想，看看
παροξυσμός, οῦ, ὁ	名.直.陽.單	鼓勵，激辯或劇烈的爭執
25. ἐγκαταλείπω	動.現在.主.分詞.主.陽.複	放棄，離開
ἐπισυναγωγή, ῆς, ἡ	名.直.陰.單	聚集，（崇拜）聚會
ἔθος, ους, τό	名.主.中.單	慣例，習慣
ἐγγίζω	動.現在.主.分詞.直.陰.單	接近，靠近
τοσούτῳ μᾶλλον ὅσῳ		更應該這樣
26. ἑκουσίως	副.原	甘心樂意地，故意
ἁμαρτάνω	動.現在.主.分詞.所.陽.複	犯罪，做錯
ἐπίγνωσις, εως, ἡ	名.直.陰.單	知識，認識，體會
οὐκέτι	副.原	不再
ἀπολείπω	動.現在.被.直說.三單	留下
27. φοβερός, ά, όν	形.主.陰.單.原	可怕的，戰競的
ἐκδοχή, ῆς, ἡ	名.主.陰.單	等候
κρίσις, εως, ἡ	名.所.陰.單	審判，定罪，法庭
ζῆλος, ου, ὁ	名.主.陽.單	熱心，非常，極度
ὑπεναντίος, α, ον	形.直.陽.複.原	敵對的，仇敵，敵人
28. ἀθετέω	動.過不.主.分詞.主.陽.單	拒絕，不理，違背
οἰκτιρμός, οῦ, ὁ	名.所.陽.複	憐憫，慈愛，同情
μάρτυς, υρος, ὁ	名.間.陽.複	見證人
29. πόσος, η, ον	代疑代.間.中.單	何等多，多麼，多少？
χείρων, ον	形.所.陰.單.比	更壞的，更厲害的
ἀξιόω	動.未來.被.直說.三單	使值得，配得
τιμωρία, ας, ἡ	名.所.陰.單	懲罰，刑罰
καταπατέω	動.過不.主.分詞.主.陽.單	踐踏，踏在腳下，蔑視
κοινός, ή, όν	形.直.中.單.原	凡俗的，不潔淨的
ἐνυβρίζω	動.過不.主.分詞.主.陽.單	施暴，侮辱
30. ἐκδίκησις, εως, ἡ	名.主.陰.單	伸冤，懲罰，報應
ἀνταποδίδωμι	動.未來.主.直說.一單	償還，報答，報應
31. φοβερός, ά, όν	形.主.中.單.原	可怕的，戰競的
ἐμπίπτω	動.過不.主.不定	落入，陷入

32. ἀναμιμνῄσκω	動. 現在. 被. 命令. 二複	提醒，記起，想起
πρότερος, α, ον	副. 比	先前，起初
φωτίζω	動. 過不. 被. 分詞. 主. 陽. 複	光照，（心中）啓明
ἄθλησις, εως, ἡ	名. 直. 陰. 單	爭鬥，苦鬥
ὑπομένω	動. 過不. 主. 直說. 二複	忍耐，持續，忍受，遭遇
πάθημα, ατος, τό	名. 所. 中. 複	苦難，邪情慾望
33. ὀνειδισμός, οῦ, ὁ	名. 間. 陽. 複	責備，侮辱，辱罵，羞辱
θλῖψις, εως, ἡ	名. 間. 陰. 複	困難，痛苦，苦難，災難
θεατρίζω	動. 現在. 被. 分詞. 主. 陽. 複	當衆遭受侮辱
κοινωνός, οῦ, ὁ, ἡ	名. 主. 陽. 複	同伴，夥伴
ἀναστρέφω	動. 現在. 被. 分詞. 所. 陽. 複	生活，舉止
τοῦτο μὲν ... τοῦτο δὲ		有時候…有時候
34. δέσμιος, ου, ὁ	名. 間. 陽. 複	囚犯
συμπαθέω	動. 過不. 主. 直說. 二複	同情，與…受苦
ἁρπαγή, ῆς, ἡ	名. 直. 陰. 單	搶劫，貪婪，奪走
προσδέχομαι	動. 過不. 關. 直說. 二複	等候，期待，接待
ὕπαρχις, εως, ἡ	名. 直. 陰. 單	所有物，財物，家業
τὰ ὑπάρχονια		所有物，產業，財富
35. ἀποβάλλω	動. 過不. 主. 假設. 二複	喪失
παρρησία, ας, ἡ	名. 直. 陰. 單	坦白，大膽，信心，勇敢
μισθαποδοσία, ας, ἡ	名. 直. 陰. 單	獎賞，報應
36. ὑπομονή, ῆς, ἡ	名. 所. 陰. 單	忍耐，堅定，恒毅，恒心
χρεία, ας, ἡ	名. 直. 陰. 單	需要，缺少
κομίζω	動. 過不. 關. 假設. 二複	接受，領受
37. μικρός, ά, όν	形. 直. 陽. 單. 原	少的，小的，最不足道的
ἥκω	動. 未來. 主. 直說. 三單	臨到，來
χρονίζω	動. 未來. 主. 直說. 三單	來遲，遲延，耽擱很久
ἔἴσον		因爲
μικρὸν ὅσον ὅσον		很快地，再過一會兒
38. ὑποστέλλω	動. 過不. 關. 假設. 三單	退縮，退卻，保留，躊躇
εὐδοκέω	動. 現在. 主. 直說. 三單	喜愛，喜歡，喜悅，樂意
39. ὑποστολή, ῆς, ἡ	名. 所. 陰. 單	退卻，倒轉
ἀπώλεια, ας, ἡ	名. 直. 陰. 單	浪費

περιποίησις, εως, ἡ	名.直.陰.單	得到，得（救）

第十一章

1. ἐλπίζω	動.現在.被.分詞.所.中.複	希望，盼望，指望
ὑπόστασις, εως, ἡ	名.主.陰.單	保證，有把握，本體
πρᾶγμα, ατος, τό	名.所.中.複	事情，事件
ἔλεγχος, ου, ὁ	名.主.陽.單	證實，肯定
3. νοέω	動.現在.主.直說.一複	明白，曉得
καταρτίζω	動.完成.被.不定	造成，預備
φαίνω	動.現在.關.分詞.所.中.複	出現，顯現，看見
4. Ἄβελ, ὁ	名.主.陽.單	亞伯〔亞伯爾〕
Κάϊν, ὁ	名.直.陽.單	該隱〔加音〕
5. Ἑνώχ, ὁ	名.主.陽.單	以諾〔哈諾客〕
μετατίθημι	動.過不.被.直說.三單	接（以諾）上天
διότι	連.原從	因爲，所以
πρό	介.所	在…之前
μετάθεσις, εως, ἡ	名.所.陰.單	改變，接（以諾）升天
εὐαρεστέω	動.完成.主.不定	使高興，得到…的歡心
6. ἀδύνατος, ον	形.主.中.單.原	不可能的
ἐκζητέω	動.現在.主.分詞.間.陽.複	切切尋求，尋找
μισθαποδότης, ου, ὁ	名.主.陽.單	報賞者
7. χρηματίζω	動.過不.被.分詞.主.陽.單	警告，指示，啓示，揭露
Νῶε, ὁ	名.主.陽.單	挪亞〔諾厄〕
μηδέπω	副.原	還没有，尚未
εὐλαβέομαι	動.過不.被.分詞.主.陽.單	存心敬畏，留意，謹慎
κιβωτός, οῦ, ἡ	名.直.陰.單	方舟
κατακρίνω	動.過不.主.直說.三單	審判，定罪
κληρονόμος, ου, ὁ	名.主.陽.單	繼承人
8. ὑπακούω	動.過不.主.直說.三單	聽從，回應，接受
κληρονομία, ας, ἡ	名.直.陰.單	產業，遺產
ἐπίσταμαι	動.現在.關.分詞.主.陽.單	知道，曉得，明白，懂得
ποῦ	連.疑從	哪裏？在哪裏？到哪裏？
9. παροικέω	動.過不.主.直說.三單	居住，暫住，在異鄉作客

ἀλλότριος, α, ον	形. 直. 陰. 單. 原	屬於別人的，另外一個
κατοικέω	動. 過不. 主. 分詞. 主. 陽. 單	居住，定居，住在
Ἰσαάκ, ὁ	名. 所. 陽. 單	以撒〔依撒格〕
Ἰακώβ, ὁ	名. 所. 陽. 單	雅各〔雅各伯〕
συγκληρονόμος, ον	名. 所. 陽. 複	同分享，同享神的祝福
10. ἐκδέχομαι	動. 過未. 關. 直說. 三單	等候，等待，盼望
θεμέλιον, ου, τό	名. 直. 中. 複	基礎，根基，基石
τεχνίτης, ου, ὁ	名. 主. 陽. 單	匠人，技工，設計者
δημιουργός, οῦ, ὁ	名. 主. 陽. 單	建造者，創造者
11. Σάρρα, ας, ἡ	名. 主. 陰. 單	撒拉〔撒辣〕
στεῖρα, ας, ἡ	形. 主. 陰. 單. 原	不能生育的，不能懷孕的女人
καταβολή, ῆς, ἡ	名. 直. 陰. 單	創造
σπέρμα, ατος, τό	名. 所. 中. 單	種子，後裔，生命
ἡλικία, ας, ἡ	名. 所. 陰. 單	年齡，人生，年日
ἐπαγγέλλομαι	動. 過不. 關. 分詞. 直. 陽. 單	應許
καταβολὴ σπέρματος		懷孕
καὶ παρὰ καιρὸν ἡλικία		雖然已過了生育的年齡
12. νεκρόω	動. 完成. 被. 分詞. 所. 陽. 單	如同已死
ἄστρον, ου, τό	名. 主. 中. 複	星星，星座
πλῆθος, ους, τό	名. 間. 中. 單	數量
ἄμμος, ου, ἡ	名. 主. 陰. 單	沙
χεῖλος, ους, τό	名. 直. 中. 單	海邊
ἀναρίθμητος, ον	形. 主. 陰. 單. 原	無數的
13. πόρρωθεν	副. 原	遠遠地，從遠處
ὁμολογέω	動. 過不. 主. 分詞. 主. 陽. 複	承認，宣佈，坦白說
ξένος, η, ον	名. 主. 陽. 複	怪異的，外國的，異鄉的
παρεπίδημος, ον	名. 主. 陽. 複	旅客的，難民的
14. ἐμφανίζω	動. 現在. 主. 直說. 三複	報告，顯現，表示
πατρίς, ίδος, ἡ	名. 直. 陰. 單	祖國，家鄉，本鄉
ἐπιζητέω	動. 現在. 主. 直說. 三複	尋求，希望，尋找
15. μνημονεύω	動. 過未. 主. 直說. 三複	記得，記住，想起
ἐκβαίνω	動. 過不. 主. 直說. 三複	出去，離開
ἀνακάμπτω	動. 過不. 主. 不定	回，歸

16. ὀρέγω	動. 現在. 關. 直說. 三複	渴慕
ἐπαισχύνομαι	動. 現在. 關. 直說. 三單	以…爲恥
ἐπικαλέω	動. 現在. 被. 不定	稱呼，呼求，祈求
ἑτοιμάζω	動. 過不. 主. 直說. 三單	準備，預備，準備一切
17. Ἰσαάκ, ὁ	名. 直. 陽. 單	以撒〔依撒格〕
μονογενής, ές	形. 直. 陽. 單. 原	唯一的，獨特的，獨生的
ἀναδέχομαι	動. 過不. 關. 分詞. 主. 陽. 單	領受，歡迎
18. σπέρμα, ατος, τό	名. 主. 中. 單	後裔
19. λογίζομαι	動. 過不. 關. 分詞. 主. 陽. 單	以爲，熟思
δυνατός, ή, όν	形. 主. 陽. 單. 原	可能的
κομίζω	動. 過不. 關. 直說. 三單	接受，領受
ἐν παραβολῇ		可以比喻說
20. Ἰσαάκ, ὁ	名. 主. 陽. 單	以撒〔依撒格〕
Ἰακώβ, ὁ	名. 直. 陽. 單	雅各〔雅各伯〕
Ἠσαῦ, ὁ	名. 直. 陽. 單	以掃〔厄撒烏〕
21. Ἰωσήφ, ὁ	名. 所. 陽. 單	約瑟〔若瑟〕
ἄκρον, ου, τό	名. 直. 中. 單	頭（枴杖）
ῥάβδος, ου, ἡ	名. 所. 陰. 單	棍，杖
22. τελευτάω	動. 現在. 主. 分詞. 主. 陽. 單	死亡，在臨終的時候
ἔξοδος, ου, ἡ	名. 所. 陰. 單	離開，以色列人出埃及
μνημονεύω	動. 過不. 主. 直說. 三單	記得，記住，想起，提起
ὀστέον, ου, τό	名. 所. 中. 複	骨頭
ἐντέλλομαι	動. 過不. 關. 直說. 三單	吩咐，命令，囑付
23. κρύπτω	動. 過不. 被. 直說. 三單	隱藏，躲起來，保持秘密
τρίμηνος, ον	名. 直. 中. 單	三個月（期間）
διότι	連. 原從	因爲，所以
ἀστεῖος, α, ον	形. 直. 中. 單. 原	討人喜歡的，俊美的
διάταγμα, ατος, τό	名. 直. 中. 單	命令
24. ἀρνέομαι	動. 過不. 關. 直說. 三單	否認，不認，背棄，拒絕
θυγάτηρ, τρός, ἡ	名. 所. 陰. 單	女兒
Φαραώ, ὁ	名. 所. 陽. 單	法老〔法郎〕
25. αἱρέω	動. 過不. 關. 分詞. 主. 陽. 單	選擇，比較喜歡，決定
συγκακουχέομαι	動. 現在. 關. 不定	與…分擔困境，一同受苦

πρόσκαιρος, ον	形.直.中.單.原	暫時的，不持久的
ἀπόλαυσις, εως, ἡ	名.直.陰.單	享受，享樂
26. πλοῦτος, ου, ὁ, τό	名.直.陽.單	財富，豐裕，寬裕
Αἴγυπτος, ου, ἡ	名.所.陰.單	埃及
θησαυρός, οῦ, ὁ	名.所.陽.複	財寶，寶貝，積存
ὀνειδισμός, οῦ, ὁ	名.直.陽.單	責備，侮辱，辱罵，羞辱
ἀποβλέπω	動.過未.主.直說.三單	注視，盼望
μισθαποδοσία, ας, ἡ	名.直.陰.單	獎賞
27. καταλείπω	動.過不.主.直說.三單	離開
θυμός, οῦ, ὁ	名.直.陽.單	怒氣，忿怒，惱怒
ἀόρατος, ον	形.直.陽.單.原	看不見的，未曾見過的
καρτερέω	動.過不.主.直說.三單	堅忍（不肯回去）
28. πάσχα, τό	名.直.中.單	逾越節
πρόσχυσις, εως, ἡ	名.直.陰.單	灑（血）
ὀλοθρεύω	動.現在.主.分詞.主.陽.單	殺，毀滅
πρωτότοκος, ον	形.直.中.複.原	頭胎的，首先的，長子
θιγγάνω	動.過不.主.假設.三單	接觸，摸，動，殺
29. διαβαίνω	動.過不.主.直說.三複	橫越，過，過來
ἐρυθρός, ά, όν	形.直.陰.單.原	紅色的
ξηρός, ά, όν	形.所.陰.單.原	枯乾的，枯萎的，癱瘓的
πεῖρα, ας, ἡ	名.直.陰.單	企圖，經歷
Αἰγύπτιος, α, ον	名.主.陽.複	埃及的
καταπίνω	動.過不.被.直說.三複	消滅，淹没
λαμβάνω πεῖραν		嚐試，經歷
30. τεῖχος, ους, τό	名.主.中.複	牆，城牆
Ἰεριχώ, ἡ	名.所.陰.單	耶利哥〔耶里哥〕
κυκλόω	動.過不.被.分詞.主.中.複	環繞，包圍，環繞而行
31. Ῥαάβ, ἡ	名.主.陰.單	喇合〔辣哈布〕
πόρνη, ης, ἡ	名.主.陰.單	妓女，娼妓
συναπόλλυμι	動.過不.關.直說.三單	跟…一同滅亡或一同被殺
ἀπειθέω	動.過不.主.分詞.間.陽.複	不順服，不信服
κατάσκοπος, ου, ὁ	名.直.陽.複	探子
32. ἐπιλείπω	動.未來.主.直說.三單	不足

διηγέομαι	動.現在.關.分詞.直.陽.單	告訴，傳遍，述說
Γεδεών, ὁ	名.所.陽.單	基甸〔基德紅〕
Βαράκ, ὁ	名.所.陽.單	巴拉〔巴辣克〕
Σαμψών, ὁ	名.所.陽.單	參孫〔三松〕
Ἰεφθάε, ὁ	名.所.陽.單	耶弗他〔依弗大〕
Σαμουήλ, ὁ	名.所.陽.單	撒母耳〔撒慕爾〕
33. καταγωνίζομαι	動.過不.關.直說.三複	制服，戰勝
ἐργάζομαι	動.過不.關.直說.三複	執行
ἐπιτυγχάνω	動.過不.主.直說.三複	得到，領受，達到
φράσσω	動.過不.主.直說.三複	阻擋，籠住口，堵住
λέων, οντος, ὁ	名.所.陽.複	獅子
φράσσω στόμα		免受傷害
34. σβέννυμι	動.過不.主.直說.三複	熄滅，抵禦
φεύγω	動.過不.主.直說.三複	逃，逃避
μάχαιρα, ης, ἡ	名.所.陰.單	刀、劍
δυναμόω	動.過不.被.直說.三複	使剛強
ἀσθένεια, ας, ἡ	名.所.陰.單	軟弱，疾病
ἰσχυρός, ά, όν	形.主.陽.複.原	強壯的，大聲的，嚴重的
πόλεμος, ου, ὁ	名.間.陽.單	戰爭
παρεμβολή, ῆς, ἡ	名.直.陰.複	軍營，軍隊，營幕
κλίνω	動.過不.主.直說.三複	擊敗，使潰逃
ἀλλότριος, α, ον	名.所.陽.複	外國人的
35. ἀνάστασις, εως, ἡ	名.所.陰.單	復活
τυμπανίζω	動.過不.被.直說.三複	酷刑，折磨
προσδέχομαι	動.過不.關.分詞.主.陽.複	接待，接受
ἀπολύτρωσις, εως, ἡ	名.直.陰.單	自由，拯救，釋放
τυγχάνω	動.過不.主.假設.三複	獲得，蒙，享受
36. ἐμπαιγμός, οῦ, ὁ	名.所.陽.複	戲弄，公開行刑
μάστιξ, ιγος, ἡ	名.所.陰.複	鞭子，鞭打，疾病
πεῖρα, ας, ἡ	名.直.陰.單	企圖，經歷
δεσμός, οῦ, ὁ	名.所.陽.複	捆綁，鎖鏈，囚禁，監牢
φυλακή, ῆς, ἡ	名.所.陰.單	監獄，更次
ἐμπαιγμῶν πεῖρα λαμβάνω		遭受譏諷或戲弄

37. λιθάζω	動. 過不. 被. 直說. 三複	用石頭打
πρίζω	動. 過不. 被. 直說. 三複	鋸成兩段
φόνος, ου, ὁ	名. 間. 陽. 單	謀殺，兇殺
μάχαιρα, ης, ἡ	名. 所. 陰. 單	刀、劍
περιέρχομαι	動. 過不. 主. 直說. 三複	到處走
μηλωτή, ῆς, ἡ	名. 間. 陰. 複	綿羊皮
αἴγειος, α, ον	形. 間. 中. 複. 原	山羊的
δέρμα, ατος, τό	名. 間. 中. 複	皮
ὑστερέω	動. 現在. 被. 分詞. 主. 陽. 複	缺乏，需要，用盡
θλίβω	動. 現在. 被. 分詞. 主. 陽. 複	迫害，遭遇苦難
κακουχέω	動. 現在. 被. 分詞. 主. 陽. 複	受迫害虐待，遭遇患難
38. ἄξιος, α, ον	形. 主. 陽. 單. 原	值得的，配得的
ἐρημία, ας, ἡ	名. 間. 陰. 複	曠野，荒野，沙漠
πλανάω	動. 現在. 被. 分詞. 主. 陽. 複	流浪
σπήλαιον, ου, τό	名. 間. 中. 複	洞穴，（賊）窩
ὀπή, ῆς, ἡ	名. 間. 陰. 複	洞，穴
39. κομίζω	動. 過不. 關. 直說. 三複	接受，領受
40. προβλέπω	動. 過不. 關. 分詞. 所. 陽. 單	作好安排，提供

第十二章

1. τοιγαροῦν	連. 推并	因此，所以
περίκειμαι	動. 現在. 關. 分詞. 直. 中. 單	被拴著，被綁住，被圍繞
νέφος, ους, τό	名. 直. 中. 單	雲彩
μάρτυς, υρος, ὁ	名. 所. 陽. 複	見證人，殉道者
ὄγκος, ου, ὁ	名. 直. 陽. 單	障礙
ἀποτίθημι	動. 過不. 關. 分詞. 主. 陽. 複	扔掉，除去
εὐπερίστατος, ον	形. 直. 陰. 單. 原	容易纏累的，糾纏不休的
ὑπομονή, ῆς, ἡ	名. 所. 陰. 單	忍耐，堅定，恒毅，恒心
τρέχω	動. 現在. 主. 假設. 一複	跑，賽跑，盡力
πρόκειμαι	動. 現在. 關. 分詞. 直. 陽. 單	被擺在面前，位於…之前
ἀγών, ῶνος, ὁ	名. 直. 陽. 單	賽跑，爭戰，奮鬥，阻撓
2. ἀφοράω	動. 現在. 主. 分詞. 主. 陽. 複	注視
ἀρχηγός, οῦ, ὁ	名. 直. 陽. 單	領袖，創始者，發起人

τελειωτής, οῦ, ὁ	名.直.陽.單	完成者
ἀντί	介.所	爲了…的緣故，因爲
ὑπομένω	動.過不.主.直說.三單	忍耐，持續，忍受，留下
σταυρός, οῦ, ὁ	名.直.陽.單	十字架
αἰσχύνη, ης, ἡ	名.所.陰.單	羞辱，羞恥，可恥的行爲
καταφρονέω	動.過不.主.分詞.主.陽.單	藐視，輕看，不當作一回事
καθίζω	動.完成.主.直說.三單	坐下，坐著
3. ἀναλογίζομαι	動.過不.關.命令.二複	仔細考慮，思想，比較
ἁμαρτωλός, όν	名.所.陽.複	有罪的，罪人
ἀντιλογία, ας, ἡ	名.直.陰.單	爭論，辯論，敵意，憎恨
κάμνω	動.過不.主.假設.二複	病
ἐκλύω	動.現在.被.分詞.主.陽.複	灰心，孤苦無助
κάμνω τῇ ψυχῇ		灰心喪志
4. οὔπω	副.原	尚未
μέχρι	不介.所	直到，甚至
ἀντικαθίστημι	動.過不.主.直說.二複	抵抗
ἀνταγωνίζομαι	動.現在.關.分詞.主.陽.複	鬥爭
5. ἐκλανθάνομαι	動.完成.關.直說.二複	完全忘記
παράκλησις, εως, ἡ	名.所.陰.單	鼓勵，幫助，安慰，懇求
διαλέγομαι	動.現在.關.直說.三單	談論
ὀλιγωρέω	動.現在.主.命令.二單	輕視，小看
παιδεία, ας, ἡ	名.所.陰.單	管教，教導，訓練
ἐκλύω	動.現在.被.命令.二單	灰心，孤苦無助
ἐλέγχω	動.現在.被.分詞.主.陽.單	指出錯誤，揭露，責備
6. παιδεύω	動.現在.主.直說.三單	教導，指導，管教
μαστιγόω	動.現在.主.直說.三單	鞭打，管教，懲罰
παραδέχομαι	動.現在.關.直說.三單	接受，收納，歡迎，承認
7. παιδεία, ας, ἡ	名.直.陰.單	管教，教導，訓練
ὑπομένω	動.現在.主.直說.二複	忍耐，站穩，忍受，遭受
8. ἄρα	連.推并	爲此，那麼，所以
νόθος, η, ον	形.主.陽.複.原	私生的（子）
9. εἶτα	副.原	然後，後來，再者，對於
παιδευτής, οῦ, ὁ	名.直.陽.複	執行管教或懲治的人

ἐντρέπω	動.過未.被.直說.一複	尊重，尊敬
ὁ τῆς σαρκὸς πατήρ		肉體的父親
10. ὀλίγος, η, ον	形.直.陰.複.原	一會兒
παιδεύω	動.過未.主.直說.三複	教導，訓練，管教，懲治
συμφέρω	動.現在.主.分詞.直.中.單	…是對…有益
μεταλαμβάνω	動.過不.主.不定	得到，分享，有（空）
ἁγιότης, ητος, ἡ	名.所.陰.單	聖潔，純潔
11. παιδεία, ας, ἡ	名.主.陰.單	管教，教導，訓練
πάρειμι	動.現在.主.分詞.直.中.單	來臨
λύπη, ης, ἡ	名.所.陰.單	憂傷，憂愁，痛苦
ὕστερος, α, ον	副.比	最後，稍後，將來，後者
εἰρηνικός, ή, όν	形.直.陽.單.原	和平的，愛好和平的
γυμνάζω	動.完成.被.分詞.間.陽.複	訓練，練習，鍛練
ἀποδίδωμι	動.現在.主.直說.三單	給，付，回報
τὸ παρόν		目前，此時
πρὸς τὸ παρόν		目前，此時，來
12. παρίημι	動.完成.被.分詞.直.陰.複	軟弱的，下垂的
παραλύω	動.完成.被.分詞.直.中.複	癱瘓，軟弱
γόνυ, ατος, τό	名.直.中.複	膝
ἀνορθόω	動.過不.主.命令.二複	堅強起來，直起來
τὰ παραλελυμένα γόνατα ἀνορθόω		受激勵，變剛強
13. τροχιά, ᾶς, ἡ	名.直.陰.複	徑，路
ὀρθός, ή, όν	形.直.陰.複.原	直的，正直的
χωλός, ή, όν	形.主.中.單.原	跛腳的，瘸腿的
ἐκτρέπω	動.過不.被.假設.三單	迷失，失去能力，完全失效
ἰάομαι	動.過不.被.假設.三單	醫治，治好，恢復
τροχιὰς ὀρθὰς ποιέω τοῖς ποσίν		舉止（或行為）合適
τὸ χωλός		跛了的腳
14. διώκω	動.現在.主.命令.二複	追求
ἁγιασμός, οῦ, ὁ	名.直.陽.單	成聖，聖潔
15. ἐπισκοπέω	動.現在.主.分詞.主.陽.複	照顧，監督，謹慎
ὑστερέω	動.現在.主.分詞.主.陽.單	缺乏，低於或比…少
ῥίζα, ης, ἡ	名.主.陰.單	根，有毒的植物

πικρία, ας, ἡ	名.所.陰.單	苦，惡毒的感受或怨恨
ἄνω	副.原	向上，往上
φύω	動.現在.主.分詞.主.陰.單	生長，長大
ἐνοχλέω	動.現在.主.假設.三單	煩擾，遺害
μιαίνω	動.過不.被.假設.三複	弄髒，污
ῥίζα πικρίας		有毒的植物
16. πόρνος, ου, ὁ	名.主.陽.單	淫亂的人
βέβηλος, ον	形.主.陽.單.原	不敬虔的，貪戀世俗的
Ἠσαῦ, ὁ	名.主.陽.單	以掃〔厄撒烏〕
ἀντί	介.所	爲了…的緣故
βρῶσις, εως, ἡ	名.所.陰.單	食物，飲食，銹
ἀποδίδωμι	動.過不.關.直說.三單	給，付，賣
πρωτοτόκια, ων, τά	名.直.中.複	長子的名份
17. μετέπειτα	副.原	後來
κληρονομέω	動.過不.主.不定	得到，承受，領受
εὐλογία, ας, ἡ	名.直.陰.單	福氣，恩典
ἀποδοκιμάζω	動.過不.被.直說.三單	棄絕
μετάνοια, ας, ἡ	名.所.陰.單	悔改，轉離罪惡
καίπερ	連.讓從	雖然，即使，縱使
δάκρυον, ου, τό	名.所.中.複	眼淚
ἐκζητέω	動.過不.主.分詞.主.陽.單	切切尋求，尋找
18. ψηλαφάω	動.現在.被.分詞.間.中.單	摸，觸，可觸摸
καίω	動.完成.被.分詞.間.中.單	燃燒，燒著
γνόφος, ου, ὁ	名.間.陽.單	黑暗
ζόφος, ου, ὁ	名.間.陽.單	幽暗，黑暗，深淵
θύελλα, ης, ἡ	名.間.陰.單	暴風，旋風，風暴
19. σάλπιγξ, ιγγος, ἡ	名.所.陰.單	號角，號筒，喇叭
ἦχος, ους, τό	名.間.中.單	聲音，響聲
παραιτέομαι	動.過不.關.直說.三複	要求，拒絕聽，乞
προστίθημι	動.過不.被.不定	增加
20. διαστέλλω	動.現在.被.分詞.直.中.單	吩咐，命令
κἄν	副.原	即使，雖然，至少
θηρίον, ου, τό	名.主.中.單	野獸，走獸，蛇

θιγγάνω	動. 過不. 主. 假設. 三單	接觸，摸，動，殺
λιθοβολέω	動. 未來. 被. 直說. 三單	投石頭，用石頭打
21. φοβερός, ά, όν	形. 主. 中. 單. 原	嚇人的，可怕的，戰競的
φαντάζω	動. 現在. 被. 分詞. 主. 中. 單	出現，顯明
ἔκφοβος, ον	形. 主. 陽. 單. 原	害怕的，恐懼的
ἔντρομος, ον	形. 主. 陽. 單. 原	戰慄的，戰戰兢兢的
22. Σιών, ἡ	名. 間. 陰. 單	錫安山〔熙雍〕，喻：耶路撒冷
μυριάς, άδος, ἡ	名. 間. 陰. 複	一萬，無數的
πανήγυρις, εως, ἡ	名. 間. 陰. 單	節慶集會，歡樂的聚會
23. πρωτότοκος, ον	形. 所. 陽. 複. 原	頭胎的，首先的，長子
ἀπογράφω	動. 完成. 被. 分詞. 所. 陽. 複	登記，註册
κριτής, οῦ, ὁ	名. 間. 陽. 單	法官
24. νέος, α, ον	形. 所. 陰. 單. 原	新的，新鮮的，年輕的
μεσίτης, ου, ὁ	名. 間. 陽. 單	中間人，中保
ῥαντισμός, οῦ, ὁ	名. 所. 陽. 單	澆灑，潔淨
Ἄβελ, ὁ	名. 直. 陽. 單	亞伯〔亞伯爾〕
κρεῖττων λαλῶ παρά		所表達的遠勝過…
25. παραιτέομαι	動. 過不. 關. 假設. 二複	棄絕，拒絕聽
ἐκφεύγω	動. 過不. 主. 直說. 三複	逃脫，逃避
χρηματίζω	動. 現在. 主. 分詞. 直. 陽. 單	警告，指導，指示
ἀποστρέφω	動. 現在. 關. 分詞. 主. 陽. 複	轉離，離棄，拒絕
26. σαλεύω	動. 過不. 主. 直說. 三單	搖動，煽動（群衆）
ἐπαγγέλλομαι	動. 完成. 關. 直說. 三單	應許
σείω	動. 未來. 主. 直說. 一單	搖動，吹落，騷動，顫抖
27. δηλόω	動. 現在. 主. 直說. 三單	顯露，指示，指明，告訴
μετάθεσις, εως, ἡ	名. 直. 陰. 單	移動，改變
28. ἀσάλευτος, ον	形. 直. 陰. 單. 原	無法移動的，不能震動的
παραλαμβάνω	動. 現在. 主. 分詞. 主. 陽. 複	領受
εὐαρέστως	副. 原	喜悅地
εὐλάβεια, ας, ἡ	名. 所. 陰. 單	敬畏（神），虔誠
δέος, ους, τό	名. 所. 中. 單	畏懼，敬畏（神）
29. καταναλίσκω	動. 現在. 主. 分詞. 主. 中. 單	消滅，吞

第十三章

1. φιλαδελφία, ας, ἡ	名. 主. 陰. 單	兄弟姊妹愛，手足之愛
2. φιλοξενία, ας, ἡ	名. 所. 陰. 單	慇懃款待，接待
ἐπιλανθάνομαι	動. 現在. 關. 命令. 二複	忘記，忘了，疏忽，忽視
λανθάνω	動. 過不. 主. 直說. 三複	無意，不知不覺
ξενίζω	動. 過不. 主. 分詞. 主. 陽. 複	招待，接待
3. μιμνῄσκομαι	動. 現在. 關. 命令. 二複	記得，記住，關懷
δέσμιος, ου, ὁ	名. 所. 陽. 複	囚犯
συνδέω	動. 完成. 被. 分詞. 主. 陽. 複	跟…一齊坐牢
κακουχέω	動. 現在. 被. 分詞. 所. 陽. 複	受迫害虐待，遭遇患難
4. τίμιος, α, ον	形. 主. 陽. 單. 原	貴重的，受敬重的
γάμος, ου, ὁ	名. 主. 陽. 單	婚禮，婚宴，喜堂，婚姻
κοίτη, ης, ἡ	名. 主. 陰. 單	床，婚姻關係，精液
ἀμίαντος, ον	形. 主. 陰. 單. 原	純潔的，不玷污的
πόρνος, ου, ὁ	名. 直. 陽. 複	淫亂的人
μοιχός, οῦ, ὁ	名. 直. 陽. 複	行淫者，犯姦淫的人
5. ἀφιλάργυρος, ον	形. 主. 陽. 單. 原	不貪財的
τρόπος, ου, ὁ	名. 主. 陽. 單	方式，生活，生活態度
ἀρκέω	動. 現在. 被. 分詞. 主. 陽. 複	知足，滿意
πάρειμι	動. 現在. 主. 分詞間－複	在一起，在這裏，來臨
ἀνίημι	動. 過不. 主. 假設. 一單	離開，放棄
ἐγκαταλείπω	動. 過不. 主. 假設. 一單	放棄，離棄，離開，留下
τὰ παρόντα		產業，財富
ἀφιλάργυρος ὁ τρόπος		不要貪慕錢財
6. θαρρέω	動. 現在. 主. 分詞. 直. 陽. 複	坦然無懼，有信心
βοηθός, όν	名. 主. 陽. 單	幫助者
7. μνημονεύω	動. 現在. 主. 命令. 二複	記得，記住，想起
ἀναθεωρέω	動. 現在. 主. 分詞. 主. 陽. 複	仔細觀察，深思熟慮
ἔκβασις, εως, ἡ	名. 直. 陰. 單	出路，結局，死
ἀναστροφή, ῆς, ἡ	名. 所. 陰. 單	行事爲人
μιμέομαι	動. 現在. 關. 命令. 二複	模仿，效法別人的榜樣
8. ἐχθές	副. 原	昨天
ἐχθὲς καὶ σήμερον καὶ εἰς τοὺς αἰῶνας		經常，總是

9. διδαχή, ῆς, ἡ	名.間.陰.複	教訓，教導，教義，學說
ποικίλος, η, ον	形.間.陰.複.原	各種的，各樣的，不同的
ξένος, η, ον	形.間.陰.複.原	怪異的，外國的，異鄉的
παραφέρω	動.現在.被.命令.二複	帶走，移去，攜走或引開
βεβαιόω	動.現在.被.不定	證實，證明，樹立，保證
βρῶμα, ατος, τό	名.間.中.複	食物，飯
ὠφελέω	動.過不.被.直說.三複	獲利，達到，幫助
10. θυσιαστήριον, ου, τό	名.直.中.單	祭壇
11. εἰσφέρω	動.現在.被.直說.三單	帶（進）來，抬進
ζῷον, ου, τό	名.所.中.複	活物，牲畜，野獸
κατακαίω	動.現在.被.直說.三單	焚燒，燒掉，燒盡
παρεμβολή, ῆς, ἡ	名.所.陰.單	軍營，軍隊，營幕
12. πύλη, ης, ἡ	名.所.陰.單	門
πάσχω	動.過不.主.直說.三單	受苦，受難，忍受，遭受
13. τοίνυν	連.推并	因此，所以
παρεμβολή, ῆς, ἡ	名.所.陰.單	軍營，軍隊，營幕
ὀνειδισμός, οῦ, ὁ	名.直.陽.單	侮辱，辱罵，羞辱
14. ἐπιζητέω	動.現在.主.直說.一複	求，尋求，追逐，尋找
15. ἀναφέρω	動.現在.主.假設.一複	獻（祭），帶，拿起
αἴνεσις, εως, ἡ	名.所.陰.單	讚美，頌讚
χεῖλος, ους, τό	名.所.中.複	嘴唇
ὁμολογέω	動.現在.主.分詞.所.中.複	承認，宣佈，坦白說，稱謝
16. εὐποιΐα, ας, ἡ	名.所.陰.單	好事，善行
κοινωνία, ας, ἡ	名.所.陰.單	分享，捐獻，幫助
ἐπιλανθάνομαι	動.現在.關.命令.二複	忘記，忘了，疏忽，忽視
εὐαρεστέω	動.現在.被.直說.三單	使高興，得到…的歡心
17. ὑπείκω	動.現在.主.命令.二複	順服，服從
ἀγρυπνέω	動.現在.主.直說.三複	警醒，關顧
ἀποδίδωμι	動.未來.主.分詞.主.陽.複	給，付，回報，報答
στενάζω	動.現在.主.分詞.主.陽.複	歎息，呻吟，訴苦，心灰意冷
ἀλυσιτελής, ές	形.主.中.單.原	無益的，没有幫助的
18. καλῶς	副.原	好，正確的
ἀναστρέφω	動.現在.被.不定	生活，舉止

19. περισσοτέρως	副.比	更加，甚至更，尤其
ταχέως	副.比	立刻，不久，很快
ἀποκαθίστημι	動.過不.被.假設.一單	復興，恢復，治好，送回
20. ἀνάγω	動.過不.主.分詞.主.陽.單	帶，領
ποιμήν, ένος, ὁ	名.直.陽.單	牧人，牧羊人
πρόβατον, ου, τό	名.所.中.複	羊，小羊
21. καταρτίζω	動.過不.主.祈願.三單	預備，成全，供應，補足
εὐάρεστος, ον	形.直.中.單.原	可接受的，令人喜歡的
22. ἀνέχω	動.現在.關.命令.二複	忍受，忍耐，耐心領受
παράκλησις, εως, ἡ	名.所.陰.單	鼓勵，幫助，安慰
βραχύς, εῖα, ύ	形.所.陽.複.原	少的，短的，小的
ἐπιστέλλω	動.過不.主.直說.一單	寫信指導，寫
διὰ βραχέων		簡短地，暫時地，不太長
23. Τιμόθεος, ου, ὁ	名.直.陽.單	提摩太〔弟茂德〕
ταχέως	副.比	不久
24. Ἰταλία, ας, ἡ	名.所.陰.單	義大利

雅各書

特別詞彙

πλούσιος, α, ον	豐富的，富有的
τέλειος, α, ον	完全的，完美的，完整的，十全（ἔργον τ. 完全的效果，成功），成年的，長大的，成熟的（人）；τελειότερος 更完全的

第一章

1.	᾿Ιάκωβος, ου, ὁ	名.主.陽.單	雅各〔雅各伯〕
	φυλή, ῆς, ἡ	名.間.陰.複	支族，部落，（萬）族
	διασπορά, ᾶς, ἡ	名.間.陰.單	散居（的人）
2.	ἡγέομαι	動.過不.關.命令.二複	想，認爲，覺得，當作
	πειρασμός, οῦ, ὁ	名.間.陽.複	試驗的期間或過程，試探
	περιπίπτω	動.過不.主.假設.二複	遭遇（試煉）
	ποικίλος, η, ον	形.間.陽.複.原	各種的，各樣的，種種
3.	δοκίμιον, ου, τό	名.主.中.單	考驗，純正眞實
	κατεργάζομαι	動.現在.關.直說.三單	產生
	ὑπομονή, ῆς, ἡ	名.直.陰.單	忍耐，堅定，恒毅，恒心
4.	ὁλόκληρος, ον	形.主.陽.複.原	健全的，完整的，完全的
	λείπω	動.現在.關.分詞.主.陽.複	缺，欠
	ἔργον τέλειον		完全的效果，成功
5.	ἁπλῶς	副.原	慷慨地，豐豐富富地
	ὀνειδίζω	動.現在.主.分詞.所.陽.單	責備，譴責
6.	διακρίνω	動.現在.關.分詞.主.陽.單	疑惑，爭辯

	ἔοικα	動.完成.主.直說.三單	好像
	κλύδων, ωνος, ὁ	名.間.陽.單	怒濤，波浪
	ἀνεμίζω	動.現在.被.分詞.間.陽.單	被風吹動
	ῥιπίζω	動.現在.被.分詞.間.陽.單	吹蕩翻騰
7.	οἴομαι (οἶμαι)	動.現在.關.命令.三單	假設，想象
8.	δίψυχος, ον	形.主.陽.單.原	三心兩意的，不堅決的
	ἀκατάστατος, ον	形.主.陽.單.原	無法控制的（舌頭）
9.	καυχάομαι	動.現在.關.命令.三單	誇耀，稱讚，以…爲榮
	ταπεινός, ή, όν	形.主.陽.單.原	卑微的，貧窮的，謙和的
	ὕψος, ους, τό	名.間.中.單	高度，高天，上面，高位
10.	ταπείνωσις, εως, ἡ	名.間.陰.單	卑微，貶低，忍受恥辱
	ἄνθος, ους, τό	名.主.中.單	花，（結果實的）花
	χόρτος, ου, ὁ	名.所.陽.單	植物，葉，苗，芽，草
	παρέρχομαι	動.未來.關.直說.三單	消失，廢掉
11.	ἀνατέλλω	動.過不.主.直說.三單	日出，照亮
	ἥλιος, ου, ὁ	名.主.陽.單	太陽
	καύσων, ωνος, ὁ	名.間.陽.單	（灼人的）熱氣，燥熱
	ξηραίνω	動.過不.主.直說.三單	枯乾，停止（出血）
	ἐκπίπτω	動.過不.主.直說.三單	落下，凋謝
	εὐπρέπεια, ας, ἡ	名.主.陰.單	美麗，可愛
	πορεία, ας, ἡ	名.間.陰.複	旅途，追求
	μαραίνω	動.未來.被.直說.三單	枯萎衰殘
12.	ὑπομένω	動.現在.主.直說.三單	忍耐，忍受
	πειρασμός, οῦ, ὁ	名.直.陽.單	試驗的期間或過程
	δόκιμος, ον	形.主.陽.單.原	經得起考驗的，受贊許的
	στέφανος, ου, ὁ	名.直.陽.單	華冠，冠冕
	ἐπαγγέλλομαι	動.過不.關.直說.三單	應許
13.	πειράζω	動.現在.被.分詞.主.陽.單	試驗，試探，誘惑
	ἀπείραστος, ον	形.主.陽.單.原	不能被試誘的
14.	ἐπιθυμία, ας, ἡ	名.所.陰.單	慾望，慾念，情慾
	ἐξέλκω	動.現在.被.分詞.主.陽.單	勾引，試誘
	δελεάζω	動.現在.被.分詞.主.陽.單	誘惑，試誘
15.	εἶτα	副.原	然後，後來，…又

συλλαμβάνω	動.過不.主.分詞.主.陰.單	懷孕，成胎
τίκτω	動.現在.主.直說.三單	生育，出生
ἀποτελέω	動.過不.被.分詞.主.陰.單	長成
ἀποκυέω	動.現在.主.直說.三單	生出，造
16. πλανάω	動.現在.被.命令.二複	迷惑，欺騙
τί τὸ ὄφελος		有甚麼用處
17. δόσις, εως, ἡ	名.主.陰.單	供給的事物
δώρημα, ατος, τό	名.主.中.單	恩賜
ἄνωθεν	副.原	從上面，再一次
ἔνι	動.現在.主.直說.三單	有
παραλλαγή, ῆς, ἡ	名.主.陰.單	改變
τροπή, ῆς, ἡ	名.所.陰.單	轉動，改變，變更
ἀποσκίασμα, ατος, τό	名.主.中.單	陰影，黑暗
18. βούλομαι	動.過不.被.分詞.主.陽.單	希望，願意，計劃
ἀποκυέω	動.過不.主.直說.三單	生出，造
ἀπαρχή, ῆς, ἡ	名.直.陰.單	最初的一分，第一個
κτίσμα, ατος, τό	名.所.中.複	被造之物，萬有，生物
19. ταχύς, εῖα, ύ	形.主.陽.單.原	速度的，快速的，快捷的
βραδύς, εῖα, ύ	形.主.陽.單.原	慢慢的，遲純的，蠢的
ὀργή, ῆς, ἡ	名.直.陰.單	憤怒，義憤
20. ἐργάζομαι	動.現在.關.直說.三單	工作，做事，完成
21. ἀποτίθημι	動.過不.關.分詞.主.陽.複	扔掉，除去，脫掉
ῥυπαρία, ας, ἡ	名.直.陰.單	不潔，不良的習慣
περισσεία, ας, ἡ	名.直.陰.單	豐富，充裕
κακία, ας, ἡ	名.所.陰.單	邪惡，怨恨，煩擾
πραΰτης, ητος, ἡ	名.間.陰.單	溫和，柔順，謙遜
ἔμφυτος, ον	形.直.陽.單.原	栽種的
22. ποιητής, οῦ, ὁ	名.主.陽.複	行事的人
ἀκροατής, οῦ, ὁ	名.主.陽.複	聽者
παραλογίζομαι	動.現在.關.分詞.主.陽.複	欺騙，引入歧途
23. ἔοικα	動.完成.主.直說.三單	好像
κατανοέω	動.現在.主.分詞.間.陽.單	觀察，看看
γένεσις, εως, ἡ	名.所.陰.單	出生

ἔσοπτρον, ου, τό	名.間.中.單	鏡子
τὸ πρόσωπον τῆς γενέσεως		天生的面目
24. εὐθέως	副.原	立刻，一…就，很快地
ἐπιλανθάνομαι	動.過不.關.直說.三單	忘記，忘了，疏忽
ὁποῖος, α, ον	代.聯代.主.陽.單	那一種，像，如
25. παρακύπτω	動.過不.主.分詞.主.陽.單	屈身往裏看，查考
ἐλευθερία, ας, ἡ	名.所.陰.單	自由
παραμένω	動.過不.主.分詞.主.陽.單	停留，住，繼續職份
ἀκροατής, οῦ, ὁ	名.主.陽.單	聽者
ἐπιλησμονή, ῆς, ἡ	名.所.陰.單	忘記
ποιητής, οῦ, ὁ	名.主.陽.單	行事的人
ποίησις, εως, ἡ	名.間.陰.單	做，行事
26. θρησκός, όν	形.主.陽.單.原	宗教的，虔誠的
χαλιναγωγέω	動.現在.主.分詞.主.陽.單	控制，管束
ἀπατάω	動.現在.主.分詞.主.陽.單	欺騙，引入歧途
μάταιος, α, ον	形.主.陰.單.原	沒有價值，虛幻的
θρησκεία, ας, ἡ	名.主.陰.單	宗教，虔誠
27. καθαρός, ά, όν	形.主.陰.單.原	潔淨的，純潔的
ἀμίαντος, ον	形.主.陰.單.原	純潔的，不污損的
ἐπισκέπτομαι	動.現在.關.不定	照顧，眷顧
ὀρφανός, ή, όν	形.直.陽.複.原	孤兒的，孤單的
χήρα, ας, ἡ	名.直.陰.複	寡婦
θλῖψις, εως, ἡ	名.間.陰.單	苦難，災難，憂傷
ἄσπιλος, ον	形.直.陽.單.原	純潔的，無污點的

第二章

1. προσωπολημψία, ας, ἡ	名.間.陰.複	偏袒，偏待人
2. χρυσοδακτύλιος, ον	形.主.陽.單.原	戴金戒指的
ἐσθής, ῆτος, ἡ	名.間.陰.單	衣服
λαμπρός, ά, όν	形.間.陰.單.原	明亮的，華麗的
πτωχός, ή, όν	形.主.陽.單.原	貧窮的，討飯的
ῥυπαρός, ά, όν	形.間.陰.單.原	破爛的，不潔的
3. ἐπιβλέπω	動.過不.主.假設.二複	顧念，小心照料，尊重

φορέω	動.現在.主.分詞.直.陽.單	穿載
καλῶς	副.原	請（上座）
ὑποπόδιον, ου, τό	名.直.中.單	腳凳
ὑπὸ τὸ ὑποπόδιόν μου		在我腳凳旁
4. διακρίνω	動.過不.被.直說.二複	省察，爭辯，偏心
κριτής, οῦ, ὁ	名.主.陽.複	法官
διαλογισμός, οῦ, ὁ	名.所.陽.複	想法，見解，思考
κριταὶ διαλογισμῶν πονηρῶν		惡意歧視人
5. ἐκλέγομαι	動.過不.關.直說.三單	揀選，選
πτωχός, ή, όν	形.直.陽.複.原	貧窮
κληρονόμος, ου, ὁ	名.直.陽.複	承受神應許的人
ἐπαγγέλλομαι	動.過不.關.直說.三單	應許
6. ἀτιμάζω	動.過不.主.直說.二複	羞辱，侮辱，糟蹋
καταδυναστεύω	動.現在.主.直說.三複	控制，欺壓
ἕλκω	動.現在.主.直說.三複	拉，拖
κριτήριον, ου, τό	名.直.中.複	法庭
7. βλασφημέω	動.現在.主.直說.三複	褻瀆，毀謗，侮辱
ἐπικαλέω	動.過不.被.分詞.直.中.單	稱呼，別號，呼求，祈求
8. μέντοι	連.轉并	但，可是，然而
τελέω	動.現在.主.直說.二複	完全，滿足，履行
βασιλικός, ή, όν	形.直.陽.單.原	王的，屬於王的
πλησίον	副.原	靠近
σεαυτοῦ, ῆς	代.二反.直.陽.單	你自己
καλῶς	副.原	正確的，很好
9. προσωπολημπτέω	動.現在.主.直說.二複	偏袒，偏待人
ἐργάζομαι	動.現在.關.直說.二複	工作，做事
ἐλέγχω	動.現在.被.分詞.主.陽.複	指出錯誤，揭露，指證有罪
παραβάτης, ου, ὁ	名.主.陽.複	破壞或違背（神法律）的人
10. πταίω	動.過不.主.假設.三單	犯錯誤，犯罪，違背
ἔνοχος, ον	形.主.陽.單.原	有罪的，該受（制裁）
11. μοιχεύω	動.過不.主.假設.二單	犯姦淫
φονεύω	動.過不.主.假設.二單	謀殺
παραβάτης, ου, ὁ	名.主.陽.單	破壞或違背（神法律）

12. ἐλευθερία, ας, ἡ	名. 所. 陰. 單	自由
13. κρίσις, εως, ἡ	名. 主. 陰. 單	審判，定罪
ἀνέλεος, ον	形. 主. 陰. 單. 原	不仁慈的
ἔλεος, ους, τό	名. 直. 中. 單	仁慈，憐憫
κατακαυχάομαι	動. 現在. 關. 直說. 三單	勝過
14. ὄφελος, ους, τό	名. 主. 中. 單	收獲，利益
τί τὸ ὄφελος		有什麼用處
15. ἀδελφή, ῆς, ἡ	名. 主. 陰. 單	姊妹，同信主的人
γυμνός, ή, όν	形. 主. 陽. 複. 原	穿著簡陋的
λείπω	動. 現在. 關. 分詞. 主. 陽. 複	缺，欠
ἐφήμερος, ον	名. 所. 陰. 單	每天的，日用的
τροφή, ῆς, ἡ	名. 所. 陰. 單	飯，糧食，生計，供應
16. θερμαίνω	動. 現在. 關. 命令. 二複	烤火取暖，保持溫暖
χορτάζω	動. 現在. 被. 命令. 二複	飽足，滿足，充飢
ἐπιτήδειος, α, ον	形. 直. 中. 複. 原	需要的，合適的
ὄφελος, ους, τό	名. 主. 中. 單	收獲，利益
18. δείκνυμι	動. 過不. 主. 命令. 二單	顯現，表現，指示
χωρίς	不介. 所	沒有，除了…以外
19. καλῶς	副. 原	正確的，很好
φρίσσω	動. 現在. 主. 直說. 三複	恐懼而發抖，非常怕
20. ὦ	歎	啊！（稱呼人或表達情感）
κενός, ή, όν	形. 呼. 陽. 單. 原	空的，沒有效果的，愚蠢的
χωρίς	不介. 所	沒有，不藉著，跟…無關
ἀργός, ή, όν	形. 主. 陰. 單. 原	廢（話），無效的
21. δικαιόω	動. 過不. 被. 直說. 三單	使（人與神）有正確合宜的關係
ἀναφέρω	動. 過不. 主. 分詞. 主. 陽. 單	獻（祭）
Ἰσαάκ, ὁ	名. 直. 陽. 單	以撒〔依撒格〕
θυσιαστήριον, ου, τό	名. 直. 中. 單	祭壇
22. συνεργέω	動. 過未. 主. 直說. 三單	跟…一齊工作，相輔並行
τελειόω	動. 過不. 被. 直說. 三單	使完全，完成
23. λογίζομαι	動. 過不. 被. 直說. 三單	計較，算作，以為
φίλος, η, ον	名. 主. 陽. 單	朋友
24. δικαιόω	動. 現在. 被. 直說. 三單	宣告為義

25. ὁμοίως	副.原	同樣，照樣，相同地
῾Ραάβ, ἡ	名.主.陰.單	喇合〔辣哈布〕
πόρνη, ης, ἡ	名.主.陰.單	妓女，娼妓
ὑποδέχομαι	動.過不.關.分詞.主.陰.單	接待，迎接，收留
26. ὥσπερ	連.比從	如同，正如，正像
χωρίς	不介.所	没有，不藉著，跟…無關

第三章

1. κρίμα, ατος, τό	名.直.中.單	審判，裁判，定罪
2. πταίω	動.現在.主.直說.一複	跌倒，犯錯誤，犯罪
ἅπας, ασα, αν	形.主.陽.複.原	全部，每個人，每件事
δυνατός, ή, όν	形.主.陽.單.原	剛強的，信心堅強的
χαλιναγωγέω	動.過不.主.不定	控制，管束
3. ἵππος, ου, ὁ	名.所.陽.複	馬
χαλινός, οῦ, ὁ	名.直.陽.複	（馬的）嚼環
μετάγω	動.現在.主.直說.一複	嚮導，控制，操縱
4. τηλικοῦτος, αύτη, οῦτο	代.形指.間.中.複	這麼大，如此大
ἄνεμος, ου, ὁ	名.所.陽.複	風
σκληρός, ά, όν	形.所.陽.複.原	太艱難的，嚴厲的
ἐλαύνω	動.現在.被.分詞.主.中.複	驅趕，搖船
ἐλάχιστος, η, ον	形.所.中.單.最	非常微小的，不重要的
πηδάλιον, ου, τό	名.所.中.單	舵
ὁρμή, ῆς, ἡ	名.主.陰.單	決意，企圖，心意，心志
εὐθύνω	動.現在.主.分詞.所.陽.單	修直
βούλομαι	動.現在.關.直說.三單	希望，願意，計劃
ὁ εὐθύνων		掌舵者或舵手
5. μικρός, ά, όν	形.主.中.單.原	最不足道的，卑微的
μέλος, ους, τό	名.主.中.單	肢體，成員
αὐχέω	動.現在.主.直說.三單	誇口
ἡλίκος, η, ον	形.主.中.單.原	多偉大，多大，多小
ὕλη, ης, ἡ	名.直.陰.單	森林，柴堆
ἀνάπτω	動.現在.主.直說.三單	點燃，燃燒
6. ἀδικία, ας, ἡ	名.所.陰.單	不義，不公平

καθίστημι	動.現在.被.直說.三單	證明是，就是
σπιλόω	動.現在.主.分詞.主.陰.單	弄上斑點，污染，沾染
φλογίζω	動.現在.主.分詞.主.陰.單	點火，燒毀
τροχός, οῦ, ὁ	名.直.陽.單	輪子
γένεσις, εως, ἡ	名.所.陰.單	出生
γέεννα, ης, ἡ	名.所.陰.單	最後審判的地點，地獄
τροχὸς τῆς γενέσεως		人生的路程
7. φύσις, εως, ἡ	名.主.陰.單	本性
θηρίον, ου, τό	名.所.中.複	野獸，走獸
πετεινόν, οῦ, τό	名.所.中.複	鳥，飛禽
ἑρπετόν, οῦ, τό	名.所.中.複	爬蟲，昆蟲
ἐνάλιος, ον	名.所.中.複	水族
δαμάζω	動.現在.被.直說.三單	制伏，馴服，控制
ἀνθρώπινος, η, ον	形.間.陰.單.原	人類的，一般人的
φῦσις τῇ ἀνθρωπίνῃ		人類
8. ἀκατάστατος, ον	形.主.中.單.原	不安定的，無法控制的
μεστός, ή, όν	形.主.陰.單.原	充滿的
ἰός, οῦ, ὁ	名.所.陽.單	毒，毒氣，銹
θανατηφόρος, ον	形.所.陽.單.原	致命的
9. εὐλογέω	動.現在.主.直說.一複	頌讚
καταράομαι	動.現在.關.直說.一複	咒詛
ὁμοίωσις, εως, ἡ	名.直.陰.單	相像，形像
10. εὐλογία, ας, ἡ	名.主.陰.單	頌讚
κατάρα, ας, ἡ	名.主.陰.單	咒詛
χρή	動.現在.主.直說.三單	應該，應當
11. μήτι	虛.疑	用於期待否定答案的問句
πηγή, ῆς, ἡ	名.主.陰.單	泉源，水井，（水）流
ὀπή, ῆς, ἡ	名.所.陰.單	洞，穴，（泉）源
βρύω	動.現在.主.直說.三單	湧出
γλυκύς, εῖα, ύ	形.直.中.單.原	甜的
πικρός, ά, όν	形.直.中.單.原	苦的
12. συκῆ, ῆς, ἡ	名.主.陰.單	無花果樹
ἐλαία, ας, ἡ	名.直.陰.複	橄欖樹，橄欖

ἄμπελος, ου, ἡ	名.主.陰.單	葡萄樹
σῦκον, ου, τό	名.直.中.複	無花果
ἁλυκός, ή, όν	形.主.中.單.原	鹹的
13. σοφός, ή, όν	形.主.陽.單.原	智慧的，有經驗的
ἐπιστήμων, ον	形.主.陽.單.原	有見識的，聰明的
δείκνυμι	動.過不.主.命令.三單	顯現，表現，指示
ἀναστροφή, ῆς, ἡ	名.所.陰.單	行事爲人
πραΰτης, ητος, ἡ	名.間.陰.單	溫和，柔順，謙遜
14. ζῆλος, ου, ὁ	名.直.陽.單	熱心，嫉妒
πικρός, ά, όν	形.直.陽.單.原	苦的
ἐριθεία, ας, ἡ	名.直.關.單	自私，野心，爭鬥
κατακαυχάομαι	動.現在.關.命令.二複	向…誇口，自誇
ψεύδομαι	動.現在.關.命令.二複	說謊，虛僞，欺瞞
15. ἄνωθεν	副.原	從上面
κατέρχομαι	動.現在.關.分詞.主.陰.單	下來，下去，到達
ἐπίγειος, ον	形.主.陰.單.原	世上的，地上的，屬世的
ψυχικός, ή, όν	形.主.陰.單.原	没有靈性，非靈性的，肉體的
δαιμονιώδης, ες	形.主.陰.單.原	屬鬼魔的
16. ζῆλος, ου, ὁ	名.主.陽.單	熱心，嫉妒
ἐριθεία, ας, ἡ	名.主.陰.單	自私，野心，爭鬥
ἀκαταστασία, ας, ἡ	名.主.陰.單	混亂，叛亂，暴民的騷擾
φαῦλος, η, ον	形.主.中.單.原	邪惡的，没有價值的
πρᾶγμα, ατος, τό	名.主.中.單	事情，事件，行爲
17. ἄνωθεν	副.原	從上面
ἁγνός, ή, όν	形.主.陰.單.原	純潔的，聖潔的
ἔπειτα	副.原	然後，後來
εἰρηνικός, ή, όν	形.主.陰.單.原	平安的，和平的
ἐπιεικής, ές	形.主.陰.單.原	溫和的，謙讓的，和平的
εὐπειθής, ές	形.主.陰.單.原	開明的，柔順的，友善的
μεστός, ή, όν	形.主.陰.單.原	充滿的
ἔλεος, ους, τό	名.所.中.單	仁慈，憐憫
ἀδιάκριτος, ον	形.主.陰.單.原	不偏私的，没有偏見的
ἀνυπόκριτος, ον	形.主.陰.單.原	眞誠的，眞實的

第四章

1.	πόλεμος, ου, ὁ	名. 主. 陽. 複	戰爭，打仗，爭吵，衝突
	μάχη, ης, ἡ	名. 主. 陰. 複	爭吵，衝突
	ἐντεῦθεν	副. 原	從這裏，在這邊，從…（慾望）來
	ἡδονή, ῆς, ἡ	名. 所. 陰. 複	享樂，慾望
	στρατεύω	動. 現在. 關. 分詞. 所. 陰. 複	當兵，作戰
	μέλος, ους, τό	名. 間. 中. 複	肢體，成員
2.	ἐπιθυμέω	動. 現在. 主. 直說. 二複	渴慕，慾望
	φονεύω	動. 現在. 主. 直說. 二複	謀殺
	ζηλόω	動. 現在. 主. 直說. 二複	嫉妒，追求，貪婪，野心
	ἐπιτυγχάνω	動. 過不. 主. 不定	得到，領受，達到
	μάχομαι	動. 現在. 關. 直說. 二複	爭吵，打架
	πολεμέω	動. 現在. 主. 直說. 二複	作戰，爭戰，攻打
3.	διότι	連. 原從	因為，所以
	κακῶς	副. 原	錯誤地，動機不好
	ἡδονή, ῆς, ἡ	名. 間. 陰. 複	享樂，慾望
	δαπανάω	動. 過不. 主. 假設. 二複	花費，浪費，揮霍
4.	μοιχαλίς, ίδος, ἡ	名. 呼. 陰. 複	淫婦，不忠信的人
	φιλία, ας, ἡ	名. 主. 陰. 單	愛，友誼
	ἔχθρα, ας, ἡ	名. 主. 陰. 單	敵意，冤仇，仇恨
	βούλομαι	動. 過不. 被. 假設. 三單	希望，願意，計劃
	φίλος, η, ον	名. 主. 陽. 單	朋友
	ἐχθρός, ά, όν	名. 主. 陽. 單	敵人，仇敵
	καθίστημι	動. 現在. 被. 直說. 三單	就是，證明是
5.	κενῶς	副. 原	徒然地，沒有意思地
	φθόνος, ου, ὁ	名. 直. 陽. 單	嫉妒，恨意
	ἐπιποθέω	動. 現在. 主. 直說. 三單	熱切想念，渴慕，強烈慾望
	κατοικίζω	動. 過不. 主. 直說. 三單	放，安置
6.	ὑπερήφανος, ον	形. 間. 陽. 複. 原	傲慢的，驕傲的，狂傲的
	ἀντιτάσσω	動. 現在. 關. 直說. 三單	反對，抵抗，排斥
	ταπεινός, ή, όν	形. 間. 陽. 複. 原	卑微的，貧窮的，謙和的
7.	ὑποτάσσω	動. 過不. 被. 命令. 二複	制服，安於本份
	ἀνθίστημι	動. 過不. 主. 命令. 二複	抗拒，反對，抵擋

διάβολος, ον	名.間.陽.單	魔鬼
φεύγω	動.未來.關.直說.三單	規避，消失
8. ἐγγίζω	動.過不.主.命令.二複	接近，靠近，親近
καθαρίζω	動.過不.主.命令.二複	潔淨，使純潔
ἁμαρτωλός, όν	名.呼.陽.複	有罪的，罪人
ἁγνίζω	動.過不.主.命令.二複	使純潔，潔淨
δίψυχος, ον	形.呼.陽.複.原	三心兩意的
9. ταλαιπωρέω	動.過不.主.命令.二複	悲傷，哀傷
πενθέω	動.過不.主.命令.二複	悲傷，哀慟，憂愁
κλαίω	動.過不.主.命令.二複	痛哭，爲…哀哭
γέλως, ωτος, ὁ	名.主.陽.單	歡笑
πένθος, ους, τό	名.直.中.單	哀傷，憂愁，悲愁
μετατρέπω	動.過不.被.命令.三單	轉，變，改
κατήφεια, ας, ἡ	名.直.陰.單	憂鬱，悲愁
10. ταπεινόω	動.過不.被.命令.二複	謙卑，貶低，削低
ὑψόω	動.未來.主.直說.三單	高升，舉高
11. καταλαλέω	動.現在.主.命令.二複	毀謗，說壞話，批評
ποιητής, οῦ, ὁ	名.主.陽.單	行事的人
κριτής, οῦ, ὁ	名.主.陽.單	法官
12. νομοθέτης, ου, ὁ	名.主.陽.單	立法者
πλησίον	副.原	靠近
13. ἄγε	動.現在.主.命令.二單	來，聽我說
σήμερον	副.原	今日
αὔριον	副.原	明天，第二天，一會兒
ὅδε, ἥδε, τόδε	代.形指.直.陰.單	這，他，她，它
ἐνιαυτός, οῦ, ὁ	名.直.陽.單	年
ἐμπορεύομαι	動.未來.關.直說.一複	作生意，榨取（財物）
κερδαίνω	動.未來.主.直說.一複	贏得，感化，避免
εἰς τήνδε τὴν πόλιν		去某某城
14. ἐπίσταμαι	動.現在.關.直說.二複	知道，曉得，明白，懂得
ποῖος, α, ον	代.形疑.主.陰.單	甚麼？哪一？哪一種？
ἀτμίς, ίδος, ἡ	名.主.陰.單	煙霧
ὀλίγος, η, ον	形.直.中.單.原	少許，一會兒，不遠

φαίνω	動.現在.關.分詞.主.陰.單	出現，顯現
ἔπειτα	副.原	然後，後來
ἀφανίζω	動.現在.被.分詞.主.陰.單	毀滅
πρὸς ὀλίγον		簡短地，暫時
15. ἀντί	介.所	代替，爲了…的緣故
16. καυχάομαι	動.現在.關.直說.二複	誇耀，稱讚，以…爲榮
ἀλαζονεία, ας, ἡ	名.間.陰.複	驕傲，自大
καύχησις, εως, ἡ	名.主.陰.單	誇口，驕傲，誇耀的事

第五章

1. ἄγε	動.現在.主.命令.二單	來
κλαίω	動.過不.主.命令.二複	痛哭，爲…哀哭
ὀλολύζω	動.現在.主.分詞.主.陽.複	哀號，哭叫
ταλαιπωρία, ας, ἡ	名.間.陰.複	殘殺，災難
ἐπέρχομαι	動.現在.關.分詞.間.陰.複	來，臨到，發生，來攻擊
2. πλοῦτος, ου, ὁ, τό	名.主.陽.單	財富，豐裕
σήπω	動.完成.主.直說.三單	腐爛，朽壞，喪失
σητόβρωτος, ον	形.主.中.複.原	蟲子蛀蝕的
3. χρυσός, οῦ, ὁ	名.主.陽.單	黃金，金子，金幣
ἄργυρος, ου, ὁ	名.主.陽.單	銀，銀幣，錢
κατιόω	動.完成.被.直說.三單	生銹
ἰός, οῦ, ὁ	名.主.陽.單	毒，毒氣，銹
μαρτύριον, ου, τό	名.直.中.單	見證，證據
θησαυρίζω	動.過不.主.直說.二複	積聚，積存
4. μισθός, οῦ, ὁ	名.主.陽.單	工價，工資，報酬
ἐργάτης, ου, ὁ	名.所.陽.複	工人
ἀμάω	動.過不.主.分詞.所.陽.複	割（草，穀）
χώρα, ας, ἡ	名.直.陰.複	土地
ἀποστερέω	動.完成.被.分詞.主.陽.單	欺詐，虧負，拒絕
βοή, ῆς, ἡ	名.主.陰.複	呼聲
θερίζω	動.過不.主.分詞.所.陽.複	收割，收獲，積聚
οὖς, ὠτός, τό	名.直.中.複	耳朵
Σαβαώθ	名.所.陽.複	希伯來語，描述神的用語

5. τρυφάω	動. 過不. 主. 直說. 二複	奢侈或縱慾地生活
σπαταλάω	動. 過不. 主. 直說. 二複	專想享樂，奢侈享樂
τρέφω	動. 過不. 主. 直說. 二複	餵養，照顧，奶養
σφαγή, ῆς, ἡ	名. 所. 陰. 單	屠宰
ἡμέρα σφαγῆς		審判的日子
6. καταδικάζω	動. 過不. 主. 直說. 二複	譴責，定罪
φονεύω	動. 過不. 主. 直說. 二複	謀殺
ἀντιτάσσω	動. 現在. 關. 直說. 三單	反對，抵抗，排斥
7. μακροθυμέω	動. 過不. 主. 命令. 二複	有耐心，堅忍，寬容
παρουσία, ας, ἡ	名. 所. 陰. 單	來臨，來到，出現
γεωργός, οῦ, ὁ	名. 主. 陽. 單	農人，園丁
ἐκδέχομαι	動. 現在. 關. 直說. 三單	等候，等待，盼望
τίμιος, α, ον	形. 直. 陽. 單. 原	寶貴的，受敬重的
μακροθυμέω	動. 現在. 主. 分詞. 主. 陽. 單	有耐心，堅忍，寬容
πρόϊμος, ον	名. 直. 陽. 單	早雨，季雨
ὄψιμος, ον	名. 直. 陽. 單	晚雨，春雨
8. μακροθυμέω	動. 過不. 主. 命令. 二複	有耐心，堅忍，寬容
στηρίζω	動. 過不. 主. 命令. 二複	使堅強，堅定，堅固
ἐγγίζω	動. 完成. 主. 直說. 三單	接近，靠近
9. στενάζω	動. 現在. 主. 命令. 二複	歎息，呻吟，埋怨
κριτής, οῦ, ὁ	名. 主. 陽. 單	法官
πρό	介. 所	在…之前
θύρα, ας, ἡ	名. 所. 陰. 複	門，大門
πρὸ θυρῶν		短期內，即將
10. ὑπόδειγμα, ατος, τό	名. 直. 中. 單	榜樣，樣式，鑑戒
κακοπαθία (–θεια), ας, ἡ	名. 所. 陰. 單	受苦，忍受
μακροθυμία, ας, ἡ	名. 所. 陰. 單	耐心，忍耐
11. μακαρίζω	動. 現在. 主. 直說. 一複	認爲…是幸運或快樂的
ὑπομένω	動. 過不. 主. 分詞. 直. 陽. 複	忍耐，持續，忍受
ὑπομονή, ῆς, ἡ	名. 直. 陰. 單	忍耐，堅定，恒毅，恒心
Ἰώβ, ὁ	名. 所. 陽. 單	約伯
τέλος, ους, τό	名. 直. 中. 單	終局，末期，終結
πολύσπλαγχνος, ον	形. 主. 陽. 單. 原	充滿憐憫地

οἰκτίρμων, ον	形. 主. 陽. 單. 原	仁慈的，憐憫的
12. πρό	介. 所	在⋯之前
ὀμνύω	動. 現在. 主. 命令. 二複	發誓，許願，宣誓
μήτε	連. 相并	也不
ὅρκος, ου, ὁ	名. 直. 陽. 單	誓言，發誓
οὔ	虛. 否	不是
κρίσις, εως, ἡ	名. 直. 陰. 單	審判，定罪，正義
ὑπὸ κρίσιν πίπτω		受譴責，受審判
πρὸ πάντων		在所有其他事之上，最重要的事
13. κακοπαθέω	動. 現在. 主. 直說. 三單	受苦難，遭遇痛苦
εὐθυμέω	動. 現在. 主. 直說. 三單	鼓起勇氣，使⋯放心
ψάλλω	動. 現在. 主. 命令. 三單	唱歌，唱讚美詩，歌頌
14. ἀσθενέω	動. 現在. 主. 直說. 三單	生病，軟弱
προσκαλέω	動. 過不. 關. 命令. 三單	呼召
ἀλείφω	動. 過不. 主. 分詞. 主. 陽. 複	抹油
ἔλαιον, ου, τό	名. 間. 中. 單	橄欖油，油
15. εὐχή, ῆς, ἡ	名. 主. 陰. 單	許願，禱告
κάμνω	動. 現在. 主. 分詞. 直. 陽. 單	病
κἄν	連. 繫并	即使，甚至於
16. ἐξομολογέω	動. 現在. 關. 命令. 二複	承認，宣認
εὔχομαι	動. 現在. 關. 命令. 二複	祈求
ἰάομαι	動. 過不. 被. 假設. 二複	醫治，治好，恢復
ἰσχύω	動. 現在. 主. 直說. 三單	生效，強，興旺
δέησις, εως, ἡ	名. 主. 陰. 單	禱告，祈求
ἐνεργέω	動. 現在. 關. 分詞. 主. 陰. 單	發生作用，有很大的功效
17. Ἠλίας, ου, ὁ	名. 主. 陽. 單	以利亞〔厄里亞〕
ὁμοιοπαθής, ές	形. 主. 陽. 單. 原	性情與⋯一樣
προσευχή, ῆς, ἡ	名. 間. 陰. 單	禱告
βρέχω	動. 過不. 主. 不定	下雨，降雨，弄濕
ἐνιαυτός, οῦ, ὁ	名. 直. 陽. 複	年
μήν, μηνός, ὁ	名. 直. 陽. 複	月
ἕξ	形. 直. 陽. 複. 原	六
18. ὑετός, οῦ, ὁ	名. 直. 陽. 單	雨，雨水

βλαστάνω	動.過不.主.直說.三單	發芽，生產
19. πλανάω	動.過不.被.假設.三單	迷惑，迷失，被騙
ἐπιστρέφω	動.過不.主.假設.三單	轉，轉回
20. ἁμαρτωλός, όν	名.直.陽.單	有罪的，罪人
πλάνη, ης, ἡ	名.所.陰.單	錯誤，謬誤，欺騙
καλύπτω	動.未來.主.直說.三單	遮蓋，消除，罪的寬赦
πλῆθος, ους, τό	名.直.中.單	數量

彼得前書

特別詞彙

ἀναστροφή, ῆς, ἡ	行事爲人
πάσχω	受苦，受難；忍受，遭受；經驗
ὑποτάσσω	制服，使…隸屬；＜被動＞服從，順從，受…轄制
φόβος, ου, ὁ	恐懼，恐怖，畏懼，（對神的）敬畏；（對人）尊敬

第一章

1. ἐκλεκτός, ή, όν	形. 間. 陽. 複. 原	被揀選的，精選的
παρεπίδημος, ον	名. 間. 陽. 複	旅客的，難民的
διασπορά, ᾶς, ἡ	名. 所. 陰. 單	散居（的人）
Πόντος, ου, ὁ	名. 所. 陽. 單	本都
Γαλατία, ας, ἡ	名. 所. 陰. 單	加拉太〔迦拉達〕
Καππαδοκία, ας, ἡ	名. 所. 陰. 單	加帕多家〔卡帕多細雅〕
Ἀσία, ας, ἡ	名. 所. 陰. 單	亞細亞，和：亞西亞
Βιθυνία, ας, ἡ	名. 所. 陰. 單	庇雅尼〔彼提尼雅〕
2. πρόγνωσις, εως, ἡ	名. 直. 陰. 單	預知，先見，預定旨意
ἁγιασμός, οῦ, ὁ	名. 間. 陽. 單	祝聖，成聖，聖潔
ὑπακοή, ῆς, ἡ	名. 直. 陰. 單	服從，信服，信從，順從
ῥαντισμός, οῦ, ὁ	名. 直. 陽. 單	澆灑，潔淨
πληθύνω	動. 過不. 被. 祈願. 三單	豐富賜給，增加
3. εὐλογητός, ή, όν	形. 主. 陽. 單. 原	該受稱頌的那位
ἔλεος, ους, τό	名. 直. 中. 單	仁慈，憐憫
ἀναγεννάω	動. 過不. 主. 分詞主. 陽. 單	新生，重生

ἀνάστασις, εως, ἡ	名.所.陰.單	復活
4. κληρονομία, ας, ἡ	名.直.陰.單	產業，神向他子民所作應許
ἄφθαρτος, ον	形.直.陰.單.原	不滅的，不朽壞的
ἀμίαντος, ον	形.直.陰.單.原	純潔的，不玷污的
ἀμάραντος, ον	形.直.陰.單.原	不凋謝的，永恆的
5. φρουρέω	動.現在.被.分詞.直.陽.複	看守（保護），保守
σωτηρία, ας, ἡ	名.直.陰.單	拯救，救恩
ἕτοιμος, η, ον	形.直.陰.單.原	準備好的，隨時都方便
ἀποκαλύπτω	動.過不.被.不定	啓示，顯明，揭露
6. ἀγαλλιάω	動.現在.關.直說.二複	大大歡喜快樂
ὀλίγος, η, ον	副.原	少的，小的，一會兒
ἄρτι	副.原	現在，如今
λυπέω	動.過不.被.分詞.主.陽.複	痛苦，難過，憂傷
ποικίλος, η, ον	形.間.陽.複.原	各種的，各樣的，種種
πειρασμός, οῦ, ὁ	名.間.陽.複	試煉，磨煉，試探
7. δοκίμιον, ου, τό	名.主.中.單	考驗，純正眞實
πολύτιμος, ον	形.主.中.單.比	很有價值的，極珍貴的
χρυσίον, ου, τό	名.所.中.單	黃金，金幣，金錢
δοκιμάζω	動.現在.被.分詞.所.中.單	省察，試驗，洞察
ἔπαινος, ου, ὁ	名.直.陽.單	稱讚，値得讚揚的事
τιμή, ῆς, ἡ	名.直.陰.單	尊貴，敬重，價値，榮耀
ἀποκάλυψις, εως, ἡ	名.間.陰.單	啓示
8. ἄρτι	副.原	現在，如今
ἀγαλλιάω	動.現在.關.直說.二複	大大歡喜快樂
ἀνεκλάλητος, ον	形.間.陰.單.原	言語無法表達的
9. κομίζω	動.現在.關.分詞.主.陽.複	接受，領受，接受回應
τέλος, ους, τό	名.直.中.單	終局，終點，終結
σωτηρία, ας, ἡ	名.直.陰.單	拯救，救恩，得救
10. ἐκζητέω	動.過不.主.直說.三複	切切尋求，尋找
ἐξεραυνάω	動.過不.主.直說.三複	詳細尋求
προφητεύω	動.過不.主.分詞.主.陽.複	作先知講道，預言
11. ἐραυνάω	動.現在.主.分詞.主.陽.複	細察，研究，查考探索
ποῖος, α, ον	代.形疑.直.陽.單	甚麼，哪一，哪一種

δηλόω	動. 過未. 主. 直說. 三單	顯露，指示，指明
προμαρτύρομαι	動. 現在. 關. 分詞. 主. 中. 單	預言
πάθημα, ατος, τό	名. 直. 中. 複	苦難
12. ἀποκαλύπτω	動. 過不. 被. 直說. 三單	啓示，顯明，揭露
διακονέω	動. 過未. 主. 直說. 三複	服務，伺候，照顧
ἀναγγέλλω	動. 過不. 被. 直說. 三單	告訴，傳，報告，宣講
ἐπιθυμέω	動. 現在. 主. 直說. 三複	渴慕，希望
παρακύπτω	動. 過不. 主. 不定	屈身往裏看，查考
13. ἀναζώννυμι	動. 過不. 關. 分詞. 主. 陽. 複	綁緊，束緊，準備好
ὀσφῦς, ύος, ἡ	名. 直. 陰. 複	腰部
διάνοια, ας, ἡ	名. 所. 陰. 單	心思，理智，思想，意念
νήφω	動. 現在. 主. 分詞. 主. 陽. 複	警醒，謹慎
τελείως	副. 原	充分地，完全地
ἐλπίζω	動. 過不. 主. 命令. 二複	希望，盼望，指望，仰望
ἀποκάλυψις, εως, ἡ	名. 間. 陰. 單	啓示
ἀναζώννυμαι τὰς ὀσφύας τῆς διανοίας		預備學習
14. ὑπακοή, ῆς, ἡ	名. 所. 陰. 單	服從，信服，信從，順從
συσχηματίζω	動. 現在. 被. 分詞. 主. 陽. 複	讓…支配
πρότερος, α, ον	副. 比	先前
ἄγνοια, ας, ἡ	名. 間. 陰. 單	無知，蒙昧
ἐπιθυμία, ας, ἡ	名. 間. 陰. 複	慾望，慾念，盼望，意願
16. διότι	連. 原從	因爲
17. ἐπικαλέω	動. 現在. 關. 直說. 二複	稱呼，呼求，祈求
ἀπροσωπολήμπτως	副. 原	不偏私地
παροικία, ας, ἡ	名. 所. 陰. 單	寄居
ἀναστρέφω	動. 過不. 被. 命令. 二複	生活，舉止
18. φθαρτός, ή, όν	形. 間. 中. 複. 原	必朽壞的，必死的
ἀργύριον, ου, τό	名. 間. 中. 單	銀幣，錢，銀
χρυσίον, ου, τό	名. 間. 中. 單	黃金，金幣，金錢
λυτρόω	動. 過不. 被. 直說. 二複	救贖，釋放，使自由
μάταιος, α, ον	形. 所. 陰. 單. 原	没有價値，虛幻的，無用的
πατροπαράδοτος, ον	形. 所. 陰. 單. 原	祖傳的
19. τίμιος, α, ον	形. 間. 中. 單. 原	寶貴的，貴重的

ἀμνός, οῦ, ὁ	名.所.陽.單	羔羊，小羊
ἄμωμος, ον	形.所.陽.單.原	無缺點的，無可指責的
ἄσπιλος, ον	形.所.陽.單.原	純潔的，無污點的
20. προγινώσκω	動.完成.被.分詞.所.陽.單	預先知道，預先揀選
πρό	介.所	在…之前
καταβολή, ῆς, ἡ	名.所.陰.單	起初，創造
φανερόω	動.過不.被.分詞.所.陽.單	顯明，揭露，顯現
22. ἁγνίζω	動.完成.主.分詞.主.陽.複	使純潔，潔淨
ὑπακοή, ῆς, ἡ	名.間.陰.單	服從，信服，信從，順從
φιλαδελφία, ας, ἡ	名.直.陰.單	兄弟姊妹愛，手足之愛
ἀνυπόκριτος, ον	形.直.陰.單.原	眞誠的，眞實的
καθαρός, ά, όν	形.所.陰.單.原	潔淨的，純潔的，無罪的
ἐκτενῶς	副.原	熱切地，眞誠地
23. ἀναγεννάω	動.完成.被.分詞.主.陽.複	新生，重生
σπορά, ᾶς, ἡ	名.所.陰.單	種子，根源
φθαρτός, ή, όν	形.所.陰.單.原	必朽壞的，必死的
ἄφθαρτος, ον	形.所.陰.單.原	不滅的，不朽壞的
24. διότι	連.原從	因爲，表示理由句
χόρτος, ου, ὁ	名.主.陽.單	植物，葉，苗，芽，草
ἄνθος, ους, τό	名.主.中.單	花，（結果實的）花
ξηραίνω	動.過不.被.直說.三單	枯乾
ἐκπίπτω	動.過不.主.直說.三單	落下，凋謝

第二章

1. ἀποτίθημι	動.過不.關.分詞.主.陽.複	扔掉，除去，脫掉
κακία, ας, ἡ	名.直.陰.單	邪惡，惡毒，怨恨
δόλος, ου, ὁ	名.直.陽.單	詭詐，撒謊，陰謀
ὑπόκρισις, εως, ἡ	名.直.陰.複	僞善，不誠實，虛僞，詭計
φθόνος, ου, ὁ	名.直.陽.複	嫉妒，恨意
καταλαλιά, ᾶς, ἡ	名.直.陰.複	毀謗，說壞話
2. ἀρτιγέννητος, ον	形.主.中.複.原	新生的
βρέφος, ους, τό	名.主.中.複	胎兒，嬰孩，兒童時期
λογικός, ή, όν	形.直.中.單.原	屬靈的，靈（奶）

	ἄδολος, ον	形. 直. 中. 單. 原	純淨的，無虛僞的
	γάλα, γάλακτος, τό	名. 直. 中. 單	奶
	ἐπιποθέω	動. 過不. 主. 命令. 二複	熱切想念，急切地想
	αὐξάνω (αὔξω)	動. 過不. 被. 假設. 二複	生長，完全成長
	σωτηρία, ας, ἡ	名. 直. 陰. 單	拯救，救恩，得救
3.	γεύομαι	動. 過不. 關. 直說. 二複	嘗，經驗
	χρηστός, ή, όν	形. 主. 陽. 單. 原	仁慈的，慈愛的，良善的
4.	ἀποδοκιμάζω	動. 完成. 被. 分詞. 直. 陽. 單	棄絕
	ἐκλεκτός, ή, όν	形. 直. 陽. 單. 原	被揀選的，精選的
	ἔντιμος, ον	形. 直. 陽. 單. 原	珍惜的，貴重的，受器重的
5.	οἰκοδομέω	動. 現在. 被. 直說. 二複	建造，重建
	πνευματικός, ή, όν	形. 主. 陽. 單. 原	靈的，屬靈的事
	ἱεράτευμα, ατος, τό	名. 直. 中. 單	祭司
	ἀναφέρω	動. 過不. 主. 不定	獻（祭）
	θυσία, ας, ἡ	名. 直. 陰. 複	犧牲，祭物，牲祭
	εὐπρόσδεκτος, ον	形. 直. 陰. 複. 原	可悅納的，可接納的
6.	διότι	連. 原從	因爲
	περιέχω	動. 現在. 主. 直說. 三單	記載著
	Σιών, ἡ	名. 間. 陰. 單	錫安山〔熙雍〕
	ἀκρογωνιαῖος, α, ον	形. 直. 陽. 單. 原	房角石，基石
	ἐκλεκτός, ή, όν	形. 直. 陽. 單. 原	被揀選的，精選的
	ἔντιμος, ον	形. 直. 陽. 單. 原	珍惜的，貴重的，受器重的
	καταισχύνω	動. 過不. 被. 假設. 三單	使慚愧，羞辱
7.	τιμή, ῆς, ἡ	名. 主. 陰. 單	尊貴，敬重，價值，榮耀
	ἀπιστέω	動. 現在. 主. 分詞. 間. 陽. 複	不信，不肯相信，不信實
	ἀποδοκιμάζω	動. 過不. 主. 直說. 三複	棄絕
	οἰκοδομέω	動. 現在. 主. 分詞. 主. 陽. 複	建造
	γωνία, ας, ἡ	名. 所. 陰. 單	角落
8.	πρόσκομμα, ατος, τό	名. 所. 中. 單	絆腳石，使人犯罪之事
	πέτρα, ας, ἡ	名. 主. 陰. 單	岩石，磐石，石頭
	σκάνδαλον, ου, τό	名. 所. 中. 單	障礙
	προσκόπτω	動. 現在. 主. 直說. 三複	跌或絆倒，撞擊，碰
	ἀπειθέω	動. 現在. 主. 分詞. 主. 陽. 複	不順服，不信服

9. γένος, ους, τό	名. 主. 中. 單	族，國，人民，種，類
ἐκλεκτός, ή, όν	形. 主. 中. 單. 原	被揀選的，精選的
βασίλειος, ον	形. 主. 中. 單. 原	王家的
ἱεράτευμα, ατος, τό	名. 主. 中. 單	祭司
περιποίησις, εως, ἡ	名. 直. 陰. 單	得到，承受
ἀρετή, ῆς, ἡ	名. 直. 陰. 複	美德，美善，拯救作爲
ἐξαγγέλλω	動. 過不. 主. 假設. 二複	宣揚
σκότος, ους, τό	名. 所. 中. 單	黑暗，罪，暗昧
θαυμαστός, ή, όν	形. 直. 中. 單. 原	奇妙的，非凡的
10. ποτέ	副. 原	從前，曾經
ἐλεέω	動. 完成. 被. 分詞. 主. 陽. 複	憐憫，得到憐憫
11. πάροικος, ον	名. 直. 陽. 複	外國人，異鄉人，旅客
παρεπίδημος, ον	名. 直. 陽. 複	旅客的，難民的
ἀπέχω	動. 現在. 關. 不定	離…遠，禁戒
σαρκικός, ή, όν	形. 所. 陰. 複. 原	屬世的，肉體的，物質的
ἐπιθυμία, ας, ἡ	名. 所. 陰. 複	慾望，情慾，私慾，慾念
στρατεύω	動. 現在. 關. 直說. 三複	作戰，打仗，爭戰
12. καταλαλέω	動. 現在. 主. 直說. 三複	毀謗，說壞話，批評
κακοποιός, όν	名. 所. 陽. 複	做壞事的人，罪犯
ἐποπτεύω	動. 現在. 主. 分詞. 主. 陽. 複	看見，觀察
ἐπισκοπή, ῆς, ἡ	名. 所. 陰. 單	顯現（神臨在人間）
13. ἀνθρώπινος, η, ον	形. 間. 陰. 單. 原	人類的，一般人的
κτίσις, εως, ἡ	名. 間. 陰. 單	人類的制度或掌權者
ὑπερέχω	動. 現在. 主. 分詞. 間. 陽. 單	統治，治理，掌權
14. ἡγεμών, όνος, ὁ	名. 間. 陽. 複	總督，統治者，長官
ἐκδίκησις, εως, ἡ	名. 直. 陰. 單	伸冤，懲罰，報應
κακοποιός, όν	名. 所. 陽. 複	做壞事的人，罪犯
ἔπαινος, ου, ὁ	名. 直. 陽. 單	稱讚，賞（善）
ἀγαθοποιός, όν	名. 所. 陽. 複	做好事的人
15. ἀγαθοποιέω	動. 現在. 主. 分詞. 直. 陽. 複	行善，助人，生活正直
φιμόω	動. 現在. 主. 不定	安靜，堵住了…的口
ἄφρων, ον	形. 所. 陽. 複. 原	無知的人，蠢的，無知的
ἀγνωσία, ας, ἡ	名. 直. 陰. 單	不認識神，無知

16. ἐλεύθερος, α, ον	形. 主. 陽. 複. 原	自由的，不受管束的
ἐπικάλυμμα, ατος, τό	名. 直. 中. 單	掩蓋
κακία, ας, ἡ	名. 所. 陰. 單	邪惡，惡毒，怨恨
ἐλευθερία, ας, ἡ	名. 直. 陰. 單	自由
17. τιμάω	動. 過不. 主. 命令. 二複	尊重
ἀδελφότης, ητος, ἡ	名. 直. 陰. 單	兄弟姊妹（信徒團契）
18. οἰκέτης, ου, ὁ	名. 呼. 陽. 複	家僕，僕人
δεσπότης, ου, ὁ	名. 間. 陽. 複	主人，（一家之）主
ἐπιεικής, ές	形. 間. 陽. 複. 原	溫和的，謙讓的，和平的
σκολιός, ά, όν	形. 間. 陽. 複. 原	邪惡的（人），嚴酷的
19. συνείδησις, εως, ἡ	名. 直. 陰. 單	良心，知覺
ὑποφέρω	動. 現在. 主. 直說. 三單	忍受，負荷，擔當
λύπη, ης, ἡ	名. 直. 陰. 複	憂傷，憂愁，痛苦
ἀδίκως	副. 原	不公正地，不當地
20. ποῖος, α, ον	代. 形疑. 主. 中. 單	甚麼，哪一，哪一種
κλέος, ους, τό	名. 主. 中. 單	榮譽，光榮
ἁμαρτάνω	動. 現在. 主. 分詞. 主. 陽. 複	犯罪，做錯
κολαφίζω	動. 現在. 被. 分詞. 主. 陽. 複	打，擊，用拳頭打
ὑπομένω	動. 未來. 主. 直說. 二複	忍耐，持續，忍受，留下
ἀγαθοποιέω	動. 現在. 主. 分詞. 主. 陽. 複	行善，助人，生活正直
21. ὑπολιμπάνω	動. 現在. 主. 分詞. 主. 陽. 單	留下
ὑπογραμμός, οῦ, ὁ	名. 直. 陽. 單	榜樣，範例
ἐπακολουθέω	動. 過不. 主. 假設. 二複	跟隨，隨後，盡力作
ἴχνος, ους, τό	名. 間. 中. 複	腳步，腳蹤，範例
ἐπακολουθέω τοῖς ἴχνεσιν		倣效，模倣
22. δόλος, ου, ὁ	名. 主. 陽. 單	詭詐，撒謊，陰謀
23. λοιδορέω	動. 現在. 被. 分詞. 主. 陽. 單	咒罵，辱罵，侮辱
ἀντιλοιδορέω	動. 過未. 主. 直說. 三單	還口辱罵
ἀπειλέω	動. 過未. 主. 直說. 三單	恐嚇，警告
δικαίως	副. 原	公正地，正直地
24. ἀναφέρω	動. 過不. 主. 直說. 三單	帶，拿起，擔當，除掉
ξύλον, ου, τό	名. 直. 中. 單	木，樹，十字架
ἀπογίνομαι	動. 過不. 關. 分詞. 主. 陽. 複	死，即與…無份

μώλωψ, ωπος, ὁ	名.間.陽.單	創傷
ἰάομαι	動.過不.被.直說.二複	醫治，治好，恢復
25. πρόβατον, ου, τό	名.主.中.複	羊，小羊
πλανάω	動.現在.被.分詞.主.陽.複	迷失，被騙，流浪
ἐπιστρέφω	動.過不.被.直說.二複	回轉，回來，轉向，轉回
ποιμήν, ένος, ὁ	名.直.陽.單	牧人，牧羊人
ἐπίσκοπος, ου, ὁ	名.直.陽.單	監督，教會領袖，監護者

第三章

1. ὁμοίως	副.原	同樣，照樣，相同地
ἀπειθέω	動.現在.主.直說.三複	不順服，不信服
ἄνευ	不介.所	没有
κερδαίνω	動.未來.被.直說.三複	獲得，贏得，感化
2. ἐποπτεύω	動.過不.主.分詞.主.陽.複	看見，觀察
ἁγνός, ή, όν	形.直.陰.單.原	純潔的，聖潔的，貞潔的
3. ἔξωθεν	不介.所	從外面
ἐμπλοκή, ῆς, ἡ	名.所.陰.單	鬈髮
θρίξ, τριχός, ἡ	名.所.陰.複	毛，頭髮
περίθεσις, εως, ἡ	名.所.陰.單	戴（珠寶）
χρυσίον, ου, τό	名.所.中.複	金飾，（貴重的）珠寶
ἔνδυσις, εως, ἡ	名.所.陰.單	穿（衣）
4. κρυπτός, ή, όν	形.主.陽.單.原	隱藏的，內在的
ἄφθαρτος, ον	形.間.中.單.原	不滅的，不朽壞的
πραΰς, πραεῖα, πραΰ	形.所.中.單.原	謙遜的，溫柔的
ἡσύχιος, ον	形.所.中.單.原	安寧的，嫻靜的
πολυτελής, ές	形.主.中.單.原	很有價值的，極珍貴的
5. ποτέ	副.原	從前，曾經
ἐλπίζω	動.現在.主.分詞.主.陰.複	希望，盼望，指望，仰望
κοσμέω	動.過未.主.直說.三複	裝飾，打扮，整理
6. Σάρρα, ας, ἡ	名.主.陰.單	撒拉〔撒辣〕
ὑπακούω	動.過不.主.直說.三單	聽從，回應，接受
ἀγαθοποιέω	動.現在.主.分詞.主.陰.複	行善，助人，生活正直
πτόησις, εως, ἡ	名.直.陰.單	令人恐懼之物，畏懼

7. ὁμοίως	副.原	同樣，照樣，相同地
συνοικέω	動.現在.主.分詞.主.陽.複	同住，一同生活
γνῶσις, εως, ἡ	名.直.陰.單	知識，秘傳的知識
ἀσθενής, ές	形.間.中.單.比	軟弱的，軟弱無助的
σκεῦος, ους, τό	名.間.中.單	物品，容器，性別
γυναικεῖος, α, ον	形.間.中.單.原	女性的
ἀπονέμω	動.現在.主.分詞.主.陽.複	表示尊重
τιμή, ῆς, ἡ	名.直.陰.單	尊貴，敬重，榮耀
συγκληρονόμος, ον	名.間.陽.複	同分享，同享神的祝福
ἐγκόπτω	動.現在.被.不定	阻擋，阻礙，阻撓，煩擾
προσευχή, ῆς, ἡ	名.直.陰.複	禱告
8. τέλος, ους, τό	名.直.中.單	終局，窮盡，末期，終結
ὁμόφρων, ον	形.主.陽.複.原	同心的
συμπαθής, ές	形.主.陽.複.原	同情的，互相同情的
φιλάδελφος, ον	形.主.陽.複.原	親愛弟兄的
εὔσπλαγχνος, ον	形.主.陽.複.原	溫柔的，憐憫的，仁慈的
ταπεινόφρων, ον	形.主.陽.複.原	心裏謙卑的，謙讓的
τὸ τέλος		總括來說，最後
9. ἀποδίδωμι	動.現在.主.分詞.主.陽.複	給，回報，報應（善惡）
ἀντί	介.所	爲了…的緣故，因爲
λοιδορία, ας, ἡ	名.直.陰.單	咒罵或辱罵（人）
τοὐναντίον	冠.直.中.單	相反地
εὐλογέω	動.現在.主.分詞.主.陽.複	祝福，恩待，賜福
εὐλογία, ας, ἡ	名.直.陰.單	福氣，恩典，頌讚
κληρονομέω	動.過不.主.假設.二複	得到，承受，領受
10. παύω	動.過不.主.命令.三單	停止，禁止
χεῖλος, ους, τό	名.直.中.複	嘴唇
δόλος, ου, ὁ	名.直.陽.單	詭詐，撒謊，陰謀
11. ἐκκλίνω	動.過不.主.命令.三單	背離，偏離，遠離，避開
διώκω	動.過不.主.命令.三單	追求
12. οὖς, ὠτός, τό	名.主.中.複	耳朵，聽
δέησις, εως, ἡ	名.直.陰.單	禱告，祈求
13. κακόω	動.未來.主.分詞.主.陽.單	虐待，傷害，迫害

ζηλωτής, οῦ, ὁ	名. 主. 陽. 複	熱心者
14. ταράσσω	動. 過不. 被. 假設. 二複	騷動，驚駭
15. ἁγιάζω	動. 過不. 主. 命令. 二複	聖化歸神，尊爲聖
ἕτοιμος, η, ον	形. 主. 陽. 複. 原	準備好的，隨時都方便
ἀεί	副. 原	總是，時常
ἀπολογία, ας, ἡ	名. 直. 陰. 單	辯護，回答，答覆
16. πραΰτης, ητος, ἡ	名. 所. 陰. 單	溫和，柔順，謙遜
συνείδησις, εως, ἡ	名. 直. 陰. 單	良心，知覺
καταλαλέω	動. 現在. 被. 直說. 二複	毀謗，說壞話，批評
καταισχύνω	動. 過不. 被. 假設. 三複	使慚愧，羞辱，使失望
ἐπηρεάζω	動. 現在. 主. 分詞. 主. 陽. 複	迫害，侮辱
17. κρείττων (κρεῖττον), ον	形. 主. 中. 單. 比	更好，更偉大，更美好
ἀγαθοποιέω	動. 現在. 主. 分詞. 直. 陽. 複	行善，助人，生活正直
κακοποιέω	動. 現在. 主. 分詞. 直. 陽. 複	作惡，做壞事，犯錯
18. ἅπαξ	副. 原	一次，一次就永遠有效
ἄδικος, ον	形. 所. 陽. 複. 原	邪惡的，犯罪的
προσάγω	動. 過不. 主. 假設. 三單	帶到…之前
θανατόω	動. 過不. 被. 分詞. 主. 陽. 單	殺死，被置於死地
ζῳοποιέω	動. 過不. 被. 分詞. 主. 陽. 單	賜…生命，使復活
19. φυλακή, ῆς, ἡ	名. 間. 陰. 單	監獄，更次
20. ἀπειθέω	動. 過不. 主. 分詞. 間. 陽. 複	不順服，不信服
ποτέ	副. 原	從前，曾經
ἀπεκδέχομαι	動. 過未. 關. 直說. 三單	熱切期待，等候
μακροθυμία, ας, ἡ	名. 主. 陰. 單	耐心，忍耐
Νῶε, ὁ	名. 所. 陽. 單	挪亞〔諾厄〕
κατασκευάζω	動. 現在. 被. 分詞. 所. 陰. 單	準備，建造，蓋（房子）
κιβωτός, οῦ, ἡ	名. 所. 陰. 單	方舟，箱
ὀλίγος, η, ον	形. 主. 陽. 複. 原	少的，小的，少許
ὀκτώ	形. 主. 陰. 複. 原	八
διασῴζω	動. 過不. 被. 直說. 三複	護送…，安全到，獲救
21. ἀντίτυπος, ον	形. 主. 中. 單. 原	相對應的，預表
βάπτισμα, ατος, τό	名. 主. 中. 單	洗禮
ἀπόθεσις, εως, ἡ	名. 主. 陰. 單	除去

	ῥύπος, ου, ὁ	名.所.陽.單	骯髒，污垢
	συνείδησις, εως, ἡ	名.所.陰.單	良心，知覺
	ἐπερώτημα, ατος, τό	名.主.中.單	懇求
	ἀνάστασις, εως, ἡ	名.所.陰.單	復活

第四章

1.	ἔννοια, ας, ἡ	名.直.陰.單	心意，思想，心志，意志
	ὁπλίζω	動.過不.關.命令.二複	用…武器自己
	παύω	動.完成.關.直說.三單	停止，止息，完，終止
2.	μηκέτι	副.原	不再
	ἐπιθυμία, ας, ἡ	名.間.陰.複	慾望，慾念，情慾
	ἐπίλοιπος, ον	形.直.陽.單.原	剩餘的
	βιόω	動.過不.主.不定	度日子，生活
3.	ἀρκετός, ή, όν	形.主.陽.單.原	足夠的，夠了
	παρέρχομαι	動.完成.主.分詞.主.陽.單	經過，消失，忽略
	βούλημα, ατος, τό	名.直.中.單	旨意，意圖
	κατεργάζομαι	動.完成.關.不定	作，做，完成
	ἀσέλγεια, ας, ἡ	名.間.陰.複	淫蕩，下流，邪惡
	οἰνοφλυγία, ας, ἡ	名.間.陰.複	醉酒
	κῶμος, ου, ὁ	名.間.陽.複	狂歡，宴樂
	πότος, ου, ὁ	名.間.陽.複	醉酒，狂飲
	ἀθέμιτος, ον	形.間.陰.複.原	令人憎惡的
	εἰδωλολατρία, ας, ἡ	名.間.陰.複	拜偶像的事
4.	ξενίζω	動.現在.被.直說.三複	使驚訝
	συντρέχω	動.現在.主.分詞.所.陽.複	參與，跟…過…的生活
	ἀσωτία, ας, ἡ	名.所.陰.單	放蕩的生活
	ἀνάχυσις, εως, ἡ	名.直.陰.單	過度，沒有節制
	βλασφημέω	動.現在.主.分詞.主.陽.複	褻瀆，毀謗，侮辱
5.	ἀποδίδωμι	動.未來.主.直說.三複	給，回報，報應（善惡）
	ἑτοίμως	副.原	準備好地
7.	τέλος, ους, τό	名.主.中.單	終局，窮盡，末期，終結
	ἐγγίζω	動.完成.主.直說.三單	接近，（時候）到了
	σωφρονέω	動.過不.主.命令.二複	謹慎自守，管束自己

νήφω	動.過不.主.命令.二複	警醒，謹慎，自制
προσευχή, ῆς, ἡ	名.直.陰.複	禱告
8. πρό	介.所	在…之前（時，地）
ἐκτενής, ές	形.直.陰.單.原	懇切的，眞誠的
καλύπτω	動.現在.主.直說.三單	遮蓋，消除
πλῆθος, ους, τό	名.直.中.單	數量
9. φιλόξενος, ον	形.主.陽.複.原	親切好客的，慇勤接待的
ἄνευ	不介.所	没有
γογγυσμός, οῦ, ὁ	名.所.陽.單	埋怨，議論紛紛，爭吵
10. χάρισμα, ατος, τό	名.直.中.單	（神恩典的）恩賜
διακονέω	動.現在.主.分詞.主.陽.複	服務，伺候，照顧
οἰκονόμος, ου, ὁ	名.主.陽.複	管家，受託，管理的人
ποικίλος, η, ον	形.所.陰.單.原	各種的，各樣的
11. λόγιον, ου, τό	名.主.中.複	神諭，話，信息
ἰσχύς, ύος, ἡ	名.所.陰.單	力量，能力
χορηγέω	動.現在.主.直說.三單	供應，提供，賜
κράτος, ους, τό	名.主.中.單	能力，權能，大能的作爲
12. ξενίζω	動.現在.被.命令.二複	使驚訝
πύρωσις, εως, ἡ	名.間.陰.單	焚燒，似火（痛苦）的考驗
πειρασμός, οῦ, ὁ	名.直.陽.單	試煉，磨煉，試探
ξένος, η, ον	形.所.中.單.原	怪異的，外國的，異鄉的
συμβαίνω	動.現在.主.分詞.所.中.單	發生，遭遇，經歷
13. καθό	連.比從	如同，依照
κοινωνέω	動.現在.主.直說.二複	分擔，參加，有份於
πάθημα, ατος, τό	名.間.中.複	苦難，邪情慾望
ἀποκάλυψις, εως, ἡ	名.間.陰.單	啓示
ἀγαλλιάω	動.現在.關.分詞.主.陽.複	大大歡喜快樂
14. ὀνειδίζω	動.現在.被.直說.二複	責備，譴責，侮辱，辱罵
ἀναπαύω	動.現在.關.直說.三單	住在或停在（…身上）
15. φονεύς, έως, ὁ	名.主.陽.單	謀殺者，凶徒
κλέπτης, ου, ὁ	名.主.陽.單	小偷，賊
κακοποιός, όν	名.主.陽.單	做壞事的人，罪犯
ἀλλοτριεπίσκοπος, ου, ὁ	名.主.陽.單	好管閒事的人

16. Χριστιανός, οῦ, ὁ	名. 主. 陽. 單	基督徒
αἰσχύνω	動. 現在. 關. 命令. 三單	引以爲恥，使羞愧
17. κρίμα, ατος, τό	名. 直. 中. 單	審判，裁判，定罪
τέλος, ους, τό	名. 主. 中. 單	終局，窮盡，末期，終結
ἀπειθέω	動. 現在. 主. 分詞. 所. 陽. 複	不順服，不信服
18. μόλις	副. 原	幾乎無法地，好不容易地
ἀσεβής, ές	形. 主. 陽. 單. 原	不信神的，不敬虔的
ἁμαρτωλός, όν	形. 主. 陽. 單. 原	有罪的，罪人
ποῦ	連. 疑并	哪裏？在哪裏？
φαίνω	動. 未來. 關. 直說. 三單	出現，顯現
ποῦ φανεῖται		將會如何
19. κτίστης, ου, ὁ	名. 間. 陽. 單	創造主
παρατίθημι	動. 現在. 關. 命令. 三複	放在…之前，交託
ἀγαθοποιΐα, ας, ἡ	名. 間. 陰. 單	好行爲

第五章

1. συμπρεσβύτερος, ου, ὁ	名. 主. 陽. 單	同作長老的人
μάρτυς, υρος, ὁ	名. 主. 陽. 單	見證人
πάθημα, ατος, τό	名. 所. 中. 複	苦難
ἀποκαλύπτω	動. 現在. 被. 不定	啓示，顯明，揭露
κοινωνός, οῦ, ὁ, ἡ	名. 主. 陽. 單	同伴，夥伴
2. ποιμαίνω	動. 過不. 主. 命令. 二複	牧養，如牧者般照料
ποίμνιον, ου, τό	名. 直. 中. 單	羊群，群
ἐπισκοπέω	動. 現在. 主. 分詞. 主. 陽. 複	照顧，謹慎
ἀναγκαστῶς	副. 原	勉強地，被迫地
ἑκουσίως	副. 原	甘心樂意地
αἰσχροκερδῶς	副. 原	貪婪地
προθύμως	副. 原	願意地，樂意地
3. κατακυριεύω	動. 現在. 主. 分詞. 主. 陽. 複	有權管轄，制伏
κλῆρος, ου, ὁ	名. 所. 陽. 複	部分，職份
τύπος, ου, ὁ	名. 主. 陽. 複	模範，榜樣，典型
4. φανερόω	動. 過不. 被. 分詞. 所. 陽. 單	顯明，顯現
ἀρχιποίμην, ενος, ὁ	名. 所. 陽. 單	大牧人，牧羊人首領

κομίζω	動.未來.關.直說.二複	帶來，買，接受，領受
ἀμαράντινος, η, ον	形.直.陽.單.原	不會褪色的，不失光彩的
στέφανος, ου, ὁ	名.直.陽.單	華冠，冠冕，獎
5. ὁμοίως	副.原	同樣，照樣，相同地
νέος, α, ον	形.呼.陽.複.比	新的，新鮮的，年輕的
ταπεινοφροσύνη, ης, ἡ	名.直.陰.單	謙卑，謙遜，謙讓，謙虛
ἐγκομβόομαι	動.過不.關.命令.二複	穿戴，繫上…
ὑπερήφανος, ον	形.間.陽.複.原	傲慢的，驕傲的，狂傲的
ἀντιτάσσω	動.現在.關.直說.三單	反對，抵抗，排斥
ταπεινός, ή, όν	形.間.陽.複.原	卑微的，謙和的
6. ταπεινόω	動.過不.被.命令.二複	謙卑
κραταιός, ά, όν	形.直.陰.單.原	大能的，強壯的
ὑψόω	動.過不.主.假設.三單	（人）高升，高舉，舉起
7. μέριμνα, ης, ἡ	名.直.陰.單	掛慮，憂慮，擔憂
ἐπιρίπτω	動.過不.主.分詞.主.陽.複	搭在，卸給
μέλει	動.現在.主.直說.三單	關心，在乎
τὴν μέριμναν ἐπιρίπτω ἐπί		停止憂慮並信靠
ἐπιρίπτω ἐπί		使…負責
8. νήφω	動.過不.主.命令.二複	警醒，謹慎
γρηγορέω	動.過不.主.命令.二複	警醒，注意，留心
ἀντίδικος, ου, ὁ	名.主.陽.單	對頭，仇敵
διάβολος, ον	名.主.陽.單	魔鬼
λέων, οντος, ὁ	名.主.陽.單	獅子
ὠρύομαι	動.現在.關.分詞.主.陽.單	（獅子）吼叫
καταπίνω	動.過不.主.不定	消滅，絕望，吞吃
9. ἀνθίστημι	動.過不.主.命令.二複	抗拒，反對，抵擋
στερεός, ά, όν	形.主.陽.複.原	堅定的
πάθημα, ατος, τό	名.所.中.複	苦難
ἀδελφότης, ητος, ἡ	名.間.陰.單	兄弟姊妹（信徒團契）
ἐπιτελέω	動.現在.被.不定	完成，經歷（苦難）
10. ὀλίγος, η, ον	副.原	少的，小的，一會兒
καταρτίζω	動.未來.主.直說.三單	整理，糾正，供應，補足
στηρίζω	動.未來.主.直說.三單	使堅強，堅定，堅固

σθενόω	動.未來.主.直說.三單	賜力量
θεμελιόω	動.未來.主.直說.三單	堅立，立鞏固的根基
11. κράτος, ους, τό	名.主.中.單	能力，權能，大能的作為
12. Σιλουανός, οῦ, ὁ	名.所.陽.單	西拉〔息耳瓦諾〕
λογίζομαι	動.現在.關.直說.一單	算作，以為
ὀλίγος, η, ον	形.所.中.複.原	少的，小的，少許
ἐπιμαρτυρέω	動.現在.主.分詞.主.陽.單	證明，見證
ἀληθής, ές	形.直.陰.單.原	眞的，誠實的，眞實的
δι' ὀλίγων		簡短地，暫時
13. Βαβυλών, ῶνος, ἡ	名.間.陰.單	巴比倫
συνεκλεκτός, ή, όν	形.主.陰.單.原	同蒙選立的人
Μᾶρκος, ου, ὁ	名.主.陽.單	馬可〔馬爾谷〕
14. φίλημα, ατος, τό	名.間.中.單	吻，親吻

彼得後書

特別字彙

ἀπώλεια, ας, ἡ	毀滅，ὁ υἱὸς τῆς α. 註定滅亡的人；浪費
σωτήρ, ῆρος, ὁ	救主，拯救者，救贖者；解救者

第一章

1.	Συμεών, ὁ	名.主.陽.單	西面〔西默盎〕
	ἰσότιμος, ον	形.直.陰.單.原	同樣有價值的，同樣寶貴的
	λαγχάνω	動.過不.主.分詞.間.陽.複	被揀選
2.	πληθύνω	動.過不.被.祈願.三單	豐富賜給，增加
	ἐπίγνωσις, εως, ἡ	名.間.陰.單	知識，認識
3.	θεῖος, α, ον	形.所.陰.單.原	神的
	εὐσέβεια, ας, ἡ	名.直.陰.單	敬虔，虔誠的生活
	δωρέομαι	動.完成.關.分詞.所.陰.單	給，賜
	ἀρετή, ῆς, ἡ	名.間.陰.單	美德，美善，拯救作為
4.	τίμιος, α, ον	形.直.中.複.原	寶貴的，貴重的
	ἐπάγγελμα, ατος, τό	名.直.中.複	應許，所答應的（事物）
	κοινωνός, οῦ, ὁ, ἡ	名.主.陽.複	同伴，與…有份的人
	φύσις, εως, ἡ	名.所.陰.單	本性，天然的情況
	ἀποφεύγω	動.過不.主.分詞.主.陽.複	逃脫
	ἐπιθυμία, ας, ἡ	名.間.陰.單	慾望，慾念，情慾，私慾
	φθορά, ᾶς, ἡ	名.所.陰.單	毀滅，道德敗壞，朽壞
5.	σπουδή, ῆς, ἡ	名.直.陰.單	熱心，熱誠，勤奮，努力
	παρεισφέρω	動.過不.主.分詞.主.陽.複	盡力

ἐπιχορηγέω	動.過不.主.命令.二複	提供，支持，加上
ἀρετή, ῆς, ἡ	名.直.陰.單	美德，（神的）拯救作為
γνῶσις, εως, ἡ	名.直.陰.單	知識，秘傳的知識
σπουδὴν πᾶσαν παρεισφέρω		盡全力
6. ἐγκράτεια, ας, ἡ	名.直.陰.單	節制
ὑπομονή, ῆς, ἡ	名.直.陰.單	忍耐，堅定，恒毅，恒心
εὐσέβεια, ας, ἡ	名.直.陰.單	敬虔，虔誠的生活
7. φιλαδελφία, ας, ἡ	名.直.陰.單	兄弟姊妹愛，手足之愛
8. πλεονάζω	動.現在.主.分詞.主.中.複	增多，使增加
ἀργός, ή, όν	形.直.陽.複.原	無所事事，懶惰的
ἄκαρπος, ον	形.直.陽.複.原	不結果子的
καθίστημι	動.現在.主.直說.三單	使（人）成為…
ἐπίγνωσις, εως, ἡ	名.直.陰.單	知識，認識
9. πάρειμι	動.現在.主.直說.三單	在一起，在這裏，來臨
μυωπάζω	動.現在.主.分詞.主.陽.單	短視
λήθη, ης, ἡ	名.直.陰.單	忘記
καθαρισμός, οῦ, ὁ	名.所.陽.單	潔淨
πάλαι	副.原	以前，…很久了
10. σπουδάζω	動.過不.主.命令.二複	盡力，努力，竭力
βέβαιος, α, ον	形.直.陰.單.原	可靠的，確實的，永久的
κλῆσις, εως, ἡ	名.直.陰.單	呼召，選召，身份
ἐκλογή, ῆς, ἡ	名.直.陰.單	揀選
πταίω	動.過不.主.假設.二複	跌倒，犯錯誤，犯罪，失足
ποτέ	副.原	曾經，從前
11. πλουσίως	副.原	豐富地，全然，充份
ἐπιχορηγέω	動.未來.被.直說.三單	賜給，提供，加上
εἴσοδος, ου, ἡ	名.主.陰.單	入口，進入，開始
12. ἀεί	副.原	總是，時常
ὑπομιμνῄσκω	動.現在.主.不定	提醒
καίπερ	連.讓從	雖然，即使，縱使
στηρίζω	動.完成.被.分詞.直.陽.複	使堅強，堅定，堅固
πάρειμι	動.現在.主.分詞.間.陰.單	在一起，在這裏，來臨
ἡ παροῦσα ἀληθεία		你們所領受的眞理

13. ἡγέομαι	動.現在.關.直說.一單	想，認爲，覺得
σκήνωμα, ατος, τό	名.間.中.單	帳棚（人的身體）
διεγείρω	動.現在.主.不定	叫醒，提醒
ὑπόμνησις, εως, ἡ	名.間.陰.單	記憶，紀念
εἶναι ἐν σκηνώματι		活著
διεγείρειν ἐν ὑπομνήσει		幫助…記得
14. ταχινός, ή, όν	形.主.陰.單.原	馬上，不久，迅速地
ἀπόθεσις, εως, ἡ	名.主.陰.單	除去
δηλόω	動.過不.主.直說.三單	指示，指明，告訴，告知
ἀπόθεσις τοῦ σκηνώματος		死亡，死去
15. σπουδάζω	動.未來.主.直說.一單	盡力，努力，竭力
ἑκάστοτε	副.原	常常
ἔξοδος, ου, ἡ	名.直.陰.單	離開，死亡
μνήμη, ης, ἡ	名.直.陰.單	紀念，回憶
16. σοφίζω	動.完成.被.分詞.間.陽.複	揑造
μῦθος, ου, ὁ	名.間.陽.複	無稽之談，荒唐傳說
ἐξακολουθέω	動.過不.主.分詞.主.陽.複	跟隨，隨從，根據
γνωρίζω	動.過不.主.直說.一複	使…知道，告訴，曉得
παρουσία, ας, ἡ	名.直.陰.單	來臨，來到，出現
ἐπόπτης, ου, ὁ	名.主.陽.複	目擊者，親眼看見的人
μεγαλειότης, ητος, ἡ	名.所.陰.單	威嚴，偉大，大能
17. τιμή, ῆς, ἡ	名.直.陰.單	尊貴，敬重，榮耀
τοιόσδε, άδε, όνδε	代.形指.所.陰.單	這種品質的，這樣的
μεγαλοπρεπής, ές	形.所.陰.單.原	威嚴的
εὐδοκέω	動.過不.主.直說.一單	喜愛，喜悅，決意選擇
μεγαλοπρεπὴς δόξα		至高的榮耀
19. βέβαιος, α, ον	形.直.陽.單.比	可靠的，確實的
προφητικός, ή, όν	形.直.陽.單.原	先知的
καλῶς	副.原	好，正確的，很好
προσέχω	動.現在.主.分詞.主.陽.複	堅守，謹慎，小心，順從
λύχνος, ου, ὁ	名.間.陽.單	燈
φαίνω	動.現在.主.分詞.間.陽.單	照耀，出現，顯現，看見
αὐχμηρός, ά, όν	形.間.陽.單.原	黑暗的

διαυγάζω	動. 過不. 主. 假設. 三單	天亮，破曉
φωσφόρος, ον	名. 主. 陽. 單	晨星
ἀνατέλλω	動. 過不. 主. 假設. 三單	日出，照亮
20. προφητεία, ας, ἡ	名. 主. 陰. 單	預言
ἐπίλυσις, εως, ἡ	名. 所. 陰. 單	解說，解釋
21. ποτέ	副. 原	曾經，從前

第二章

1. ψευδοπροφήτης, ου, ὁ	名. 主. 陽. 複	假先知
ψευδοδιδάσκαλος, ου, ὁ	名. 主. 陽. 複	假教師，不教眞理的人
παρεισάγω	動. 未來. 主. 直說. 三複	僞裝帶入，技巧地輸入
αἵρεσις, εως, ἡ	名. 直. 陰. 複	（宗教）黨派，異端
ἀγοράζω	動. 過不. 主. 分詞. 直. 陽. 單	買，贖
δεσπότης, ου, ὁ	名. 直. 陽. 單	主（神或基督）
ἀρνέομαι	動. 現在. 關. 分詞. 主. 陽. 複	否認，不認，背棄，拒絕
ἐπάγω	動. 現在. 主. 分詞. 主. 陽. 複	自取（滅亡）
ταχινός, ή, όν	形. 直. 陰. 單. 原	馬上，不久，迅速地
2. ἐξακολουθέω	動. 未來. 主. 直說. 三複	跟隨，隨從
ἀσέλγεια, ας, ἡ	名. 間. 陰. 複	淫蕩，下流，邪惡
βλασφημέω	動. 未來. 被. 直說. 三單	褻瀆，毀謗，侮辱
3. πλεονεξία, ας, ἡ	名. 間. 陰. 單	貪心，貪婪
πλαστός, ή, όν	形. 間. 陽. 複. 原	虛構的，捏造的
ἐμπορεύομαι	動. 未來. 關. 直說. 三複	作生意，榨取（財物）
κρίμα, ατος, τό	名. 主. 中. 單	審判，裁判，定罪
ἔκπαλαι	副. 原	自古以來，太初
ἀργέω	動. 現在. 主. 直說. 三單	閒等或不發生作用
νυστάζω	動. 現在. 主. 直說. 三單	打盹，睡著
4. ἁμαρτάνω	動. 過不. 主. 分詞. 所. 陽. 複	犯罪，做錯
φείδομαι	動. 過不. 關. 直說. 三單	顧惜，饒恕
σειρά, ᾶς, ἡ	名. 間. 陰. 複	鏈，繩
ζόφος, ου, ὁ	名. 所. 陽. 單	幽暗，黑暗，深淵
ταρταρόω	動. 過不. 主. 分詞. 主. 陽. 單	丟進地獄
κρίσις, εως, ἡ	名. 直. 陰. 單	審判，判斷，定罪，懲罰

5. ἀρχαῖος, α, ον	形.所.陽.單.原	舊的，古時的，以前的
ὄγδοος, η, ον	形.直.陽.單.原	第八
Νῶε, ὁ	名.直.陽.單	挪亞〔諾厄〕
κῆρυξ, υκος, ὁ	名.直.陽.單	傳道者，報信的人
φυλάσσω	動.過不.主.直說.三單	看守，保護，保守
κατακλυσμός, οῦ, ὁ	名.直.陽.單	洪水
ἀσεβής, ές	形.所.陽.複.原	不信神的，不敬虔的
ἐπάγω	動.過不.主.分詞.主.陽.單	自取（滅亡），淹没
6. Σόδομα, ων, τά	名.所.中.複	所多瑪〔索多瑪〕
Γόμορρα, ων, τά	名.所.陰.單	蛾摩拉〔哈摩辣〕
τεφρόω	動.過不.主.分詞.主.陽.單	降火燒毀
καταστροφή, ῆς, ἡ	名.間.陰.單	腐化，毀滅
κατακρίνω	動.過不.主.直說.三單	審判，定罪
ὑπόδειγμα, ατος, τό	名.直.中.單	樣式，鑑戒
7. Λώτ, ὁ	名.直.陽.單	羅得〔羅特〕
καταπονέω	動.現在.被.分詞.直.陽.單	欺壓，欺負，憂傷
ἄθεσμος, ον	形.所.陽.複.原	道德敗壞的，不法的
ἀσέλγεια, ας, ἡ	名.間.陰.單	淫蕩，下流，邪惡
ἀναστροφή, ῆς, ἡ	名.所.陰.單	行事爲人
ῥύομαι	動.過不.關.直說.三單	拯救，解救，救…脫離
8. βλέμμα, ατος, τό	名.間.中.單	看見的事物
ἀκοή, ῆς, ἡ	名.間.陰.單	報導，消息，聽見
ἐγκατοικέω	動.現在.主.分詞.主.陽.單	住在…當中
ἄνομος, ον	形.間.中.複.原	不法的，犯罪的
βασανίζω	動.過未.主.直說.三單	折磨，受痛苦
ψυχὴν βασανίζω		經歷憂患
ἡμέρα ἐξ ἡμέρας		日復一日
9. εὐσεβής, ές	形.直.陽.複.原	虔誠的，敬虔的，敬神的
πειρασμός, οῦ, ὁ	名.所.陽.單	試煉，磨煉，試探
ῥύομαι	動.現在.關.不定	拯救，解救，救…脫離
ἄδικος, ον	形.直.陽.複.原	邪惡的，犯罪的
κρίσις, εως, ἡ	名.所.陰.單	審判，判斷，定罪，懲罰
κολάζω	動.現在.被.分詞.直.陽.複	處罰，懲罰

10. μάλιστα	副.最	尤其是，更是，特別
ὀπίσω	不介.所	在…之後
ἐπιθυμία, ας, ἡ	名.間.陰.單	慾望，慾念，情慾，私慾
μιασμός, οῦ, ὁ	名.所.陽.單	敗壞，沾污
κυριότης, ητος, ἡ	名.所.陰.單	掌權者，權威
καταφρονέω	動.現在.主.分詞.直.陽.複	藐視，輕看
τολμητής, οῦ, ὁ	名.主.陽.複	膽大或魯莽的人
αὐθάδης, ες	形.主.陽.複.原	高傲的，任性妄為的
τρέμω	動.現在.主.直說.三複	顫抖，懼怕
βλασφημέω	動.現在.主.分詞.主.陽.複	褻瀆，毀謗，侮辱
11. ἰσχύς, ύος, ἡ	名.間.陰.單	力量，能力
βλάσφημος, ον	形.直.陰.單.原	褻瀆的，毀謗的
κρίσις, εως, ἡ	名.直.陰.單	審判，判斷，定罪，懲罰
12. ἄλογος, ον	形.主.中.複.原	不講理，野性的，不合理的
ζῷον, ου, τό	名.主.中.複	活物，牲畜，野獸
φυσικός, ή, όν	形.主.中.複.原	自然的，合乎本性的
ἅλωσις, εως, ἡ	名.直.陰.單	捕捉，抓
φθορά, ᾶς, ἡ	名.直.陰.單	腐敗，敗壞，朽壞，毀滅
ἀγνοέω	動.現在.主.直說.三複	不了解，忽視
βλασφημέω	動.現在.主.分詞.主.陽.複	褻瀆，毀謗，侮辱
φθείρω	動.未來.被.直說.三複	敗壞，毀滅，毀壞
13. ἀδικέω	動.現在.關.分詞.主.陽.複	犯錯，作惡，有罪
μισθός, οῦ, ὁ	名.直.陽.單	工價，報酬，報應，懲罰
ἀδικία, ας, ἡ	名.所.陰.單	過錯，邪惡，罪，不義
ἡδονή, ῆς, ἡ	名.直.陰.單	享樂，慾望
ἡγέομαι	動.現在.關.分詞.主.陽.複	想，認為，覺得，治理
τρυφή, ῆς, ἡ	名.直.陰.單	奢侈，放縱肉慾
σπίλος, ου, ὁ	名.主.陽.複	斑點，污點
μῶμος, ου, ὁ	名.主.陽.複	污點，羞辱
ἐντρυφάω	動.現在.主.分詞.主.陽.複	狂歡，快樂
ἀπάτη, ης, ἡ	名.間.陰.複	誘惑，詭詐
συνευωχέομαι	動.現在.關.分詞.主.陽.複	同桌吃飯
14. μεστός, ή, όν	形.直.陽.複.原	充滿的

μοιχαλίς, ίδος, ἡ	名.所.陰.單	淫婦，不忠信的人
ἀκατάπαυστος, ον	形.直.陽.複.原	不停的，永不知足的
δελεάζω	動.現在.主.分詞.主.陽.複	誘惑，試誘
ἀστήρικτος, ον	形.直.陰.複.原	不穩定的，軟弱的
γυμνάζω	動.完成.被.分詞.直.陰.單	訓練，鍛練，習慣於…
πλεονεξία, ας, ἡ	名.所.陰.單	貪心，貪婪
κατάρα, ας, ἡ	名.所.陰.單	咒詛，受咒詛的東西
15. καταλείπω	動.現在.主.分詞.主.陽.複	離開，撇下，離棄
εὐθύς	形.直.陰.單.原	直的，正直的，對的
πλανάω	動.過不.被.直說.三複	迷惑，欺騙，迷失，流浪
ἐξακολουθέω	動.過不.主.分詞.主.陽.複	跟隨，隨從，根據
Βαλαάμ, ὁ	名.所.陽.單	巴蘭〔巴郎〕
Βοσόρ, ὁ	名.所.陽.單	比珥〔貝敖爾〕
μισθός, οῦ, ὁ	名.直.陽.單	工價，報酬，報應，懲罰
ἀδικία, ας, ἡ	名.所.陰.單	過錯，邪惡，罪，不義
εὐθεῖα ὁδός		正確的生活方式
16. ἔλεγξις, εως, ἡ	名.直.陰.單	譴責
παρανομία, ας, ἡ	名.所.陰.單	過犯，過錯
ὑποζύγιον, ου, τό	名.主.中.單	驢子
ἄφωνος, ον	形.主.中.單.原	啞的，默默無聲的
φθέγγομαι	動.過不.關.分詞.主.中.單	說話，發表言論
κωλύω	動.過不.主.直說.三單	阻止，制止，禁止
παραφρονία, ας, ἡ	名.直.陰.單	瘋狂，妄為
17. πηγή, ῆς, ἡ	名.主.陰.複	泉源，水井，（水）流
ἄνυδρος, ον	形.主.陰.複.原	沒有水的，乾旱的
ὁμίχλη, ης, ἡ	名.主.陰.複	霧
λαῖλαψ, απος, ἡ	名.所.陰.單	暴風雨，狂風
ἐλαύνω	動.現在.被.分詞.主.陰.複	驅趕，吹散（風或邪靈）
ζόφος, ου, ὁ	名.主.陽.單	幽暗，黑暗，深淵
σκότος, ους, τό	名.所.中.單	黑暗，罪，暗昧
18. ὑπέρογκος, ον	形.直.中.複.原	誇張的，狂傲的
ματαιότης, ητος, ἡ	名.所.陰.單	沒有價值，虛妄
φθέγγομαι	動.現在.關.分詞.主.陽.複	說話，發表言論

δελεάζω	動.現在.主.直說.三複	誘惑，試誘
ἐπιθυμία, ας, ἡ	名.間.陰.複	慾望，慾念，情慾，私慾
ἀσέλγεια, ας, ἡ	名.間.陰.複	淫蕩，下流，邪惡
ὀλίγως	副.原	僅僅，剛剛
ἀποφεύγω	動.現在.主.分詞.直.陽.複	逃脫
πλάνη, ης, ἡ	名.間.陰.單	錯誤，謬誤，欺騙，說謊
ἀναστρέφω	動.現在.被.分詞.直.陽.複	生活，舉止
19. ἐλευθερία, ας, ἡ	名.直.陰.單	自由
ἐπαγγέλλομαι	動.現在.關.分詞.主.陽.複	應許，自稱
φθορά, ᾶς, ἡ	名.所.陰.單	腐敗，敗壞，毀滅，朽壞
ἡττάομαι	動.完成.關.直說.三單	被控制，被制伏
δουλόω	動.完成.被.直說.三單	使..作奴隸，不自由
20. ἀποφεύγω	動.過不.主.分詞.主.陽.複	逃脫
μίασμα, ατος, τό	名.直.中.複	敗壞，沾污
ἐπίγνωσις, εως, ἡ	名.間.陰.單	知識，認識，體會
ἐμπλέκω	動.過不.被.分詞.主.陽.複	被纏擾，被捲入，被抓去
χείρων, ον	形.主.中.複.比	更壞的，更厲害的
21. κρείττων (κρεῖττον), ον	形.主.中.單.比	更好，更偉大，更美好
ἐπιγινώσκω	動.完成.主.不定	知道，認識，查出，熟知
ὑποστρέφω	動.過不.主.不定	返回，回轉
22. συμβαίνω	動.完成.主.直說.三單	遭遇，經歷，情況正像…
ἀληθής, ές	形.所.陰.單.原	眞的，眞實的，眞正的
παροιμία, ας, ἡ	名.所.陰.單	譬喻，比喻，格言，俗語
κύων, κυνός, ὁ	名.主.陽.單	狗
ἐπιστρέφω	動.過不.主.分詞.主.陽.單	轉身，轉，轉回
ἐξέραμα, ατος, τό	名.直.中.單	吐出來的東西
ὗς, ὑός, ἡ	名.主.陰.單	母豬
λούω	動.過不.關.分詞.主.陰.單	洗，浴
κυλισμός, οῦ, ὁ	名.直.陽.單	打滾
βόρβορος, ου, ὁ	名.所.陽.單	泥，泥沼

第三章

1. δεύτερος, α, ον	形.直.陰.單.原	第二的

ἐπιστολή, ῆς, ἡ	名. 直. 陰. 單	信，信件，文件，公文
διεγείρω	動. 現在. 主. 直說. 一單	叫醒，提醒
ὑπόμνησις, εως, ἡ	名. 間. 陰. 單	記憶，紀念
εἰλικρινής, ές	形. 直. 陰. 單. 原	純潔的，眞誠的，誠實的
διάνοια, ας, ἡ	名. 直. 陰. 單	心思，理智，思想，意念
διεγείρω ἐν ὑπομνήσει		提醒…來激發
2. μιμνῄσκομαι	動. 過不. 被. 不定	記得，記住，回憶
προλέγω	動. 完成. 被. 分詞. 所. 中. 複	預先說或警告，預言
3. ἐμπαιγμονή, ῆς, ἡ	名. 間. 陰. 單	譏笑
ἐμπαίκτης, ου, ὁ	名. 主. 陽. 複	譏笑者，愚弄者
ἐπιθυμία, ας, ἡ	名. 直. 陰. 複	慾望，慾念，情慾，私慾
4. ποῦ	連. 疑并	哪裏？在哪裏？
παρουσία, ας, ἡ	名. 所. 陰. 單	來臨，來到，出現
κοιμάω	動. 過不. 被. 直說. 三複	睡，睡著，死
διαμένω	動. 現在. 主. 直說. 三單	始終，常存，繼續
κτίσις, εως, ἡ	名. 所. 陰. 單	創造，創世，被造之物
5. λανθάνω	動. 現在. 主. 直說. 三單	躲避…的注意，忽視
ἔκπαλαι	副. 原	自古以來，太初
συνίστημι	動. 完成. 主. 分詞. 主. 陰. 單	形成，所成
6. κατακλύζω	動. 過不. 被. 分詞. 主. 陽. 單	淹沒，洪水氾濫
7. θησαυρίζω	動. 完成. 被. 分詞. 主. 陽. 複	積聚，積存，保留
κρίσις, εως, ἡ	名. 所. 陰. 單	審判，判斷，定罪，懲罰
ἀσεβής, ές	形. 所. 陽. 複. 原	不信神的，不敬虔的
8. λανθάνω	動. 現在. 主. 命令. 三單	躲避…的注意，忽視
χίλιοι, αι, α	形. 主. 中. 複. 原	一千
ἔτος, ους, τό	名. 主. 中. 複	年
9. βραδύνω	動. 現在. 主. 直說. 三單	延遲，耽擱，忽視
βραδύτης, ητος, ἡ	名. 直. 陰. 單	慢，耽延，遲遲
ἡγέομαι	動. 現在. 關. 直說. 三複	想，認爲，覺得
μακροθυμέω	動. 現在. 主. 直說. 三單	有耐心，堅忍，寬容
βούλομαι	動. 現在. 關. 分詞. 主. 陽. 單	想要，欲，希望，願意
μετάνοια, ας, ἡ	名. 直. 陰. 單	悔改，轉離罪惡
χωρέω	動. 過不. 主. 不定	寬容

10. ἥκω	動.未來.主.直說.三單	已經來到，臨到，來
κλέπτης, ου, ὁ	名.主.陽.單	小偷，賊
ῥοιζηδόν	副.原	在大響聲中
παρέρχομαι	動.未來.關.直說.三複	消失，廢掉
στοιχεῖον, ου, τό	名.主.中.複	元素（組成世界基本的），天體
καυσόω	動.現在.被.分詞.主.中.複	燒毀
λύω	動.未來.被.直說.三單	破壞，拆毀
11. ποταπός, ή, όν	代.形疑.直.陽.複	是哪一種的，怎樣的
ἀναστροφή, ῆς, ἡ	名.間.陰.複	行事為人
εὐσέβεια, ας, ἡ	名.間.陰.複	敬虔，虔誠的生活
12. προσδοκάω	動.現在.主.分詞.直.陽.複	等候，期望
σπεύδω	動.現在.主.分詞.直.陽.複	急忙，趕快，竭力，加速
παρουσία, ας, ἡ	名.直.陰.單	來臨，來到，出現
πυρόω	動.現在.被.分詞.主.陽.複	焚燒
λύω	動.未來.被.直說.三複	破壞，拆毀
στοιχεῖον, ου, τό	名.主.中.複	元素（組成世界基本的），天體
καυσόω	動.現在.被.分詞.主.中.複	燒毀
τήκω	動.現在.被.直說.三單	融化，被鎔化
13. καινός, ή, όν	形.直.陽.複.原	新的，未曾用過的
ἐπάγγελμα, ατος, τό	名.直.中.單	應許，所答應的（事物）
κατοικέω	動.現在.主.直說.三單	居住，定居，住在
14. σπουδάζω	動.過不.主.命令.二複	盡力，努力，竭力
ἄσπιλος, ον	形.主.陽.複.原	純潔的，無缺點的
ἀμώμητος, ον	形.主.陽.複.原	無可指責的，無缺點的
15. μακροθυμία, ας, ἡ	名.直.陰.單	耐心，忍耐
σωτηρία, ας, ἡ	名.直.陰.單	拯救，救恩，得救
ἡγέομαι	動.現在.關.命令.二複	想，認為，覺得，治理
16. ἐπιστολή, ῆς, ἡ	名.間.陰.複	信，信件
δυσνόητος, ον	形.主.中.複.原	難懂的
ἀμαθής, ές	形.主.陽.複.原	無知的
ἀστήρικτος, ον	形.主.陽.複.原	反覆無常的，不穩定的
στρεβλόω	動.現在.主.直說.三複	曲解，扭曲
17. προγινώσκω	動.現在.主.分詞.主.陽.複	已經知道，預先知道

φυλάσσω	動. 現在. 關. 命令. 二複	提防，防備
ἄθεσμος, ον	形. 所. 陽. 複. 原	道德敗壞的，不法的
πλάνη, ης, ἡ	名. 間. 陰. 單	錯誤，謬誤，欺騙，說謊
συναπάγω	動. 過不. 被. 分詞. 主. 陽. 複	被帶走或被引入歧途
ἐκπίπτω	動. 過不. 主. 假設. 二複	失去，自絕（恩典）
στηριγμός, οῦ, ὁ	名. 所. 陽. 單	穩固的立場
18. αὐξάνω (αὔξω)	動. 現在. 主. 命令. 二複	生長，完全成長
γνῶσις, εως, ἡ	名. 間. 陰. 單	知識，秘傳的知識

約翰一書

特別詞彙

ἁμαρτάνω	犯罪，做錯
μαρτυρία, ας, ἡ	證言，見證；證據
μισέω	恨，厭惡；不顧，漠不關心
νικάω	<及>或<不及>勝過，得勝；勝訴
ὁμολογέω	承認；認（罪）（約一1.9）
σκοτία, ας, ἡ	黑暗
τεκνίον, ου, τό	孩子，兒童
φανερόω	顯明，揭露，顯示；<被動>張揚或顯露，明顯，表明
ψεύστης, ου, ὁ	說謊者

第一章

1.	θεάομαι	動.過不.關.直說.一複	看見，觀察
	ψηλαφάω	動.過不.主.直說.三複	摸，觸
2.	ἀπαγγέλλω	動.現在.主.直說.一複	宣告，傳揚
3.	κοινωνία, ας, ἡ	名.直.陰.單	團契，親密的關係，聯繫
	ἡμέτερος, α, ον	代一所.主.陰.單	我們的
5.	ἀγγελία, ας, ἡ	名.主.陰.單	信息，消息，.命令.
	ἀναγγέλλω	動.現在.主.直說.一複	傳，報告，宣講
6.	κοινωνία, ας, ἡ	名.直.陰.單	團契，親密的關係，聯繫
	σκότος, ους, τό	名.間.中.單	黑暗，罪，暗昧
	ψεύδομαι	動.現在.關.直說.一複	說謊，虛僞，欺瞞
7.	καθαρίζω	動.現在.主.直說.三單	潔淨，使純潔

8. πλανάω	動. 現在. 主. 直說. 一複	迷惑，欺騙
9. καθαρίζω	動. 過不. 主. 假設. 三單	潔淨，使純潔
ἀδικία, ας, ἡ	名. 所. 陰. 單	過錯，不義

第二章

1. παράκλητος, ου, ὁ	名. 直. 陽. 單	保惠師，代求者，聖靈
2. ἱλασμός, οῦ, ὁ	名. 主. 陽. 單	挽回祭，贖罪
ἡμέτερος, α, ον	代一所. 所. 陰. 複	我們的
5. ἀληθῶς	副. 原	眞地，實在地，確實地
τελειόω	動. 完成. 被. 直說. 三單	完成，應驗
6. ὀφείλω	動. 現在. 主. 直說. 三單	應該，必須
7. καινός, ή, όν	形. 直. 陰. 單. 原	新的，未曾用過的
παλαιός, ά, όν	形. 直. 陰. 單. 原	舊約，以前的
8. ἀληθής, ές	形. 主. 中. 單. 原	眞的，眞實的
παράγω	動. 現在. 被. 直說. 三單	過去，消逝
ἀληθινός, ή, ός	形. 主. 中. 單. 原	眞實的，眞的
φαίνω	動. 現在. 主. 直說. 三單	照耀
9. ἄρτι	副. 原	現在，如今
ἕως ἄρτι		目前，仍然
10. σκάνδαλον, ου, τό	名. 主. 中. 單	那誘人犯罪的事物
11. ποῦ	連. 疑從	哪裏？到哪裏？
τυφλόω	動. 過不. 主. 直說. 三單	使瞎，弄瞎
τυφλόω τοὺς ὀφθαλμούς		使…不明白
13. νεανίσκος, ου, ὁ	名. 呼. 陽. 複	年輕人，青年
14. ἰσχυρός, ά, όν	形. 主. 陽. 複. 原	強壯的
16. ἐπιθυμία, ας, ἡ	名. 主. 陰. 單	慾望，慾念，情慾
ἀλαζονεία, ας, ἡ	名. 主. 陰. 單	驕傲，自大
βίος, ου, ὁ	名. 所. 陽. 單	生活，生活費用，產業
17. παράγω	動. 現在. 被. 直說. 三單	過去，消逝
18. ἀντίχριστος, ου, ὁ	名. 主. 陽. 單	敵基督
ὅθεν	連. 推并	所以，因此
20. χρῖσμα, ατος, τό	名. 直. 中. 單	膏油，抹油，領受聖靈
21. ψεῦδος, ους, τό	名. 主. 中. 單	謊言，說謊

22. ἀρνέομαι	動. 現在. 關. 分詞. 主. 陽. 單	否認，不認，背棄，拒絕
ἀντίχριστος, ου, ὁ	名. 主. 陽. 單	敵基督
25. ἐπαγγέλλομαι	動. 過不. 關. 直說. 三單	應許，自稱，表白
26. πλανάω	動. 現在. 主. 分詞. 所. 陽. 複	迷惑，欺騙
27. χρῖσμα, ατος, τό	名. 主. 中. 單	膏油，抹油，領受聖靈
χρεία, ας, ἡ	名. 直. 陰. 單	應當，必須
ἀληθής, ές	形. 主. 中. 單. 原	眞的，眞實的
ψεῦδος, ους, τό	名. 主. 中. 單	謊言，說謊
28. παρρησία, ας, ἡ	名. 直. 陰. 單	坦白，信心，勇敢
αἰσχύνω	動. 過不. 被. 假設. 一複	引以為恥，使羞愧
παρουσία, ας, ἡ	名. 間. 陰. 單	來臨，來到，出現

第三章

1. ποταπός, ή, όν	代. 形疑. 直. 陰. 單	是哪一種的？怎樣的？
2. οὔπω	副. 原	尚未
ὅμοιος, α, ον	形. 主. 陽. 複. 原	類似的，像
3. ἁγνίζω	動. 現在. 主. 直說. 三單	使純潔，潔淨
ἁγνός, ή, όν	形. 主. 陽. 單. 原	純潔的，聖潔的
4. ἀνομία, ας, ἡ	名. 直. 陰. 單	邪惡，不法，罪惡
7. πλανάω	動. 現在. 主. 命令. 三單	迷惑，欺騙
8. διάβολος, ον	名. 所. 陽. 單	魔鬼
λύω	動. 過不. 主. 假設. 三單	破壞，拆毀
9. σπέρμα, ατος, τό	名. 主. 中. 單	後裔，（從神來的）生命
10. φανερός, ά, όν	形. 主. 中. 複. 原	明顯的，清楚的
διάβολος, ον	名. 所. 陽. 單	魔鬼
11. ἀγγελία, ας, ἡ	名. 主. 陰. 單	信息，消息，命令
12. Κάϊν, ὁ	名. 主. 陽. 單	該隱〔加音〕
σφάζω	動. 過不. 主. 直說. 三單	宰殺，殘殺，殺死
χάριν	不介. 所	為了…的緣故
χάριν τίνος		為什麼？為了什麼理由？
13. θαυμάζω	動. 現在. 主. 命令. 二複	驚奇，稀奇
14. μεταβαίνω	動. 完成. 主. 直說. 一複	離開，移動，去
15. ἀνθρωποκτόνος, ου, ὁ	名. 主. 陽. 單	殺人者

16. ὀφείλω	動.現在.主.直說.一複	應該，必須
17. βίος, ου, ὁ	名.直.陽.單	產業
χρεία, ας, ἡ	名.直.陰.單	應當，必須
κλείω	動.過不.主.假設.三單	關閉，鎖
σπλάγχνον, ου, τό	名.直.中.複	內心，深處的情感
κλείω τὰ σπλάγχνα		拒絕同情，硬著心不理
19. ἔμπροσθεν	不介.所	在…之前，在前面，面前
πείθω τὴν καρδίαν		確信，深信
20. καταγινώσκω	動.現在.主.假設.三單	譴責，指責，責備
21. παρρησία, ας, ἡ	名.直.陰.單	坦白，信心，勇敢
22. ἀρεστός, ή, όν	形.直.中.複.原	討喜歡

第四章

1. δοκιμάζω	動.現在.主.命令.二複	省察，試驗，認為對的
ψευδοπροφήτης, ου, ὁ	名.主.陽.複	假先知
3. ἀντίχριστος, ου, ὁ	名.所.陽.單	敵基督
6. πλάνη, ης, ἡ	名.所.陰.單	錯誤，謬誤，欺騙
9. μονογενής, ές	形.直.陽.單.原	唯一的，獨特的，獨生的
10. ἱλασμός, οῦ, ὁ	名.直.陽.單	挽回祭，贖罪
11. ὀφείλω	動.現在.主.直說.一複	應該，必須
12. πώποτε	副.原	從來，在任何時候
θεάομαι	動.完成.關.直說.三單	看見，觀看，觀察
τελειόω	動.完成.被.分詞.主.陰.單	使完全，成全，應驗
14. σωτήρ, ῆρος, ὁ	名.直.陽.單	救主，拯救者
17. τελειόω	動.完成.被.直說.三單	完成，應驗
παρρησία, ας, ἡ	名.直.陰.單	坦白，信心，勇敢
κρίσις, εως, ἡ	名.所.陰.單	審判，定罪，正義，法庭
18. φόβος, ου, ὁ	名.主.陽.單	恐懼，（對神的）敬畏
τέλειος, α, ον	形.主.陰.單.原	完全的，完美的
κόλασις, εως, ἡ	名.直.陰.單	刑罰
κόλασις ἔχω		與懲罰是相關連的

第五章

3. βαρύς, εῖα, ύ	形.主.陰.複.原	沉重的，艱難的
4. νίκη, ης, ἡ	名.主.陰.單	勝利
14. παρρησία, ας, ἡ	名.主.陰.單	信心
15. αἴτημα, ατος, τό	名.直.中.複	請求，需要
17. ἀδικία, ας, ἡ	名.主.陰.單	過錯，罪，不義
18. ἅπτω	動.現在.關.直說.三單	拉住，摸
19. κεῖμαι	動.現在.關.直說.三單	交給…使命
20. ἥκω	動.現在.主.直說.三單	已經來到，臨到
διάνοια, ας, ἡ	名.直.陰.單	心思，理智
ἀληθινός, ή, ός	形.直.陽.單.原	眞實的，眞正的，可靠的
21. φυλάσσω	動.過不.主.命令.二複	看守，遵守，保守
εἴδωλον, ου, τό	名.所.中.複	偶像，形像，假神

約翰二書

1. ἐκλεκτός, ή, όν	形.間.陰.單.原	被揀選的，貴重的
κυρία, ας, ἡ	名.間.陰.單	女士，夫人
3. ἔλεος, ους, τό	名.主.中.單	仁慈，憐憫
4. λίαν	副.原	極力地，大大地，非常
5. κυρία, ας, ἡ	名.呼.陰.單	女士，夫人
καινός, ή, όν	形.直.陰.單.原	新的，未曾聽過的
7. πλάνος, ον	名.主.陽.複	欺騙的
ὁμολογέω	動.現在.主.分詞.主.陽.複	承認，認（罪），宣佈
ἀντίχριστος, ου, ὁ	名.主.陽.單	敵基督
8. ἐργάζομαι	動.過不.關.直說.一複	工作，做事，完成
μισθός, οῦ, ὁ	名.直.陽.單	工價，工資，報酬
πλήρης, ες	形.直.陽.單.原	充滿的，完全的
ἀπολαμβάνω	動.過不.主.假設.二複	得到
9. προάγω	動.現在.主.分詞.主.陽.單	走在前頭，偏離，走得太遠
διδαχή, ῆς, ἡ	名.間.陰.單	教訓，教導（人）
11. κοινωνέω	動.現在.主.直說.三單	分享，分擔
12. βούλομαι	動.過不.被.直說.一單	想要，欲，希望，願意
χάρτης, ου, ὁ	名.所.陽.單	紙，筆（墨）
μέλας, αινα, αν	形.所.中.單.原	黑色的
ἐλπίζω	動.現在.主.直說.一單	希望，盼望，指望，仰望
στόμα πρὸς στόμα		面對面
13. ἀδελφή, ῆς, ἡ	名.所.陰.單	姊妹，同信主的人
ἐκλεκτός, ή, όν	形.所.陰.單.原	被揀選的，貴重的

約翰三書

1. Γάϊος, ου, ὁ	名. 間. 陽. 單	該猶〔加約〕
2. εὔχομαι	動. 現在. 關. 直說. 一單	祈求，盼望，願意，祝
εὐοδόω	動. 現在. 被. 不定	順利進展，賺錢
ὑγιαίνω	動. 現在. 主. 不定	健全或立場穩固，健康
3. λίαν	副. 原	極力地，大大地，非常
5. ἐργάζομαι	動. 過不. 關. 假設. 二單	工作，做事，完成
ξένος, η, ον	名. 直. 陽. 複	怪異的，外國的，異鄉的
6. καλῶς	副. 原	好，善，正確的
προπέμπω	動. 過不. 主. 分詞. 主. 陽. 單	一路上幫忙，陪伴
ἀξίως	副. 原	配得地，合乎
7. ἐθνικός, ή, όν	形. 所. 陽. 複. 原	異教徒的，外邦人的
8. ὀφείλω	動. 現在. 主. 直說. 一複	應該，必須
ὑπολαμβάνω	動. 現在. 主. 不定	想，認爲，接待
συνεργός, όν	名. 主. 陽. 複	同工，跟…同工合作的人
9. φιλοπρωτεύω	動. 現在. 主. 分詞. 主. 陽. 單	想作領袖的
Διοτρέφης, ους, ὁ	名. 主. 陽. 單	狄特腓，和：丟特腓
ἐπιδέχομαι	動. 現在. 關. 直說. 三單	接待，承認，理會
10. ὑπομιμνῄσκω	動. 未來. 主. 直說. 一單	提出，揭發
φλυαρέω	動. 現在. 主. 分詞. 主. 陽. 單	毀謗，非難
ἀρκέω	動. 現在. 被. 分詞. 主. 陽. 單	足夠，充份
βούλομαι	動. 現在. 關. 分詞. 直. 陽. 複	想要，欲，願意
κωλύω	動. 現在. 主. 直說. 三單	阻擋，阻止
11. μιμέομαι	動. 現在. 關. 命令. 二單	模仿，效法別人的榜樣
ἀγαθοποιέω	動. 現在. 主. 分詞. 主. 陽. 單	行善，助人，生活正直
κακοποιέω	動. 現在. 主. 分詞. 主. 陽. 單	作惡，做壞事，犯錯
12. Δημήτριος, ου ὁ	名. 間. 陽. 單	底米丟〔德默特琉〕
μαρτυρία, ας, ἡ	名. 主. 陰. 單	證言，見證，證據，聲望

ἀληθής, ές	形.主.陰.單.原	真的，誠實的，真實的
13. μέλας, αινα, αν	形.所.中.單.原	黑色的
κάλαμος, ου, ὁ	名.所.陽.單	蘆葦，桿，筆
14. ἐλπίζω	動.現在.主.直說.一單	希望，盼望，指望，仰望
εὐθέως	副.原	立刻，一…就，很快地
15. φίλος, η, ον	名.主.陽.複	朋友

猶大書

1. Ἰούδας, α, ὁ	名.主.陽.單	猶大
Ἰάκωβος, ου, ὁ	名.所.陽.單	雅各〔雅各伯〕
κλητός, ή, όν	形.間.陽.複.原	蒙召的，被邀請的
2. ἔλεος, ους, τό	名.主.中.單	仁慈，憐憫
πληθύνω	動.過不.被.祈願.三單	豐富賜給，增加
3. σπουδή, ῆς, ἡ	名.直.陰.單	熱心，熱誠，急切
κοινός, ή, όν	形.所.陰.單.原	共同的，和大家有關係的
σωτηρία, ας, ἡ	名.所.陰.單	拯救，救恩，得救
ἀνάγκη, ης, ἡ	名.直.陰.單	必要性
ἐπαγωνίζομαι	動.現在.關.不定	為了…爭辯，爭戰
ἅπαξ	副.原	一次，一次就永遠有效
πᾶσαν σπουδὴν		早已很想
4. παρεισδύω	動.過不.主.直說.三複	偽裝潛入
πάλαι	副.原	在古時候，以前
προγράφω	動.完成.被.分詞.主.陽.複	以前寫，已經寫下，被記載
κρίμα, ατος, τό	名.直.中.單	審判，裁判，定罪
ἀσεβής, ές	形.主.陽.複.原	不信神的，不敬虔的
μετατίθημι	動.現在.主.分詞.主.陽.複	曲解，離棄
ἀσέλγεια, ας, ἡ	名.直.陰.單	淫蕩，下流，邪惡
δεσπότης, ου, ὁ	名.直.陽.單	主（指神或基督）
ἀρνέομαι	動.現在.關.分詞.主.陽.複	否認，不認，背棄，拒絕
5. ὑπομιμνῄσκω	動.過不.主.不定	提醒，提出，揭發
βούλομαι	動.現在.關.直說.一單	希望，願意，計劃
ἅπαξ	副.原	一次，一次就永遠有效，一再
Αἴγυπτος, ου, ἡ	名.所.陰.單	埃及
δεύτερος, α, ον	形.直.中.單.原	第二的，然後
εἰδότας ἅπαξ πάντα		雖然你們都知道這一切

6. ἀπολείπω	動. 過不. 主. 分詞. 直. 陽. 複	放棄，離開
οἰκητήριον, ου, τό	名. 直. 中. 單	住處，崗位
κρίσις, εως, ἡ	名. 直. 陰. 單	審判，定罪
δεσμός, οῦ, ὁ	名. 間. 陽. 複	捆綁，鎖鏈，囚禁，監牢
ἀΐδιος, ον	形. 間. 陽. 複. 原	永遠的
ζόφος, ου, ὁ	名. 直. 陽. 單	幽暗，黑暗，深淵
7. Σόδομα, ων, τά	名. 主. 中. 複	所多瑪〔索多瑪〕
Γόμορρα, ων, τά	名. 主. 陰. 單	蛾摩拉〔哈摩辣〕
ὅμοιος, α, ον	形. 直. 陽. 單. 原	類似的，像
τρόπος, ου, ὁ	名. 直. 陽. 單	樣子，生活態度
ἐκπορνεύω	動. 過不. 主. 分詞. 主. 陰. 複	淫亂放蕩
ὀπίσω	不介. 所	在…之後，在後
πρόκειμαι	動. 現在. 關. 直說. 三複	位於…之前，作爲例子
δεῖγμα, ατος, τό	名. 直. 中. 單	例子，鑑戒
δίκη, ης, ἡ	名. 直. 陰. 單	定罪，天理
ὑπέχω	動. 現在. 主. 分詞. 主. 陰. 複	忍受，受（懲罰）
ἀπέρχομαι ὀπίσω σαρκὸς ἑτέρας		同性戀，放縱反自然的性慾
8. ὁμοίως	副. 原	同樣，照樣，相同地
μέντοι	連. 轉并	但，可是，然而
ἐνυπνιάζομαι	動. 現在. 關. 分詞. 主. 陽. 複	作夢，幻想
μιαίνω	動. 現在. 主. 直說. 三複	弄髒，污
κυριότης, ητος, ἡ	名. 直. 陰. 單	掌權者，權威
ἀθετέω	動. 現在. 主. 直說. 三複	拒絕，不理，廢除，違背
βλασφημέω	動. 現在. 主. 直說. 三複	褻瀆，毀謗，侮辱
9. Μιχαήλ, ὁ	名. 主. 陽. 單	米迦勒（天使長）〔彌額爾〕
ἀρχάγγελος, ου, ὁ	名. 主. 陽. 單	天使長
διάβολος, ον	名. 間. 陽. 單	魔鬼
διακρίνω	動. 現在. 關. 分詞. 主. 陽. 單	解決，省察，爭辯
διαλέγομαι	動. 過未. 關. 直說. 三單	辯論，爭辯，談論
τολμάω	動. 過不. 主. 直說. 三單	敢，勇敢或大膽
κρίσις, εως, ἡ	名. 直. 陰. 單	審判，定罪
ἐπιφέρω	動. 過不. 主. 不定	降怒，宣布，說
βλασφημία, ας, ἡ	名. 所. 陰. 單	褻瀆，毀謗，侮辱

	ἐπιτιμάω	動.過不.主.祈願.三單	命令，吩咐，斥責
10.	βλασφημέω	動.現在.主.直說.三複	褻瀆，毀謗，侮辱
	φυσικῶς	副.原	自然地，按著本能
	ἄλογος, ον	形.主.中.複.原	不講理的，野性的，不合理的
	ζῷον, ου, τό	名.主.中.複	野獸
	ἐπίσταμαι	動.現在.關.直說.三複	知道，曉得，明白，懂得
	φθείρω	動.現在.被.直說.三複	腐化，敗壞，毀滅，毀壞
11.	οὐαί	歎	禍
	Κάϊν, ὁ	名.所.陽.單	該隱〔加音〕
	πλάνη, ης, ἡ	名.間.陰.單	錯誤，謬誤，欺騙
	Βαλαάμ, ὁ	名.所.陽.單	巴蘭〔巴郎〕
	μισθός, οῦ, ὁ	名.所.陽.單	報酬，報應，懲罰
	ἐκχέω	動.過不.被.直說.三複	陷入，掉進
	ἀντιλογία, ας, ἡ	名.間.陰.單	爭論，辯論，敵意，背叛
	Κόρε, ὁ	名.所.陽.單	可拉〔科辣黑〕
12.	σπιλάς, άδος, ἡ	名.主.陰.複	污點，危險，暗礁
	συνευωχέομαι	動.現在.關.分詞.主.陽.複	同桌吃飯，狂飲
	ἀφόβως	副.原	坦然無懼地，無恥地
	ποιμαίνω	動.現在.主.分詞.主.陽.複	牧養，治理，照顧
	νεφέλη, ης, ἡ	名.主.陰.複	雲
	ἄνυδρος, ον	形.主.陰.複.原	没有水的，乾旱的
	ἄνεμος, ου, ὁ	名.所.陽.複	風
	παραφέρω	動.現在.被.分詞.主.陰.複	帶走，移去，吹走
	δένδρον, ου, τό	名.主.中.複	樹
	φθινοπωρινός, ή, όν	形.主.中.複.原	晚秋，即收穫的季節
	ἄκαρπος, ον	形.主.中.複.原	不結果子的，没有用的
	δίς	副.原	兩次
	ἐκριζόω	動.過不.被.分詞.主.中.複	連根拔除
	δὶς ἀποθάνων		完全枯死，完全凋謝
13.	κῦμα, ατος, τό	名.主.中.複	波浪
	ἄγριος, α, ον	形.主.中.複.原	野生的，狂的
	ἐπαφρίζω	動.現在.主.分詞.主.中.複	湧出泡沫，激起泡沫
	αἰσχύνη, ης, ἡ	名.直.陰.複	羞辱，羞恥，可恥的行為

ἀστήρ, έρος, ὁ	名.主.陽.複	星，星辰
πλανήτης, ου, ὁ	名.主.陽.複	流浪者
ζόφος, ου, ὁ	名.主.陽.單	幽暗，黑暗，深淵
σκότος, ους, τό	名.所.中.單	黑暗，罪，暗昧
ὁ ζόφος τοῦ σκότους		幽暗的深淵（或地獄）
εἰς (τὸν) αἰῶνα		直到永遠
14. προφητεύω	動.過不.主.直說.三單	傳講神信息
ἕβδομος, η, ον	形.主.陽.單.原	第七
Ἀδάμ, ὁ	名.所.陽.單	亞當
Ἑνώχ, ὁ	名.主.陽.單	以諾〔哈諾客〕
μυριάς, άδος, ἡ	名.間.陰.複	一萬，無數的
15. κρίσις, εως, ἡ	名.直.陰.單	審判，定罪
ἐλέγχω	動.過不.主.不定	指出錯誤，揭露，責備
ἀσέβεια, ας, ἡ	名.所.陰.單	不信神，不敬虔，邪惡
ἀσεβέω	動.過不.主.直說.三複	生活或行動不敬虔
σκληρός, ά, όν	形.所.中.複.原	粗野的，不敬虔的
ἁμαρτωλός, όν	名.主.陽.複	有罪的，罪人
ἀσεβής, ές	形.主.陽.複.原	不信神的，不敬虔的
16. γογγυστής, οῦ, ὁ	名.主.陽.複	經常埋怨的人
μεμψίμοιρος, ον	形.主.陽.複.原	埋怨的，對生活不滿意的
ἐπιθυμία, ας, ἡ	名.直.陰.複	慾望，情慾，私慾，貪心
ὑπέρογκος, ον	形.直.中.複.原	誇張的，狂傲的
θαυμάζω	動.現在.主.分詞.主.陽.複	驚奇，稀奇
ὠφέλεια, ας, ἡ	名.所.陰.單	利益，好處，勝過…
χάριν	不介.所	爲了…的緣故，由於
θαυμάζω πρόσωπον		諂媚人
17. μιμνῄσκομαι	動.過不.被.命令.二複	紀念
προλέγω	動.完成.被.分詞.所.中.複	預先說或警告
18. ἐμπαίκτης, ου, ὁ	名.主.陽.複	譏笑者，愚弄者
ἐπιθυμία, ας, ἡ	名.直.陰.複	慾望，情慾，私慾，貪心
ἀσέβεια, ας, ἡ	名.所.陰.複	不信神，不敬虔，邪惡
19. ἀποδιορίζω	動.現在.主.分詞.主.陽.複	製造紛爭
ψυχικός, ή, όν	形.主.陽.複.原	没有靈性的，肉體的

20. ἐποικοδομέω	動.現在.主.分詞.主.陽.複	建造在…上，堅定，堅立
21. προσδέχομαι	動.現在.關.分詞.主.陽.複	等候，期待，接待
ἔλεος, ους, τό	名.直.中.單	仁慈，憐憫
22. ἐλεάω	動.現在.主.命令.二複	憐憫
διακρίνω	動.現在.關.分詞.直.陽.複	疑惑，爭辯
23. ἁρπάζω	動.現在.主.分詞.主.陽.複	奪走，抓走，帶走
φόβος, ου, ὁ	名.間.陽.單	恐懼
μισέω	動.現在.主.分詞.主.陽.複	恨，厭惡
σπιλόω	動.完成.被.分詞.直.陽.單	弄上斑點，污染，沾染
χιτών, ῶνος, ὁ	名.直.陽.單	內衣，衫
24. φυλάσσω	動.過不.主.不定	看守，保護，保守
ἄπταιστος, ον	形.直.陽.複.原	不跌倒的
κατενώπιον	不介.所	在…面前
ἄμωμος, ον	形.直.陽.複.原	無缺點的，無可指責的
ἀγαλλίασις, εως, ἡ	名.間.陰.單	大喜樂
25. σωτήρ, ῆρος, ὁ	名.間.陽.單	救主，拯救者，救贖者
μεγαλωσύνη, ης, ἡ	名.主.陰.單	至高權力者
κράτος, ους, τό	名.主.中.單	能力，權能，權威
πρό	介.所	在…之前
πρὸ παντὸς τοῦ αἰῶνος		自古以來

啓示錄

特別詞彙

ἄβυσσος, ου, ἡ	深淵；惡魔與邪靈的住所；陰間
ἀγοράζω	買；贖
ἀδικέω	冤枉，佔便宜，傷害；犯錯，作惡；犯法，有罪
ἀκάθαρτος, ον	不潔的，污穢的
ἀληθινός, ή, όϛ	眞實的，眞正的；眞的；可靠的
ἄξιος, α, ον	值得的，配得的，應當的；符合，作爲（悔改）的證據；合適的，當然的；ἄ. πρός 與…比較
ἀριθμός, οῦ, ὁ	數目，總數
ἀρνίον, ου, τό	羔羊，羊
ἀστήρ, έρος, ὁ	星，星辰
ἄχρι	接〈所有〉直到；到，到…爲止；直到；ἄχρι οὗ 直到；當…時；正値；只要，趁著還有
Βαβυλών, ῶνος, ἡ	巴比倫
βασανίζω	折磨，受痛苦；顚簸（海浪）
βασανισμός, οῦ, ὁ	折磨，痛苦
βασιλεύω	掌權，統治；作王
βιβλίον, ου, τό	書册，書卷；（離婚）休書
βλασφημία, ας, ἡ	褻瀆；毀謗，侮辱
βροντή, ῆς, ἡ	雷
βύσσινος, η, ον	上好麻紗製的
γέμω	充滿，盛滿；長滿（啓 4.6, 8）
δείκνυμι	顯現；表現；指示，給…看
δέκα	十
δεύτερος, α, ον	第二的；（τὸ）δ., πάλιν δ., ἐν τῷ δ. 或 ἐκ δ. 第二次

διάβολος, ον	魔鬼；<形>好說閒話的，散播謠言的，搬弄是非的
δράκων, οντος, ὁ	龍（象徵魔鬼）
δρέπανον, ου, τό	鐮刀
ἕβδομος, η, ον	第七
ἔικοσι	二十
εἰκών, όνος, ἡ	像，形像；形狀，外表；模型
ἐκπορεύομαι	出去或出來；出自，ἐ. εἰς ἀνάστασιν 復活；傳遍
ἕκτος, η, ον	第六
ἐκχέω	倒出，傾注；漏掉，漲破；流（血）；處死，傷害殘殺；<被動>陷入，掉進
ἑτοιμάζω	準備，預備；準備一切
ἔτος, ους, τό	年
ζῷον, ου, τό	活物；牲畜，野獸
ἥκω	已經來到，臨到；來；歸給
ἥλιος, ου, ὁ	太陽
θεῖον, ου, τό	硫磺
θηρίον, ου, τό	野獸，走獸；蛇
θλῖψις, εως, ἡ	困難，痛苦，苦難，患難；災難；憂傷；負擔
θυμός, οῦ, ὁ	怒氣，忿怒，惱怒；義憤；烈（酒）（启 14.8）
θυσιαστήριον, ου, τό	祭壇
ἵππος, ου, ὁ	馬
ἰσχυρός, ά, όν	強壯的，大力的；大聲的（叫聲或雷聲）；嚴重的（饑荒）
καθαρός, ά, όν	潔淨的，乾淨的；純潔的，無罪的
καινός, ή, όν	新的；新品質的；未曾用過的；不爲人知的，未曾聽過的
καίω	點燈，不斷燃燒（<被動>被點亮，燃燒）；燒著，燒完
καπνός, οῦ, ὁ	煙
κατακαίω	焚燒；燒掉，燒盡
κατεσθίω	吃掉，吞，花盡，吞没，侵吞，佔便宜；（火）燒（启 11.5）；ὁ ζῆλος… κ. με 對…大發熱心
κατοικέω	<不及>居住，定居；<及>住在
κέρας, ατος, τό	角（或角落，启 9.13）；力量，權力（κ. σωτηρίας 全能的救主）

κλαίω	＜不及＞哭，痛哭，哀泣，號啕大哭；＜及＞爲…哀哭
κλείω	關閉；鎖；κλείσῃ τὰ σπλάγχνα 硬著心
κρατέω	握，持守；拿，抓，拉，抱住；捉住，逮捕；拉著，阻止，擋住；不赦免；實行，達成；隨從，拘守，遵行
λαμπρός, ά, όν	明亮的，閃耀的；美好的，華麗的；光潔的，透明的
λευκός, ή, όν	白色的；潔白的，明亮的
λέων, οντος, ὁ	獅子
λίμνη, ης, ἡ	湖
λυχνία, ας, ἡ	燈台
λύω	鬆，解；釋放，使自由；破壞，違犯；拆毀，推倒，破損；准許
μαργαρίτης, ου, ὁ	珍珠
μαρτυρία, ας, ἡ	證言，見證；證據；聲望
μάρτυς, υρος, ὁ	見證人；殉道者
μετανοέω	悔改，心靈改變，轉離罪惡，改變生活方式
μετρέω	衡量；喻：施與，給
μέτωπον, ου, τό	前額
μήν, μηνός, ὁ	月（κατὰ μῆνα ἕκαστον 每個月，啓 22.2）
μικρός, ά, όν	少的，小的，最不足道的，不重要的，卑微的；；＜副＞μικρόν 一會兒，稍遠些；μικρότερος 最少，最小
ναός, οῦ, ὁ	聖殿，至聖所，聖所；神廟模型或神龕
νεφέλη, ης, ἡ	雲
νικάω	＜及＞或＜不及＞勝過，得勝；勝訴
ξύλον, ου, τό	木，樹；棒；十字架；足枷
ὅδε, ἥδε, τόδε	這；他，她，它
οἶνος, ου, ὁ	酒
ὅμοιος, α, ον	類似的，像
ὀξύς, εῖα, ύ	鋒利的；快速的
ὀργή, ῆς, ἡ	憤怒，義憤；審判，懲罰；報仇
οὐαί	1. ＜歎＞慘啦！遭殃了！有禍了！苦了！2. ＜名＞＜陰＞不幸，災禍，災難
οὐρά, ᾶς, ἡ	尾巴
οὖς, ὠτός, τό	耳朵（πρὸς τὸ οὖς λαλέω 耳語）；聽

ὄφις, εως, ὁ	蛇
παντοκράτωρ, ορος, ὁ	全能者（神）
περιβάλλω	穿戴，穿（衣），披
πέτομαι	飛
πηγή, ῆς, ἡ	泉源；水井；（水）流
πλανάω	引入歧途，迷惑，愚弄，欺騙；＜被動＞走入歧途，迷失；弄錯；被騙，被愚弄；四處遊蕩，流浪
πληγή, ῆς, ἡ	瘟疫，災難，打擊，打（**ἐπιτίθημι π.** 打）；傷（**λούω ἀπὸ π.** 洗傷口；**ἡ π. τοῦ θανάτου** 致命傷，啓 13.3, 12）
πλουτέω	富足，變得富有，發財；慷慨，豐富地賜福
πολεμέω	作戰，爭戰，攻打
πόλεμος, ου, ὁ	戰爭，打仗；爭吵，衝突
πορνεία, ας, ἡ	姦淫，淫亂，不道德的性行爲；不貞
πορνεύω	犯淫亂，行淫
πόρνη, ης, ἡ	妓女，娼妓
ποταμός, οῦ, ὁ	河流；氾濫的河水
προφητεία, ας, ἡ	傳講神信息的恩賜；受靈感的信息或言辭，預言
πυλών, ῶνος, ὁ	門；門口，入口，門廊，門廳
ῥομφαία, ας, ἡ	劍；劇痛；憂傷；戰爭（啓 6.8）
σάλπιγξ, ιγγος, ἡ	號角，號筒，喇叭；吹聲或發聲
σαλπίζω	吹號角，吹喇叭
Σατανᾶς, ᾶ, ὁ	魔鬼撒但〔撒殫〕
σεισμός, οῦ, ὁ	地震；（海上）暴風
στέφανος, ου, ὁ	華冠，冠冕；（值得驕傲或誇口的）王冠，獎，賞，禮物
στολή, ῆς, ἡ	袍子，長袍；＜複＞衣服（啓 7.14）
σφάζω	宰殺，殘殺，殺死；**ἐσφαγμένην εἰς θάνατον** 受致命重傷（啓 13.3）
σφραγίζω	蓋印，封上，嚴守秘密（啓 10.4）；蓋印記，加上封印，封閉；證實，承認，證明
σφραγίς, ῖδος, ἡ	印；記號，蓋著⋯的印記（啓 9.4）；碑刻；印（做記號的工具）（啓 7.2）；證明，證據
ταχύς, εῖα, ύ	迅速的，快捷的
τεῖχος, ους, τό	牆，城牆

τελέω	完成，完全，結束，完；，實現，成就，貫徹（啓15.1），結束，完成；繳付（稅）；遵守，履行，服從（法律）；充滿力量，顯得最剛強
τέσσαρες, α	四
τεσσεράκοντα	四十
τέταρτος, η, ον	第四（ἀπὸ τ. ἡμέρας 三天前，或指：四天前；τὸ τ. 第四部分，（地球）四分之一
τίκτω	生育（<被動>出生）；生產（農作物）
τιμή, ῆς, ἡ	尊貴，尊敬，敬重；禮物價格，價值，總額（錢）；尊貴的地位；報償，報酬
τίμιος, α, ον	寶貴的，有價值的；貴重的，受尊重的，受敬重的；τιμιώτατος 無價的，稀罕的（啓 21.11）
ὑπομονή, ῆς, ἡ	忍耐，堅定，恒毅，恒心
φιάλη, ης, ἡ	碗；爐
φυλακή, ῆς, ἡ	監獄，囚禁人的地方；更（從晚上六點到早上六點之間劃分成三或四段時間）；警衛或警衛崗位；（邪靈）窩巢；φυλάσσω φ. 輪流守更
φυλή, ῆς, ἡ	支族；部落，（萬）族
χάραγμα, ατος, τό	記號，形像，雕像
χιλιάς, αδος, ἡ	一千（爲一群）
χίλιοι, αι, α	一千
χρυσίον, ου, τό	黃金，金子；金幣，金錢；金飾，（貴重的）珠寶
χρυσοῦς, ῆ, οῦν	黃金做的，黃金的，金的
ᾠδή, ῆς, ἡ	歌，讚美歌

第一章

1. ἀποκάλυψις, εως, ἡ	名.主.陰.單	啓示
τάχος, ους, τό	名.間.中.單	速度，快速
σημαίνω	動.過不.主.直說.三單	指著，指明，指示
ἐν τάχει		很快地，短期內
3. ἀναγινώσκω	動.現在.主.分詞.主.陽.單	念，在公衆崇拜中誦讀

ἐγγύς	副. 原	接近，靠近，將近
4. Ἀσία, ας, ἡ	名. 間. 陰. 單	亞細亞，和：亞西亞
5. πρωτότοκος, ον	形. 主. 陽. 單. 原	頭胎的，首先的，長子
ἄρχων, οντος, ὁ	名. 主. 陽. 單	統治者，掌權者，法官
6. ἱερεύς, έως, ὁ	名. 直. 陽. 複	祭司
κράτος, ους, τό	名. 主. 中. 單	能力，權能，大能的作爲
7. ἐκκεντέω	動. 過不. 主. 直說. 三複	刺
κόπτω	動. 未來. 關. 直說. 三複	悲傷，哀號，哀哭
ναί	虛. 強	是的，眞是，確實，必然
8. Ἄλφα, τό	名. 主. 中. 單	阿爾法，和：阿拉法〔阿耳法〕
Ὦ	名. 主. 中. 單	亞米茄，和：俄梅戛〔敖默加〕
9. συγκοινωνός, οῦ, ὁ	名. 主. 陽. 單	同享者，分擔者，參加者
νῆσος, ου, ἡ	名. 間. 陰. 單	島
Πάτμος, ου, ὁ	名. 間. 陽. 單	拔摩島〔帕特摩〕
10. κυριακός, ή, όν	形. 間. 陰. 單. 原	屬於主的，主的
ὀπίσω	不介. 所	在…之後，在後
11. Ἔφεσος, ου, ἡ	名. 直. 陰. 單	以弗所〔厄弗所〕
Σμύρνα, ης, ἡ	名. 直. 陰. 單	士每拿〔斯米納〕
Πέργαμος, ου, ἡ	名. 直. 陰. 單	別迦摩〔培爾加摩〕
Θυάτιρα (–τειρα), ων, τά	(名. 直. 中. 複)	推雅推喇〔提雅提辣〕
Σάρδεις, εων, αἱ	名. 直. 陰. 複	撒狄〔撒爾德〕
Φιλαδέλφεια, ας, ἡ	名. 直. 陰. 單	非拉鐵非〔非拉德非雅〕
Λαοδίκεια, ας, ἡ	名. 直. 陰. 單	老底嘉〔勞狄刻雅〕
12. ἐπιστρέφω	動. 過不. 主. 直說. 一單	回來，轉向，轉回
13. ἐνδύω	動. 完成. 被. 分詞. 直. 陽. 單	穿，換上
ποδήρης, ες	名. 直. 陽. 單	長袍
περιζώννυμι	動. 完成. 被. 分詞. 直. 陽. 單	束緊腰帶，準備好
μαστός, οῦ, ὁ	名. 間. 陽. 複	胸部，乳房
ζώνη, ης, ἡ	名. 直. 陰. 單	腰帶，帶子，錢袋
14. θρίξ, τριχός, ἡ	名. 主. 陰. 複	毛，頭髮
ἔριον, ου, τό	名. 主. 中. 單	羊毛，絨
χιών, όνος, ἡ	名. 主. 陰. 單	雪
φλόξ, φλογός, ἡ	名. 主. 陰. 單	火焰

15. χαλκολίβανον, ου, τό	名.間.中.單	（經過鍛鍊又擦亮的）精銅
κάμινος, ου, ἡ	名.間.陰.單	火爐
πυρόω	動.完成.被.分詞.所.陰.單	被精鍊的
16. δίστομος, ον	形.主.陰.單.原	雙刃的
ὄψις, εως, ἡ	名.主.陰.單	臉
φαίνω	動.現在.主.直說.三單	發光，照耀
18. κλείς, κλειδός, ἡ	名.直.陰.複	鑰匙
ᾅδης, ου, ὁ	名.所.陽.單	陰間，死亡，地獄
20. μυστήριον, ου, τό	名.主.中.單	秘密，奧秘

第二章

1. Ἔφεσος, ου, ἡ	名.間.陰.單	以弗所〔厄弗所〕
2. κόπος, ου, ὁ	名.直.陽.單	工作，辛勤工作，勞苦，煩擾
βαστάζω	動.過不.主.不定	忍受
πειράζω	動.過不.主.直說.二單	試驗，試探，嘗試
ψευδής, ές	形.直.陽.複.原	虛假的，欺騙的
3. κοπιάω	動.完成.主.直說.二單	工作，勞苦，疲倦
5. μνημονεύω	動.現在.主.命令.二單	記得，記住，想起，提起
πόθεν	連.疑從	哪裏，怎麼會…，爲甚麼
κινέω	動.未來.主.直說.一單	挪移，行動
6. μισέω	動.現在.主.直說.二單	恨，厭惡
Νικολαΐτης, ου, ὁ	名.所.陽.複	尼哥拉黨人〔尼苛勞黨人〕
7. παράδεισος, ου, ὁ	名.間.陽.單	樂園
ἔχω οὖς		可以聽見
8. Σμύρνα, ης, ἡ	名.間.陰.單	士每拿〔斯米納〕
9. πτωχεία, ας, ἡ	名.直.陰.單	貧窮
πλούσιος, α, ον	形.主.陽.單.原	豐富的，富有的
10. πάσχω	動.現在.主.不定	受苦，受難，遭受
πειράζω	動.過不.被.假設.二複	試驗，試探，誘惑
12. Πέργαμος, ου, ἡ	名.間.陰.單	別迦摩〔培爾加摩〕
δίστομος, ον	形.直.陰.單.原	雙刃的
13. ποῦ	連.疑從	哪裏？在哪裏？到哪裏？
ἀρνέομαι	動.過不.關.直說.二單	否認，不認，背棄，拒絕

᾿Αντιπᾶς, ᾶ, ὁ	名.主.陽.單	安提帕
14. ὀλίγος, η, ον	形.直.中.複.原	少的，小的，少許
διδαχή, ῆς, ἡ	名.直.陰.單	教訓，教導，教義
Βαλαάμ, ὁ	名.所.陽.單	巴蘭〔巴郎〕
Βαλάκ, ὁ	名.間.陽.單	巴勒〔巴拉克〕
σκάνδαλον, ου, τό	名.直.中.單	誘人犯罪的事物，障礙
εἰδωλόθυτος, ον	名.直.中.複	祭過偶像的肉
15. Νικολαΐτης, ου, ὁ	名.所.陽.複	尼哥拉黨人〔尼苛勞黨人〕
ὁμοίως	副.原	同樣，照樣，也是這樣
17. μάννα, τό	名.所.中.單	嗎哪〔瑪納〕
κρύπτω	動.完成.被.分詞.所.中.單	隱藏，遮蓋
ψῆφος, ου, ἡ	名.直.陰.單	小石子，石頭
18. Θυάτιρα (–τειρα), ων, τά	名.間.中.複	推雅推喇〔提雅提辣〕
φλόξ, φλογός, ἡ	名.直.陰.單	火焰
χαλκολίβανον, ου, τό	名.間.中.單	（經過鍛鍊又擦亮的）精銅
19. διακονία, ας, ἡ	名.直.陰.單	服侍，幫助，使命
20. ᾿Ιεζάβελ, ἡ	名.直.陰.單	耶洗碧，和：耶洗別〔依則貝耳〕
προφῆτις, ιδος, ἡ	名.直.陰.單	女先知
εἰδωλόθυτος, ον	名.直.中.複	祭過偶像的肉
22. κλίνη, ης, ἡ	名.直.陰.單	床，床鋪，擔架，病床
μοιχεύω	動.現在.主.分詞.直.陽.複	犯姦淫
βάλλω εἰς κλίνην		使…病倒
23. ἐραυνάω	動.現在.主.分詞.主.陽.單	細察，洞悉，查考探索
νεφρός, οῦ, ὁ	名.直.陽.複	心思，念頭
24. Θυάτιρα (–τειρα), ων, τά	名.間.中.複)	推雅推喇〔提雅提辣〕
διδαχή, ῆς, ἡ	名.直.陰.單	教訓，教導，教義
βαθύς, εῖα, ύ	形.直.中.複.原	深的
βάρος, ους, τό	名.直.中.單	重擔，重量
τὰ βαθέα		奧秘
25. πλήν	連.轉并	但，然而，除…之外
26. τέλος, ους, τό	名.所.中.單	終局，終點，末期，終結
27. ποιμαίνω	動.未來.主.直說.三單	牧養，治理
ῥάβδος, ου, ἡ	名.間.陰.單	棍，杖，鞭，權（杖）

σιδηροῦς, ᾶ, οῦν	形. 間. 陰. 單. 原	鐵製的
σκεῦος, ους, τό	名. 主. 中. 複	物品，容器
κεραμικός, ή, όν	形. 主. 中. 複. 原	泥土的，陶製的
συντρίβω	動. 現在. 被. 直說. 三單	打碎，摧毀，斷，壓傷的
28. πρωϊνός, ή, όν	形. 直. 陽. 單. 原	早晨的
ἀστὴρ πρωϊνός		晨星

第三章

1. Σάρδεις, εων, αἱ	名. 間. 陰. 複	撒狄〔撒爾德〕
2. γρηγορέω	動. 現在. 主. 分詞. 主. 陽. 單	警醒，注意，留心
στηρίζω	動. 過不. 主. 命令. 二單	使堅強，堅定，堅固
3. μνημονεύω	動. 現在. 主. 命令. 二單	記得，記住，想起
κλέπτης, ου, ὁ	名. 主. 陽. 單	小偷，賊
ποῖος, α, ον	代. 形疑. 直. 陰. 單	甚麼，哪一，哪一種
4. ὀλίγος, η, ον	形. 直. 中. 複. 原	少的，少許
Σάρδεις, εων, αἱ	名. 間. 陰. 複	撒狄〔撒爾德〕
μολύνω	動. 過不. 主. 直說. 三複	弄髒，沾污
5. ἐξαλείφω	動. 未來. 主. 直說. 一單	擦掉，除掉，取消
βίβλος, ου, ἡ	名. 所. 陰. 單	書，記錄
ὁμολογέω	動. 未來. 主. 直說. 一單	承認，宣佈，坦白說
7. Φιλαδέλφεια, ας, ἡ	名. 間. 陰. 單	非拉鐵非〔非拉德非雅〕
κλείς, κλειδός, ἡ	名. 直. 陰. 單	鑰匙
8. θύρα, ας, ἡ	名. 直. 陰. 單	門，入口，機會
ἀρνέομαι	動. 過不. 關. 直說. 二單	否認，不認，背棄，拒絕
9. ψεύδομαι	動. 現在. 關. 直說. 三複	說謊，虛偽，欺瞞
10. πειρασμός, οῦ, ὁ	名. 所. 陽. 單	試煉，磨煉，試探
οἰκουμένη, ης, ἡ	名. 所. 陰. 單	人類居住的地方，人
πειράζω	動. 過不. 主. 不定	試驗，試探，誘惑，嘗試
12. στῦλος, ου, ὁ	名. 直. 陽. 單	柱子，柱石，領袖
14. Λαοδίκεια, ας, ἡ	名. 間. 陰. 單	老底嘉〔勞狄刻雅〕
κτίσις, εως, ἡ	名. 所. 陰. 單	創造，創世
15. ψυχρός, ά, όν	形. 主. 陽. 單. 原	寒冷的
ζεστός, ή, όν	形. 主. 陽. 單. 原	熱的

ὄφελον	動. 過不. 主. 分詞. 主. 中. 單	但願…，倒希望…
16. χλιαρός, ά, όν	形. 主. 陽. 單. 原	微溫的
ἐμέω	動. 過不. 主. 不定	吐出
17. πλούσιος, α, ον	形. 主. 陽. 單. 原	豐富的，富有的
χρεία, ας, ἡ	名. 直. 陰. 單	應當，必須
ταλαίπωρος, ον	形. 主. 陽. 單. 原	悲慘的，眞苦
ἐλεεινός, ή, όν	形. 主. 陽. 單. 原	可憐的
πτωχός, ή, όν	形. 主. 陽. 單. 原	貧窮的，無用的，討飯的
γυμνός, ή, όν	形. 主. 陽. 單. 原	裸體的，毫無遮蓋的
18. συμβουλεύω	動. 現在. 主. 直說. 一單	勸，建議，商議，計劃
πυρόω	動. 完成. 被. 分詞. 直. 中. 單	焚燒，被精鍊的
φανερόω	動. 過不. 被. 假設. 三單	揭露，張揚，顯露
αἰσχύνη, ης, ἡ	名. 主. 陰. 單	羞辱，羞恥，可恥的行爲
γυμνότης, ητος, ἡ	名. 所. 陰. 單	赤裸，衣不蔽體，貧窮
κολλούριον, ου, τό	名. 直. 中. 單	眼藥
ἐγχρίω	動. 過不. 主. 不定	擦或塗（膏）
19. φιλέω	動. 現在. 主. 假設. 一單	愛，愛惜，愛好
ἐλέγχω	動. 現在. 主. 直說. 一單	指出錯誤，揭露，責備
παιδεύω	動. 現在. 主. 直說. 一單	教導，訓練，管教，責打
ζηλεύω	動. 現在. 主. 命令. 二單	熱心
20. θύρα, ας, ἡ	名. 直. 陰. 單	門，大門，入口，機會
κρούω	動. 現在. 主. 直說. 一單	敲（門）
δειπνέω	動. 未來. 主. 直說. 一單	吃飯，吃晚餐
21. καθίζω	動. 過不. 主. 不定	坐下，坐著，使…坐在

第四章

1. θύρα, ας, ἡ	名. 主. 陰. 單	門，大門，入口，機會
2. εὐθέως	副. 原	立刻，一…就，很快地
κεῖμαι	動. 過未. 關. 直說. 三單	安放，在，設立
3. ὅρασις, εως, ἡ	名. 間. 陰. 單	異象，外貌
ἴασπις, ιδος, ἡ	名. 間. 陰. 單	碧玉（有各種顏色的準寶石）
σάρδιον, ου, τό	名. 間. 中. 單	紅寶石（準寶石）
ἶρις, ιδος, ἡ	名. 主. 陰. 單	彩虹，多彩的光圈

κυκλόθεν	不介.所	在…周圍，四周都
σμαράγδινος, η, ον	形.間.陽.單.原	綠寶石做的
5. ἀστραπή, ῆς, ἡ	名.主.陰.複	閃電，光輝
λαμπάς, άδος, ἡ	名.主.陰.複	燈，火把
6. ὑάλινος, η, ον	形.主.陰.單.原	玻璃的，透明的
κρύσταλλος, ου, ὁ	名.間.陽.單	水晶，冰
κύκλῳ	不介.所	周圍，附近，在…四周
ἔμπροσθεν	副.原	在…之前，在前面，面前
ὄπισθεν	副.原	在後，在…背後
7. μόσχος, ου, ὁ	名.間.陽.單	牛犢，小公牛
ἀετός, οῦ, ὁ	名.間.陽.單	老鷹，兀鷹
8. ἀνά	介.直	每個，各
πτέρυξ, υγος, ἡ	名.直.陰.複	翅膀
ἕξ	形.直.陰.複.原	六
κυκλόθεν	副.原	在…周圍，四周都
ἔσωθεν	副.原	在…裏面，從裏面出來
ἀνάπαυσις, εως, ἡ	名.直.陰.單	安息，棲息的地方，停止
ἓν καθ' ἕν		每一個
9. εὐχαριστία, ας, ἡ	名.直.陰.單	感恩，感謝
11. κτίζω	動.過不.主.直說.二單	創造，造

第五章

1. ἔσωθεν	副.原	在…裏面，從裏面出來
ὄπισθεν	副.原	在後，在…背後
κατασφραγίζω	動.完成.被.分詞.直.中.單	用印封住
3. ὑποκάτω	不介.所	在…下面，在…底下
5. Ἰούδας, α, ὁ	名.所.陽.單	猶大
ῥίζα, ης, ἡ	名.主.陰.單	根，後代，根源，起因
8. κιθάρα, ας, ἡ	名.直.陰.單	豎琴
θυμίαμα, ατος, τό	名.所.中.複	香氣，香料，燒香，上香
προσευχή, ῆς, ἡ	名.主.陰.複	禱告
9. ᾄδω	動.現在.主.直說.三複	唱
10. ἱερεύς, έως, ὁ	名.直.陽.複	祭司

11. κύκλῳ	不介.所	周圍，附近，在…四周
μυριάς, άδος, ἡ	名.主.陰.複	一萬，無數的
12. πλοῦτος, ου, ὁ, τό	名.直.陽.單	財富，豐裕，豐富的祝福
ἰσχύς, ύος, ἡ	名.直.陰.單	力量，能力
εὐλογία, ας, ἡ	名.直.陰.單	頌讚
13. κτίσμα, ατος, τό	名.直.中.單	被造之物，萬有，生物
ὑποκάτω	不介.所	在…下面，在…底下
κράτος, ους, τό	名.主.中.單	權能，權威，大能的作爲

第六章

2. τόξον, ου, τό	名.直.中.單	弓（射箭用）
4. πυρρός, ά, όν	形.主.陽.單.原	紅色的
μάχαιρα, ης, ἡ	名.主.陰.單	刀，劍
5. μέλας, αινα, αν	形.主.陽.單.原	黑色的
ζυγός, οῦ, ὁ	名.直.陽.單	天平
6. χοῖνιξ, ικος, ἡ	名.主.陰.單	公升，兮脫（乾量的單位）
σῖτος, ου, ὁ	名.所.陽.單	穀，麥子，子粒，食糧
δηνάριον, ου, τό	名.所.中.單	銀子，銀圓〔德納〕
κριθή, ῆς, ἡ	名.所.陰.複	大麥
ἔλαιον, ου, τό	名.直.中.單	橄欖油，油
8. χλωρός, ά, όν	形.主.陽.單.原	綠色的（灰色的）
ἐπάνω	不介.所	在…上
ᾅδης, ου, ὁ	名.主.陽.單	陰間，死亡，地獄
λιμός, οῦ, ὁ, ἡ	名.間.陽.單	饑荒，饑餓
9. πέμπτος, η, ον	形.直.陰.單.原	第五
ὑποκάτω	不介.所	在…下面，在…底下
10. πότε	副.原	幾時？甚麼時候？
δεσπότης, ου, ὁ	名.主.陽.單	主（神或基督）
ἐκδικέω	動.現在.主.直說.二單	伸冤，主持公道，懲罰
11. ἀναπαύω	動.未來.關.直說.三複	使愉快，休息，安息
σύνδουλος, ου, ὁ	名.主.陽.複	同作僕人的人，同工
12. μέλας, αινα, αν	形.主.陽.單.原	黑色的
σάκκος, ου, ὁ	名.主.陽.單	粗麻布（衣），抹布

τρίχινος, η, ον	形.主.陽.單.原	毛的
σελήνη, ης, ἡ	名.主.陰.單	月亮
13. συκῆ, ῆς, ἡ	名.主.陰.單	無花果樹
ὄλυνθος, ου, ὁ	名.直.陽.複	未熟的無花果
ἄνεμος, ου, ὁ	名.所.陽.單	風
σείω	動.現在.被.分詞.主.陰.單	搖動，吹落
14. ἀποχωρίζω	動.過不.被.直說.三單	分開，消失，裂開
ἑλίσσω	動.現在.被.分詞.主.中.單	捲起來
νῆσος, ου, ἡ	名.主.陰.單	島
κινέω	動.過不.被.直說.三複	搖，挪移
15. μεγιστάν, ᾶνος, ὁ	名.主.陽.複	地位尊貴的人
χιλίαρχος, ου, ὁ	名.主.陽.複	指揮官，隊長，將領
πλούσιος, α, ον	形.主.陽.複.原	豐富的，富有的
ἐλεύθερος, α, ον	形.主.陽.單.原	自由的，不受管束的，免
κρύπτω	動.過不.主.直說.三複	隱藏，躲起來
σπήλαιον, ου, τό	名.直.中.複	洞穴，（賊）窩
πέτρα, ας, ἡ	名.直.陰.複	岩石，磐石，石頭

第七章

1. γωνία, ας, ἡ	名.直.陰.複	角落
ἄνεμος, ου, ὁ	名.直.陽.複	風
πνέω	動.現在.主.假設.三單	（風）吹
μήτε	連.區并	也不
δένδρον, ου, τό	名.直.中.單	樹
2. ἀνατολή, ῆς, ἡ	名.所.陰.單	日出，曙光，東邊
3. μήτε	連.區并	也不
δένδρον, ου, τό	名.直.中.複	樹
4. ἑκατόν	形.主.陰.複.原	一百
5. Ἰούδας, α, ὁ	名.所.陽.單	猶大
Ῥουβήν, ὁ	名.所.陽.單	呂便，和：流便〔勒烏本〕
Γάδ, ὁ	名.所.陽.單	迦得〔加得〕
6. Ἀσήρ, ὁ	名.所.陽.單	亞設〔阿協爾〕
Νεφθαλίμ, ὁ	名.所.陽.單	拿弗他利〔納斐塔里〕

Μανασσῆς, ῆ, ὁ	名.所.陽.單	瑪拿西〔默納舍〕
7. Συμεών, ὁ	名.所.陽.單	西面〔西默盎〕
Λευίς, Λευί, ὁ	名.所.陽.單	利未〔肋未〕
Ἰσσαχάρ, ὁ	名.所.陽.單	以撒迦〔依撒加爾〕
8. Ζαβουλών, ὁ	名.所.陽.單	西布倫〔則步隆〕
Ἰωσήφ, ὁ	名.所.陽.單	約瑟〔若瑟〕
Βενιαμείν (–μίν), ὁ	名.所.陽.單)	便雅憫〔本雅明〕
9. ἀριθμέω	動.過不.主.不定	計算，數算
φοῖνιξ, ικος, ὁ	名.主.陽.複	棕樹，棕樹枝
10. σωτηρία, ας, ἡ	名.主.陰.單	拯救，救恩
11. κύκλῳ	不介.所	周圍，附近，在…四周
12. εὐλογία, ας, ἡ	名.主.陰.單	頌讚
εὐχαριστία, ας, ἡ	名.主.陰.單	感恩，感謝
ἰσχύς, ύος, ἡ	名.主.陰.單	力量，能力
13. πόθεν	連.疑并	從哪裏？為甚麼？
14. πλύνω	動.過不.主.直說.三複	洗
λευκαίνω	動.過不.主.直說.三複	使白，漂白
15. λατρεύω	動.現在.主.直說.三複	事奉，敬拜
σκηνόω	動.未來.主.直說.三單	居住，獨自庇護
16. πεινάω	動.未來.主.直說.三複	饑餓
διψάω	動.未來.主.直說.三複	口渴，渴望
καῦμα, ατος, τό	名.主.中.單	炎熱
πίπτω ἐπί τινα		使…受苦
17. ἀνά	介.直	每個，各
ποιμαίνω	動.未來.主.直說.三單	牧養，治理，牧羊
ὁδηγέω	動.未來.主.直說.三單	帶領，引導，開導
ἐξαλείφω	動.未來.主.直說.三單	擦掉，除掉，取消，毀
δάκρυον, ου, τό	名.直.中.單	眼淚
ἀνὰ μέσον		在…中間

第八章

1. σιγή, ῆς, ἡ	名.主.陰.單	安靜，寂靜無聲
ἡμίωρον, ου, τό	名.直.中.單	半小時

3. λιβανωτός, οῦ, ὁ	名. 直. 陽. 單	香爐
θυμίαμα, ατος, τό	名. 主. 中. 複	香氣，香料，燒香
προσευχή, ῆς, ἡ	名. 間. 陰. 複	禱告
5. λιβανωτός, οῦ, ὁ	名. 直. 陽. 單	香爐
γεμίζω	動. 過不. 主. 直說. 三單	充滿，滿
ἀστραπή, ῆς, ἡ	名. 主. 陰. 複	閃電，光輝
7. χάλαζα, ης, ἡ	名. 主. 陰. 單	冰雹
μίγνυμι	動. 完成. 被. 分詞. 主. 中. 複	混合，攙雜
δένδρον, ου, τό	名. 所. 中. 複	樹
χόρτος, ου, ὁ	名. 主. 陽. 單	植物，葉，草
χλωρός, ά, όν	形. 主. 陽. 單. 原	綠色的（灰色的）
9. κτίσμα, ατος, τό	名. 所. 中. 複	被造之物，萬有，生物
διαφθείρω	動. 過不. 被. 直說. 三複	損壞，毀滅
10. λαμπάς, άδος, ἡ	名. 主. 陰/陰. 單	燈，火把
11. ἄψινθος, ου, ὁ, ἡ	名. 主. 陽. 單	苦艾，苦澀
πικραίνω	動. 過不. 被. 直說. 三複	變苦
12. πλήσσω	動. 過不. 被. 直說. 三單	擊打
σελήνη, ης, ἡ	名. 所. 陰. 單	月亮
σκοτίζω	動. 過不. 被. 假設. 三單	變黑，暗昧，昏暗
φαίνω	動. 過不. 主. 假設. 三單	照耀，發光
ὁμοίως	副. 原	同樣，照樣，也是這樣
13. ἀετός, οῦ, ὁ	名. 所. 陽. 單	老鷹，兀鷹
μεσουράνημα, ατος, τό	名. 間. 中. 單	半空中，在高空

第九章

1. πέμπτος, η, ον	形. 主. 陽. 單. 原	第五
κλείς, κλειδός, ἡ	名. 主. 陰. 單	鑰匙
φρέαρ, ατος, τό	名. 所. 中. 單	井，深淵，坑
2. κάμινος, ου, ἡ	名. 所. 陰. 單	火爐
σκοτόω	動. 過不. 被. 直說. 三單	變暗
ἀήρ, ἀέρος, ὁ	名. 主. 陽. 單	空氣，天界
3. ἀκρίς, ίδος, ἡ	名. 主. 陰. 複	蝗蟲，蚱蜢
σκορπίος, ου, ὁ	名. 主. 陽. 複	蝎子

4. χόρτος, ου, ὁ	名.直.陽.單	植物，葉，苗，芽，草
χλωρός, ά, όν	形.直.中.單.原	綠色的（灰色的）
δένδρον, ου, τό	名.直.中.單	樹
5. πέντε	形.直.陽.複.原	五
σκορπίος, ου, ὁ	名.所.陽.單	蝎子
παίω	動.過不.主.假設.三單	擊，打，砍，刺傷
6. ἐπιθυμέω	動.未來.主.直說.三複	渴慕，希望
φεύγω	動.現在.主.直說.三單	逃避，逃脫，規避，消失
7. ὁμοίωμα, ατος, τό	名.主.中.複	相像，樣子，形像
ἀκρίς, ίδος, ἡ	名.所.陰.複	蝗蟲，蚱蜢
χρυσός, οῦ, ὁ	名.間.陽.單	黃金，金子，金幣
8. θρίξ, τριχός, ἡ	名.直.陰.複	毛，頭髮
ὀδούς, ὀδόντος, ὁ	名.主.陽.複	牙齒
9. θώραξ, ακος, ὁ	名.直.陽.複	護胸甲，胸部
σιδηροῦς, ᾶ, οῦν	形.直.陽.複.原	鐵製的
πτέρυξ, υγος, ἡ	名.所.陰.複	翅膀
ἅρμα, ατος, τό	名.所.中.複	戰車，四輪馬車
τρέχω	動.現在.主.分詞.所.陽.複	跑，快速前進
10. σκορπίος, ου, ὁ	名.間.陽.複	蝎子
κέντρον, ου, τό	名.直.中.複	刺，刺棒
πέντε	形.直.陽.複.原	五
11. Ἑβραϊστί	副.原	以希伯來語或亞蘭語來說
Ἀβαδδών, ὁ	名.主.陽.單	亞巴頓〔阿巴冬〕
Ἑλληνικός, ή, όν	形.間.陰.單.原	希臘的，和：希利尼的
Ἀπολλύων, ονος, ὁ	名.主.陽.單	亞玻倫〔阿頗隆〕，毀滅者
14. δέω	動.完成.被.分詞.直.陽.複	捆，綁
Εὐφράτης, ου, ὁ	名.間.陽.單	幼發拉底〔幼發拉的〕
15. ἐνιαυτός, οῦ, ὁ	名.直.陽.單	年
16. στράτευμα, ατος, τό	名.所.中.複	兵士，軍人，兵隊，軍隊
ἱππικός, ή, όν	名.所.中.單	騎兵隊
δισμυριάς, άδος, ἡ	名.主.陰.複	兩萬
μυριάς, άδος, ἡ	名.所.陰.複	一萬，無數的
δισμυριάδες μυρίαδων		無數的

17. ὅρασις, εως, ἡ	名.間.陰.單	異象，外貌
θώραξ, ακος, ὁ	名.直.陽.複	護胸甲，胸部
πύρινος, η, ον	形.直.陽.複.原	火紅色的，紅得像火
ὑακίνθινος, η, ον	形.直.陽.複.原	紫藍色的（深藍或深紅）
θειώδης, ες	形.直.陽.複.原	硫磺的
20. εἴδωλον, ου, τό	名.直.中.複	偶像，形像，假神
ἀργυροῦς, ᾶ, οῦν	形.直.中.複.原	銀製的
χαλκοῦς, ῆ, οῦν	形.直.中.複.原	銅的，黃銅或青銅製的
λίθινος, η, ον	形.直.中.複.原	石製的
ξύλινος, η, ον	形.直.中.複.原	木的
21. φόνος, ου, ὁ	名.所.陽.複	謀殺，兇殺，殺人
φάρμακον, ου, τό	名.所.中.複	巫術，魔術，邪術
κλέμμα, ατος, τό	名.所.中.複	偷竊，搶劫

第十章

1. ἶρις, ιδος, ἡ	名.主.陰.單	彩虹，多彩的光圈
στῦλος, ου, ὁ	名.主.陽.複	柱子，柱石，領袖
2. βιβλαρίδιον, ου, τό	名.直.中.單	小書卷
εὐώνυμος, ον	形.直.陽.單.原	左邊
3. ὥσπερ	連.比從	如同，正如，好像
μυκάομαι	動.現在.關.直說.三單	吼叫
6. ὀμνύω	動.過不.主.直說.三單	發誓，許願，宣誓
κτίζω	動.過不.主.直說.三單	創造，造
οὐκέτι	副.原	不再
7. μυστήριον, ου, τό	名.主.中.單	秘密，奧秘
9. βιβλαρίδιον, ου, τό	名.直.中.單	小書卷
πικραίνω	動.未來.主.直說.三單	使…變苦
κοιλία, ας, ἡ	名.直.陰.單	肚，腹，腹中
γλυκύς, εῖα, ύ	形.主.中.單.原	甜的
μέλι, ιτος, τό	名.主.中.單	蜂蜜
11. προφητεύω	動.過不.主.不定	傳講神信息，預言

第十一章

1. κάλαμος, ου, ὁ	名. 主. 陽. 單	桿，像杖一樣的量尺
ῥάβδος, ου, ἡ	名. 間. 陰. 單	棍，杖，鞭，權（杖）
2. αὐλή, ῆς, ἡ	名. 直. 陰. 單	院子，外院
ἔξωθεν	不介. 所	從外面，從…外面
πατέω	動. 未來. 主. 直說. 三複	走，踐踏
3. προφητεύω	動. 未來. 主. 直說. 三複	傳講神信息，預言
διακόσιοι, αι, α	形. 直. 陰. 複. 原	二百
ἑξήκοντα	形. 直. 陰. 複. 原	六十
σάκκος, ου, ὁ	名. 直. 陽. 複	粗麻布（衣）抹布
4. ἐλαία, ας, ἡ	名. 主. 陰. 複	橄欖樹，橄欖
5. ἐχθρός, ά, όν	名. 直. 陽. 複	敵人，仇敵，被憎恨的
6. ὑετός, οῦ, ὁ	名. 主. 陽. 單	雨，雨水
βρέχω	動. 現在. 主. 假設. 三單	下雨，降雨，弄濕
στρέφω	動. 現在. 主. 不定	變成，變
πατάσσω	動. 過不. 主. 不定	擊打
ὁσάκις	副. 原	每逢，無論何時，隨時
8. πτῶμα, ατος, τό	名. 主. 中. 單	屍體，屍首
πλατεῖα, ας, ἡ	名. 所. 陰. 單	街道，大街
πνευματικῶς	副. 原	屬靈地，象徵性地，喻意地
Σόδομα, ων, τά	名. 主. 中. 複	所多瑪〔索多瑪〕
Αἴγυπτος, ου, ἡ	名. 主. 陰. 單	埃及
σταυρόω	動. 過不. 被. 直說. 三單	釘十字架
9. ἥμισυς, εια, υ	名. 直. 中. 單	半
μνῆμα, ατος, τό	名. 直. 中. 單	墳墓
10. εὐφραίνω	動. 現在. 被. 直說. 三複	歡喜，慶祝
δῶρον, ου, τό	名. 直. 中. 複	禮物
11. ἥμισυς, εια, υ	名. 直. 中. 單	半
φόβος, ου, ὁ	名. 主. 陽. 單	恐懼，敬畏
ἐπιπίπτω	動. 過不. 主. 直說. 三單	落在，臨到
12. ἐχθρός, ά, όν	名. 主. 陽. 複	敵人，仇敵，被憎恨的
13. δέκατος, η, ον	形. 主. 中. 單. 原	第十
ἔμφοβος, ον	形. 主. 陽. 複. 原	驚惶的，恐懼的，害怕的

17. εὐχαριστέω	動.現在.主.直說.一複	感謝，祝謝
18. ὀργίζω	動.過不.被.直說.三複	生氣，憤怒
μισθός, οῦ, ὁ	名.直.陽.單	工價，報酬
διαφθείρω	動.過不.主.不定	損壞，毀滅
19. κιβωτός, οῦ, ἡ	名.主.陰.單	方舟，箱
διαθήκη, ης, ἡ	名.所.陰.單	約，契約條文或單指契約
ἀστραπή, ῆς, ἡ	名.主.陰.複	閃電，光輝
χάλαζα, ης, ἡ	名.主.陰.單	冰雹

第十二章

1. σελήνη, ης, ἡ	名.主.陰.單	月亮
ὑποκάτω	不介.所	在…下面，在…底下
2. γαστήρ, τρός, ἡ	名.間.陰.單	子宮
ὠδίνω	動.現在.主.分詞.主.陰.單	受生產的痛苦
ἐν γαστρὶ ἔχουσα		懷孕
3. πυρρός, ά, όν	形.主.陽.單.原	紅色的
διάδημα, ατος, τό	名.直.中.複	王冠，冠冕
4. σύρω	動.現在.主.直說.三單	拖，掃清，捲起
5. ἄρσην, εν, ὁ	形.直.中.單.原	男性，男人
ποιμαίνω	動.現在.主.不定	治理
ῥάβδος, ου, ἡ	名.間.陰.單	棍，杖
σιδηροῦς, ᾶ, οῦν	形.間.陰.單.原	鐵製的
ἁρπάζω	動.過不.被.直說.三單	帶走，提去
6. φεύγω	動.過不.主.直說.三單	逃，規避
ἔρημος, ον	名.直.陰.單	偏僻的，荒廢的
τρέφω	動.現在.主.假設.三複	餵養，照顧，長大
διακόσιοι, αι, α	形.直.陰.複.原	二百
ἑξήκοντα	形.直.陰.複.原	六十
7. Μιχαήλ, ὁ	名.主.陽.單	米迦勒（天使長）〔彌額爾〕
8. ἰσχύω	動.過不.主.直說.三單	制伏，得勝
9. ἀρχαῖος, α, ον	形.主.陽.單.原	古時的，早期的，原先的
οἰκουμένη, ης, ἡ	名.直.陰.單	世界，人類居住的地方
10. ἄρτι	副.原	現在，如今，立刻

σωτηρία, ας, ἡ	名.主.陰.單	拯救，救恩
κατήγωρ, ορος, ὁ	名.主.陽.單	控告的人
κατηγορέω	動.現在.主.分詞.主.陽.單	控告（人），譴責
12. εὐφραίνω	動.現在.被.命令.二複	使快樂，歡喜，慶祝
σκηνόω	動.現在.主.分詞.呼.陽.複	居住
ὀλίγος, η, ον	形.直.陽.單.原	少的，小的，一會兒
13. διώκω	動.過不.主.直說.三單	迫害，逼迫（追擊）
ἄρσην, εν, ὁ	形.直.陽.單.原	男性，男人
14. πτέρυξ, υγος, ἡ	名.主.陰.複	翅膀
ἀετός, οῦ, ὁ	名.所.陽.單	老鷹，兀鷹
ἔρημος, ον	名.直.陰.單	偏僻的，荒廢的
τρέφω	動.現在.被.直說.三單	餵養，照顧，奶養，長大
ἥμισυς, εια, υ	形.直.中.單.原	半
15. ὀπίσω	不介.所	在…之後，在後
ποταμοφόρητος, ον	形.直.陰.單.原	被水沖走的
16. βοηθέω	動.過不.主.直說.三單	幫助
καταπίνω	動.過不.主.直說.三單	吞吃，消滅
17. ὀργίζω	動.過不.被.直說.三單	生氣，憤怒
σπέρμα, ατος, τό	名.所.中.單	種子，後裔
18. ἄμμος, ου, ἡ	名.直.陰.單	沙，海邊

第十三章

1. διάδημα, ατος, τό	名.直.中.複	王冠，冠冕
2. πάρδαλις, εως, ἡ	名.間.陰.單	豹
ἄρκος, ου, ὁ, ἡ	名.所.陽/陰.單	熊
3. θεραπεύω	動.過不.被.直說.三單	醫治
θαυμάζω	動.過不.被.直說.三單	詫異，驚奇，欽佩，頌讚
ὀπίσω	不介.所	在…之後，在後
ἡ πληγὴ τοῦ θανάτου		致命傷
θαυμάζω ὀπίσω		驚奇地跟隨著
ἐσφαγμένην εἰς θάνατον		受致命重傷
6. βλασφημέω	動.過不.主.不定	褻瀆，毀謗，侮辱
σκηνή, ῆς, ἡ	名.直.陰.單	帳棚，居住的地方

σκηνόω	動.現在.主.分詞.直.陽.複	居住
8. καταβολή, ῆς, ἡ	名.所.陰.單	起初，創造
10. αἰχμαλωσία, ας, ἡ	名.直.陰.單	囚禁，一群俘擄
μάχαιρα, ης, ἡ	名.間.陰.單	刀，劍，戰爭，死亡
12. θεραπεύω	動.過不.被.直說.三單	醫治
ἡ πληγὴ τοῦ θανάτου		致命傷
14. μάχαιρα, ης, ἡ	名.所.陰.單	刀，劍，戰爭，死亡
16. πλούσιος, α, ον	形.直.陽.複.原	豐富的，富有的
πτωχός, ή, όν	形.直.陽.複.原	貧窮的，無用的，討飯的
ἐλεύθερος, α, ον	形.直.陽.複.原	自由的，不受管束的
17. πωλέω	動.過不.主.不定	賣，出售
18. νοῦς, νοός ὁ	名.直.陽.單	心思，意念，見解，聰明
ψηφίζω	動.過不.主.命令.三單	算出，計算
ἑξακόσιοι, αι, α	形.主.陽.複.原	六百
ἑξήκοντα	形.主.陽.複.原	六十
ἕξ	形.主.陽.複.原	六

第十四章

1. Σιών, ἡ	名.直.陰.單	錫安山〔熙雍〕，喻：耶路撒冷
ἑκατόν	形.主.陰.複.原	一百
2. κιθαρῳδός, οῦ, ὁ	名.所.陽.複	豎琴師
κιθαρίζω	動.現在.主.分詞.所.陽.複	彈奏（豎琴）
κιθάρα, ας, ἡ	名.間.陰.複	豎琴
3. ᾄδω	動.現在.主.直說.三複	唱
μανθάνω	動.過不.主.不定	學習
ἑκατόν	形.主.陰.複.原	一百
4. μολύνω	動.過不.被.直說.三複	弄髒，沾污
παρθένος, ου, ἡ, ὁ	名.主.陽.複	守童貞的男人，未婚的男人
ἀπαρχή, ῆς, ἡ	名.主.陰.單	最初的一分，第一個
5. ψεῦδος, ους, τό	名.主.中.單	謊言，說謊
ἄμωμος, ον	形.主.陽.複.原	無缺點的，無可指責的
6. μεσουράνημα, ατος, τό	名.間.中.單	半空中，在高空
7. κρίσις, εως, ἡ	名.所.陰.單	審判，懲罰，定罪

8. ποτίζω	動. 完成. 主. 直說. 三單	給…喝，灌溉
10. κεράννυμι	動. 完成. 被. 分詞. 所. 陽. 單	混合，調（酒）
ἄκρατος, ον	形. 所. 陽. 單. 原	烈（酒）
ποτήριον, ου, τό	名. 間. 中. 單	杯
11. ἀνάπαυσις, εως, ἡ	名. 直. 陰. 單	安息，棲息的地方，停止
13. ἄρτι	副. 原	現在，如今
ναί	虛. 強	是的，確實，必然，一定
ἀναπαύω	動. 未來. 被. 直說. 三複	休息，安息
κόπος, ου, ὁ	名. 所. 陽. 複	工作，勞苦
15. θερίζω	動. 過不. 主. 命令. 二單	收割，積聚
ξηραίνω	動. 過不. 被. 直說. 三單	（農作物）成熟
θερισμός, οῦ, ὁ	名. 主. 陽. 單	莊稼，農作物
πέμπω τὸ δρέπανον		開始收割
18. φωνέω	動. 過不. 主. 直說. 三單	呼叫，喊出，叫
τρυγάω	動. 過不. 主. 命令. 二單	摘，收取，割取
βότρυς, υος, ὁ	名. 直. 陽. 複	串（葡萄）
ἄμπελος, ου, ἡ	名. 所. 陰. 單	葡萄樹
ἀκμάζω	動. 過不. 主. 直說. 三複	（葡萄）成熟
σταφυλή, ῆς, ἡ	名. 主. 陰. 複	（一串）葡萄
19. ληνός, οῦ, ἡ	名. 直. 陰. 單	壓酒地（桶）
βάλλω τὸ δρέπανον		開始收割
20. πατέω	動. 過不. 被. 直說. 三單	走，踐踏
ἔξωθεν	不介. 所	從外面，從…外面
χαλινός, οῦ, ὁ	名. 所. 陽. 複	（馬的）嚼環
στάδιον, ου, τό	名. 所. 陽. 複	長度單位（185 公尺）
ἑξακόσιοι, αι, α	形. 所. 陽. 複. 原	六百
ἄχρι τῶν χαλινῶν τῶν ἵππων		約二公尺

第十五章

1. θαυμαστός, ή, όν	形. 直. 中. 單. 原	奇妙的，奇怪的，非凡的
2. ὑάλινος, η, ον	形. 直. 陰. 單. 原	玻璃的，透明的
μίγνυμι	動. 完成. 被. 分詞. 直. 陰. 單	混合，攙雜
κιθάρα, ας, ἡ	名. 直. 陰. 複	豎琴

3. ᾄδω	動.現在.主.直說.三複	唱
θαυμαστός, ή, όν	形.主.中.複.原	奇妙的，非凡的
4. ὅσιος, α, ον	形.主.陽.單.原	神聖的，敬畏的，虔誠的
δικαίωμα, ατος, τό	名.主.中.複	誡命，規例，公義的作爲或審判
φανερόω	動.過不.被.直說.三複	揭露，張揚，顯露
5. σκηνή, ῆς, ἡ	名.所.陰.單	帳棚，會幕
μαρτύριον, ου, τό	名.所.中.單	見證
6. ἐνδύω	動.完成.被.分詞.主.陽.複	穿，換上
λίνον, ου, τό	名.直.中.單	亞麻，燈芯
περιζώννυμι	動.完成.被.分詞.主.陽.複	束緊腰帶，爲自己繫上
στῆθος, ους, τό	名.直.中.複	胸部，胸
ζώνη, ης, ἡ	名.直.陰.複	腰帶，帶子，錢袋
8. γεμίζω	動.過不.被.直說.三單	充滿，滿

第十六章

2. ἕλκος, ους, τό	名.主.中.單	瘡，膿腫
ψυχὴ ζωῆς		生物
5. ὅσιος, α, ον	形.呼.陽.單.原	神聖的，聖潔的，敬畏的
7. ναί	虛.強	是的，眞是，確實
κρίσις, εως, ἡ	名.主.陰.複	審判，懲罰，定罪
8. καυματίζω	動.過不.主.不定	曬焦，燒灼
9. καῦμα, ατος, τό	名.直.中.單	炎熱
βλασφημέω	動.過不.主.直說.三複	褻瀆，毀謗，侮辱
10. πέμπτος, η, ον	形.主.陽.單.原	第五
σκοτόω	動.完成.被.分詞.主.陰.單	變暗
μασάομαι	動.過未.關.直說.三複	啃，咬
πόνος, ου, ὁ	名.所.陽.單	痛苦，疼痛
11. βλασφημέω	動.過不.主.直說.三複	褻瀆，毀謗，侮辱
ἕλκος, ους, τό	名.所.中.複	瘡，膿腫
12. Εὐφράτης, ου, ὁ	名.直.陽.單	幼發拉底〔幼發拉的〕
ξηραίνω	動.過不.被.直說.三單	枯乾
ἀνατολή, ῆς, ἡ	名.所.陰.單	日出，曙光，東邊
13. ψευδοπροφήτης, ου, ὁ	名.所.陽.單	假先知

βάτραχος, ου, ὁ	名.主.陽.複	青蛙
14. οἰκουμένη, ης, ἡ	名.所.陰.單	世界
15. κλέπτης, ου, ὁ	名.主.陽.單	小偷，賊
γρηγορέω	動.現在.主.分詞.主.陽.單	警醒，留心，活著
γυμνός, ή, όν	形.主.陽.單.原	裸體的，毫無遮蓋的
ἀσχημοσύνη, ης, ἡ	名.直.陰.單	無恥的行爲，裸體的羞辱
16. Ἑβραϊστί	副.原	以希伯來語或亞蘭語來說
Ἁρμαγεδών	名直－單	哈米吉多頓〔阿瑪革冬〕
17. ἀήρ, ἀέρος, ὁ	名.直.陽.單	空氣
18. ἀστραπή, ῆς, ἡ	名.主.陰.複	閃電，光輝
οἷος, α, ον	代.聯代.主.陽.單	如…，那一種的…
τηλικοῦτος, αύτη, οῦτο	代.形指.主.陽.單	這麼大，如此大
τηλικοῦτος μέγας		如此劇烈
19. μέρος, ους, τό	名.直.中.複	部份，地區
μιμνῄσκομαι	動.過不.被.直說.三單	記得，回憶
ποτήριον, ου, τό	名.直.中.單	杯
20. νῆσος, ου, ἡ	名.主.陰.單	島
φεύγω	動.過不.主.直說.三單	逃，規避，消失
21. χάλαζα, ης, ἡ	名.主.陰.單	冰雹
ταλαντιαῖος, α, ον	形.主.陰.單.原	一他連得的（約 50 公斤）
βλασφημέω	動.過不.主.直說.三複	褻瀆，毀謗，侮辱
σφόδρα	副.原	極，大大地，慘重地

第十七章

1. δεῦρο	歎	來，來這裏
κρίμα, ατος, τό	名.直.中.單	審判，裁判，定罪
2. μεθύω	動.過不.被.直說.三複	醉酒
3. ἀποφέρω	動.過不.主.直說.三單	帶走，拿去（來）
ἔρημος, ου, ἡ	名.直.陰.單	曠野，荒野
κόκκινος, η, ον	形.直.中.單.原	深紅色的，紅色的
4. πορφυροῦς, ᾶ, οῦν	形.直.中.單.原	紫色的
χρυσόω	動.完成.被.分詞.主.陰.單	戴滿了金飾
ποτήριον, ου, τό	名.直.中.單	杯

βδέλυγμα, ατος, τό	名.所.中.複	可憎惡的東西
5. μυστήριον, ου, τό	名.主.中.單	秘密，奧秘
6. μεθύω	動.現在.主.分詞.直.陰.單	醉酒
θαυμάζω	動.過不.主.直說.一單	驚奇，詫異，驚駭
θαῦμα, ατος, τό	名.直.中.單	奇事，神蹟，驚奇
7. μυστήριον, ου, τό	名.直.中.單	秘密，奧秘
βαστάζω	動.現在.主.分詞.所.中.單	攜帶，托著
8. ἀπώλεια, ας, ἡ	名.直.陰.單	毀滅
θαυμάζω	動.未來.被.直說.三複	驚奇，詫異，驚駭
καταβολή, ῆς, ἡ	名.所.陰.單	起初，創造
πάρειμι	動.未來.關.直說.三單	在一起，在這裏，來臨
9. νοῦς, νοός ὁ	名.主.陽.單	明白，見解，聰明
10. πέντε	形.主.陽.複.原	五
οὔπω	副.原	尚未
ὀλίγος, η, ον	副.原	一會兒
11. ὄγδοος, η, ον	形.主.陽.單.原	第八
ἀπώλεια, ας, ἡ	名.直.陰.單	毀滅
12. οὔπω	副.原	尚未
13. γνώμη, ης, ἡ	名.直.陰.單	目標，決定
14. κλητός, ή, όν	形.主.陽.複.原	蒙召的，被邀請的
ἐκλεκτός, ή, όν	形.主.陽.複.原	被揀選的，貴重的
16. μισέω	動.未來.主.直說.三複	恨，厭惡
ἐρημόω	動.完成.被.分詞.直.陰.單	衰敗，奪走一切，喪失
γυμνός, ή, όν	形.直.陰.單.原	裸體的，毫無遮蓋的
17. γνώμη, ης, ἡ	名.直.陰.單	目標，決定

第十八章

1. φωτίζω	動.過不.被.直說.三單	照耀，顯明發表，光照
2. κατοικητήριον, ου, τό	名.主.中.單	房子，居住地方，（邪魔的）窩
ὄρνεον, ου, τό	名.所.中.單	鳥
μισέω	動.完成.被.分詞.所.中.單	恨，厭惡
3. ἔμπορος, ου, ὁ	名.主.陽.複	商人
στρῆνος, ους, τό	名.所.中.單	淫蕩或奢侈

4. συγκοινωνέω	動. 過不. 主. 假設. 二複	分沾（罪行）
5. κολλάω	動. 過不. 被. 直說. 三複	聯合，結聯
μνημονεύω	動. 過不. 主. 直說. 三單	記得，記住，想起
ἀδίκημα, ατος, τό	名. 直. 中. 複	過犯，罪犯
κολλάομαι ἄχρι τοῦ οὐρανοῦ		大量增加，（罪惡）滔天
6. ἀποδίδωμι	動. 過不. 主. 命令. 二複	報應，還，履行，給
διπλόω	動. 過不. 主. 命令. 二複	加倍
διπλοῦς, ῆ, οῦν	形. 直. 中. 複. 原	加倍
ποτήριον, ου, τό	名. 間. 中. 單	杯
κεράννυμι	動. 過不. 主. 直說. 三單	混合，調（酒）
διπλόω τὰ διπλᾶ		加倍報應
7. στρηνιάω	動. 過不. 主. 直說. 三單	（生活）荒淫或奢侈
τοσοῦτος, αύτη, οῦτον	代. 指代. 直. 陽. 單	如此多，如此大，許多
πένθος, ους, τό	名. 直. 中. 單	哀傷，憂愁，悲愁
βασίλισσα, ης, ἡ	名. 主. 陰. 單	女王，王后
χήρα, ας, ἡ	名. 主. 陰. 單	寡婦
8. λιμός, οῦ, ὁ, ἡ	名. 主. 陽. 單	饑荒，饑餓
9. κόπτω	動. 未來. 關. 直說. 三複	悲傷，哀號，哀哭
στρηνιάω	動. 過不. 主. 分詞. 主. 陽. 複	（生活）荒淫或奢侈
πύρωσις, εως, ἡ	名. 所. 陰. 單	焚燒的，似火的考驗
10. μακρόθεν	副. 原	遠，遠方
φόβος, ου, ὁ	名. 直. 陽. 單	恐懼，敬畏，尊敬
κρίσις, εως, ἡ	名. 主. 陰. 單	審判，懲罰，定罪，正義
11. ἔμπορος, ου, ὁ	名. 主. 陽. 複	商人
πενθέω	動. 現在. 主. 直說. 三複	悲傷，哀慟，憂愁
γόμος, ου, ὁ	名. 直. 陽. 單	貨物
οὐκέτι	副. 原	不再
12. χρυσός, οῦ, ὁ	名. 所. 陽. 單	黃金，金子，金幣
ἄργυρος, ου, ὁ	名. 所. 陽. 單	銀，銀幣，錢
πορφύρα, ας, ἡ	名. 所. 陰. 單	紫色布或紫色外袍
σιρικός, ή, όν	名. 所. 中. 單	絲綢的
κόκκινος, η, ον	形. 所. 中. 單. 原	深紅色的，紅色的
θύϊνος, η, ον	形. 直. 中. 單. 原	香橼木製的，香（木）

σκεῦος, ους, τό	名.直.中.單	物品，容器，工具
ἐλεφάντινος, η, ον	形.直.中.單.原	象牙的
χαλκός, οῦ, ὁ	名.所.陽.單	黃銅，青銅，銅幣
σίδηρος, ου, ὁ	名.所.陽.單	鐵
μάρμαρος, ου, ὁ	名.所.陽.單	大理石
13. κιννάμωμον, ου, τό	名.直.中.單	肉桂
ἄμωμον, ου, τό	名.直.中.單	香料
θυμίαμα, ατος, τό	名.直.中.複	香氣，香料，燒香
μύρον, ου, τό	名.直.中.單	香膏，香水，香油
λίβανος, ου, ὁ	名.直.陽.單	乳香
ἔλαιον, ου, τό	名.直.中.單	橄欖油，油
σεμίδαλις, εως, ἡ	名.直.陰.單	好麥粉
σῖτος, ου, ὁ	名.直.陽.單	穀，麥子，食糧
κτῆνος, ους, τό	名.直.中.複	牲口，牛
πρόβατον, ου, τό	名.直.中.複	羊
ῥέδη, ης, ἡ	名.所.陰.複	馬車（四輪）
14. ὀπώρα, ας, ἡ	名.主.陰.單	果實，所貪愛的美物
ἐπιθυμία, ας, ἡ	名.所.陰.單	慾望，私慾，貪心
λιπαρός, ά, όν	名.主.中.複	華貴的，奢華的
οὐκέτι	副.原	不再
15. ἔμπορος, ου, ὁ	名.主.陽.複	商人
μακρόθεν	副.原	遠，遠方
φόβος, ου, ὁ	名.直.陽.單	恐懼，敬畏，尊敬
πενθέω	動.現在.主.分詞.主.陽.複	悲傷，哀慟，憂愁
16. πορφυροῦς, ᾶ, οῦν	形.直.中.單.原	紫色的
κόκκινος, η, ον	形.直.中.單.原	深紅色的，紅色的
χρυσόω	動.完成.被.分詞.呼.陰.單	戴滿了金飾
17. ἐρημόω	動.過不.被.直說.三單	衰敗，奪走一切，喪失
τοσοῦτος, αύτη, οῦτον	代.形指.主.陽.單	如此多，如此大，許多
πλοῦτος, ου, ὁ, τό	名.主.陽.單	財富，豐裕
κυβερνήτης, ου, ὁ	名.主.陽.單	船長，航海者
πλέω	動.現在.主.分詞.主.陽.單	航行
ναύτης, ου, ὁ	名.主.陽.複	船員，水手

ἐργάζομαι	動.現在.關.直說.三複	工作，投資，做事
μακρόθεν	副.原	遠，遠方
ὁ ἐπὶ τόπον πλέων		航海者
ἐργάζομαι τὴν θάλασσαν		靠海謀生的職業
ὁ ἐπὶ τόπον πλέων		船上的旅客
18. πύρωσις, εως, ἡ	名.所.陰.單	焚燒的
19. χοῦς, χοός, ὁ	名.直.陽.單	塵土，灰塵
πενθέω	動.現在.主.分詞.主.陽.複	悲傷，哀慟，憂愁
τιμιότης, ητος, ἡ	名.所.陰.單	財富，豐裕，財
ἐρημόω	動.過不.被.直說.三單	衰敗，奪走一切
20. εὐφραίνω	動.現在.被.命令.二單	使快樂，歡喜，慶祝
κρίμα, ατος, τό	名.直.中.單	審判，裁判，定罪
21. μύλινος, η, ον	形.直.陽.單.原	磨坊的，（像）磨石的
ὅρμημα, ατος, τό	名.間.中.單	猛力
22. κιθαρῳδός, οῦ, ὁ	名.所.陽.複	豎琴師
μουσικός, ή, όν	名.所.陽.複	音樂家，樂手
αὐλητής, οῦ, ὁ	名.所.陽.複	吹笛的人
σαλπιστής, οῦ, ὁ	名.所.陽.複	吹號角者，吹喇叭者
τεχνίτης, ου, ὁ	名.主.陽.單	匠人，技工，設計者
τέχνη, ης, ἡ	名.所.陰.單	手藝，職業，藝能，技巧
μύλος, ου, ὁ	名.所.陽.單	磨坊，磨石
23. λύχνος, ου, ὁ	名.所.陽.單	燈
φαίνω	動.過不.主.假設.三單	發光，出現
νυμφίος, ου, ὁ	名.所.陽.單	新郎
νύμφη, ης, ἡ	名.所.陰.單	新娘，媳婦
ἔμπορος, ου, ὁ	名.主.陽.複	商人
μεγιστάν, ᾶνος, ὁ	名.主.陽.複	地位尊貴的人
φαρμακεία, ας, ἡ	名.間.陰.單	邪術，巫術

第十九章

1. ἀλληλουϊά	歎	讚美上主，哈利路亞
σωτηρία, ας, ἡ	名.主.陰.單	拯救，救恩
2. κρίσις, εως, ἡ	名.主.陰.複	懲罰，審判，定罪

φθείρω	動.過不/過未.主.直說.三單	敗壞，毀壞
ἐκδικέω	動.過不.主.直說.三單	伸冤，主持公道，懲罰
3. ἀλληλουϊά	歎	讚美上主，哈利路亞
5. αἰνέω	動.現在.主.命令.二複	讚美
6. ἀλληλουϊά	歎	讚美上主，哈利路亞
7. ἀγαλλιάω	動.現在.主.假設.一複	大大歡喜快樂
γάμος, ου, ὁ	名.主.陽.單	婚禮，婚宴，喜堂
8. δικαίωμα, ατος, τό	名.主.中.複	義行
9. δεῖπνον, ου, τό	名.直.中.單	宴會，筵席
γάμος, ου, ὁ	名.所.陽.單	婚禮，婚宴，喜堂
10. ἔμπροσθεν	不介.所	在…之前，在前面，面前
σύνδουλος, ου, ὁ	名.主.陽.單	同作僕人的人，同工
12. φλόξ, φλογός, ἡ	名.主.陰.單	火焰
διάδημα, ατος, τό	名.主.中.複	王冠，冠冕
13. βάπτω	動.完成.被.分詞.直.中.單	蘸
βέβακα αἵματι		染滿了血
14. στράτευμα, ατος, τό	名.主.中.複	兵士，軍人，兵隊，軍隊
ἐνδύω	動.完成.被.分詞.主.陽.複	穿，換上
15. πατάσσω	動.過不.主.假設.三單	擊打，砍，擊倒
ποιμαίνω	動.未來.主.直說.三單	治理
ῥάβδος, ου, ἡ	名.間.陰.單	棍，杖
σιδηροῦς, ᾶ, οῦν	形.間.陰.單.原	鐵製的
πατέω	動.現在.主.直說.三單	踐踏，走
ληνός, οῦ, ἡ	名.直.陰.單	壓酒地（桶）
16. μηρός, οῦ, ὁ	名.直.陽.單	股，大腿
17. ὄρνεον, ου, τό	名.間.中.複	鳥
μεσουράνημα, ατος, τό	名.間.中.單	半空中，在高空
δεῦτε	歎	來（命令或勸告）
δεῖπνον, ου, τό	名.直.中.單	宴會，筵席
18. χιλίαρχος, ου, ὁ	名.所.陽.複	指揮官，隊長，將領
ἐλεύθερος, α, ον	形.所.陽.複.原	自由的，不受管束的
19. στράτευμα, ατος, τό	名.直.中.複	兵士，軍人，兵隊，軍隊
20. πιάζω	動.過不.被.直說.三單	捉拿，逮捕，捕獲

ψευδοπροφήτης, ου, ὁ	名.主.陽.單	假先知
21. ὄρνεον, ου, τό	名.主.中.複	鳥
χορτάζω	動.過不.被.直說.三複	餵飽，飽足，滿足

第二十章

1. κλείς, κλειδός, ἡ	名.直.陰.單	鑰匙
ἅλυσις, εως, ἡ	名.直.陰.單	鐵鏈，鎖鏈，囚禁
2. ἀρχαῖος, α, ον	形.主.陽.單.原	古時的，以前的，原先的
δέω	動.過不.主.直說.三單	捆，綁，囚禁
3. ἐπάνω	不介.所	在…上
4. καθίζω	動.過不.主.直說.三複	坐下，坐著，使…坐在
κρίμα, ατος, τό	名.主.中.單	審判權，審判，定罪
πελεκίζω	動.完成.被.分詞.所.陽.複	砍頭，斬首，殺害
5. ἀνάστασις, εως, ἡ	名.主.陰.單	復活
6. μέρος, ους, τό	名.直.中.單	部份
ἱερεύς, έως, ὁ	名.主.陽.複	祭司
ἔχω μέρος ἐν		一同經歷
8. γωνία, ας, ἡ	名.間.陰.複	角落
Γώγ, ὁ	名.直.陽.單	歌革〔哥格〕
Μαγώγ, ὁ	名.直.陽.單	瑪各〔瑪哥格〕
ἄμμος, ου, ἡ	名.主.陰.單	沙
9. πλάτος, ους, τό	名.直.中.單	寬度
κυκλεύω	動.過不.主.直說.三複	包圍，圍繞
παρεμβολή, ῆς, ἡ	名.直.陰.單	軍營，營房，軍隊，營
10. ψευδοπροφήτης, ου, ὁ	名.主.陽.單	假先知
λίμνη τοῦ πυρός καὶ θεοῦ		地獄的火湖
11. φεύγω	動.過不.主.直說.三單	逃避，避免，消失
13. ᾅδης, ου, ὁ	名.主.陽.單	死亡，陰間，地獄
15. βίβλος, ου, ἡ	名.間.陰.單	書，記錄

第二十一章

2. νύμφη, ης, ἡ	名.直.陰.單	新娘，媳婦

	κοσμέω	動.完成.被.分詞.直.陰.單	裝飾，打扮，整理
3.	σκηνή, ῆς, ἡ	名.主.陰.單	帳棚，居住的地方
	σκηνόω	動.未來.主.直說.三單	居住
4.	ἐξαλείφω	動.未來.主.直說.三單	擦掉，除掉
	δάκρυον, ου, τό	名.直.中.單	眼淚
	πένθος, ους, τό	名.主.中.單	哀傷，憂愁，悲愁
	κραυγή, ῆς, ἡ	名.主.陰.單	喊，哭喊
	πόνος, ου, ὁ	名.主.陽.單	痛苦，疼痛，艱辛的工作
6.	Ἄλφα, τό	名.主.中.單	阿爾法，和：阿拉法〔阿耳法〕
	Ὦ	名.主.中.單	亞米茄，和：俄梅戛〔敖默加〕
	τέλος, ους, τό	名.主.中.單	終局，末期，終結
	διψάω	動.現在.主.分詞.間.陽.單	口渴，渴望
	δωρεάν	副.原	白白地，徒然，無緣無故地
7.	κληρονομέω	動.未來.主.直說.三單	承受，領受，成爲子民
8.	δειλός, ή, όν	形.間.陽.複.原	膽怯的，害怕的
	ἄπιστος, ον	形.間.陽.複.原	不信實的，無法相信的
	βδελύσσομαι	動.完成.被.分詞.間.陽.複	憎惡，腐敗的
	φονεύς, έως, ὁ	名.間.陽.複	謀殺者，凶徒
	πόρνος, ου, ὁ	名.間.陽.複	淫亂的人
	φάρμακος, ου, ὁ	名.間.陽.複	巫師，行邪術或巫術的人
	εἰδωλολάτρης, ου, ὁ	名.間.陽.複	拜偶像的人
	ψευδής, ές	形.間.陽.複.原	虛假的，欺騙的
	μέρος, ους, τό	名.主.中.單	情況
9.	δεῦρο	歎	來（命令或勸告）
	νύμφη, ης, ἡ	名.直.陰.單	新娘，媳婦
10.	ἀποφέρω	動.過不.主.直說.三單	帶走，拿去（來）
	ὑψηλός, ή, όν	形.直.中.單.原	高的
11.	φωστήρ, ῆρος, ὁ	名.主.陽.單	光，星，光芒，明亮
	ἴασπις, ιδος, ἡ	名.間.陰.單	碧玉
	κρυσταλλίζω	動.現在.主.分詞.間.陽.單	如水晶般光潔明亮
12.	ὑψηλός, ή, όν	形.直.中.單.原	高的
	ἐπιγράφω	動.完成.被.分詞.直.中.複	寫在上面或裏面
13.	ἀνατολή, ῆς, ἡ	名.所.陰.單	日出，曙光（救恩的），東方

βορρᾶς, ᾶ, ὁ	名.所.陽.單	北方，北邊
νότος, ου, ὁ	名.所.陽.單	南風，南方
δυσμή, ῆς, ἡ	名.所.陰.複	西邊
14. θεμέλιος, ου, ὁ	名.直.陽.複	基礎，根基，基石
15. μέτρον, ου, τό	名.直.中.單	尺度
κάλαμος, ου, ὁ	名.直.陽.單	桿，像杖一樣的量尺
16. τετράγωνος, ον	形.主.陰.單.原	四方的
κεῖμαι	動.現在.關.直說.三單	躺，是，在
μῆκος, ους, τό	名.主.中.單	長度
πλάτος, ους, τό	名.主.中.單	寬度
στάδιον, ου, τό	名.所.中.複	長度單位（185 公尺）
ὕψος, ους, τό	名.主.中.單	高度，高天，上面，高位
ἴσος, η, ον	形.主.中.複.原	平等的，一樣的，符合的
17. ἑκατόν	形.所.陽.複.原	一百
πῆχυς, εως, ὁ	名.所.陽.複	腕尺，肘（18 吋）
μέτρον, ου, τό	名.直.中.單	尺度，數量
18. ἐνδώμησις, εως, ἡ	名.主.陰.單	地基，（建築）材料
ἴασπις, ιδος, ἡ	名.主.陰.單	碧玉（有各種顏色的準寶石）
ὕαλος, ου, ἡ	名.間.陽.單	玻璃，水晶
19. θεμέλιος, ου, ὁ	名.主.陽.複	基礎，根基，基石
κοσμέω	動.完成.被.分詞.主.陽.複	裝飾，打扮，整理
σάπφιρος, ου, ἡ	名.主.陰.單	藍寶石
χαλκηδών, όνος, ὁ	名.主.陽.單	瑪瑙（寶石）
σμάραγδος, ου, ὁ	名.主.陽.單	綠寶石
20. πέμπτος, η, ον	形.主.陽.單.原	第五
σαρδόνυξ, υχος, ὁ	名.主.陽.單	紅條紋瑪瑙
σάρδιον, ου, τό	名.主.中.單	紅寶石（準寶石）
χρυσόλιθος, ου, ὁ	名.主.陽.單	貴橄欖石，黃壁璽（最貴重一種）
ὄγδοος, η, ον	形.主.陽.單.原	第八
βήρυλλος, ου, ὁ, ἡ	名.主.陽.單	水蒼玉〔綠柱玉〕
ἔνατος, η, ον	形.主.陽.單.原	第九
τοπάζιον, ου, τό	名.主.中.單	黃壁璽（準寶石）
δέκατος, η, ον	形.主.陽.單.原	第十

χρυσόπρασος, ου, ὁ	名.主.陽.單	翡翠，綠石英（準寶石）
ἑνδέκατος, η, ον	形.主.陽.單.原	第十一
ὑάκινθος, ου, ὁ	名.主.陽.單	紫瑪瑙
δωδέκατος, η, ον	形.主.陽.單.原	第十二
ἀμέθυστος, ου, ἡ	名.主.陰.單	紫晶（寶石）
21. ἀνά	介.直	每個，各
πλατεῖα, ας, ἡ	名.主.陰.單	街道，大街
ὕαλος, ου, ἡ	名.主.陰.單	玻璃，水晶
διαυγής, ές	形.主.陰.單.原	透明的
23. χρεία, ας, ἡ	名.直.陰.單	應當，必須
σελήνη, ης, ἡ	名.所.陰.單	月亮
φαίνω	動.現在.主.假設.三複	照耀，發光
φωτίζω	動.過不.主.直說.三單	照亮，照耀，光照
λύχνος, ου, ὁ	名.主.陽.單	燈
27. κοινός, ή, όν	形.主.中.單.原	凡俗的，不潔淨的
βδέλυγμα, ατος, τό	名.直.中.單	可憎惡的東西
ψεῦδος, ους, τό	名.直.中.單	謊言，說謊

第二十二章

1. κρύσταλλος, ου, ὁ	名.直.陽.單	水晶，冰
2. πλατεῖα, ας, ἡ	名.所.陰.單	街道，大街
ἐντεῦθεν	副.原	從這裏，在這邊
ἐκεῖθεν	副.原	從那裏
ἀποδίδωμι	動.現在.主.分詞.主.中.單	給果子，報應，遵守
φύλλον, ου, τό	名.主.中.複	葉子
θεραπεία, ας, ἡ	名.直.陰.單	醫治，僕人
ἐντεῦθεν καὶ ἐκεῖθεν		在兩邊，一邊一個
καρπὸν ἀποδίδωμι		結果子
κατὰ μῆνα ἕκαστον		每個月
3. κατάθεμα, ατος, τό	名.主.中.單	神咒詛的事
λατρεύω	動.未來.主.直說.三複	事奉，敬拜
5. χρεία, ας, ἡ	名.直.陰.單	應當，必須
λύχνος, ου, ὁ	名.所.陽.單	燈

φωτίζω	動. 未來. 主. 直說. 三單	照亮，照耀，光照
6. τάχος, ους, τό	名. 間. 中. 單	速度，快速
ἐν τάχει		短期內，即將
8. ἔμπροσθεν	不介. 所	在…之前，在前面
9. σύνδουλος, ου, ὁ	名. 主. 陽. 單	同作僕人的人，同工
10. ἐγγύς	副. 原	接近，靠近，將近
11. ῥυπαρός, ά, όν	形. 主. 陽. 單. 原	破爛的，不潔的，污穢的
ῥυπαίνω	動. 過不. 被. 命令. 三單	污穢，不潔
ἁγιάζω	動. 過不. 被. 命令. 三單	聖化歸神，尊爲聖
12. μισθός, οῦ, ὁ	名. 主. 陽. 單	工價，工資，報酬，報應
ἀποδίδωμι	動. 過不. 主. 不定	報應
13. Ἄλφα, τό	名. 主. 中. 單	阿爾法，和：阿拉法〔阿耳法〕
Ὦ	名. 主. 中. 單	亞米茄，和：俄梅戛〔敖默加〕
τέλος, ους, τό	名. 主. 中. 單	終局，末期，終結
14. πλύνω	動. 現在. 主. 分詞. 主. 陽. 複	洗
15. κύων, κυνός, ὁ	名. 主. 陽. 複	狗，狐群狗黨，作惡的人
φάρμακος, ου, ὁ	名. 主. 陽. 複	巫師，行邪術或巫術的人
πόρνος, ου, ὁ	名. 主. 陽. 複	淫亂的人
φονεύς, έως, ὁ	名. 主. 陽. 複	謀殺者，凶徒
εἰδωλολάτρης, ου, ὁ	名. 主. 陽. 複	拜偶像的人
φιλέω	動. 現在. 主. 分詞. 主. 陽. 單	愛，愛好
ψεῦδος, ους, τό	名. 直. 中. 單	不眞實，說謊
16. ῥίζα, ης, ἡ	名. 主. 陰. 單	根，後代，根源
γένος, ους, τό	名. 主. 中. 單	族，人民，後裔，子孫
πρωϊνός, ή, όν	形. 主. 陽. 單. 原	早晨的
17. νύμφη, ης, ἡ	名. 主. 陰. 單	新娘，媳婦
διψάω	動. 現在. 主. 分詞. 主. 陽. 單	口渴，渴望
δωρεάν	副. 原	白白地
18. ἐπιτίθημι	動. 過不. 主. 假設. 三單	加添，給，攻擊
19. ἀφαιρέω	動. 過不. 主. 假設. 三單	除去，刪掉
μέρος, ους, τό	名. 直. 中. 單	部份
20. ναί	虛. 強	是的，確實，必然，一定

附錄：

常用詞彙表

以下列出在希臘文新約聖經中出現五十次或以上的詞彙。資料是採自駱維仁博士主編的《新約希漢簡明字典》（聯合聖經公會，第二版，1994）。

Ἀβραάμ, ὁ	亞伯拉罕〔阿巴郎〕（太 1.1）
ἀγαθός, ή, όν	好的；有用的，能滿足人的目的的，適宜的，有益的；健全的（樹），肥沃的（土地），幸福的，快樂的（生活，日子）；就道德意義而言：正直的，公正的；仁慈的，慷慨的；清白的（良心）；形容神時：完全的，自有永有之善的；τὸ ἀγαθόν 美好良善的事或物；公義或正直的事或物；τὰ ἀγαθά 貨物，財物（路 12.18）；好東西（路 16.25）；好行爲（約 5.29）
ἀγαπάω	愛（主要是基督教所指的愛）；表明或證明一個人的愛（約 13.1, 34；約一 3.18）；渴望，愛慕（彼前 3.10）；至愛
ἀγάπη, ης, ἡ	愛（主要是基督教所指的愛）；早期教會信徒一同分享的愛餐（猶 12）
ἀγαπητός, ή, όν	親愛的，至愛的
ἄγγελος, ου, ὁ	天使；使者
ἅγιος, α, ον	聖化歸神的，祝聖的，聖潔的，純潔的，正直的；οἱ ἅγιοι 神的子民，聖徒；τὸ ἅ 或 τὰ ἅ. 聖所，至聖所（來 9.1, 25; 13.1）；ἁγιώτατος 至聖的（猶 20）

ἄγω	引導，帶，去；τρίτην ταύτην ἡμέραν ἄγει 這是第三天（路 24.21）；ἄγονται ἀγοραῖοι 見 ἀγοραῖος（徒 19.38）；ἄγε νῦν 聽我說（雅 4.13, 5.1）
ἀδελφός, οῦ, ὁ	兄弟；同信主的人；同胞；同伴
αἷμα, ατος, τό	血；死亡；殺害；σὰρξ καὶ αἷμα 人；ἐξ αἱμάτων 由血統關係來（約 1.13）
αἴρω	取，舉起；拿走，移開（αἴ. ἐκ τοῦ μέσου 取消，西 2.14）；攜帶；（洪水）沖走；揚起（聲音）；奪取，征服（約 11.48）；殺（約 19.15）；αἴ. τὴν ψυχήν 懸疑不定（約 10.24）
αἰτέω	要求，請求；需要
αἰών, ῶνος, ὁ	時代，世代；世界；永恆（ἀπ' αἰ. 或 πρὸ αἰ. 從起初；εἰς αἰ. 與強調之形式 εἰς τοὺς αἰ. τῶν αἰ. ：時常，永遠；Αεον 擬人化，代表一種邪惡勢力）；現世的生活（太 13.22; 可 4.19）
αἰώνιος, α, ον	永恆的（尤指品質上的）；無始無終的，永久的，永遠的
ἀκολουθέω	跟隨，服從，陪伴；作門徒
ἀκούω	聽見；得到…的消息；留意；了解；恢復聽覺；聽口供（約 7.51; 徒 25.22）；聽從
ἀλήθεια, ας, ἡ	眞理；眞實；眞相；ἐπ' ἀ. 或 ἐν ἀ. 常指：眞實地，確實；ἀληθείᾳ 有純正的動機（腓 1.18）
ἀλλά	但是，然而，相反地；與 καί，γε καί，ἤ 或 οὐδέ 連用，表示強調或對照；…而且…（林後 7.11）
ἀλλήλων	互相，彼此；ἐν ἀ. 互相（羅 1.12）
ἄλλος, η, ο	另外，其他（ἄλλος…ἄλλος 一個…另外一個…）；還有
ἁμαρτία, ας, ἡ	罪（ἔχω ἁ. 有罪）；περὶ ἁ. 常指贖罪祭
ἀμήν	阿們，誠心所願（禱告後）；眞地，實在
ἄν	此字本身没有意思，只用來表示條件句
ἀναβαίνω	上，升，登上，生長；上船；生，起（路 24.38）；進入，想到（林前 2.9）
ἀνήρ, ἀνδρός, ὁ	男人；丈夫（ε)΄χω α）. 或 γινώσκω α）. 有丈夫）；人

ἄνθρωπος, ου, ὁ　人類，人；用於稱呼：朋友，先生，＜複＞人們；人類，人性（κατὰ ἄ. 根據人的標準）；丈夫（太 19.10），兒子（太 10.35）；僕人（路 12.36）

ἀνίστημι　＜及＞（＜未＞與＜過不過＞〈主動〉使（死人復活）；興起，任命（先知）；扶起來（徒 9.41）；ἀ. σπέρμα τῷ ἀδελθῷ αὐτοῦ 爲他（死去的）兄弟生育孩子（太 22.24）；＜不及＞（〈過不定〉與一切興起，站立；出現，來臨；離開；準備（出發）；起來（反叛，徒 5.36）；復活（路 9.8, 19）

ἀνοίγω　＜及＞開（ἀ. τὸ στόμα 開口說，教）；恢復（視覺或聽覺）；＜不及＞開（τὸ στόμα ἡμῶν ἀ. πρὸς ὑμᾶς 我們向你們坦白說話，林後 6.11）

ἀπέρχομαι　去；走開，離開；結束或過去了；傳遍（太 4.24）；ἀ. ὀπίσω σαρκὸς ἑτέρας 放縱反自然的性慾（猶 7）

ἀπό　接〈所有〉從…；離…；藉著；…的；因爲；由於；自從；大約；用…，以…；ἀπὸ μιᾶς πάντες 一個一個地（路 14.18）

ἀποθνῄσκω　死；面對死亡，快要死；會死

ἀποκρίνομαι　回答，答覆；反應（可 9.5）；說，宣佈；繼續（說話）（太 11.25）

ἀποκτείνω　殺，滅；謀害

ἀπόλλυμι　毀；殺；失去；＜關＞喪失，滅亡，毀壞；死；消逝（來 1.11）；＜完＞＜分＞失掉

ἀπολύω　釋放，使自由；解散，叫人走開；離婚；饒恕；＜關＞離開（徒 28.25）

ἀποστέλλω　差派；派遣，送走

ἀπόστολος, ου, ὁ　使徒；使者

ἄρτος, ου, ὁ　麵包，一塊餅；食物；ἄ. τῆς προθέσεως 或 πρόθεσις τῶς ἄ 參 πρόθεσις

ἀρχή, ῆς, ἡ　起初，首先（τὴν α）. ὅ τι καὶ λαλῶ ὑμῖν 我從一開始就告訴過你們了，或：我何必告訴你們呢？約 8.25)根源，第一因；統治的勢力，掌權者，執政者（世上或靈界）；初步（信息）（來 5.12, 6.1）；布的四角

ἀρχιερεύς, έως, ὁ　大祭司，祭司長；祭司長家族的人

ἄρχω　管轄，統治；〈關〉開始；與動詞聯用往往不增加意義（太 26.37; 徒 1.1）

ἀσπάζομαι　打招呼（或許指：禮貌地或尊敬地問候別人，太 5.47）；歡迎；（短暫）探訪，拜會（徒 25.13）；告別；＜命＞代問候

αὐτός, ή, ό　自己的；甚至，正是；前面加定冠詞：同樣的；作第三人稱代名詞：他，她，它；ἐπὶ τὸ αὐτό 一起；κατὰ τὸ αὐτό 同樣地，以同樣的方式；同時

ἀφίημι　取消，免；赦免，饒恕，除去（罪或債）；允許，讓，容忍（ἄφες ἴδωμεν 等著！我們看！或單指：讓我們看看！太 27.49；可 15.36）；離開；撇下，棄絕，忽略；讓…去吧，解散，離婚；ἀφῆκεν τὸ πνεῦμα 他斷了氣（太 27.50）；ἀ. φωνὴν μεγάλην 大喊一聲（可 15.37）

βάλλω　＜及＞丟，投，扔，摔；放，裝（＜完＞＜被動＞＜分＞常指：躺〔太 8.6〕）；奉獻，給（可 12.44）；倒（水）（約 13.5）；撒（種、網）（太 4.18; 可 4.26）；帶來（和平）（太 10.34）；投資，存儲（太 25.27）；驅除（恐懼）（約一 4.18）；掉落（無花果）（啓 6.13）；揮動（鐮刀）；抽（籤）（太 27.35）；τὰ βαλλόμενα 放錢包的錢（約 12.6）；＜不及＞衝，颳，撲（暴風）（徒 27.14）

βαπτίζω　施洗，洗

βασιλεία, ας, ἡ　統治，王權；國，王國，國家，國度；領域（λαβεῖν β. 被冊封爲王，路 19.12, 15）

βασιλεύς, έως, ὁ　王

βλέπω　看；注視；能夠看見（太 12.22）；提防；考慮，認爲；留心；發覺，發現，知道

Γαλιλαία, ας, ἡ　加利利〔加里肋亞〕

γάρ　因爲，既然，那麼；的確，當然；τί γάρ 甚麼！爲甚麼！由於

γεννάω　作父親；生（孩子，或指懷孕）；＜被動＞出生；導致，引起（提後 2.23）

γῆ, γῆς, ἡ　世界，世上（與天上相對），岸上（與海相對）；土壤，地面；人類；故鄉，地區

γίνομαι　變成，是；發生，引起（＜過不定＞常用於非人稱句法）；舉行（約 2.1）；開始存在，出生或被造；行過（事）（太 11.20），成爲（人）；來，去（γ. κατά 到達，徒 27.7）；

γίνομαι　出現（可 1.4, 約 1.6）；結婚（羅 7.3, 4）；μη γένοιτο 絕不！有時接人物間接受格：有，擁有，接受（太 18.12）

γινώσκω　知道，曉得，明白；喻：同房（太 1.25; 路 1.34）；發現，發覺，覺得；洞察，查；認識，認出；＜命＞要知道，要記住

γλῶσσα, ης, ἡ　舌頭；語言；靈語，方言；πᾶσα γ. 衆口（腓 2.11）

γραμματεύς, έως, ὁ　書記，（猶太教）經學教師（太 13.52; 23.34可能指基督徒中精通猶太法律的人）；城裏的書記官；學者（林前 1.20）

γραφή, ῆς, ἡ　經文（單數），舊約聖經（複數）

γράφω　寫；記錄；著作；簽字（帖後 3.17）；寫滿了字（啓 5.1）

γυνή, αικός, ἡ　婦女，妻子

δαιμόνιον, ου, τό　鬼，邪靈；鬼神（徒 17.18）

Δαυίδ, ὁ　大衛〔達味〕

δέ　但，相反地，而；且；現在，然後，所以；δὲ καί 而且也，但甚至；μὲν…δέ 一方面…另一方面

δεῖ　非人稱句法：必然，必須；應該；合宜

δεξιός, ά, όν　右邊；ἐν δ.，ἐκ δ.，ἐπὶ δ. 在右邊；δεξιὰς ἔδωκαν 他們握手（加 2.9）；ὅπλον δ. 攻擊的武器（林後 6.7）

δέχομαι　接受，領受；拿；接待，歡迎；容忍，把…當作（林後 11.16）

διά　接1. ＜所有＞：經過，藉著，用；在…期間，整個，全（διὰ παντός 繼續地）；穿過，在…之中；2. ＜直受＞：因爲，由於，爲了…緣故；經過，藉（罕用）；διὰ τοῦτο 因此，爲了這個理由；διὰ τό（接不定詞）因爲；διὰ τί 爲甚麼？

διδάσκαλος, ου, ὁ　老師，教師

διδάσκω　教，教訓，教導

δίδωμι	給，頒，賜；准，許，讓；放，置，存（銀行）；任命，設立；分發，付給；產生，結出；引起；託付；帶來（奉獻）；加以（懲罰）；δ. ἑαυτόν 冒險（徒 19.31）；參 ἐργασία（路 12.58）
δίκαιος, α, ον	合乎神的標準，旨意或性格的；正直的，公義的，好的；公正的，公平的；正確的，對的；當然的，合宜的；與神有正確合宜關係的；誠實的，無辜的
δικαιοσύνη, ης, ἡ	神要求的標準；正確，公義，正直，公正，公道；（神賜與人與他之間所有的）正確合宜的關係；宗教虔誠或愛心的行爲（太 6.1）
διό	所以，因此
δοκέω	＜及＞想，以爲，認爲，料想；當作，看成；＜不及＞似乎，看來；被承認，οἱ δοκοῦντες 有名望的領袖（可 10.42; 加 2.2, 6, 9）；＜非人稱＞似乎，看來最好，想，決定（路 1.3）
δόξα, ης, ἡ	榮耀，燦爛，榮華顯赫（＜所有＞常指：榮耀的）；能力；讚美，感謝，稱讚；光榮，（δόξα καὶ χαρά 光榮與喜樂，帖前 2.20）；明亮，光輝；榮耀：指神的顯現或神本身；天上（提前 3.16）；在天上的尊榮者（彼後 2.10; 猶 8）；δὸς δόξαν τῷ θεῷ 把榮耀歸給神，在神面前說誠實話（約 9.24）
δοξάζω	讚美，頌讚；榮耀，尊崇，敬重（羅 11.13），爭取尊貴地位（來 5.5）；＜完＞＜被動＞＜分＞榮耀的，言語所不能表達那無限的（彼前 1.8）
δοῦλος, ου, ὁ	奴僕，臣僕，僕人，奴隸
δύναμαι	能，可以，有能力；能夠做，可以做，有能力做…
δύναμις, εως, ἡ	能力，權能，大能，力量；大能的作爲，神蹟（行神蹟者，林前 12.28下）；全能者，大能者，神（太 26.64; 可 14.62；參：徒 8.10），掌權者（羅 8.38）；才幹，財力（太 25.15; 林後 1.8, 8.3）；（聲音或語言的）意思，語言（林前 14.11）
δύο	＜所有＞與＜直受＞ δύο ＜間受＞ δυσίν 兩；δύο δύο 或 ἀνὰ δύο 兩個兩個；兩個一組，δύο ἢ τρεῖς 兩三個（太 18.20）；兩件（路 9.3）；κατὰ δύο 一次兩個；εἰς δύο 成爲兩半
δώδεκα	十二

ἐάν　如果，若，假如；要是，只要；即使，雖然；當…時；有時等於 **ἄν**（太 5.19）；**ἐὰν μή** 除非；**ἐάνπερ** 只要是

ἑαυτοῦ, ῆς, οῦ　（没有主格）＜反代＞他，她或它自己；他們，她們或它們自己；＜所代＞他，她或它的；＜互代＞彼此；**τὸ ἑαυτοῦ** 自己的利益

ἐγείρω　＜及＞使（死人）復活；興起，建立；喊醒，叫醒（太 8.25；徒 12.7）；製造（麻煩）（腓 1.17）；拉上來（太 12.11）；造出（太 3.9；路 3.8）；

＜不及＞＜主動＞（僅用＜命＞）起來！來！＜不及＞＜被動＞醒來，起床（＜命＞起來！來！）；（先知）出現，興起；武裝起來攻打（太 24.7）

ἐγώ, ἐμοῦ　我；＜複＞我們

ἔθνος, ους, τό　國家，民族；**τὰ ἔ.** 非猶太人，外邦人；異教徒，不信神的人

εἰ　如果，要是，倘若；是否，是不是；只要，但願，巴不得；就是…（徒 26.23）（後接名詞子句，有時不必譯出）；既然（羅 15.27）；雖然（路 11.13）；**εἰ εἰσελεύσονται** 絕不，永不能進入（來 3.11, 4.3, 5）；**εἴ τις**，**εἴ τι** 無論誰，無論甚麼；**εἴπερ** 既然，如果眞是…；**εἴγε** 如果眞的

εἰμί　是；在，存在；有；發生；生活；住，留在；來（約 7.28, 29; 19.9）；去（約 7.34, 36）；**οὐκ ἔστιν** 不可能的，不是（林前 11.20; 來 9.5）；**ὅ ἐστιν**，**τοῦτ' ἔστιν** 意思是，那就是說；**εἰμὶ ἐκ** 屬於，…之一

εἰρήνη, ης, ἡ　和平，平安，和睦；安全（路 11.21）（常用作祈願語或問候語）；秩序，和諧（林前 14.33）

εἰς　接＜直受＞進，去；在…裏，在…地方，在…之上，在旁邊，在附近；在…當中；對於（參：羅 5.8）；逆於，反對（參：路 15.18, 21）；關於；（作）爲（路 2.32; 雅 5.3）；**εἰς τό** 接＜不定＞意指目的，有時指結果

εἷς, μία, ἕν　一；一個，單一；只有一個；**εἷς τις = τις** 某一，某一人，一；**εἷς τὸν ἕνα** 互相，彼此（帖前 5.11）；**καθ' ἕνα** 一個接一個輪流（林前 14.31）

εἰσέρχομαι　進（來）或進（去），進入；加入（徒 1.21）；引起（爭論）（路 9.46）；εἰσ. καὶ ἐξέρχομαι 進進出出，陷入（誘惑）；享受（成果）（約 4.38）；在…當中出入來往

εἴτε　是否，εἴτε…εἴτε 是…或…，如果…如果…

ἐκ　（母音前用 ἐξ）接<所有>從…出來，出於，避開，脫離（約 10.39，12.27），藉著，由於，因爲；爲了；在…之上，在…，…的；從…（時候）就（可 9.21）

ἕκαστος, η, ον　每一個，各人的

ἐκβάλλω　趕出，逐出，排斥，拒絕；派走，派出；領出；拿出去；帶出來；ἐ. ἔξωθεν 省略，不必…（啓 11.2）；ἐ. εἰς νῖκος τὴν κρίσιν 直到正義得勝（太 12.20）

ἐκεῖ　那裏，在那裏；到那裏

ἐκεῖνος, η, ο　那個；他，她，它

ἐκκλησία, ας, ἡ　教會，會衆；大會，會場（徒 19.32）（宗教，政治或民間團體）；合法的會議（徒 19.39）

ἐλπίς, ίδος, ἡ　盼望，希望（παρ' ἐ. ἐπ' ἐ. 有盼望時，仍然盼望，羅 4.18），所希望的（根基，事物）

ἐμός, ή, όν　我的

ἐν　接<間受>在…裏，在…上，在…；附近，旁邊，在…前；在…當中；在…裏面；靠（太 12.24），藉著，用；進入（= εἰς）；向…（罕用作指這個意思）；穿（太 11.8），指著（太 23.16），奉（太 23.39）；ἐν τῷ 接<不定>在…期間，當…時（太 11.24）；ἐν ὀνόματι ὅτι 因爲（可 9.41），ἐν τοῖς καιροῖς 按時（太 21.41）

ἐντολή, ῆς, ἡ　誡命；吩咐，命令；交待（徒 17.15）

ἐνώπιον　接<所有>在…之前，在…面前，有時意指：在…的審判下；在…當中；ἁμαρτάνω ἐ. 得罪（路 15.18, 21）

ἐξέρχομαι　出來，出去，進去；離開，逃避（約 10.39）；源於（ε）. ε）κ τῆς ο）σφύος 出於…的子孫，來 7.5）；斷絕（徒 16.19）

ἐξουσία, ας, ἡ　權柄，權利，自由；能力，才能；超自然的力量；統治者，當政者，執政者；轄區（路 23.7）；處置，（錢）也是…的，意指：由…作主處理（徒 5.4）；ἐ. ἔχειν ἐπὶ τῆς κεφαλῆς 頭上戴有頭巾（或許喻指：順服丈夫的權柄，林前 11.10）

ἔξω　1. <副>（到）外面，（在）外面；（走）開；2. <介>接<所有>在…外，在…外面；3. ὁ ἔξω 外面的人，教外的人（林前 5.12）；外在的，身體的（林後 4.16）；國外的（徒 26.11）

ἐπαγγελία, ας, ἡ　應許，所答應的（事物）；同意或決定，答應（徒 23.21）

ἐπερωτάω　問；要求（太 16.1）

ἐπί　接 1. <所有>在…上，（權力）在…之上，（許願）在身（徒 21.23）；在；在…旁；在…前，在…面前；當…時；在…時代（路 4.27）；在…經文（書，故事）中（可 12.26; 路 20.37）；ἐπί 或 ἐπὶ στόματος 基於…的證據，有…作證（太 18.16; 林後 13.1; 提前 5.19）；2. <間受>在…上，在，在…裏；與…一起，在…旁，附近；（權利）在…之上（啓 5.10）；因爲，基於；對著，向；爲（目的），向（目標或結果）；不但…也（腓 2.27），除…之外還；關於；…的，從（少用）；沿用…的名字（路 1.59）；3. <直受>在…上；在…裏；反對；（權力）在…之上；對著，向著；爲（目的），向（目標或結果）；在附近，在…邊；關於；在…當中（少用）；ἐπὶ τὸ αὐτό 一起；ἐφ' ὅσον χρόνον 在…的時候，只要；ἐπὶ τοῦτο 爲了這個（工作）目的（路 4.43）

ἑπτά　七

ἔργον, ου, τό　工作；行爲，行動；職務或差事，職業，事業，實際表現；工程；工作的成果，果實，成績（林前 9.1）；或許指：效果，結果，成果，地步（雅 1.4）

ἔρχομαι　來，到（εἰς τὸ χεῖρον ἐ. 越來越壞，一天比一天病重，可 5.26）；出現（約 7.27），顯現；去；回來（約 4.27, 30；羅 9.9）；被拿來（可 4.21）；ἐ. εἰς προκοπήν 幫助進展（腓 1.12）

ἐρωτάω　問；求，祈求，請求，切求，勸勉

ἐσθίω　吃；燒滅（來 10.27）

ἔσχατος, η, ον	1. ＜形＞最後的，最終的，末後的，最低的，最微不足道的；ἕως ἐ. τῆς γῆς 直到天涯海角的，即：全世界（徒 1.8; 13.47）；2. ＜副＞ ἔσχατον πάντων 最後（可 12.22; 林前 15.8）
ἕτερος, α, ον	其他的，另外的（ἐν ἑτέρῳ 在另一處經文，徒 13.35; 來 5.6; γίνομαι ἕ. 改變，路 9.29；οὐδὲν ἕ. 沒有別的事，全都，徒 17.21）；不同的，奇異的（σὰρξ ἕ. 反自然的性慾，猶7）；次一（τῇ ἑ. 第二天，徒 20.15, 27.3）
ἔτι	仍然，還（οὐκ ἔτι 不再；οὐδε，ἔτι νῦν 現在還不，林前 3.2）；甚至；更進一步地，此外，更甚（τίς ἔτι χρεία 還需要甚麼更進一步的東西？即：用不著有另一種…，來 7.11）
εὐαγγελίζω	＜主動＞或＜關＞帶好消息，傳福音（有時指：傳福音給，徒 8.25）；傳，宣揚；＜被動＞聽到好消息；（事情）被傳開去
εὐαγγέλιον, ου, τό	好消息，福音，佳音
εὐθύς	直的；正直的，對的
εὑρίσκω	找到，查出；遇見，看見；得到，取得；＜被動＞被找到，出現（腓 2.7）；εὑ. εἰς θάνατον 反而帶來死亡（羅 7.10）
ἔχω	＜及＞有，擁有；保持；接受，得到；認爲，想；能夠，必須（接＜不定＞）；嫁娶；穿（衣）；位於（σαββάτου ἔχον ὁδόν 安息日可走的路程，約一公里，徒 1.12）；τὸ νῦν ἔχον 現在暫時（徒 24.25）；＜不及＞是；ἐν ἑτοίμῳ ἔ. 準備好（林後 10.6, 12.14）；覺得，κομψότερον ἔ.（病情）好轉起來（約 4.52）；＜非人稱＞那是…（οὕτως ἔχει 同樣…）；＜中間＞＜分＞下一個附近的（τῇ ἐχομένῃ 第二天，次日，路 13.33）
ἕως	1. ＜連＞（ἕως ὅτου 或 ἕως οὗ)直到（用於任何時態）；當…時（只用於現在式直說法）；2. ＜介＞接＜所有＞到，直到，到…爲止（ἕως τέλους 到最後，完全；ἕως τοῦ νῦν 直到現在；ἕως τούτου ，參： ἐάω)；有…之多，和…同樣多（數目）；3. ἕως ἄνω 直到缸口（約 2.7）；ἕως ἄρτι 直到現在，目前，仍然；ἕως ἐπι 往…去（徒 17.14）；ἕως ἔξω 到…外（徒 21.5）；ἕως καὶ εἰς 甚至到…（徒 26.11）；ἕως πότε 多久？ἕως πρός 到…去（路 24.50）；ἕως ὧδε 到這裏來（路 23.5）

ζάω	活，活著，（永）生；生活；仍然活著；復活
ζητέω	尋求，尋找，追求，追問；嘗試，企圖，爭取（ζ. τὸ ἐμαυτοῦ 或 ζ. τὰ ἐμαυτοῦ 爭取自己的利益，為自己的利益著想，林前 10.24）；想要，要求，請求；期待；想（辦法），調查，討論（約 16.19）
ζωή, ῆς, ἡ	生命；ψυχη ζωῆς 生命（啓 16.3）
ἤ	或（ἤ…ἤ 是…或…；ἤ καί 或竟；接否定詞：也不，或）；比（比較級）；πρὶν ἤ 在…之前；ἀλλ' ἤ 而是（路 12.51）
ἤδη	已經，現在，ἤδη ποτέ 現在終於（羅 1.10）
ἡμέρα, ας, ἡ	天，日（καθ' ἡμέραν 每天的；διὰ τριῶν ἡ. 三天之內；δι' ἡμερῶν 幾天後）；一日（猶太教法定的一日是由日落到次日日落）；審判日（ἀνθρωπίνη ἡ. 人的法庭，人的評斷，林前 4.3，ἡ τοῦ Θεοῦ ἡ. 神的日子，彼後 3.12）
θάλασσα, ης, ἡ	海；湖
θάνατος, ου, ὁ	死亡；ἔσφαγμαι εἰς θ. 受到致命重傷（啓 13.3）；πρὸς θ. 導致死亡（約一 5.16）；ἐν θανάτοις 臨近死亡，冒死亡的危險（林後 11.23）
θέλημα, ατος, τό	意思，旨意；決心（林前 7.37）；私慾，慾念（弗 2.3）
θέλω	想要，渴望（加 4.20）；願意；喜歡（路 20.46）；τί θέλει τοῦτο εἶναι 這是怎麼回事？（徒 2.12, 17.20）；故意（彼後 3.5）
θεός, οῦ, ὁ, ἡ	神（κατὰ θεόν 根據神的旨意，敬畏神的；照著神的形像，弗 4.24）；（假）神；<陰>女神（徒 19.37）
θεωρέω	看見；注視，觀看；發覺，知道（徒 17.22），注意；經驗（死亡）（約 8.51）；想一想（來 7.4）
θρόνος, ου, ὁ	寶座；在位者（西 1.16）
ἴδιος, α, ον	自己的，私人的；τὰ ἴδια 自己的地方，指：家，所有物，財產；κατ' ἰδίαν 私下，暗暗的，獨自，分別地；ἰδίᾳ 各自，各別地（林前 12.11）
ἰδού	看！看哪！聽！在那裏，在這裏；從（那裏，這裏）來；然後，忽然，甚至於，然而（強調語氣）；留意（太 10.16）
ἱερόν, οῦ, τό	聖殿，聖殿區

Ἱεροσόλυμα, τά, ἡ	耶路撒冷
Ἱερουσαλήμ, ἡ	耶路撒冷
Ἰησοῦς, οῦ, ὁ	1. 耶穌：α. 主耶穌；β. 耶穌巴拉巴；γ. 耶穌猶士都（西 4.11）；δ. 約細（耶穌家譜中的一位，路 3.29）；2. 約書亞〔若蘇厄〕（徒 7.45；來 4.8）
ἱμάτιον, ου, τό	衣服；外衣，外袍，斗篷
ἵνα	以便（目的）；以致（結果）；那就是（作間接語句的連接詞）；接＜假＞，有時等於＜命＞（例：ἡ δὲ γυνὴ ἵνα φοβῆται τὸν ἄνδρα 妻子必須敬重丈夫，弗 5.33）；ἵνα μή 免得
Ἰουδαῖος, α, ον	猶太人；猶太的；猶太地的（徒 10.28）
Ἰσραήλ, ὁ	以色列
ἵστημι	＜及＞（除＜二過不定＞，＜完＞與＜過完＞之外，用於所有的主動時態）放；設立，建立；使（叫）…站立起來；推選（徒 1.23）；定下（審判的日子）（徒 17.31）；付，算（錢）給…（太 26.15）；把罪歸給（徒 7.60）；＜不及＞（＜二過不定＞，＜完＞，＜過完＞＜主動＞；僅用於＜中間＞＜被動＞）站著；停止，止住；被證實，確立（太 18.16）；站穩，堅持立場；在，是在，站在；站起來；停泊（船），指：準備好（弗 6.14）；有所成就（羅 14.4）
Ἰωάννης, ου, ὁ	約翰〔若望〕：1. 施洗者；2. 西庇太的兒子，十二使徒之一；3. 啓示錄的作者；4. 約翰馬可；5. 彼得與安得烈的父親；5. 猶太議會議員（徒 4.6）
κἀγώ	和我；但我；我也；我自己；ὡς κ. 像我一樣
κάθημαι	坐著，坐下，騎（馬）；活著（的人），居住（路 21.35; 啓 14.6）
καθώς	像…一樣，正如，如同；照著；因爲；在…範圍內，到…程度；怎樣（徒 15.14），那就是（用於間接語句之前）（約三 3）
καί	與；也；但；甚至於；那就是，即；καὶ…καὶ 兩者都，不只…也；有時不必譯出，常用來表示句子的開頭而已

καιρός, οῦ, ὁ	時間（指：時機，而非指時間的長度）；特定的或適當的時間，季節，或時代（ἄχρι κ. 一會兒，暫時；ἐν παντὶ κ. 總是，常常；ἐν ᾧ κ. 在這時候，徒 7.20；πρὸς κ. 或 πρὸς κ. ὥρας 短暫的時間，一時；κατὰ κ. 在特定的日子〔羅 5.6〕，每隔一些時候〔約 5.4〕；κατὰ τὸν κ. τοῦτονˇ ἐκεῖνονˆ 大約這個〔那個〕時候，羅 9.9; 徒 19.23）；機會；最後的時期
κακός, ή, όν	惡的，壞的，錯的，＜名＞傷害；ἕλκος κακὸν καὶ πονηρὸν 既惡且毒的瘡（啓 16.2）
καλέω	叫；名叫，稱爲，稱呼；邀請；召喚，傳喚
καλός, ή, όν	好的；對的，善的；合宜的，合適的；比較好的，倒好的；誠實的；美好的，美麗的，寶貴的
καρδία, ας, ἡ	心，內心；心意；心志，欲望，意向；（地的）內部深處
καρπός, οῦ, ὁ	果子；果實，穀物；產物，收穫；結果；行爲（腓 1.11）；盈餘（腓 4.17）；後裔，胎兒（路 1.42）；子孫（徒 2.30）
κατά	接：1. ＜直受＞根據，按照，合乎，關於，正如（τὰ κ. τινα 自己，獨自；κ. τὰ αὐτά …也是，同樣地；κ. ἐμέ 我的；κ. τὸ αὐτό 同樣的或一起，徒 14.1；κ. τί 憑甚麼，路 1.18）；與數目字或地方連用時：按（可 6.40）；在…裏；爲了；爲了…目的；在，大約（時間）；在…上，沿著，遍及，向；離，面對，靠近；用；藉，憑著，因爲；2. ＜所有＞反對，敵對；下，從…下；（傳）遍；指著…（發誓）；控告；（有權）辦（人）（約 19.11）
καταβαίνω	下來，下去；降下，落下；被摔下（太 11.23; 路 10.15）；（從船上）下去（太 14.29）
κεφαλή, ῆς, ἡ	頭（κατὰ κ. ἔχω 把頭蒙著，林前 11.4）；主，頭，元首；κ. γωνίας 最重要的基石，主要的角石
κηρύσσω	宣講，通知，傳道
κόσμος, ου, ὁ	世界，天地，宇宙；世人，人類（尤其指與神爲敵的人）；世界，世上，天下，存在的領域；世俗生活（尤其指與神旨意相違的）；妝飾（彼前 3.3）
κράζω	大聲喊叫，呼喊，高聲叫

κρίνω	審判（＜關＞與＜被動＞受審，訴訟，上法庭）；定罪；決定，下決心；判斷，以爲，認爲
κύριος, ου, ὁ	上主（神或基督），主人，主；先生，大人（稱呼語）
λαλέω	說，講，談；傳揚，宣講；告訴；能夠說；演說；（神）應許；雷響（啓 10.4）
λαμβάνω	拿，取，握；接受，得，獲；拿走，奪去；收；選擇（來 5.1）；穿上（約 13.12）；捉（路 5.5）；陷害，籠絡（林後 11.20, 12.16）
λαός, οῦ, ὁ	人民，百姓，民間；群衆；國家；猶太人或教會；常稱爲：神的子民
λέγω	說，講，談（λέγων 通常不必譯出）；稱呼，名叫，別號；堅持，主張，宣告；意思是，想要；心裏想（可 12.6）；命令，吩咐；回答，問
λίθος, ου, ὁ	石頭；寶石；石像（徒 17.29）
λόγος, ου, ὁ	說話的內容；例：話；信息；教訓；交談；問題（在 ἐρωτάω 之後），講道〔提前 5.17〕；πολὺς ἡμῖν ὁ λόγος 我們有很多可說的〔來 5.11〕），道（約翰的基督論）；帳，算帳（πρὸς ὅν ἡμῖν ὁ λόγος 我們必須向他交帳，來 4.13），珍惜價值（徒 20.24）；理由（κατὰ λόγον理應，耐心地，徒 18.14）；控告（徒 19.38）；事情，工作（徒 8.21）；書（徒 1.1）
λοιπός, ή, όν	1. ＜形＞其餘的，剩餘的，其他的，2. ＜副＞（τὸ）λοιπόν 末了，終於；從今以後；還在，仍然；此外，另外還；τοῦ λοιποῦ 從今以後，將來；最後，ὧδε λοιπόν 此外，就此而論
μαθητής, οῦ, ὁ	門徒，學生，追隨者
μακάριος, α, ον	有福的，幸福的，快樂的；μ. θεός 應稱頌的神（提前 1.11, 6.15）
μᾶλλον	更，越（πολλῷ μ. 更多，更加；πόσῳ μ. 豈不更；καλόν ἐστιν μ. 倒不如；μ. διαφέρω 比…更有價值；πολλῷ μ. κρεῖσσον 那是再好没有了，腓 1.23；μ. περισσότερον 越是，更加，可 7.36）要，反而（μ. ἤ 寧願，更甚於）；更加，何況，比以往更，比那更
μαρτυρέω	作見證，作證人；證明，肯定，證實；稱讚，贊同（＜被動＞受到贊許或尊敬，有名望）

μέγας, μεγάλη, μέγα	大的，偉大的（大〔聲〕，強〔風〕，高〔熱〕等），最大的；令人希奇的（林後 11.15）
μέλλω	（在＜不定＞前）將，正要，想要；必須；一定；註定；（＜分＞不加＜不定＞）要來的，將來；（＜定動＞不加＜不定＞）延遲，等待（τί μέλλεις 你還耽擱甚麼？徒 22.16）
μέν	表示相對，強調或繼續的虛詞，μὲν… δέ 一方面…另一方面；μὲν… ἀλλά 或 μὲν… πλήν 的確…然而，固然…可是；ὃς μέν…καὶ ἄλλος（ἕτερος）一個…另一個…；μέν οὖν 於是，因此，然後；現在，這時候；的確
μένω	＜不及＞停留，居留；住；存在，長存，繼續；＜及＞等待，等候
μέσος, η, ον	1. 中間，在…之中（ἀνὰ μέσον 在…中間，太 13.25；在…〔兩個〕之間，林前 6.5；穿過，可 7.31；〔寶座〕中的，啓 7.17；ἐν μέσῳ 或 εἰς μέσον 在…中間，在…之中，在…當中；ἐν τῷ μέσῳ 在〔客人〕面前，太 14.6；ἐν μέσῳ αὐτῆς 在城市裏面，路 21.21；ἐκ μέσου 從，從…中間，αἴρω ἐκ τοῦ μέσου 移掉，取消，西 2.14；γίνομαι ἐκ μέσου 被移去，消失，帖後 2.7；διέρχομαι διὰ μέσον 經過…中間的地區，路 17.11；σχιζω μέσον 撕成兩半，路 23.45）；2. 接，在…中間，在…之中
μετά	1. 接＜所有＞與…，和…，同…一起，在…之間；在旁，在裏面；在…邊，在…對面；2. 接＜直受＞在…之後（μετὰ τό 接＜不定＞：在…之後）
μή	不（通常與直說語氣以外的動詞連用；在期待否定答案的問句中使用；與 οὐ 連用表示強調或鄭重其事）
μηδέ	也不（μηδὲ…μηδέ，既不…也不）；甚至…也不
μηδείς, -δεμία, -δέν	1. 沒有一個人，沒有一件事；2. ＜形＞沒有；3. ＜副＞ μηδέν 一點也不，絕不
μήτηρ, τρός, ἡ	母親
μόνος, η, ον	1. ＜形＞唯一，單獨，只有（太 12.4; 腓 4.15）；κατὰ μόνας 獨自；2. ＜副＞ μόνον 只，只是，只要
Μωϋσῆς, έως, ὁ	摩西，〔梅瑟〕

νεκρός, ά, όν　死的，没有生命的（ὁ ν. 死人，屍體；ἐπὶ ν. 在人死的情況下，在死亡時，來 9.17）；無用的，無效的

νόμος, ου, ὁ　法律（常指：猶太人的神聖傳統；ὁ νόμος καὶ οἱ προφῆται 法律和先知的書，即舊約；νόμος τοῦ ἀνδρός 婚姻法律，羅 7.2）；條例，法則

νῦν　如今，現在（與冠詞合用時等於＜形＞：現在的；或等於＜名＞：現在；例如：τὰ νῦν 現在，對於現在；τὸ νῦν ἔχον 現在，暫且，徒 24.25）；ἀπὸ τοῦ νῦν 從現在起；然後，事實上（林前 7.14）；ἄγε νῦν 參 ἄγω

νύξ, νυκτός, ἡ　夜，晚上

ὁ, ἡ, τό　這，那；他，她，它；τοῦ 接＜不定＞要，使，以便，以致，結果，所以

ὁδός, οῦ, ἡ　道，路；路程（σαββάτου ἔχον ὁδόν 安息日可走的路程，約半英里或八百公尺，徒 1.12）；生活方式，行爲；道（基督徒的的信仰與生活）

οἶδα　知道，明白，看穿（可 12.15）；（τοῦτο γὰρ ἴστε γινώσκοτες 對這…無可懷疑，你非常了解，弗 5.5）；經驗，學習，知道如何；熟悉；認識，承認；記得（林前 1.16）；尊重（帖前 5.12）

οἰκία, ας, ἡ　房屋，家，家產；家人，家庭

οἶκος, ου, ὁ　房子，家（κατ' οἶκον 或 κατὰ τοὺς οἴκους 挨家挨戶；ἡ κατ' οἶκον αὐτῶν ἐκκλησία 在他們家裏的教會）家人，家庭，家族；國家，人民；聖殿，聖所

ὅλος, η, ον　完整的，完全的，全部的（δι' ὅλου 遍及，整個）；全都，全（約 9.34; 13.10）

ὄνομα, ατος, τό　名字（κατ' ὄ. 按名字）；頭銜，名號；人；權柄，權力；身份；地位（例 εἰς ὄ. προφήτου 因爲他是一位先知；ἐν ὀ. ὅτι Χριστοῦ ἐστε 因爲你們是屬於基督，可 9.41）；名聲（可 6.14）

ὅπου　在…地方（ὅπου ἄν 或 ὅπου ἐάν 無論哪裏，無論何時）；而

ὅπως　這樣，這…，以致於

ὁράω	＜及＞看見，觀察，注意（＜被動＞出現，顯現）；查覺，看出，認識；體驗；探望，來看（來 13.23）；＜不及＞肯定，提防，謹慎（ὅρα μή 千萬不可這樣！）
ὅρος, ους, τό	山，小山，丘
ὅς, ἥ, ὅ	（ὅς ἄν 或 ὅς ἐάν 無論誰…；ὅς μὲν…ὅς δέ 一個…，另一個…）；他，她，它
ὅσος, η, ον	與…相等；何等多（大，長，寬，高，遠等）；盡量（約 6.11）；無論誰（=ὅσος ἄν，ὅσος ἐάν）；＜複＞一切，所有，凡；ἐφ' ὅσον 當…還…的時候，只要；καθ' ὅσον 正如，與…同樣（καθ' ὅσον…κατὰ τοσοῦτο 或 ὅσα…τοσοῦτον 到…程度的，到相等的程度；κατὰ πάντα ὅσα ἄν 無論甚麼，徒 3.22）；ὅσῳ 如，正如，到…程度（來 8.6）；ὅσον…μᾶλλον περισσότερον 越…越（可 7.36）；τοσούτῳ…ὅσῳ 正如…也（來 1.4）；ὅσον χρόνον 只要（可 2.19）；ἔτι γὰρ μικρὸν ὅσον ὅσον 因爲再過一會兒（來 10.37）
ὅστις, ἥτις, ὅ τι	他，她，它；這，那；無論誰，無論甚麼；任何一個，某一
ὅταν	當…時，隨時，每當（εἰ μὴ ὅταν 不到…時候，可 9.9）
ὅτε	當…時，在…的時候；只要
ὅτι	表示開始陳述句，中文通常不必譯出（τί ὅτι 爲甚麼？ὡς ὅτι 那…，通常引出作者主觀的意思，例：林後 5.19, 11.21; 帖後 2.2）；因爲，既然；表示開始直接語句
οὐ	＜副＞不（通常與直說語氣動詞連用；期待得到肯定答案時用於問句中）
οὐδέ	也不（οὐδὲ…οὐδέ 既不…也不；ἀλλ' οὐδέ 也不，也還不）；不，甚至不
οὐδείς (οὐθ-), -μία, -δέν	無一人，無一物；不；不值得；οὐδέν 一點也不，無論哪方面都不是
οὖν	因此，那麼；所以，就
οὐρανός, οῦ, ὁ	天上，天（也指神）；天空
οὔτε	不（οὔτε…οὔτε 既不…也不）
οὗτος, αὕτη, τοῦτο	這，這一個；他，她，它；τοῦτ' ἔστιν 那就是，意思是

οὕτως　1. ＜副＞這樣，因此，所以，同樣地，照樣（ἔχειν οὕτως 常指：如此，真是；τὸ οὕτως εἶναι 安於現狀，林前 7.26）；如下（太 2.5）；2. ＜形＞如此，這種的（ὁ μὲν οὕτως，ὁ δὲ οὕτως 有人是這樣，有人是那樣，林前 7.7）

οὐχί　＜副＞（οὐ 的強調形）不；真的不；期待肯定答案時，用於問句中

ὀφθαλμός, οῦ, ὁ　眼睛（ὀφθαλμὸς πονηρός 嫉妒，可 7.22；οἷς κατ' ὀφθαλμούς 在…的眼前，加 3.1）；視線（徒 1.9）

ὄχλος, ου, ὁ　群衆，衆人；（一般）人；暴民

παιδίον, ου, τό　小孩，嬰孩

πάλιν　又，再次（εἰς τὸ πάλιν =πάλιν，林後 13.2）；回（徒 18.21）；另外還；另一方面，可是，也

παρά　接1. ＜所有＞來自，從…來，…的（τὰ παρά τινος 某人的物品或錢財；οἱ παρ' αὐτοῦ 他家裏的人，可 3.21）；2. ＜間受＞與…同在，在…面前，…之前；由…宣判爲；靠近，在…旁邊；爲了；3. ＜直受＞在…之旁，在…之上；沿著；到…邊；比，比…更，以外，超過；寧要；相反，違背；παρὰ τοῦτο 因此（林前 12.15, 16）；παρὰ μίαν 少一下（林後 11.24）

παραβολή, ῆς, ἡ　比喻，格言；表象，象徵（ἥτις π. εἰς 這是預表著…，來 9.9；ἐν π. 可以比喻說，來 11.19）

παραδίδωμι　給，交給，解交（官府）（＜被動＞常指：被逮捕）；出賣，送（去死）；犧牲（身體）；傳授，傳交，報導；任憑（羅 1.24, 26）；交託（徒 14.26; 15.40）；冒險（徒 15.26）；允許（ὅταν παραδοῖ ὁ καρπός 當作農作物許可時，即成熟時，可 4.29）

παρακαλέω　懇求，敦促；鼓勵，歡勉；要求；請求；安慰，鼓舞；邀請，召喚

πᾶς, πᾶσα, πᾶν　1. 沒有加定冠詞時：每一（＜複＞全部，所有，一切）；各種，各樣；全，到底，非常，凡事；2. 加定冠詞：整個，全部；所有，一切（πᾶς ὁ 接分詞：每個…的人）；3. 每個人，每件事（διὰ παντός 總是，繼續地，永遠；κατὰ πάντα 在每件事上，在各方面）

πατήρ, πατρός, ὁ　父親（有時用來尊稱有名望的人；父（指：神）；祖先，祖宗

Παῦλος, ου, ὁ　保羅〔保祿〕：1. 使徒；2. 塞浦路斯島的總督士求保羅（徒 13.7）

πείθω　勸說，使信服，勸導；勸誘，唆使；出面說話（太 28.14）；討人喜歡，贏得稱讚（加 1.10）；心安理得（約一 3.19）；＜被動＞服從，注意，相信；附從（徒 5.36, 37）；＜完＞＜主動＞與＜被動＞信靠，依靠；有信心，相信，確信

πέμπω　派，差遣，打發；解送；委託，任命；π. τὸ δρέπανον σου καὶ θέρισον 用你的鐮刀收割吧！（啓 14.15, 18）

περί　＜介＞接1. ＜所有＞關於，對於…的，涉及；因爲，由於（π. ἁμαρτίας 常指：贖罪祭）；2. ＜直受＞繞著，周圍；附近，左右；…的，涉及，關於（οἱ π. τὰ τοιαῦτα ἐργάται 同業的工人，徒 19.25；τὰ π. ἐμέ 我的情形，腓 2.23）；與，同

περιπατέω　行走，到處走動；生活，行事爲人

Πέτρος, ου, ὁ　彼得〔伯多祿〕

Πιλᾶτος, ου, ὁ　彼拉多〔比拉多〕

πίνω　喝

πίπτω　掉，墜下，落，跌倒；倒塌，毀滅；跪，俯伏（敬拜）；除滅，終止（路 16.17；林前 13.8）；死，倒斃（路 21.24；林前 10.8）；打擊，（太陽的熱氣）燒灼；ἔπεσεν ὁ κλῆρος ἐπί 抽籤選中（徒 1.26）

πιστεύω　信，相信，信仰（神或基督）；信靠，（對人或事）有信心；交託，託付（把東西託付人）；ὃς μὲν π. φαγεῖν πάντα 有信心的人甚麼都吃（羅 14.2）

πίστις, εως, ἡ　信心，信任，相信；基督信仰；信念，清白的良心（羅 14.22, 23）；或指：信仰內容，信條（猶3, 20）；確信，憑據（徒 17.31）；承諾，許願（提前 5.12）

πιστός, ή, όν　忠心的，信實的，值得信賴的，相信的（常指：信徒，基督徒；ὁ ἐκ περιτομῆς π. 猶太基督徒，徒 10.45）；確定的，眞實的，可靠的（τὰ π. 確實可靠的應許或祝福，徒 13.34）

πληρόω　實現，成全，應驗（聖經的話）；充滿，使…滿；完成，達成，結束；到處傳揚，完整地宣揚（羅 15.19; 西 1.25）；供應充足（腓 4.18, 19）；＜被動＞過去，消逝（時間）

πλοῖον, ου, τό　船

πνεῦμα, ατος, τό （神的）靈；心靈，內心，自我；性格，心思意念；靈，靈體或靈力，力（邪靈）；生命（ἀφίημι τὸ π. 斷氣，死，太 27.50）；風（來 1.7；或許也在：約 3.8）；氣息，呼吸（帖後 2.8）；鬼，鬼魂（路 24.37, 39）

ποιέω 製作，造，做；使，招致，造成，完成，表現，提供；（神）創造；生產，生，結（果）；給，準備，設（宴請客）；守，慶祝或設立（節期等）；宣稱，自命，當作（爲某人）；施行（仁慈等）；工作，活動，行事；照…行事，實行，行爲（καλῶς π. 做好事，行善）；渡過，（時間）停留；行使（權力）；作（戰）；施行（審判）；施捨（救濟）；任命，選召（可 3.14；來 3.2）；認爲，算作（徒 20.24）；常與名詞連接，作動詞用，例： π. δέησιν 禱告（路 5.33）；π. τὸ ἱκανόν 討好，使滿意（可 15.15）；π. λύτρωσιν 救贖，釋放（路 1.68）

πόλις, εως, ἡ 城，鎮（κατὰ π. 到各城）；（城市）居民

πολύς, πολλή, πολύ 1. 多（大〔群人〕；〔號咷〕大〔哭〕；豐〔收〕；深〔土〕；〔天〕很晚；多〔年〕；2. πολλά 多東西，許多事；<副>屢次；嚴厲地；堅持地；強烈地，辛勤地；衷心地，熱切地；πολύ 多，非常，大大地，π. μᾶλλον 更加，更爲（來 12.9, 25）；πολλῷ μᾶλλον 更加，更爲；πολλῷ πλείους 更多（約 4.41）πολλοῦ 龐大的數目（太 26.9）

πονηρός, ά, όν 邪惡的，壞的，有罪的（<名>惡人，壞人，邪惡者〔魔鬼〕；τὸ π. 邪惡的事，邪惡）；自覺有罪的（良心）；不健全的（眼）；壞的，没有價値的（水果）；惡性的或疼痛的（瘡）；ὀφθαλμὸς π. 眼紅，嫉妒（可 7.22）

πορεύομαι 去，趕路，繼續旅程；離開；生活，行事爲人；死（路 22.22）

πούς, ποδός, ὁ 腳，足；或指：腿（啓 10.1）

πρεσβύτερος, α, ον 長老（猶太人的宗教領袖或教會領袖）；（兩個兒子中）年長的；最年長的（約 8.9）；老人（徒 2.17；提前 5.2）；παράδοσις τῶν π. 以前猶太領袖流傳下來的見解和教訓，祖宗的傳統

πρός　接：1. ＜直受＞去；向…去；爲了…的緣故或…的目的以便於，以（尤其是πρὸς τό 加＜不定＞）；爲了，與…相對抗，對或跟（人或神），與…一起（有和睦關係）；在，附近，旁邊（τὰ πρὸς τὴν θύραν 在街上門口附近，可 2.2）；屬於，涉及（τί πρὸς ἡμᾶς 它與我們有甚麼關係？太 27.4；πρὸς οὐδὲ ἓν ῥῆμα 甚至一句話也沒有，太 27.14）；在…面前；與…比較（羅 8.18）；2. ＜間受＞在， 在…上，附近；3. ＜所有＞爲了，爲了…緣故（徒 27.34）

προσέρχομαι　來到，去到，接近；同意（提前 6.3）；來往聯絡，交往（徒 10.28）

προσεύχομαι　禱告

προσκυνέω　崇拜，敬拜；跪拜，俯拜

πρόσωπον, ου, τό　臉，面容，外貌，氣色（太 16.3）；τὰ. κατὰ π. 外表的事，林後 10.7；ἐν π. καυχῶμαι 注重外貌，林後 5.12；π. τῆς γενέσεως本來的面目，雅 1.23；λαμβάνω π. 或 βλέπω εἰς π. 偏袒；θαυμάζω π. 諂媚的人，猶16；ἀπὸ π. 從…的面前；κατὰ π. 在…的面前；（地）表面

προφήτης, ου, ὁ　先知；προφῆται 舊約各經中的先知書（νόμος καὶ π. 舊約各經）

πρῶτος, η, ον　第一的，首先的，居首的，有地位的，最重要的；較早的，先前的，以前的，從前的

πῦρ, ός, τό　火

πῶς　＜疑問虛＞如何？怎樣？怎可能？終於（羅 1.10）；免得（林前 9.27）；假如（林後 9.4）

ῥῆμα, ατος, τό　所說的話，敘述，事，事情，事件；τὰ ῥ. ταῦτα 這消息（路 1.65）；ῥ. ζωῆς αἰωνίου 永生之道（約 6.68）

σάββατον, ου, τό　（常用＜複＞，猶太人敬拜與休息的聖日）第七日，安息日（ἡμέρα σαββάτου 安息日那天）；週（μία 或 πρώτη σαββάτων 一週的第一天；κατὰ μίαν σ. 每星期的第一天，每個星期天，林前 16.2；δίς τοῦ σ. 每週兩次，路 18.12）；ὁδὸς σ. 參 ὁδός σάρξ, σαρκός, ἡ　肉體，身體；人性，世上的血統（κατὰ σ. 在血統上，羅 4.1；τέκνα τῆς σαρκός 從自己的生活過往所生的兒女，羅 9.8；εἴ πως παραζηλώσω μου τὴν σάρκα 或者我也可以激發同胞的嫉妒發憤的心，羅 11.14）；人比較卑下的本性，有罪的人性（κατὰ σ. 或 ἐν σ. 受人罪性的轄制）；人類，人，世人（κατὰ σ. 按人的標準，從人的觀點，就外表〔貌〕來說）；世上的生活，人類生存領域（ὁ κατὰ σ. κύριος 世上的主人，西 3.22； ὁ τῆς σ. πατήρ 肉體的父親，來 12.9； ἐν ταῖς ἡμέραις τῆς σαρκὸς αὐτοῦ 他在世的時候，來 5.7）；性慾衝動（ἐκ θελήματος σαρκός 由人的性慾，約 1.13；ἀπέρχομαι ὀπίσω σ. ἑτέρας 放縱反自然的性慾，猶 7）

σημεῖον, ου, τό　神蹟，記號，暗號；εἰς σ. ἀντιλεγόμενον 毀謗的對象（路 2.34），憑據（林前 14.22）；τὰ μὲν σ. τοῦ ἀποστόλου 使徒的身份（林後 12.12）；筆跡（帖後 3.17）；表徵，預兆，異兆（路 21.25）

Σίμων, ωνος, ὁ　西門〔西滿〕：1. 西門彼得；2. 激進黨的西門 ὁ Καναναῖος（ὁ ζηλωτής），十二門徒之一；3. 耶穌的兄弟（太 13.55；可 6.3）；4. 一個古利奈人（太 27.32；可 15.21；路 23.26）；5. 加略人猶大的父親（約 6.71, 13.2, 26）；6. 約帕的皮革匠（徒 9.43, 10.6, 17, 32）；7. 撒馬利亞的一個行邪術者（徒 8.9, 13, 18, 24）；8. 痲瘋病人（太 26.6；可 14.3）；9. 法利賽人西門（路 7.40，43，44）

σοφία, ας, ἡ　智慧，洞見，聰明，學問；（神的）智慧

σπείρω　撒種，撒

στόμα, ατος, τό　口，唇舌（太 15.8），嘴巴（徒 23.2，雅 3.3）（σ. πρὸς σ. 當面，約二 12；約三 14）；話語，言辭；說話的能力（ἀνεῴχθη δὲ τὸ σ. αὐτοῦ παραχρῆμα καὶ ἡ γλῶσσα αὐτοῦ 立刻他又能夠說話了，路 1.64）；口才，說服力（路 21.15）；證明，見證（太 18.16）；（刀）刃（路 21.24；來 11.34）

σύ, σού　你；<複> ὑμεῖς，ὑμῶν，ὑμῖν，ὑμᾶς 你們

σύν　〈介〉接〈間受〉跟，和，連，隨伴，同，跟…一起；藉，通過（徒 7.35）；σὺν πᾶσιν τούτοις 不但如此（路 24.21）

συνάγω	收，集；集合，收聚，聚集，收拾或換成現金（路 15.13）；歡迎，接待（陌生人）如同客人，請（太 22.10）；捕（魚）；收藏（路 12.17, 18），積聚（約 4.36）；＜被動＞常等於＜不及＞集，聚會，聚集一起（太 27.62）；開會
συναγωγή, ῆς, ἡ	會堂，猶太人崇拜的地方（也作爲進行訴訟裁判的法庭，太 10.17）；會堂的全體信衆；（崇拜）聚會，集會（徒 13.43）；黨羽（啓 2.9, 3.9）
σῴζω	（基督教所指的）拯救；救，搶救，解救；使安全，保全；醫治，治，治好
σῶμα, ατος, τό	身體，活的身體，肉身，形體；ἡ παρουσία τοῦ σ. 本人（林後 10.10）；（基督的）身體，教會；遺體，屍體；實體或本質（影子之反義）（西 2.17）；＜複＞奴隸（啓 18.13）
τέ	且；也；τὲ…τὲ 或 τὲ…δέ 兩者都，不但…而且
τέκνον, ου, τό	孩子（親暱的稱呼），兒女；＜複＞子孫；後代；（城市的）人民或居民，子女（太 23.37）
τηρέω	遵守，服從；注意；看守，拘留；制止，保存，留下；維持，保守；τ. τὴν ἑαυτοῦ παρθένον（若指已訂婚者）不娶未婚妻或（若指女兒）不讓女兒結婚（林前 7.37）
τίθημι	放，置，擺，設，賜（太 12.18）；葬（可 6.29）；蒙著（臉）（林後 3.13）（τ. τὰ γόνατα 跪，可 15.19；τ. ε）ν καρδίᾳ 拿定主義，路 21.14）；放下，放棄（生命）；積存，儲存（τ. παρ ） ε）μαυτῷ 積存，林前 16.2）；使（人）成爲…或做…，任命，命定；τ. τὸ μέρος τινός 指定某人所得（的報應）（太 24.51；路 12.46）；呈現，（以比喻）描述，當作（彼後 2.6）；放置一旁，脫（衣）；（以酒）款待；〈中間〉放，置，擺，設；τ. εἰς ὦτα 存在耳中（路 9.44）；τ. ἐν καρδίᾳ 於在心裏（路 1.66），存心（徒 5.4）；τ. βουλήν 警告，贊成（徒 27.12）；使（人）成爲…或做…，任命，命定；定排，安置（肢體）；τ. ἐν τῷ πνεύματι 決心，決定（徒 19.21），憑著（徒 1.7），踏（啓 10.2）

τίς, τί　誰？哪一個？甚麼？哪一種？τί，διὰ τί，εἰς τί，τί ὅτι 爲甚麼？爲了甚麼理由或目的？ τί γάρ，τί οὖν 那麼是爲甚麼呢？（τί γάρ 怎麼？林前 7.16）；τί ἡμῖν（ἐμοὶ）καὶ σοί 你與我們（我）有甚麼相干？ κατὰ τί 憑甚麼（路 1.18）；τί θέλω εἰ 但願，我多希望…（路 12.49）；任何人，任何事；某人，某事；任何，某些，某一，幾個；ἐάν τις（τι），εἴ τις（τι）無論是誰（無論甚麼）；εἶναί τις（τι）重要的人物（事情）

τοιοῦτος, αύτη, οῦτον　像…，這一種的；相似的，相像的（ὁ περὶ τὰ τ. ἐργάτης 同業，徒 19.25）

τόπος, ου, ὁ　地方，（坐）位，地點，地區，鄰近地區（κατὰ τόπους）在一些不同的地方；κατὰ τὸν τ. 經過那地方，路 10.32）；崗位，地位，職位；良機，機會；（耶路撒冷）聖殿；（聖經）經段（路 4.17）；港口（徒 27.2）

τότε　那時，然後（ἀπὸ τότε 從那時起，那之後；ὁ τ. κόσμος 舊的世界，彼後 3.6）；之後立即，接著，後來

τρεῖς, τρία　三（διὰ τ. ἡμερῶν 三天內）

τρίτος, η, ον　第三的（ἐκ τ. 第三次，太 26.44）；τὸ τ. 三分之一（啓 8.7）

τυφλός, ή, όν　瞎的，瞎眼的

ὕδωρ, ατος, τό　水

υἱός, οῦ, ὁ　兒子；子民（太 8.12）；賀喜的客人（可 2.19）；子孫，後代，繼承者；（接＜所有＞）常指與某人或某事有特殊關係，或與某人相似；門徒，跟隨者，子弟（太 12.27）

ὑπάγω　去，走；受害（可 14.31）；走開，離開（ὕπαγε ὀπίσω μου 走開，太 16.23；可 8.33）；回家；回去，回來

ὑπάρχω　是（= εἰμί）；所有（τὰ ὑ. 所有物，財物，產業；財富，財源）

ὑπέρ　接：1. ＜所有＞爲，爲了…的益處，爲了…的緣故，替（約 11.50）（ει)῀ναι ὑπέρ τινος 支持某人，贊同某人，可 9.40)；關於，有關；2. ＜直受＞高過，超越；勝過，比…更；3. ＜副＞ ὑπέρ ἐγώ 我更是（林後 11.23）

ὑπό　接：1. ＜所有＞被，受，藉著；經手；2. ＜直受＞在…之下；受…指揮；ἐκ τῆς ὑπὸ τὸν οὐρανὸν εἰς τὴν ὑπ' οὐρανὸν 從天的這邊到天的那邊（路 17.24）；ὑπὸ τὸν ὄρθρον 在天亮時（徒 5.21）

Φαρισαῖος, ου, ὁ　法利賽人〔法利塞人〕（屬猶太教中的一派的人）

φέρω　帶來，拿來，牽來，送去，隨身帶來，抬，背；忍耐，承擔，忍受；生產，結出（果子）；前進（來 6.1）；颳（風）（＜關＞徒 2.2）；拿（控告）（約 18.29）；感動，（被聖靈）引導；通往…；支撐，托住（來 1.3）；確立，確認，證明（θάνατον ἀνάγκη φ. τοῦ διαθεμένου 必須證明立遺囑的人已經死了，來 9.16）；放，伸出（約 20.27）

φημί　說（＜非人稱＞有人說，林後 10.10）；意思是，想告訴，所說的；τί οὖν φ. 這樣說是甚麼意思呢？（林前 10.19）

φοβέομαι　恐懼，害怕；憂慮（做某事）；畏懼，崇拜，敬畏（神）；尊敬（弗 5.33）；＜不及＞害怕，受驚嚇

φωνή, ῆς, ἡ　聲音；聲響，音調；吵雜聲；呼喊；語言，說話（加 4.20）

φῶς, φωτός, τό　光（常有神學涵意）；光明，火（可 14.54；路 22.56）；ἐν τῷ φ. 公開地，公然地，光天化日下（太 10.27；路 12.3）

χαίρω　歡喜，歡樂，喜樂；χαῖρε，χαίρετε，χαίρειν 你好！平安！（問候，致意寒喧用語）

χαρά, ᾶς, ἡ　喜樂，高興，快樂

χάρις, ιτος, ἡ　恩典，仁慈，憐憫，善事（林後 8.4）；ἔχω χ. πρός 跟…保持和睦的關係（徒 2.47）；神臨在，活動，權能或榮耀的彰顯；恩寵喜樂，仁慈，恩賜，祝福（κατὰ χ. 當作禮物或恩典，羅 4.4，16；ποία ὑμῖν χ. ἐστίν 你們有甚麼功德呢？路 6.32）；δῷ χ. 使…得益處，弗 4.29；ἵνα δευτέραν χ. σχῆτε 使你們獲得雙倍的快樂，林後 1.15；感謝，感激，溫和，親切（ὁ λόγος ὑμῶν πάντοτε ἐν χ. 你們講話要溫和，西 4.6）

χείρ, χειρός, ἡ　手（βάλλω χ. ἐπί 逮捕，抓住）；διὰ χ. 託（徒 11.30）；權力，權威；作爲，行動；διὰ τῶν χ. 行（神蹟）（可 6.2）；手指（路 15.22）

Χριστός, οῦ, ὁ　基督

χρόνος, ου, ὁ 時候，時期…之久（ἐφ᾽ ὅσον χ. 或 ὅσον χ. 只要；當…期間；ἐπὶ χ. 或 χρόνον τινά 一直或一些時候，林前 16.7；πρὸ χ αἰωνίων 或 χ. αἰωνίοις 萬世以前，自古以來，提後 1.9；多 1.2；羅 16.25；πόσος χ. 多少？可 9.21）；時間，日子，轉眼之間，時機，遲延（啓 10.6）

ψυχή, ῆς, ἡ 自我，內心；本性；靈魂；（肉體）生命；生物，人，人類

ὧδε 這裏，在這地方（πάντα τὰ ὧδε 一切的事，西 4.9）；這裏，到這地方（ἕως ὧδε 這裏，到這地方，路 23.5）在這些情況之下，假使這樣（ὧδε λοιπόν 論到…，就此而論，林前 4.2）

ὥρα, ας, ἡ 時刻，瞬間，時機；時間，短暫；白天一刻（從日出到日落的十二分之一，長短不一，平均約爲六十分鐘）；ὥρα πολλή 天晚（可 6.35）

ὡς 1. ＜比較＞照著，如同，同，像（ὡς ἔπος εἰπεῖν 可以說，來 7.9）；好像，似乎，基於…的理由，藉口；接數目字時：大約（ὡς ἀπὸ σταδίων δεκαπέντε 還不到 3 公里，約 11.18, 21.8；ὡς ἐπὶ ὥρας δύο 大約兩個鐘頭，徒 19.34）；用於導引名詞；如何，那樣的事（ὡς ὅτι 如何，那樣的事）；加強＜副＞或＜形＞非常，多麼（ὡς τάχιστα 儘快，趕，徒 17.15；ὡς ὡραῖοι 多美呀，羅 10.15；參羅 11.33；徒 17.22）；當作是（ὡς προφήτην αὐτὸν εἶχον 他們認爲他是先知，太 14.5）；2. 時間與結論性助詞（接＜現＞或＜過未完＞）：當，只要，正在…時候，當…時；（接＜過不定＞）當…時，在…之後；所以，以便於，因爲；ὡς ἄν（ἐάν）；當…時，一經…就

ὥστε 以致，所以，只好，以便於，爲了…的目的；因此，可見，既然這樣，於是

作者簡介

黃錫木博士

先後畢業於加拿大亞伯達大學文學士（主修古典文學及語文；B.A. in Classics, 1985）、美國惠斯敏特神學院（主修聖經研究；M.A.R., 1987; M.Th., 1988），和南非普勒陀利亞大學（主修新約希臘文，D.Litt., 1990）。資深神學教育工作者，中英文學術性編著書目和專文逾半百。現任聯合聖經公會（亞太區）翻譯顧問（1993-96，2003-）、香港中文大學崇基學院神學組榮譽副研究員並兼任講師，以及鑽石山浸信會傳道人。研究項目主要是新約研究、新約文學和語言（希臘文），以及聖經翻譯。

緊扣時代 服事教會

以文字傳揚基督真道

讀者意見表

衷心多謝你購買本社書籍。本社一直致力以出版事工服事教會，幫助信徒扎根於神的話語，促進靈命增長。為使我們的出版更能滿足你的需要，請填寫下列各項資料，並寄回或傳真予本社。

所購書籍：____________________

本書最吸引你的地方：

☐作者 ☐適切性 ☐文筆 ☐設計 ☐實用性

☐其他：____________________

購買本書地點：

☐基道書樓 ☐基督教書店 ☐非基督教書店

性別：☐男 ☐女 職業：____________

信仰：☐基督徒 ☐非基督徒

年齡：☐ 16 歲或以下 ☐ 17～25 歲 ☐ 26～35 歲

☐ 36～55 歲 ☐ 56 歲或以上

學歷：☐中三或以下 ☐中五 ☐預科

☐大學 ☐研究院

☐我欲更多了解基道出版社的事工及考慮支持，請寄給我下列資料：

☐機構簡介 ☐新書資料 ☐基道會員通訊

☐《基道文字事工通訊》

姓名：________________ 電話：____________

地址：____________________

____

傳真：____________ 電子郵件：____________

其他意見：____________________

____

多謝賜教！

意見表可以傳真（2687-0281）或直接郵寄以下地址：
香港沙田火炭坳背灣街26號富騰工業中心1011室
基道出版社編輯部收